2026

▶ 유튜버 김쌤학원의 100% 무료강의

ERP 정보관리사
인사 1·2급

통합이론서 + 기출문제집

김기훈 편저

- ✓ 최신 기출문제 반영!
- ✓ EPR 프로세스 실무 중심 시뮬레이션!
- ✓ 유튜브 전체 무료강의!

오픈채팅	유튜브	이메일	네이버 카페

머리말

최근 기업 환경은 디지털 전환과 4차 산업혁명의 확산으로 빠르게 변화하고 있습니다. 인공지능(AI), 빅데이터(Big Data), 사물인터넷(IoT) 등 다양한 정보기술이 기업 경영에 활용되면서 기업의 자원을 통합적으로 관리하고 효율적인 의사결정을 지원하는 ERP(Enterprise Resource Planning) 시스템의 중요성이 더욱 커지고 있습니다.

ERP 시스템은 회계, 생산, 인사, 물류 등 기업의 주요 업무를 하나의 통합된 정보 시스템으로 관리함으로써 업무 효율성과 정보 공유를 극대화하는 핵심 경영정보시스템입니다. 이에 따라 ERP 시스템을 이해하고 활용할 수 있는 전문 인력의 필요성이 증가하고 있으며, ERP 정보관리사 자격시험은 이러한 실무 역량을 검증하는 대표적인 국가공인 자격시험으로 자리 잡고 있습니다.

본 교재는 ERP 정보관리사 자격시험을 준비하는 수험생들이 핵심 이론과 실무 내용을 체계적으로 학습하고 시험에 효과적으로 대비할 수 있도록 집필되었습니다. 특히 실제 강의 경험을 바탕으로 수험생들이 어려워하는 부분과 시험에서 반복적으로 출제되는 핵심 내용을 중심으로 구성하여 보다 효율적인 학습이 가능하도록 하였습니다.

본 교재의 특징은 다음과 같습니다.

첫째, 시험에 필요한 핵심 이론을 체계적으로 정리하였습니다.

ERP의 개념과 발전 과정, 경영혁신과 ERP, 스마트 ERP 등 시험에서 자주 출제되는 핵심 내용을 중심으로 이해하기 쉽게 정리하였습니다.

둘째, 강의 경험을 바탕으로 한 학습 팁과 시험 대비 노하우를 반영하였습니다.

실제 강의 현장에서 축적된 노하우를 통해 수험생들이 단기간에 효율적으로 학습할 수 있도록 구성하였습니다.

셋째, ERP 실무 프로세스를 중심으로 구성하였습니다.

ERP 프로그램 설치, 인사 및 급여 관리, 사회보험, 연말정산 등 실제 ERP 시스템의 활용 과정을 단계적으로 설명하여 실무 이해도를 높일 수 있도록 하였습니다.

넷째, 기출문제를 통해 시험 유형을 파악할 수 있도록 하였습니다.

최근 기출문제를 수록하고 해설을 제공하여 시험에 대한 이해도를 높이고 문제 해결 능력을 향상시킬 수 있도록 하였습니다.

다섯째, 유튜브 강의와 연계한 학습이 가능하도록 구성하였습니다.

교재와 함께 유튜브 강의를 활용하여 보다 쉽게 내용을 이해하고 학습 효과를 높일 수 있도록 하였습니다.
본 교재는 ERP 정보관리사 자격시험을 준비하는 수험생은 물론 ERP 시스템을 처음 접하는 학습자와 관련 분야 실무를 이해하고자 하는 분들에게도 도움이 될 것입니다.

ERP 자격시험 준비 과정은 단순한 시험 대비를 넘어 기업의 경영정보시스템을 이해하는 중요한 과정이 될 것입니다.
본 교재가 수험생 여러분의 합격에 도움이 되기를 바라며, ERP 분야의 전문 인력으로 성장하는 데 작은 길잡이가 되기를 바랍니다.

저자 김기훈

✱ 시험 과목

자격종목	과목	등급	응시교시	시험시간
ERP 정보관리사	회계	1급	1교시	이론 40분 실무 40분
		2급		
	생산	1급		
		2급		
	인사	1급	2교시	
		2급		
	물류	1급		
		2급		

※ 시험 방식 : CBT (Computer Based Testing)방식, IBT(Internet Based Testing) 방식

✱ 합격 결정 기준

구분	합격점수	문항수
1급	이론형, 실무형 평균 70점 이상 (이론형, 실무형 각 60점 미만시 과락)	이론문제 32문항(인사모듈은 33문항) 실무문제 25문항
2급	이론형, 실무형 평균 60점 이상 (이론형, 실무형 각 40점 미만시 과락)	이론문제 20문항, 실무문제 20문항

✱ 시험 시간

교시	입실시간	시험시간	비고
1교시	08:50분까지	09:00 ~ 10:25	정기시험기준
2교시	10:50분까지	11:00 ~ 12:25	

✱ 시험 일정

시험일	시험명	온라인원서접수	방문접수	수험표공고	성적공고
2026-01-24	2026년 제1회 ERP정기시험	12.24-12.31	12.31-12.31	01.15-01.24	02.10-02.17
2026-03-28	2026년 제2회 ERP정기시험	02.25-03.04	03.04-03.04	03.19-03.28	04.14-04.21
2026-05-30	2026년 제3회 ERP정기시험	04.29-05.06	05.06-05.06	05.21-05.30	06.16-06.23
2026-07-25	2026년 제4회 ERP정기시험	06.24-07.01	07.01-07.01	07.16-07.25	08.11-08.18
2026-09-19	2026년 제5회 ERP정기시험	08.19-08.26	08.26-08.26	09.10-09.19	10.13-10.20
2026-11-28	2026년 제6회 ERP정기시험	10.58-11.04	11.04-11.04	11.19-11.28	12.15-12.22

□ 응시 자격 : 제한 없음

□ 시험 범위 : 인사 1급, 2급 범위 공통

목차 contents

목차 contents

PART

1

경영 혁신과 ERP

1 경영 혁신과 ERP

고객 욕구의 다양화, 기업활동의 세계화, 정보기술의 급격한 발전 등 급변하는 기업 환경 속에서 기업 생존 및 경쟁우위 확보 전략으로 다양한 경영 혁신운동을 전개

(1) **업무프로세스 재설계(BPR: Business Process Re - engineering) : 기존의 업무 절차를 부분적으로 개선하는 수준을 넘어서, 업무 프로세스를 근본적으로 재검토하고 혁신적으로 재설계하여 성과를 획기적으로 향상하는 경영기법**

> **✱ 프로세스 혁신 (PI : Process Innovation)**
>
> PI는 정보기술을 활용한 리엔지니어링을 의미하며, ERP 시스템이 주요 도구로 활용될 수 있다. 기업의 업무처리 방식, 정보기술, 조직 등에서 불필요한 요소들을 제거하고 효과적으로 재설계함으로써 기업의 가치를 극대화하기 위한 경영기법이라 할 수 있음.
>
> **✱ 업무프로세스 개선(BPI : Business Process Improvement)**
> **ERP 구축 전에 수행되는 것으로, 단계적인 시간의 흐름에 따라 비즈니스 프로세스를 개선해 가는 점증적 방법**

(2) JIT : 필요한 것을, 필요한 시점에, 필요한 수량만큼 생산·공급함으로써 재고를 최소화하고 낭비를 제거하는 생산·물류 관리 방식

(3) TQM : 조직 전체가 참여하여 고객 만족을 최우선 목표로 삼고, 지속적인 품질 개선을 통해 장기적인 경쟁우위를 확보하고자 하는 경영 철학이자 관리 시스템

(4) 다운사이징 : 조직의 비효율적 요소를 제거하고, 인력·조직·업무 규모를 축소함으로써 비용 절감과 경쟁력 강화를 추구하는 조직 구조조정 전략

2 전통적 시스템(MIS)과 ERP의 차이

구분	전통적인 정보시스템(MIS)	ERP
목표	부분 최적화	전체 최적화
업무 범위	단위 업무	통합 업무
업무처리	기능 및 일 중심(Task), 수직적 처리	Process 중심, 수평적 처리
접근방식	전산화, 자동화	경영혁신수단
전산화 형태	중앙집중방식	분산처리 방식
의사결정 방식	Bottom - Up(상향식 접근방식)	Top - Down(하향식 접근방식), 담당자
설계기술	3GL, 프로그램 코딩에 의존	4GL, 객체지향기술
시스템구조	폐쇄성	개방성, 확장성, 유연성
저장구조	파일시스템	관계형데이터베이스(RDBMS)

3 ERP의 발달 과정

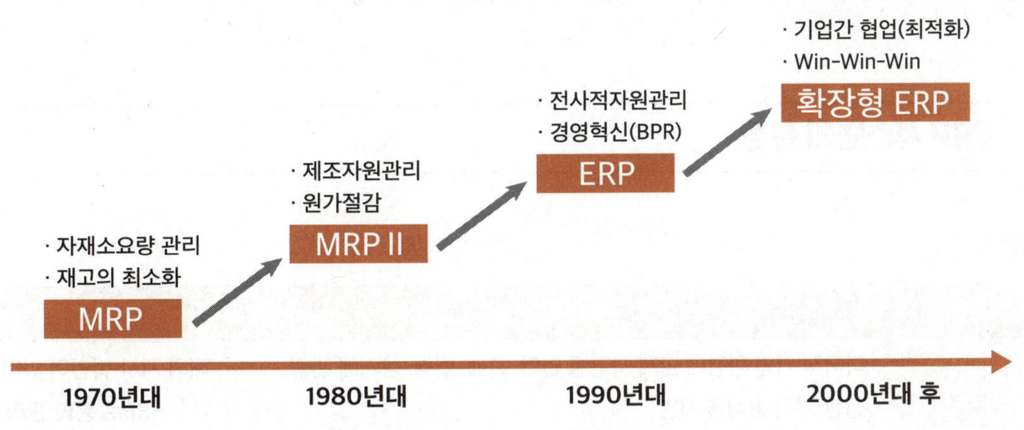

[ERP의 발전과정]

구분	시기	개념 및 설명	주요 기능
MRP	1970년대	생산에 필요한 품목의 자재 소요량을 계산·관리하는 재고관리 기법	자재 수급 관리 재고의 최소화
MRP II	1980년대	MRP를 확장하여 생산능력계획, 피드백, 조달·설비·재고·제조·판매 계획등 생산 관련 주변 업무를 통합 관리하는 시스템	제조 자원관리 원가절감
ERP	1990년대	MRP II를 기업 활동 전반으로 확장한 통합 경영 정보시스템	전사적 자원관리
확장형 ERP	2000년대 이후	기존 ERP 기능에 더해 지식관리(KMS), 공급망관리(SCM), 고객관계관리(CRM), 전략적 기업경영(SEM) 등 경영·정보화·산업 연계 기능을 확장한 개념	기업 간 최적화

* 자재 관리(MRP) → 제조자원 통합(MRP II) → 전사 통합(ERP) → 기업 간 연계·확장(확장형 ERP)

4 ERP 도입 방법

구분	도입 방식	내용
단계별 도입	Step by Step	ERP 모듈 중 특정 모듈을 먼저 도입한 후, 필요에 따라 다른 모듈을 하나씩 차례대로 도입하는 방식
일괄 도입	Big Bang	ERP의 전 모듈을 동시에 일시에 도입하는 방식

* 단계별 도입은 위험이 낮고 안정적이며, 빅뱅 방식은 단기간에 통합 효과를 얻을 수 있으나 실패 위험이 큼

5 ERP 시스템의 특징

(1) 기능적 특징

구분	핵심내용	키워드
다국적·다통화·다언어 지원	다국적 기업 환경에 맞게 국가별 언어, 화폐, 법률, 상거래 관습, 생산·거래 방식을 지원	해외 지사·법인이 있어도 하나의 ERP로 통합 관리 가능
중복 업무 배제 및 실시간 처리	거래처, 품목 등의 데이터를 단일 통합 DB에 한 번만 입력하여 전 부서가 공유하고, 모든 거래 정보가 실시간 처리됨	한 번 입력 → 전 부서 공유 → 실시간 정보 활용
표준화된 선진 업무 적용	ERP 패키지에 내장된 세계적 표준 업무 프로세스를 도입하여 조직과 업무 수준을 상향 평준화	ERP 도입 = 업무 수행 방식도 선진화

구분	핵심내용	키워드
BPR 지원	ERP가 제공하는 Best Practice[1]를 활용해 기존 업무를 재설계(BPR)하고 최적화 가능	ERP는 단순 전산화가 아니라 업무 혁신 도구
파라미터[2] 설정에 따른 유연성	프로그램 수정 없이 설정값 변경만으로 기업 환경에 맞게 시스템 적용 및 변경 가능	빠른 도입 + 유지보수 비용 절감
경영정보·통제 기능 강화	모든 업무가 실시간 처리되어 경영자가 즉시 현황 파악 및 위험 사전 관리 가능	ERP = 실시간 경영 의사결정 도구
투명 경영의 수단	내부통제를 강화할 수 있을 뿐만 아니라 정확한 회계 데이터 관리로 인하여 시스템적으로 부정(분식결산 등)을 사전에 방지하는 수단으로 활용 가능	ERP 도입 = 부정 방지
오픈, 멀티벤더 시스템 (Open, Multi-vendor)	시스템의 확장이나 다른 시스템과의 연계가 쉽다. 특정 하드웨어 및 소프트웨어 업체에 의존하지 않고, 다양한 하드웨어 업체의 컴퓨터와 소프트웨어를 조합하여 사용할 수 있도록 지원	ERP는 특정 하드웨어에 의존하지 않음

(2) 기술적 특징

구분	핵심 내용	키워드
4세대 언어로 개발	Visual Basic, C + + , Power Builder, Delphi, Java 등과 같은 4세대 언어로 개발	최신 고급 언어 기반 ERP
관계형 데이터베이스 시스템(RDBMS) 채택	원장형 통합데이터베이스 구조를 가지며, 관계형 데이터베이스시스템(RDBMS: Relational Database Management System)이라는 소프트웨어를 사용하여 데이터의 생성과 수정 및 삭제 등의 모든 관리	단일 통합 DB / 데이터 일관성
객체지향기술 사용	객체지향기술(OOT: Object Oriented Technology)은 공통된 속성과 형태를 가진 데이터와 프로그램을 결합하여 모듈화한 후 이를 다시 결합하여 소프트웨어를 개발하는 기술	모듈화 / 재사용성
인터넷 환경의 e - 비즈니스를 수용할 수 있는 Multi - Tier 환경 구성	클라이언트서버(C/S) 시스템을 통하여 업무의 분산처리가 가능하며, 웹과의 연동으로 e - 비즈니스를 수용한다. 웹서버, ERP 서버 등의 Multi - Tier 환경을 구성하여 운영할 수 있음.	e-비즈니스 대응 / 확장형 구조

---

1 **선진 업무 프로세스(Best Practice)** : Best Practice란 업무처리에 있어 여러 방법이 있을 수 있으나 그 어떤 다른 방법으로 처리한 결과보다 더 좋은 결과를 얻어낼 수 있는 표준 업무처리 프로세스를 의미
2 **파라미터(Parameter)** : 프로그램 소스에 코딩하는 것이 아니라 프로그램상의 특정 기능을 사용하여 조직의 변경이나 프로세스 변경에 유연하게 대응하기 위한 것

(1) ERP 시스템 도입 4단계

① 투자 → 구축 → 실행 → 확산 단계

(2) ERP 도입 시 고려사항

① 자사에 맞는 패키지 선정(기업의 요구에 맞는 시스템)

② **TFT(Task Force Team)는 최고 엘리트 사원으로 구성**

③ 경험이 많은 유능한 컨설턴트를 활용

④ 경영진의 확고한 의지

⑤ 전사적인 참여 유도

⑥ 현업 중심의 프로젝트 진행

⑦ 구축방법론에 의한 체계적인 프로젝트 진행

⑧ 커스터마이징(Customizing) 최소화 및 시스템 보안성

⑨ 가시적인 성과를 거둘 수 있는 부분에 집중

⑩ 지속적인 교육 및 워크숍을 통해 직원들의 변화 유도

> **✳ 커스터마이징(Customizing)**
>
> 생산업체나 수공업자들이 고객의 요구에 따라 제품을 만들어주는 일종의 맞춤 제작 서비스를 말하는 것.
> 최근에는 IT산업의 발전으로 개발된 솔루션이나 기타 서비스를 소비자의 요구에 따라 원하는 형태로 재구성·재설계하여 판매하는 것으로 그 의미가 확장되었다. 역으로 타사의 솔루션을 가져와 자사의 제품에 결합하여 서비스하는 것 역시 커스터마이징이라고 함.

(3) ERP 도입 시 예상 효과

① 통합 업무시스템 구축(정보 공유 가능)

② 기준 정보 표준 체계(표준화, 단순화, 코드화) 정립

③ 투명한 경영(부정 방지)

④ 고객만족도 향상(파라미터(Parameter), 고객화(Customization))

⑤ **BPR 수행을 통한 경영 혁신 효과(비즈니스 프로세스 혁신)**

　* BPR이란 Business Process Re-engineering의 약자로 경영 혁신 운동 또는 업무프로세스 재설계

　* ERP를 도입함과 동시에 BPR이 자동으로 수행되는 효과가 있음.

⑥ 차세대 기술과의 융합(차세대 ERP는 인공지능 및 빅데이터 분석 기술과의 융합)

⑦ 재고 및 물류비용 감소(재고 감소, 장부 재고와 실물 재고의 일치)

⑧ 부서별 및 사업장별 손익 관리를 통한 수익성 개선

⑨ 생산성 향상을 통한 원가절감 및 종업원 1인당 매출액 증대

⑩ 업무의 정확도 증대와 업무시간 단축(생산계획 수립, 결산 작업 등)

⑪ **리드타임(Lead Time) 감소 및 사이클타임(Cycle Time) 단축**

[✳] 리드타임(LT : Lead Time)
- 생산리드타임 : 일반적으로 제품 생산의 시작부터 완성품 생산까지 걸리는 시간
- 구매리드타임 : 구매발주에서부터 입고 완료까지 걸리는 시간
- 영업리드타임 : 주문 접수에서부터 고객에게 인도하기까지의 걸리는 시간

[✳] 사이클타임(Cycle time)
어떤 상황이 발생한 후 똑같은 상황이 다음에 다시 발생할 때까지의 시간적 간격

[✳] 총소유비용(Total Cost of Ownership)
ERP 시스템에 대한 투자 비용에 관한 개념으로 "시스템의 전체 라이프사이클(life-cycle)을 통해 발생하는 전체 비용을 계량화하는 것"

---

(4) ERP 아웃소싱(Outsourcing)

① ERP 시스템의 자체 개발은 구축에서 운영 및 유지보수까지 많은 시간과 노력이 필요하므로, 아웃소싱을 통한 개발이 바람직함.

② 아웃소싱을 통해서 ERP의 개발과 구축, 운영, 유지보수 등에 필요한 인적 자원을 절약할 수 있고, 기업이 가지고 있지 못한 지식 획득은 물론 자체 개발에서 발생할 수 있는 기술력 부족의 위험 요소를 제거할 수 있음.

(5) ERP 시스템 구축 절차(암기 코드 : 석 → 계 → 축 → 현)

분석 (Analysis)	설계 (Design)	구축 (Construction)	구현 (Implementation)
AS-IS 파악 (현재의 업무) **TFT 결정(KICK OFF)** 현재 시스템/문제점 파악 주요 성공 요인 도출 목표 및 범위 설정 경영 전략 및 비전 도출 현업 요구 분석 교육 세부 추진 일정 계획 수립 **시스템 설치 (S/W, H/W)**	**TO-BE Process 도출 (미래의 업무)** **패키지 기능과 TO-BE Process의 차이 분석 (GAP 분석)** **패키지 설치** 패키지 파라미터 설정 추가 개발 및 수정 보완 문제 논의 인터페이스 문제 논의 사용자 요구 대상 선정 Customizing 교육	**모듈조합화 (Configuration)** 테스트 (모듈별 테스트 후 통합 테스트) 추가 개발 또는 수정 기능 확정 **인터페이스** 프로그램 연계 출력물 제시 교육	**시스템 운영** (실제 데이터 입력 후 테스트) 시험 가동(Prototyping) 데이터 전환 (Data Conversion) **시스템 평가** 교육 **유지보수** 향후 일정 수립

(6) ERP 도입의 성공 요소

① 경영자의 관심과 기업 전원이 참여하는 분위기를 조성

② 경험과 지식을 겸비한 인력으로 구성

③ 우수한 ERP 패키지를 선정

④ 지속적인 교육, 훈련을 시행

⑤ IT 부서 중심으로 프로젝트를 진행하지 않는다.

⑥ **업무 단위별로 추진하지 않는다.**

⑦ **커스터마이징은 가급적 최소화 한다.**

(7) ERP성공 십계명

① **현재의 업무 수행 방식을 그대로 고수하지 말라.**

② 사전 준비를 철저히 하라.

③ **IT 중심의 프로젝트로 추진하지 말라.**

④ 업무상의 효과보다 소프트웨어의 기능성 위주로 적용 대상을 판단하지 말라.

⑤ 프로젝트 관리자와 팀 구성원의 자질과 의지를 충분히 키워라.

⑥ **단기간의 효과 위주로 구현하지 말라.**

⑦ 기존 업무에 대한 고정 관념에서 ERP를 보지 말라.

⑧ 최고경영진을 프로젝트에서 배제하지 말라.

⑨ 업무 단위별로 추진은 실패의 지름길이다.

⑩ BPR을 통한 완전한 기업 업무 프로세스 표준화가 선행, 또는 동시에 진행되어야 한다.

7 ERP 시스템

(1) ERP의 정의

ERP(Enterprise Resource Planning)란 우리말로 '전사적 자원관리', '기업 자원관리', '통합정보시스템' 등 다양한 이름으로 불리고 있다. ERP는 선진 업무 프로세스(BestPractice)를 기반으로 최신의 IT(Information Technology)기술을 활용하여 영업, 구매, 자재, 생산, 회계, 인사 등 기업 내 모든 업무를 실시간 및 통합적으로 관리할 수 있는 통합정보시스템

(2) 확장형 ERP

① 확장형 ERP에 포함되어야 할 내용

ㄱ 고유 기능의 추가

ㄴ 경영혁신 지원

ㄷ 선진 정보화 지원기술 추가

ㄹ 전문화 확대 적용

ㅁ 산업유형 지원 확대

② 확장형 ERP 구성요소

e - 비즈니스 지원 시스템	전략적 기업경영 시스템
지식관리시스템(KMS) 의사결정지원시스템(DSS) 경영자정보시스템(EIS) 고객관계관리(CRM) 공급망관리(SCM) 전자상거래(EC)	성과측정관리 또는 균형성과표(BSC) 가치중심경영(VBM) 전략계획 수립 및 시뮬레이션(SFS) 활동기준경영(ABM)

〔3〕 확장형 ERP와 ERP 비교

구분	ERP	확장형 ERP
목표	기업 내부 최적화	기업 내·외부 최적화
기능	기본 ERP (영업, 구매/자재, 생산, 회계, 인사 등)	기본 ERP + e-비즈니스 지원 시스템 OR SEM 시스템
프로세스	기업 내부 통합 프로세스	기업 내·외부 통합 프로세스
시스템 구조	웹지향, 폐쇄성	웹 기반, 개방성
데이터	기업 내부 생성 및 활용	기업 내·외부 생성 및 활용

 4차 산업혁명과 스마트 ERP

1 4차 산업혁명

(1) 4차 산업혁명이란

① 4차 산업혁명(Fourth Industrial Revolution)은 물리 세계, 디지털 세계, 그리고 생물 세계가 융합되어 경제와 사회 전반에 걸쳐 혁신적인 변화를 가져오는 새로운 산업 시대를 말함.

산업혁명	핵심 동력	핵심 변화
1차	증기기관, 기계화	기계화 시작, 공장 생산 체제 도입
2차	전기 에너지	대량 생산화, 컨베이어 벨트 도입
3차	컴퓨터, 인터넷	정보화, 컴퓨터를 이용한 자동화
4차	인공지능, 빅데이터, 융합	초연결성, 초지능화를 통한 지능화된 생산 및 사회 변화

(2) 4차 산업혁명의 특징

① 초연결성(Hyper-Connected) : 모든 사물, 사람, 공간이 네트워크로 긴밀하게 연결됨.

② 초지능화(Hyper-Intelligent) : 인공지능(AI)과 빅데이터 분석을 통해 기계와 제품이 지능을 가지게 되며, 학습 능력을 바탕으로 최적화된 판단을 내림.

③ 융합(Convergence) : 정보통신기술(ICT)을 기반으로 물리적 기술, 디지털 기술, 생물학적 기술 등이 경계 없이 융합

(3) 4차 산업혁명 시대의 스마트 ERP

① ERP(전사적 자원관리) : 제조, 생산, 재무, 회계, 판매, 마케팅, 인적자원관리 등의 핵심 비즈니스 프로세스로부터 데이터를 수집하여 하나의 통합 데이터베이스에 저장하고 관리하는 시스템

② 스마트 ERP : 인공지능(AI), 빅데이터(Big Data), 사물인터넷(IoT), 블록체인(Blockchain) 등의 신기술과 융합하여 보다 지능화된 기업경영이 가능하게 하는 통합정보시스템

③ 특징

㉠ AI 기반의 빅데이터 분석을 통해 최적화와 예측 분석이 가능해지며, 과학적이고 합리적인 의사결정 지원이 가능

㉡ 최근에는 빅데이터 분석 및 AI 기술이 적용된 비즈니스 애널리틱스(Business Analytics)가 추가된 스마트 ERP가 활용되고 있음

(4) 디지털 전환

① 기업에서 사물인터넷, 클라우드, 빅데이터, 인공지능 등 핵심기술을 활용하여 기존의 구조, 운영 방식,
서비스 방법 등을 혁신하는 것

※ 최근 사례 제시 후 개념 묻는 문제가 많이 출제되고 있음.

<table><tr><td>**2**</td><td>**스마트 ERP / 비즈니스 애널리틱스**</td></tr></table>

(1) 스마트 ERP

AI·빅데이터 등을 활용하여 비즈니스 애널리틱스를 통해 구조화·비구조화 데이터를 분석하고, 예측 기반
의사결정을 지원하는 차세대 지능형 ERP 시스템이다. 스마트 ERP 시스템은 인공지능(AI), 빅데이터(Big Data),
사물인터넷(IoT), 블록체인(Blockchain) 등의 신기술과 융합하여 보다 지능화된 기업경영이 가능하게 하는
통합정보시스템으로 진화하고 있다.

(2) 비즈니스 애널리틱스의 특징

① 차세대 ERP시스템의 핵심 요소 : 비즈니스 애널리틱스(의사결정을 지원하기 위한 데이터 분석 체계)

② 의사결정 지원 : 기존 데이터를 활용해 최적 또는 현실적인 의사결정 모델링 지원

③ 분석 수준 : 기본 분석(질의, 리포트), 고급 분석(예측 모델링, 데이터 마이닝)

④ 분석 범위 : 과거 데이터 분석, 새로운 통찰력 제시, 미래 사업 시나리오 및 예측 제공

⑤ 비즈니스 애널리틱스는 구조화된 데이터(structured data)와 비구조화된 데이터(unstructured data)를
모두 활용

　㉠ 구조화된 데이터(정형화된 데이터) : 스프레드시트, 관계형데이터베이스

　㉡ 비구조화된 데이터(비정형 데이터) : 전자메일, 오디오, 비디오, 센서 데이터 등

⑥ 비즈니스 애널리틱스는 미래 예측을 지원해 주는 데이터 패턴 분석과 예측 모델을 위한 데이터
마이닝(Data Mining)을 통해 고차원 분석 기능을 포함

3　4차 산업혁명의 핵심기술

(1) 사물인터넷(IoT; Internet of Things)

① 정의 : 인터넷을 통해서 모든 사물을 서로 연결하여 정보를 상호 소통하는 지능형 정보기술 및 서비스

② 작동 방식 : 사물인터넷 기기들이 내장 센서를 통해 데이터를 수집하고 인터넷을 통해 연결·통신합니다.
수집된 정보 기반으로 자동화된 프로세스나 제어 기능을 수행할 수 있음

③ 적용 분야 : 스마트 가전, 스마트 홈, 의료, 원격 검침, 교통 등 광범위하게 적용

(2) 클라우드 컴퓨팅(Cloud Computing)

① 정의 : 인터넷을 통하여 외부 사용자에게 IT 자원을 제공하고 사용하게 하는 기술 및 서비스를 의미

② 장점 : 소프트웨어를 직접 디바이스에 설치하지 않고 필요한 자원 활용 가능 서버 및 소프트웨어 구입하여
설치할 필요가 없어 비용 절감.

③ 단점 : 서버 공격 및 손상으로 개인정보 유출 및 유실 가능, 사용자가 필요한 애플리케이션을 지원받지
못하거나 설치하는데 제약이 있음.

④ 특징 : 사용자들은 클라우드 컴퓨팅 사업자가 제공하는 IT 자원(소프트웨어, 스토리지, 서버, 네트워크)을
필요한 만큼 사용하고, 사용한 만큼 비용을 지급할 수 있습니다.

　※ 주요 유형

- IaaS(Infrastructure as a Service) : 서버, 스토리지, 네트워크 등의 IT 인프라 자원을 서비스로 제공합니다.

- PaaS(Platform as a Service) : 응용 소프트웨어 개발에 필요한 플랫폼과 도구를 서비스로 제공하여 개발,
테스트, 배포를 지원합니다.

- SaaS(Software as a Service) : 응용 소프트웨어를 인터넷을 통해 제공하여 사용자들이 웹 브라우저를 통해
접속하여 사용할 수 있도록 서비스로 제공합니다.

⑤ 클라우드 서비스의 비즈니스 모델

구분	주요 내용
퍼블릭형(공개형)	모든 주체가 클라우드 컴퓨팅을 사용할 수 있음.
사설(폐쇄형)	특정 기업의 구성원만 접근할 수 있는 전용 클라우드 서비스
하이브리드(혼합형)	특정 업무 또는 데이터 저장은 폐쇄형 클라우드로, 중요도가 낮은 부분은 공개형 클라우드를 사용하는 것

(3) 빅데이터(Big Data)

　① 정의 : 규모가 방대한 디지털 데이터이며, 수치, 문자, 이미지, 영상 데이터를 포함한, 다양하고 거대한
양의 데이터 집합을 말합니다.

　② 처리 필요성 : 전통적인 데이터베이스 시스템과는 달리, 복잡성과 대량의 규모를 갖는 빅데이터를
처리하기 위해서는 특별한 기술과 처리 도구가 필요합니다.

　③ 빅데이터의 5V 특성(가트너 그룹 제시)

　　㉠ 규모(Volume) : 데이터의 양

　　㉡ 속도(Velocity) : 데이터의 생성 및 처리 속도

　　㉢ 다양성(Variety) : 데이터의 형태 (정형, 비정형, 반정형)

　　㉣ 정확성(Veracity) : 데이터의 신뢰도 및 정확성

　　㉤ 가치(Value) : 데이터 분석을 통해 얻는 경제적 가치

　　※ 처리 과정 : 데이터 수집 → 저장(공유) → 처리 → 분석 → 시각화

4 스마트 팩토리와 ERP

(1) 빅데이터와 ERP

　① 스마트팩토리 : 공정별 자동화 설비와 응용시스템(ERP, MES, PLM 등) 간에 실시간 연결하고 인공지능에
의한 데이터 분석을 통해 공장 운영의 최적화를 구현하는 지능형 공장 운영 체계입니다.

　② 데이터 통합 : 기존 시스템의 기준정보, 실적정보, 설비상태 등과 현장 센서/설비로부터 수집되는 정형/
비정형 빅데이터를 모두 통합하여 분석을 수행합니다.

　③ 제조 빅데이터 분석 : 스마트팩토리에서 생성되는 데이터를 AI 기법을 이용하여 예측, 추측, 최적화
문제를 해결하는 것을 목표로 합니다.

(2) 사이버 물리시스템(CPS: Cyber Physical System)과 ERP

　① CPS 정의 : 실제의 물리적인 제품, 생산설비, 공정, 공장을 사이버 공간에 그대로 구현하고 서로 긴밀하게
통합되어 동작하는 통합시스템입니다.

　② CPS 역할

　　㉠ IoT 기술을 활용하여 공장 운영 전반의 데이터를 실시간으로 수집하고 현황을 모니터링합니다.

　　㉡ 제조 빅데이터를 분석하여 설비와 공정을 제어함으로써 공장 운영의 최적화를 수행합니다.

　③ ERP 연계 : CPS의 데이터를 ERP 시스템으로 통합하여 주문 처리, 생산계획, 구매관리, 재고관리와 같은
업무 프로세스를 지원하는 상호작용이 가능합니다.

5 인공지능과 비즈니스 혁신

(1) 인공지능의 개요

① 인공지능(AI; Artificial Intelligence) 정의 : 인공지능(AI)은 인간의 학습 능력, 추론 능력, 지각 능력, 자연어 이해 능력 등을 컴퓨터프로그램으로 실현한 기술이다.

② 기술 발전 단계 : 인공지능의 기술 발전 단계는 계산 주의 시대, 연결 주의 시대, 딥러닝 시대로 구분

(2) 인공신경망과 딥러닝 알고리즘

① 인공신경망(Artificial Neural Network, ANN)의 정의

㉠ 인공신경망은 인간의 학습과 직관이 일어나는 생물학적인 신경망 과정을 모방한 컴퓨터 프로그램이다.

㉡ 이미 존재하는 규칙이나 구조에 따라 프로그램화되는 것이 아니라 경험과 시행착오 법(trial and error)을 통해 실제 학습이 이루어진다.

② 딥러닝 알고리즘의 종류

㉠ 합성곱 신경망(CNN; Convolutional Neural Network) : 필터링 기법을 인공신경망에 적용하여 이미지를 효과적으로 처리할 수 있는 심층신경망 기법이며, 이미지 인식 및 분류에 효과적이다.

㉡ 순환신경망(RNN; Recurrent Neural Network) : 순환적인 구조로 되어있는 인공신경망이며, 시계열 데이터와 같이 순차적인 시퀀스(sequence) 데이터를 처리하고 모델링하는 데 주로 사용된다. 자연어 처리 및 시계열 예측 분야에 활용된다.

(3) 인공지능과 빅데이터 분석기법

대표적인 인공지능 기반 빅데이터 분석기법으로 기계학습, 데이터 마이닝, 텍스트 마이닝 등이 활용된다.

① 기계학습(Machine Learning, 머신러닝)

방대한 데이터를 분석해 미래를 예측하는 기술로, 생성된 데이터를 정보와 지식(규칙)으로 변환하는 컴퓨터 알고리즘을 의미한다.

㉠ 기계학습의 유형

- 지도학습(Supervised Learning) : 학습 데이터로부터 하나의 함수를 유추해 내기 위한 방법이며, 주어진 데이터의 예측값을 올바로 추측해 내는 것이다. 방법에는 분류모형과 회귀모형이 있다.

- 비지도학습(Unsupervised Learning) : 데이터가 어떻게 구성되었는지를 알아내는 문제 범주에 속하며, 입력값에 대한 목표치가 주어지지 않는다. 방법에는 군집분석, 오토 인코더 등이 있다.

- 강화학습(Reinforcement Learning) : 선택할 수 있는 행동 중 보상을 최대화하는 행동 혹은 순서를 선택하는 방법이다. 응용 영역으로 게임 플레이어 생성, 로봇 학습 알고리즘, 공급망 최적화 등이 있다.

- 데이터 수집(Data acquisition)
- 점검 및 탐색(Inspection and exploration)
- 전처리 및 정제(Preprocessing and Cleaning)
- 모델링 및 훈련(Modeling and Training)
- 평가(Evaluation)
- 배포(Deployment)

② 데이터 마이닝(Data Mining)

　㉠ 축적된 대용량 데이터를 통계기법 및 인공지능기법을 이용하여 분석하고 이에 대한 평가를 거쳐 일반화시킴으로써 새로운 자료에 대한 예측 및 추측을 할 수 있는 의사결정을 지원한다.

　㉡ 대규모로 저장된 데이터 안에서 다양한 분석기법을 활용하여 전통적인 통계학 이론으로는 설명이 힘든 패턴과 규칙을 발견한다.

　㉢ 5가지 단계 : 분류(classification), 추정(estimation), 예측(prediction), 유사집단화(affinity grouping), 군집화(clustering)

③ 텍스트 마이닝(Text Mining)

　㉠ 자연어 형태로 구성된 비정형 또는 반정형 텍스트 데이터에서 패턴 또는 관계를 추출하여 의미 있는 정보를 찾아내는 기법으로 자연어 처리(NLP)가 핵심기술이다.

　㉡ 자연어 처리(NPL) : 컴퓨터를 이용해 사람의 자연어를 분석하고 처리하는 기술로 자연어 분석, 자연어 이해, 자연어 생성의 기술이 사용된다.

　㉢ 활용 예시 : 온라인 쇼핑몰 이용자가 남긴 제품 리뷰 텍스트 분석을 통해 구매자의 행동 예측과 제품 선호도를 분석할 수 있다.

(4) RPA(로봇 프로세스 자동화)

① 정의

　㉠ RPA(Robotic Process Automation):소프트웨어 프로그램이 사람을 대신해 반복적인 업무를 자동 처리하는 기술을 말한다.

　㉡ RPA는 반복적인 규칙 기반 작업에 특화되어 있으며, RPA와 AI를 통합하는 경우 AI 알고리즘을 사용하여 의사 결정을 내릴 수 있고, 기계 학습을 통해 작업을 최적화하는 등의 지능적인 자동화가 가능하다.

② 적용 분야

　㉠ 제조 산업 : BMW 등 글로벌 공장에 스마트팩토리를 도입하여 공장 운영 효율화 및 자동화를 위해 RPA
　　기술을 적극 적용하고 있다.

　㉡ 금융권 : 정보 조회, 금리 산출, 여신 심사, 자금 세탁 방지 등 업무 전반에 RPA를 도입하여 효율적인
　　업무 수행을 돕고 비용을 절감한다.

③ RPA 적용 단계(3단계)

　㉠ 1단계(기초프로세스 자동화) : 정형화된 데이터 기반의 자료 작성, 단순 반복 업무 처리, 고정된
　　프로세스 단위 업무 수행 등이 해당

　㉡ 2단계(데이터 기반의 머신러닝 활용) : 이미지에서 텍스트 데이터 추출, 자연어 처리로 정확도와
　　기능성을 향상하는 단계이다.

　㉢ 3단계(인지자동화) : RPA가 업무 프로세스를 스스로 학습하면서 자동화하는 단계이며, 빅데이터
　　분석을 통해 사람이 수행하는 더 복잡한 작업과 의사결정을 내리는 수준이다.

(5) 챗봇(ChatBot)

① 정의 : 채팅(Chatting)과 로봇(Robot)의 합성어이며, 인공지능을 기반으로 사람과 상호작용을 하는
　대화형 시스템을 지칭한다.

② 특징 : 인공지능이 빅데이터 분석을 통해 일상 언어로 사람과 소통하는 대화형 메신저이다.

③ 적용 분야 : 대화형 상거래, 고객상담센터, 법률 자문, 헬스케어, 여행/관광 분야 등에서 단순 질문에
　챗봇이 답변하여 기존 인력을 전문 상담으로 배치할 수 있게 한다.

(6) 블록체인(Block Chain)

① 정의

　㉠ 블록체인은 분산형 데이터베이스(distributed database)의 형태로 데이터를 저장하는 연결구조체이며,
　　모든 구성원이 네트워크를 통해 데이터를 검증 및 저장하여 특정인의 임의적인 조작이 어렵게 설계된
　　저장 플랫폼이다.

　㉡ 블록(Block)은 거래 건별 정보가 기록되는 단위이며, 이것이 시간의 순서에 따라 체인(chain) 형태로
　　연결된 데이터베이스를 블록체인이라고 한다.

　㉢ 블록체인은 거래 내용을 네트워크 참여자들에게 분산 및 공유하는 분산원장(distributed ledger) 또는
　　공공거래장부이다.

② 블록체인 활용 분야

　㉠ 기부 플랫폼 : 기부금이 어떻게, 어디에, 얼마나 사용되는지 투명하게 확인할 수 있다.

　㉡ 스마트 계약(smart contract) : 블록체인 기술을 활용하여 계약, 협상의 실행 및 시행을 할 수 있는
프로그램 코드를 말한다. 자동 계약이 체결되어 계약 체결과 이행에 따르는 위험을 제거하며, 중개인의
필요성이 없어 비용 효율성이 장점이다.

③ 블록체인 기술의 특징 : 탈중개성, 보안성, 신속성, 확장성, 투명성

(7) 인공지능 비즈니스 적용 프로세스(AI Summit 5단계)

① 비즈니스 영역 탐색

② 비즈니스 목표 수립

③ 데이터 수집 및 적재

④ 인공지능 모델 개발

⑤ 인공지능 배포 및 프로세스 정비

(8) 인공지능 윤리

① 인공지능 규범(AI Code) 5개 원칙

인공지능 개발과 사용 과정에서 발생하는 위험 요소와 오용을 예방하기 위하여 2018년 세계경제포럼
(World Economic Forum)에서 발표한 인공지능 규범의 5개 원칙은 다음과 같다.

㉠ 인공지능은 인류의 공동 이익과 이익을 위해 개발되어야 한다.

㉡ 인공지능은 투명성과 공정성의 원칙에 따라 작동해야 한다.

㉢ 인공지능이 개인, 가족, 사회의 데이터 권리 또는 개인정보를 감소시켜서는 안 된다.

㉣ 모든 시민은 인공지능을 통해서 정신적, 정서적, 경제적 번영을 누리도록 교육받을 권리를 가져야 한다.

㉤ 인간을 해치거나 파괴하거나 속이는 자율적 힘을 인공지능에 절대로 부여해서는 안 된다.

03 ERP 기출문제 풀이(공통 부분)

2024년 11월 이전 문제 유형

01

'TO-BE 프로세스 도출, 패키지 설치, 추가개발 및 수정 보완 문제 논의 등'은 ERP 구축 절차 중 어느 단계에 해당하는가?

① 설계 단계　　　　　　　　　　② 구현 단계

③ 분석 단계　　　　　　　　　　④ 구축 단계

해 ERP 구축 절차 : 분석 → 설계 → 구축 → 구현

02

ERP 시스템 투자 비용에 관한 개념 중 '시스템의 전체 라이프사이클(life-cycle)을 통해 발생하는 전체 비용을 계량화한 비용'에 해당하는 것은?

① 유지보수 비용(Maintenance Cost)　　　② 시스템 구축 비용(Construction Cost)

③ 총소유비용(Total Cost of Ownership)　　④ 소프트웨어 라이선스 비용(Software License Cost)

해 총소유비용 : 시스템의 전체 라이프사이클(life-cycle)을 통해 발생하는 전체 비용을 계량화한 비용

03

e-Business 지원 시스템을 구성하는 단위 시스템에 해당되지 <u>않는</u> 것은?

① 성과측정관리(BSC)　　　　　　② EC(전자상거래) 시스템

③ 의사결정지원시스템(DSS)　　　　④ 고객관계관리(CRM) 시스템

해 • e - 비즈니스 지원 시스템 : 지식관리 시스템, 의사결정시스템, 경영자정보시스템, 고객관리시스템, 공급망관리, 전자상거래
　 • 전략적 기업경영시스템 : 균형성과표, 가치중심경영, 전략계획 수립 및 시뮬레이션, 활동기준경영

기업에서 ERP 시스템을 도입하기 위해 분석, 설계, 구축, 구현 등의 단계를 거친다. 이 과정에서 필수적으로 거쳐야 하는 "GAP분석" 활동의 의미를 적절하게 설명한 것은?

① TO - BE 프로세스 분석

② TO - BE 프로세스에 맞게 모듈을 조합

③ 현재업무(AS - IS) 및 시스템 문제 분석

④ 패키지 기능과 TO - BE 프로세스와의 차이 분석

해 설계 분야 : TO-BE Process 도출, 패키지 기능과 TO-BE Process의 차이 분석, 패키지 설치, Customizing

'Best Practice'를 목적으로 ERP 패키지를 도입하여 시스템을 구축하고자 할 경우 가장 적절하지 <u>않은</u> 방법은?

① BPR과 ERP 시스템 구축을 병행하는 방법

② ERP 패키지에 맞추어 BPR을 추진하는 방법

③ 기존 업무처리에 따라 ERP 패키지를 수정하는 방법

④ BPR을 실시한 후에 이에 맞도록 ERP 시스템을 구축하는 방법

해 • BPR을 통한 완전한 기업업무 프로세스 표준화가 선행, 또는 동시에 진행되어야 한다.
　　• 현재의 업무방식을 그대로 고수하지 말라.

ERP시스템의 SCM 모듈을 실행함으로써 얻는 장점으로 가장 적절하지 <u>않은</u> 것은?

① 공급사슬에서의 가시성 확보로 공급 및 수요변화에 대한 신속한 대응이 가능하다.

② 정보투명성을 통해 재고수준 감소 및 재고회전율(inventory turnover) 증가를 달성할 수 있다.

③ 공급사슬에서의 계획(plan), 조달(source), 제조(make) 및 배송(deliver) 활동 등 통합 프로세스를 지원한다.

④ 마케팅(marketing), 판매(sales) 및 고객서비스(customer service)를 자동화함으로써 현재 및 미래 고객들과 상호작용할 수 있다.

해 • CRM : 마케팅(marketing), 판매(sales) 및 고객서비스(customer service)를 자동화함으로써 현재 및 미래 고객들과 상호작용할 수 있다.
　　• SCM : 공급사슬에 의한 계획(plan), 조달(source), 제조(make) 및 배송(deliver) 활동 등 통합 프로세스를 지원

07

차세대 ERP의 비즈니스 애널리틱스(Business Analytics)에 관한 설명으로 가장 적절하지 <u>않은</u> 것은?

① 비즈니스 애널리틱스는 구조화된 데이터(structured data)만 분석대상으로 한다.

② ERP시스템의 방대한 데이터 분석을 위해 비즈니스 애널리틱스가 차세대 ERP의 핵심요소가 되고 있다.

③ 비즈니스 애널리틱스는 리포트, 쿼리, 대시보드, 스코어카드뿐만 아니라 예측모델링과 같은 진보된 형태의 분석기능도 제공한다.

④ 비즈니스 애널리틱스는 질의 및 보고와 같은 기본적 분석기술과 예측 모델링과 같은 수학적으로 정교한 수준의 분석을 지원한다.

해 비즈니스 애널리틱스는 구조화된 데이터(structured data)와 비구조화된 데이터 (unstructureddata)를 모두 활용

08

[보기]는 무엇에 대한 설명인가?

[보기]

조직의 효율성을 제고하기 위해 업무흐름 뿐만 아니라 전체 조직을 재구축하려는 경영혁신전략 기법이다. 주로 정보기술을 통해 기업경영의 핵심과 과정을 전면 개편함으로 경영성과를 향상시키려는 경영기법인데 매우 신속하고 극단적인 그리고 전면적인 혁신을 강조하는 이 기법은 무엇인가?

① 지식경영   ② 벤치마킹

③ 리스트럭처링   ④ 리엔지니어링

해 리엔지니어링 : 조직의 효율성을 제고하기 위해 업무흐름 뿐만 아니라 전체 조직을 재구축하려는 경영혁신전략 기법이다. 주로 정보기술을 통해 기업경영의 핵심과 과정을 전면 개편함으로 경영성과를 향상

09

클라우드 서비스 기반 ERP와 관련된 설명으로 가장 적절하지 <u>않은</u> 것은?

① PaaS에는 데이터베이스 클라우드 서비스와 스토리지 클라우드 서비스가 있다.

② ERP 소프트웨어 개발을 위한 플랫폼을 클라우드 서비스로 제공받는 것을 PaaS라고 한다.

③ ERP 구축에 필요한 IT인프라 자원을 클라우드 서비스로 빌려 쓰는 형태를 IaaS라고 한다.

④ 기업의 핵심 애플리케이션인 ERP, CRM 솔루션 등의 소프트웨어를 클라우드 서비스를 통해 제공받는 것을 SaaS라고 한다.

해 • Iaas : 서버 인프라 서비스 제공, 데이터 클라우드 서비스와 스토리지 클라우드 서비스
   • Paas : 소프트웨어 개발을 위한 플랫폼을 클라우드 서비스로 제공받는 것
   • Saas : 핵심 애플리케이션인 ERP, CRM 솔루션 등의 소프트웨어를 클라우드 서비스 제공

10

[보기]는 무엇에 대한 설명인가?

> [보기]
> - 자연어(natural language) 형태로 구성된 비정형 또는 반정형 데이터에서 패턴 또는 관계를 추출하여 의미 있는 정보를 찾아내는 기법
> - 온라인 쇼핑몰 남긴 제품리뷰(구매후기)로부터 제품에 대한 정보를 수집하고, 분석하여 구매자의 행동예측과 제품선호도 등을 분석할 수 있다.

① 블록체인(Block Chain)
② 가상현실(Virtual Reality)
③ 텍스트마이닝(Text Mining)
④ 시뮬레이션학습(Simulation Learning)

해 텍스트 마이닝 : 자연어 형태로 구성된 비정형 또는 반정형 텍스트 데이터에서 패턴 또는 관계를 추출하여 의미 있는 정보를 찾아내는 기법

11

[보기]에서 설명하는 디지털 전환(Digital Transformation)의 개념으로 가장 적절한 것은?

> [보기]
> ㈜생산컨설팅의 인사팀에서 근무하는 홍과장은 최근 회사가 '디지털 전환(Digital Transformation)' 전략을 추진한다는 발표를 들었다. 이에 따라, 인사팀에서도 기존 종이 기반의 평가 및 급여 관리 시스템을 클라우드 기반의 HR 시스템으로 전환하고, AI를 활용한 직원 성과 분석 및 맞춤형 교육 추천 시스템을 도입할 계획이다.
> 또한, 회사 전체적으로 빅데이터 분석을 활용한 고객 맞춤형 서비스 제공, 비대면 협업 플랫폼 확대, AI 챗봇을 통한 고객 응대 자동화 등을 추진하고 있다. 이를 통해 기업 내부뿐만 아니라, 고객과의 접점에서도 디지털 기술을 활용한 혁신이 이루어지고 있다.

① 클라우드 컴퓨팅만을 적용하여 기업 운영을 최적화하는 과정
② 디지털 기술을 활용하여 전통적인 사회 구조를 혁신하는 과정
③ 디지털 기술을 활용하여 기업 내부의 IT 부서만 개선하는 과정
④ 스마트폰 보급과 같은 개별 디지털 기기 보급에 초점을 맞춘 과정

해 이 문제와 같이 개념을 묻는 문제에 대해서는 보기를 잘읽어 보면 보기 안에 답이 있는 경향이 있음. 현재 문제도 보기안에 해당되는 내용을 찾아 문제를 풀고 지문에서 한정사 포함시 오답 처리하면 답안을 빨리 찾아낼수 있음.

12

[보기]에서 빅데이터의 5V 요소 중 'Veracity'가 의미하는 것은?

[보기]
㈜KPC의 인사팀은 직원 성과 평가를 위해 빅데이터 기반의 AI 분석 시스템을 도입하였다. 그러나, 직원들의 성과 데이터를 수집하는 과정에서 일부 직원의 근태 기록이 부정확하게 저장되거나, 설문 조사에서 응답이 일관되지 않은 사례가 발견되었다. 이로 인해 AI 분석 결과에 대한 신뢰도가 낮아지고, 잘못된 데이터로 인해 직원들의 평가 결과가 왜곡될 가능성이 제기되었다. 따라서 인사팀은 데이터의 정확성과 신뢰성을 높이는 것이 중요하다고 판단하고, 수집된 데이터를 검증하고 정제하는 과정을 강화하기로 하였다.

① 데이터의 속도　　② 데이터의 규모　　③ 데이터의 정확성　　④ 데이터의 다양성

해 빅데이터의 5V특성 : 규모(Volume) : 데이터의 양, 속도(Velocity) : 데이터의 생성 및 처리 속도, 다양성(Variety) : 데이터의 형태(정형, 비정형, 반정형), 정확성(Veracity) : 데이터의 신뢰도 및 정확성, 가치(Value) : 데이터 분석을 통해 얻는 경제적 가치

13

[보기]는 무엇에 대한 설명인가?

[보기]
• 인터넷을 통해서 모든 사물을 서로 연결하여 정보를 상호 소통하는 지능형 정보기술 및 서비스
• 해당 기기들이 내장 센서를 통해 데이터를 수집하고 인터넷을 통해 서로 연결·통신하며, 수집된 정보 기반으로 자동화된 프로세스나 제어기능을 수행함
• 스마트 가전, 스마트 홈, 의료, 원격검침, 교통 등 다양한 산업 분야에 적용됨

① 사물인터넷(Internet of Things)　　② 클라우드 컴퓨팅(Cloud Computing)
③ 인공신경망(Artificial Neural Network)　　④ 사이버물리시스템(Cyber Physical System)

해 사물인터넷 : 인터넷을 통해서 모든 사물을 서로 연결하여 정보를 상호 소통하는 지능형 정보기술 및 서비스
　 * 핵심기술과 용어는 빈출되니 정의를 암기하고 숙지해야함.

14

인공지능의 기술발전에 대한 설명으로 옳지 <u>않은</u> 것은?

① 연결주의 시대는 학습에 필요한 빅데이터와 컴퓨팅 파워의 부족이라는 한계를 극복하였다.
② 연결주의는 지식을 직접 제공하기보다 지식과 정보가 포함된 데이터를 제공하고 컴퓨터가 스스로 필요한 정보를 학습한다.
③ 계산주의는 인간이 보유한 지식을 컴퓨터로 표현하고 이를 활용해 현상을 분석하거나 문제를 해결하는 지식기반시스템을 말한다.
④ 딥러닝은 입력층(input layer)과 출력층 (output layer) 사이에 다수의 숨겨진 은닉층(hidden layer)으로 구성된 심층신경망(Deep Neural Networks)을 활용한다.

해 기술 발전 단계 : 인공지능의 기술발전 단계는 계산주의 시대, 연결주의 시대, 딥러닝 시대로 구분
　 * 연결주의 시대 : 빅데이터와 컴퓨팅 파워부족의 한계를 극복하지 못함.

PART II

1장

인적자원 확보

01 인적자원 관리

1 인적자원 관리의 패러다임 변화

(1) 연공 중심에서 성과 중심(시장 가치 중심)으로 변화

(2) 수직적 상하관계에서 수평적 상호 관계로 변화

(3) 일방적인 통보에서 쌍방향 의사소통으로 변화

(4) 근무성적평가에서 육성 및 개발 평가시스템으로 변화

(5) 획일적인 보상에서 능력과 성과 위주의 보상으로 변화

(6) 사람 중심에서 역할 중심으로 변화

(7) 비용관점에서 수익관점으로 변화

2 인적자원 관리 담당자 역할 변화

* 인적자원 담당자의 역할 : 행정 전문가, 직원 지지자, 전략적 파트너, 변화 주도자

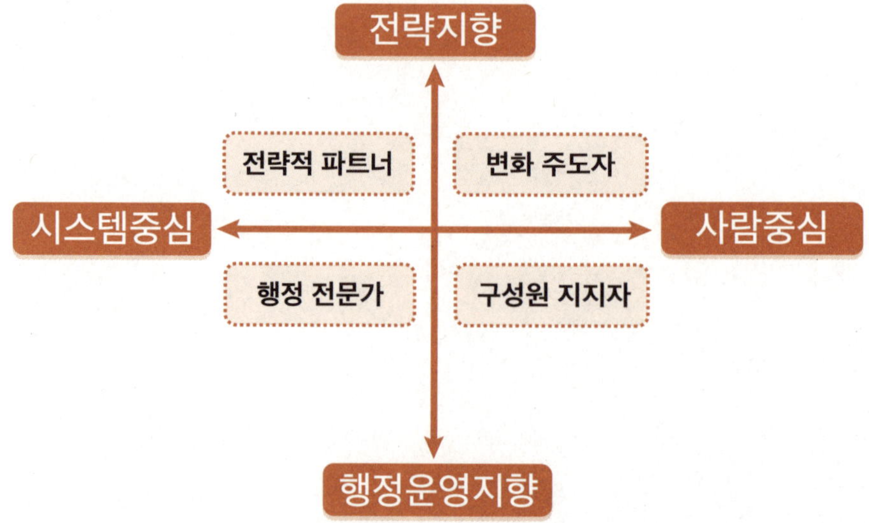

3 인사관리의 영역

(1) **인적자원관리(HRM: Human Resources Management)** : 기업의 장래 인적자원의 수요를 예측하여 필요한 인적자원을 확보하기 위하여 실시하는 일련의 활동

(2) **인적자원개발(HRD: Human Resources Development)** : 개인과 조직의 개선을 목적으로 조직 내에서 개인 학습활동을 통하여 개인적 향상, 현재와 미래 직무에 대한 능력을 개발하는 것

(3) **인적자원계획(HRP: Human Resources Planning)** : 미래에 필요한 인적자원의 수요를 예측하고 그에 대한 채용, 선발, 훈련, 경력개발, 직무설계 등을 계획하는 것

(4) **인적자원활용(HRU: Human Resources Utilization)** : 인적자원을 조직 내에 배치하고 활용하는 것으로 승진, 평가, 이동, 보상, 업적 관리, 배치와 순환, 인사고과 등 인사 제도와 운영에 관련된 것.

(5) **노무관리** : 근로자의 능력을 장기간 유지하고 상승시키는 일련의 정책으로, 노사관계를 중심으로 노동조건을 포함함.

4 인적자원 관리의 기능

(1) 기본 기능

직무분석, 직무평가, 직무설계의 영역으로 구분되는 직무 관리와 현재 또는 중장기적인 차원에서 요구되는 인력의 규모를 예측하고 결정하는 인적자원계획 영역으로 구분

(2) 확보 기능

기본 기능에 따라 조직이 원하는 인력의 규모와 요건에 따라 인적자원을 확보하기 위한 과정으로 종업원의 **채용, 모집, 선발, 인사이동(배치)** 등이 해당

(3) 개발 기능

확보기능에 따라 채용된 인재의 지속적인 경력개발을 위한 과정으로 **교육훈련, 경력관리(능력 개발 관리), 인사 평가(승진, 징계)** 등이 해당

(4) 보상 기능

종업원들에 대해 금전적 혹은 비금전적 보상의 공정성을 위한 과정으로 **임금관리와 복지 후생 관리**가 해당

(5) 유지 기능

근로자의 능력을 장기간 유지하고 상승하여 노사 간 협력관계를 유지 발전시켜 근로 생활의 질 향상을 위한 과정으로 **안전보건 관리, 노사관계 관리, 이직 관리** 등이 해당

5 인사관리 실시 원칙

- 직무 중심주의 원칙
- 전인주의 원칙
- 능력주의 원칙
- 성과주의 원칙
- 공정성의 원칙
- 정보공개주의 원칙
- 참가 주의 원칙

6 인적자원관리에 영향을 미치는 요인

구분	내용
외부요인 (일반 환경)	경제적 환경, 사회문화적 환경, 법률적 환경, 기술적 환경, 노동시장
외부요인 (특수 환경)	정부, 주주, 고객, 경쟁업체, 노동조합, 지역사회 등
내부요인	최고경영자의 경영 철학, 기업의 목표, 정책, 전략, 분위기 등

7 인사관리의 이론적 발전과정

(1) 과학적 인사관리

테일러의 과학적 관리기법	포드 시스템
① 표준작업량 연구 ② 동작연구와 시간연구 ③ 차별적 성과급 ④ 직장 중시	① 3S 원칙(단순화, 표준화, 전문화) ② 합리성과 능률 추구 ③ 기계적 작업 대량 생산(컨베이어 시스템) ④ 작업의 원칙 적용

(2) 인간 관계적 인사관리

① 메이요의 호손실험 : 인간소외에 대한 비판과 기계주의적 관리론에 대한 반성

(3) 행동과학적 인사관리(과업과 인간 지향)

① 매슬로 욕구 5단계(생리적욕구 → 안전, 인정의 욕구 → 사회적욕구 → 존경의욕구 → 자아실현의 욕구)

② 맥그리거의 X, Y이론

   (X - 본래 게으르고 타율적이어서 강압을 받거나 명령받지 않으면 일을 하지 않는 기질,

   Y - 조직에 따라 책임을 떠맡거나 자진하여 책임을 지려고 하는 기질)

③ 허즈버그 2요인론

   ㉠ 동기(만족)요인 : 만족도가 높아짐에 따라 성과가 좋아지게 하는 요인이다. 성취감, 책임, 성장, 인정과
칭찬, 도전성 등

   ㉡ 위생(불만족)요인 : 불만족은 줄이지만 만족도를 높이지는 못하는 요인이다. 급여, 기술적 감동,
작업조건, 지위, 조직정책과 관리, 대인관계, 직장의 안정성 등이 있다.

④ 아지리스 성숙, 미성숙 이론

   (무관심 → 노력의 결여 → 미성숙, 조직 목표 달성을 위해 성숙할 필요가 있음)

⑤ 아담스 공정성 이론(일한 만큼 공정한 대가를 받는가?

⑥ 포터, 롤러의 기대이론(업적을 만족할만한 기대치의 보상을 받을수 있는가?

(4) 시스템 접근방식의 인사관리

① 피들러 상황 리더쉽 이론 : 상황을 중시하면서 긴밀하게 구성원 간 상호작용하는 개발조직

② 호웰과 하긴스 : 혁신은 기업가에게 변화의 촉매제이며 기회의 전환과정임

③ 드러커 : 고객 창조의 가치제시

(5) 리엔지니어링 및 구조조정

① 리엔지니어링

② 구조조정 용어(디베스티쳐, 다운사이징, 리스트럭처링, TQM, 벤치마킹)

02 직무관리

1 직무관련 용어 정리

- 작업이 나누어질 수 있는 최소 단위 : **작업 요소**
- 독립된 특정한 목표를 위하여 수행되는 하나의 명확한 작업 활동 : **과업**
- 한 사람에게 부과된 과업의 집단 : **직위**
- 작업의 종류와 수준이 동일하거나 유사한 직위들의 집단 : **직무**
- 동일하거나 유사한 직무들의 집단 : **직군**
- 일반적으로 직업으로 불리우며 동일하거나 유사한 직군들의 집합 : **직종**

  * 직책 : 직위에 대한 권한과 책임, 직급 : 직무의 등급이나 난이도 등이 비슷한 직위를 세분화한 것

※ 직무 관리의 절차

직무분석 ⇨ 직무기술서(업무) 및 직무명세서(사람) 작성 ⇨ 직무평가 ⇨ 직무설계

2 직무분석

(1) 정의 : 특정 직무의 내용이나 성질을 연구와 관찰을 통해 일정한 직무의 성질, 구체적으로 그 직무를 수행하는 데 필요한 숙련, 노력, 책임, 작업환경 등을 알아내는 과정

(2) 직무분석의 목적 : 직무기술서와 직무명세서를 작성하기 위한 자료를 얻기 위함

① 종업원의 채용, 배치, 이동, 승진 등 고용관리의 합리화

② 종업원의 교육훈련 및 능력 개발의 촉진

③ 직무평가의 기초 자료

④ 직무급 도입 등 임금관리의 합리화

⑤ 직무 중심의 조직 설계 및 업무 개선

⑥ 업무 분담의 적정화 및 산업안전관리의 확립

(3) 직무분석 절차

① 예비 단계 : 분석 목적 결정, 주관 부서 설치, 분석자 선정, 협력체계 확립, 예비조사

② 본 작업 : 직무분석표 작성, 직무 정보 수집, 직무 정보 분석

③ 정리 단계 : 직무담당자 확인, 관리자 승인, 직무기술서와 직무명세서 작성

(4) 직무기술서 / 직무명세서

① **직무기술서** : 직무의 특성에 중점을 두고 정리, 기록한 문서

직무표식(직명, 소속 부서) 부문, 직무 개요 부문, 직무내용 부문,

직무요건(직무상 의무, 기계, 도구 및 설비, 자재, 절차, 직업 조건 등) 부문

② **직무명세서** : 직무요건, 특히 인적 요건에 중점을 두고 정리, 기록한 문서

직무표식(직명, 소속 부서) 부문, 직무 개요 부문,

인적요건(성별, 교육 정도, 경험, 성격, 지능, 지식 등) 부문

(5) 직무 분석 방법

구분	주요 내용
면접법	직무 분석자가 종업원, 감독자와 직접 면접하여 작업의 내용, 성격 등을 파악하는 방법
관찰법	숙련된 직무 분석자가 직무 수행자를 직접 관찰하여 관련된 항목을 표시하거나 평가하도록 하는 방법(면접이나 질문지법의 보조적 방법으로 활용)
질문지법	표준화된 질문지를 근로자에게 배부하여 스스로 기재하게 하는 방법
체험법	직무 분석자 자신이 직무 활동을 수행하고 그 체험으로 직무에 관한 지식을 획득하는 방법
중요사건기록법	할당된 직무수행에 있어서 성공과 실패를 결정할 수 있는 특수한 작업 행동의 사례 정보를 수집 활용하는 방법
작업 기록법	직무 담당자가 매일 자신의 직무에 대한 작업일지와 메모 사항 등을 기록하여 직무 정보를 얻는 방법
종합 분석법	여러 가지 직무분석 방법 중 2개 이상의 분석 방법을 종합적으로 병행하여 실시하여 보다 정확한 직무 정보 자료를 얻는 방법이다.

(6) 직무분석 기법

분석 방법	개요	장점	단점
과업 목록법	설문지를 통해 직무 과업을 나열하고 평가	현실적인 직무 파악, 세부적 분석, 교육 활용 가능	개발 비용 높음, 직무 간 비교 어려움
기능적 직무분석	자료·사람·사물 기능 기준으로 작업 행동 중심 분석	복잡성·자격요건 파악 용이, 직무분류·평가에 유용	직무평가에 직접 적용엔 한계
직무분석 질문지법	표준화된 문항으로 직무 특성 평가 (총 194문항)	다양한 직무에 적용 가능, 비교 분석 용이	인사평가·훈련 용도로는 부적합
관리직위 기술 질문지법	관리자 직무의 구조와 특성 평가	관리직무 분류·평가·보상에 유용, 교육훈련 진단 가능	조직성과와의 연계에 한계

(7) 반응 세트(Response Set)

반응 세트는 직무분석의 오류 중 하나로 사람들이 예상된 혹은 왜곡된 방법으로 질문에 대해 일관적으로 답변할 때 발생. 반응 세트는 질적 척도에 대해 사람들의 해석이나 그 정보를 처리하려고 하는 의도에 대한 잘못된 믿음 때문에 생기는 것

3 직무평가

(1) 정의 : 직무분석에 의하여 작성된 직무기술서, 직무명세서를 기초로 이루어진다. 직무평가는 기업이나 기타 조직에 있어서 각 직무의 중요성, 곤란도, 위험도 등을 평가하여 타 직무와 비교한 직무의 상대적 가치를 비교 분석하는 방법

(2) 목적

① 합리적인 임금 격차의 결정

② 직무평가는 인간이 아닌 직무 자체를 평가하는 과정

③ 각종 임금체계의 공정성을 확보하는 수단

④ 인사관리 전반의 합리화

⑤ 인력의 확보, 배치, 개발의 합리성 제고

(3) 직무평가의 기준 요소

① **책임 요소** : 관리감독, 기계설비, 원자재, 직무개선, 책임 등

② **작업조건 요소** : 위험도, 작업시간, 작업환경, 작업위험 등

③ **숙련 요소** : 지식, 기술, 경험, 교육, 몰입, 도전성, 판단력 등

④ **노력 요소** : 육체적, 정신적, 구조적, 창의성 등

(4) 직무평가 방법

① **비계량적(종합적) 평가방법**

　㉠ 평가 요소를 나누지 않고 직무 전체로서 평가

　㉡ 직무의 상대적 가치를 계량적으로 표시하지 않고 서열이나 등급으로 표시

　㉢ 간명하고 탄력적이며 비용이 적게 들어 중소기업에서 많이 사용

　㉣ 분류법은 대기업의 사무직, 기술직, 관리직의 직무평가에서 사용

② **비계량적 평가 방법의 종류**

　㉠ **서열법** : 직무의 중요도의 순서에 따라 서열별로 등급화하는 평가 방법(교대서열법, 쌍대서열법)

　㉡ **분류법** : 사전 직무에 대한 등급을 정해 놓고 직무가 어느 등급에 해당하는지 분류 하는 평가 방법

③ 계량적(분석적) 평가 방법

　㉠ 특징 : 직무를 숙련, 노력, 책임, 작업조건 등과 같은 구성요소로 분해하고 그 요소별로 가치를 결정하여

　　합계를 가지고 해당 직무의 가치 결정

④ 계량적 평가 방법의 종류

　㉠ **점수법** : 각 직무 요소를 분해하여 평가 요소별로 점수화하여 종합적으로 평가하는 방법

　㉡ **요소비교법** : 가장 기본이 되는 몇 개의 기준직무를 선정하여 기준직무의 평가 요소별 가치를

　　임금액으로 환산하여 직무의 상대적 가치를 평가 요소별로 비교하여 평가하는 방법

(1) 정의 : 개인과 조직을 연결해 주는 가장 기본적인 단위인 직무의 내용과 방법 및 관계를 구체화하여 종업원의
　　　　욕구와 조직의 목표를 통합시키는 것

(2) 목적
　　① 생산성 향상
　　② 종업원의 동기부여 향상
　　③ 품질 개선과 원가절감
　　④ 이직 및 훈련비용 감소
　　⑤ 신기술에 신속한 적응

(3) 개인 수준 직무설계 방법
　　① **직무 전문화** : 전체적인 과업을 보다 작은 요소로 분할하고 나누어 담당하도록 하는 것
　　　　㉠ **수직적 전문화 : 중요도가 낮은 직무 일부를 하위자가 처리하도록 함.**
　　　　㉡ **수평적 전문화 : 단순하고 반복적인 작업공정을 전문화 또는 분업화**
　　　　　　* 테일러의 과학적 관리법 : 작업능률 높이고, 관리 비용 낮추며, 종업원 통제 및 교육훈련 쉬움. 그러나 기계적인
　　　　　　　직무설계로 인한 직무수행자의 불만족, 무관심, 소외감, 비인간화, 노사분쟁 등의 문제 발생 우려 있음.
　　　　㉢ **직무확대** : 직무에 대한 단조로움과 권태감을 줄이고 직무 만족을 높이며 결근이나 이직을 감소하기
　　　　　　위한 하나의 해결책으로 작업자의 과업 수와 다양성을 증가시키는 방법(수평적 확대)
　　　　㉣ **직무충실화** : 인간성 회복, 노동의 인간화라는 의미에서 현재 작업자가 수행하고 있는 직무에
　　　　　　의사결정의 자유 재량권과 책임이 추가되어 과업에 할당되는 것(수직적 확대)
　　　　㉤ **직무교차** : 집단 대상의 수평적 직무확대로 반드시 직무 일부분을 다른 작업자와 공동으로 수행하는
　　　　　　방법

(4) 집단수준의 직무설계 및 기타 방법
　　① 직무순환 : 권태감이나 작업의 단조로움을 제거하고 조직구성원에게 폭넓은 경험을 하도록 여러 분야의
　　　　직무로 바꾸는 방법 → 구성원 변경
　　② QC 서클 : 정규적인 작업 현장에서 각 영역의 책임을 분담하고 있는 종업원들의 자발적 집단으로 품질
　　　　문제에 대하여 토의하며 문제의 해결 방안을 모색하고 평가

③ 직무공유제 : 두 사람 이상의 시간제 근무자가 하나의 직무를 직무 시간 교대를 통해서 일주일 40시간의 정상 근무를 수행하도록 하는 제도

④ 자율적 작업팀 : 상호보완적 기능을 가진 소수의 사람이 공동의 목표 달성을 위해 상호책임을 공유하고 문제해결을 위해 공동의 접근방법을 사용하는 조직 단위

⑤ 직무특성이론(job characteristics theory) : 핵심 직무는 중요 심리상태에 영향을 미치고, 중요 심리상태는 개인 및 직무성과에 영향을 미치게 되며, 이는 종업원의 성장 요구 강도, 지식과 기능, 상황 요인이 조절적 영향을 미치게 된다.

⑥ 인간공학 : 사람이 사용하는 기계를 재설계함으로써 눈의 피로, 척추 고통, 육체적 피로 또는 스트레스 등 불편한 상태를 개선하는 데 초점을 둔 직무설계 방법

⑦ 원격근무(telecommuting) : 일주일에 최소한 이틀간 사용자의 사무실로 연결된 컴퓨터로 집에서 일하는 것으로 일상적 정보처리 과업, 활동적 과업, 전문직 및 기타 지식 관련 과업에 적합

5 인적자원 확보

(1) 정의 : 기업이 목표를 달성하기 위해 특정 직무를 수행할 수 있는 종업원을 얻는 과정에 대한 체계적이고, 합리적인 과정(인력 수급예측 → 모집 → 선발 / 배치의 과정)

(2) 필요인력 충당방법

① 사내 인력 : 훈련비용 多, 사기와 학습 의욕 높일 수 있음. 외부 인력보다 평가가 쉽다.

② 외부 경력사원 : 사내 승진이 강조되고 연공주의 인사정책에 치우치는 경우 조직의 분위기가 안이해질 수 있다.

(3) 인력의 수요와 공급균형

① 인력과잉 : 작업 분담제, 조기퇴직제, 사내벤처, 소사장제, 신규 아이템 개발, 조직 내 직무 재배치, 무급 휴가제, 일시 해고, 다운사이징, 정리해고

② 인력부족 : 초과근로, 임시직 활용, 아웃소싱(하도급), 파견근로, 신규 인력 채용

(4) 인력 수요예측 기법

방법	내용
주관적 접근법 (정성적 기법 = 판단적 기법)	① 명목집단법 ② Delphi 기법(전문가 의견 통합법) ③ 자격요건 분석
통계적 방법 (정량적 기법 = 수리적 기법)	① 회귀분석(regression analysis) 　- 다양한 요인들의 상관관계를 도출하여 미래 수요예측 미래의 수요예측 ② 시계열 분석(time-series analysis)의 추세분석 　- 시간의 변동에 따른 변수의 변화로 미래 수요예측 ③ 생산성 비율 분석(ratio analysis) 　- 생산성의 변화에 대한 정보를 가지고 인적 자원 관련 요인과 필요한 종업원 비율을 　　계산함으로써 미래의 인적 자원 수요를 결정하는 방법
산업 공학적 접근법	① 작업표본(work sampling) 기법 ② 작업량 분석(workload analysis) ③ 시간 및 동작 연구(time and motion study)
수학적 기법	① 선형계획법(linear programming) ② 시뮬레이션(simulation)

(5) 인력 공급 예측 기법

① 내부 공급예측 방법

　㉠ 기능목록 : 종업원 경험, 교육 수준 같은 직무 관련 정보를 분석, 검토하여 요약한 자료

　㉡ 마코브 분석 : 시간이 경과 함에 따라 한 직급에서 다른 직급으로 이동해나가는 확률 기술

　㉢ 대체도 : 인적 자원의 현황을 시각적으로 표현한 것

② 외부 공급 예측 방법 : 실업고교, 기술학원, 전문대학 등(인턴십 제도)

<인턴사원제도>

졸업 직전의 실업고나 대학생들이 방학 동안 또는 시간 근로를 이용하여 현장에서 근무하면서 이론과 실무를 함께 배우다가 졸업 후에 채용되거나, 정규 사원으로 채용되기 전에 일정 기간 근무하게 하여 잠재 고용자를 밀접하게 알아볼 수 있는 기회와 고용 대상이 될 수 있다는 장점을 지닌 제도

[6] 모집관리

① 정의 : 외부로부터 기업의 직무수행에 필요한 능력을 갖춘 인재들을 구하여 기업 내의 어떤 직무에 지원하도록 하는 기업 측의 구인 활동

⊙ **내부 모집(사내 모집)** - 사내 공모제, 기능 목록표 활용

- 장점 : 외부 모집보다 간편, 인사기록 등 정보 보유, 홍보 필요성 낮음, 사기진작에 도움
- 단점 : 모집범위 제한, 과다경쟁 유발, 탈락자 불만 발생, 피터의 원리 발효

⊙ **외부 모집(사외모집)** - 인턴사원제, 헤드헌터, 공공기관, 리쿠르터, 광고매체, 교육기관 추천, 기존종업원의 추천, 자발적 지원 등

- 장점 : 훈련비용의 절감, 환경변화에 적절하게 대응할 수 있는 인재 채용
- 단점 : 시간 낭비, 충원 비용 증가, 기존 구성원 사기 저하, 부적격자 채용 위험

※ 모집 평가의 주요 지표

- 산출률 : 단계별로 지원자들이 어떻게 축소, 배치되는지를 보여주는 비율
- 선발률 : 지원자 가운데 최종 선발된 인원의 비율
- 수용률 : 선발에 최종 합격한 사람 중 회사의 입사 제의를 받아들여 실제 입사하는 인원의 비율
- 기초율 : 지원자들 가운데 선발 과정을 거치지 않고 무작위로 선택하여 채용했을 때 일정 기간이 경과한 후 업무를 잘하는 사람의 비율

[7] 선발 관리

① 정의 : 모집활동을 통해서 지원한 다수의 지원자 중에서 조직의 직무요건에 가장 적합한 사람을 결정하는 과정

* 예비면접 ⇨ 지원서 검토 ⇨ 선발시험 ⇨ 선발 면접 ⇨ 신원조회 ⇨ 신체검사 ⇨ 채용

② 선발시험의 종류 : 지원자의 능력을 평가하기 위한 입사 시험으로 학문적 지식과 지능검사, 성격(인성)검사, 흥미검사, 적성검사(직무 함양 능력) 등을 평가

③ 선발 도구의 평가 기준

⊙ **신뢰성**

- 시험-재시험법(동일한 지원자에 대해 같은 내용의 시험을 시기를 달리하여 반복 실시하고, 그 결과를 비교하여 신뢰성을 측정하는 방법)
- 복수양식법(한 종류의 항목으로 구성된 시험한 후, 이와 유사한 항목으로 된 다른 형태의 시험을 시행하여 나타난 두 가지 형태의 시험 결과를 상호 비교하여 신뢰성을 측정하는 방법)
- 양분법(시험내용이나 시험문제를 반으로 양분하여 실시한 후 그의 결과를 비교하여 신뢰성을 측정하는 방법)

ⓒ **타당성**

- 기준 관련 타당성
  - 동시 타당성 : 현재 종업원에게 시험을 시행하여 그 시험 성적(예측치)과 종업원의 현재
    직무성과(기준치)와의 상호 비교를 통해 시험의 타당성 여부를 측정하는 방법
  - 예측타당성 : 선발시험을 실시하여 합격한 지원자의 시험 성적(예측치)과 입사 후의 그의
    직무성과(표준치)를 비교하여 선발시험의 타당성을 측정하는 방법
- 내용 타당성(선발시험의 문항 내용이 측정 대상인 직무성과와의 관련성을 잘 나타내고 있는가를
  측정하는 방법)
- 구성 타당성(선발시험의 이론적 구성과 직무수행에 요구되는 어떠한 속성이나 행동적 특성과의 관련
  성을 측정하는 방법)

ⓒ 효용성(비용 대비 수익을 가져다주는 지원자 선발)

ⓔ 형평성(모든 지원자에게 동등한 기회 부여)

(8) 선발 오류

① 1종 오류: 선발했어야 하는 인원을 놓치게 된 오류

② 2종 오류: 선발하지 말았어야 하는 인원을 뽑은 오류

＊ 선발 비율이 1에 가까워질수록 2종 오류가 커지고, 선발 비율이 0에 가까워질수록 1종 오류가 커짐

(9) 선발 도구(면접)

① 면접의 유형

㉠ 구조적 면접 : 미리 준비된 질문항목

ⓒ 비구조적 면접 : 미리 준비된 질문지 없이 지원자에게 공통된 질문 하며 개인의 독특한 점에 대해 일정
  시간 할애하여 자율적으로 면접하는 방법

ⓒ 집단면접 : 집단별로 특정 주제에 대한 자유 토론을 할 수 있는 기회를 부여하고, 토론 과정에서 개인적,
  사회적 특성을 평가

ⓔ 스트레스 면접 : 피면접자를 갑작스러운 공격적 행동이나 무시하는 행동 등으로, 의도적으로 긴장 또는
  좌절 상태에 빠지게 하여 피면접자의 감정 조절 능력 및 인내도를 평가하는 면접방식

ⓜ 패널 면접 : 다수의 면접자가 한 사람의 피면접자를 상대로 하는 면접방식으로 의견교환 절차를 거쳐
  광범위한 정보수집 및 정확한 평가 가능 → 신뢰성↑(전문직, 관리직)

인적자원 관리 기출문제 풀이

인사 1급 인적자원 관리 빈출 문제

01

위험도, 작업시간, 작업환경, 작업위험 같은 요소를 평가할 때, 이들은 어떤 평가 기준에 해당하는지 고르시오.

① 숙련요소 - 직무를 수행하는 데 필요한 지식, 경험 등

② 책임요소 - 직무에서 요구되는 의사결정 및 권한 수준

③ 노력요소 - 직무 수행 시 요구되는 신체적/정신적 노력

④ 작업요소 - 특정 업무 수행을 위해 필요한 환경 및 절차

해 숙련요건에는 도전성, 교육, 경험, 몰입, 창의성, 지식, 기술 등이 있으며, 노력요소에는 육체적/정신적 노력이 있다. 책임요소에는 관리감독, 기계설비, 직무개선, 원재료 책임 등이 있다. 작업조건요소에는 위험도, 작업시간, 작업환경, 작업위험 등

02

인적자원관리는 조직의 유효성을 높이기 위해 실천되는 하나의 과정이다. 인적자원관리 기본기능 외에 실무 운영 기능에 대한 설명으로 적합하지 않은 것은?

① 확보기능 - 인적자원계획, 조직개발

② 보상기능 - 임금관리, 복리후생관리

③ 개발기능 - 교육훈련, 경력개발, 인사고과

④ 유지기능 - 안전보건관리, 이직관리, 노사관계관리

해 기본기능에 따라 조직이 원하는 인력의 규모와 요건에 따라 인적자원을 확보하기 위한 과정으로 종업원의 **채용, 모집, 선발, 인사이동(배치)** 등이 해당

[보기]는 ㈜생산컨설팅의 신규 직무를 관리하기 위한 수행 활동 내용이다. 일반적인 직무관리 절차 순서를 고르시오.

[보기]

가. 유사 직무와 비교하여 직무의 상대적 가치를 평가하고, 적정 임금 수준을 산정하였다. (직무평가)

나. 인사팀은 생산직 사원의 주요 업무, 필요 도구, 근무 시간, 보고 체계 등을 파악하기 위해 인터뷰와 관찰을 실시하였다. (직무분석)

다. 수집한 정보를 바탕으로 생산직 사원의 업무 내용과 책임, 직무 목적 등을 체계적으로 문서화하고, 해당 직무를 수행하기 위해 필요한 학력, 자격, 경험, 신체 조건 등의 요건을 정리하였다. (직무기술서 및 직무명세서 작성)

① 가 → 나 → 다 ② 나 → 다 → 가

③ 가 → 다 → 나 ④ 나 → 가 → 다

해 ※ 직무관리의 절차
직무분석 ⇨ 직무기술서(업무) 및 직무명세서(사람) 작성 ⇨ 직무평가 ⇨ 직무설계

04

인적자원의 모집 방법 중 내부모집에 의한 방법으로만 구성된 것은?

① 광고, 인터넷 모집 ② 채용박람회, 근로자 추천

③ 교육기관의 추천, 인턴십 제도 ④ 사내공개모집제도, 관리자 및 기능목록 작성

해 ① 광고와 인터넷 모집으로 외부모집에 해당
② 채용박람회, 근로자 추천은 외부모집에 해당
③ 교육기관 추천, 인턴십 제도는 외부모집에 해당
④ 사내공개모집제도와 관리자 및 기능목록 작성은 내부모집에 해당됨.

05

채용 예정자를 대상으로 한 시험 성적을 먼저 측정하고, 일정 기간 근무 후의 직무성과와 비교하여 선발도구의 타당성을 검사하는 방법을 의미하는 것은?

① 동시타당성 ② 예측타당성

③ 내용타당성 ④ 구성타당성

해 예측타당성 : 선발시험을 실시하여 합격한 지원자의 시험성적(예측치)과 입사 후의 그 의 직무성과(표준치)를 비교하여 선발시험의 타당성을 측정하는 방법

06

선발 의사결정에 관한 설명으로 가장 적절하지 <u>않은</u> 것은?

① 선발률이 일정할 때 타당성 계수가 증가하면 예측 수단의 성공률이 증가하게 된다.

② 만족스러운 성과를 낼 수 있는 사람을 시험 성적이 미달되어서 선발하지 않는 오류를 제1종 오류라고 한다.

③ 총지원자 중에서 만족스러운 성과를 낼 수 있는 사람들을 많이 선발하게 되면 선발기준의 타당성이 높다고 말할 수 있다.

④ 선발률이란 총지원자 중 선발된 사람의 비율을 의미하는 것으로 선발률이 0에 가까우면 1종 오류는 줄어들지만 2종 오류가 증가하고, 선발률이 1에 가까우면 1종 오류는 늘어나지만 2종 오류는 줄어드는 효과가 있다.

圈 선발률이 0에 가까우면 2종 오류는 줄어들지만 1종 오류가 증가하고, 선발률이 1에 가까우면 2종 오류는 늘어나지만 1종 오류는 줄어드는 효과가 있다.

07

[보기]에서 설명하는 인사관리의 영역으로 가장 적절한 것은?

[보기]
제조기업에서는 기술 변화가 빠르게 이루어지며, 작업자들이 보유한 기술이 쉽게 노후화되기 때문에 이를 보완하기 위한 인력개발이 필수적이다. 이러한 배경에서 근로자의 기술 향상과 직무 유지 능력을 장기적으로 지원하며, 안전한 작업 환경과 복리후생 등 노동 조건을 포함하여 근로자 전반의 생활 질 향상을 도모한다.

① 노무관리　　　　　　　　　　　　② 인적자원개발
③ 인적자원계획　　　　　　　　　　④ 인적자원활용

圈 지문을 읽다 보면 인력 개발 분야가 포함되어 있다 보니, 인적자원 개발 분야를 선택할 수 있으나 지문에서 '노동 조건 포함'하고 있기 때문에 노무관리를 가장 적절한 영역으로 볼 수 있다.

08

[보기]에서 ㈜생산의 인적자원 미래예측기법으로 가장 적절한 것은?

[보기]
㈜생산 인사팀은 향후 3년 동안 부서별 인력의 승진, 전보, 이직률 등을 반영하여 인력 수급을 예측하고자 한다. 이를 위해 다음과 같은 방식으로 인력 변동을 시뮬레이션하고 있다.
- 검정사업팀의의 현재 인원이 100명일 때, 연간 10%는 교육사업팀으로 이동하고 5%는 퇴사하며, 3%는 타 부서로 전보된다.
- 이러한 이동 확률을 바탕으로 다음 해와 그다음 해의 인력 수를 예측하여 중장기 인력계획을 수립하고 있다.

① 관리자목록　　　　　　　　　　　② 델파이기법
③ 마코브분석　　　　　　　　　　　④ 명목집단법

圈 현재 상태(구성원이 속한 위치 등)를 기반으로, 다른 부서로 이동 확률을 구하고, 이를 기반으로 미래를 예측하는 상황이다. 마코프분석에 해당한다.

[보기]에서 설명하는 용어를 한글로 입력하시오.

[보기]

- 조직 내부 인력이 부족하거나 전문성이 부족할 때, 특정 업무를 외부 전문기관에 위탁하여 수행하는 방식
- 상시 고용보다 외부 위탁이 더 저렴할 경우 경제적인 효과를 거둘 수 있음
- 일시적인 인력 수요 증가 시 인력 부족의 대응 방안으로 대응 할 수 있는 전략 중 하나이다.

해 · 아웃소싱은 내부 인력이나 역량이 부족할 때 유용한 전략이다.
  · 인력과잉 : 작업분담제, 조기퇴직제, 사내벤처, 소사장제, 신규아이템개발, 조직 내 직무재배치, 무급휴가제, 일시해고, 다운사이징, 정리해고

10

[보기]는 어느 직무분석방법(직무정보수집)에 대한 내용이다. 해당하는 직무분석방법을 한글로 입력하시오.

[보기]

- 면접이나 질문지 작성이 어려운 경우 적용하기 좋다.
- 작업자의 육체적인 활동은 분석이 가능하지만 정신적인 활동(연구개발, 법률 관련 직무 등)에는 적용하기 어렵다.
- 특정 직무를 오래 분석할 경우 직무수행에 방해가 될 수 있다.
- 직무자가 본인의 활동이 분석되고 있다고 인지할 경우 직무수행의 왜곡현상이 발생할 수 있다.

해 · 직무분석자가 직무수행자를 직접 관찰하고 기록하는 방법인 관찰법(Observation)에 대한 설명
  · 숙련된 직무분석자가 직무수행자를 직접 관찰하여 관련된 항목을 체크하거나 평가하도록 하는 방법(면접이나 질문지법의 보조적 방법으로 활용)

01

직무와 관련된 용어로 직업이라고 불리는 것은?

① 직종 ② 직위 ③ 과업 ④ 직군

해
- 작업이 나누어질 수 있는 최소 단위 : 작업요소
- 독립된 특정한 목표를 위하여 수행되는 하나의 명확한 작업 활동 : 과업
- 한 사람에게 부과된 과업의 집단 : 직위
- 작업의 종류와 수준이 동일하거나 유사한 직위들의 집단 : 직무
- 동일하거나 유사한 직무들의 집단 : 직군
- 일반적으로 직업으로 불리며 동일하거나 유사한 직군들의 집합 : 직종

02

내부모집에 대한 설명으로 가장 적절하지 <u>않은</u> 것은?

① 내부모집은 종업원의 경력 개발 경로를 제시하고, 승진·배치전환과 연계되어 동기부여 효과를 기대할 수 있다.

② 내부모집을 활용하면 지원자의 근무 태도나 성과에 대한 자료를 이미 보유하고 있어 선발 시 평가가 용이하다.

③ 내부모집을 과도하게 활용하면 외부 인력 유입이 줄어들어 조직이 경직되고, 새로운 아이디어 도입이 어려워질 수 있다.

④ 내부모집은 조직 구성원을 대상으로 비밀리에 진행할수록 불필요한 소문이 차단되어 신뢰 형성에 유리하다는 장점을 가진다.

해 모집·선발 과정이 과도하게 비공개·비밀리에 진행되면 오히려 불신·소문이 커지는 단점이 있다. 내부 신뢰 형성에 유리하다는 설명은 부적절하다.

03

[보기]는 ㈜생산의 인적자원 수요예측 사례이다. 이 기업이 활용한 인력 수요예측 방법으로 가장 적절한 것은 무엇인가?

[보기]
㈜생산은 최근 3년간의 매출액과 인력 수의 추세를 분석하여, 매출액 대비 필요 인력 비율(생산성 비율)을 산출하였다. 이를 바탕으로 내년도 예상 매출액에 따라 필요한 인력 수요를 계산하였다.

① 명목집단법 ② 델파이기법
③ 전문가예측법 ④ 생산성비율분석

해 생산성 비율 분석법은 과거의 성과 지표(매출 등)와 인력 수 사이의 비율을 바탕으로 미래 인력 수요를 계량적으로 예측하는 방법

[보기]는 어느 직무분석 방법의 단점을 나열한 것이다. 해당 직무분석 방법으로 가장 적절한 것은?

[보기]
- 마케팅 전략 수립, 학술연구, 과학자 등 직무의 시작에서 종료까지 긴 직무에 적용하기 어렵다.
- 법률 관련 직무 등 정신적인 활동에 대해서 적용하기 어렵다.
- 직무분석 담당자가 해당 방법을 통해 직무분석을 수행할 경우 업무에 방해가 될 수 있다.
- 해당 방법을 통해 획득한 정보의 신뢰성에 문제가 있을 수 있다.

① 관찰법   ② 질문지법

③ 작업기록법   ④ 중요사실기록법

해 관찰법(Observation)은 직무분석을 수행하는 사람이 특정 직무가 수행하는 내용을 관찰하는 방법

[보기]의 면접 방법으로 가장 적절한 것을 고르시오.

[보기]
㈜생산은 최근 AI 기반 제품기획 전문가를 채용하기 위해 면접을 진행했다. 이 과정에서 인사팀장, 기술연구소장, 전략 기획팀장이 함께 한 명의 지원자를 상대로 각자의 전문 분야에 대해 질문하며 평가하였다.

① 압박면접   ② 패널면접

③ 비지시적 면접   ④ 블라인드 면접

해 전문분야별 다수의 면접자가 평가하는 패널면접에 해당한다.

인사관리 이론 중 행동과학적 이론이 아닌 것은?

① 맥그리거 - X · Y 이론   ② 허즈버그 - 2요인 이론

③ 피들러 - 상황 리더십 이론   ④ 매슬로우 - 욕구 5단계 이론

해 시스템 접근방식의 인사관리이론으로 피들러 - 상황 리더십 이론, 호웰과 히긴스, 드럭커 등이 있다.

07

[보기]에서 설명하는 문서는 무엇인가?

[보기]
교육회사인 ㈜생산교육의 인사팀은 직원 채용을 위해 직무분석을 수행한 후 다음과 같은 문서를 작성하였다. 해당 문서에는 지원자의 학력, 직무 경험, 필요한 자격증 및 신체적 요건 등 인적 요건이 중심이 되어 기록되었다. 이 문서를 통해 인사팀은 채용 기준을 명확히 하고자 한다.

① 직무평가서

② 직무명세서

③ 직무분석표

④ 직무고과표

해 **직무명세서 : 직무 요건, 특히 인적 요건에 중점을 두고 정리, 기록한 문서**
　　직무표식(직명, 소속부서) 부문, 직무 개요 부문, 인적요건(성별, 교육정도, 경험, 성격, 지능, 지식 등) 부문

PART

II

인적자원 개발

01 인적자원 개발

1 인사고과

(1) 정의 : 조직구성원들의 행위를 조직의 목적에 더욱 적합하도록 유도하기 위하여 적용하는 인사평가 제도로서

조직구성원의 능력과 업적을 평가하여 조직구성원의 조직에 대한 유용성을 조직적으로 파악하는 것

* 과거 : 종업원의 과거 실적에 대한 차별적인 보상기준에 대한 자료(보너스 지급, 승진 결정)

* 현대 : 미래지향적 입장. 종업원 개발, 적재적소의 배치 등의 목적

(2) 인사고과의 목적

① 고용관리의 합리화

② 교육훈련 및 능력 개발의 촉진

③ 임금관리의 합리화

④ 경영자의 관리능력 향상

⑤ 기타 인사관리의 합리화

(3) 인사고과의 원칙

① 직무 기준의 원칙

② 공정성의 원칙

③ 독립성의 원칙

④ 납득성의 원칙

⑤ 추측 배제 및 불소급의 원칙

⑥ 고과 오차, 오류배제의 원칙

⑦ 객관성의 원칙

⑧ 수용성의 원칙

(4) 인사고과의 구성요건

① 타당성 : 고과 내용이 고과 목적을 얼마나 잘 반영하고 있는가?

② 수용성 : 인사고과 제도가 적합하고, 공정하게 운영되어 조직구성원들이 그 결과를 받아들일 수 있는가?

③ 신뢰성 : 고과 내용이 얼마나 정확하게 측정되었는가?

④ 실용성 : 기업이 어떤 고과 제도를 도입하는 것인지가 중요하며, 실질적으로 비용보다 효익이 더 큰가?

(5) 인사고과 요소

① 근무 태도 : 책임감, 적극성, 협조성, 규율성, 성실성, 근면성, 순응성

② 근무 능력 : 전문지식과 기능(업무 지식, 숙련도, 정확성 등), 관리능력(지도력, 부하 육성 능력, 인간관계 관리능력 등), 지적 능력(기획력, 판단력, 창의력, 표현력, 분석력 등),책임감(업무 수행 책임, 업무 결과 책임 등)

③ 업적·성과 : 목표 달성도, 업무처리내용, 섭외 활동의 실적, 부하 육성의 정도 등

④ 적성·성격 : 안정성, 사교성, 결단력, 성취 의욕 등

(6) 인사고과 실시 절차

① 인사고과의 목적 결정 → 인사고과 대상의 선정 → 인사고과 방식 및 요소(종업원 능력 요소, 업적 요소, 태도 등) 선정 → 인사고과 자의 선임과 인사고과 실시 → 인사고과자료의 수집과 조정·정리 → 인사고과 자료의 활용 및 보관

(7) 인사고과 평가 방법

상대적 평가	절대적 평가
서열법	평정척도 고과 법
쌍대비교법	대조표 고과 법(체크리스트법)
강제할당법	강제선택법
서술식 고과 법	중요 사건 평가법
토의식 고과 법	행동 기준 고과법

① **상대평가 방법**

㉠ 서열법 : 근무성적이나 근무 능력에 대해 서열을 매기는 방법

㉡ 쌍대비교법 : 구성원 중에서 2명씩 골라서 비교하는 방법

㉢ 강제할당법 : 고과자가 사전에 일정한 평가의 범위와 수를 결정해 놓고 일정한 비율에 맞추어 할당하는 방법

㉣ 서술식 고과 법 : 상사가 부하직원의 성과를 분석 평가 후 서술형으로 보고서 작성하는 것

㉤ 토의식 고과 법 : 집단적인 고과 방법으로 팀장과 팀원 사이에서 사용되어 각 팀원과 성과 개선 부분에 관해 토론 공유하는 방식

② **절대평가방법**

　㉠ 평정척도 고과법 : 숙련, 노력, 근무 성적 등 필요한 분석적 평가 요소를 선정하고 해당 근로자를 점수로
　　수량화한 것

　㉡ 체크리스트법 : 평가에 적당한 몇 가지 표준행동을 리스트로 작성 후 등급을 매기는 방법

　㉢ 강제선택법 : 근로자의 행동이나 능력을 가장 적합하게 기술한 서술문 두 개와 적합하지 않은 서술문 두
　　개로 구성

　㉣ 자유 기술법 : 가장 단순한 방법

　㉤ 중요 사건 평가법 : 평가자가 일을 효과적으로 또는 비효과적으로 수행하는 요인에 대해 핵심적이고
　　중요한 행동에 초점을 맞추어 평가하는 방법

　㉥ 행동(행위)기준법 : 피평가자의 실제 행동을 관찰 평가하며 중요 사건 평가법을 기초로 더 정교하게
　　발전(5~10점)

　㉦ 목표에 따른 평가 방법 : 상사와 공동으로 목표를 설정하고 달성된 성과를 공동 토의하여 개인과 조직의
　　목표를 통합하여 개인의 동기부여와 능력 개발을 증진하는 방법

　㉧ 종합 평가방법(평가센터 평가방법) : 비슷한 조직 계층의 6 ~ 12명의 평가자를 평가센터에 3일간
　　합숙하며 관찰하는 방법

　　** 360도 평가(다면 평가) : 본인, 상사, 구성원, 고객 등 다양한 사람의 피드백을 얻어 평가하는 방법

　　** 목표에 따른 평가 방법 : 상사와 부하가 공동으로 목표를 설정하고 달성된 성과를 공동으로 토의

　　** 종합 평가 방법 : 6~12명 정도 평가대상자를 평가센터에 합숙하여 관찰하는 방법

(8) 인사고과 평가의 오류

구분	내용
후광효과	고과 대상자의 특정한 고과 요소로부터 받은 호의적 또는 비호의적 인상이 다른 고과 요소까지 영향을 미쳐 동일하게 평가하는 것 (방지책 : 여러 평가자가 같은 사람 평가하거나 한 사람의 전체 항목을 평가하기 전에 한 가지 특성에 대하여 모든 구성원을 평가하는 방법)
관대화 경향	고과자가 피 고과자를 가능하면 좋게 평가하는 것 (방지를 위해 강제할당법 사용)
엄격화 경향 (가혹화 경향)	관대화 경향과 반대로 고과자가 전반적으로 피 고과자를 가혹하게 평가하는 것
중심화 경향 (집중화 경향)	피 고과자의 대다수를 중간 정도로 판단하는 것 (방지책 : 강제할당법 사용, 평가단계를 홀수로 하지 않고 척도를 더욱 세분화하여 중앙에도 분산이 있도록 함.)

구분	내용
대비 효과	피 고과자를 평가하면서 피 고과자의 특성을 고과자 자신의 특성과 비교하여 평가할 때 생기는 오류 (방지책 : 유사한 고과 요소에 간격을 두어 배열하고 고과 요소별로 하나씩 배열하여 전 고과자가 평가하며 확실할 수 있는 고과 요소부터 평가함)
논리적 오류	각 고과 요소 간에 논리적으로 관계가 있는 경우 상대적으로 높은 고과 요소가 있으면 다른 고과 요소도 높게 평가하는 것 (방지책 : 객관적 사실에 의거하여 평가하도록 함.)
시간적 오류 (최근화 경향)	과거 행위보다는 바로 최근의 행위가 영향받음으로써 평가에 미치는 오류
상동적 오류	그가 속한 집단(학교, 종교, 지역, 국가 등)의 특성에 근거하여 판단하려는 경향

2 교육훈련관리

(1) 교육훈련이란 : 직무분석(job analysis)에 의해 새로 채용된 신입사원은 물론, 각 계층의 종업원에게 과학적, 합리적인 방법으로 여러 가지 능력을 개발, 신장시키는 교육훈련의 과정

① 교육 : 일반적 지식과 교양, 태도 등을 습득시키는 과정. 장기적 학습 능력의 향상에 중점

② 훈련 : 특정 직무수행에 필요한 전문지식이나 실천적 기능 숙달시키는 과정으로 단기적 기능의 향상에 중점

③ 개발 : 교육과 훈련의 시행으로 종업원의 총체적인 능력 개발 과정

(2) 교육훈련의 목적

① 생산성 증가

② 사기 향상

③ 감독자의 부담 감소

④ 경력개발

⑤ 환경변화에 적응

⑥ 사고율의 감소

⑦ 조직 안정성과 탄력성의 증가

(3) 교육훈련의 필요성

① 적절한 능력을 갖춘 인재 양성

② 적성에 맞는 기능 내지 기술 개발

③ 업무 내용의 변화에 적응하는 수준 높은 지식, 기능, 태도 신장

④ 인력 부족을 소수정예주의로 이행하기 위함

⑤ 새로운 지식과 방법을 배움으로써 사기 향상, 동기유발, 자기 계발 기회

(4) 커크 패트릭의 교육훈련 4단계 평가기준

① 1단계 : 반응 기준(프로그램 전반적인 느낌과 만족도에 대해 평가하는 방법)

② 2단계 : 학습 기준(교육훈련 참여자의 지식, 기술, 능력의 수준을 평가하는 방법)

③ 3단계 : 행동 기준(훈련이 종료된 후에 교육훈련 참여자들이 현장에 복귀하여 성과 행동에 일어난 변화를 평가하는 방법)

④ 4단계 : 결과 기준(비용과 효익 분석을 실시하여 구체적인 수치를 활용하여 교육훈련을 통한 효과성 증감 파악)

(5) 교육 대상별 훈련

① 일반 종업원 : 관리 방법에 대한 지식보다는 직무에 관한 기술을 전수하는 데 중점

  * 멘토링 시스템 : 경험이 많은 자가 신입사원에게 지혜와 경험을 전해주는 시스템으로 멘토의 조직사회화 관련 기능은 지도 활동, 심리적 상담 및 개인적 지원 활동

② 감독자 : 경영활동의 가장 기초적 책임자로 리더십 훈련에 목적

③ 관리자 : 기업의 중간경영층으로 감독자 훈련보다 높은 차원에서 실시

④ 경영자 : 기업 전반의 관점에서 전문지식, 종합적 판단력 등을 개발시키고 의사결정할 수 있도록 하는 훈련

(6) 교육훈련 평가 시 유의 사항

① 타당성 : 평가내용이 평가의 목적을 잘 반영하고 있는지에 대한 점검

② 신뢰성 : 측정하고자 하는 내용을 정확하게 측정되었는지에 대한 점검

③ 수용성 : 피평가자들이 평가 결과와 활용목적에 동의하는가에 대한 점검

④ 실용성 : 인사고과의 설계와 실행에 들어가는 비용이 적정한가에 대한 점검

(7) 주체 및 장소별 훈련

구분	직장 내 훈련 (OJT)	직장 외 훈련 (Off-JT)
개념 요약	실제 업무를 수행하면서 선임자·상사가 현장에서 직접 지도하는 훈련 방식	업무에서 잠시 분리하여 교육만을 목적으로 별도의 장소에서 실시하는 훈련 방식
훈련 방식의 핵심	일하면서 배우는 구조→ 실무 밀착형 학습	배우는 데만 집중하는 구조→ 이론·체계 중심 학습
교육 주체	상사, 선임자, 현업 담당자	외부 강사, 전문 교육기관, 내부 교육 전담 인력
적합한 상황	신입사원 적응, 직무 숙련도 향상, 현장 대응 능력 강화	관리자 교육, 공통 직무교육, 제도·이론 중심 교육
주요 장점	개인별 수준에 맞춘 맞춤 교육 가능 회사 현실·업무 환경에 바로 적용 가능 학습 결과가 즉각적으로 성과로 연결됨	동일한 기준으로 다수 인원 교육 가능 업무 방해 없이 학습 몰입 가능 전문적·체계적 지식 전달에 유리
주요 단점	지도자 역량에 따라 교육 품질 편차 발생 업무와 교육 병행으로 집중도 저하 가능 표준화된 교육 운영이 어려움	시간·비용 부담 큼 교육 내용이 현장과 괴리될 가능성 개인별 역량 차이를 반영하기 어려움
성과 관점 요약	단기 실무성과 향상에 효과적	중·장기 역량 및 조직 수준 향상에 효과적

(8) 교육훈련 실시 기법

① 강의식 교육 : 일반적인 교육훈련 방법

② 직무 순회법 : 훈련 과정 중에 순차적으로 직무를 교대시킴으로써 다양한 지식과 경험 습득

③ 역할 연기법 : 어떤 직무의 역할을 실제 실행해보도록 함으로써 협조와 양보

④ 사례연구법 : 문제상황의 해결에 직접 참여하도록 하여 해결 과정에서 판단력 개발

⑤ 도제 훈련 : 작업장에서 상사와 피교육자 간의 1:1로 훈련하는 것

⑥ 감수성 훈련(T훈련) : 타인이 자신을 보는 것처럼 자신을 보는 능력을 개발하여 보다 사회관계에 적합한 행동을 하도록 행동의 변화를 불러오게 하는 것

⑦ 브레인스토밍(자,수,비,대) : 자유발언, 수정 발언, 비판금지, 대량발언(아이디어 창출)

⑧ 인바스켓 기법 : 실제상황과 비슷하게 상황을 부여하여 문제해결 능력을 향상. 피 훈련자에게 관리자에게 온 편지나 문서 등을 바구니 속에 넣어두고 피 훈련자 스스로 바구니 속에서 문제해결에 필요한 정보를 구해 해결하도록 하는 것. 비즈니스 시뮬레이션 기법

⑨ 행동 모델법 : 관리자 및 종업원에게 하고자 하는 상황에 대하여 가장 모범적인 행동을 제시하고 그대로 모방하게 하는 것.

⑩ 액션러닝 : 교육참가자들이 소규모집단을 구성하여 팀워크를 바탕으로 정해진 시점까지 문제를 해결하도록 함. 교육훈련의 제3의 물결

⑪ 원격교육 훈련 : 컴퓨터와 통신 기술을 이용한 교육훈련

⑫ 그리드 훈련 : 관리자훈련에 많이 이용되며 리더의 행동 유형을 정립하고 가장 이상적인 리더는 생산과 인간에 대한 관심을 모두 극대화할 수 있는 유형(9.9형)이라는 결론

⑬ 상호작용 분석 : 감수성 훈련과 비슷한 방법으로 자신에 행동에 대한 인식 개선 및 행동 개선 유도 방법

⑭ 집단 간의 대면 : 대면회합법

⑮ 심포지엄 : 한 문제에 대하여 두 사람 이상의 전문가가 서로 다른 각도에서 의견 제시하고 토론

⑯ 입직훈련 : 신입사원 교육훈련으로 조직체에 대한 소개와 조직체 생활에 필요한 자세와 태도를 갖추게 하는 훈련

3 이동관리

(1) 이동

① 이동이란 : 일단 채용된 종업원에 대해 특정 직무에 배치한 후 종업원의 능력이나 조직 변화에 의해 배치상의 변화를 불러오는 배치전환의 한 과정

(2) 배치

① 정의 : 적재(직무를 수행할 사람)와 적소(수행할 직무)를 일치시키는 것

② **적정 배치의 원칙**

㉠ 적재적소의 원칙 : 적합한 인재를 적합한 장소에 배치하는 원칙

㉡ 능력(실력)주의 원칙 : 종업원의 능력 즉 직무 수행 능력과 실적을 기준으로 일정한 직무나 직위에 적정하게 배치하는 원칙

㉢ 인재육성주의 원칙 : 기업 내 직무수행요건에 적합한 인재를 육성하는 것

㉣ 균형 주의 원칙 : 특정 부문에 우수한 인재를 편중되지 않도록 균형 고려하는 것

(3) 승진

① 정의 : 기업 내 개인이 현재 수행하는 것보다 더 나은 직무로의 이동을 의미함(의사결정 수단의 강화, 지위의 상승, 임금의 증가를 수반)

② **승진 관리의 원칙**

㉠ 적정성의 원칙(보상의 크기)

  - 시간적 차원 : 해당 기업에서 과거 조직구성원집단이 받았던 승진 기회와 비교하는 것

  - 공간적 차원 : 해당 기업과 유사한 기업에서 조직구성원이 받는 승진 기회와 비교하는 것

ⓛ 공정성의 원칙(보상의 배분) : 승진 기회를 올바른 사람에게 배분했는가?

ⓒ 합리성의 원칙(공헌의 측정기준) : 무엇을 '공헌' 내지 '능력'으로 간주할 것인가?

③ 승진관리의 방침

구분	연공주의 승진	능력주의 승진
의의	근속연수에 비례한 임금·승진	직무 수행 능력·성과 중심 승진
합리성 기준	비합리적 기준	합리적 기준
사회행동가치	전통적·정서적 기준	가치적·목적적 기준
사회문화적 성격	가족주의, 종신고용, 장유서열, 동양적 풍토	단기고용, 능력 발탁, 서구적 업종 풍토
적용자 계층	일반사원, 하위계층	전문 직종, 상위계층
승진기준	사령장 순 (임용·승진·보직 발령 받은 날짜(순번) 기준)	직무 중심
승진요소	근속연수, 연령, 학력, 경력	직무 수행 능력, 업적, 성과
장단점	집단응집성·정서적 연대감·승진관리 안정성	능력경쟁 촉진·성과중심·평가 공정성 문제

④ 승진유형

㉠ 직급 승진 : 종업원이 상위직급으로 이동(연공, 능력주의 적용)

ⓛ 자격 승진 : 종업원의 직능을 기준으로 삼음

ⓒ 대용 승진(건조승진, 준 승진) : 승진은 했지만, 직무내용이나 임금이 변동되지 않는 경우(승진 정체 시, 대외업무 수행 시 종업원 직급이 영향을 끼칠 경우)

㉣ 역직 승진 : 라인 체계 구조상의 승진(주임, 계장, 과장, 부장), 직무에 따른 승진이기보다는 조직 운영의 원리에 의한 승진

㉤ 발탁 승진 : 연공 서열을 무시한 승진, 직무 수행 능력 및 업적평가에 의한 유용한 인재를 등용

(4) 이직

① 정의 : 종업원이 기업으로부터 이탈하는 것으로 고용관계가 단절되는 것

② 이직의 종류

㉠ 자발적 이직 : 전직, 협의 이직

ⓛ 비자발적 이직 : 징계해고, 일시 해고, 기타(정년퇴직, 사망 등)

(5) 퇴직

① 정의 : 기업경영자와 종업원간의 고용관계의 종료로 기업조직에서 종업원이 이탈하는 것

② 퇴직의 유형

　㉠ 자발적 퇴직

　　- 전직(의원퇴직) : 다른 기업으로 이직을 위한 퇴직

　　- 사직 : 결혼, 출산, 질병 등 사유에 의한 개인적 퇴직

　　- 명예퇴직(조기퇴직) : 일정 근속연수 지난 종업원이 정년 이전에 조기 퇴직할 수 있는 제도

　㉡ 비자발적 퇴직

　　- 일시 해고(인력감축, 조정)

　　- 징계해고(종업원의 잘못으로 규정에 따른 퇴직)

　　- 정년퇴직(연령 규정에 의해 해당 연령 시 퇴직)

4 경력개발관리

(1) 경력 : 한 개인이 일생을 걸쳐 일과 관련하여 얻게 되는 경험

(2) 경력개발의 의미

① 경력 목표 : 개인이 경력상 도달하고 싶은 미래의 지위

② 경력 계획 : 경력 목표 달성하기 위한 경력경로를 구체적으로 선택하는 과정

③ 경력 개발 : 개인의 경력을 개발하는 활동(조직과 개인의 목표가 합치될 수 있도록)

(3) 경력개발의 목적

① 기업의 경제적 측면 : 인적자원 효율적 확보, 기업의 경쟁력 제고, 일체감 제고

② 사회적 효율성 측면 : 종업원 성장 욕구 충족, 안정감 부여, 노동시장에서 경쟁력 상승

(4) 경력개발의 원칙

① 적재적소 배치의 원칙 : 조직의 직무가 개인의 적성, 지식, 경험 등 부합될 수 있다.

② 승진경로의 원칙 : 공정하도록 명확한 승진경로로 확립

③ 후계자 양성과 인재 육성의 원칙 : 기업 내부에서 자체 유능한 인재를 양성하고 확보

④ 경력 기회 개발의 원칙 : 기회를 확장하여 능력발전 및 직무 연계성에 따라 승진 기회 부여

(5) 경력개발 제도

① 자기 신고제도 : 종업원 스스로 자신의 직무내용, 적성여부, 승진희망 등을 신고서에 작성하여 인사

부서에 신고하는 제도

② 직능자격제도 : 종업원 능력을 공정한 조사, 평가를 통해 직능등급으로 분류하는 제도

③ 종합평가센터 제도 : 종업원의 장래성을 체계적으로 예측하여 경력개발을 추진

④ 기능목록 제도(인재 목록 제도) : 종업원의 기능 종류 및 수준에 관한 재고표를 작성하고 종업원별로

갱신하여 기록

⑤ 능력 개발 시스템 제도 : 종업원 개개인의 적성에 맞는 진로를 선택하여 자신의 능력을 개발

⑥ 멘토링 : 경험 있는 관리자가 하급자에게 지도, 상담, 충고를 통하여 공통된 가치관이나 조직에 보편화된

지식을 제공

⑦ 경력 경로화 : 개인들이 미래에 더 높은 수준의 직무를 수행할 수 있도록 교육 및 경험을 제공하는 기법

⑧ 직무 순환 : 여러 가지 직무 기술을 습득시키기 위해서 일정 기간마다 새로운 직무로 전환하는 것

** 경력 정체 : 조직 내에서 승진이 정체되거나 책임 있는 직위로 이동이 막힌 상태

(6) 홀의 경력단계 모형

① 탐색 1단계 : 다양한 진로 탐색(25세 이하)

㉠ 자아개념 정립 및 경력 방향 결정을 통한 주체 형성(정체성)

② 확립 2단계 : 선택한 직업에 정착하기 위한 노력(45세 이하)

㉠ 특정 직무영역에 정착(친교성)

③ 유지 3단계 : 자산의 위치 유지를 위한 노력(64세 이하)

㉠ 생산의 시기, 중년의 위기(생산성)

④ 쇠퇴 4단계 : 퇴직과 노후를 준비(65세 이후)

㉠ 은퇴 준비(통합성)

02 조직 개발

1 조직 개발

(1) 정의 : 조직변화의 한 방법으로서 조직 효율성을 계속 유지하기 위하여 변신을 되풀이하고 재투자하여 항상 환경에 잘 적응하는 조직을 만들어가는 과정

(2) 조직 개발의 과정

① 변화의 필요성 인식 → 해빙 → 변화 주입 → 재동결

단계	레윈의 3단계 변화 내용
해빙(Unfreezing)	변화 필요성 인식, 기존 방식에 대한 문제 제기, 구성원 공감대 형성
변화(Moving)	교육·훈련 실시, 새로운 제도·업무 도입, 태도와 행동 변화
재동결(Refreezing)	새로운 제도 정착, 성과 보상, 변화된 상태의 안정화

(3) 조직 개발 변화담당자의 종류

① 변화 구상자 : 변화 방향·전략을 설계하는 최고경영층 핵심 인물

② 변화 유도자 : 자원배분과 조직 운영으로 변화 분위기를 조성하는 최고경영층

③ 변화 지원자 : 변화 계획을 수립하고 실행을 실무적으로 지원·조정하는 관리 스태프

④ 외부 상담자 : 변화 계획·실행에 대해 전문적 자문을 제공하는 외부 전문가

⑤ 교육 전문가 : 조직 개발과 행동 변화를 위한 교육·훈련 담당 전문가

⑥ 변화 실천자 : 현장에서 구성원을 지도하며 실제 변화를 실행하는 실무 관리자

(4) 인사담당자의 역할

역할	기능	활동 핵심
전략적 동반자	기업 전략과 인사전략을 연계	사업전략 수립 참여, 인사전략 정렬, 조직진단을 통한 전략 실행 지원
관리 전문가	인사 제도 구축과 효율적 운영	비용 절감, 프로세스 설계, 인사관리 전문성 확보
종업원 조력자	종업원의 역량 발휘와 몰입 지원	종업원 욕구·변화 파악, 맞춤형 지원 제공
변화 촉진자	조직변신과 변화 추진	조직문화 창달, 변화관리 및 혁신 촉진

(5) 조직 개발의 원칙

원칙	핵심 내용 요약
목적의 원칙	각 부문의 목표는 전체 조직 목적과 일치·조화되어야 함
기능화의 원칙	사람 중심이 아닌 직무(일) 중심으로 조직 구성
책임과 권한의 원칙	책임에는 그에 상응하는 권한이 함께 부여되어야 함
권한위임의 원칙 (예외의 원칙)	권한은 위임할 수 있으나 책임은 상위자가 부담
관리한계의 원칙 (감독범위 적정화)	한 관리자가 감독할 수 있는 부하 수에는 한계가 있음

(6) 조직의 형태

조직 형태	핵심 특징
기능별 조직 (Functional Organization)	유사한 업무·기능별로 부서를 구성하는 가장 기본적인 조직 형태
부문별 조직 (Divisional Organization)	제품·지역·고객·업무 과정 등을 기준으로 조직을 분화
프로젝트팀 (Project Team)	특정 과제·목표 달성을 위해 구성되는 임시 조직
매트릭스 조직 (Matrix Organization)	**기능별·부문별 조직에 프로젝트 조직을 결합한 이중 구조**

(7) 리더십 이론

구분	개념	주요 행동·특성	내용
거래적 리더십	보상과 성과의 교환 관계	보상 약속, 성과에 따른 보상·처벌, 규정 준수 감독	리더와 부하 간의 관계를 비용-효과의 거래관계로 인식한다. 목표 달성 여부에 따라 보상·칭찬을 제공하며, 부하의 행동이 규정에서 벗어나지 않는지 감시·통제한다. 변화보다는 안정과 질서 유지에 초점이 있다.
변혁적 리더십	비전 제시와 조직 변화	비전 제시, 신뢰 형성, 지적 자극, 개별적 배려	구성원에게 신뢰를 주는 카리스마를 바탕으로 조직 변화의 필요성을 인식시키고, 새로운 목표와 비전을 제시한다. 구성원의 사고를 자극하고 개인별 특성과 잠재력을 존중하여 자발적 헌신과 동기를 유도한다.
카리스마 리더십	리더 개인의 비범한 영향력	강한 신념, 자기희생, 감정 호소, 비전 강조	부하들은 리더의 행동을 영웅적·특별한 능력으로 인식하며, 리더는 미래 비전과 강한 신념을 통해 조직과 환경을 변화시키려 한다. 부하의 감정·이상·희망에 호소하여 강한 헌신을 끌어낸다.
팀 리더십	팀 중심 리더십	팀 조정, 갈등 관리, 외부와의 연결	팀 단위 조직에서 팀장은 코치·촉진자 역할을 수행한다. 팀원의 강약점을 파악하여 개발하고, 팀 내 갈등을 조정하며 외부와의 협상·연결 창구 역할을 수행한다.
슈퍼 리더십	셀프리더십을 키우는 리더십	본보기 제시, 목표설정 지원, 코치 역할	리더가 먼저 셀프 리더의 행동을 보여 구성원의 대리학습 모델이 되며, 구성원 스스로 목표를 설정하고 자기 통제를 할 수 있도록 지원한다. 궁극적으로 조직이 스스로 변화하도록 만든다.
코칭 리더십	질문과 지원 중심	질문, 경청, 피드백, 성찰 유도	문제 해결 방안을 직접 제시하지 않고, 당사자가 스스로 해결책을 발견하도록 질문과 피드백을 제공한다. 구성원의 성장과 학습, 문제해결 능력 향상에 중점을 둔다.
셀프 리더십	자기 자신을 리드	자기통제, 자기책임, 자율 관리	리더만 조직을 이끄는 것이 아니라, 구성원 각자가 스스로를 관리·통제하며 업무에 책임을 지는 형태의 리더십이다. 자율성과 자기동기부여가 핵심이다.

인사 1급 인적자원 개발 빈출 문제

01

[보기]의 ㉠, ㉡에 해당하는 것을 고르시오.

[보기]
(㉠)(은)는 피평가자의 능력이나 성과를 실제보다 더 높게 평가하는 것을 말한다.
(㉡)(은)는 평가자가 피평가자의 어느 한 면을 기준으로 다른 것까지 함께 평가해 버리는 경향을 말한다.

① ㉠ 관대화 경향 ㉡ 관대화 경향
② ㉠ 중심화 경향 ㉡ 현혹 효과
③ ㉠ 엄격화 경향 ㉡ 중심화 경향
④ ㉠ 관대화 경향 ㉡ 현혹효과

해 ㄱ: 관대화 경향, ㄴ: 현혹효과(후광효과)에 대한 설명

02

상대평가 방식 인사고과의 장점으로 적절하지 <u>않은</u> 것은?

① 피평가자들의 평가 수용성이 높아진다.
② 평가자의 중심화·관대화 경향을 줄일 수 있다.
③ 평가에 있어 시간과 비용이 비교적 적게 쓰인다.
④ 승진, 보상 등 제한된 자원의 효율적 분배가 가능하다.

해 상대평가는 평가 기준이 명확하지 않아 피평가자에게 평가 결과를 납득시키는 것이 절대평가에 비해 어렵다.

03

[보기]에서 설명하는 인사담당자의 역할은 무엇인가?

[보기]
• 기능: 전략적 인적자원관리
• 활동: 인적자원관리를 기업의 전략으로 동일화, 사업전략에 따른 인적자원의 확립 등

① 관리 전문가
② 변화 촉진자
③ 종업원 조력자
④ 전략적 동반자

해 전략적 동반자는 인적자원관리를 기업의 전략으로 동일화 사업전략에 따른 인적자원의 확립 등의 활동을 수행한다. (사업전략 수립 참여, 인사전략 정렬, 조직진단을 통한 전략 실행 지원)

홀(D. T. Hall)의 경력단계모형 중 네 번째 단계는 쇠퇴단계로 자신의 경력을 평가하고 직장 생활을 통합해 보면서 은퇴를 준비하는 단계이다. 쇠퇴단계의 경력욕구는 무엇인가?

① 친교성(Intimacy)
② 통합성(Integrity)
③ 생산성(Generativity)
④ 정체성(Identity)

헤 쇠퇴 4단계 : 퇴직과 노후를 준비(65세 이후) / 은퇴준비(통합성)

05

직장내 훈련(O.J.T)의 훈련내용과 가장 관련이 <u>없는</u> 것은?

① 코칭
② 직무순환
③ 위원회 참석
④ 훈련기관 위탁

헤 훈련기관 위탁, 연수원, 훈련원 등은 직장외 훈련내용이다.

06

[보기]가 설명하는 교육훈련방법은?

[보기]
특정한 상황을 설정하여 피훈련자에게 그 상황 속의 특정 역할을 맡기고 그 역할에 관한 행동을 실행하도록 하는 방법이다.

① 그리드훈련
② 역할연기법
③ 감수성훈련
④ 인바스켓훈련

헤 역할연기법은 특정한 상황을 설정하여 피훈련자에게 그 상황 속의 특정 역할을 맡기고 그 역할에 관한 행동을 실행하도록 하는 방법(어떤 직무의 역할을 실제 실행해보도록 함으로써 협조와 양보)

07

[보기]에서 설명하는 리더십 이론으로 가장 적절한 것은?

[보기]
리더가 먼저 리더의 행동을 보임으로써 부하에게 대리학습의 모델이 되고 부하 스스로 리더가 될 수 있도록 목표 설정을 지원하고 코치의 역할을 하며 조직이 스스로 변화할 수 있도록 변화담당자로서의 역할을 하는 리더십

① 코칭리더십
② 셀프리더십
③ 슈퍼리더십
④ 변혁적 리더십

헤 슈퍼리더십은 리더가 먼저 리더의 행동을 보임으로써 부하에게 대리학습의 모델이 되고 부하 스스로 리더가 될 수 있도록 목표 설정을 지원하고 코치의 역할을 하며 조직이 스스로 변화할 수 있도록 변화담당자로서의 역할을 하는 리더십

08

Lewin의 변화과정 중 환경의 변화를 인지하여 고정관념을 탈피하여 개방적이고 새로운 관점을 수용하려는 준비단계는?

① 변화 ② 해빙 ③ 재동결 ④ 정착화

🖩 레윈(Lewin)의 3단계 변화에는 해빙단계, 변화단계, 재동결단계가 있다.
　해빙단계 : 변화 필요성 인식, 기존 방식에 대한 문제 제기, 구성원 공감대 형성

09

[보기]에서 설명하는 교육훈련방법을 고르시오.

[보기]
㈜생산은 직원들의 문제 해결 역량을 높이기 위해 실제 조직 내 발생하는 문제를 팀 단위로 해결하는 방식의 교육훈련을 도입하였다.
직원들은 실제 프로젝트나 업무 개선 과제를 수행하면서 학습하고, 이 과정에서 팀원 간 협력 및 실행 과정을 반복적으로 경험하며 학습 효과를 극대화하고 있다. 또한, 과정이 끝난 후 팀별로 결과를 발표하고 피드백을 받으며 조직 내 최적의 해결 방법을 도출한다.

① 코칭(Coaching) ② E-러닝(E-Learning)
③ 액션 러닝(Action Learning) ④ 강의식 교육(Lecture Training)

🖩 • 코칭(Coaching) - 개별 직원에게 멘토가 지속적인 피드백과 조언을 제공하는 교육 방식
　• 액션 러닝(Action Learning) - 실제 기업 과제를 수행하며 팀 단위로 문제 해결 능력을 기르는 교육 방식

10

[보기]에서 설명하는 승진방법을 한글로 입력하시오.

[보기]
㈜생산성은 대외업무를 담당하는 홍길동 대리의 승진을 진행하였다. 대외업무 수행 시 고객에게 신뢰감을 높이기 위해 더 높은 직급을 부여하였고, 오랫동안 승진을 못한 사원에게 승진을 시켜줌으로써 정체된 조직분위기를 개선시키고자 한다. 다만, 승진으로 인한 보상(임금)에는 변화가 없다.

✎ (　　　　)승진

🖩 대용승진은 승진이 발생했으나 직무내용이나 임금에 대한 변동이 없고, 직급명칭 또는 자격명칭만 변경되는 형식적인 승진을 의미한다. (승진 정체 시, 대외업무 수행 시 종업원 직급이 영향을 끼칠 경우)

01

직장 내 훈련(On the Job Training)에 대한 설명으로 적절하지 <u>않은</u> 것은?

① 낮은 비용으로 시행이 용이하다.

② 도제훈련, 직무교육훈련 등이 있다.

③ 훈련과 직무가 직결되므로 경제적이다.

④ 전문적인 지식과 기능을 전달하기 용이하다.

해 • 실제 업무를 수행하면서 선임자·상사가 현장에서 직접 지도하는 훈련 방식
　• 직장내 훈련은 전문적인 지식과 기능을 전달하기 어렵다.

02

경력개발의 원칙에 해당하지 <u>않는</u> 것은?

① 균형주의 원칙

② 승진경로의 원칙

③ 적재적소배치의 원칙

④ 경력기회개발의 원칙

해 경력개발의 원칙으로는 적재적소배치의 원칙, 승진경로의 원칙, 후진양성과 인재육성의 원칙, 경력기회개발의 원칙이 있다.

03

리더십 이론 중 문제해결 방안을 전문가가 직접 제시하기보다는 해결 당사자가 해결방안을 스스로 발견할 수 있도록 지원하는 리더십은 무엇인가?

① 셀프 리더십

② 슈퍼 리더십

③ 코칭 리더십

④ 카리스마 리더십

해 코칭 : 문제해결 방안을 전문가가 직접 제시하기보다는 해결 당사자가 해결방안을 스스로 발견할 수 있도록 지원하는 것

04

[보기]에 해당하는 교육훈련 방법은 무엇인가?

[보기]
㈜생산은 최근 생산라인 신입사원 김철수의 현장 적응을 위해 교육훈련을 실시하였다. 이 과정에서 김철수 사원은 생산팀의 직속 상사인 장그래 대리로부터 작업장 내에서 직접 작업 시범을 보고, 작업 순서와 주의사항에 대한 설명을 들은 후 실습을 통해 반복 훈련을 받았다.

① 도제훈련

② 액션러닝

③ 그리드훈련

④ 행동모델법

해 직속 상사로부터 1:1 기술이나 작업 노하우를 전수받는 도제훈련에 해당한다.

05

[보기]에서 설명하는 승진의 유형은?

[보기]
일정 기간 직무수행능력 및 업적만을 평가하여 특별히 유능한 사람에게 승진의 기회를 제공하는 것

① 대용승진　　　　② 역직승진　　　　③ 발탁승진　　　　④ 연공승진

해 발탁승진 : 연공 서열을 무시한 승진, 직무수행 능력 및 업적평가에 의한 유용한 인재를 등용
　대용승진 : 직책과 권한 등 직무내용상의 실질적은 변화나 보상 없이 직위 등을 변경하는 형식적인 형태의 제도.
　역직승진 : 조직구조의 관리체계를 위해 라인상의 직위를 상승시키는 제도
　연공승진 : 능력보다는 근무경력이나 나이 등 시간의 차이에 의해 승진에 우선권을 준다는 제도

06

[보기]에서 설명하고 있는 교육·훈련 및 개발의 방법은?

[보기]
㈜생산여행사 직원 6명이 모여서 내년도 계절별 여행상품 개발에 대한 안건으로 자유롭게 논의하였다. 2025년 12월 1일 ~ 2025년 12월 3일까지 총 3일간 회의를 진행했다. 회의에서 제시한 안건들 중 가장 적합한 여행상품을 선택하고 자유롭게 의견을 교환하였다.

① 사례연구법　　　　　　　　② 역할연기법
③ 인바스켓훈련　　　　　　　④ 브레인스토밍

해 브레인스토밍은 창의적 아이디어 도출을 위한 집단적 문제 해결 기법

07

승진관리의 원칙으로 적절하지 <u>않은</u> 것은?

① 안정성의 원칙　　　　　　　② 적정성의 원칙
③ 공정성의 원칙　　　　　　　④ 합리성의 원칙

해 승진관리의 원칙 : 적정성, 공정성, 합리성의 원칙이 있음.

[보기]는 무엇에 대한 설명인가?

[보기]
종업원 직무수행평가에 필요한 정보를 파악하기 위해 개인별 능력 평가표를 종업원별로 기능보유색인을 작성하여 데이터베이스화하여 경력개발에 활용하는 방법이다.

① 기능목록제도　　　　　　　　　② 자기신고제도

③ 직무순환제도　　　　　　　　　④ 종합평가센터제도

해 기능목록 제도 : 종업원 직무수행평가에 필요한 정보를 파악하기 위해 개인별 능력 평가표를 종업원별로 기능보유색인을 작성하여 데이터베이스화하여 경력개발에 활용하는 방법

[보기]에서 설명하는 교육훈련 방법은 무엇인가?

[보기]
실제 상황과 비슷한 상황을 부여하는 방법으로 주로 문제 해결 능력이나 기획 능력을 향상시킬 때 이용한다.

① 액션러닝　　　　　　　　　　　② 인바스켓법

③ 비즈니스 게임　　　　　　　　　④ 행동모델링법

해 실제상황과 비슷하게 상황을 부여하여 문제해결능력을 향상. 피훈련자에게 관리자에게 온 편지나 문서 등을 바구니 속에 넣어두고 피훈련자 스스로 바구니 속에서 문제해결에 필요한 정보를 구해 해결하도록 하는 것. 비즈니스 시뮬레이션 기법

PART

II

3장

임금 및 복리후생 관리

01 임금관리

1 임금관리

(1) 정의 : 종업원이 노동력을 제공한 대가로서 기업이 지급하는 금품을 말한다.

    * 근로기준법 제2조 제1항 제5호에서는 '임금은 사용자가 노동의 대가로 근로자에게 임금, 봉급, 기타 여하한 명칭으로든지 지급하는 일체의 금품을 말한다.'

(2) 임금의 성격

    ① 종업원의 입장 : 사회적 신분의 상징, 생계비 및 가계 수입의 원천, 욕구 충족의 수단

    ② 기업의 입장 : 기업경쟁력 요소, 인건비 요소, 종업원 채용 및 유지의 요인

    ③ 국민경제의 입장 : 기업의 생산 활동 증대, 국민경제 발전에 긍정적인 영향

(3) 임금관리의 구성요소

    ① 임금수준의 적정성 : 일정 기간 근로자에게 지급되는 평균임금을 의미

    ② 임금체계의 공정성 : 근로자의 개별적인 임금을 결정하는 기준

    ③ 임금형태의 합리성 : 계산 방법 또는 지급 방법 또는 임금의 지급과 관련된 제도를 총괄하는 표현

(4) 임금지급의 기본 원칙

    ① 통화 지급 원칙 : 통화로 지급

    ② 직접 지급 원칙 : 근로자 본인에게 직접 지급

    ③ 전액 지급 원칙 : 전액 지급

    ④ 정기 지급 원칙 : 매월 1회 이상 일정한 기일 정하여 지급되어야 함

2   **임금수준**

(1) 임금 수준 : 일정 기간 종업원에게 지급되는 평균임금을 의미

① 임금 수준의 결정요인

  ㉠ 종업원 생계비 : 임금의 하한선

  ㉡ 기업의 지불 능력 : 임금의 상한선

  ㉢ 노동시장 요인(시장 임금, 노사교섭력, 노동력 수급관계) : 상한선과 하한선 사이에서 결정

② 임금수준의 조정

  ㉠ 승급 : 임금 곡선상에서의 상향 이동. 즉, 미리 정해진 임금 곡선을 따라 연령, 근속연수, 능력에 의해 기본급이 증대되는 것

  ㉡ 승격 : 직무나 직능의 질이 향상된 것에 대한 임금 상승. 승진과 병행되어 이루어진다.

  ㉢ 베이스 업 : 임금 곡선 자체의 상향 이동. 근속연수, 연령, 직무 수행 능력 등이 변하지 않는 종업원에 대한 임금의 증가

  ㉣ 최저임금제도 : 2025년 최저임금 (10,030원) / 10,320원(2025 대비 2.9% 인상)

  * 임금피크제도 : 근로자가 정년을 앞둔 일정 시점부터 임금을 단계적으로 감액하는 대신, 고용(정년)을 보장받는 제도

3   **근로기준법상 임금**

(1) 임금 : 사용자가 근로의 대상으로 근로자에게 임금, 봉급, 기타 어떠한 명칭의 로든지 지급하는 일체의 금품

(2) 임금 여부 판단

① 사용자가 근로자에게 지급

② 근로의 대가

  ㉠ 원칙 : 근로 제공과 관련되어야 임금으로 볼 수 있으며 계속적, 정기적으로 지급되어야 함. (특수하거나 우연한 사정이면 단체협약에 의한 것이라도 임금이 아님)

  ㉡ 은혜적, 호의적 금품 : 경조문, 위문금, 회사창립일 등 지급되는 금품은 임금이 아님. 그러나 단체협약, 취업규칙에 명시되어 정기적, 계속적 지급되면 임금임(단, 비정기적, 비 계속적이면 임금 아님)

  ㉢ 실비 변상적인 금품 : 임금이 아님.

ㄹ 복리후생비

- 수당 이름이 복리 후생적이라도 단체협약, 취업규칙에 정하여 정기적으로 전 근로자에게 동일한 금액 지급하면 근로기준법상 임금이다.
- 기술, 자격, 면허 수당, 직책, 직무수당 등 근로의 질과 양과 관련이 있다면 임금이다.
- 근로 여건, 환경과 관계되는 수당은 임금
- 손해 보험성 보험료 부담금, 사회보험료 등은 임금이 아님
- 현물급여 : 근로시간 중 식사 제공 같은 현물급여는 순수한 복리후생. 그러나 식사하지 않은 자에게 상품권을 주는 등 일률적으로 부여되는 것이 인정된다면 임금으로 본다.
- 기타 법정수당, 보상, 퇴직금

휴일, 휴가 수당과 근로에 따른 임금, 가산 수당은 임금에 해당 되지만, 해고예고 수당은 임금이 아니다. 휴업수당은 임금으로 해석하는 것이 타당하나 통상, 평균임금의 범위에는 포함되지 않으며 퇴직금은 임금과는 그 성격이 다름.

(3) 근로기준법 용어

구분	내용
근로자	직업의 종류와 관계없이 임금을 목적으로 사업장에 근로를 제공하는 자
사용자	사업주 또는 사업 경영 담당자, 그 밖에 근로자에 관한 사항에 대하여 사업주를 위하여 행위하는 자
근로	정신노동과 육체노동

(4) 근로기준법상 임금(근로기준법 제50조)

구분	내용
근로시간 (근로기준법 제50조 제1항)	1주간의 근로시간은 휴게시간을 제외하고 40시간을 초과할 수 없음
근로시간 (근로기준법 제50조 제2항)	1일의 근로시간은 휴게시간을 제외하고 8시간을 초과할 수 없음
근로기준법상 근로시간	실제근로시간 + 대기시간 + 작업에 필요불가결한 시간
실제근로시간	초과근로시간 등을 포함하여 근로자가 실제로 근로한 시간
소정근로시간	근로시간 범위 내에서 근로자와 사용자 사이에 정한 근로시간
법정근로시간	근로기준법에서 정한 기본적인 근로시간(초과 시 수당 별도 지급)
임금에 포함되지 않는 항목	해고수당, 각종 위로금, 경조금, 재해보상비, 복지시설비 등

4 통상임금과 평균임금

통상임금	평균임금
해고예고 수당, 연차휴가 수당 휴업수당 연장·야간·휴일근로 가산 수당 기타 법에 유급으로 표시된 보상	퇴직금 휴업수당 연차휴가 수당 휴업보상, 장해보상, 유족보상, 장례비, 일시보상 각종 재해보상, 감급의 제한

(1) 통상임금 : 통상임금은 근로자에게 정기적, 일률적으로 소정 근로 또는 총 근로에 대하여 지급하기로 정한 시간급, 일급, 주급, 월급 또는 도급 금액을 말한다. 통상임금의 변동으로 각종 법정수당과 평균임금도 변동됨 (근로자에게 정기적·일률적으로 근로에 대해 지급하기로 정하여진 금액. 각종 법정수당 계산 시 활용된다.)

  * 통상임금 포함 임금

    ① 근로의 대가이어야 하며 임금에 포함되지 않는 금품은 제외

    ② 소정 근로와 관련이 있어야 함. 소정 근로와 관계없는 연장·휴일근로의 대가로 지급되는 임금은 제외

    ③ 근무실적과 관계가 없다.

    ④ 정기적으로 지급되어야 한다.

    ⑤ 일률적으로 지급되어야 한다.

    ⑥ 소정 근로와 직접 대응하지 않더라도 소정 근로 또는 총 근로에 대한 대가로 인정되면 통상임금이 될 수 있다.

(2) 평균임금 : 임금을 산정하여야 할 사유가 발생한 날 이전 3개월 동안에 그 근로자에 대하여 지급된 임금 총액을 그 기간의 총일수로 나눈 금액

  ① 근로의 대가이어야 한다. (임금의 범위에 포함되어야 함.)

  ② 근로자에게 계속적, 정기적으로 지급되어야 한다.

  ③ 근로자가 얻은 총수입 중 관리, 지배가 가능한 부분이어야 한다.

(3) 통상임금의 산정 : 시간 단위 산정이 원칙. 단 평균임금이 통상임금보다 적을 때는 통상임금이 평균임금이 되며 이때 일급 통상임금을 산정할 필요가 있다.

---

5 임금체계 및 형태

(1) 임금체계 : 임금의 구성요소라고 하며, 기준임금과 기준 외 임금으로 구성된다. 기준임금은 정상적인 작업조건 하에서 종업원의 정상적 노동에 대해서 지급되는 것이고, 기준 외 임금은 정상적 노동 이외의 노동에 대해 지급되는 것

기준내임금	기준 외 임금	부가적 임금
기본급 : 연공급, 직무급, 직능급 수당 : 직무수당, 장려 수당	초과근무수당 임시 작업 수당 기타 수당	상여금 퇴직금 복리후생 및 기타 수당

(2) 임금체계의 분류

① **임금체계의 분류**

㉠ 연공급(속인급, 필요가치 기준) : 종업원의 생활 유지 목적으로 종신고용 전제(정기승급제도)

㉡ 직무급(직무 가치 기준) : 직무분석과 직무평가가 선행(직무의 상대적 가치)

  * 직무의 중요성과 곤란도 등에 따라 직무의 양과 질에 대한 상대적 가치를 평가하고, 그 결과에 따라 임금을 결정

㉢ 직능급(종업원 가치, 직무 수행 능력 기준) → 직능의 등급화로 계급을 정하고 세분하여 연공적 요소를 가미한 호봉의 등급을 정하는 것(직무급과 연공급의 절충형)

ⓔ 자격급(자격 가치 기준) → 각종 자격제도

    * 직무급과 연공급을 결합한 것으로 직능급을 좀 더 발전시킨 형태

(3) 기준 외 임금 : 기준 외 임금은 표준적인 작업조건이 아닌 상황에서 지급되는 수당

  ① 직책 수당 : 직무 수행상의 책임도, 난이도가 타 직원보다 클 경우 지급

  ② 특수 작업 수당 : 표준작업과는 다른 특수한 작업환경에서 근무하는 경우 지급

  ③ 특수근무수당 : 수위, 경비원 등에 대해 지급되는 수당

  ④ 기능 수당 : 특별한 자격, 면허, 기능 보유자에게 지급

  ⑤ 초과근무수당 : 시간 외 근무, 휴일 근무, 철야 근무 등에 대해 지급

(4) 부가적 임금 : 상여금, 퇴직금(확정기여형, 확정 급여형, 개인형 퇴직연금)

(5) 법정수당 / 약정 수당

  ① 법정수당 : 연장 및 야간근로수당, 휴일 근로 수당, 해고예고 수당, 생리 수당, 출산 전후 수당, 휴업수당, 연차, 유급휴가 수당

  ② 약정수당 : 가족수당, 상여금, 직무수당, 근속 수당, 인센티브 등

---

6   임금의 형태 : 임금의 계산, 산정 및 지급 방법

(1) 고정급제(시간급제)

  ① 근로자의 작업량 또는 노동 성과의 관계없이 근로자의 근로시간에 비례하여 임금을 지급하는 형태

(2) 변동급제

  ① 성과급제 : 작업 성과, 노동 성과 정도에 따라 임금 산정하여 지급

  ② 할증급제 : 최저임금 보장하면서 일정 기준 이상 성과 달성하였을 때 추가 지급. 작업능률의 증대에 따른 절약 임금의 일부를 근로자에게 배분하는 형태

  ③ 상여급제 : 근로자에 대한 일정의 기본급에 추가하여 지급하는 형태. 절약 임금의 분배분으로서 지급되는 할증 급과 다르다.

  ④ 연봉제 : 근로자의 업적, 성과 등 목표달성도를 평가하여 연 단위로 책정하는 제도

    ㉠ 장점 : 우수 인재 확보, 동기부여, 임금관리 용이

    ㉡ 단점 : 지나친 경쟁, 연봉감소 시 사기 저하, 장유유서와 선임자 우대원칙과 갈등

(3) 특수임금제도(집단성과급제)

제도	핵심 키워드	기준·방식	성과 배분 구조	내용
스캔론 플랜 (Scanlon Plan)	참여, 인건비 절감	매출액 대비 인건비 비율을 기준으로 설정	기준 이하로 절감된 인건비 절약분을 근로자에게 보너스로 지급	인건비 절감 성과를 근로자와 공유
럭커 플랜 (Rucker Plan)	부가가치, 노사협력	부가가치 증가분을 기준으로 성과 측정	증가된 부가가치를 노사 간 안정적 비율로 배분	부가가치 증가를 노사 협력으로 배분
임프로쉐어 (Improshare)	표준시간, 생산성	제품 1단위당 표준 노동시간 설정	실제 작업시간 단축분을 회사와 근로자가 합의 비율로 배분	작업시간 절감 = 성과
프렌치 시스템 (French System)	비용 절감, 산출 비율	실제 산출액 − 기대 산출액(투입액×표준산출비율)	비용 절감분을 기업 또는 근로자에게 배분	비용 절감 성과 중심 제도

＊ 커스터마이즈드플랜 : 여러 가지 제도를 기업의 필요로 상황에 맞추어 변형시킨 제도

(4) 기업성과급제

제도	핵심 개념	목적·특징	내용
이익분배제	기업 이익 일부를 근로자에게 배분	기본임금 외 성과 공유, 근로자의 주인의식 강화	이익을 나눠 주인의식 유도
스톡옵션	일정 기간 내 미리 정한 가격으로 주식 매수 권리	성과 인센티브, 우수 인재 유치·동기부여	미리 정한 가격으로 주식 살 권리
종업원 지주제	근로자가 자사주를 취득·보유	안정주주 확보 → 최근엔 재산형성 수단으로 강조	자사주 보유를 통한 참여·재산 형성

(5) 특수 임금제

제도	핵심 기준	내용
집단자극제	집단 기준	근로자를 집단별로 나눠 임금을 정해 지급
순응임률제	경제·기업 상황	경기·회사 사정에 따라 임금이 자동으로 오르내림
이윤분배제도	이윤 발생	이익이 나면 일부를 나눠주는 제도
성과분배제도	목표 초과 달성	목표보다 더 잘했을 때 초과 성과를 보상

＊ 임금피크제 : 정년 연장 또는 정년 후 재고용하면서 일정 나이, 근속기간 기준으로 임금을 감액하는 제도

＊ 임금채권 보장제도 : 기업이 도산하여 임금 받지 못하면 국가가 체당금 범위 내에서 보장

1 복리후생

(1) 정의 : 근로자와 그 가족의 생활 안정과 심신의 건강을 증진 시키고, 노동능력의 유지·향상 및 근로 생활의 질을 높이기 위하여, 임금 등 직접적 근로조건만으로는 충족하기 어려운 부분을 보완하기 위해 기업 또는 근로자 자주단체가 제공하는 **임금 외의 간접적인 보상(부가급부)으로서의 인사관리 서비스**이다.

  * 종업원의 노동과 직접적으로 연결되지 않는 간접적인 보상방법

(2) 복리후생의 구분

① 법정 복리후생 : 4대 보험(건강보험, 국민연금, 산재보험, 고용보험), 퇴직금

② 임의 복리후생 : 기숙사 제공, 의료보건, 금융 및 공제제도 등.

(3) 복리후생 효과

종업원 측면	사용자 측면
사기가 앙양되고 불만의 원인이 감소함.	생산성 향상 및 원가 절감 가능
경영자와의 관계 개선, 고용 안정 및 수입 증가	팀워크 향상, 인간관계 개선
기업의 경영방침 및 목적에 대한 이해 증대	결근·지각·사고·불만·노동이동률 감소

(4) 복지후생의 설계원칙

① 종업원 욕구 충족 원칙

② 종업원 참여의 원칙

③ 다수 혜택의 원칙

④ 기업의 지불 능력 원칙 : 기업의 수익성 고려하여 현재와 미래의 복지 후생비 지급 능력 평가

(5) 복지후생 관리의 원칙

① 적정성의 원칙 : 복지후생 비용은 기업이 부담할 수 있는 수준이어야 함.

② 협력성의 원칙 : 노사 간 협력을 전제로 해야 함.

③ 합리성의 원칙 : 종업원 욕구를 최대한 충족시킬 수 있도록 해야 함.

(6) 복리후생 제도

① **카페테리아 복리후생 제도** : 기업이 제공하는 다양한 복지 시설 및 제도 중에서 종업원이 원하는 것을
선택할 수 있도록 하는 설계한 복리후생 프로그램으로 개인의 욕구 중시, 유연한 복지, 참여복지의 특징을
가지고 있다. (단점 : 선택을 잘못하면 효과 반감. 비용 지출 과대)

② **홀리스틱 복지후생** : 전인적 인간, 균형 잡힌 삶 추구

③ 라이프사이클 복지후생 : 연령에 따라 변화는 생활 패턴 고려

2 퇴직금 제도

(1) 퇴직금이란?

① 계속된 근로관계가 끝남에 따라 퇴직하는 근로자에 대하여 사용자가 지급하는 급부

(2) 지급 대상자

구분	내용
적용 대상	근로기준법 제2조 제1항 제1호의 근로자로서 1년 이상 계속 근로한 자
판단 기준	계약 명칭·형식이 아니라 실질적인 근로자
포함 근로자	임시직, 잡급직, 촉탁직, 일용직, 형식상 도급계약 근로자, 수련의 등 전문직, 외국인 근로자, 직장예비군 중대장 등
적용 제외 대상	근로기준법상 근로자가 아닌 자 (회사의 대표이사, 이사 등 주식회사 임원)
제외 사유	민법상 위임 관계, 보수는 정관 또는 주주총회 결의로 결정
핵심 내용	1년 이상 근무한 근로자에게만 퇴직금 지급, 임원은 원칙적으로 제외

(3) 퇴직금 중간 정산 사유(시행령 제3조)

구분	요약 내용	핵심 조건·제한
주택 구입	무주택 근로자가 본인 명의로 주택을 구매하는 경우	무주택자 요건
전세금·보증금	무주택 근로자가 주거 목적으로 전세금 또는 보증금을 부담하는 경우	당해 사업장 1회 한정
장기 요양	본인·배우자·부양가족의 질병 또는 부상으로 6개월 이상 요양이 필요한 경우	요양 기간 6개월 이상
파산·개인회생	최근 5년 이내 파산선고 또는 개인회생절차 개시 결정	기간 요건

구분	요약 내용	핵심 조건·제한
임금피크제	임금피크제 시행으로 임금이 실제로 감소한 경우	임금 감소 필수
천재지변 등	태풍·홍수 등 고용노동부 장관이 인정한 사유	장관 인정 요건

(4) 퇴직연금 제도

구분	확정급여형(DB)	확정기여형(DC)	기업형 IRP	개인형 IRP
개념	근로자가 퇴직 시 지급받을 급여 수준이 사전에 확정	사용자가 부담금 수준을 사전에 확정	상시근로자 10인 미만 기업 근로자가 가입하는 개인퇴직연금	이직·퇴직 시 받은 퇴직급여를 근로자 명의로 적립·운용
부담금 납입 (사용자)	연금계리방식으로 산출된 부담금을 매년 1회 이상 정기 납입	근로자별 연간 임금총액의 1/12 이상 납입	근로자별 연간 임금총액의 1/12 이상 납입	해당 없음
부담금 납입 (근로자)	추가 납입 없음	추가 납입 가능	추가 납입 가능	추가 납입 가능
퇴직급여액	확정(근속연수 × 30일분 평균임금)	변동(운용성과에 따라 달라짐)	변동(운용성과에 따라 달라짐)	변동(운용성과에 따라 달라짐)
운용 책임	사용자	근로자	근로자	근로자
급여 형태	연금 또는 일시금	연금 또는 일시금	연금 또는 일시금	연금 또는 일시금

(5) 퇴직금 계산식

구분	내용
퇴직금 기본 계산식	퇴직금 = 1일 평균임금 × 30일 × 계속근로연수(년) 또는 퇴직금 = (평균임금 × 30) × 근속연수
평균임금 계산식	평균임금 = 퇴직일 이전 3개월간 임금 총액 ÷ 총일수(통상 90일)
평균임금 포함 항목	기본급, 각종 수당(정기적·일률적·고정적 지급분)
평균임금 제외 항목	일시적·은혜적 급여, 경조금 등
1년 미만 근속 처리	1년 미만 기간도 일수로 계산하여 비례 산정
계속근로연수 계산식	계속근로연수 = 총 근무일수 ÷ 365

＊ 계속근로연수 : 계속근로연수의 기산일은 근로계약에 따라 출근 의무가 발생한 날(통상 입사일)이며, 기산일에 실제 근로를 제공하지 않았더라도 그날부터 계속근로기간에 포함한다. (근거: 근로자퇴직급여 보장법)

(1) 사회보험 제도

국민을 대상으로 질병·사망·노령·실업·신체장애 등과 같은 사회적 위험으로 인해 활동 능력의 상실이나 소득 감소가 발생한 경우, 보험방식에 의해 국민의 건강과 소득을 보장하는 제도

(2) 건강보험

질병이나 부상으로 발생하는 고액의 진료비로 인한 가계의 과도한 부담을 방지하기 위하여, 국민이 평소 보험료를 부담하고 국민건강보험공단이 이를 관리·운영하여, 필요시 보험급여를 제공함으로써 국민 상호 간 위험을 분담하고 필요한 의료서비스를 받을 수 있도록 하는 사회보장제도

구분	내용
적용 대상 사업장	상시 1인 이상 근로자를 사용하는 모든 사업장
직장가입자 적용 대상	상시 1인 이상 근로자 사용하는 사업장 근로자·사용자 공무원 및 교직원 1개월 초과 일용근로자(비상근 포함) 1개월 이상 근무 + 월 60시간 이상 단시간 근로자 및 시간제 공무원·교직원
직장 가입 제외자	1개월 미만 일용근로자 하사병(단기복무), 무관후보생 소재지가 일정치 않은 자 비상근 근로자 또는 월 60시간 미만 단시간 근로자(교직원·시간제 공무원 포함) 의료급여 수급자 독립유공자·국가유공자 중 적용배제 신청자
보험료 계산	건강보험료 = 보수월액 × 7.19%(근로자 3.595% / 사용자 3.595%)
장기 요양보험료	건강보험료 × 13.14%
보험료 납부	사용자 50% + 근로자 50% 합산 납부
보험료 정산	전년도 보수월액 기준 우선 부과 → 당해 연도 보수총액 신고 후 정산
취득·상실 신고기한	사유 발생일로부터 14일 이내

(3) 고용보험

실직한 근로자의 생활 안정을 위하여 일정 기간 실업급여를 지급하고, 구직자의 직업능력 개발·향상 및 적극적인 취업 알선을 통해 재취업을 촉진하며 실업 예방을 목적으로 고용안정사업과 직업능력개발사업을 실시하는 제도

구분	내용
적용 대상 사업장	상시 1인 이상 근로자를 고용하는 모든 사업장
적용 사업	실업급여, 고용안정사업, 직업능력개발사업
실업급여 제외자	대표이사, 만 65세 이후 신규 고용자, 국내 파견 외국인 근로자, 월 60시간 미만 근로자
보험관계 성립·소멸	매년 1/1 ~ 12/31
보험료 부담	고용안정·직업 능력개발 : 사업주 전액 부담 실업급여: 근로자·사업주 반반 부담
보험료 계산	고용보험료 = 보수월액 × 보험료율(2023년 이후 근로자 0.9%, 사업주 0.9% + 추가율)
고용정보 신고기한	신규 채용·고용 종료: 다음 달 15일 전보·휴직·변경: 사유 발생일로부터 14일 이내

(4) 국민연금

소득이 있을 때 일정한 보험료를 납부하고, 노령·장애·사망 등 일정한 사유로 소득이 감소하거나 상실된 경우연금을 지급하여 최소한의 소득을 보장하는 사회보장제도

구분	내용
목적	생활 안정, 복지 증진, 노후 대비
가입 대상	국내 거주 18세 이상 60세 미만 국민 국민연금 적용 사업장 종사 외국인 및 국내 거주 외국인
적용 제외 대상	18세 미만이거나 60세 이상인 사용자 및 근로자 공무원연금, 군인연금, 사립학교교직원연금, 별정우체국연금 가입자 등 타 공적 연금 가입자 일용근로자 또는 1개월 미만의 기한을 정하여 사용되는 근로자 소재지가 일정하지 아니한 사업장에 종사하는 근로자 1개월 동안의 근로시간이 60시간(주당 평균 15시간) 미만인 단시간 근로자 노령연금수급권을 취득한 자 중 60세 미만의 특수직종 근로자 조기노령연금 수급권을 취득한 자
적용 사업장	상시 1인 이상 근로자를 사용하는 사업장
보험료 계산	국민연금 = 기준소득월액 × 9.5%
보험료 부담	직장가입자: 근로자 4.75% / 사용자 4.75% 지역가입자: 전액 본인 부담
기준소득월액	비과세소득 제외한 소득월액 최저 40만원 / 최고 637만원 (변경 가능)
보험료 납부 기간	취득일 속한 달부터 상실일 전날 속한 달까지
신고 반영 기준	매월 15일까지 신고분 → 해당 월 반영 16일 이후 신고 → 다음 달 반영
자격 취득·상실 신고	사유 발생한 달의 다음 달 15일까지

(5) 산재보험

업무상 재해를 입은 근로자와 그 가족의 생활을 보장하기 위하여, 국가가 책임을 지고 사업주가 전액 부담하는
보험료로 기금을 조성하여 사용자의 근로기준법상 재해보상책임을 대신 이행하는 의무적 사회보장제도

구분	내용
책임 원칙	사용자 무과실책임주의
적용 대상 사업장	상시 1인 이상 근로자를 사용하는 모든 사업장
보험관계 성립	사업 개시 시 자동 성립(당연히 적용)
보험 가입자	상시 1인 이상 사업의 사업주법인: 법인 자체 / 개인사업자: 대표자
건설업 특례	원수급인이 보험 가입자
보험료 산정 기간	매년 1/1 ~ 12/31
보수총액 기준	임금 중 비과세소득 제외 금액
보험료 계산	산재보험료 = 보수월액 × 산재보험료율

※ 직업병 : 근로자가 특정 직무나 작업환경에서 장기간 근무하거나 반복적으로 노출됨으로써 발생하는 질병을 말하며, 작업장의 유해 물질(화학적·물리
적·생물학적 요인)에 의한 질병뿐만 아니라 과도한 정신적·육체적 노동, 반복 작업, 부적절한 작업 자세, 직무 스트레스 등 업무와 상당한 인과관계가 있
는 질병도 포함된다.

4 소득세

(1) 소득세의 정의 : 개인의 소득을 과세 대상으로 하여 부과하는 국세

① 종합과세소득

항목	간단 설명
이자소득	예금·적금·채권 등에서 발생하는 이자
배당소득	주식·출자금 등에서 받는 배당금
사업소득	개인이 사업을 영위하여 얻는 소득
근로소득	근로 제공의 대가로 받는 급여
연금소득	국민연금·개인연금 등에서 받는 연금
기타소득	상금·원고료 등 일시적·우발적 소득

② **분류과세 소득**

    ㉠ 퇴직소득 : 근로자가 퇴직 시 받는 소득

    ㉡ 양도소득 : 토지, 건물, 주식 등의 자산을 양도하여 발생한 소득

③ **분리과세 소득** : 일정한 소득에 대하여 종합소득에 합산하지 않고, 정해진 세율로 별도로 과세하여 과세 관계를 종결하는 과세 방식 (금융소득 일부, 기타소득)

④ **누진과세**(8단계 누진세율 : 6% ~ 45%)

과세표준(원)	세율	누진 공제액(원)
14,000,000 이하	6%	-
14,000,000 초과 ~ 50,000,000 이하	15%	1,260,000
50,000,000 초과 ~ 88,000,000 이하	24%	5,760,000
88,000,000 초과 ~ 150,000,000 이하	35%	15,440,000
150,000,000 초과 ~ 300,000,000 이하	38%	19,940,000
300,000,000 초과 ~ 500,000,000 이하	40%	25,940,000
500,000,000 초과 ~ 1,000,000,000 이하	42%	35,940,000
1,000,000,000 초과	45%	65,940,000

⑤ **납세의무자**

    ㉠ 거주자 : 국내에 주소를 두거나 183일 이상의 거소를 둔 개인(납세의무 : 국내, 외 원천소득)

    ㉡ **비거주자 : 거주자가 아닌 개인**(납세의무 : 국내원천소득)

⑥ 과세기간 : 1/1~12/31의 소득을 5월 한 달간 신고 납부, 사망 시 사망일까지, 폐업 시는 다른 소득이 있을 수 있으니 1/1~12/31

⑦ 납세지 : 주소지, 단, 원천 징수하는 소득세 납세의무지는 사업장

⑧ 소득부 징수 : 원천징수 세액이 1,000원 미만인 경우 징수 안 함

⑨ **원천징수** : 세법상 납세의무자가 소득세를 직접 납부하지 아니하고 소득을 지급하는 자가 소득을 지급할 때 일정 세율에 따라 계산한 세액을 소득 귀속자로부터 징수하여 세무관서에 내는 것.

    (원천징수이행상황신고서 작성하여 다음 달 10일까지 납부)

    ㉠ **예납적 원천징수 : 일단 원천징수하고 나중에 정산**(예 연말정산)

    ㉡ **완납적 원천징수 : 원천징수로 납세의무 종결**(예 분리과세대상소득 : 이, 배, 사(특정사업만), 근, 연, 퇴 / 단, 국외근로소득은 원천징수 대상 소득이 아님)

(1) 근로 소득의 범위

① 근로를 제공함으로써 받는 봉급, 급료, 임금, 수당, 상여 등의 급여

② 법인의 주주총회 등 의결기관 결의에 따라 상여로 받는 소득

③ 법인세법에 따라 상여로 처분된 금액(인정상여)

④ 퇴직함으로써 받는 소득으로서 퇴직소득에 속하지 아니하는 소득(퇴직 위로금 등)

(2) 근로 소득에서 제외되는 소득

① 사회 통념상 타당한 범위의 경조금은 근로 소득으로 보지 않음.

② 우리사주 조합원이 조합을 통해 취득한 주식의 취득가액과 시가와의 차액

③ 단체 보장성보험 보험료 중 연 70만원 이하 금액은 근로소득에서 제외

④ 사용자가 근로자 능력향상을 위하여 연수받게 하는 경우 근로자가 받는 교육훈련비

⑤ 종업원 출퇴근 시 차량 제공 받는 경우 운임

⑥ 사택 제공으로 얻는 이익은 근로 소득에서 제외

⑦ 사내근로복지기금으로부터 근로자나 근로자 자녀가 받는 학자금

(3) 비과세 근로소득

구분	내용
식대	월 20만원 이내 금액 (별도의 식사를 제공 받지 않는 경우)
자가운전보조금	월 20만원 이내 근로자 본인 소유 차량 또는 본인 명의 임차 차량(배우자 공동명의 가능)을 업무에 사용하고, 별도의 여비·교통비를 지급 받지 않는 경우
보육수당	6세 이하 자녀의 보육과 관련하여 지급하는 자녀 1인당 월 20만원
출산지원금	지급 규정이 있는 기업이 근로자 또는 배우자의 출산과 관련하여 출생일 이후 2년 이내에 지급한 출산 지원금(2회 이내)은 한도 없이 전액 비과세
연장·야간·휴일근로수당	생산 및 그 관련직에 종사하는 월정액급여 210만원 이하로서 직전 과세기간의 총급여액이 3천만원 이하인 근로자가 받는 연240만원 이내의 연장근로, 야간근로 휴일근로수당은 비과세함
국외근로소득	국외에 주재하며 근로 제공 후 받는 보수 월 100만원 (외항 선박·국외 건설 현장 근로자는 월 500만원)
직무발명보상금	종업원·교직원·학생에게 지급하는 직무발명보상금 연 700만원 이내
일·숙직비	회사 지급 규정에 따라 지급되는 실비 변상적 성격의 금액(출장 여비 포함)

구분	내용
연구보조비 (연구활동비)	관련 법령에 따라 연구 활동에 직접 종사하는 자에게 지급하는 월 20만원 이내 금액

* 월정액급여 = 급여총액(상여 등 부정기적인 급여와 실비변상적, 복리후생적 성질의 비과세급여 제외)
  – 연장·야간·휴일근로를 하여 통상임금에 더하여 받는 급여

(4) 분리과세 대상 일용근로소득

일용근로자의 근로 소득 공제 : 일용근로자는 근로소득공제 15만원, 원천 징수세율 6%, 근로소득세액공제 55%로 원천징수 함으로써 납세의무 종결(완납적 분리과세)

> **일용근로자 원천징수세액 = (일급여액-150,000원) × 6% × (1-55%) × 근로일수**
>
> (빠른 계산식 일 급여액에서 - 15만원 계산 후 0.27%를 곱해도 됨)

* 소액부 징수 : 원천징수세액이 1,000원 미만인 경우 소득세를 징수하지 아니하며 지급금액을 기준으로 소액부징수를 판단함

(5) 근로소득금액 = 총급여액-근로소득공제(총수입금액에서 비과세소득, 분리과세소득은 제외한 금액)

총급여액 구간	근로소득공제액
500만원 이하	총급여액 × 70%
500만원 초과 ~ 1,500만원 이하	350만원 + (총급여액 – 500만원) × 40
1,500만원 초과 ~ 4,500만원 이하	750만원 + (총급여액 – 1,500만원) × 15%
4,500만원 초과 ~ 1억 원 이하	1,200만원 + (총급여액 – 4,500만원) × 5%
1억 원 초과	1,475만원 + (총급여액 – 1억 원) × 2%

(6) 연말정산에 의해 부담해야할 세액 계산 구조(※ 국세청 연말정산 제도 참고)

구분	결과	계산방법
1단계	총급여액	연간근로소득 – 비과세소득
2단계	근로소득금액	총급여액 – 근로소득공제
3단계	차감소득금액	근로소득금액 - (① + ② + ③) ① 인적공제(기본공제, 추가공제) ② 연금보험료공제(공적연금의 근로자 부담금) ③ 특별소득공제
4단계	과세표준	차감소득금액 – 그 밖의 소득공제 + 소득공제 종합한도초과액
5단계	산출세액	과세표준에 기본세율을 적용하여 계산
6단계	결정세액	산출세액 – 세액감면 – 세액공제
7단계	차감납부·환급세액	결정세액 – 기납부세액 – 납부특례세액

(1) 연말정산 : 원천징수의무자가 근로자에게 지급한 1년간의 총급여액에 대한 근로소득 세액을 종합과세의 방법으로 세액을 정확하게 계산하여 확정한 후 매월 급여 지급할 때 원천 징수하여 납부한 세액과 비교하여 과부족을 정산하는 절차를 말한다.

(2) 연말정산 의무자 : 근로 소득을 지급하는 모든 개인, 법인

(3) 연말정산 시기

구분	연말정산시기	신고·납부기한	지급명세서 제출기한
월별 납부자	익년 2월 말일	익년 3/10	익년 3/10
반기 납부자		익년 7/10	

(4) 근무지가 2곳 이상인 경우 연말정산 방법 : 주된 근무지의 원천징수 의무자에게 근무지 신고서 제출

(5) 재 취직자에 대한 연말정산 방법 : 전 근무지 근로소득 포함하여 연말정산

(6) 연말정산 시 근로자 제출 서류

    ① 근로소득공제신고서

    ② 의료비지급명세서

    ③ 기부금명세서

    ④ 신용카드소득공제신고서

    ⑤ 소득공제 입증서류

(7) 연말정산 후 관할세무서 제출 서류

    ① 근로소득지급명세서

    ② 원천징수이행상황신고서

(8) 소득공제 내용 (연말정산 공제율과 내용은 매년 변경되기 때문에 확인 필요)

① 인적 공제 : 기본공제+추가공제

구분	대상	나이요건	소득요건
기본공제 (인당 150만원)	본인	×	×
	배우자	×	연간 소득금액 100 만 원 이하 (근로소득 만 있는 경우 총급여 500만 원 이하)
	직계존속	만 60세 이상	
	직계비속	만 20세 이하	
	형제자매	만 60세 이상 or 만 20세 이하	
	위탁아동	만 18세 미만	
	수급자	×	
추가공제	경로우대자 공제	만 70세 이상	인당 100만원
	장애인공제	기본공제 대상자 중 장애인	인당 200만원
	부녀자공제	근로소득금액이 3천만원 이하인 근로자중 아래 어느 하나에 해당하는 경우 1. 배우자가 있는 여성 2. 배우자가 없는 여성으로 부양가족이 있는 세대주	50만원
	한부모공제	배우자가 없는 사람으로서 기본공제대상자인 직계비속이나 입양자가 있는 경우 (부녀자와 한부모에 모두 해당되면 한부모 공제를 적용)	100만원

② 연금보험료 공제 : 근로자 본인의 국민연금 보험료, 공무원 연급법 등에 따라 부담한 부담금, 기여금(전액)

③ 특별소득공제

　　㉠ 보험료 공제 : 건강, 고용, 장기 요양보험료 중 근로자 부담분(전액)

　　㉡ **신용카드 공제(신용카드 : 15%, 체크·직불·현금영수증 : 30%, 전통시장·대중교통 : 40%, 총급여의**
　　25% 초과분부터 공제)

　　* 신용카드 공제 한도

　　　• 총급여 7천만원 이하 : 300만원

　　　• 7천만원 초과~1억 2천만원 이하 : 250만원

　　　• 총급여 1억 2천만원 초과 : 200만원(신설)

　　　• 문화 체육 사용분 (총급여 7천만원 이하자)·전통시장·대중교통 이용분 공제 대상 금액은 각 항목의 합계금액을 더한
　　　　금액에서 300만원 한도로 추가공제, 총급여 7천만원 초과자는 문화 체육 사용분을 제외하고 200만원을 한도로
　　　　추가공제

(9) 세액공제

① 근로소득세액공제

근로소득에 대한 종합소득산출세액	근로소득세액공제액
130만원 이하	산출세액 × 55%
130만원 초과	71만 5천원 + 130만원 초과금액의 100분의 30

② 자녀세액공제

㉠ 1명인 경우 : 연 25만원

㉡ 2명인 경우 : 연 55만원

㉢ 3명인 경우 : 연 55만원 + 2명 초과하는 1명당 연 40만원(3명 95만원, 4명 135만원, 5명 175만원)

※ 출산 및 입양 : 첫째 30만원, 둘째 50만원, 셋째 이상인 경우 70만원 공제

※ 결혼 세액공제 신설 : 24~26년 까지 혼인 신고한 거주자에 대하여 혼인신고를 한 해에 50만원(생에 1회)

(10) 특별 세액공제

① 보험료세액 공제(보장성 보험 : 12%, 장애인전용 : 15%)

㉠ 보장성 보험(생명, 상해) : 100만원 한도

㉡ 장애인 전용 보험 : 100만원 한도

② 의료비 세액공제

㉠ 총급여액의 3% 초과분에 대해 15% 적용 / 난임 시술비 30%, 미숙아 선천성 이상아 20%

㉡ 기본공제대상자(소득·나이 제한 없음)를 위해 지출한 총급여액의 3%를 초과하는 의료비 : 연 700만원
　　공제대상 한도

㉢ 본인, 65세 이상자, 6세 이하자, 장애인, 미숙아·선천성 이상아, 건강보험 산정특례자로 등록된 자를
　　위해 지출한 의료비, 난임시술비는 한도 없음

③ 교육비 세액공제(15%)

㉠ 본인 : 한도 없음(대학원까지)

㉡ 장애인 : 한도 없음(특수교육비 전액)

㉢ 미취학, 초중고등학생 : 1명당 300만원 까지

㉣ 대학생 : 1명당 900만원 까지

④ 기부금 세액공제

㉠ 정치자금 기부금 : 근로소득금액 * 100%(10만원 이하 : 100/110, 10만원 초과 15%)

㉡ 고향사랑 기부금 : 공제 한도 2000만원 (10만원 초과 15%, 특별재난지역 30%)

㉢ 일반 기부금 : 종교단체 외(근로소득금액의 30%), 종교단체(근로소득금액의 10%)

　　　　공제율(1천만원 이하 15%, 1천만원 초과 30%)

03 임금 및 복리후생관리 기출문제 풀이

인사 1급 임금 및 복리후생관리 빈출 문제

01

임금의 체계에서 부가적 임금에 해당하는 것은?

① 퇴직금　　　　　　　　　　　　　② 장려수당

③ 직무수당　　　　　　　　　　　　④ 초과근무수당

해 직무수당, 장려수당은 기준내 임금에 해당하며, 초과근무수당, 임시작업수당, 기타수당은 기준외 임금에 해당한다. 부가적 임금은 상여금, 퇴직금, 복리후생 및 기타 수당 등이 있다.

02

임금의 성격 중 기업의 특성에 해당하지 <u>않는</u> 것은?

① 생산 원가 요소　　　　　　　　　② 사회적 신분 상징

③ 기업 경쟁력 요인　　　　　　　　④ 근로자의 유치와 유지의 요인

해 • 종업원의 입장 : 사회적 신분의 상징, 생계비 및 가계 수입의 원천, 욕구 충족의 수단
　　• 기업의 입장 : 기업경쟁력 요소, 인건비 요소, 종업원 채용 및 유지의 요인
　　• 국민경제의 입장 : 기업의 생산 활동 증대, 국민경제 발전에 긍정적인 영향

03

[보기]에서 설명하고 있는 임금형태는 무엇인가?

[보기]
기업 임금 산정에 있어서 경제적 조건의 변화(물가 변동)나 기업의 사정에 순응하여 임금률을 자동으로 변동·조정하여 지급하는 제도

① 포괄임금제　　　　　　　　　　　② 임금피크제

③ 순응임률제　　　　　　　　　　　④ 표준시간급제

해 순응임률제는 기업의 임금 산정에 있어서 경제적 조건의 변화(물가 변동)나 기업의 사정에 순응하여 임금률을 자동으로 변동·조정하여 지급하는 제도이다.

수당에 대한 설명으로 가장 적절한 것은?

① 가족수당은 법으로 지급이 의무화된 법정수당이다.

② 연장근로수당은 평균임금을 기준으로 50% 가산하여 지급한다.

③ 해고예고수당은 통상임금을 기준으로 30일분 이상 지급해야 한다.

④ 휴업수당은 사용자의 귀책사유가 없는 경우에도 통상임금을 기준으로 지급해야 한다.

해 • 가족수당은 법정수당이 아니며, 주로 회사 내규에 따라 결정된다. (약정수당)
  • 연장근로수당은 통상임금 기준으로 산정한다.
  • 휴업수당은 사용자 귀책일 경우에 지급하며, 평균임금 기준으로 산정한다.

**㈜생산성은 소비자의 욕구를 파악하기 위하여 시장조사를 실시하였다. 시장조사 시 일용직 사원을 활용하였다.
일용직 사원의 일당 250,000원을 현금으로 지급하는 경우 당사가 원천징수하여야 할 소득세는 얼마인가?**

* 단, 지방소득세는 포함하지 않는다.

① 2,300원   ② 2,700원   ③ 3,000원   ④ 3,300원

해 • 원천징수할 소득세 – 과세표준 : 250,000 – 150,000 = 100,000원 – 산출세액 : 100,000 × 6% = 6,000원
  • 세액공제 : 6,000 × 55% = 3,300원– 원천징수할 소득세 : 6,000 – 3,300 = 2,700원

[보기]가 설명하는 과세방법은 무엇인가?

[보기]
원천이나 유형이 다른 종류의 소득을 모두 하나의 과세표준에 합산하여 과세하는 방법이다. 이자, 배당, 사업, 근로, 연금, 기타소득을 합산한다.

① 분류과세   ② 분리과세   ③ 종합과세   ④ 병합과세

해 과세방법 중 여러 가지 다른 소득(이자, 배당, 사업, 근로, 연금, 기타소득 등)을 합산하여 하나의 과세표준을 만든 후 세율을 적용해 과세하는
  종합과세에 대한 설명이다.

소득을 지급하는 자가 그 지급받는 자의 조세를 징수하여 국가 및 지방자치단체에 납부하는 제도는 무엇인가?

① 종합과세   ② 분류과세   ③ 기타과세   ④ 원천징수

해 원천징수는 소득을 지급하는 자가 그 지급받는 자의 조세를 징수하여 국가 및 지방자치단체에 납부하는 제도이다.

08

[보기]의 사업부별 적용해야 할 성과급제로 가장 적절하게 짝지어진 것은?

[보기]

㈜생산은 조직의 생산성과 효율성을 높이기 위해 부서 단위 성과급 제도 도입을 검토하고 있다. 이에 따라 3가지 사업부에서 각각 다른 방식으로 성과급을 운영하고자 한다.
- A사업부는 제품 단위당 표준시간 대비 실제 작업시간을 기준으로 하여 절감된 시간만큼 성과급을 지급한다.
- B사업부는 직원들이 자발적으로 생산성 개선 제안을 내고 이를 통해 절감된 비용을 기준으로 성과급을 지급한다.
- C사업부는 매출에서 외부 비용(원재료, 외주비 등)을 제외한 부가가치 수준을 기준으로 성과급을 지급하고 있다.

① A: 스캔론 플랜 / B: 임프로세어 / C: 럭커 플랜   ② A: 임프로세어 / B: 스캔론 플랜 / C: 럭커 플랜

③ A: 럭커 플랜 / B: 임프로세어 / C: 스캔론 플랜   ④ A: 임프로세어 / B: 럭커 플랜 / C: 스캔론 플랜

해 ・ A는 표준시간과 실제시간을 비교하기 때문에 작업 효율성 기반으로 산정한다.
・ B는 제안제도와 참여 중심으로 운영한다.
・ 부가가치 기준으로 성과급을 측정한다.

09

[보기]에서 설명하는 용어를 한글로 입력하시오.

[보기]

근로자의 업무상 재해를 신속하고 공정하게 보상하며, 재해근로자의 재활 및 사회 복귀를 촉진하기 위한 시설을 설치·운영하고, 재해 예방과 그 밖에 근로자의 복지 증진을 위한 사업을 시행하기 위한 사회제도

 (   )

해 "산업재해보상보험"이란 근로자의 업무상 재해를 신속하고 공정하게 보상하며, 재해근로자의 재활 및 사회 복귀를 촉진하기 위한 보험시설을 설치·운영하고, 재해 예방과 그 밖에 근로자의 복지 증진을 위한 사업을 시행하기 위한 사회보험(이하 "산재보험"이라 함)을 말한다.

10

[보기]에서 설명하는 정부의 보장제도를 한글로 입력하시오.

[보기]

㈜푸른희망기업은 최근 자금난으로 인해 직원들의 급여와 퇴직금을 제때 지급하지 못하는 상황에 처했다.
결국 기업은 법원에 도산신청을 하였고, 일부 근로자들은 퇴직을 결정했다. 그러나 퇴직한 직원들은 미지급된 임금과 퇴직금을 받을 수 있는 방법이 없어 생활고에 시달리고 있었다.
이때, 정부에서 사업주를 대신하여 근로자들에게 미지급된 임금과 퇴직금을 지급하는 제도가 적용되었다. 이 제도를 통해 퇴직자들은 일정 금액을 보전받아 생계를 유지할 수 있었다.

(   )보장제도

해 "임금채권보장제도"란 사업주가 퇴직한 근로자 및 사업주와 근로계약이 종료되지 않은 근로자(이하 "재직근로자라 함)가 지급받지 못한 임금·퇴직금·휴업수당 및 출산전후휴가기간 중 급여(이하 "임금 등"이라 함)의 지급을 청구하면 근로자의 미지급 임금 등을 고용노동부장관이 사업주를 대신하여 지급하는 제도를 의미한다.

01

임금 지급의 기본 원칙에 해당하지 <u>않는</u> 것은?

① 현물 지불의 원칙

② 직접 지불의 원칙

③ 전액 지불의 원칙

④ 정기 지불의 원칙

해 사용자는 근로자에게 통화로 임금을 지급하여야 하며 현물급여는 금지되는 통화 지불의 원칙이다.

02

임금관리의 3대 과제로 적절하지 <u>않은</u> 것은?

① 임금수준　　　　② 임금체계　　　　③ 임금형태　　　　④ 임금요구

해 임금을 관리하기 위해서는 임의 수준, 체계, 형태에 대하여 관리함을 의미한다.
（임금수준의 적정성, 임금체계의 공정성, 임금체계의 합리성）

03

연장근로, 야간근로 등에 대한 가산금을 산출하는 기준으로 사용되는 것으로 가장 적합한 것은?

① 통상임금　　　　② 최저임금　　　　③ 업종임금　　　　④ 기업임금

해 통상임금이란 근로자에게 정기적이고 일률적으로 소정 근로 또는 총 근로에 대하여 지급하기로 정한 시간급금액, 일급, 주급, 월급 또는 도급 금액을 말한다.

04

평균임금의 적용대상에 해당하지 <u>않는</u> 것은?

① 휴업수당

② 감급제재의 제한

③ 평균임금의 최저한도

④ 재해보상 및 산업재해보상보험급여

해 평균임금의 적용 대상으로는 퇴직급여, 휴업수당, 연차유급휴가수당, 재해보상 및 산업재해보상보험급여, 감급제재의 제한, 구직급여가 있다.
평균임금의 최저한도는 통상임금 적용 대상이다.

05

4대보험에 해당하지 <u>않는</u> 것은?

① 건강보험　　　　② 개인연금　　　　③ 고용보험　　　　④ 국민연금

해 4대 보험 : 건강보험, 국민연금, 고용보험, 산업재해보상보험이다.

06

[보기]의 (　　) 안에 들어갈 보험료율을 고르시오.

[보기]
국민연금보험료 = 가입자의 기준 소득월액 × (　　)%(연금보험료율)

① 4.5　　　　② 3.3　　　　③ 7.6　　　　④ 9.0

해 국민연금보험료 요율 : 9%이며, 가입자와 사용자 각각 4.5%씩 부담한다.
　*2026년에는 요율이 9.5%로 변경

07

고용보험에 대한 설명으로 적절하지 <u>않은</u> 것은?

① 실업급여 보험료는 근로자가 전액 부담한다.

② 고용안정·직업능력 개발 사업 보험료는 사업주가 전액 부담한다.

③ 실업급여 보험료 중 근로자 부담분에 대하여 사업주가 매월 임금 지급 시 원천징수 한다.

④ 고용보험은 근로자의 실업 예방과 생활 안정, 직업능력 개발을 지원하기 위한 사회보험이다.

해 실업급여 보험료는 근로자와 사업주가 절반씩 부담한다.

08

소득세법에 대한 설명으로 가장 적절하지 <u>않은</u> 것은?

① 개인단위 과세 제도이며, 직접세이다.

② 신고납세주의이며, 누진세율을 적용한다.

③ 과세방법에 따라 종합과세, 분류과세, 분리과세로 분류된다.

④ 종합과세 대상 소득은 이자, 배당, 사업, 근로, 연금, 양도 소득이 있다.

해 이자소득 , 배당소득, 사업소득, 근로소득 , 연금소득, 기타소득은 합산해서 과세하는 종합과세 소득이며 양도소득과 퇴직소득은 다른 소득과
　합산하지 않고 별도로 과세하는 분류과세에 해당한다.

소득세법상 거주자는 국내에 몇 일 이상의 거소를 둔 개인을 의미하는가?

① 123일 이상　　　② 153일 이상　　　③ 183일 이상　　　④ 213일 이상

해 소득세법상 "거주자"란 국내에 주소를 두거나 183일 이상의 거소(居所)를 둔 개인을 말한다.

원천징수이행상황신고서의 제출 시기로 옳은 것은?

① 소득 지급일이 속하는 달 10일까지

② 소득 지급일이 속하는 달 20일까지

③ 소득 지급일이 속하는 달의 다음 달 10일까지

④ 소득 지급일이 속하는 달의 다음 달 20일까지

해 소득 지급일이 속하는 달의 다음 달 10일까지 원천징수 이행상황 신고서를 제출해야 한다.

PART

II

4장

노사관리(인적자원 유지)

01 근로시간 관리
02 노사관계관리 기출문제

01 근로시간관리

1 근로시간

(1) 정의 : 고용관계에 있어서 근로자가 사업주를 위해 근로를 제공하는 시간을 의미하는 것

> 근로시간 = 실 근로시간+대기시간+작업에 필요불가결한 시간

(2) 개정된 근로기준법에 따른 근무 시간

① 소정근로시간 40시간, 주휴 8시간 포함

{(40시간 + 8시간) × 52.14} / 12 = 208.56 (209시간)

(3) 법정근로시간

① 근로기준법 : 1일 8시간, 1주 40시간 기준(휴게시간 제외)

다만, 당사자 합의에 따라 주 12시간 한도로 연장 근로 가능. 특별한 사정이 있는 경우 고용 노동부 장관의

사전 또는 사후 승인을 얻어 기준시간을 연장 가능

15세 이상 18세 미만자의 근로시간은 1일 7시간, 1주일 35시간 이내를 한도

다만, 합의하면 1일 1시간, 1주 6시간 한도로 연장 가능

구분	법정근로시간		연장근로	야근 및 휴일근로
	1일	1주		
원칙			1주 12시간	18세 이상 여성 근로자 본인의 동의
산후 1년이 경과되지 않은 여성	8시간	40시간	1일 2시간 1주 6시간 1년 150시간	본인의 동의 및 노동부장관의 동의 인가 전 근로자대표와 협의
임신중인 여성			불가	본인의 명시적 청구, 노동부장관의 동의 인가 전 근로자대표와 협의
15세 이상 18세 미만의 연소자	7시간	35시간	1일 1시간 1주 5시간	근로자의 동의 및 노동부장관의 동의 인가 전 근로자대표와 협의
유해, 위험 근로자 (잠수, 잠함작업 등)	6시간	34시간	불가	

* 1일은 통상 0~24시 뜻하나 역 일상 이틀에 걸쳐 계속하여 근로하는 경우 하나의 근로로 간주

* 1주는 반드시 일~토요일을 의미하지 않으며 취업규칙에서 정한 특정일을 기산일로 한다.

  ㉠ 기준근로시간 : 1일 8시간, 1주 40시간으로 정한 것으로 당사자의 합의로 초과 근로하면 연장근로 가산 수당을 지급하는 기준근로시간으로 본다.

  ㉡ 근로 기준시간과 휴게시간 : 근로 기준시간은 사용자에게 종속되어있는 시간, 휴게시간은 기준근로시간에 포함하지 않는다.

  ㉢ 소정근로시간 : 법정기준근로시간 범위 내에서 근로자와 사용자 간에 정한 시간으로 실근로시간과는 관계가 없으며 통상임금 산정을 위한 기초로 활용

  ㉣ 한 달 근로시간 : 연장근로수당, 휴일근로수당, 연월차수당 등 법정 제 수당을 산정할 때 기준이 됨 (취업규칙 등에 명시해야 함)

  ㉤ 휴게시간 : 휴게시간에 대해서는 회사가 임금 지급할 의무가 없으며 법정근로시간에 포함되지 않는다. 근로시간이 4시간인 경우에는 30분 이상, 8시간인 경우에는 1시간 이상의 휴게시간을 주어야 함.

  ㉥ **연장근로** : 통상임금의 100분의 50이상을 가산하여 지급해야 한다.

  ㉦ **야간근로** : 오후 10(22)시부터 오전 6시까지의 근로. 근로시간 일부만 야간에 포함되어도 야간근로가 된다.

    - 야간근로도 통상임금의 100분의 50 이상을 가산하여 지급해야 한다.

    - 휴일과 야간근로가 중복되면 가산 수당도 중복하여 지급해야 함.

    - 18세 이상 여성을 야간근로 시키려면 근로자 동의받아야 함.

  * 포괄 산정 임금제도 : 연장근로수당 등 제 수당이 포함되어 있거나 매월 일정액을 제수당으로 지급하는 내용의 임금 계산 방법

(4) 휴일

① **법정휴일** : 소정근로일을 만근할 경우 유급으로 쉴 수 있도록 하는 주휴일과 근로자의 날이 법정휴일임

② **약정휴일** : 관공서 공휴일(공공기관이 쉬는 날)이나 취업규칙 등에서 휴일로 한다는 규정이 있는 경우 휴일로 인정되는 것. (공휴일, 회사 창립기념일)

③ **유급휴일** : 1주일 이상 개근 근로자에게 1일의 유급휴가를 부여(주휴일은 반드시 일요일일 필요는 없다.) 주휴일 간의 간격을 7일 이내가 바람직하나 단위 기간 내에 1회 이상의 휴일을 부여하면 7일을 초과할 수도 있다.

④ **휴일 근로** : 직접 근로 제공은 물론이고 야유회, 교육 등과 같이 사용자 통제안에서 이루어진 구속시간이라면 휴일 근로가 될 수 있다.

  ㉠ 유급 휴일 수당(주휴수당) : 유급휴일에 근로를 제공하지 않더라도 지급되는 수당

ⓒ 휴일 근로 임금 : 휴일로 정해진 날에 근로를 제공했을 때 대가

ⓒ 휴일 근로 가산 수당 : 휴일로 정해진 날에 근로를 제공했을 때 가산하여 지급하는 수당

ⓔ **휴일에 근로한 경우 : 유급휴일 수당으로 통상임금의 100% 지급 외에 휴일 근로 임금으로 휴일근로 일수에 해당하는 통상임금의 100% 지급하고 휴일근로 가산 수당으로 휴일근로시간 수에 해당하는 통상임금의 50%를 추가로 지급해야 함.**

(5) 휴가

① 연차유급휴가 : 1년간 8할 이상 출근시 15일의 연차유급휴가 부여 3년 이상 계속 근로자에게는 15일 유급휴가에 2년마다 1일 가산(한도 : 25일) 1년 미만 근속자에 대해서는 1개월 개근 시 1일의 휴가를 부여. 1년 동안 8할 이상 근무 시 15일에서 그간 사용한 휴가 일수를 공제하고 잔여 일을 휴가로 부여한다.

② 모성 및 육아 보호 휴가

㉠ 생리휴가 : 근로 형태, 직종, 퇴사 등에 상관없고 임시직, 단시간 근로자에도 부여.

㉡ **산전, 산후 유급 보호 휴가 : 산전, 산후 90일의 보호 휴가 단, 산후 45일 이상 배치해야 함.**

㉢ 육아 휴직제 : 생후 1년 미만의 영아를 가진 근로 여성 또는 그 배우자가 양육을 위하여 휴직

(6) 근로시간제의 최근 동향

구분	내용
집중근무제	일정 시간대를 정해 전화·회의·지시를 제한하고 업무 집중도를 높이는 근무 형태 (주당 근무 일수(4일 40시간)를 줄이는 대신 근로자들이 추가 휴일을 하루 더 가질 수 있도록 선택권을 주는 근무방식)
24시간 선택적 근무제	근로자가 하루 24시간 중 원하는 시간을 선택해 근무하는 형태
원격(재택)근무제	사무실 외 장소에서 근무하여 시간·공간 효율성을 높이는 근무 형태
파트타임제	정규 근로시간보다 짧은 시간을 정해 근무하는 형태
비정규직	근로시간·고용 지속성 등에 대한 보장이 제한적인 고용 형태

(7) 근로시간제

구분	내용
직무공유제	수평적 분할의 방법으로 하나의 정규 업무를 둘 이상의 시간제 업무로 전환 시키는 직무설계 방법
탄력근무시간제	일정한 기간 내에서 어느 주 또는 어느 날의 근로시간을 탄력적으로 배치하여 운용하는 근로시간제. 일정한 기간을 단위로 총근로시간이 기준근로시간 이내인 경우, 그 기간 내 어느 주 또는 어느 날의 근로시간이 기준근로시간을 초과하더라도 연장근로로 보지 않음

구분	내용
선택적 근로시간제 (자율출퇴근제)	1개월 이내의 정산 기간을 평균으로 1주 평균 근로시간이 주 40시간을 초과하지 않는 범위 내에서, 종업원이 자율적으로 1일 또는 1주 근무 시간을 자유롭게 조정하는 직무설계 방법
간주 근로시간제	사용자가 종업원에게 본인의 근로시간 관리를 위임해주는 제도
재량근로시간제	업무의 성질상 업무 수행 방법을 근로자 재량에 맡길 필요가 있는 경우, 사용자와 근로자 대표와의 서면합의로 정한 시간을 근로한 것으로 인정하는 제도
교대근무제	근로자들을 2개 이상의 조로 편성하여 각 조가 교대로 근무하는 형태

2 노사 관리(노사관계론)

(1) 노동자의 헌법상 세 가지 권리 노동 3권

① 단결권 : 근로자가 근로조건의 유지·개선을 위해 노동조합을 결성하거나 가입할 수 있는 권리

② 단체교섭권 : 노동조합이 근로조건·임금·복지 등에 대해 사용자와 대등하게 교섭할 수 있는 권리

③ 단체 행동권 : 단체교섭이 원만히 이루어지지 않을 경우, 파업·태업·집회 등 집단적 행동을 통해 요구를 관철할 수 있는 권리

* 노사관계의 발전 과정

: 전제적 노사관계 → 온정적 노사관계 → 완화적 노사관계 → 민주적 노사관계

(2) 노동조합

① 다음 어느 하나에 해당하면 노동조합으로 보지 않는다.

㉠ 사용자나 그 이익을 대표하여 행동하는 자의 참가를 허용하는 경우

㉡ 경비의 주된 부분을 사용자로부터 원조받는 경우

㉢ 복리사업만을 목적으로 하는 경우

㉣ 근로자 아닌 자의 가입을 허용하는 경우

㉤ 주로 정치운동을 목적으로 하는 경우

② 노동조합의 기능

㉠ 경제적 기능(가장 핵심적 기능)

㉡ 공제적 기능

㉢ 정치사회적 기능

㉣ 경영참가기능

㉤ 통제기능

(3) 노동조합의 조직 형태

① 근로자 자격에 따른 조직 형태

㉠ 직업별 노동조합 : 역사적으로 가장 오래된 형태

㉡ 일반 노동조합 : 직업, 산업과 관계없이 모든 노동자에 의해 조직

㉢ 산업별 노동조합 : 섬유산업, 자동차산업

㉣ 기업별 노동조합 : 개별기업

② 결합방식에 따른 조직 형태

㉠ 단일조직 : 개인 가입의 형식

㉡ 연합조직 : 단체로서의 자격을 가지고 구성원이 되는 조직 형태

(4) 노동조합 가입 방법

① **기본적 형태**

㉠ 클로즈드숍 : 조합원 자격이 있는 근로자만 채용

㉡ 유니온숍 : 근로자 채용 시 조합원이 아닌 자를 근로자로 채용할 수 있으나 일단 채용된 이후엔 자동으로 노조 가입하게 되는 제도

㉢ 오픈숍 : 조합원 신분과 무관하게 종업원 될 수 있는 제도

② **변형적 형태**

㉠ 에이전시숍 : 채용된 종업원에 대하여 노동조합 가입을 강제하지는 않지만 비조합원에게도 일정 금액을 노동조합에 납부하게 함

㉡ 메인터넌스숍 : 노동조합에 가입된 후 일정 기간 자격 유지하도록 하는 제도

㉢ 프리퍼렌셜숍 : 종업원 채용 시 조합원에게 고용상의 혜택을 제공하는 제도

* 조합비 일괄 공제 제도(체크오프제도) : 노조의 안정적 유지를 위해 조합비 일괄 공제

3 단체교섭제도

(1) 단체교섭이란?

노동조합이 근로조건·임금·복지 등에 대해 사용자와 대등하게 교섭할 수 있는 권리

* 교섭 절차 : 교섭 준비 → 예비교섭 → 본교섭 → 마무리 교섭 → 교섭 평가

(2) 단체교섭의 유형

① 통일교섭

전국 또는 지역단위의 산업별, 직업별 노동조합 대표 VS 전국 또는 지역 단위 사용자 단체 대표

② 대각선 교섭

전국 또는 지역단위의 산업별, 직업별 노동조합 대표 VS 개별기업의 사용자 단체 대표

③ 기업별 교섭

기업별 노동조합의 대표 VS 기업의 사용자 대표

④ 공동교섭

기업별 노동조합의 단위조합 + 산업별 상부 노동단체 VS 개별기업의 사용자 대표

⑤ 집단교섭 : 복수의 기업별 단위노동조합이나 지부가 지역별, 업종별로 집단 구성하여 이에 대응하는
복수기업의 사용자 대표와 집단으로 교섭

(3) 단체협약 : 단체교섭결과에 따라 의견일치나 합의에 도달했을 때 서면으로 작성되는 노사협정서. 반드시 서면으로
작성되어야 하며 노사 쌍방 대표에 의한 서명날인과 함께 15일 이내에 행정관청에 제출 및 신고해야 함.

① 단체협약의 관리 : 고충처리제도, 고충 중재제도

② 단체협약의 기능 : 근로조건 개선 기능, 평화기능, 경영 안정 기능

③ 단체협약의 효력

구분	내용
규범적 효력	단체협약 체결 당사자 간이 아닌 근로자와 사용자 간의 근로관계를 구속하는 효력으로, 근로자의 대우 및 근로조건(임금, 퇴직금, 상여금, 복리후생, 근로시간, 정년, 재해보상 등)에 대한 강제적 효력을 의미 (근로자와 사용자 간 근로조건에 대해 직접적·강제적으로 적용되는 효력)
채무적 효력	협약 당사자의 권리·의무에 관한 조항을 의미
조직적 효력	제도·기관의 조직과 운영 등에 관한 조항과 같이 집단적 노사관계에 적용되면서도 개별적인 근로관계와 관련된 효력(노사관계의 조직·운영 및 제도에 관한 집단적 효력)
지역적 구속력	동일 지역의 동종 근로자에 대하여 단체협약의 효력을 확대 적용하는 효력
일반적 구속력	단체협약의 규범적 효력을 확대 적용하는 것으로, 하나의 공장이나 사업장을 단위로 동종의 과반수 노동조합원에게 적용되는 단체협약의 규범적 효력을 나머지 동종의 비 조합 근로자에게까지 확장 적용하는 사업장 단위의 효력 (사업장 내 비조합원에게까지 단체협약 효력을 확대 적용)

(4) 노동쟁의 : 노동조합과 사용자 간에 상호주장의 불일치로 인하여 발생한 분쟁상태

  ① 노동쟁의 형태

    ㉠ 이익 분쟁 : 노사 간의 새로운 권리관계의 창출을 위한 단체교섭 과정에서 상호 간의 주장 불일치로 나타나는 분쟁

    ㉡ 권리 분쟁 : 노사 간의 단체교섭 결과에 따라 체결된 단체협약의 해석이나 적용 및 이행 여부와 관련하여 상호 간의 주장 불일치로 나타나는 분쟁상태

  ② 노동쟁의의 유형

    ㉠ 노동조합 측의 쟁의 행위

      - 파업 : 노동력 제공 거부

      - 태업 : 게을리 일함

      - 보이콧 : 집단적 불매운동

      - 피케팅 : 조합원들이 공장이나 사업장 출입구에 늘어서 파업 방해자를 막고 변절자 감시(준법투쟁, 생산통제)

    ㉡ 사용자 측의 쟁의 행위

      - 직장폐쇄 : 근로자의 직장 출입 차단

      - 조업 계속 : 희망자 동원하여 조업 계속

(5) 노동쟁의 조정 제도

  ① 긴급조정 : 노동부 장관이 긴급결정하여 통보하면 중앙노동위원회가 노사당사자에게 통고하며 즉시 쟁의행위를 중지해야 함

  ② 협상 : 제3자 개입 없이 당사자끼리 합의

  ③ 알선 : 협상과 비슷한 제3자가 당사자끼리 합의할 수 있도록 자리 마련해주는 것

  ④ **중재 : 분쟁이 해결되지 않을 때 제3자가 중재안 내놓는 것**

  ⑤ 조정 : 제3자가 개입하여 적극적으로 설득하여 당사자끼리 합의하도록 돕는 것

(6) 부당노동행위 : 사용자가 노동조합의 정당한 권리를 침해하거나 반대로 노동조합이 사용자의 권리를 침해할 때 나타나는 모든 행위

(7) 부당노동행위의 유형

① 불이익대우 : 노동조합을 가입, 조직, 업무를 한다는 이유로 해고하거나 불이익 주는 것

② 황견계약 : 근로자가 노동조합에 가입하지 않을 것 또는 탈퇴할 것을 고용조건으로 하거나 특정

노동조합에 가입할 것을 고용조건으로 하는 행위

③ 단체교섭의 거부 : 노동조합의 대표자 또는 노동조합원으로부터 위임받은 자와의 단체협약 체결, 기타의

단체 교섭을 정당한 이유 없이 거부하거나 방해하는 행위

④ 지배개입 및 경비원조 : 근로자가 노동조합을 조직 운영하는 것을 지배하거나 노동조합의 운영비를

원조하는 행위

⑤ 정당한 단체 행동 참가에 대한 해고 및 불이익 대우

※ 부당노동행위의 구제 절차 : 부당노동행위가 있는 날로부터 3개월 이내에 노동위원회에 구제 신청할 수 있다. 불복할

경우는 중앙노동위원회, 그래도 안 되면 행정소송

(8) 경영참가 : 종업원이나 종업원을 대표하는 노동조합이 기업의 경영에 참여하는 제도

* 이점 : 종업원의 기업소속감 증대, 책임감이 형성되어 노사관계 원활

* 단점 : 과도하게 참여하면 경영 고유권한 침해 가능성, 경영성과 악화 가능성

(9) 경영참가의 유형

① 간접참가 : 자본참가

㉠ 종업원지주제도 : 종업원에게 회사주식을 취득하게 하여 기업 경영에 참가

㉡ 스톡옵션제도 : 임직원들에게 특별히 저렴한 가격으로 일정 수량의 주식을 매입할 수 있게 하는 권리를

부여하고 일정 기간이 지나면 임의대로 처분할 수 있도록 하는 제도

② 성과(이윤)참가 : 가장 쉬운 경영참가. 기업의 생산성 향상에 노동조합이 적극적으로 참가하고 협력한

대가로 이윤의 일부를 임금 외 형식으로 분배하는 방식

㉠ 스캔론플랜 : 철강회사에 의해 고안. 시장판매가치 중심의 성과분배방식(총매출액에 대한 노무비

절약분을 분배함) 생산성 향상에 참여한 종업원에게 합당한 성과를 배분하는 정책에 중심

㉡ 러커(럭커)플랜 : 생산 부가가치 중심의 성과 배분방식. 성과분배의 기초를 생산의 부가가치에 중점

③ 의사결정 참가(좁은 의미의 경영참가)

㉠ 노사협의제도 : 근로자와 사용자가 협력하여 근로자 복지증진과 발전을 도모. 최종결정은 경영자들이

행하는 것. 근로자가 30인 이상인 사업장은 의무적으로 노사협의제 구성해야 한다.

㉡ 노사공동결정제도 : 노동자, 종업원 또는 노동조합 대표가 경영의사결정을 노사공동으로 결정하는 제도

노사관계관리 기출문제 풀이

인사 1급 노사관계관리 빈출 문제

01

[보기]에서 설명하는 근로시간제의 유형은 무엇인가?

> [보기]
> 신상품·신기술의 연구개발, 자연과학분야, 정보처리시스템의 설계 또는 분석 업무, 신문 기사의 취재, 방송 제작 사업 등과 같이 업무수행 방법이나 수단, 시간배분 등이 근로자의 재량에 따라 결정되어 근로시간보다 성과에 의해 근무 여부를 판단할 수 있는 경우 노사 간의 합의시간을 근로시간으로 보는 제도를 말한다.

① 연장 근로시간제
② 재량 근로시간제
③ 선택적 근로시간제
④ 탄력적 근로시간제

해 재량 근로시간제 : 업무의 성질에 비추어 업무수행방법을 근로자의 재량에 위임할 필요가 있는 업무로서 사용자가 근로자대표와 서면합의로 정한 근로시간을 소정근로시간으로 인정하는 제도

02

근로시간에 대한 설명으로 적절하지 <u>않은</u> 것은?

① 적절한 근로시간은 노동의 재생산성을 유지시킨다.
② 1주 간의 근로시간은 휴게시간을 제외하고 40시간을 초과할 수 없다.
③ 15세 이상 18세 미만인 사람의 근로시간은 1일에 6시간, 1주에 30시간을 초과하지 못한다.
④ 근로시간을 산정하는 경우 작업을 위하여 근로자가 사용자의 지휘 · 감독 아래에 있는 대기시간 등은 근로시간으로 본다.

해 15세 이상 18세 미만인 사람의 근로시간은 1일에 7시간, 1주에 35시간을 초과하지 못한다.

03

전국적 또는 지역별·산업별 노동조합의 대표와 개별 기업의 사용자 대표 사이에 이루어지는 단체교섭 방식은 무엇인가?

① 통일교섭
② 집단교섭
③ 공동교섭
④ 대각선교섭

해 대각선 교섭 : 전국적 또는 지역별·산업별 노동조합의 대표와 개별 기업의 사용자 대표 사이에 이루어지는 단체교섭 방식(전국 또는 지역단위의 산업별, 직업별 노동조합대표 VS 개별기업의 사용자 단체 대표)

04

단체교섭의 절차로 옳은 것은?

① 교섭준비-예비교섭-본교섭-마무리교섭-교섭의 평가

② 예비교섭-교섭준비-본교섭-마무리교섭-교섭의 평가

③ 예비교섭-본교섭-교섭준비-마무리교섭-교섭의 평가

④ 교섭준비-본교섭-예비교섭-마무리교섭-교섭의 평가

🗹 교섭 절차 : 교섭준비 → 예비교섭 → 본교섭 → 마무리교섭 → 교섭평가

05

[보기]는 무엇에 대한 설명인가?

[보기]
일정지역 동종 노동자 중 소수에 속하는 노동자들에게도 하나의 단체협약의 효력이 미치게 함으로써 그 지역 사용자들이 낮은 근로조건으로 노동력을 공급받는 것을 방지하고, 이에 따라 단체협약의 실효성을 확보함으로써 노동조합의 단결력 강화, 균등한 근로조건의 보장으로 소수 노동자들을 보호하기 위한 것

① 규범적 효력   ② 채무적 효력   ③ 지역적 구속력   ④ 일반적 구속력

🗹 지역적 구속력은 동일 지역의 동종 근로자에 대하여 단체협약의 효력을 확대 적용하는 효력

06

근로자 측 쟁의행위 유형 중 제품구입 거절, 근로계약의 거절 등의 형태로 나타나는 집단적 불매운동은 무엇인가?

① 파업   ② 태업   ③ 보이콧   ④ 피케팅

🗹 노동조합이 사용자 또는 그와 거래관계가 있는 제3자의 상품이나 시설을 집단적으로 거부하거나 거부하도록 호소·선전하는 행위이다. 이는 사용자에게 압력을 가하기 위한 쟁의 수단으로 사용된다. **(집단적 불매운동)**

07

조합원이 되면 일정기간 탈퇴가 불가능한 변형적 숍제도에 해당하는 것은?

① 클로즈드숍(Closed Shop)   ② 에어전시숍(Agency Shop)

③ 메인트넌스숍(Maintenance of Membership Shop)   ④ 프레퍼렌셜숍(Preferential Shop)

🗹 ① 조합원이 아니면 채용 자체가 불가한 숍, '탈퇴 불가'가 핵심이 아님

　② 모든 종업원에게 단체교섭의 당사자인 노동조합이 조합회비를 징수하는 제도

　③ 노동조합에 가입된 후 일정기간 자격 유지하도록 하는 제도

　④ 채용에 있어서 노동조합원에게 우선순위를 주는 제도

경영참가제도를 직접참가와 간접참가로 구분할 때 간접참가의 유형에 해당하는 것은?

① 노사협의제   ② 공동의사결정   ③ 이윤분배제도   ④ 종업원지주제

 종업원지주제도는 간접 참여의 형태로 회사가 근로자에게 회사 주식을 유상 또는 무상의 방법으로 취득하게 하여 근로자를 주주로서 기업경영에 참가시키는 자본참가 제도이다.(종업원에게 회사주식을 취득하게 하여 기업경영에 참가)

09

다음 [보기]의 연차유급휴가 및 근로기준법 관련하여 (   ) 안에 들어갈 숫자를 입력하시오.

[보기]
3년 이상 계속하여 근로한 근로자에게는 제1항에 따른 휴가에 최초 1년을 초과하는 계속 근로연수 매 2년에 대하여 1일을 가산한 유급휴가를 주되, 가산휴가를 포함한 총 휴가일수는 (   )일을 한도로 한다.

✎ (   )일

종 3년 이상 계속하여 근로한 근로자에게는 제1항에 따른 휴가에 최초 1년을 초과하는 계속 근로연수 매 2년에 대하여 1일을 가산한 유급휴가를 주되, 가산휴가를 포함한 총 휴가일수는 25일을 한도로 한다.

10

[보기]의 (   ) 안에 들어갈 용어를 한글로 입력하시오.

[보기]
(   )(은)는 근로조건의 기준에 관한 권리의 형성·유지·변경 등을 둘러싼 분쟁으로, 임금 인상이나 단체협약 갱신·체결 등이 이에 해당한다.

✎ (   )

종 이익분쟁 : 근로조건의 기준에 관한 권리의 형성·유지·변경 등을 둘러싼 분쟁으로, 임금 인상이나 단체협약 갱신·체결 등이 이에 해당

인사 2급 노사관계관리 빈출 문제

01

[보기]에서 설명하는 근로시간제의 유형은 무엇인가?

[보기]
연구개발, 사무직, IT서비스 등과 같이 업무 특성상 출퇴근 시각을 일률적으로 정하기보다, 근로자가 자신의 생활 패턴과 업무량에 맞추어 근무시간을 조정할 필요가 있는 경우에 활용되는 제도이다. 사용자는 1개월 등 일정한 정산기간 동안의 총 근로시간만을 정해 두고, 그 범위 안에서 출퇴근 시각과 1일 근로시간의 배분을 근로자가 자율적으로 선택하도록 한다. 필요한 경우 정해진 시간대에는 반드시 근무하도록 하는 핵심근로시간을 둘 수 있다.

① 재량 근로시간제 ② 선택적 근로시간제
③ 탄력적 근로시간제 ④ 사업장 밖 간주근로시간제

해 선택적 근로시간제는 정산 기간의 총 근로시간을 정해두고, 그 범위 내에서 근로자가 출퇴근 시간을 자유롭게 선택하여 근무할 수 있는 제도이다. 탄력적 근로시간제는 특정 주의 근로시간을 늘리는 대신 다른 주의 근로시간을 줄여 평균 법정근로시간을 맞추는 제도이다. (교과서 : 1개월 이내의 정산기간을 평균으로 1주 평균 근로시간이 주 40시간을 초과하지 않는 범위 내에서, 종업원이 자율적으로 1일 또는 1주 근무시간을 자유롭게 조정하는 직무설계방법)

02

[보기]에서 설명하는 노동조합 제도는 무엇인가?

[보기]
조합비를 징수할 때 사용자가 노동조합의 의뢰에 의하여 조합비를 급여계산 시 일괄 공제하여 전달해 주는 방법

① 유니언 숍 ② 에이전시 숍 ③ 클로즈드 숍 ④ 체크오프 제도

해 체크오프 제도 : 조합비를 징수할 때 사용자가 노동조합의 의뢰에 의하여 조합비를 급여계산 시 일괄 공제하여 전달해 주는 방법

03

[보기]는 무엇에 대한 설명인가?

[보기]
근로자 채용 시 조합원이 아닌 자를 근로자로 채용할 수 있으나 일단 채용된 이후엔 자동적으로 노조 가입하게 되는 제도

① 고충처리제도 ② 유니온 숍제도
③ 종업원지주제도 ④ 메인터넌스 숍제도

해 유니온숍제도 : 근로자 채용 시 조합원이 아닌 자를 근로자로 채용할 수 있으나 일단 채용된 이후엔 자동적으로 노조 가입하게 되는 제도

노동자가 헌법상의 기본권으로 가지는 노동 3권에 해당하지 <u>않는</u> 것은?

① 단결권　　　　② 단체교섭권　　　　③ 단체합의권　　　　④ 단체행동권

해 노동 3권 : 단결권, 단체교섭권, 단체행동권

[보기]의 설명으로 가장 적절한 것은?

> [보기]
> 근로자의 노동조합이 사용자와 근로조건의 유지·개선에 관하여 의논하고 절충할 수 있는 권리

① 단결권　　　　② 단체행동권　　　　③ 경영참가권　　　　④ 단체교섭권

해 단체 교섭권 : 근로자의 노동조합이 사용자와 근로조건의 유지·개선에 관하여 의논하고 절충할 수 있는 권리

근로자 측 노동쟁의 행위에 해당하지 <u>않는</u> 것은?

① 보이콧　　　　② 피케팅　　　　③ 긴급조정　　　　④ 생산통제

해 근로자 측 노동쟁의 행위로는 파업, 태업, 보이콧, 피케팅, 생산통제, 준법투쟁 등이 있다. 긴급조정은 노동쟁의 조정제도에 해당한다. (긴급조정 : 노동부장관이 긴급결정하여 통보하면 중앙노동위원회가 노사당사자에게 통고하며 즉시 쟁의행위를 중지하는 것)

임금, 근로시간, 복지, 고용, 기타 대우 등의 근로조건의 결정에 관한 노사 간 주장의 불일치 때문에 발생한 분쟁상태를 무엇이라 하는가?

① 알선　　　　② 조정　　　　③ 중재　　　　④ 노동쟁의

해 ① 알선 : 3자가 양측을 타협하도록 권유하는 것을 의미하며, 분쟁 자체를 의미하지는 않는다.
② 조정 : 노사 간 입장차이를 좁히기 위해 조정안을 제시하는 과정으로, 분쟁을 조정하는 행위를 의미한다.
③ 중재 : 분쟁이 심할 경우 판정을 내리는 것이며, 분쟁을 해결하기 위한 수단이지 상태를 의미하지는 않는다.

08

근로자가 경영에 참가하는 방법 중 직접적으로 참여하는 제도가 <u>아닌</u> 것은?

① 럭커 플랜

② 스캔론 플랜

③ 종업원지주제도

④ 노사공동결정제도

🖩 회사가 근로자에게 회사주식을 유상 또는 무상의 방법으로 취득하게 하여 근로자를 주주로서 기업경영에 참가시키는 제도인 종업원지주제도는 간접 참여 제도

09

[보기]에서 설명하는 경영참가 제도는 무엇인가?

[보기]
근로자의 참여의식을 높이기 위하여 위원회제도를 활용해 근로자의 경영참여와 개선된 생산의 판매가치를 기초로 한 성과배분제

① 럭커 플랜

② 스캘론 플랜

③ 스톡옵션 제도

④ 종업원지주 제도

🖩 스캔론 플랜 : 근로자의 참여의식을 높이기 위하여 위원회제도를 활용해 근로자의 경영참여와 개선된 생산의 판매가치를 기초로 한 성과배분제

10

경영참가제도의 유형 분류 중 적절하지 <u>않은</u> 것은?

① 이윤참가-스캘론 플랜

② 성과참가-스톡옵션제도

③ 자본참가-종업원지주제도

④ 의사결정참가-노사협의제도

🖩 스톡옥션제도는 자본 참가에 해당한다.

PART

III

1장

ERP 프로세스 (실무 시뮬레이션)

- 웹하드 다운로드
- 아이디 : erpguest
- 비밀번호 : erp1234
- 최신 기출문제도 다운로드 후 풀이 진행

  * 웹하드에서 프로그램 2025년 버전을 다운로드 후 설치

(ERP 2025년 버전 : 2025년 5월 정기시험(3회차) DB ~ 2026년 1월 정기시험(1회차) DB)

  * DB 복원 후 문제 풀이 진행 시 홀수 차수는 A형 문제, 짝수 차수는 B형으로 로그인

- 인사 1급 기출문제 3회분, 인사 2급 기출문제 3회분 풀이 교재 수록

  * 최신 기출문제는 김쌤 학원 유튜브에서 시험 후 업데이트 진행

01 프로그램 설치
(2025년 iCUBE 핵심 ERP 프로그램 설치)

1 프로그램 설치 운영 환경

구분	권장 사항
설치 가능 OS	Microsoft Windows 7 이상의 OS (Window XP, Vista, Mac OS X, Linux 등 설치 불가)
CPU	Intel Core2Duo / i3 1.8Ghz 이상의 CPU
Memory	3GB 이상의 Memory
DISK	10GB 이상의 C:₩ 여유 공간

2 iCUBE ERP 설치

(1) iCUBE 핵심ERPv2.0 설치파일 폴더에서 [CoreCubeSetup.exe]를 더블클릭 설치

(2) 설치전 사양 체크 후 이상 없으면 자동으로 핵심 ERP 설치됨

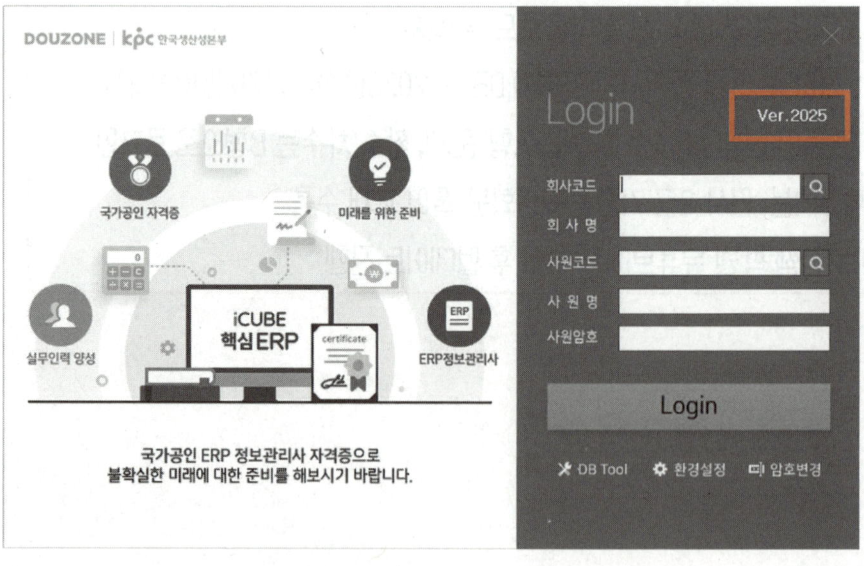

＊ 설치 완료 후 첫 화면 확인(2025년 버전 확인)

3 설치 실행 시 오류 처리 방법

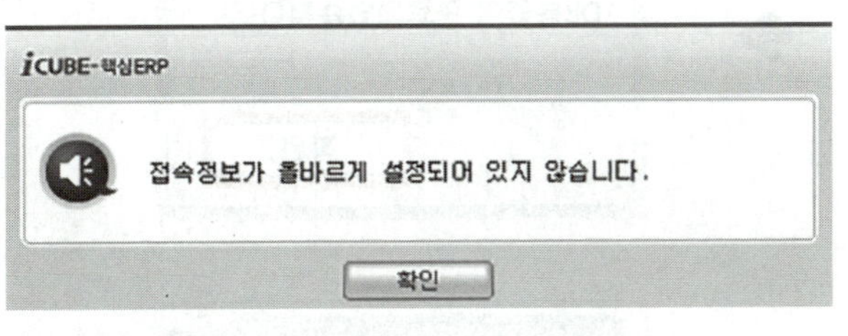

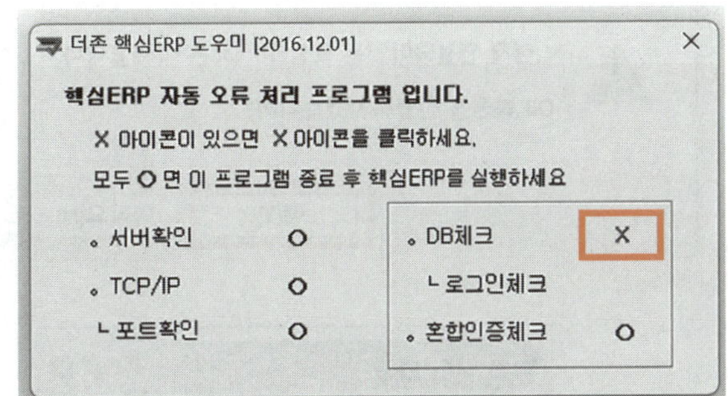

* 설치 시 그림과 같은 오류가 발생하면 설치파일 중 [UTIL] 폴더의 [CoreCheck.exe] 파일 클릭 후 더존 핵심ERP 도우미 프로그램의 X 표시를 더블클릭하여 O로 변경 후 프로그램을 다시 실행

4 ERP 기출문제 DB 백업 방법

(1) 로그인 창에서 [DB TOOL]을 클릭하여 연결설정 확인

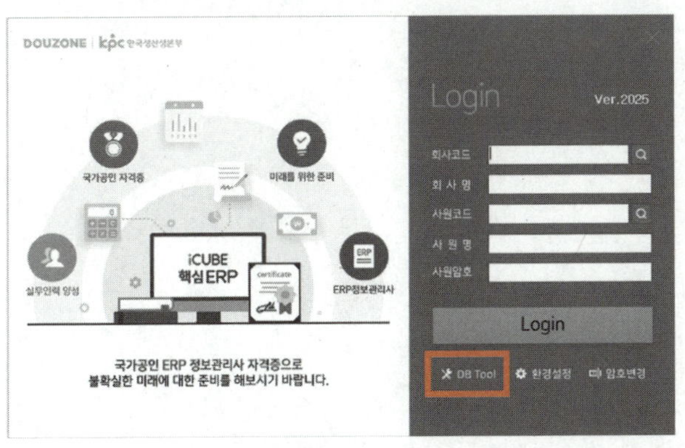

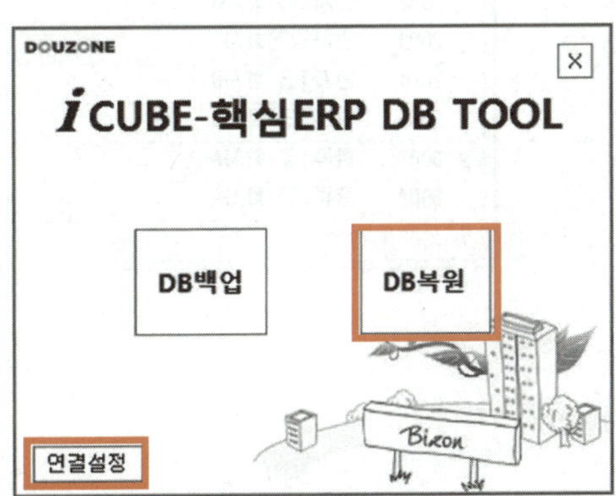

(2) 연결 설정(윈도우 인증) 후 DB 복원 클릭, 복원경로와 폴더명이 나타나며 [확인]을 클릭하면, 복원이 진행된다.

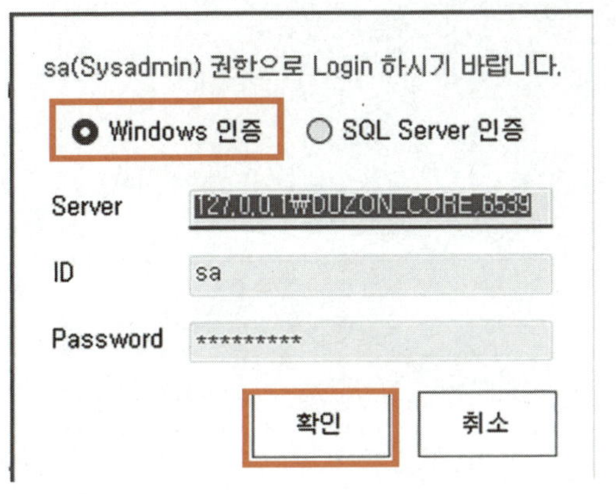

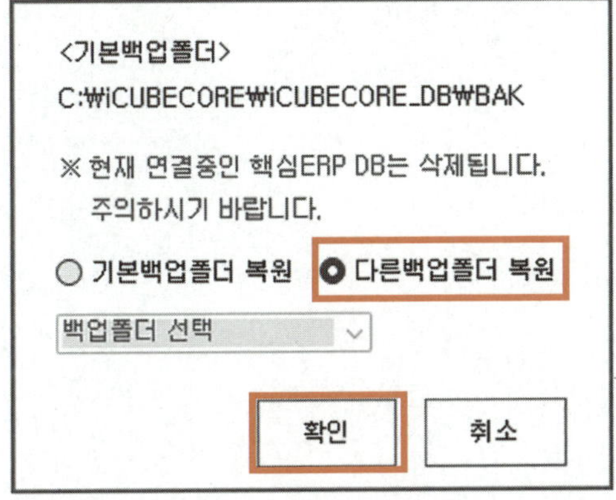

(3) DB 복원이 완료된 후 프로그램 실행 회사 코드 선택, 사원 코드 선택 후 실행

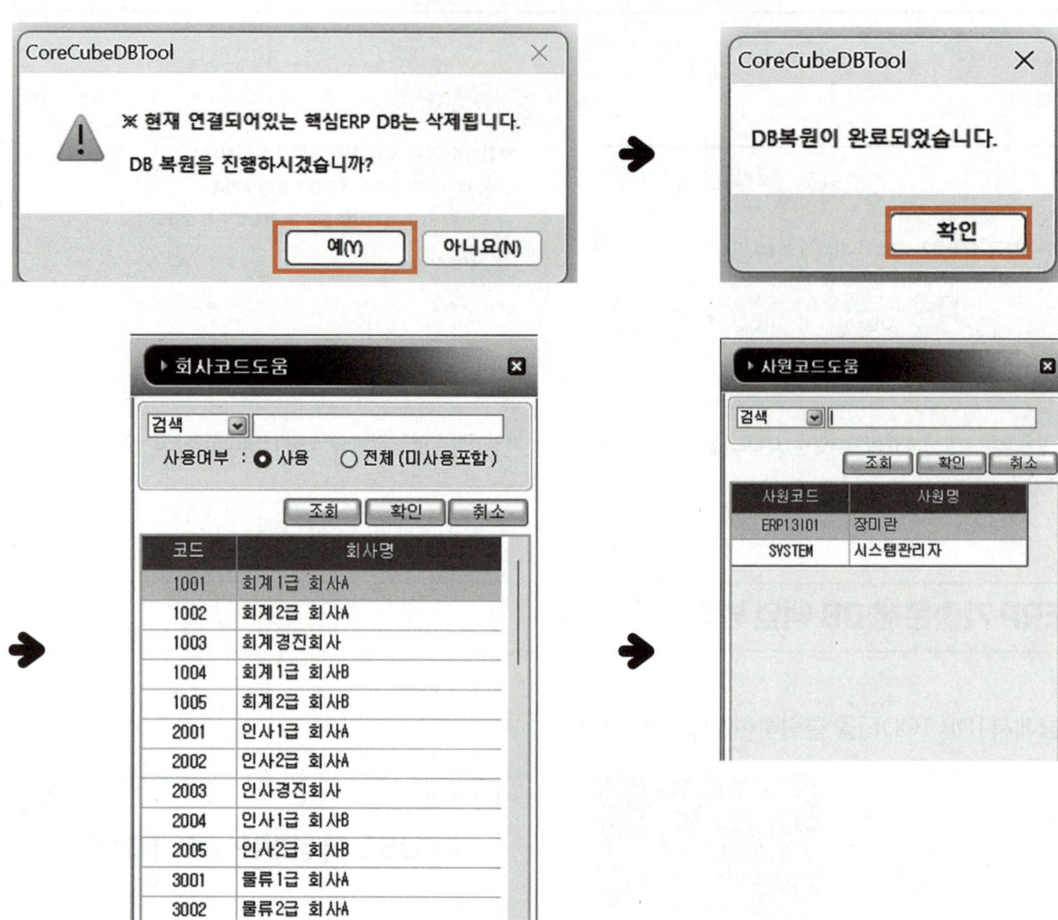

5 ERP 아이콘 설명

명칭	아이콘	단축키	기능설명
닫기	닫기	ESC	화면을 닫기
코드도움	코드도움	F2	코드도움창 열기
삭제	삭제	F5	선택된 라인 삭제
조회	조회	F12	새로운 데이터 조회
인쇄	인쇄	F9	인쇄 실행
화면분할	화면분할		화면 분리
정보	정보		도움말을 볼 수 있음

(1) 조회 방법은 조회 입력 필드에 조회 조건을 입력하고 조회 아이콘을 눌러 조회(F12를 눌러도 됨)

(2) 저장 방법

① 마지막 입력 항목에서 엔터나 마우스를 이용해 다음 필드로 넘어가면 자동 저장된다.

② 데이터 입력 후 상단의 저장 아이콘을 클릭하면 저장 여부를 묻는, 알림 창이 띄워진다.

③ 데이터 입력 후 조회 버튼을 누르면 조회와 저장을 물어볼 시 저장이 가능하다.

(3) 삭제 방법

① 데이터 삭제는 삭제하고자 하는 데이터 선택 후 삭제 아이콘 클릭 삭제 진행

(4) R - Click

① 마우스 오른쪽 버튼을 누르면 데이터 변환, 클립보드 복사 등 다양한 편의 기능이 제공됨.

(우클릭 메뉴는 메뉴 선택마다 우클릭 시 내용이 달라지니 실기 문제 풀이 시 참고)

| 7 | 메뉴 설명 |

(1) 빈출 메뉴 위주로 설명을 진행하며 자세한 내용은 유튜브 김쌤 학원을 통해 추가 설명

* 설명이 진행되지 않은 메뉴 중 차후 문제 출제 시 개정판 설명 반영 예정

02 시스템 관리

① 웹하드에서 2025년 6회차 시험문제 DB를 다운 후 압축을 풀어 데이터 복원 절차에 의해 데이터 복원

② 회사 코드 : 인사 1급 B형을 선택

③ 사원 코드 : 장미란 선택 (비밀번호 없이 로그인) / 시뮬레이션 설명 시 2025년 6회 참고하여 설명 진행

 * 데이터 복원 시 파일 다운로드 후 압축을 푼 상태에서 복원 진행(압축 풀지 않고 복원 시 오류 발생 가능)

1 시스템 관리

(1) 회사등록 정보(회사등록 메뉴 실행 후 조회)

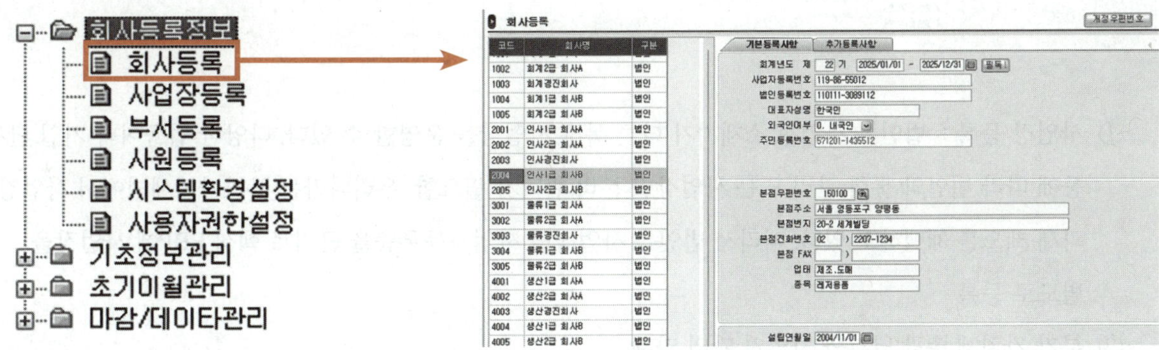

① 회사 코드: 0101~9998 범위 내에서 숫자 4자리를 입력할 수 있다.

② 회계연도: 회사를 설립한 해가 1기이며, 그다음 해는 2기로 매년 1기씩 증가한다.

③ 사업자등록번호: 번호 오류 자동 체크 기능이 있어 오류 입력 시 빨간색으로 표시된다.

④ 주민등록번호: 번호 오류 자동 체크 기능이 있어 오류 입력 시 빨간색으로 표시된다.

※ 빈출 유형 파악

- 실제 시험 문제 출제 시 화면처럼 다양한 회사 정보를 주며 대표자 성명, 주소지, 설립 연월 일 및 개업 연월일에 대해서 일정한 날짜와 조건을 주고 확인하는 문제가 출제됨.

* 김쌤의 TIP : 최근 업태, 주소지, 대표자명, 본점 여부를 묻는 문제가 빈출됨.

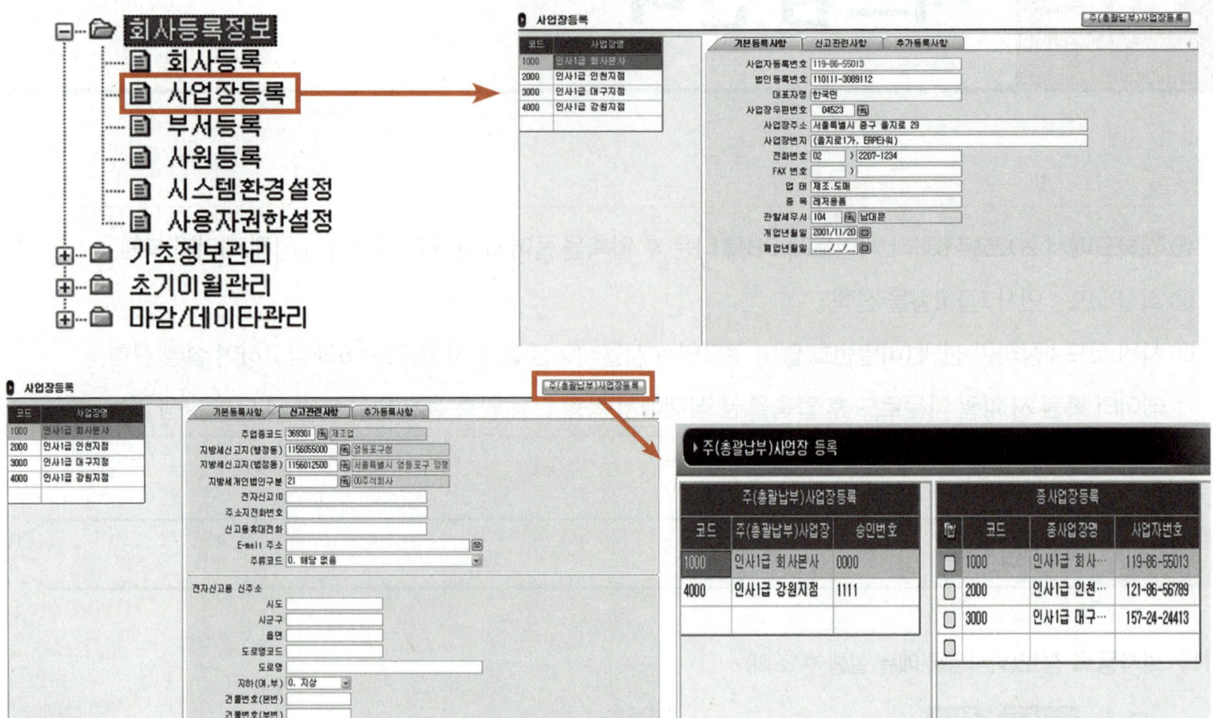

① 사업장 등록 : 법인은 사업장 소재지가 다른 복수 사업장을 운영할 수 있다. 다양한 법률이나 기업 환경 등에 따라 법인의 통합 관리 또는 사업장별 분리 관리가 필요함. 우리나라는 부가가치세법에서 사업장별 과세 제도를 채택하고 있다. 따라서 법인은 사업장별 사업자등록증을 근거로 핵심 ERP에 사업장을 별도로 등록

② 부가 가치세 총괄 납부와 사업자 단위 과세

　㉠ 주사업장 총괄 납부 : 부가가치세는 사업장마다 신고·납부하는 것이 원칙이나, 사업자가 2 이상의 사업장을 가지고 있는 경우 사업자의 신청에 따라 각 사업장의 납부(환급)세액을 통산하여 주된 사업장에서 총괄하여 납부하는 제도

　㉡ 사업자 단위 과세제도 : 부가가치세는 사업장마다 사업자등록을 하는 것이 원칙이나, 둘 이상의 사업장을 가지고 있는 사업자는 사업자 단위로 등록할 수 있는 것으로서 사업자등록, 세금계산서의 발급 등도 주된 사업장 1곳에서 하도록 하는 제도를 "사업자 단위 과세"라 함.

> ※ **빈출 유형 파악**
>
> - 사업장 등록 메뉴에서는 각 사업장 주소와 업태, 종목을 묻는 문제가 빈출 되고 있음.
>
> - 사업장 신고 관련 사항으로 지방세 신고지(행정동), 지방세 신고지(법정동), 주업종 코드 묻는 지문 빈출
>
> - 본점 여부를 묻는 문제와 이행상황 신고서 신고가 월별인지 반기인지 묻는 문제 빈출.
>
> - 주 사업장 총괄 납부 사업자 확인 후 아래와 같이 본사에 종 사업장 등록 여부를 묻는 문제가 출제되고 있음.
>
> * 김쌤의 **TIP** : 사업장 등록 메뉴에서는 기본적으로 화면 자체를 전체적으로 체크하면서 빠진 요소와 변경된 내용을 확인 후 문제를 풀어줘야 함.

(3) 부서 등록(부서등록 실행 후 조회)

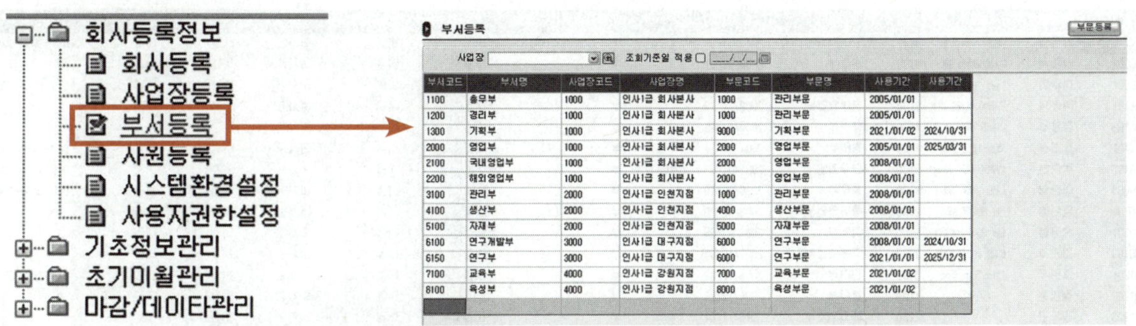

부서코드	부서명	사업장코드	사업장명	부문코드	부문명	사용기간	사용기간
1100	총무부	1000	인사1급 회사본사	1000	관리부문	2005/01/01	
1200	경리부	1000	인사1급 회사본사	1000	관리부문	2005/01/01	
1300	기획부	1000	인사1급 회사본사	9000	기획부문	2021/01/02	2024/10/31
2000	영업부	1000	인사1급 회사본사	2000	영업부문	2005/01/01	2025/03/31
2100	국내영업부	1000	인사1급 회사본사	2000	영업부문	2008/01/01	
2200	해외영업부	1000	인사1급 회사본사	2000	영업부문	2008/01/01	
3100	관리부	2000	인사1급 인천지점	1000	관리부문	2008/01/01	
4100	생산부	2000	인사1급 인천지점	4000	생산부문	2008/01/01	
5100	자재부	2000	인사1급 인천지점	5000	자재부문	2008/01/01	
6100	연구개발부	3000	인사1급 대구지점	6000	연구부문	2008/01/01	2024/10/31
6150	연구부	3000	인사1급 대구지점	6000	연구부문	2021/01/01	2025/12/31
7100	교육부	4000	인사1급 강원지점	7000	교육부문	2021/01/02	
8100	육성부	4000	인사1급 강원지점	8000	육성부문	2021/01/02	

① 부서란 회사의 조직 중 구체적이고 상세한 작업을 하는 단위로 나눈 그룹

    ※ 부서 등록 순서 : 부서 등록 오른쪽 위에 있는 메뉴인 부문 등록하고 부서 등록을 진행함.

> ※ **빈출 유형 파악**
>
> - 부서 등록 문제는 조회기준일이 주어지고 기준일 대비 사용하는 부서 사용하지 않는 부서를 묻는 문제가 빈출 되고 있음.
>
> - 사업장 코드, 부문 코드, 부문 명에 대해 질문하는 보기 지문이 많으며, 각 사업장에서 활용 중인 부서가 몇 개인지 묻는 지문이 빈출 됨.
>
> * 김쌤의 **TIP** : 시험 시 많은 부서와 사용기간이 정의 되어 있으므로 주어진 지문을 꼼꼼하게 검토하고 주어진 조건 중에서 빠지지 않도록 하는 것이 중요.

(4) 사원 등록(사원 등록 실행 후 부서 안의 숫자 삭제 후 조회)

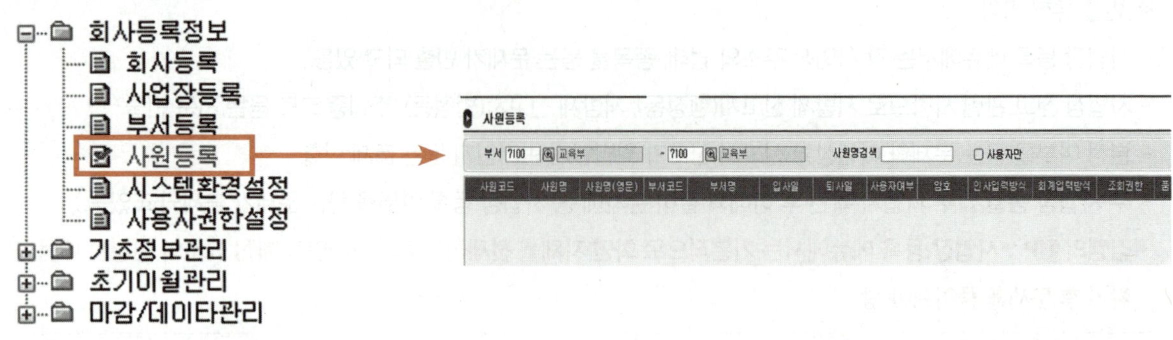

사원등록

| 부서 | | ~ | | 사원명검색 | | □ 사용자만 | | | | | | |

사원코드	사원명	사원명(영문)	부서코드	부서명	입사일	퇴사일	사용자여부	암호	인사입력방식	회계입력방식	조회권한	품의서권한	검수조서권한	비상연락망
20000501	한국민	HAN KUK MIN	3100	관리부	2000/05/01		부		미결	미결	미사용	미결	미결	010-8832-0002
20000502	김종욱	KIM JONG UK	3100	관리부	2000/05/01		부		미결	미결	미사용	미결	미결	
20000601	이수희	Lee Soo Hee	2100	국내영업부	2000/06/08		부		미결	미결	미사용	미결	미결	010-1873-3780
20001101	박용덕	PARK YONG DUK	2100	국내영업부	2000/11/13		부		미결	미결	미사용	미결	미결	
20001102	정영수	JUNG YOUNG SU	4100	생산부	2000/11/25		부		미결	미결	미사용	미결	미결	
20010401	노희선	ROH HEE SUN	1200	경리부	2001/04/11		부		미결	미결	미사용	미결	미결	019-7832-1993
20010402	박국현	PARK KUK HYUN	6100	연구개발부	2001/04/03	2020/11/30	부		미결	미결	미사용	미결	미결	010-3994-3001
20020603	이준상	LEE JUN SANG	1100	총무부	2020/03/18		부		미결	미결	미사용	미결	미결	010-2874-4890
20030701	엄현애	UM HYUN AE	2200	해외영업부	2003/07/20		부		미결	미결	미사용	미결	미결	
20040301	오진형	OH JIN HYUNG	5100	자재부	2004/03/26		부		미결	미결	미사용	미결	미결	
20080103	김민주	KIM MIN JOO	2100	국내영업부	2007/10/03		부		미결	미결	미사용	미결	미결	
20081201	조선우	Cho Sun Woo	3100	관리부	2008/11/20		부		미결	미결	미사용	미결	미결	010-3244-3321
20081202	장명훈		1100	총무부	2008/12/15		부		미결	미결	미사용	미결	미결	
20081203	김도균		2200	해외영업부	2010/12/01		부		미결	미결	미사용	미결	미결	
20081204	박성호		4100	생산부	2008/12/01		부		미결	미결	미사용	미결	미결	
20090701	김동민		4100	생산부	2011/09/10		부		미결	미결	미사용	미결	미결	
20091215	이서경		5100	자재부	2009/12/15		부		미결	미결	미사용	미결	미결	
20100801	이서윤		6100	연구개발부	2010/08/01	2019/06/20	부		미결	미결	미사용	미결	미결	
20101001	최명수		1100	총무부	2011/09/01		부		미결	미결	미사용	미결	미결	
20100201	길선미		2200	해외영업부	2010/02/01		부		미결	미결	미사용	미결	미결	

① 사원 등록 시 처음으로 조회하면 그림처럼 부서와 부서에 숫자가 적혀있음. 숫자 제거 후 조회 버튼 누르면 조회됨

② 회사에 소속된 사원을 등록하는 메뉴(인사 입력방식, 회계 입력방식, 조회 권한, 품의 권한 입력 확인)

　㉠ 퇴사일 : 사원의 퇴사일을 입력한다. 단, 퇴사일은 입사일과는 달리 "System" 관리자만 입력할 수 있으며, 퇴사일 이후부터는 사용이 제한된다. 퇴사자라고 해도 한번 등록된 사원은 연동되는 데이터를 갖고 있기 때문에 임으로 삭제할 수 없음

　㉡ 사용자 여부 : ERP 프로그램 사용 여부 확인

　㉢ 인사 입력 방식 : 급여 마감에 대한 통제 권한자 설정

ⓔ 회계 입력 방식 : 미결, 수정, 승인 전표 입력 방식에 대한 권한 설정

미결	전표 입력을 한 후 전표 승인권자로부터 승인받아야만 승인 전표가 될 수 있는 권한
승인	전표 입력 시 자동으로 승인되며, 전표를 수정·삭제하고자 할 경우 승인 해제를 해야 하는 권한
수정	전표 입력 시 자동으로 승인되고 승인 해제를 하지 않아도 해당 전표의 내용을 곧바로 수정 및 삭제할 수 있는 권한

ⓜ 조회 권한 : 프로그램 사용자 등급 설정

※ 빈출 유형 파악

- 사원등록 메뉴는 자주 나오는 문제 유형은 아니나 사용자에 관해 묻는 문제가 몇 번 출제되고 있음.

＊김쌤의 TIP : 자주 출제되지는 않으나 사용자에 대해 권한과 입사일 등 기본정보를 묻는 문제가 있으니 사용자를 묻는 문제 제시 시 해당 사용자에 체크 후 문제를 풀어주면 됨.

(5) 시스템 환경설정(시스템 환경 설정 클릭 후 조회 구분 선택)

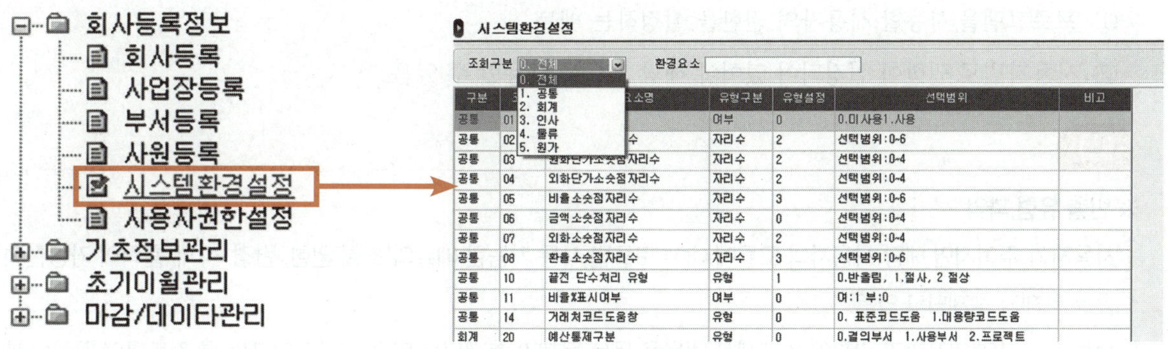

구분	조	요소명	유형구분	유형설정	선택범위	비고
공통	01		여부	0	0.미사용1.사용	
공통	02	수	자리수	2	선택범위:0~6	
공통	03	원화단가소숫점 자리수	자리수	2	선택범위:0~4	
공통	04	외화단가소숫점 자리수	자리수	2	선택범위:0~4	
공통	05	비율소숫점 자리수	자리수	3	선택범위:0~6	
공통	06	금액소숫점 자리수	자리수	0	선택범위:0~4	
공통	07	외화소숫점 자리수	자리수	2	선택범위:0~4	
공통	08	환율소숫점 자리수	자리수	3	선택범위:0~6	
공통	10	끝전 단수처리 유형	유형	1	0.반올림, 1.절사, 2 절상	
공통	11	비율%표시여부	여부	0	여:1 부:0	
공통	14	거래처코드도움창	유형	0	0. 표준코드도움 1.대용량코드도움	
회계	20	예산통제구분	유형	0	0.결의부서 1.사용부서 2.프로젝트	

① 시스템 환경설정은 시험에 거의 출제되지 않음.

② 각 모듈에서 필요한 환경을 설정하며, 프로그램 사용에 필요한 전체적인 환경을 설정하는 메뉴임.

＊ 시스템 환경설정으로 변경하면 반드시 재 로그인하여 환경을 적용하여야 함.

※ 빈출 유형 파악

- 시스템 환경 설정은 시험에 출제되지 않음. 개념만 정리하고 패스

(6) 사용자 권한 설정(사용자 권한 설정 실행 후 조회)

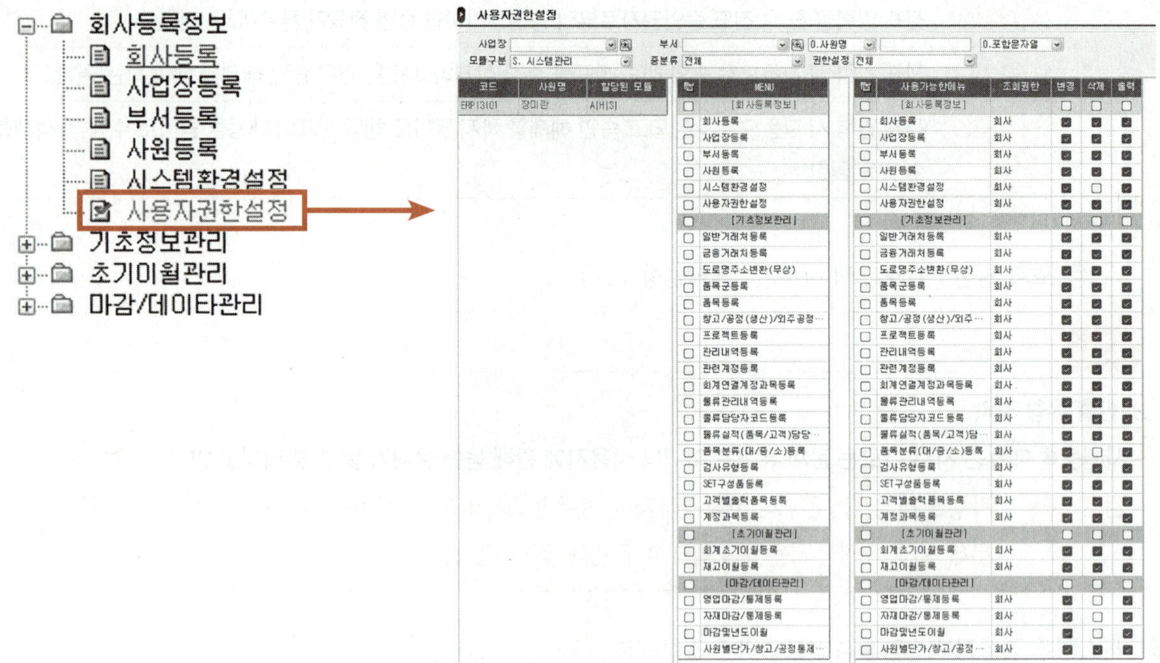

① 프로그램을 사용할 사용자의 권한을 설정하는 메뉴.

② 사용자별로 권한이 설정되어 있어야 해당 모듈을 사용할 수 있음.

※ 빈출 유형 파악

- 사용자가 주어지면 해당 사용자의 모듈에 대해 모듈별 사용 가능한 메뉴와 조회 권한, 변경, 삭제, 출력이 가능한지를 묻는 문제가 출제되고 있음.

- 보통 사용자의 인사관리 권한에서 세세한 내용을 묻는 문제가 출제되는 만큼 사용자의 메뉴를 검토하여 꼼꼼하게 문제를 풀어줘야 함.

• 변경 : 해당하는 내용 수정이 가능하다고 표현됨.

• 삭제 : 해당하는 내용 삭제가 가능하다고 표현됨.

• 출력 : 해당하는 내용 인쇄가 가능하다고 표현됨.

* 김쌤의 TIP : 문제가 나오면 권한이 길다 보니 시간이 오래 걸리는 경우가 있음. 순서에 맞게 문제를 풀다보면 그리 어렵지 않음.

* 순서 : 모듈 확인 → 메뉴 확인 → 사용할 수 있는 메뉴에서 출제된 메뉴 확인 → 권한 설정(변경, 삭제, 출력)

인사/급여 관리(기초환경설정)

(1) 소득/세액공제환경설정(소득 세액 공제 환경 설정 실행 후 조회)

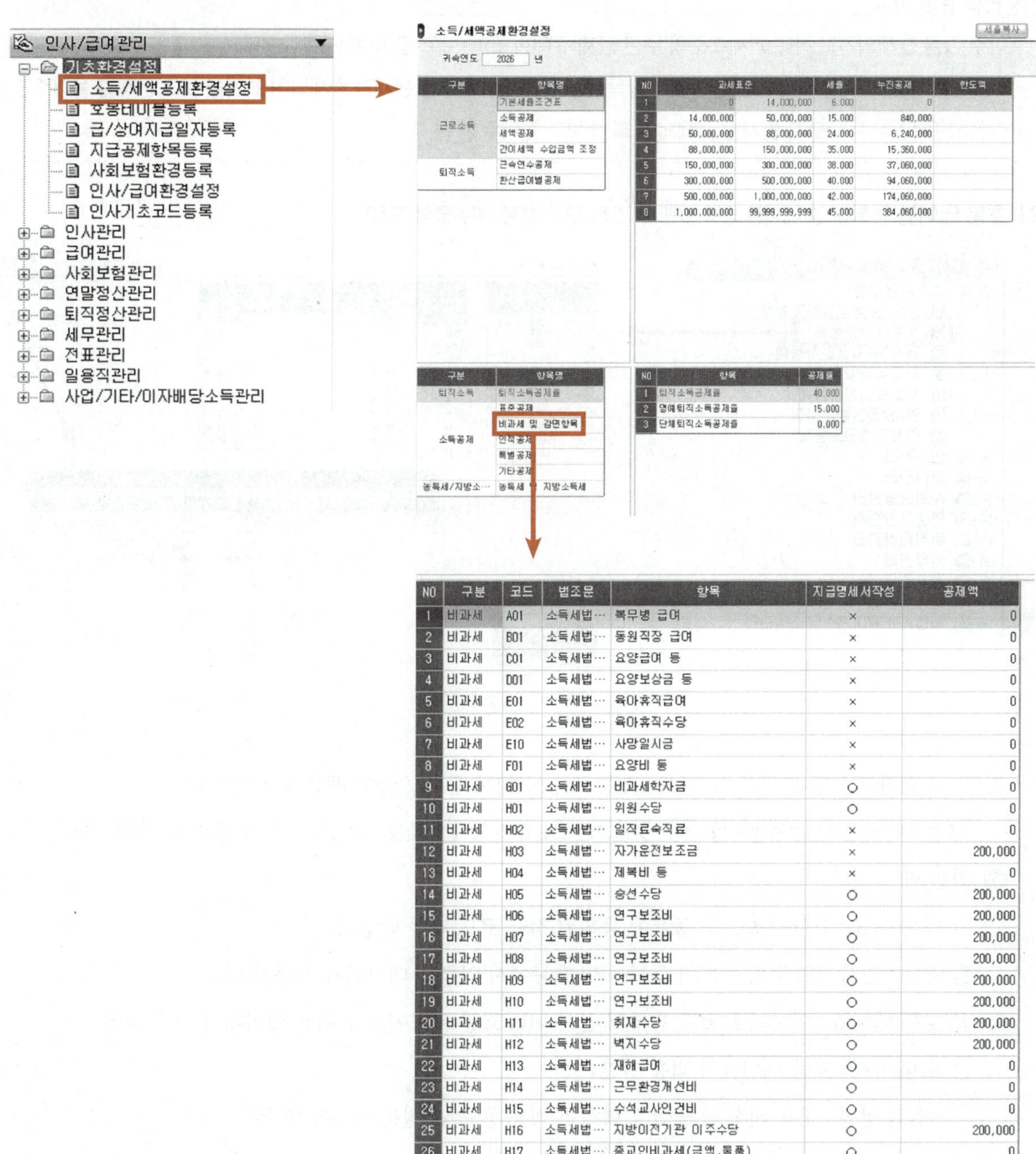

소득/세액공제환경설정 — 귀속연도 2026 년

구분	항목명
근로소득	기본세율조견표
	소득공제
	세액공제
	간이세액 수입금액 조정
퇴직소득	근속연수공제
	환산급여별공제

NO	과세표준		세율	누진공제	한도액
1	0	14,000,000	6.000	0	
2	14,000,000	50,000,000	15.000	840,000	
3	50,000,000	88,000,000	24.000	6,240,000	
4	88,000,000	150,000,000	35.000	15,360,000	
5	150,000,000	300,000,000	38.000	37,060,000	
6	300,000,000	500,000,000	40.000	94,060,000	
7	500,000,000	1,000,000,000	42.000	174,060,000	
8	1,000,000,000	99,999,999,999	45.000	384,060,000	

구분	항목명
퇴직소득	퇴직소득공제율
소득공제	표준공제
	비과세 및 감면항목
	인적공제
	특별공제
	기타공제
농특세/지방소…	농특세 및 지방소득세

NO	항목	공제율
1	퇴직소득공제율	40.000
2	명예퇴직소득공제율	15.000
3	단체퇴직소득공제율	0.000

NO	구분	코드	법조문	항목	지급명세서작성	공제액
1	비과세	A01	소득세법…	복무병 급여	×	0
2	비과세	B01	소득세법…	동원직장 급여	×	0
3	비과세	C01	소득세법…	요양급여 등	×	0
4	비과세	D01	소득세법…	요양보상금 등	×	0
5	비과세	E01	소득세법…	육아휴직급여	×	0
6	비과세	E02	소득세법…	육아휴직수당	×	0
7	비과세	E10	소득세법…	사망일시금	×	0
8	비과세	F01	소득세법…	요양비 등	×	0
9	비과세	G01	소득세법…	비과세학자금	○	0
10	비과세	H01	소득세법…	위원수당	○	0
11	비과세	H02	소득세법…	일직료숙직료	×	0
12	비과세	H03	소득세법…	자가운전보조금	×	200,000
13	비과세	H04	소득세법…	제복비 등	×	0
14	비과세	H05	소득세법…	승선수당	○	200,000
15	비과세	H06	소득세법…	연구보조비	○	200,000
16	비과세	H07	소득세법…	연구보조비	○	200,000
17	비과세	H08	소득세법…	연구보조비	○	200,000
18	비과세	H09	소득세법…	연구보조비	○	200,000
19	비과세	H10	소득세법…	연구보조비	○	200,000
20	비과세	H11	소득세법…	취재수당	○	200,000
21	비과세	H12	소득세법…	벽지수당	○	200,000
22	비과세	H13	소득세법…	재해급여	○	0
23	비과세	H14	소득세법…	근무환경개선비	○	0
24	비과세	H15	소득세법…	수석교사인견비	○	0
25	비과세	H16	소득세법…	지방이전기관 이주수당	○	200,000
26	비과세	H17	소득세법…	종교인비과세(금액,물품)	○	0

① 소득/세액공제 환경설정은 원천징수와 연관되어 세법상 과세 기준 및 세율 등이 설정된 부분

② 각종 소득세를 자동으로 산출하기 위한 기초 데이터들이 등록된 메뉴

③ 회사 등록 시 자동으로 기초데이터가 제공되며, 해당연도의 세법이 정해져 있듯이 사용자가 임의로
수정할 수 없는 메뉴

※ 빈출 유형 파악

- 아주 가끔 출제되기도 하며 과세표준의 누진 공제에 대한 표를 보고 물어보는 문제 출제

- 소득공제 부분의 비과세 및 감면 항목에서 항목별 공제액을 물어보는 문제가 출제되며 화면을 보고 문제를 풀어주면 됨

* 김쌤의 **TIP** : 자주 나오지 않지만 출제되면 화면 보고 풀어주면 됨.

(2) 호봉 테이블 등록(호봉 테이블 등록 실행 후 조회, 코드 설정 메뉴 클릭 조회)

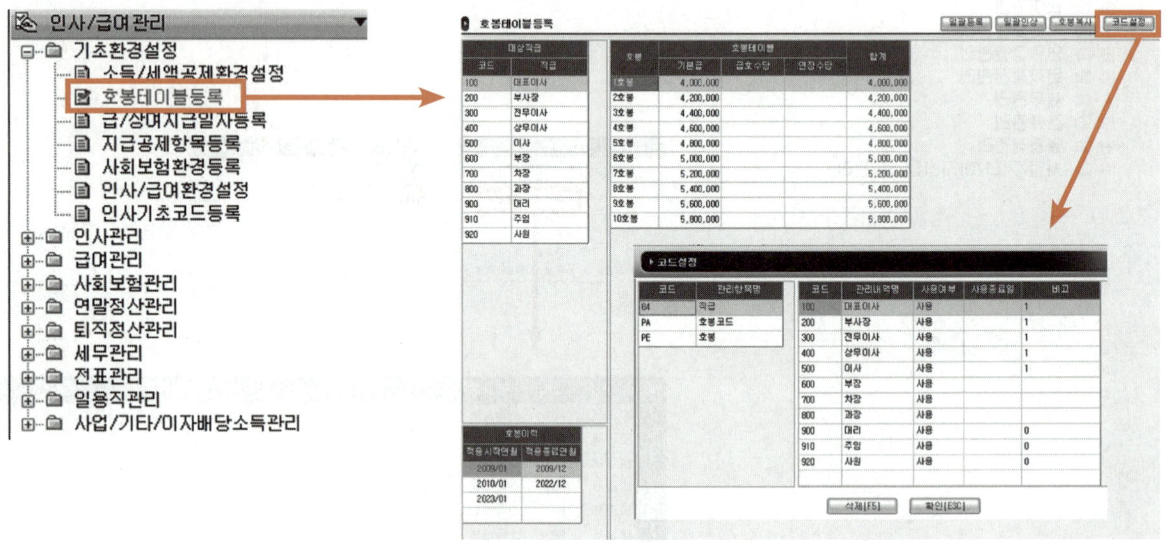

① 급여 관리를 위한 호봉을 등록하는 메뉴로 인사 정보 등록 / 급여 계산에서 활용됨.

　* 호봉 테이블 등록은 호봉제로 등록하는 것을 기본으로 하며 입사 후 일정 근속 년수에 의해 급여가 변동되는 형태임.

② 화면 메뉴 확인

　㉠ 대상 직급 : 인사기초 코드 등록에 등록된 직급 코드 자동 반영됨.

　㉡ 호봉 : 인사기초 코드 등록의 급여->PE 호봉에서 입력된 데이터가 자동 반영

　㉢ 호봉 테이블 : 인사기초 코드 등록의 급여->PA 호봉 코드에서 입력된 데이터가 자동 반영

　㉣ 호봉 이력 : 호봉 테이블의 적용 기간

　　- 입력 방법 : 적용 시작 년 월만 입력하면 적용 종료 년 월은 자동 반영 됨.

　㉤ 코드 설정 : 인사기초 코드 등록에서 직접 입력하지 않고 현 화면에서 코드 추가 및 수정도 가능

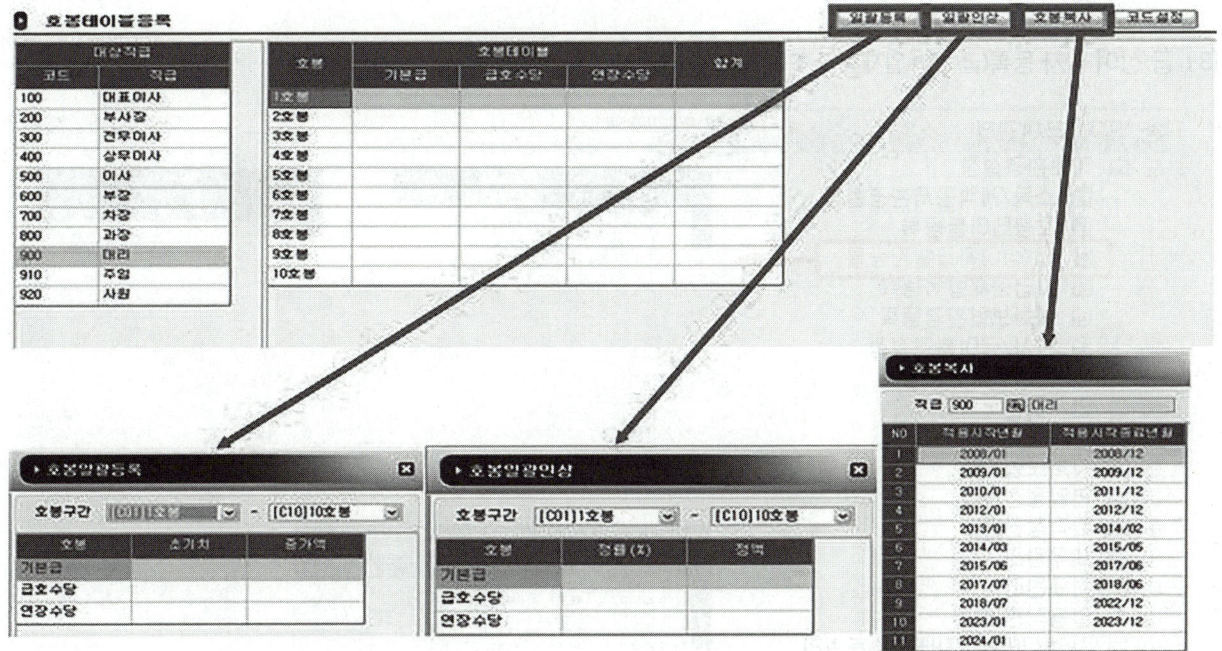

ⓗ 호봉 일괄등록 : 호봉 테이블 등록에서 일괄 입력하는 메뉴, 초기치 입력, 증가액 입력 후 적용을 누르면 됨.

ⓐ 일괄 인상 : 일괄 인상은 정률과 정액 방식이 있으며 시험문제 확인 시 0%로 출제 시에는 정률, 금액이 주어지면 정액 적용으로 문제 풀이 진행(정률과 정액이 한 문제 주어지면 경우마다 나누어 적용)

◎ 호봉 복사 : 호봉 복사는 이전의 호봉을 복사해 와서 일괄인상하는 경우 활용 직급조회 후 적용

③ 호봉 테이블 등록 순서 : 직급 선택 → 호봉 이력(적용시작연월 입력) → 일괄등록 → 일괄인상

※ 빈출 유형 파악(순서) / 1, 2급 공통으로 출제됨.

1. 문제에서 제시하는 직급 선택

2. 호봉 이력에서 문제에서 제시하는 호봉 이력(시작 년 월)을 입력함.

3. 호봉 이력 입력 시 시작연월만 입력 후 엔터를 치면 이전 단계의 종료연월이 자동 입력됨.

4. 일괄등록 클릭 후 호봉입력

   * 기초치, 증가액 입력

5. 일괄인상 진행(각 각 진행)

  • 정률 적용

  • 정액 적용

6. 최종 해당 호봉 합계액 / 기본급 확인 후 문제 풀이

   *** 아주 가끔 호봉 복사 문제가 출제되니 호봉 복사 문제도 풀어보자.**

* **김쌤의 TIP** : 빠르게 문제를 풀이하기보다는 한번 실수하면 되돌리기 힘드니 입력초기치, 증가분, 정률, 정액을 확인하여 차분히 문제를 풀어줘야 하며 문제에서 묻는 내용을 확인 후 문제 풀이에 들어가기를 추천함.
(유형이 많지 않으니 많이 풀어보자, 반드시 출제되는 문제임)

(3) 급/상여 일자 등록(급/상여 일자 등록 조회 2025년 11월 입력 후 조회)

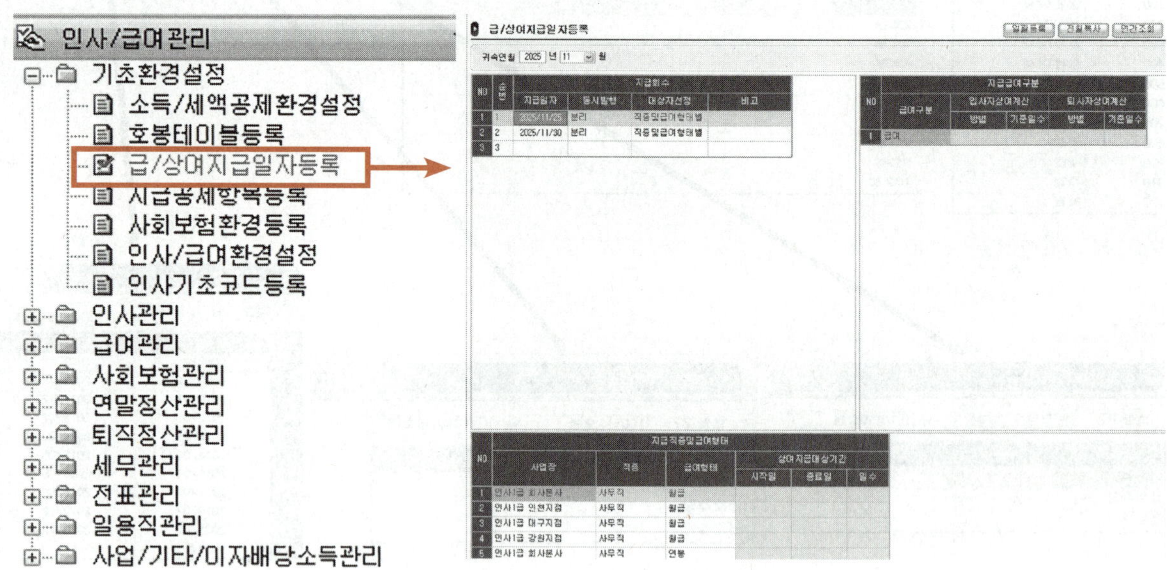

① 급/상여 지급일자 등록은 회사의 급여와 상여를 지급하는 일자를 등록하는 메뉴임.

  ㉠ 귀속 연월 : 급/상여의 해당 귀속 연월을 입력

  ㉡ 지급 일자 : 급/상여의 지급일자를 등록

  ㉢ 동시 발행 : 급여와 상여의 데이터관리를 일괄로 처리할 경우는 '동시'를 선택, 급여와 상여를 별도
    관리할 경우는'분리'를 선택

     * '동시'를 선택한 경우는 동일한 지급일자에 여러 항목(급여, 상여)을 등록할 수 있음.

  **㉣ 대상자 선정 : 지급하고자 하는 대상자를 선정한다. 직종 및 급여 형태별 또는 사용자 직접 등록을 선택,
    사용자 직접 등록은 [상용직 급여 입력]에서 직접 사원을 등록할 수 있음.**

  ㉤ 지급 급여구분 : [인사 기초코드 등록]에 등록된 급여 구분, 코드 도움을 이용하여 조회한 후 선택

  ㉥ 입사자/퇴사자 상여 계산 : 급여 구분에 상여를 선택한 경우만 입력할 수 있다. 계산 방법은 [인사기초
    코드 등록]에 등록된 계산 방법(제외/월/일/월일)에 따라 계산되며, [인사/급여 환경 설정]의 급여
    계산방식과 동일 함.

  ㉦ 지급 직종 및 급여 형태 : 지급일자에 지급 해당하는 사업장, 직종, 급여 형태를 코드 도움을 이용하여
    등록, 급여 계산 시 등록된 조건의 해당 사원만 조회

  ㉧ 상여 지급 대상 기간 : 급여 구분에 '상여'로 선택한 경우만 등록하며, 상여금 산출 적용 기간을 등록

  ㉨ 상여금 지급 방식

    - 제외 : 상여 지급 대상 기간 입/퇴사한 사원에 대해서는 상여금을 지급하지 않음.

    - 일 : 상여 지급 대상 기간 입/퇴사한 사원에 대해서는 재직일 수를 상여 대상 기간으로 나누어 근무한
     일수만큼만 지급

- 월 : 상여 지급 대상 기간 입/퇴사한 사원에 대해서 상여금을 전액 지급

- 월일 : 상여 지급 대상 기간 입/퇴사한 사원에 대하여 설정된 기준 일수를 초과하여 근무한 사원은 '월' 계산 방식으로, 이하로 근무한 사원에 대해서는 '일' 계산 방식으로 상여금을 지급

② 오른쪽 위 아이콘 설명

㉠ 일괄등록 : 하단 지급 직종 및 급여 형태에서 일괄등록 버튼을 클릭하여 사업장 단위의 급여 대상자를 선택하여 등록한다. 급여 구분이 상여 코드면 반드시 상여 지급 대상 기간을 입력

㉡ 전월 복사 : 직종별/급여 형태별로 급여지급일자가 전월과 동일할 때 복사하여 사용

㉢ 연간 조회 : 해당 귀속 연도 동안의 모든 지급일자를 한눈에 볼 수 있음.

※ 빈출 유형 파악

- 급/상여 일자 등록은 화면 그대로 분리, 동시 입사자, 퇴사자 기준에 관해서 묻는 문제 출제
- 급/상여 일자 등록 메뉴는 2개 메뉴를 같이 활용하는 출제 문제가 많이 나오고 있으며, 직접 급/상여 일자 등록을 진행하고, 상용직 급여 입력계산에서 계산 후 차인 지급액 또는 총 급여액을 묻는 문제가 출제되고 있음.

* **김쌤의 TIP** : 순서 기억(귀속 연월 입력 → 지급 급여 구분 입력 → 일괄등록(사업장별 대상자 선정) → 지급 직종 및 급여 형태 입력 → 상용직 급여 입력 계산)

대상자 선정 시 일괄등록 및 직접 등록한 대상자만 상용직 급여 입력계산에서 반영 가능

---

[4] 지급 공제항목 등록(지급공제항목 실행 후 마감 취소, 급여 구분, 지급/공제항목, 귀속 연도 입력 후 조회)

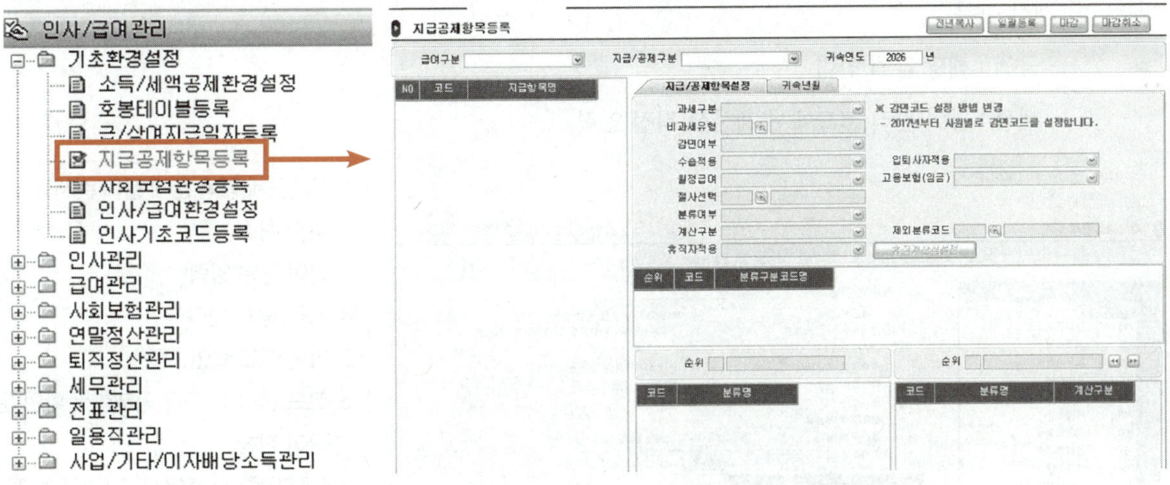

① 급여와 상여는 각종 수당과 공제항목으로 이루어지며, 계산방식 또한 정형화되어 있는 것이 아니고 매우 다양하게 산정됨

② 지급 공제항목은 회사마다 다를 수 있으며 다양한 급여 계산식을 환경에 맞추어 설정하는 메뉴임.

㉠ 급여 구분 : 인사기초 코드 등록의 급여(P) 급여 구분에 등록한 항목을 선택

㉡ 지급공제 구분 : '지급', '공제' 중 선택

㉢ 귀속 연도 : 지급공제항목이 적용되는 귀속 연도를 입력

㉣ 지급/공제항목 : 인사기초 코드 등록 급여(P)의 지급 코드, 공제 코드'에서 등록한 항목을 코드 도움을 이용하여 선택

㉤ 귀속 연월 : 등록한 지급/공제항목이 적용되는 귀속 월에 체크

③ 메뉴 설명

㉠ 과세 구분 : 지급 항목의 과세 성격을 선택한다 (과세와 비과세 설정)

　＊ 과세 구분을 비과세로 설정하면 활성화된다. 소득세법상 규정된 비과세 수당인 경우 반드시 선택

㉡ 수습 적용 / 입 퇴사자 적용 여부

－ 환경 등록 적용 : 인사 급여 환경 설정에서 설정한 값으로 급여 계산

－ 정상 적용 : 인사 급여 환경 설정 무시, 지급 공제항목에 등록된 내용에 의해 계산

㉢ 월정급여 : 생산직 비과세 적용 시 월정급여 포함 선택기준으로 비과세 처리됨.

㉣ 분류 여부

－ 무분류 : 모든 사원 동일하게 적용

－ 분류 : 범위설정 범위에 해당하는 직원만 적용

－ 제외 조건 : 설정한 코드를 제외하고 적용

㉤ 휴직 지급률 : 휴직자면 지급 항목 적용 계산율 입력

㉥ 계산 구분

－ 금액 : 해당 금액 입력

－ 계산 : 급여 관리 코드에서 계산식 직접 입력

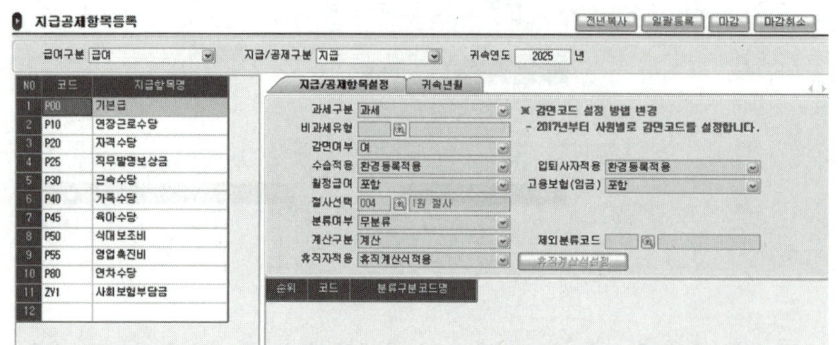

1. 지급공제 항목 문제 풀이 순서

2. 마감 취소

3. 급여 구분 입력

4. 지급/공제 입력

5. 귀속 연도 확인

6. 코드 선택 후 지급 공제항목 확인 문제 풀이 진행

7. 직접 입력 시 주어진 조건에 맞도록 꼼꼼하게 체크 후 입력하며, 현황 확인 문제는 지문과 비교 후 문제 풀이 진행

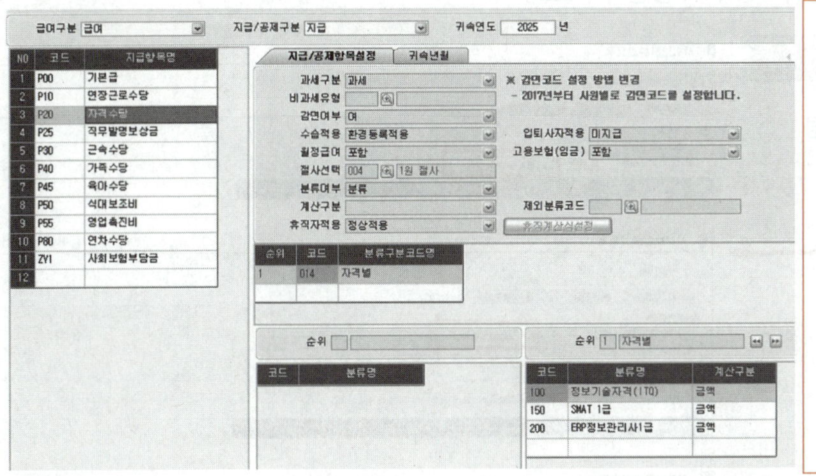

p20 자격 수당 확인
- 현재 분류 코드가 분류로 되어 있으며 분류 확인 결과 자격증별로 금액이 상이하게 측정된 사례임 이 경우 하나씩 자격증의 분류 내용을 확인하며 문제 풀이를 진행하여야 함.

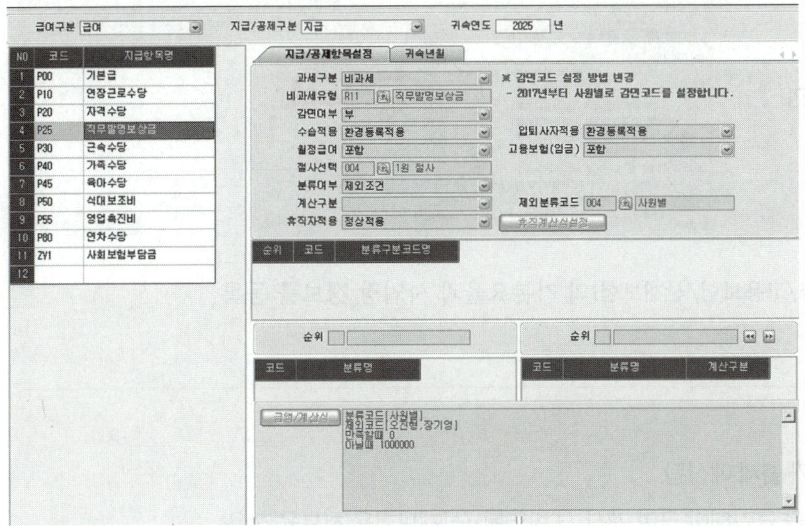

P25 직무 발명 보상금
- 제외 조건이 있는 경우이며 주어진 코드의 제외 조건을 확인 후 제외 조건 이외에 대상자에게 적용하는 메뉴

※ 빈출 유형 파악

- 지급 공제항목은 지급공제 항목 그 자체를 시험문제 지문에서 묻는 형식으로 이루어져 있음.

    * 자격 수당 수당 금액이 틀린 것은?

    * 근속 수당 대상자 연도를 확인하시오 / 근속 수당 확인 후 연차별 금액이 잘못된 것은?

    * 기본급 계산식 잘못된 것은? / 입사자 퇴사자 기준 적용

- 2개 메뉴를 같이 활용하여 풀이하는 문제로 지급 및 공제항목 입력 후 상용직 급여 입력 계산하여 총 과세금액과 차인지급액을 묻는 문제가 1급에서 어려운 형식으로 출제되고 있음.

* **김쌤의 TIP** : 우선 문제 풀이 시 마감 취소 후 문제 풀이 진행(마감 취소하지 않으면 세부 내용 확인 불가능)

　　　　　 직접 입력 시에는 해당하는 내용 확인 후 입력 진행.

　　　　　 문제 풀이 시 입력이 다 끝났으면 혹시모를 상황에 대비해 마감 진행후 문제 풀이

(5) 사회보험 환경 등록(사회보험 환경등록 실행 후 각 탭 클릭 후 조회)

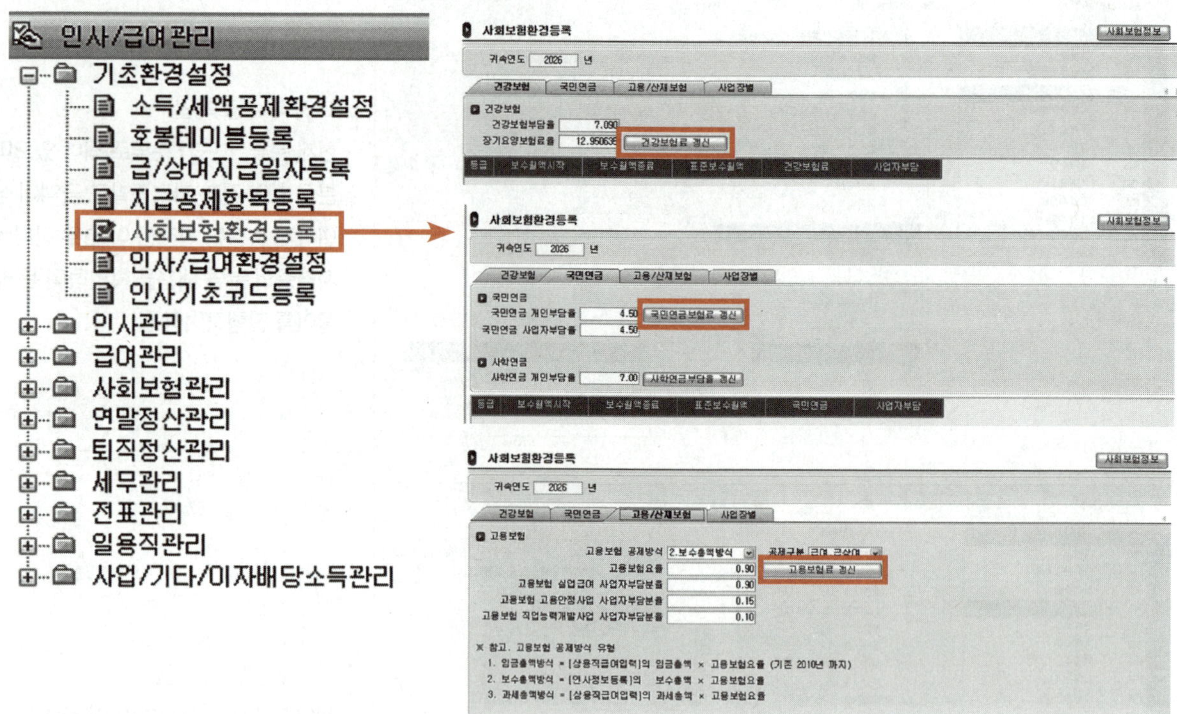

① 4대 사회보험(건강보험/국민연금/고용보험/산재보험)의 기본요율과 사업장 정보를 등록

※ 빈출 유형 파악

- 시험에 출제된다면 요율을 묻는 문제가 출제 예상됨.

- 요율 변경 시에는 반드시 보험료 갱신을 클릭해야 급여 계산 시 반영됨. (산재보험은 천분율 적용)

* 김쌤의 **TIP** : 시험에 잘 나오지 않으니, 메뉴만 확인하고 패스

(6) 인사급여 환경 설정(인사 급여 환경 설정 실행 후 조회)

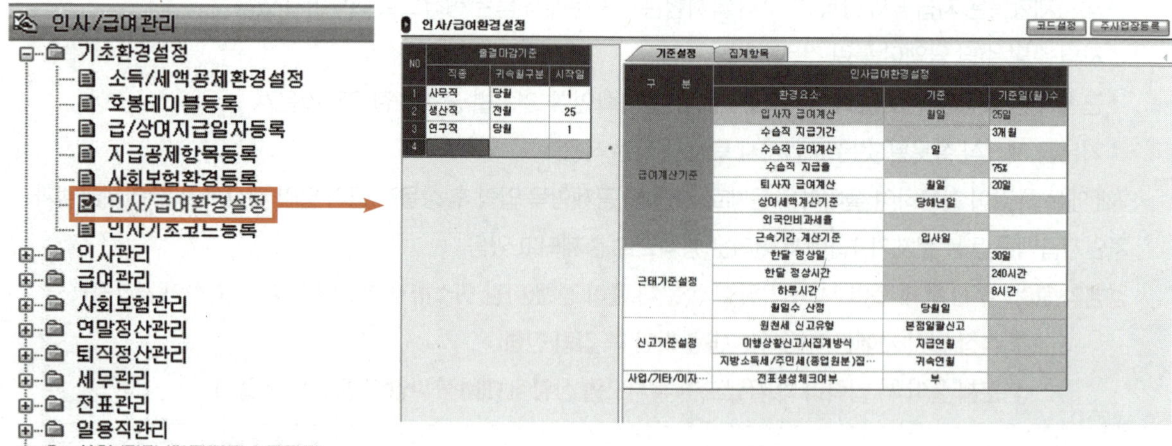

① 근태 및 급여작업에 적용될 기본 근로 규정을 등록하는 메뉴로써 회사의 급여 지급 환경과 근태관리 환경을 등록

② 기준설정 탭

㉠ 출결 마감 기준 : 급여와 근태관리의 기준일을 설정(직종, 귀속 월 구분(전월, 당월), 시작일)

㉡ 급여 계산 기준 : 입사자 / 수습직 / 퇴사자 급여 계산

- 월 : 월급 정상 지급

- 일 : 일 할로 근무일 수만큼 지급

- 월일 : 해당 월의 기준 일(월)수를 초과하면 정상 지급하고, 기준일 수보다 부족한 경우는 실근무일수 만큼 지급

㉢ 근태 기준 설정(월일 수 산정)

- 한 달 정상일 : 한 달 기준 근무일 수 등록된 내역 적용

- 당월일 : 귀속 월의 실일 수

㉣ 신고기준

- 원천세 신고유형, 이행상황신고서 집계방식, 지방소득세/사업소세 집계방식 등

* 원천징수 이행 상황신고서 풀이 문제, 지방소득세 풀이 문제시 환경 설정(놓치면 안 됨)

㉤ 집계항목 탭

- 사회보험 설정 및 공제항목 설정

* 최근 들어 항목별 설정 코드가 맞는지 확인하는 문제가 출제 됨.

※ 빈출 유형 파악

- 인사/급여 환경 설정 메뉴는 다양한 형식으로 문제가 출제되고 있음.

• 직종별 당월과 전월 확인 문제

• 기준설정 탭에서 기준별 내용이 다른 것을 고르시오.

• 근태 기준에 관련 월일 수 산정에 대한 설명이 잘못된 것은?

• 원천징수이행상황신고서, 지방소득세 명세 문제 같은 경우에 환경을 변경시키는 문제

• 집계항목 코드 변경 후 잘못된 사항을 묻는 문제 등

* 김쌤의 TIP : 시험문제 DB를 내려 받아 인사 / 급여 환경 설정을 하는 경우 원천징수 문제와 지방소득세 문제는 가끔 환경 적용이 안 되는 경우가 발생함. 혹시 오류 발생 시에는 인사 급여 환경 설정 탭을 닫고 다시 열어 적용을 확인후 문제 풀이 진행

(7) 인사기초코드등록(인사 기초 코드 등록 실행 후 출력 구분 선택 조회)

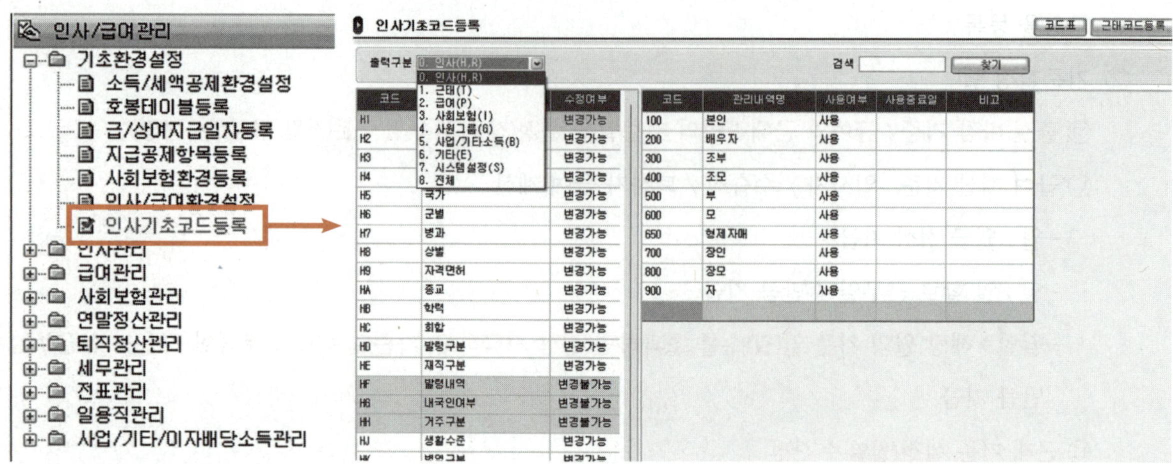

① 시스템 사용에 필요한 인사기초 코드를 등록하는 메뉴

② 인사 급여 시스템에서 사용되는 코드는 [0. 인사(H,R)], [1. 근태(T)], [2. 급여(P)], [3. 사회보험(I)], [4. 사원 그룹(G)], [5. 사업/기타소득(B)], [6. 기타(E)], [7. 시스템 설정(S)] 입력

   * 필요시 추가 입력하는 메뉴이며, 기본 코드는 자동 생성됨.

③ 실제 회사에서는 다양한 항목 활용을 위해 관리항목 내에 관리 내역을 입력하는 것이 필요함.

   [변경 불가능]일 경우에는 관리항목의 삭제 및 수정을 할 수 없으며, 관리 내역을 등록하거나 수정할 수 없고, [변경 가능]일 경우에는 관리항목은 삭제할 수 없으나 관리 내역은 추가/삭제/수정이 가능

④ 최근에는 사원 그룹에서 상용직 조회되는 사원과 일용직 조회되는 사원 문제가 출제됨.

   (구분되는 내용은 왼쪽 아래에 메시지에 내용이 표시되니 인사 코드 문제 풀이 시 확인해야 함.)

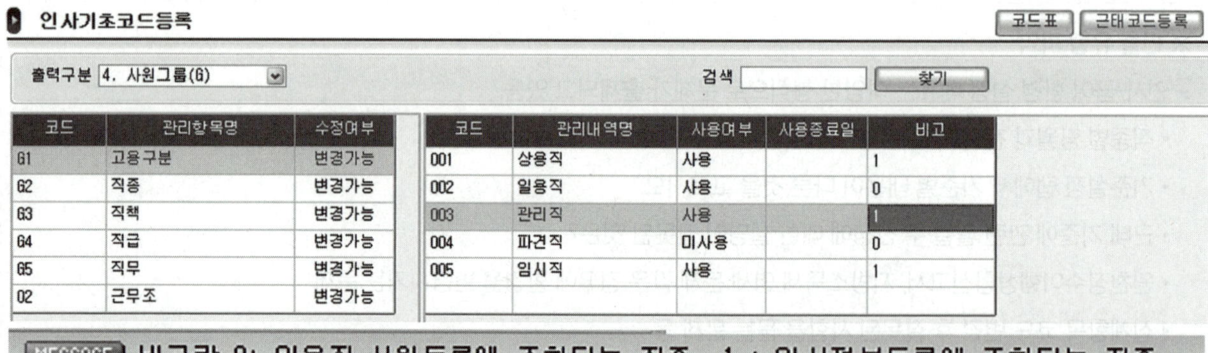

※ 빈출 유형 파악

- 인사기초코드등록 문제는 잘 나오지 않으나 설명에서 이야기하듯이 사원 그룹 문제가 나올 수 있으니 기출문제 접할 때는 직접 풀이해 보는 것이 필요함.

* 김쌤의 TIP : 인사기초 코드 등록은 메뉴 확인 후 메시지를 꼭 확인하자!!

   (사원 그룹의 고용 구분 상용직 비고란 확인, 사원 그룹 직종 생산직 비고란에 연장 비과세 확인)

---

04 인사/급여 관리(인사관리)

(1) 인사 정보 등록(인사 정보 등록 조회, 각 탭 실행 후 내용 확인)

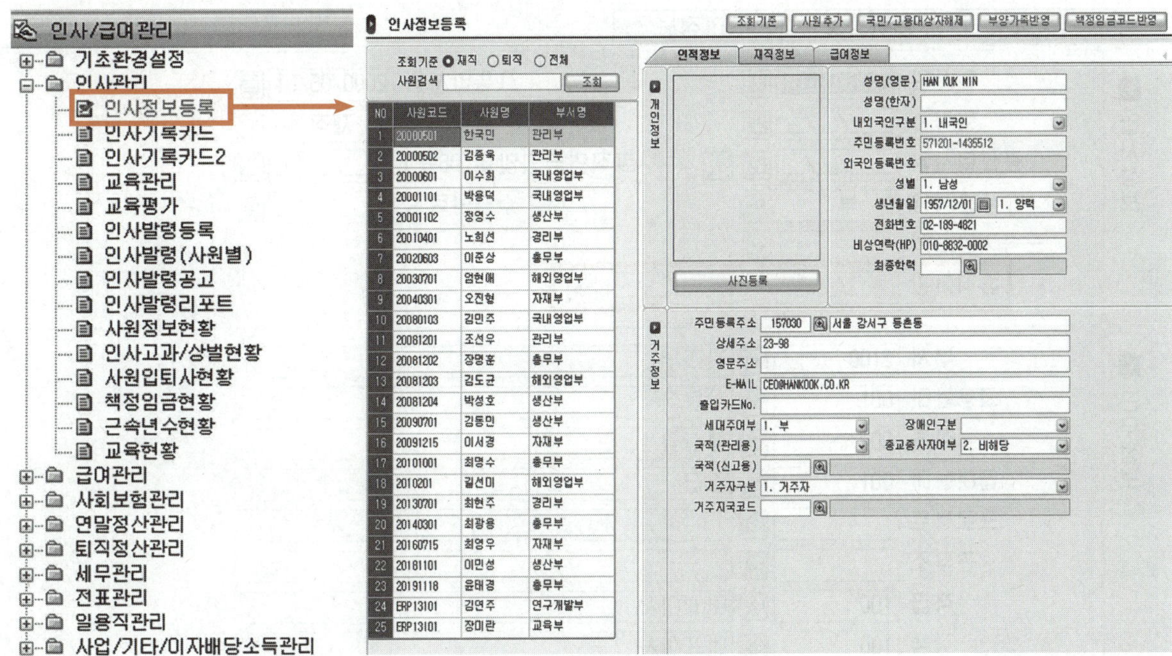

① 사원의 가장 기본 데이터를 등록하는 부분으로서 인사 급여 모듈을 사용하기 위한 가장 기초작업의
일부분이며, 사원명부 등의 각종 현황을 출력하기 위한 기초정보가 입력되는 메뉴

　㉠ 인적 정보 탭(주요 메뉴)

　　- 사원 코드/사원명/부서명 : 시스템 관리의 사원등록에서 등록된 사원 번호와 성명, 부서가 자동으로
　　　조회되며 사원 코드는 수정이 불가능

　　- 주민등록번호 : 주민등록번호는 정확히 입력해야 한다. 자동 오류 검증기능이 탑재되어 있어 잘못
　　　입력하면 적색으로 표시된다.

　　- 세대주 여부 : 세대주인 경우 '여'로 체크 하며, 지급명세서에 수록

　　- 장애인 구분 : 사원의 장애인 여부를 선택하며, 연말정산 시 장애인 구분 코드가 반영

　　- 거주자 구분 : 거주 구분을 선택하며, 연말정산 시 비거주자면 비거주자 세액계산에 적용

- 인사 정보 등록 메뉴의 인적 정보 탭에서는 문제가 많이 출제되지는 않음.

- 세대주 여부와 장애인 구분 위주로 확인하면 됨.

*** 김쌤의 TIP : 인사 정보 등록 확인 시 사원 코드와 사원명, 부서명을 확인하고 정확하게 조회하면 됨.**

② 재직정보탭(주요 메뉴)

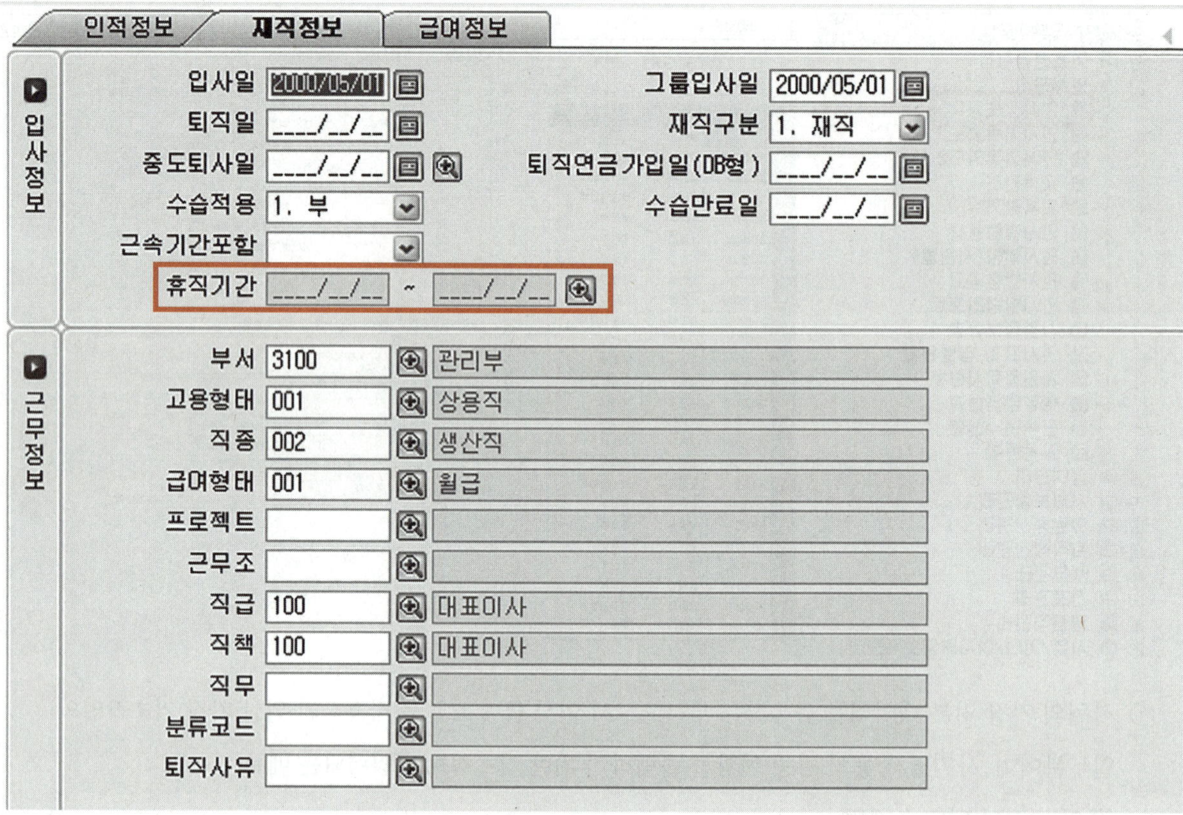

㉠ 입사일 / 퇴사일 : 시스템 관리 사원등록에서 등록된 입사 일자가 반영, 퇴직일 : 퇴사 일자를 입력

㉡ 재직 구분 : '1. 재직', '2. 파견', '3. 휴직', '4. 대기', '5. 퇴직' 중에 선택

㉢ **중도 퇴사일 : 중도 정산일을 입력하며, 퇴직 정산 시 중도 퇴사일의 다음 날부터 퇴직금 계산**

㉣ 퇴직 연금 가입일(DB형) : 확정급여형 퇴직연금제도 가입일을 등록(출제 빈도 낮음)

㉤ 수습 적용 : [인사/급여환경설정]의 '수습 직 급여 계산' 방법을 적용할 것인지를 선택한다.

㉥ 수습만료일 : '수습 적용' 난에서 '1.여'를 선택하면, [인사/급여환경설정]의 '수습 직 지급 기간'에 등록한 기준 월수를 반영하여 자동 계산되어 표시됨.

㉦ 근속 기간 포함 : 휴직 시작일부터 종료일까지의 기간을 급여 근속 기간 산정에서 포함 여부를 선택

◎ **휴직 기간 : 휴직 기간의 시작일과 종료일을 입력**

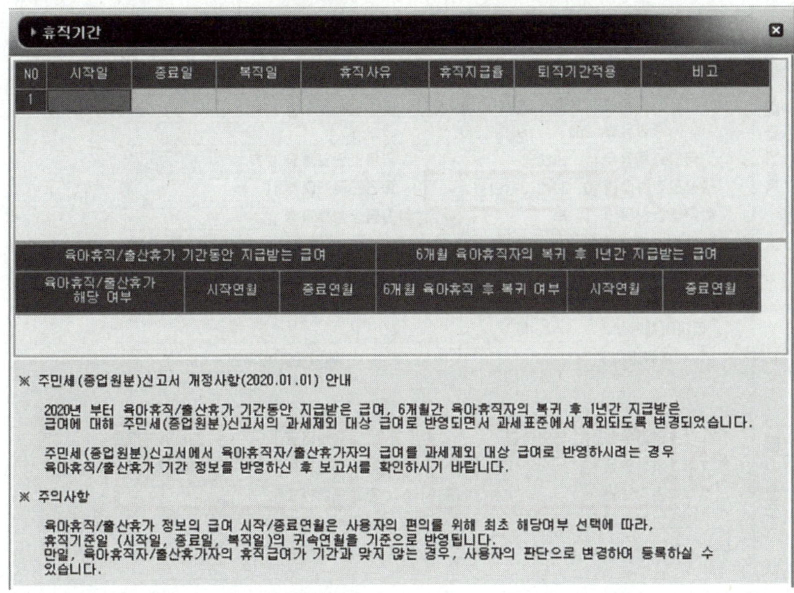

1. 휴직 기간 입력 시 시작일, 종료일을 입력, 휴직 사유(문제에서 제시하는 휴직 사유 입력)
2. 휴직 지급률 입력
3. 퇴직 기간 적용(함, 안 함) 선택
4. 확인 후 입력

※ 보통 문제는 휴직 기간 입력 후 상용직 급여 계산 문제로 메뉴를 여러 개 사용하는 문제로 출제 됨.

ⓐ 근무 정보

- 부서 : 시스템 관리의 사원등록에서 등록된 부서가 자동 표시되며, 시스템 관리의 부서등록에서 등록한 코드를 조회해서 선택하여 수정할 수 있다.
- 고용 형태 : 인사기초 코드 등록의 4. 사원 그룹(G) / G1. 고용 구분의 비고값이 1로 등록된 데이터 중 조회하여 선택한다.
- 직종 : 해당 사원의 정확한 직종 코드를 선택
- 급여 형태 : 코드 도움으로 조회하여 해당 급여 형태를 선택한다. 급여 형태에 따라 급여 지급을 별도 관리
- 직급 : 코드 도움을 이용하여 인사기초 코드 등록에 등록된 직급을 조회하여 선택한다. 급여 정보 탭의 호봉 설정과 연동되므로, 반드시 등록해야 한다.
- 직책 : 각종 출력물 등에 적용되며, 사원별 해당 직책을 선택한다.

③ 급여 정보 탭

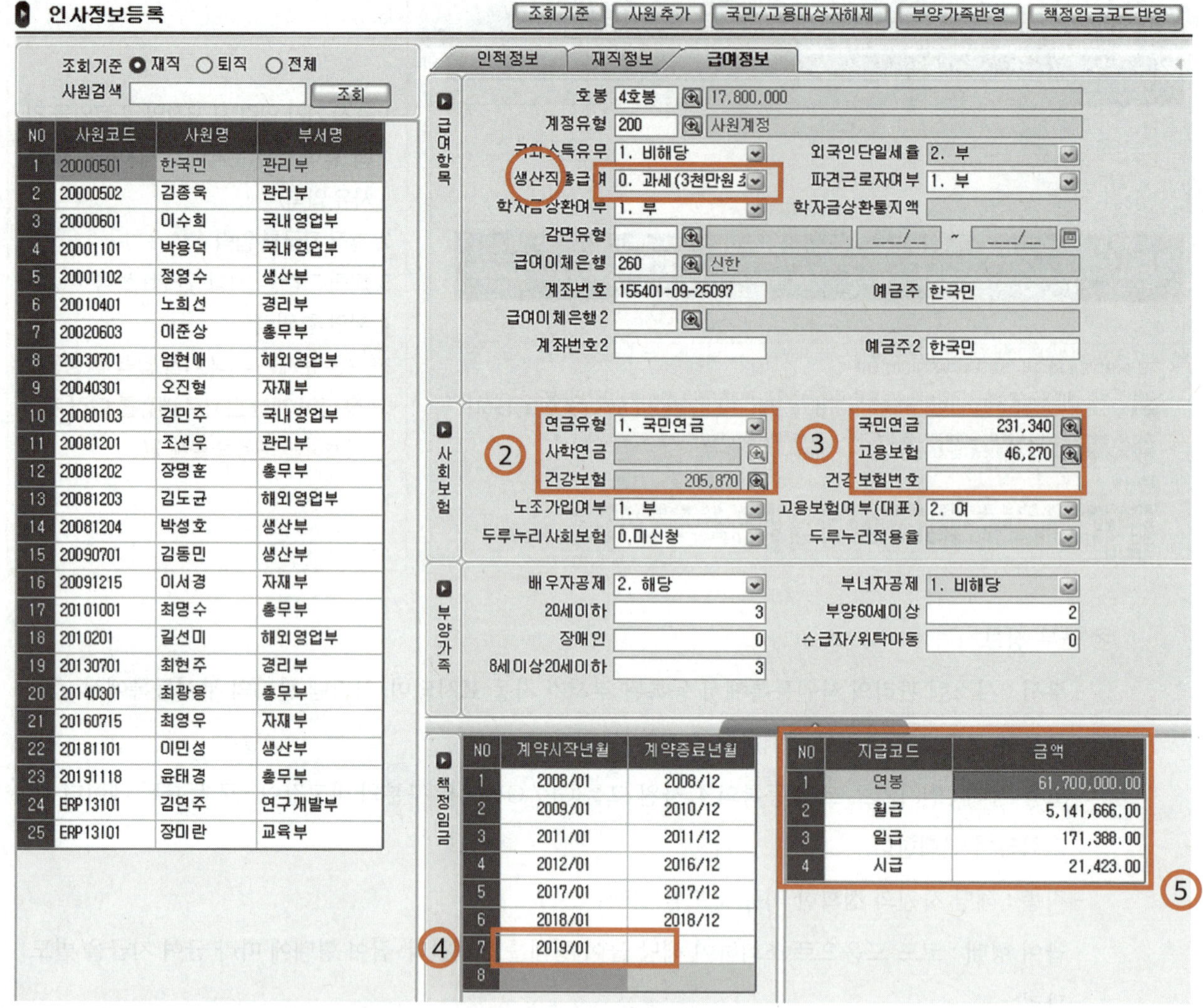

ㄱ 호봉 : 직급에 따라 호봉 테이블 등록의 호봉 코드를 조회하여 선택

ㄴ 계정 유형 : 회계 전표 처리 시 적용되는 원가 구분을 선택

ㄷ 국외 소득 유무 : 국외 근로 소득이 있는 경우 한도금액의 차이에 따른 소득 구분을 선택

ㄹ 생산직 총급여 : 생산직 사원의 연장근로수당 비과세 요건 중 월정급여 210만원, 직전년도 총급여 3,000만원 이하인 생산직 근로자가 받는 야간·연장근로 수당 등(연 240만원 한도)은 비과세 적용

ㅁ 학자금 상환 여부(통지액) : 대학교 재학 중 학자금을 대출받아서 납입한 경우 소득이 발생하는 시점부터 일정 금액을 상환하는 제도(원천 공제)로 '여'로 선택한 후 학자금 상환 통지액을 입력

　　* 시험문제에서는 학자금 상환 여부를 입력할 수 있으며, 인사기록 카드2에서 대출금 공제를 확인할 수 있음.

ㅂ 연금유형 : 국민연금과 사학연금 중에서 선택

ⓐ 국민연금 : 연금유형을 국민연금으로 선택하면 활성화된다. 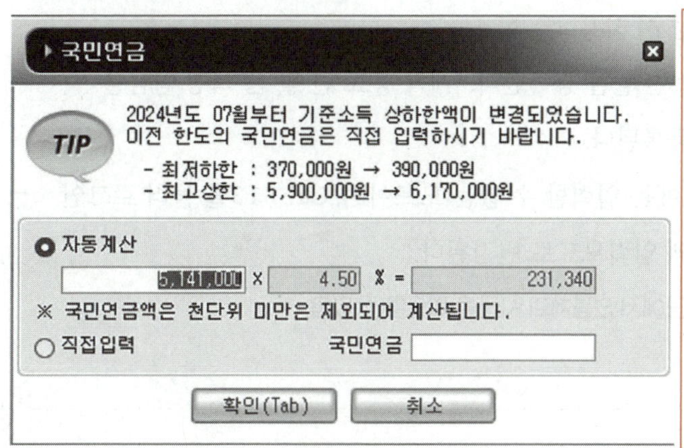 클릭하면 기준소득월액을 입력하는 화면이 조회되고, [사회보험환경등록]에 등록된 국민연금 요율이 적용되어 기준소득월액을 입력하면 해당 금액이 반영

• 국민연금 입력 시 자동 계산 메뉴에서 상한 금액을 고려하여 입력하며 입력 후 확인 버튼을 눌러서 금액을 입력

ⓑ 고용보험 : 고용보험 여부가 "여"인 경우 보수월액을 등록하면 고용보험료가 자동 계산되어 금액이 반영된다.

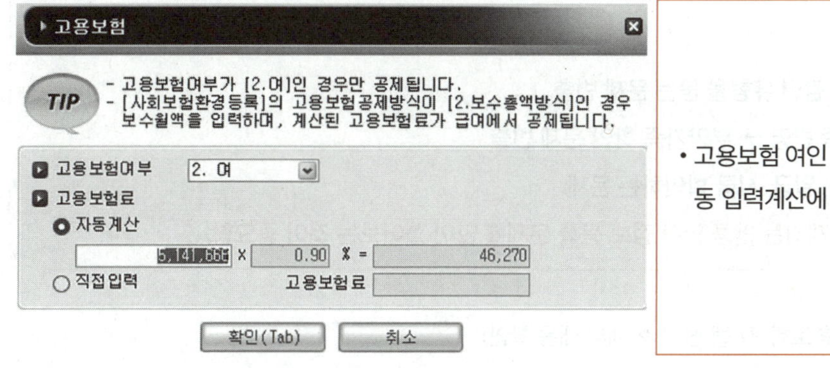

• 고용보험 여인 경우에 입력되며, 고용보험료 계산 시 자동 입력계산에 금액 입력 후 확인 버튼을 눌러서 입력

ⓒ 건강보험 : 코드 도움으로 보수월액을 등록하면 장기 요양보험료도 자동 계산되어 해당 금액이 반영된다.

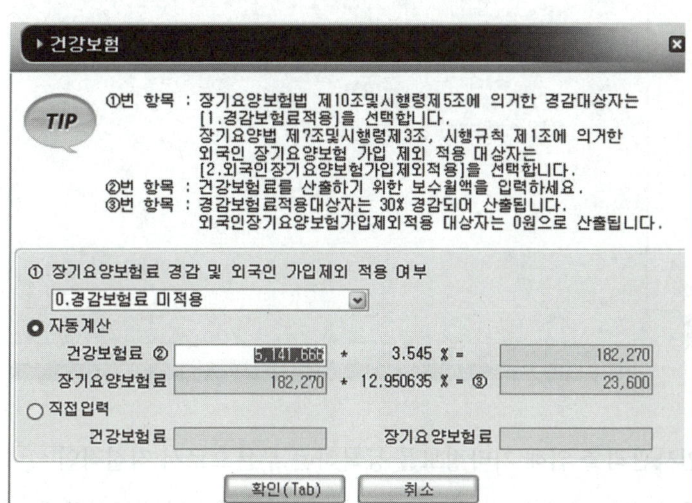

• 건강보험 입력 시 자동 계산에서 건강 보험료에 해당하는 보수월액을 입력하고 확인 버튼을 눌러 금액을 반영함.

ㅊ 노조 가입 여부 : 노조 가입 여부를 선택한다. 급여에서 공제되는 노조 회비와 연동

ㅋ 고용보험 여부(대표) : '2.여'로 선택하면, 고용·산재보험 산정 시 제외

ㅌ 두루누리 사회보험(적용률) : 두루누리 사회보험 적용 근로자인 경우 "1.신청"을 선택하고 적용률 선택

ㅍ 책정 임금 : 사원별 연봉제 및 개별 급여 구성 시 사용

- '계약 시작 년 월'에 해당 책정 임금의 시작 년 월을 등록한다. '계약 종료 년 월'은 책정 임금을
  추가하면 추가한 시작 년 월의 직전 달로 등록된다.

- 우측에 금액란이 ' ** ' 표시되며, * 표시 시에는 입력할 수 없는 모드이며, Ctrl + F3을 눌러 로그인
  암호를 입력하면(시험 시에는 암호 없음) 금액 입력모드로 변경된다.

  ※ 책정 임금 확인 시에도 인사 정보 등록의 책정 임금에서 연봉제의 시급을 확인할 수 있음.

> **※ 빈출 유형 파악(재직정보탭)**
>
> - 재직 정보 탭에 휴직 기간 입력 → 상용직 급여 입력 계산 → 총급여 확인하는 문제 유형 빈출됨.
> - 직종 및 급여 형태 확인 문제가 출제됨.
>
> **※ 빈출 유형 파악(급여정보 탭)**
>
> - 생산직 총급여 확인 및 학자금 상환, 감면 유형을 묻는 문제 빈출
> - 인사기록 카드 및 연말정산 부양가족 반영 → 부양가족 확인 문제 빈출
> - 책정 임금 : 직접 입력 후 연봉, 월급, 일급, 시급 확인하는 문제
> * 김쌤의 TIP : 다양한 문제 유형이 출제되는 만큼 인사 정보 등록 문제를 많이 풀어보는 것이 중요함.

(2) 인사기록 카드(인사기록 카드 실행 후 조회, 각 탭 선택 후 세부 내용 확인)

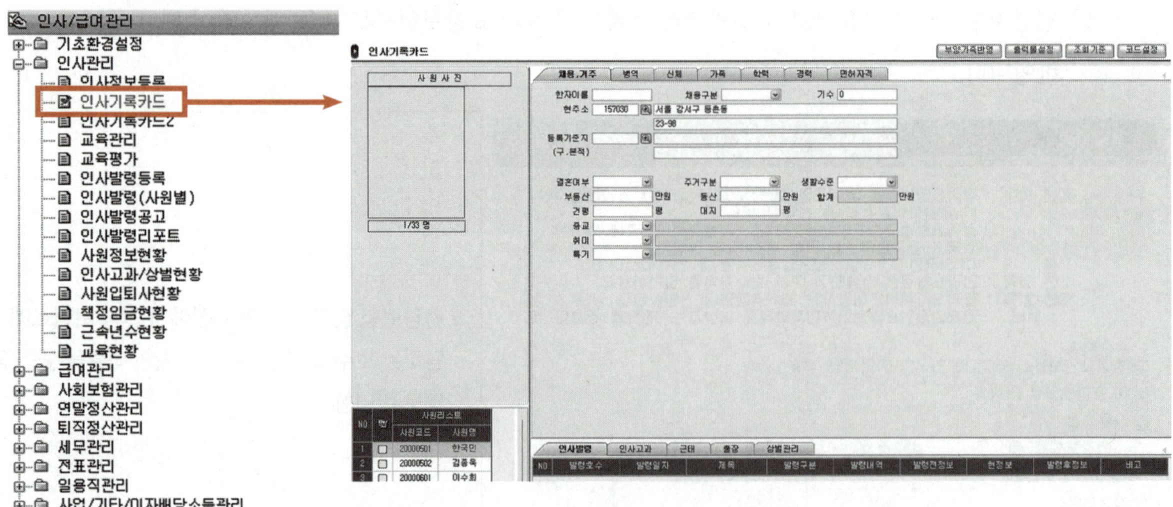

① 인사 정보 등록에서 등록한 사원에 대한 인사관리를 위해 기타정보를 등록하는 부분으로서 직접적인
  인사 정보를 인사 정보 등록 메뉴에서 등록하지만, 기타 인사 정보는 인사기록 카드 메뉴에서 등록한다.

② 인사기록 카드 메뉴(빈출 메뉴)

  ㉠ 채용·거주 : 채용 정보와 종교·취미 등을 등록하며, 현주소와 본적, 주거 구분, 각종 재산과 관련된 정보를 등록

  ㉡ 병역 : 병역 사항을 등록하며 복무기간을 입력하고, 근속기간 포함 여부를 '2. 함'으로 선택할 때 급여 산정 시 해당 복무기간을 포함한 급여가 계산된다.

  ㉢ 가족 : 가족 사항을 등록하며, 인사 정보 등록의 부양가족에 반영할 수 있다. 수당 여부에 해당으로 등록된 경우는 계산식에 적용되어 급여 계산에 반영된다.

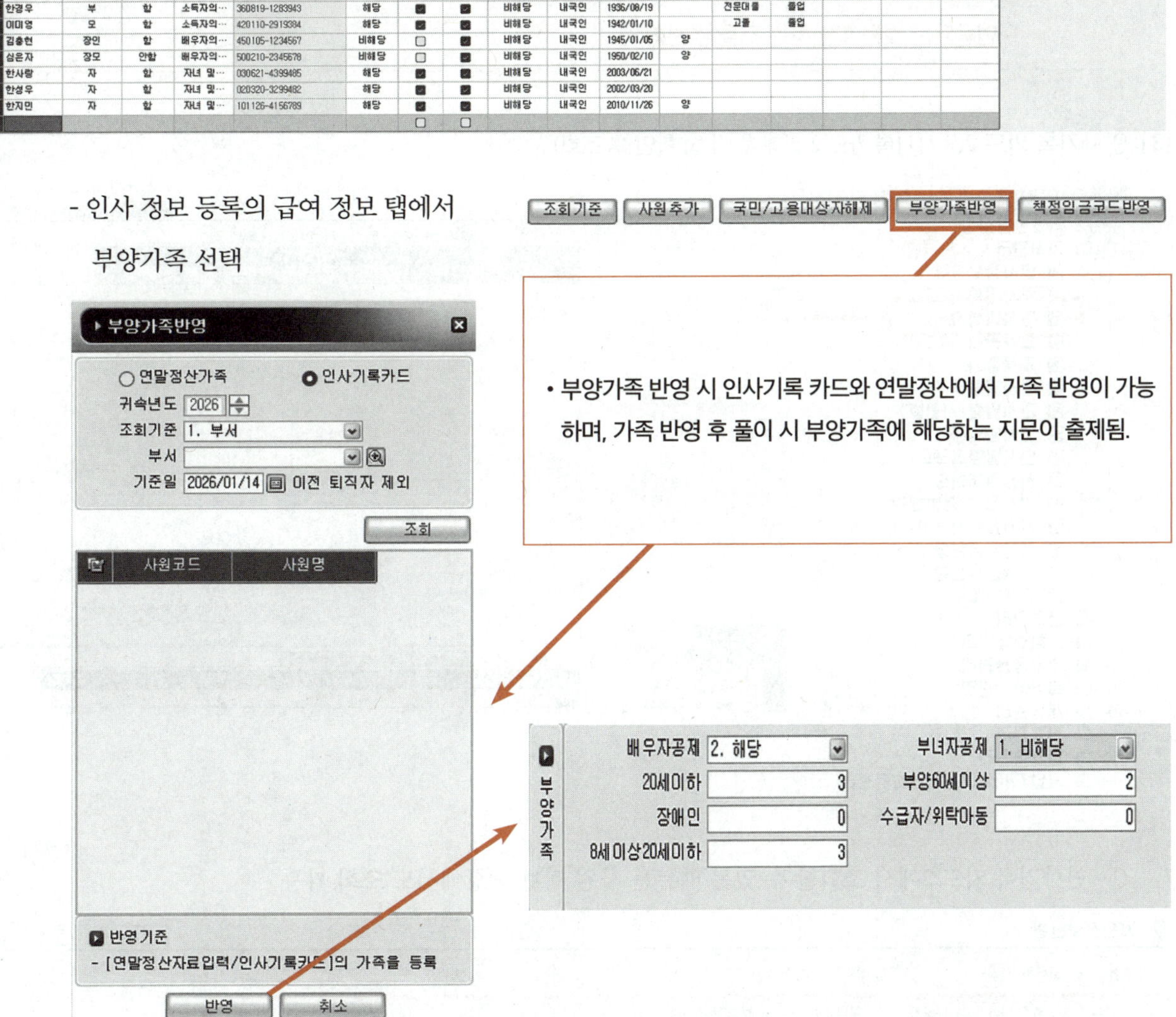

NO	성명	관계	동거여부	부양관계	주민등록번호	수당여부	부양여부	연말정산	장애인구분	내외국인	생년월일	양음구분	학력	졸업구분	직업	직장명	직위
1	김슬기	배우자	함	배우자	731129-2788371	해당	■	■	비해당	내국인	1973/11/29		대졸	졸업			
2	한경우	부	함	소득자의…	360819-1283943	해당	■	■	비해당	내국인	1936/08/19		전문대졸	졸업			
3	이미영	모	함	소득자의…	420110-2919384	해당	■	■	비해당	내국인	1942/01/10		고졸	졸업			
4	김충현	장인	함	배우자의…	450105-1234567	비해당	☐	■	비해당	내국인	1945/01/05	양					
5	심은자	장모	안함	배우자의…	500210-2345678	비해당	☐	■	비해당	내국인	1950/02/10	양					
6	한사랑	자	함	자녀 및…	030621-4399485	해당	■	■	비해당	내국인	2003/06/21						
7	한성우	자	함	자녀 및…	020320-3299482	해당	■	■	비해당	내국인	2002/03/20						
8	한지민	자	함	자녀 및…	101126-4156789	해당	■	■	비해당	내국인	2010/11/26	양					
9							☐	☐									

  - 인사 정보 등록의 급여 정보 탭에서 부양가족 선택

  ㉣ 경력 : 사원의 경력 사항을 등록

  ㉤ 면허 자격 : 자격·면허 사항을 등록. 수당 항목에 '있음'으로 등록된 경우는 계산식에 적용되어 급여 계산에 반영

ⓑ 인사발령 : 인사발령관리에서 등록한 발령 내역이 조회되며 **인사기록 카드에서 수정 및 등록 불가**

ⓢ 근태 : 근태관리의 메뉴에서 등록한 근태 내역이 최근 내역부터 조회되며, 추가 등록은 불가능

> **※ 빈출 유형 파악**
> - 인사기록 카드에서는 가족 수당 여부 및 부양 여부, 연말정산 선택 사항 확인 문제 빈출
> - 경력 사항을 직접 입력하고 이를 근속 수당에 반영하는 문제 출제됨.
> - 인사발령과 인사고과, 근태, 상벌이 조회할 수 있음.
> * **김쌤의 TIP** : 인사기록 카드 메뉴는 직접 시험 시 입력하는 문제는 출제되지 않지만, 현직에서는 자주 활용할 수 있는 메뉴로 이루어져 있음. 문제가 많이 출제되지 않더라도 취업을 준비하는 학생들은 메뉴를 활용해 보면서 연동되는 것을 확인하는 것을 추천함.

(3) 인사기록 카드 2(인사기록 카드 2 실행 후 각 탭 확인 후 조회)

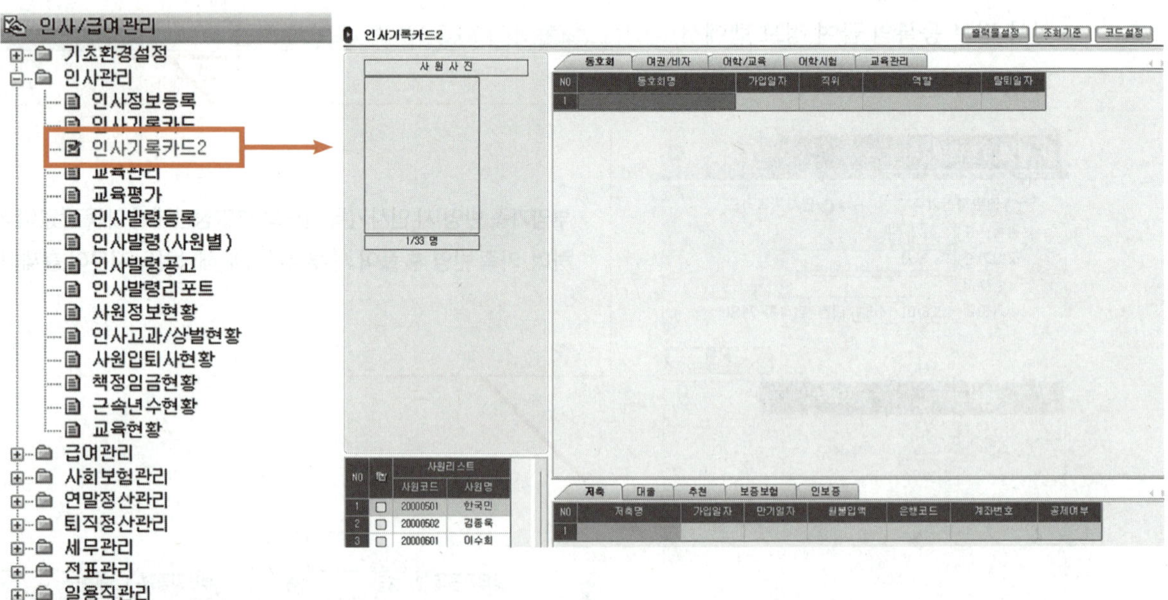

① 인사기록 카드 2에서 조회할 수 있는 메뉴는 사원 정보 현황에서도 조회 가능

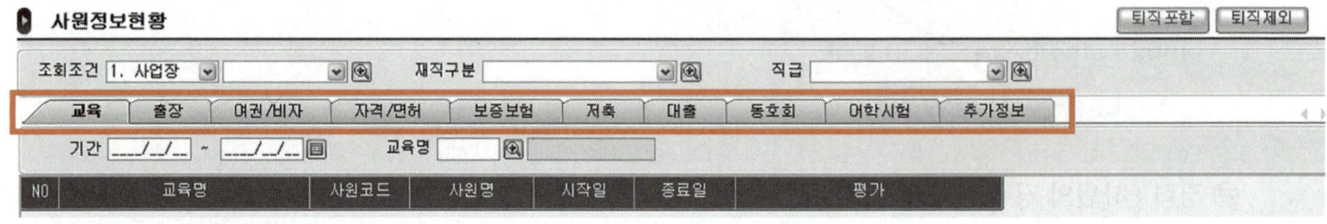

② 저축, 대출에 관한 내용을 조회할 수 있음

(4) 교육 관리(교육관리 실행 후 조회)

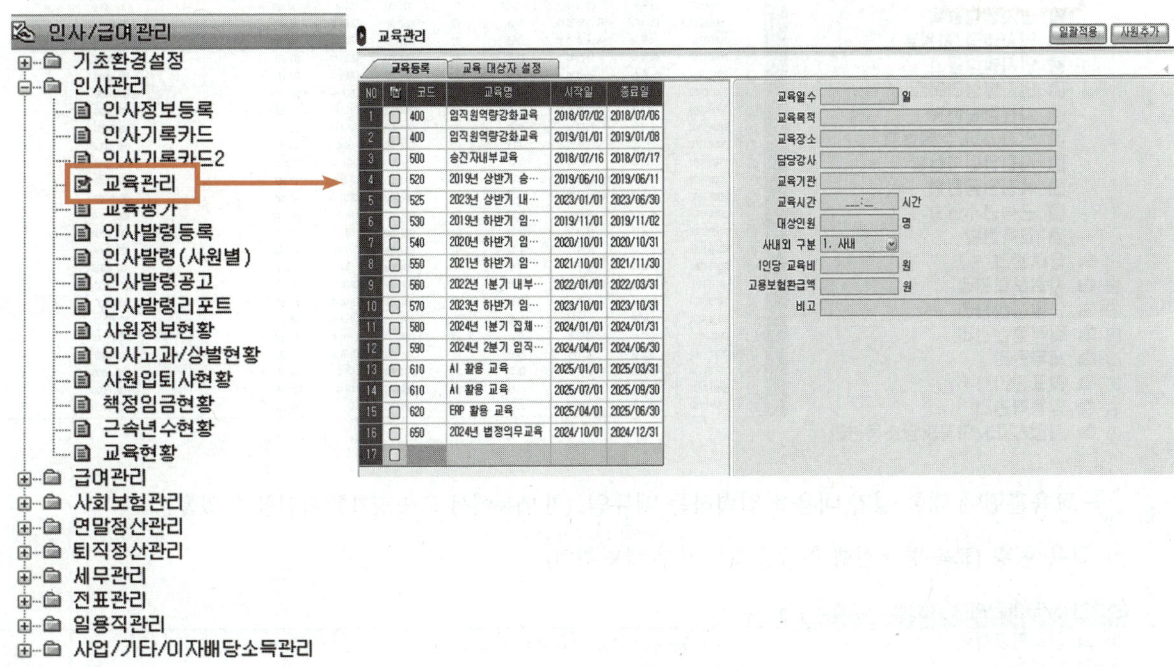

① 회사 사내 혹은 사외 교육 관리 및 등록 메뉴

(5) 교육 평가 / 교육 현황(교육 평가 실행 후 내용 확인 세부 내용 확인)

① 교육 평가

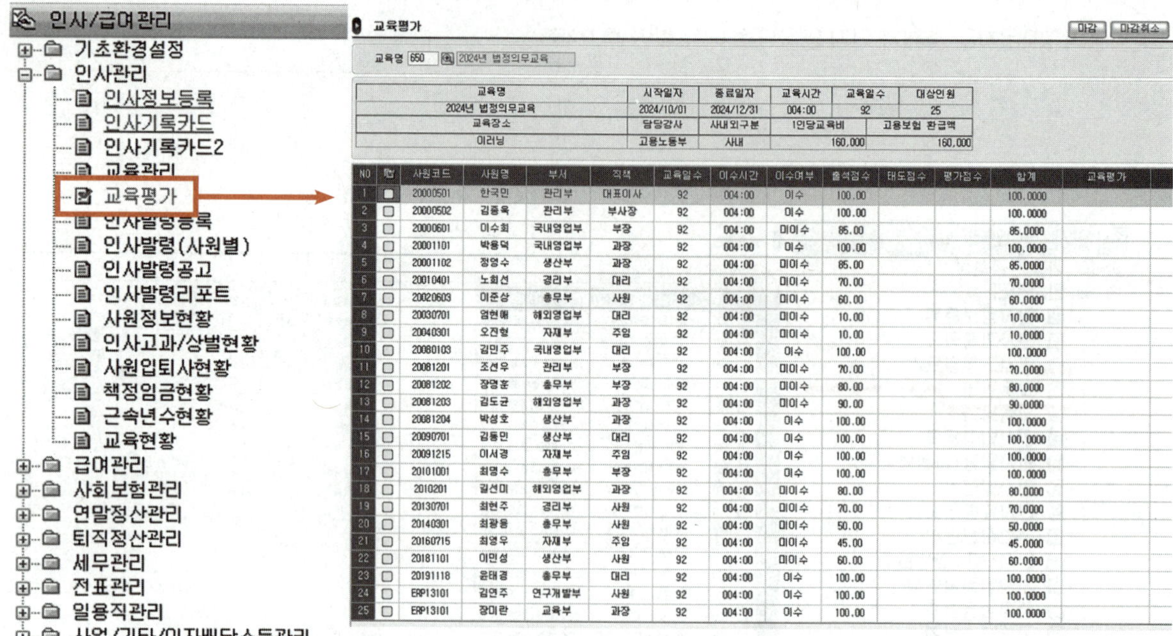

- 교육훈련에 대한 평가 내용을 입력하는 메뉴임. (현 메뉴에서 교육 평가를 확인할 수 있음.)

② 교육 현황 (교육 평가 실행 후 내용 확인 세부 내용 확인)

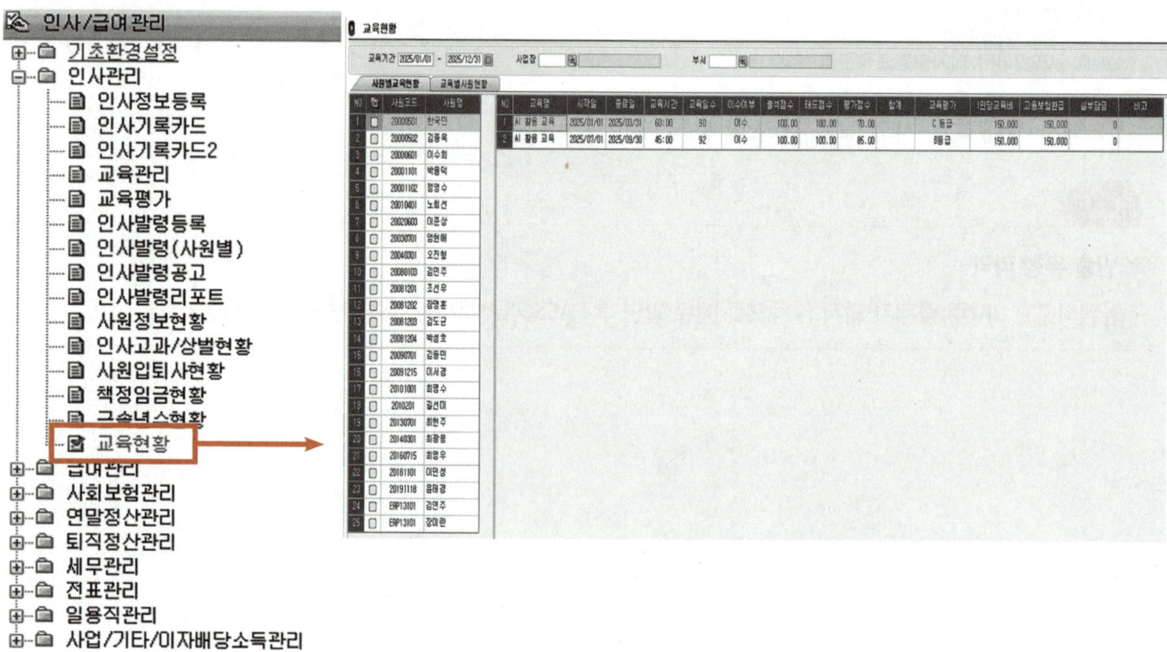

- 교육 현황 메뉴에서도 교육훈련에 관련된 평가 결과를 확인할 수 있음

> ※ 빈출 유형 파악
>
> - 교육훈련 결과를 고려 상여금 문제 풀이가 빈출 되고 있음.
>
> * 교육평가 메뉴와 교육 현황 메뉴에서 같이 확인할 수 있으며, 문제 풀이가 쉬운 메뉴를 선택하고 문제를 풀어주면 됨.
>
>   (교육 평가를 진행하고 나면 마감을 지어 수정을 막음)
>
> * 김쌤의 TIP : 어렵지는 않지만 자주 출제됨으로 문제 풀이를 반복하면 됨. (등급별 수당 확인 필요)

(6) 인사발령 등록 / 인사발령 공고 / 인사발령 리포트(메뉴 실행 후 각 메뉴 내용 조회)

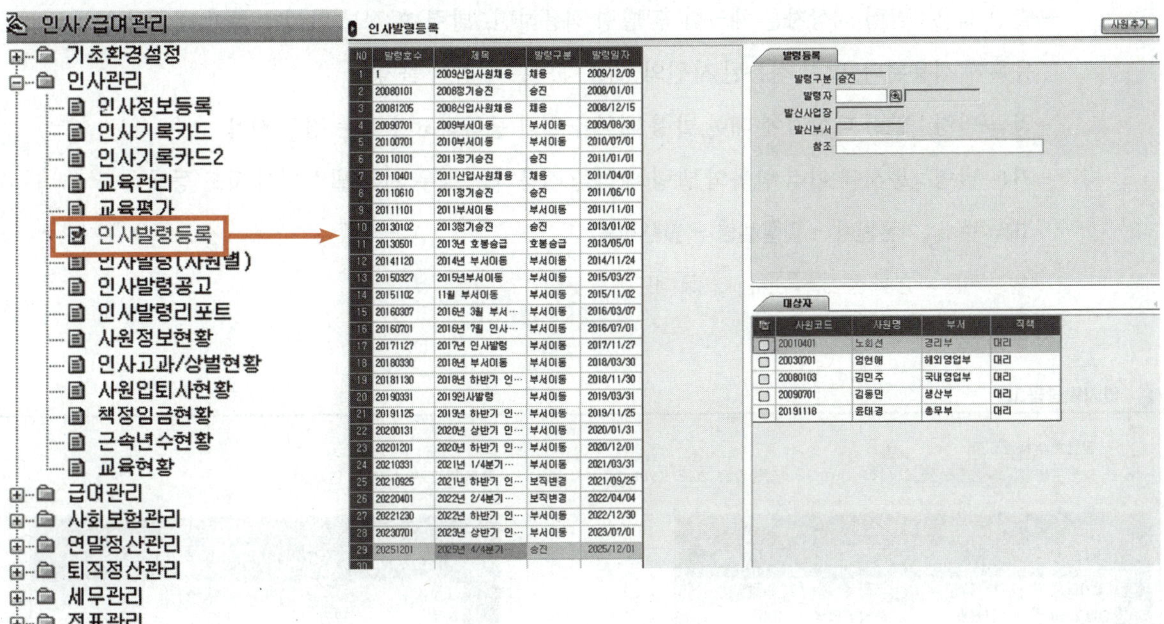

① 인사 정보 등록에 등록된 데이터를 조회하여 채용, 승진, 승급, 부서 이동, 퇴직 등의 발령을 위한

　기본정보를 구성. 발령 대상자를 선정하여 발령등록을 위한 기초 자료로 사용

　㉠ 발령 호수 : 숫자/문자를 사용하여 등록

　㉡ 발령 제목 : 발령 명을 입력

　㉢ 발령 구분 : 인사기초 코드 등록의 인사(H,R) - 발령 구분에 등록된 항목을 조회하여 등록

　㉣ 발령 일자 : 시스템 일자가 자동 등록되며, 수정 가능

　㉤ 발령자 : 코드 도움으로 발령자를 조회하여 선택하면, 발신 사업장과 발신 부서가 자동으로 표시

　㉥ 대상자 : 사원추가로 발령 대상 사원을 선택하면 대상자에 등록

② **인사발령(사원별)**

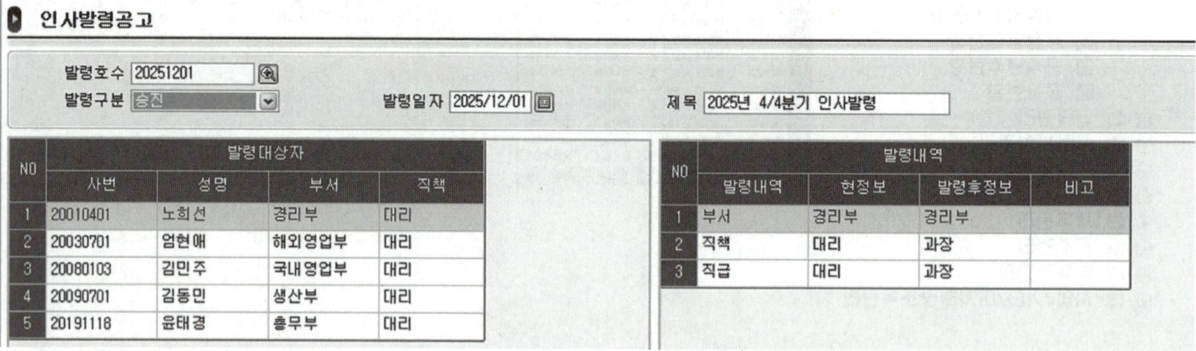

⊙ 발령 대상자로 등록된 자료를 조회하여, 사원별 발령 내역을 등록하고 발령 적용

- 발령 내역 : 사원별로 발령 내역을 등록하면 현 정보가 표시된다. '발령 후 정보'란에 발령내용을 등록

- 발령 적용 : 발령 대상자를 체크한 후 발령 적용하면, '발령 후 정보'난에 등록한 내용이 인사 정보

　등록에 적용된다. 발령 적용된 사원의 발령 내역은 수정이 불가능

- 일괄 발령 : 발령 대상자에 대한 발령 내역을 일괄 등록하고자 하는 경우 사용

- 기본 발령 : 동시에 여러 항목의 발령 내역을 적용하는 경우 기본 발령에서 코드 등록

　* 메뉴 순서 : 기본 발령 → 일괄 발령 → 발령 적용

　* 발령 적용 시 인사 정보 등록과 인사기록 카드에서 조회할 수 있음.

③ 인사발령 공고

인사발령공고

발령호수 20251201

발령구분 승진　발령일자 2025/12/01　제목 2025년 4/4분기 인사발령

NO	사번	성명	부서	직책
1	20010401	노희선	경리부	대리
2	20030701	엄현애	해외영업부	대리
3	20080103	김민주	국내영업부	대리
4	20090701	김동민	생산부	대리
5	20191118	윤태경	총무부	대리

NO	발령내역	현정보	발령후정보	비고
1	부서	경리부	경리부	
2	직책	대리	과장	
3	직급	대리	과장	

④ 인사발령 리포트

⊙ 인사발령 공고는 인사발령(사원별) 내용을 확인할 수 있음

※ 빈출 유형 파악

- 인사발령 사원별 메뉴 빈출됨(발령 내역 중 현 정보, 발령 전 정보, 발령 후 정보에 관해 묻는 문제 출제)

* 김쌤의 TIP : 어렵지는 않지만 자주 출제됨으로 문제 풀이를 반복하면 됨

(7) 사원 정보 현황(사원정보현황 메뉴 조회 후 각 탭별 세부 내용 조회)

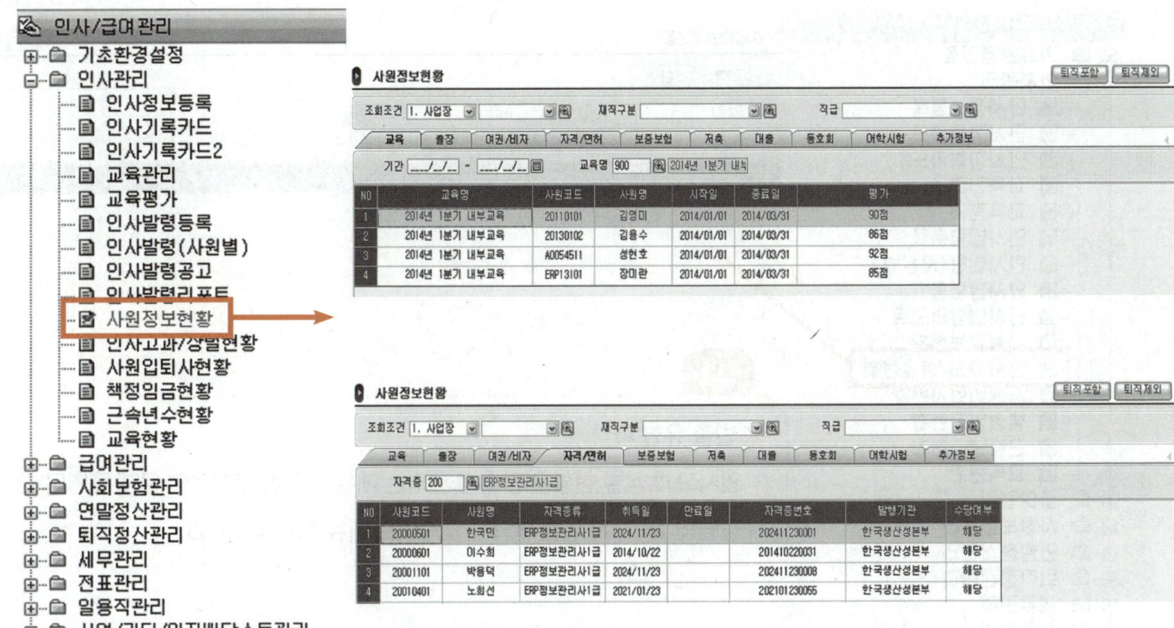

① 교육, 출장, 여권/비자, 자격/면허, 보증보험, 저축, 대출, 동호회, 어학 시험, 추가정보 등 확인 가능함

② 인사 정보 등록, 인사기록 카드에서 입력한 내용이 조회되며, 출력도 가능함

※ 빈출 유형 파악

- 자격증 수당 여부 문제 빈출(퇴직자 제외 여부 확인)

- 자격증 수당 여부 확인 및 취득일 / 만료일 확인하여 금액 산정 문제 빈출

*김쌤의 TIP : 어학 시험 및 자격증 종류에 따라 금액을 산정하고 해당 자격증 수당을 책정하는 문제 출제됨. 문제 유형이 고정된 만큼 문제를 많이 풀어보면 그렇게 어렵지 않음

[8] 인사고과 / 상벌 현황(인사고과/상벌 현황 메뉴 실행 후 조회)

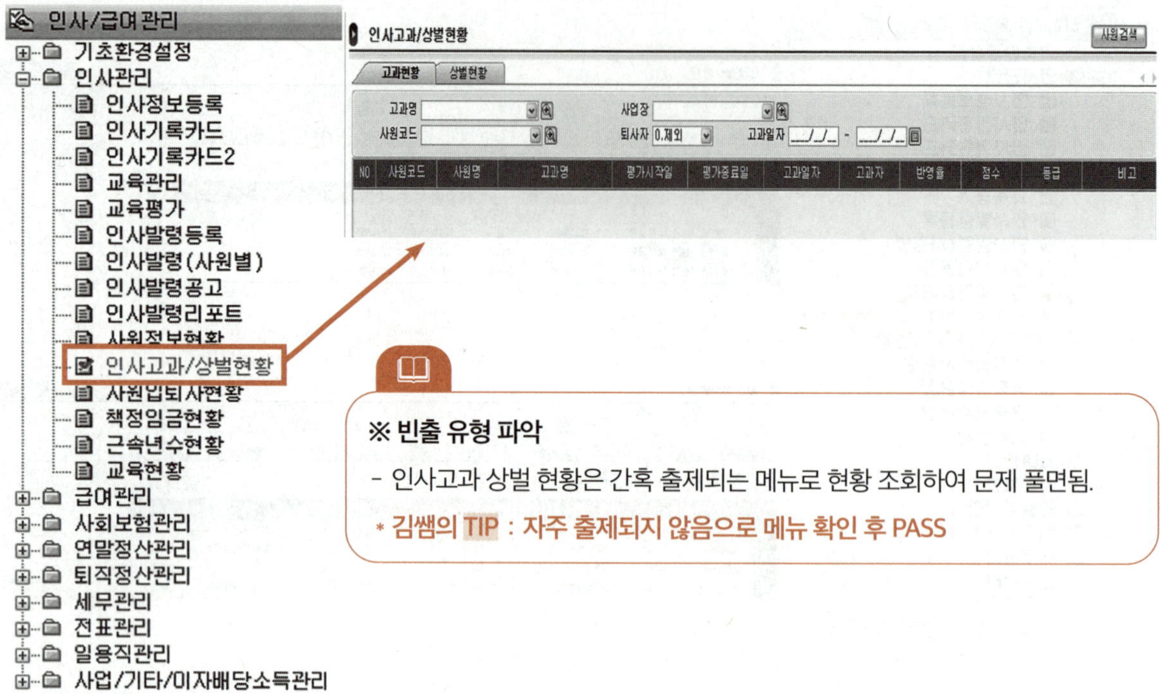

※ 빈출 유형 파악

- 인사고과 상벌 현황은 간혹 출제되는 메뉴로 현황 조회하여 문제 풀면됨.

＊ 김쌤의 TIP : 자주 출제되지 않음으로 메뉴 확인 후 PASS

[9] 사원입퇴사현황(사원 입 퇴사 현황 조회 기간 2026년 1월 입력 후 조회)

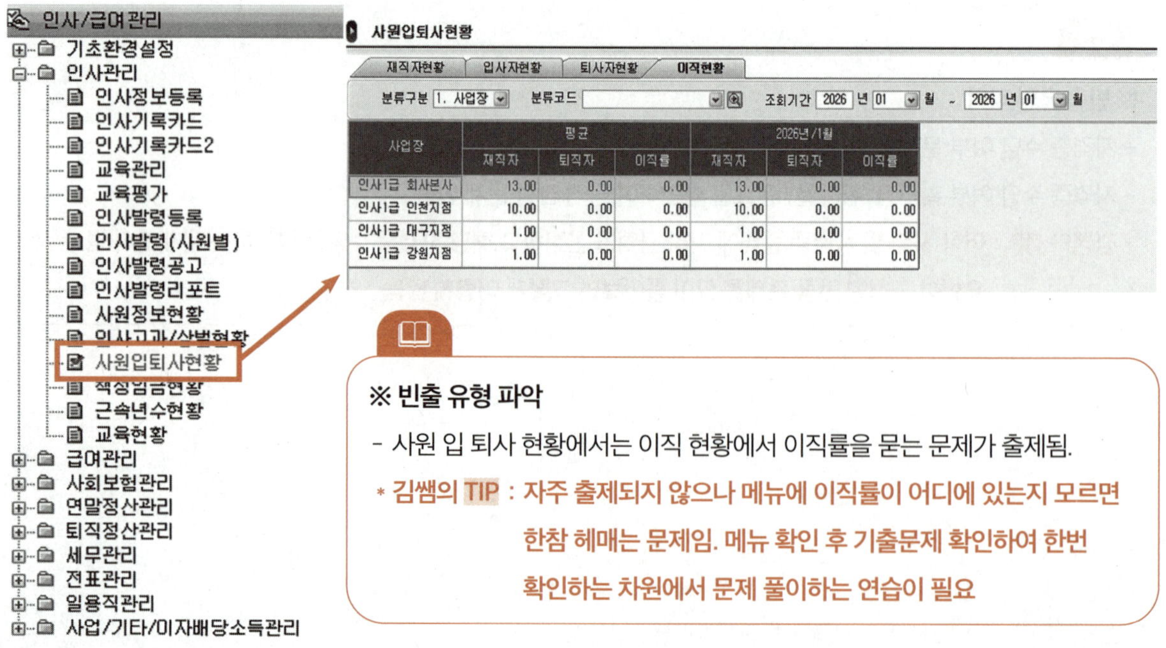

※ 빈출 유형 파악

- 사원 입 퇴사 현황에서는 이직 현황에서 이직률을 묻는 문제가 출제됨.

＊ 김쌤의 TIP : 자주 출제되지 않으나 메뉴에 이직률이 어디에 있는지 모르면
한참 헤매는 문제임. 메뉴 확인 후 기출문제 확인하여 한번
확인하는 차원에서 문제 풀이하는 연습이 필요

① 재직자 현황, 입사자 현황, 퇴사자 현황, 이직 현황을 묻는 메뉴

(10) 책정 임금 현황(책정임금현황 입력 후 2025년 1년 기간 입력 후 조회)

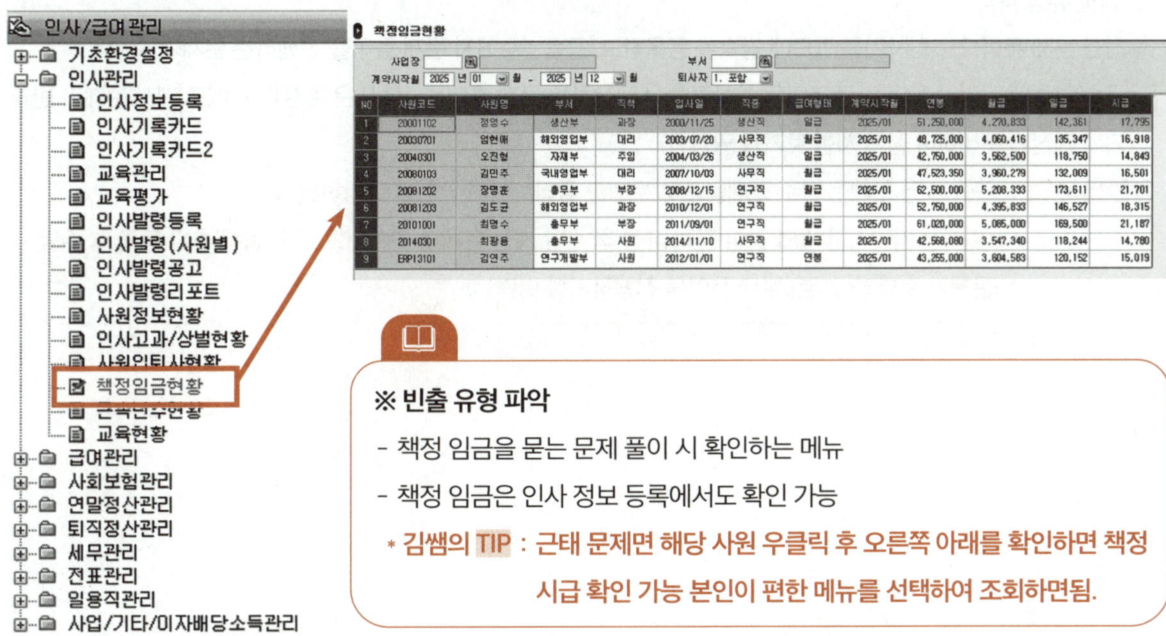

① 책정 임금 현황을 묻는 메뉴(퇴사자 포함하여 조회 가능)

(11) 근속년수 현황(근속 년수 현황 기준일 2025년 2월 1일 입력 후 조회)

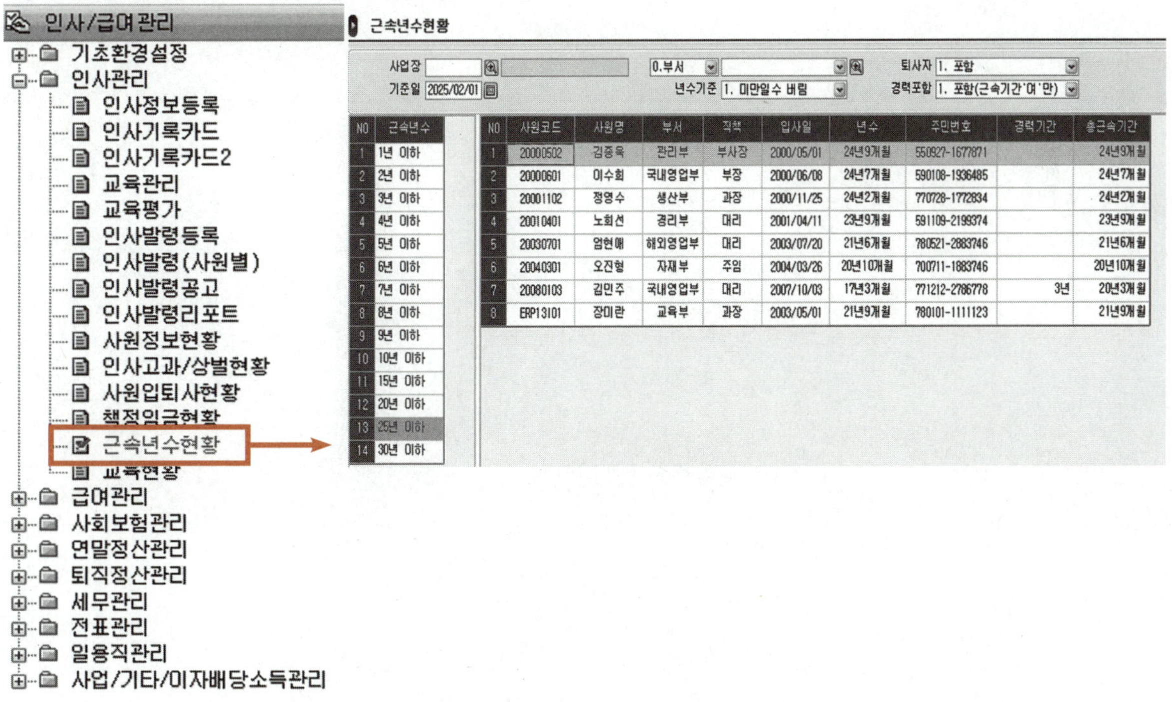

① 사원들의 근속년수를 입사일 기준으로 조회, 출력할 수 있음.

　　* 인사기초 코드 등록의 인사 – 근속년수 구분에서 등록된 내용을 보여줌.

※ 빈출 유형 파악

- 최근 문제 유형으로 인사기록 카드에 경력을 등록하고, 근속년수에서 문제 풀이를 진행하는 문제가 출제됨.

- 근속 연수에 따라 수당이 다르고 인원수 산정해서 계산하는 문제 출제됨. (실기 문제 풀이 시에도 계산 문제가 빈출
  되니 계산기 준비하여 실기 시험 보기를 권장함)

* 김쌤의 TIP : 근속 수당 문제는 자주 출제됨으로 문제를 풀어보면서 유형을 파악하면 좋음

  (위에서 이야기한 바와 같이 경력 작성 후 수당 계산 문제와 인사기초 코드 등록 추가 등록 후 수당 계산

  문제가 출제되니 유형별로 풀이를 진행하기를 바람)

05 인사/급여 관리(급여 관리)

(1) 근태 결과 입력(귀속 연월 2025년 11월 입력 후 지급일 선택 후 조회)

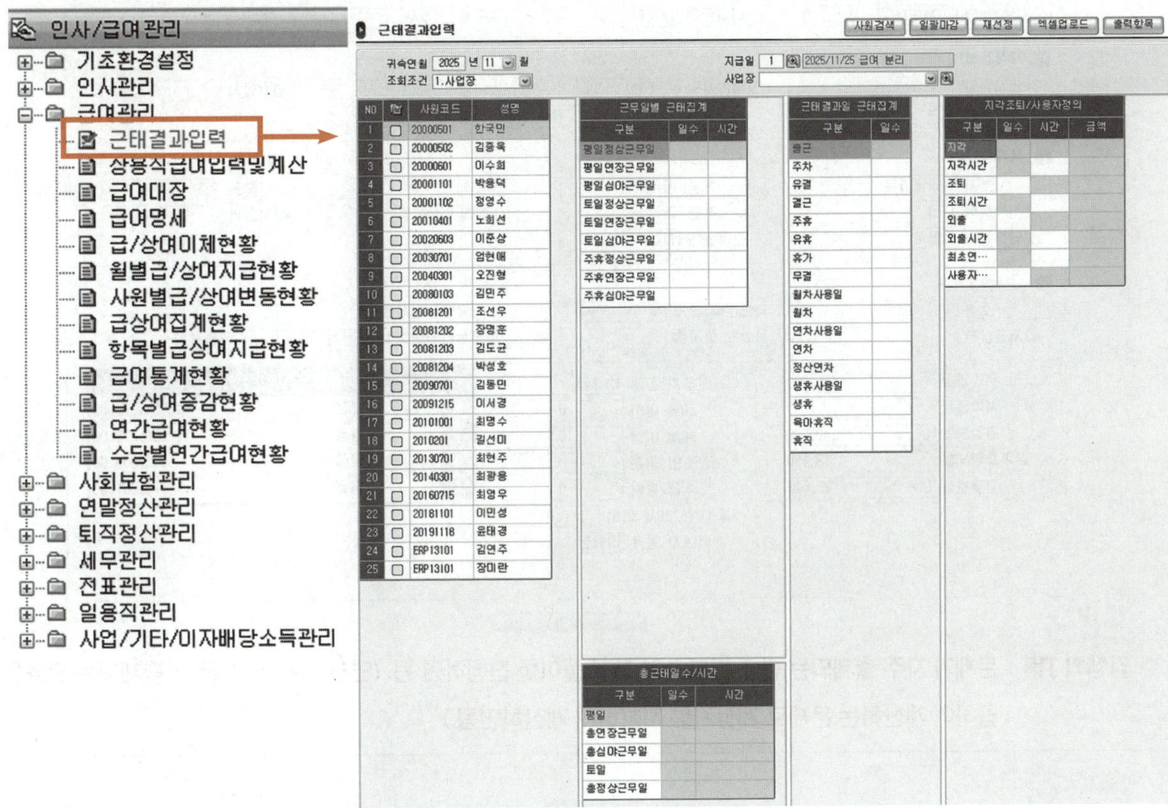

① 개인별 연장근로시간, 지각, 휴가 등의 근태 내역을 입력할 수 있는 메뉴

    ㉠ 근무일별 근태 집계 : 해당 근무 구분에 따른 근무일별 일수와 시간을 입력

    ㉡ 근태 결과일 근태 집계 : 출근 등의 근태 구분에 따른 일수를 입력한다.

    ㉢ 지각 조퇴 / 사용자 정의 : 지각, 조퇴, 외출 등의 일수와 시간을 입력한다.

※ 빈출 유형 파악

- 빈출 문제로 총연장 근무시간 총 심야 근무시간을 고려하여 연장 수당을 계산하는 문제가 출제됨.
- 시급을 확인하고 문제를 풀어주면 됨. **(인사정보 등록의 급여 정보 탭에서 책정 임금확인 or 책정 임금 현황 메뉴에서 확인 or 근태결과 입력 메뉴에서 사원 클릭 후 우클릭 → 사원 인사정보 탭에서 확인 가능)**

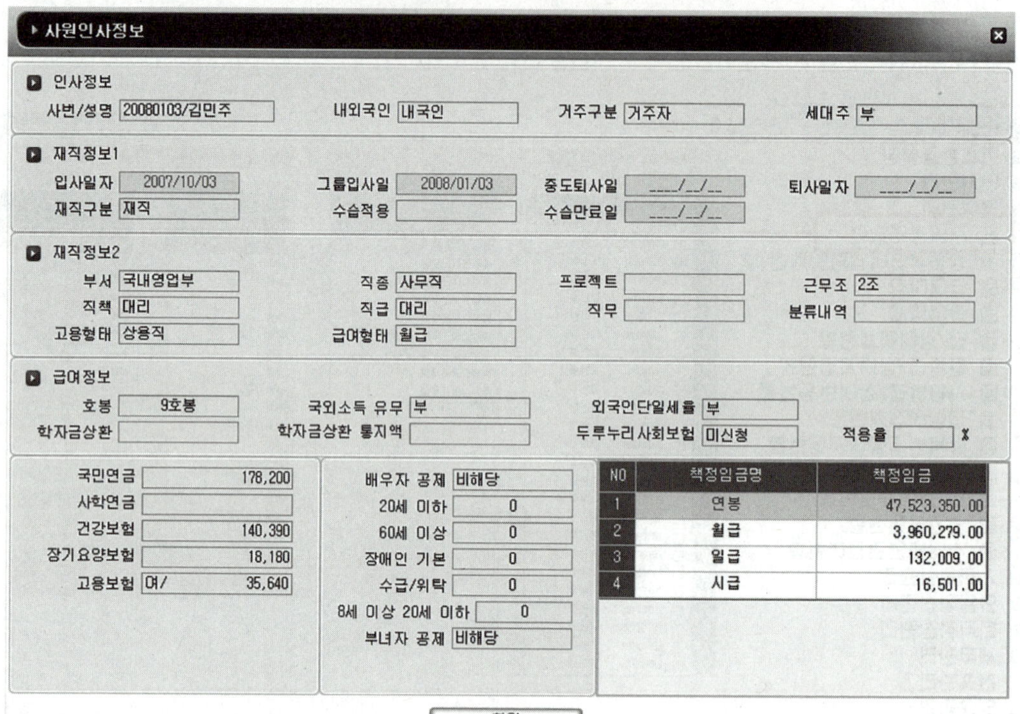

NO	책정임금명	책정임금
1	연봉	47,523,350.00
2	월급	3,960,279.00
3	일급	132,009.00
4	시급	16,501.00

*** 김쌤의 TIP** : 문제가 자주 출제되는 만큼 반복하여 문제 풀이를 진행하면 됨. (연장 시간 × 시급 × 출제되는 요율을 곱하여 계산하는 문제로 계산기를 지참하여 계산하면됨.)

(2) 상용직급여 입력계산(귀속 연월 2025년 11월 입력, 지급일 선택 후 조회)

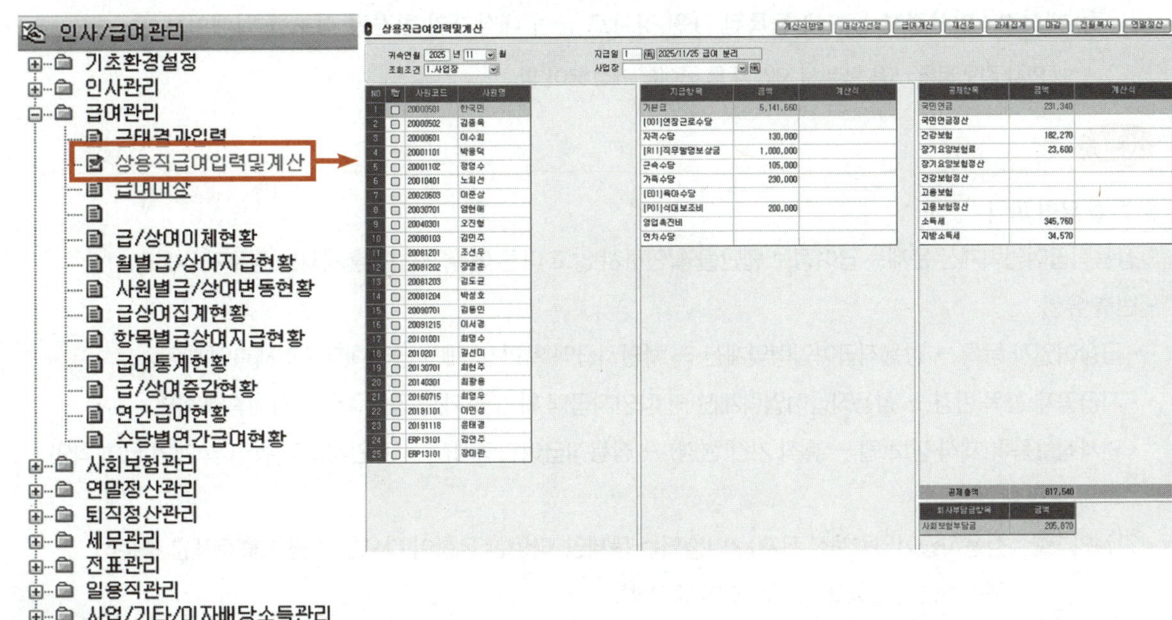

개인정보 / 급여총액

사업장	인사1급 인천지점	급여형태	[월급]5,141,666	과세총액	6,606,660	소득제외	
부서	관리부	입사일자	2000/05/01	비과세신고분	200,000	회사부담금	205,870
직종	생산직	퇴사일자	____/__/__	비과세신고제외분	0	차인지급액	5,989,120

개인정보 / 급여총액

총인원	25	사학연금		국민연금	4,405,820	소득세	8,782,520 /
과세	134,308,380	지정기부금		고용보험	834,870	지방소득세	878,120 /
비과세	3,800,000	회사부담금	4,755,360	농특세		건강보험	3,471,080 / 449,410

① 상용직 직원에게 지급할 급여를 계산하는 메뉴

② 개인정보 탭

　　㉠ 인사 정보 탭에 등록된 사원 정보에 해당하는 급여 정보를 보여줌

　　㉡ 과세 총액, 비과세 신고분, 비과세 신고 제외분을 보여주며, 회사부담금과 차인지급액 확인 가능

　　　* 차인지급액은 문제 풀이 시 실지급액으로 표현됨.

③ 급여총액 탭

　　㉠ 해당하는 사원의 총인원 수 확인 가능

　　㉡ 과세, 비과세 총액 확인 가능

　　㉢ 4대 보험 비용 및 회사 부담금 확인 가능

④ 오른쪽 위 메뉴(빈출 메뉴)

　　계산식반영　　대상자선정　　급여계산　　재선정　　과세집계　　마감　　전월복사　　연말정산

㉠ 급여 계산 : 지급공제 항목에서 등록된 산식에 의해 급여 계산

㉡ 재선정 : 인사정보 등록에 등록된 사원 정보로 급여 대상자의 변경된 정보를 업데이트 함.

    * 인사 정보 등록 내용 변경 시 재선정 후 급여를 계산해야 함.

> ## ※ 빈출 유형 파악
>
> - 상용직급여입력계산 문제는 급여정보 탭만을 확인하지 않고 다른 메뉴와 함께 출제되는 경우가 많음.
> - 빈출 유형
>   - 급상여일자 등록 → 상용직급여입력및계산 → 차인지급액 확인 및 개인 급여 확인 / 과세총액 확인
>   - 지급공제 항목 변경 → 상용직급여입력계산 → 차인지급액 확인 및 개인 급여 확인 / 과세총액 확인
>   - 인사정보등록(재직 정보 탭 → 휴직 기간 변경) → 상용직급여입력계산 → 차인지급액 확인 및 개인 급여 확인 / 과세 총액 확인
>
> * 김쌤의 TIP : 상용직급여입력계산 문제는 빈출되는 문제임. 다양한 유형이 나오는 만큼 기출문제를 충분히 풀어보면서 유형을 익히는 것이 중요 함.
>
>   (개인 정보탭의 내용과 급여 총액의 내용을 확인하여 어떠한 내용이 포함되어 있는지를 확인해야함.)

(3) 급여대장(귀속 연월 2025년 11월 입력 후, 지급일 선택 조회)

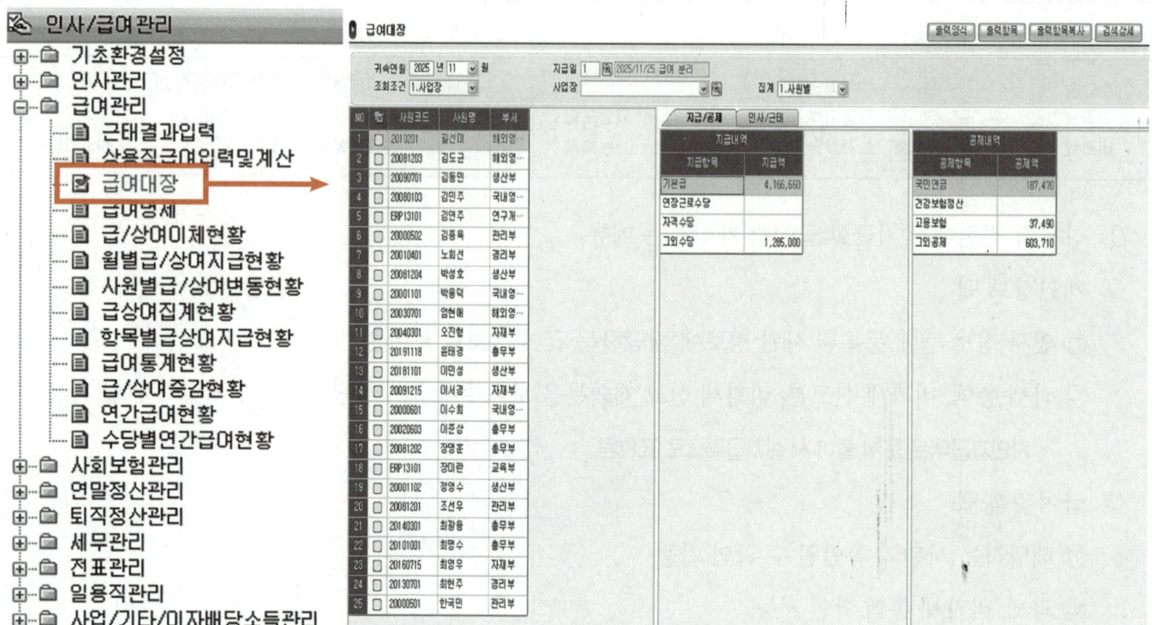

① 급여대장은 급/상여 데이터를 조회하거나 출력할 수 있음.

※ 빈출 유형 파악

- 급여대장에서 출력항목을 확인해서 설정하고 항목을 보고 문제 풀이를 진행하면 됨.

* **김쌤의 TIP** : 가끔 출제되는 문제로 출력항목을 설정하여 항목 설정하는 것이 중요함.

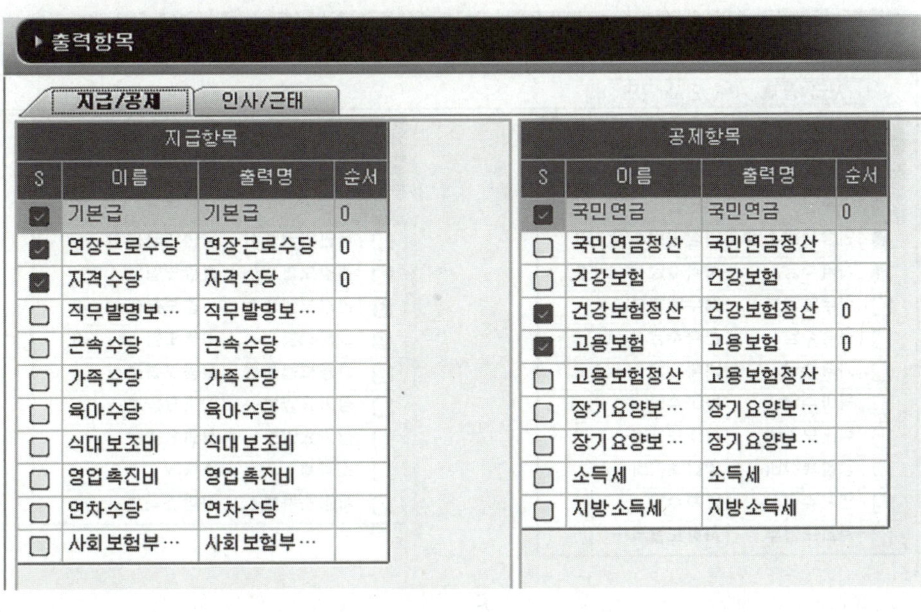

〔4〕 급여명세(귀속 연월 2025년 11월 입력, 지급일 선택 후 조회)

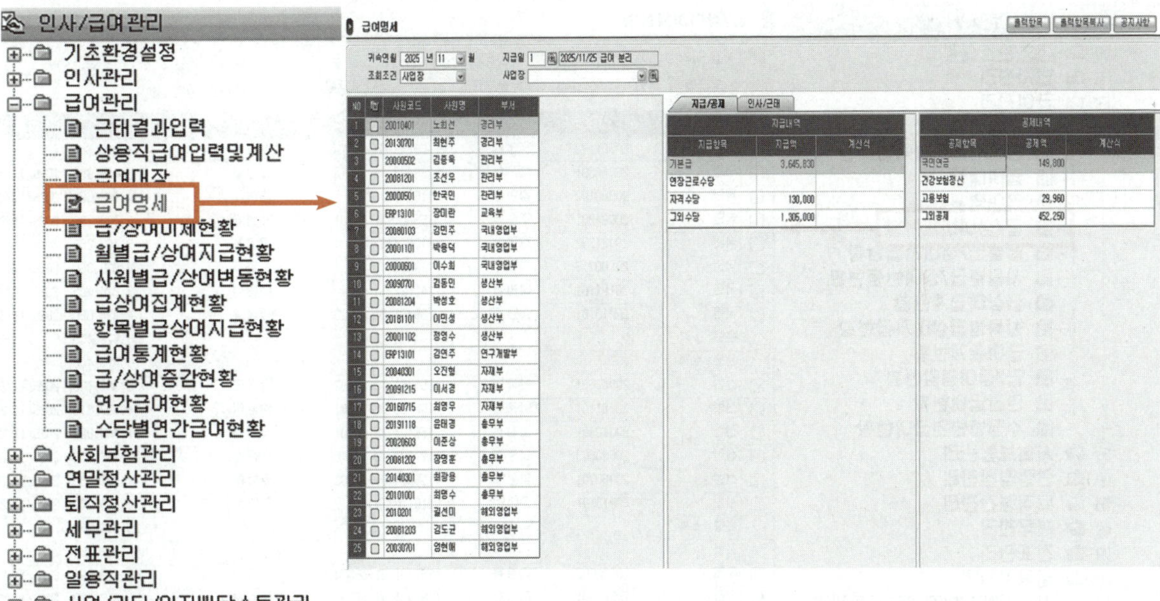

① 급여명세는 급여에 관련된 데이터를 조회하거나 출력할 수 있음.

- 급여대장에서 출력항목을 확인해서 설정하고 항목을 보고 문제 풀이를 진행하면 됨.

* 김쌤의 **TIP** : 가끔 출제되는 문제로 출력항목을 설정하여 항목 설정하는 것이 중요함.

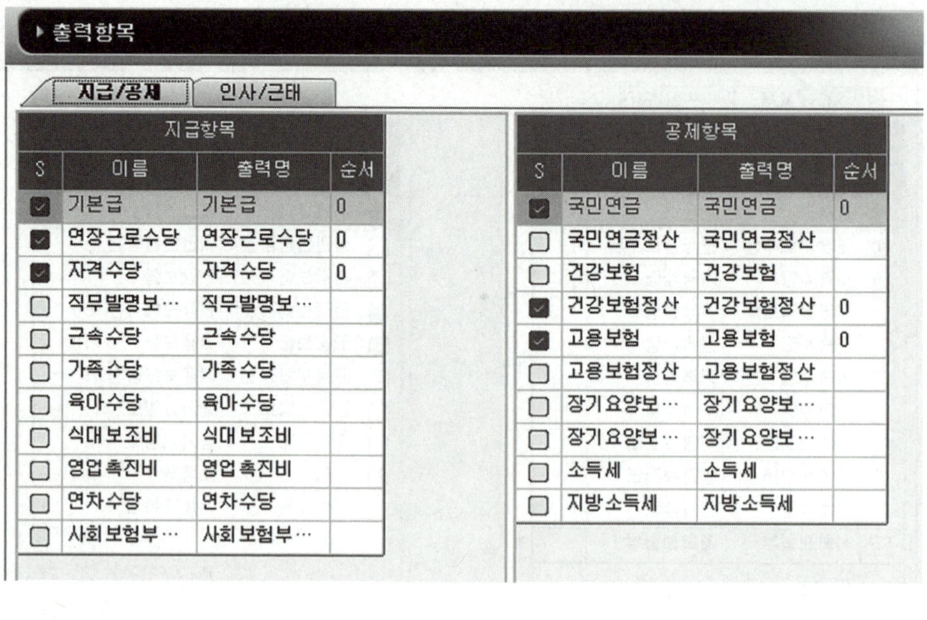

[5] 급/상여이체현황(귀속 연월 2025년 11월, 지급일 선택, 무급자 제외, 조회)

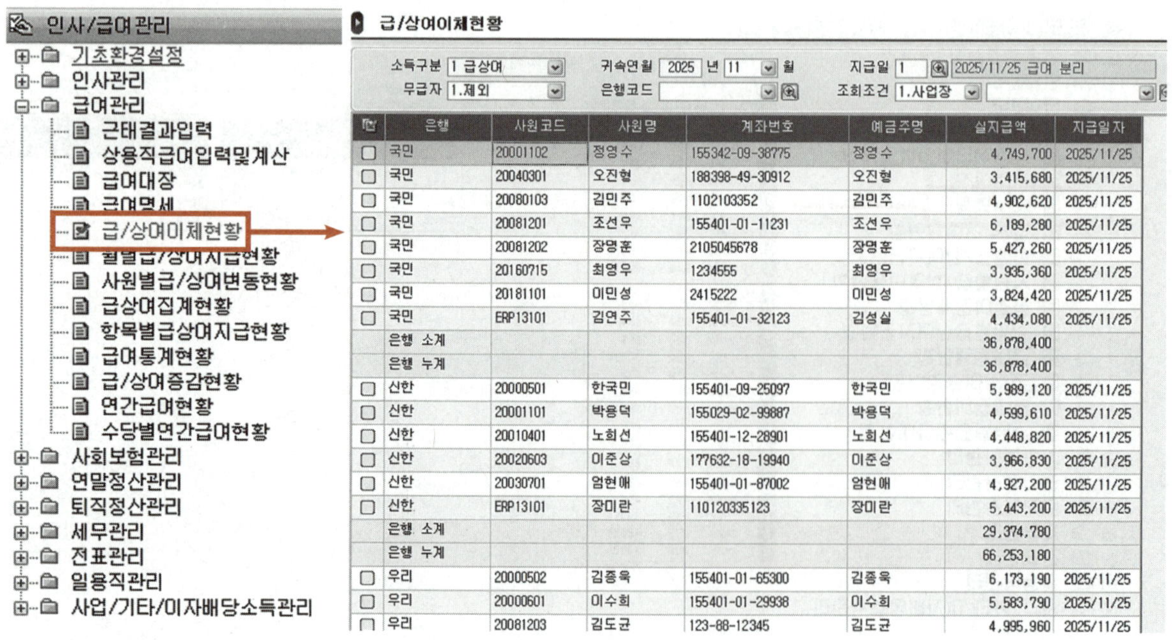

① 급/상여의 이체현황을 은행별과 현금으로 조회하거나 출력할 수 있음.

※ 빈출 유형 파악

- 급/상여 이체현황 문제는 현황 문제로 빈출 되고 있음.

- 은행별 금액 비교 및 소계, 누계 문제를 풀이하는 문제 빈출 됨.

- 전체 인원 및 실지급액 비교하는 문제 출제됨.

* **김쌤의 TIP** : 은행별 이체 금액에 대한 소계 및 누계 문제가 출제되는 만큼 이를 비교하는 문제가 출제되면 급하게
문제를 풀기보다는 금액을 꼼꼼하게 계산하여 풀이를 진행하는 것이 필요. 현금으로 지급되는 것은 은행
계좌 이체가 아니므로 계좌 이체 대상자 선정 시 차감 후 계산해야 함.

[6] 월별급/상여지급현황(조회 기간 2025년 1월~12월 입력, 지급 구분(급여) 입력 후 조회)

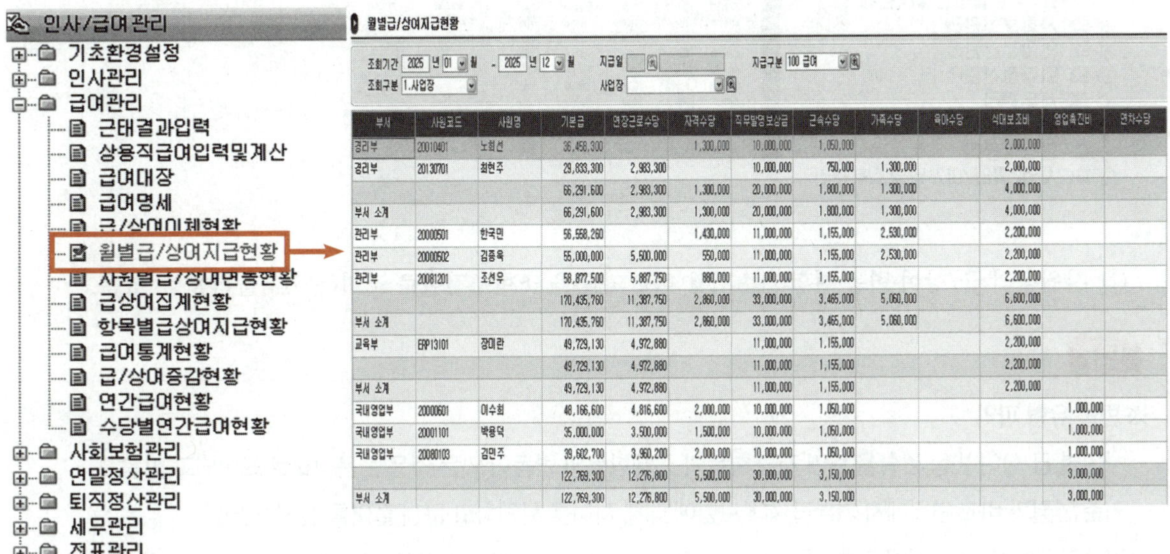

부서	사원코드	사원명	기본급	연장근로수당	자격수당	직무발명보상금	근속수당	가족수당	육아수당	식대보조비	영업촉진비	연차수당
경리부	20010401	노희선	36,458,300		1,300,000	10,000,000	1,050,000			2,000,000		
경리부	20130701	최현주	29,833,300	2,983,300		10,000,000	750,000	1,300,000		2,000,000		
			66,291,600	2,983,300	1,300,000	20,000,000	1,800,000	1,300,000		4,000,000		
부서 소계			66,291,600	2,983,300	1,300,000	20,000,000	1,800,000	1,300,000		4,000,000		
관리부	20000501	한국민	56,558,260		1,430,000	11,000,000	1,155,000	2,530,000		2,200,000		
관리부	20000502	김종욱	55,000,000	5,500,000	550,000	11,000,000	1,155,000	2,530,000		2,200,000		
관리부	20081201	조선우	58,877,500	5,887,750	880,000	11,000,000	1,155,000			2,200,000		
			170,435,760	11,387,750	2,860,000	33,000,000	3,465,000	5,060,000		6,600,000		
부서 소계			170,435,760	11,387,750	2,860,000	33,000,000	3,465,000	5,060,000		6,600,000		
교육부	ERP13101	장미란	49,729,130	4,972,880		11,000,000	1,155,000			2,200,000		
			49,729,130	4,972,880		11,000,000	1,155,000			2,200,000		
부서 소계			49,729,130	4,972,880		11,000,000	1,155,000			2,200,000		
국내영업부	20000601	이수회	48,166,600	4,816,600	2,000,000	10,000,000	1,050,000				1,000,000	
국내영업부	20001101	박용덕	35,000,000	3,500,000	1,500,000	10,000,000	1,050,000				1,000,000	
국내영업부	20080103	김민주	39,602,700	3,960,200	2,000,000	10,000,000	1,050,000				1,000,000	
			122,769,300	12,276,800	5,500,000	30,000,000	3,150,000				3,000,000	
부서 소계			122,769,300	12,276,800	5,500,000	30,000,000	3,150,000				3,000,000	

① 급/상여의 월별 지급현황을 부서 및 사원별 상세 내역을 조회하거나 출력할 수 있음.

※ 빈출 유형 파악

- 현황 메뉴는 주어지는 조건을 입력하고 지문에 해당하는 금액을 확인하는 문제가 출제됨.

* **김쌤의 TIP** : 현황 문제는 자주 나오는 문제가 출제되는 만큼 여러 번 풀어보고 어느 부분에 어떠한 항목이 있는지를
확인하고 빠르게 풀어나가는 것이 중요함.

(7) 사원별급/상여변동현황(기준 연월 2024년 11월, 비교 연월 2025년 11월 입력 후 지급일 선택 조회)

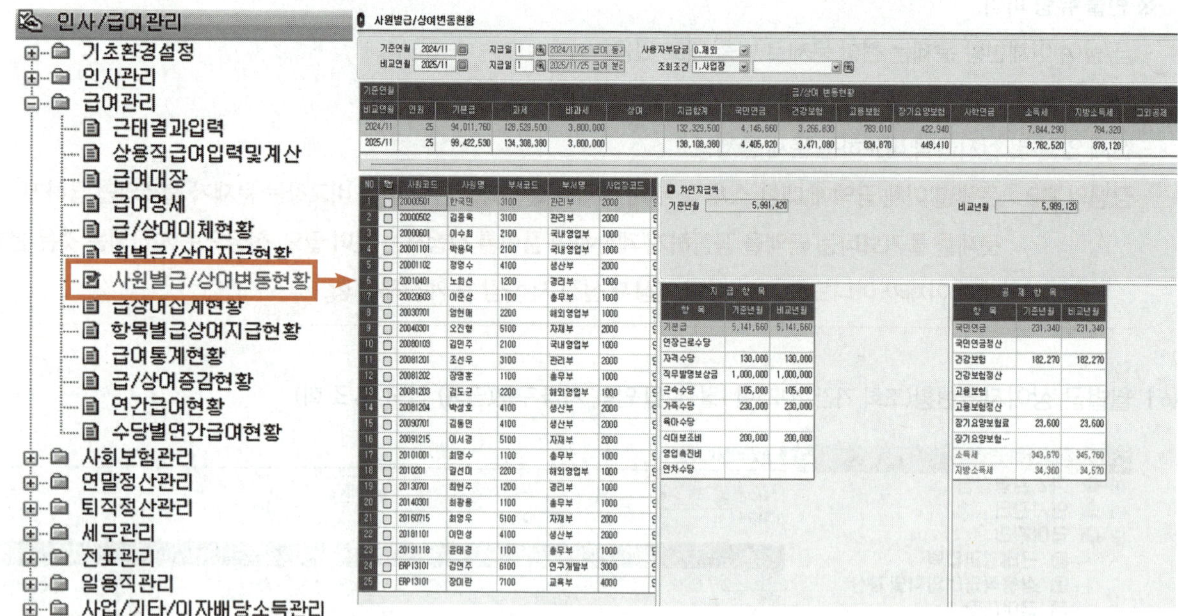

① 사원들의 급/상여 변동 현황(기준 연월, 비교 연월)을 조회조건별로 조회하거나 출력할 수 있음.

※ **빈출 유형 파악**

- 사원별 급/상여 변동 현황을 보면 지급 항목과 공제항목이 변동이 있는 것은 붉은색으로 표현되고 있음.

- 기준 연월과 비교 연월에서 기본급, 4대 보험에 대해 차이를 확인하고 문제 풀이를 진행하면 됨.

* **김쌤의 TIP** : 해당 사원에 기준 연월과 비교 연월 입력 후 각 지문에 해당하는 수치를 비교하여 문제를 풀이하면 됨.
　　　　　　지급 항목, 공제항목의 차이는 붉은색으로 표시되지만, 차인지급액은 색에 대한 차이가 없으므로
　　　　　　꼼꼼하게 확인해야 함.

(8) 급상여집계현황(조회기간 2025년 1월 ~ 12월, 지급구분(급여), 집계구분(항목별), 조회)

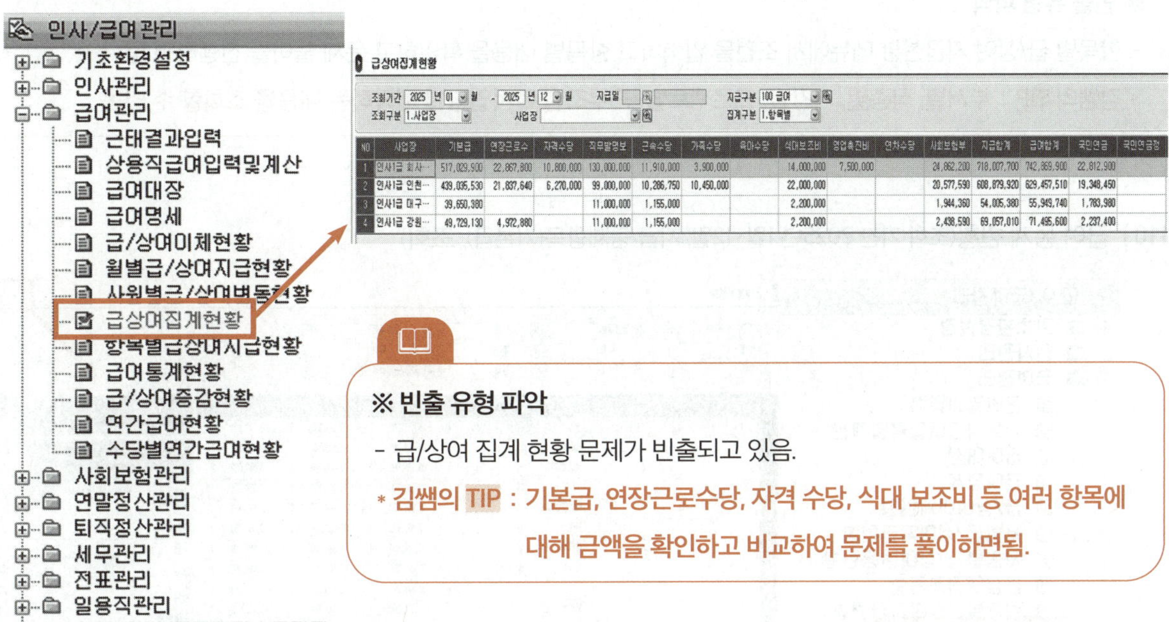

NO	사업장	기본급	연장근로수	자격수당	직무발명보	근속수당	가족수당	육아수당	식대보조비	영업촉진비	연차수당	사회보험부	지급합계	급여합계	국민연금	국민연금정
1	인사1급 회사…	517,029,900	22,867,800	10,800,000	130,000,000	11,910,000	3,900,000		14,000,000	7,500,000		24,862,200	718,007,700	742,869,900	22,812,900	
2	인사1급 인천…	439,035,530	21,837,640	6,270,000	99,000,000	10,286,750	10,450,000		22,000,000			20,577,590	608,879,920	629,457,510	19,348,450	
3	인사1급 대구…	39,650,380			11,000,000	1,155,000			2,200,000			1,944,360	54,005,380	55,949,740	1,783,980	
4	인사1급 강원…	49,729,130	4,972,880		11,000,000	1,155,000			2,200,000			2,438,590	69,057,010	71,495,600	2,237,400	

(9) 항목별급상여지급현황(귀속 연월 2025년 1월 ~ 12월, 지급구분(급여), 집계구분(부서별), 조회)

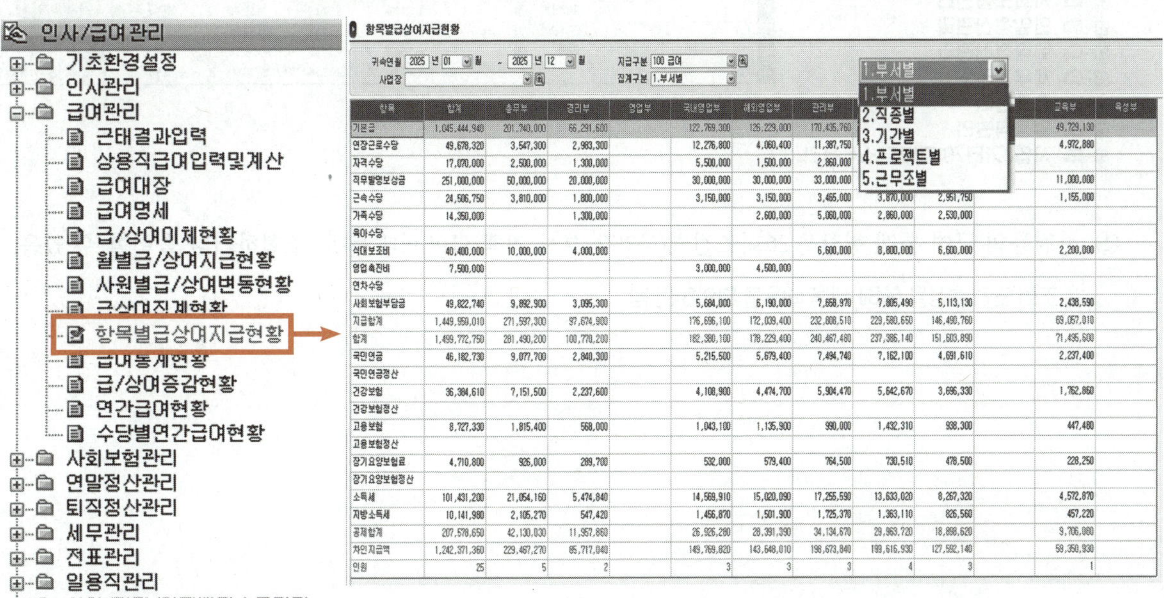

항목	합계	총무부	경리부	영업부	국내영업부	해외영업부	관리부			교육부	육성부
기본급	1,045,444,940	201,740,000	66,291,600		122,769,300	126,229,000	170,435,760			49,729,130	
연장근로수당	49,678,320	3,547,300	2,983,300		12,276,800	4,060,400	11,387,750			4,972,880	
자격 수당	17,070,000	2,500,000	1,300,000		5,500,000	1,500,000	2,860,000				
직무발명보상금	251,000,000	50,000,000	20,000,000		30,000,000	30,000,000	33,000,000			11,000,000	
근속 수당	24,506,750	3,810,000	1,800,000		3,150,000	3,150,000	3,465,000	3,870,000	2,951,750	1,155,000	
가족 수당	14,350,000		1,300,000			2,600,000	5,060,000	2,860,000	2,530,000		
육아수당											
식대보조비	40,400,000	10,000,000	4,000,000				6,600,000	8,800,000	6,600,000	2,200,000	
영업촉진비	7,500,000				3,000,000	4,500,000					
연차수당											
사회보험부담금	49,822,740	9,892,900	3,095,300		5,684,000	6,190,000	7,658,970	7,805,490	5,113,130	2,438,590	
지급합계	1,449,950,010	271,597,300	97,674,900		176,696,100	172,009,400	232,808,510	229,580,650	146,490,760	69,057,010	
합계	1,499,772,750	281,490,200	100,770,200		182,380,100	178,229,400	240,467,480	237,386,140	151,603,890	71,495,600	
국민연금	46,182,730	9,077,700	2,840,300		5,215,500	5,679,400	7,494,740	7,162,100	4,691,610	2,237,400	
국민연금정산											
건강보험	36,384,610	7,151,500	2,237,600		4,108,900	4,474,700	5,904,470	5,642,670	3,696,330	1,762,860	
건강보험정산											
고용보험	8,727,330	1,815,400	568,000		1,043,100	1,135,900	990,000	1,432,310	938,300	447,480	
고용보험정산											
장기요양보험료	4,710,800	926,000	289,700		532,000	579,400	764,500	730,510	478,500	228,250	
장기요양보험정산											
소득세	101,431,200	21,054,160	5,474,840		14,569,910	15,020,090	17,255,590	13,633,020	8,267,320	4,572,870	
지방소득세	10,141,980	2,105,270	547,420		1,456,870	1,501,900	1,725,370	1,363,110	826,560	457,220	
공제합계	207,578,650	42,130,030	11,957,860		26,926,280	28,391,390	34,134,670	29,963,720	18,898,620	9,706,080	
차인지급액	1,242,371,360	229,467,270	85,717,040		149,769,820	143,648,010	198,673,840	199,615,930	127,592,140	59,350,930	
인원	25	5	2		3	3	3	4	3	1	

① 사원들의 항목별 급/상여 지급현황을 집계구분별(부서, 직종, 기간, 프로젝트, 근무조)별로 조회하거나 출력할 수 있음.

(10) 급여 통계 현황(조회 기간 2025년 1월~12월, 지급/공제항목(기본급), 조회)

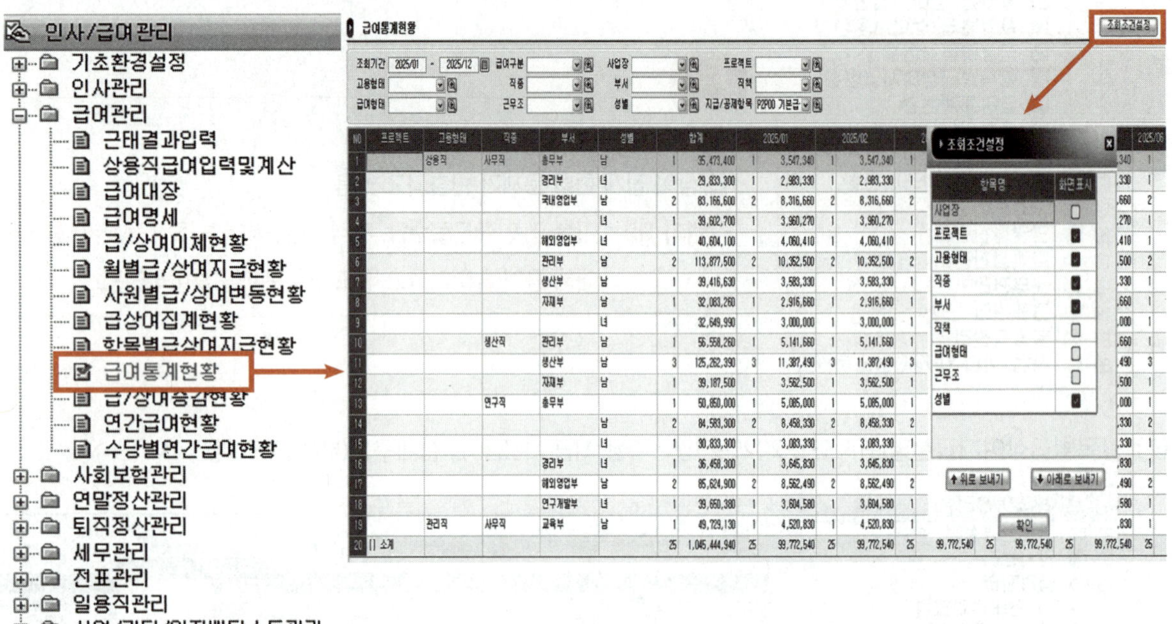

① 사원들의 급여 통계 현황을 조회조건별(사업장, 부서, 직책, 급여 형태 등)로 조회하거나 출력할 수 있음.

    * 조회 조건 설정을 통해 세부 내용을 확인하면 됨.

(11) 급/상여증감현황(기준연월 2025년 1월, 비교연월 2025년 1월~12월, 지급구분(급여), 조회)

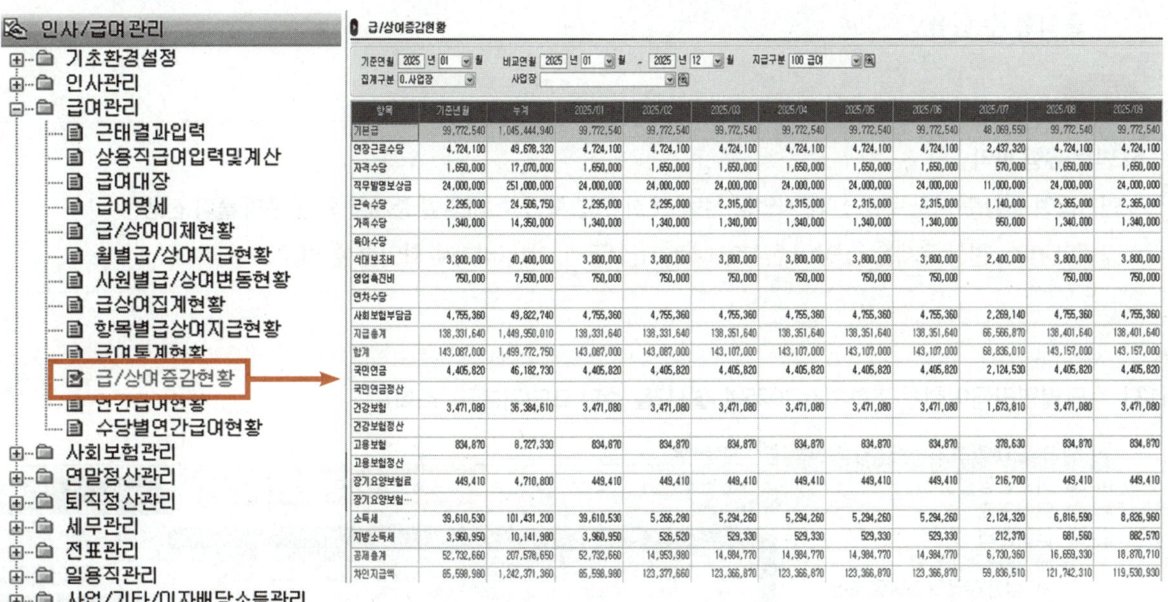

① 사원들의 급/상여 현황을 기준 월과 비교 연월을 선택하여 증감액을 조회하거나 출력할 수 있음

※ 빈출 유형 파악

- 급여 통계 현황, 급/상여 증감 현황 모두 현황 메뉴를 해당하는 조건으로 조회하고 문제 풀이 진행.

*김쌤의 TIP : 부서별, 직종별, 기간별, 프로젝트별, 근무조별로 사업장별 해당하는 내용을 조회할 수 있음

(12) 연간급여현황(조회기간 2025년 1월~12월, 분류기준(지급/공제), 사용자부담금(제외), 조회)

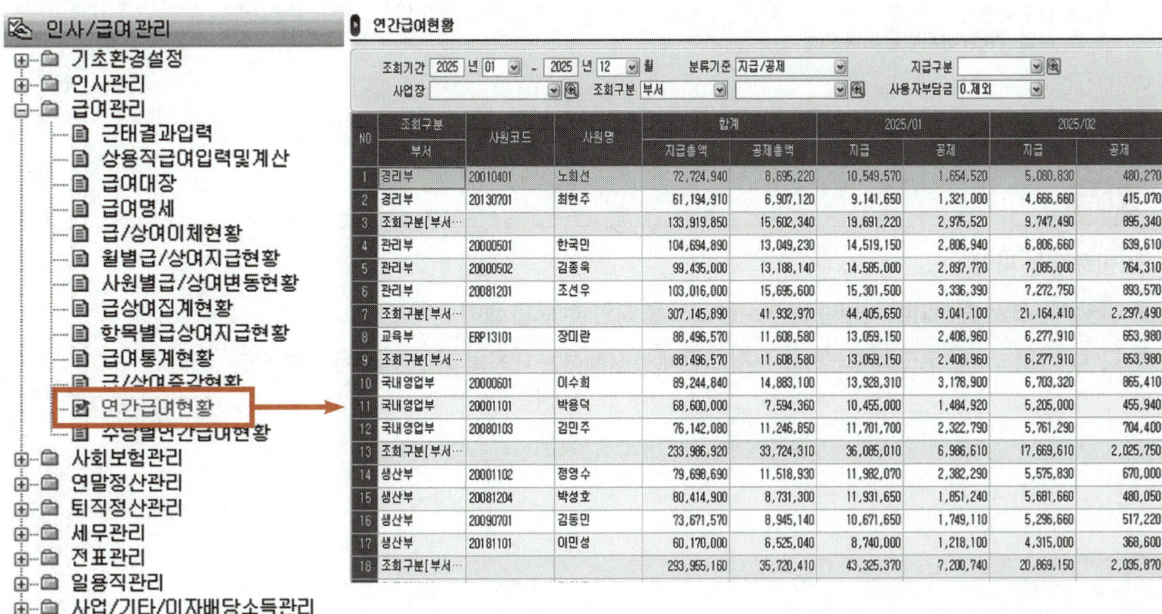

① 사원들의 일정 기간(1년 이내)의 급/상여 전체현황을 분류기준(지급/공제, 과세/비과세)별로 조회하거나
출력할 수 있음.

※ 빈출 유형 파악

- 연간급여 현황도 지급 구분 선택, 사업장 선택, 조회 구분 확인 후 사원별 총계를 확인 문제 풀이 진행

* 김쌤의 **TIP** : 현황 문제는 급/상여 현황에 대해 지급/공제, 과세/비과세 확인할 수 있음

[13] 수당별연간급여현황(조회 기간 2025년 1월~12월, 수당 코드(기본급), 조회)

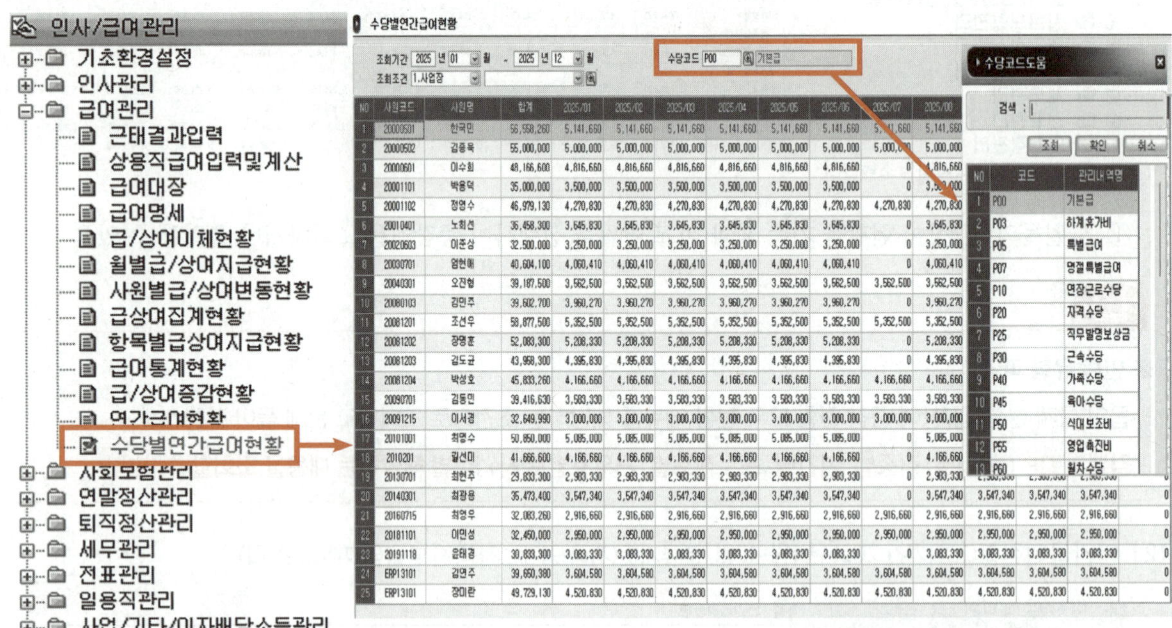

① 수당별 연간급여 현황을 파악할 수 있음, 수당 코드 선택 후 조회하여 문제 풀이 진행

※ 빈출 유형 파악

- 현황 메뉴에서 출제되며 사원별 월간 수당 코드를 확인 후 문제 풀이 진행

* 김쌤의 **TIP** : 수당 코드를 확인하고 문제 조건에서 출제하는 내용을 확인 후 문제 풀이 진행

인사/급여 관리(사회보험관리)

(1) 사회보험 취득관리(신고 연도 2025년, 사업장 본사 선택 후 조회, 탭별 세부 내용 확인)

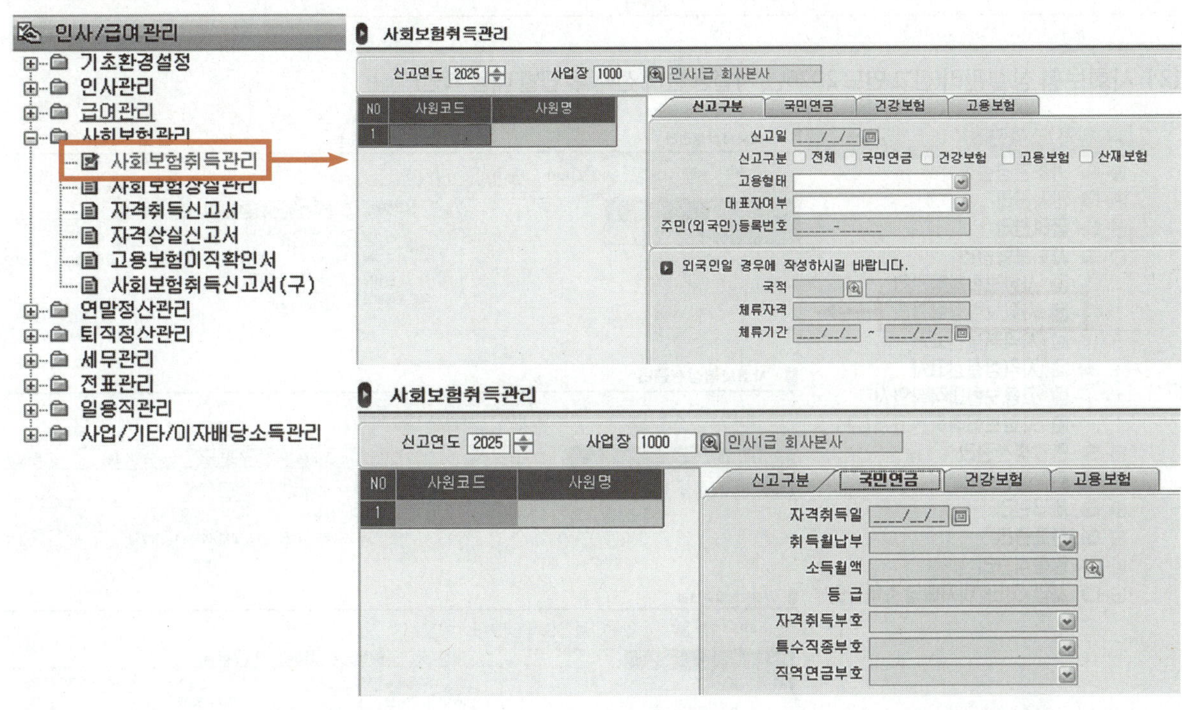

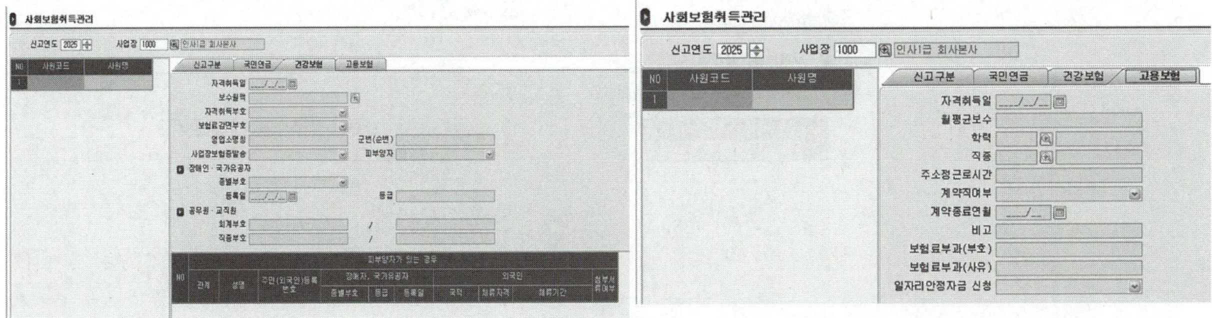

① 사회보험(국민연금, 건강보험, 고용보험) 취득 신고를 위한 정보입력 메뉴

② 신고 구분 : 신고 구분에서 보험을 선택할 수 있음

③ 국민연금 : 자격취득일 월 납부액, 소득월액을 입력하는 메뉴

④ 건강보험 : 건강보험 자격취득일, 보수월액, 피부양자 등록하는 메뉴

⑤ 고용보험 : 자격취득일, 월평균 보수 등 확인 가능

(2) 사회보험 상실관리(신고 연도 2026년, 사업장 본사 선택 후 탭별 내용 확인)

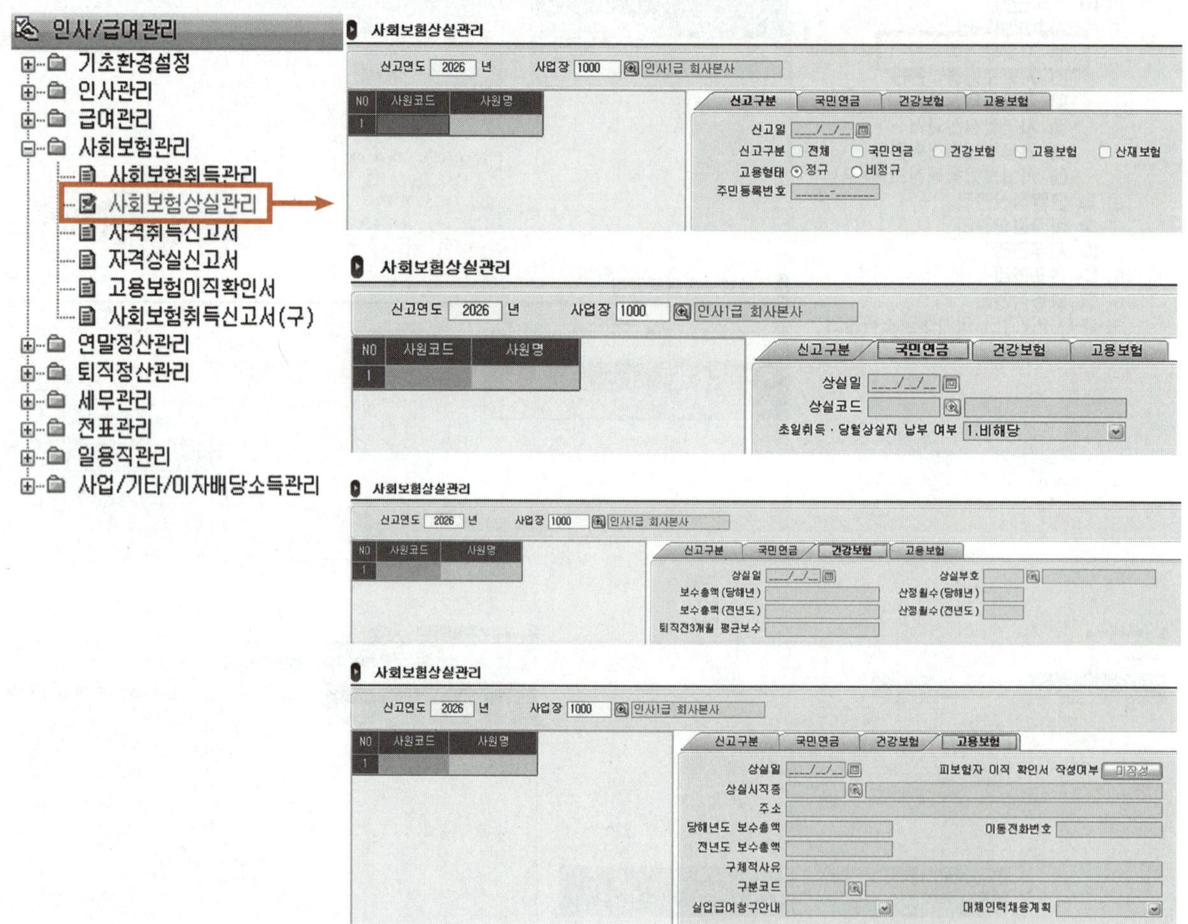

① 사회보험 상실 관리에서는 퇴사한 사원에 대한 사회보험 상실 신고를 등록하는 메뉴임.

② 상실 정보 입력 시 사회보험 상실신고서에 반영

※ 빈출 유형 파악

- 시험 빈출 문제

  • 상실 신고 일자와 각 보험의 신고 일자 일치 여부 확인

  • 국민연금 상실 코드 및 고용보험 상실 구체적 사유 확인 문제 출제

  • 최근 피보험자 이직 확인서 작성 여부를 묻는 문제도 출제됨.

 * 김쌤의 TIP : 자주 나오지 않는 만큼 기출문제 풀이 유형 파악이 중요

* 기타 사회보험 자격취득신고서 / 상실신고서 / 이직 확인서 등은 출제되지 않음.

인사/급여 관리(연말정산관리)

(1) 연말정산 자료입력(인사 1급) / (연말정산 관련 기출문제 풀이 시 설명 참고)

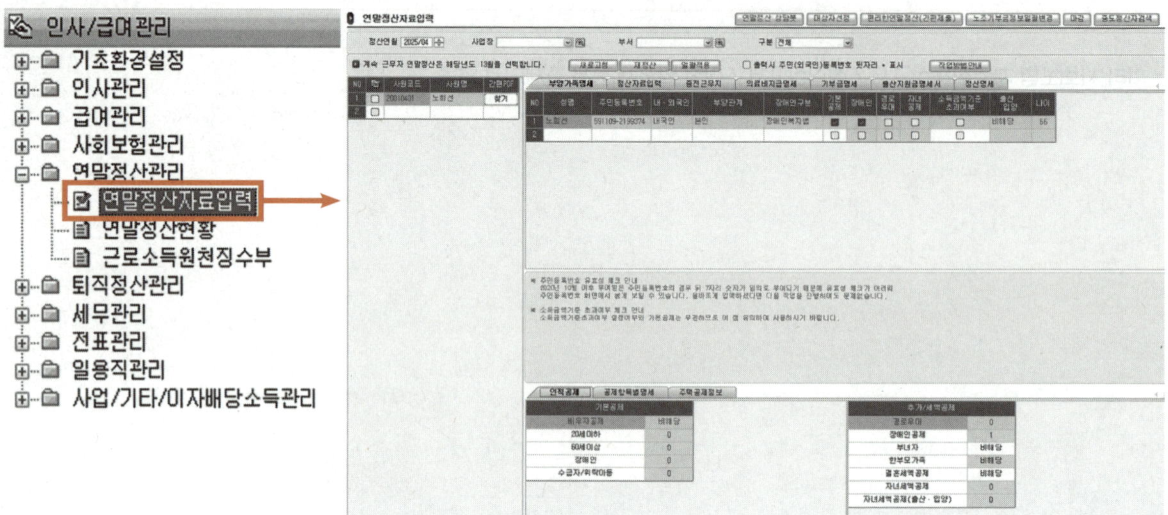

① 연말정산연월 : 계속 근로자는 13월로 입력, 퇴자사는 퇴사 월 입력

② 말정산에 필요한 사항을 인사기록 카드와 상용직 급여 입력 및 계산에서 입력한 데이터 이외에 공제 항목별 명세, 정산자료입력, 종전근무지, 의료비 지급명세, 기부금 명세에 자료를 추가로 입력

③ 부양가족 명세

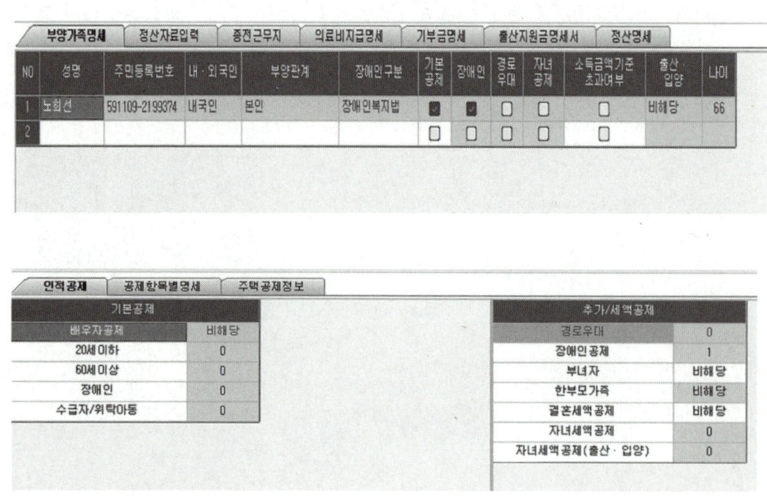

- 연말정산자료입력에서 사원을 등록하면 해당 사원의 인사기록 카드에 등록된 가족 중 연말정산에 체크된 부양가족이 자동으로 반영된다. 본인 정보는 인사정보 등록 내역이 자동 반영되며 인사기록 카드에 본인 내역이 등록되어 있다면 인사기록 카드 본인 내역이 반영된다.
- 인사기록 카드 가족 탭에서 부양 여부에 체크된 가족은 기본공제 대상자로 자동 반영됨.
- 연말 정산자료에서 추가 입력한 가족이 있으면 새로고침을 눌러 반영

ㄱ 인적공제

　　- 기본공제 : 인사기록 카드 메뉴의 부양 여부가 체크된 가족 중 주민등록번호에 따라 기본공제

　　　대상자면 자동으로 체크

　　- 경로 우대공제 : 70대 이상 자동 체크가 됨.

　　- 장애인공제 : 장애인 부양가족 체크 시 등록된 가족 반영됨.

　　- 부녀자 : 배우자가 있거나, 배우자가 없는 자로서 기본공제 대상 부양가족이 있는 세대주

　　　　(근로소득금액이 3천만원 이하인 근로자)

　　- 한부모가족 : 배우자가 없는 사람으로서 기본공제 대상인 직계비속 또는 입양자가 있는 경우

　　- 결혼세액공제 : 거주자가 혼인신고를 한 경우 생애 1회 세액 공제 적용

　　- 자녀 세액 공제 : 기본공제 대상 자녀(8세 이상)가 있는 경우

④ 공제항목별명세

자료구분	보험료	의료비	교육비	신용카드 등	기부금
국세청 자료					
그밖의 자료	2,032,370				

- 공제항목별 명세에 본인 및 부양가족별로 보험료 등의 각 공제항목을 등록하면 정산자료 입력에 합산되어 표기되며, 부양가족 명세를 변경하면 정산자료입력에 재계산되어 자동 반영됨.
- 금액은 공제받는 금액을 입력하는 것이 아니라, 반드시 실 지출액을 입력
  단, 의료비와 기부금은 의료비 지급명세와 기부금 명세에 입력한 금액이 반영됨.
- 의료비공제 : 근로자 본인과 부양가족에 해당하는 의료비 중 기준을 충족하는 사항만 등록
- 교육비 공제 : 교육비 각 난에 해당 공제 대상 인원과 교육비 지급액을 입력
- 신용카드 공제 : 매년 변경되는 신용카드 금액 입력
- 기부금 공제 : 기부금 공제 대상 금액 입력

⑤ 정산자료 입력

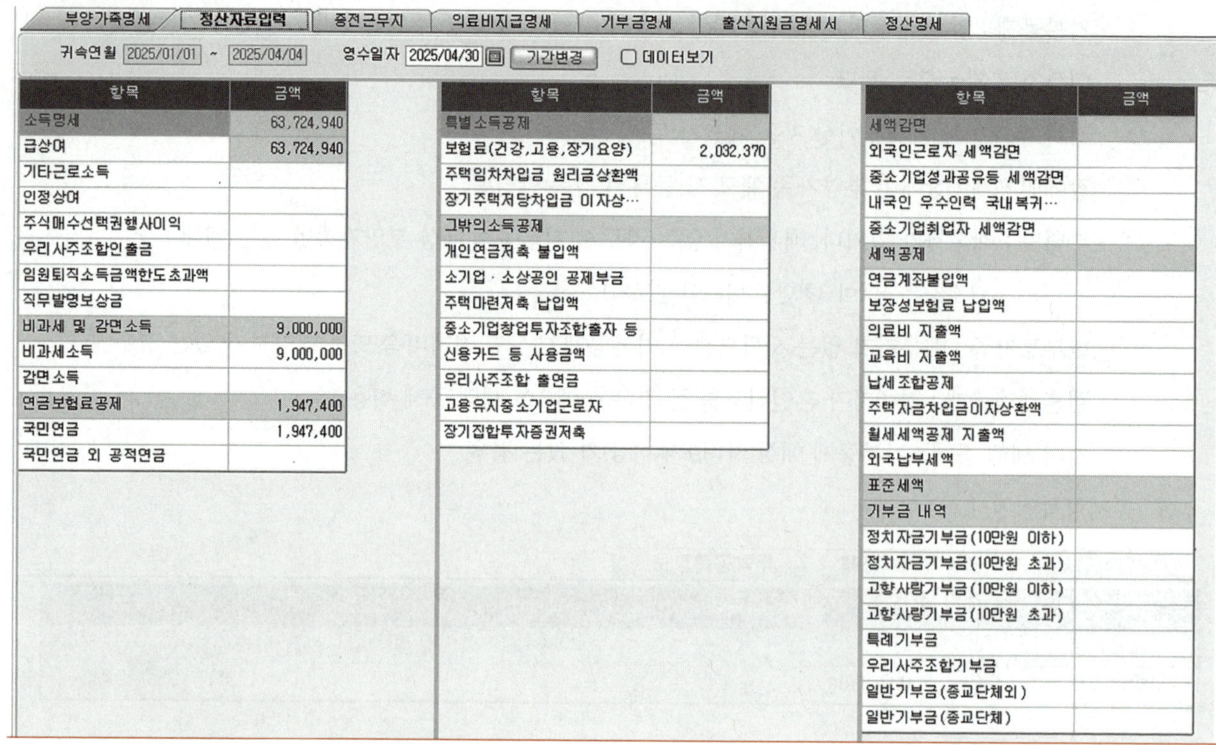

㉠ 일부 금액을 화면에 입력하는 문제 출제

⑥ 종전 근무지 : 종전 근무지에 대한 자료 입력

⑦ 의료비 지급 명세 : 의료비가 있는 근로자에 대해 세부 내용을 입력하는 메뉴

⑧ 기부금 명세 : 기부금이 있는 근로자가 세부 내용을 입력하는 메뉴

⑨ 정산명세 : 입력된 결과에 따라 세금 환급 금액 확인 가능

※ 빈출 유형 파악

- 시험문제 빈출 유형
  • 자주 나오지는 않으나 현황 확인 및 항목별 금액 확인 문제가 출제되고 있음.

* 김쌤의 TIP : 자주 나오지 않는 만큼 기출문제 풀이 유형 파악이 중요

(2) 연말정산 현황

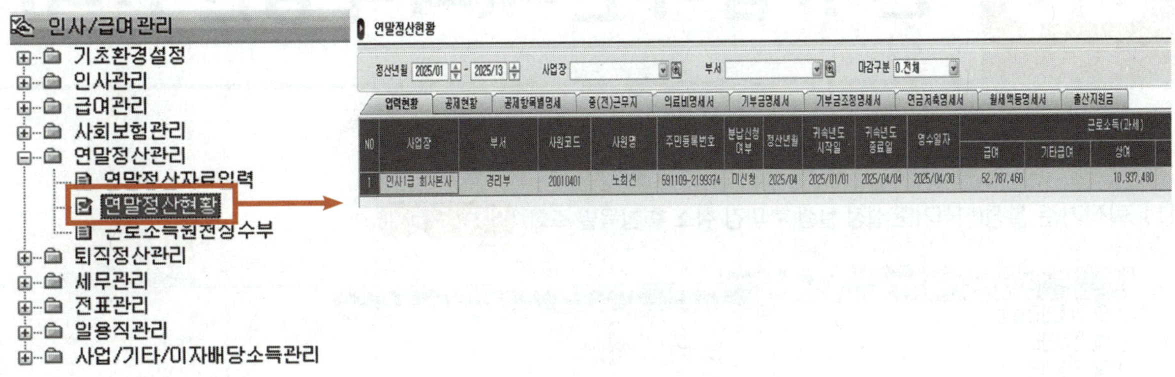

① 연말 정산자료 입력에서 나온 내용을 보여주는 메뉴

(3) 근로소득원천징수부(귀속 연도 2025년, 조회사업장 전체 사업장 선택 후 조회)

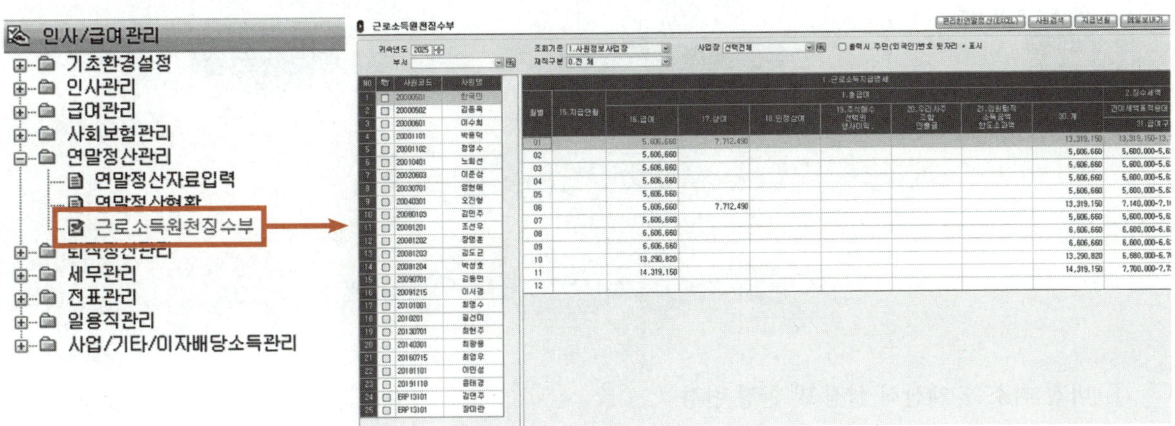

① 상용직 급여 입력 및 계산의 급여 데이터를 자동 반영하여 근로 소득원천징수부를 조회 및 출력하며, 연말 정산자료입력 메뉴의 차감징수세액이 반영

※ 빈출 유형 파악

- 시험문제 빈출 유형
  - 최근에 귀속 연도와 사업장이 주어지며 해당 사업장 OO사원의 OO항목을 확인하시오. 라는 문제가 출제됨.

*김쌤의 TIP : 오른쪽으로 항목이 길고 차감 징수와 총금액 등 다양한 항목이 있는 만큼 정확하게 원하는 항목이 무엇인지 확인하고 풀이를 진행하는 것이 중요

인사/급여 관리(퇴직 정산 관리)

(1) 퇴직기준 설정(퇴직기준 설정 실행 후 마감 취소 후 항목별 조회) 인사 1급 출제

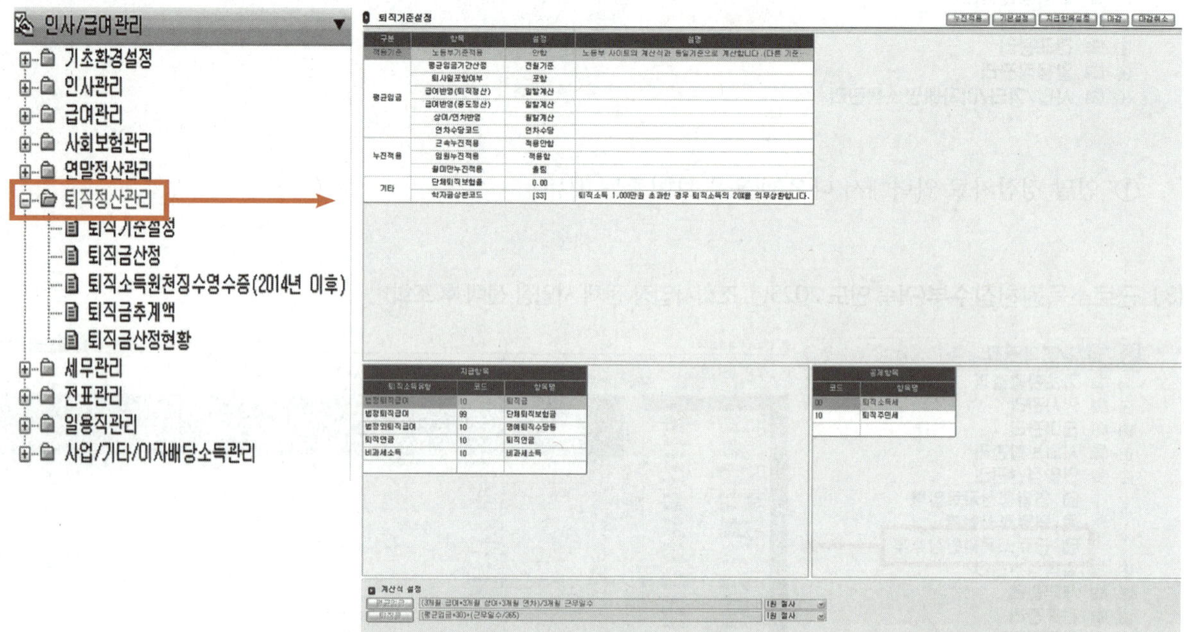

① 마감 취소 후 계산식 설정 및 환경 변경

② 적용기준 : 노동부 계산식과 동일 기준 여부 적용 결정

③ 평균임금 : 평균임금 계산 기준설정

④ 퇴사일 포함 여부 : 평균임금 기간 산정 시 퇴사일 포함 여부

⑤ 급여 반영(퇴직 정산) : 퇴사한 달의 급여액을 평균임금에 반영하는 기준 설정

⑥ 급여 반영(중도 정산) : 중도 정산 시 퇴사한 달의 급여액을 평균임금에 반영하는 기준을 설정

⑦ 상여 / 연차 반영 : 일할계산, 월할계산 선택

⑧ 누진 적용 : 근속누진적용, 임원누진적용, 월 미만 누진적용 중 선택

⑨ 계산식 적용 : 평균임금과 퇴직금 계산식 입력, 끝전 처리를 이용하여 절사 및 절상을 설정

⑩ 메뉴 설명

　　㉠ 누진적용 : 근속 누진, 임원 누진, 적용 여부에서 세부 내용을 확인할 수 있음.

　　㉡ 기본 설정 : 평균임금 및 퇴직금 기본 계산식 등록

ⓒ 지급항목설정 : 퇴직금 계산에 적용할 지급, 상여 항목을 설정한다.

ⓔ 마감 : 퇴직기준을 변경할 수 없도록 마감하는 메뉴(메뉴를 닫을 시 자동 마감됨)

※ 빈출 유형 파악

- 시험문제 빈출 유형
  - 퇴직금 기준에 관해 설명하는 문제를 내고 비교하여 풀이하는 문제가 출제됨(반드시 마감 취소 후 풀이 진행)
  - 누진적용(근속 누진, 임원 누진) 확인하는 문제 출제
  - 퇴직금 계산식 문제 풀이 시 퇴직금 기준설정을 변경하고 문제 풀이 진행하는 문제 출제가 됨.

* 김쌤의 TIP : 퇴직기준 설정에 대한 기본적인 문제 풀이와 퇴직금 계산식 문제에 퇴직금 기준설정을 변경하고 문제 풀이를 진행하는 두 가지 유형의 문제가 있으니 기준설정 확인 후 꼼꼼하게 문제를 풀이하는 것이 중요함.

(2) 퇴직금산정(퇴직금 산정 문제 기출문제 풀이 시 설명 참고) 인사 1급 출제

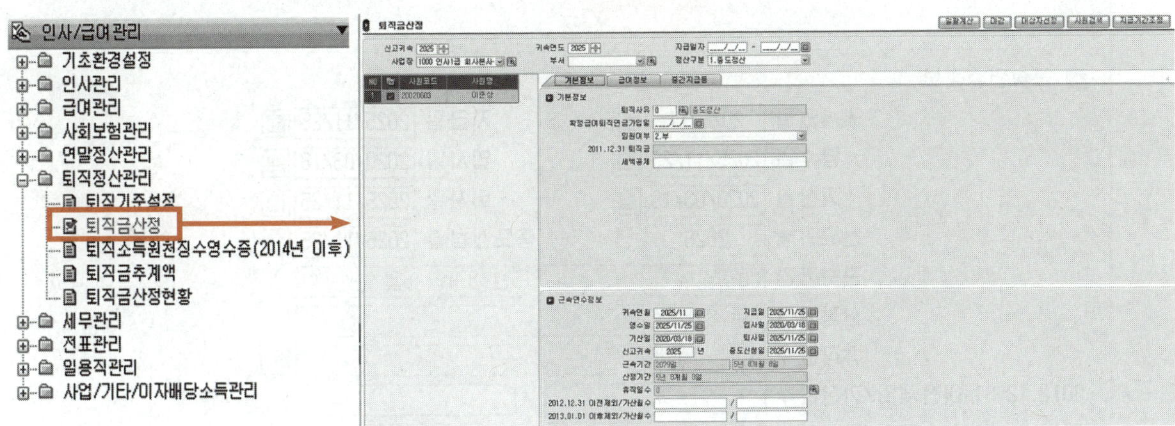

① 퇴직기준설정에서 등록한 항목과 퇴직금 계산 기준에 맞춰 퇴직금을 계산

② 정산 구분 : 중도 정산, 퇴직 정산, 정년퇴직, 임원 퇴직, 기타 항목

   * 최근에는 중도 정산 문제 출제가 나오고 있음.

③ 기본정보 탭

| 기본정보 | 급여정보 | 중간지급등 |

▶ 기본정보

퇴직사유	0 🔍 중도정산
확정 급여퇴직연금가입일	____/__/__ 📅
임원여부	2.부 ▾
2011.12.31 퇴직금	
세액공제	

▶ 근속연수정보

귀속연월	2025/11 📅	지급일	2025/11/25 📅
영수일	2025/11/25 📅	입사일	2020/03/18 📅
기산일	2020/03/18 📅	퇴사일	2025/11/25 📅
신고귀속	2025 년	중도신청일	2025/11/25 📅
근속기간	2079일	5년 8개월 8일	
산정기간	5년 8개월 8일		
휴직일수	0 🔍		
2012.12.31 이전제외/가산월수	/		
2013.01.01 이후제외/가산월수	/		

㉠ 기산일 : 근로를 제공하기 시작한 날을 입력하며, 퇴직금 계산에 영향을 줌, '중간 지급'을 받으면 '중간 지급'받은 날의 다음 날을 기준

㉡ 퇴사일 : 사원의 퇴직일 입력

㉢ 근속기간 : 기산일에서 퇴사일까지의 기간을 반영

㉣ 산정 기간 : 기산일로부터 퇴사일까지의 기간을 반영

㉤ 휴직 일수 : 인사정보 등록의 휴직 기간 중 퇴직 기간 적용함인 데이터 반영

④ 급여정보탭

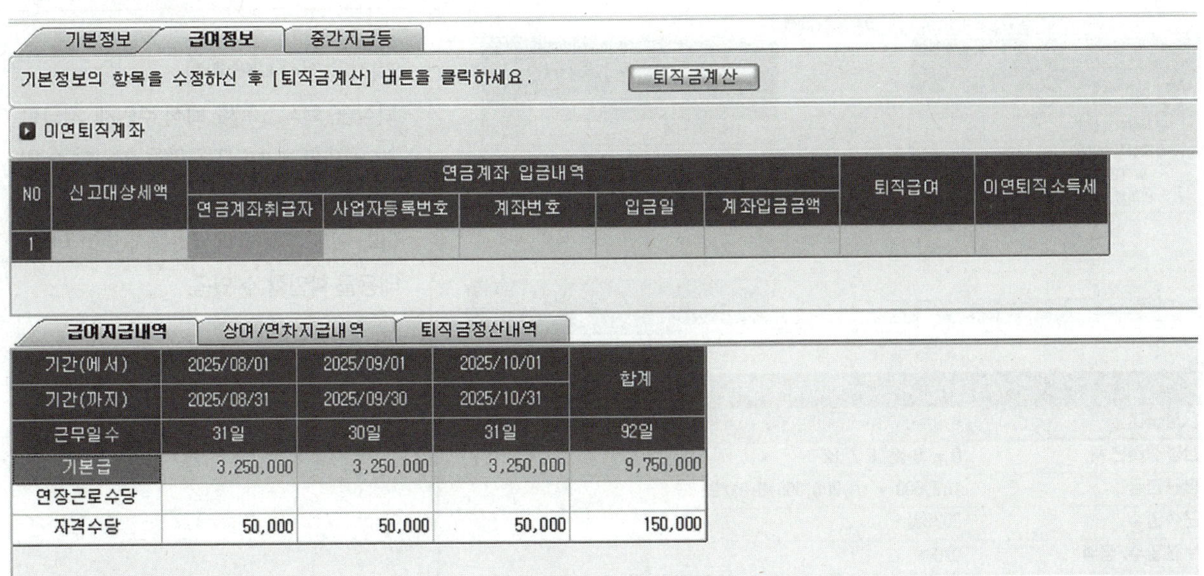

NO	신고대상세액	연금계좌 입금내역					퇴직급여	이연퇴직소득세
		연금계좌취급자	사업자등록번호	계좌번호	입금일	계좌입금금액		
1								

기간(에서)	2025/08/01	2025/09/01	2025/10/01	합계
기간(까지)	2025/08/31	2025/09/30	2025/10/31	
근무일수	31일	30일	31일	92일
기본급	3,250,000	3,250,000	3,250,000	9,750,000
연장근로수당				
자격수당	50,000	50,000	50,000	150,000

㉠ 급여 지급 내역

- 평균임금 기간

- 기본급, 연장근로수당, 자격 수당, 급여 합계 확인 가능

㉡ 상여/연차 지급 내역

기간(년)	기간(월)	상여금	연차수당
2024	11		
2024	12		
2025	01		
2025	02		
2025	03		
2025	04		
2025	05		
2025	06		
2025	07		
2025	08		
2025	09		
2025	10		
2025	11		

• 상여금, 연차수당 해당하는 월과 금액을 확인 할 수 있음.

ⓒ 퇴직금 정산 내역

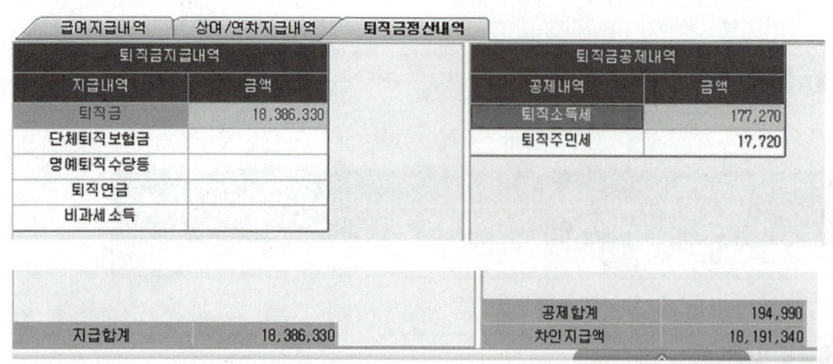

* 퇴직금 정산 내역 확인
- 퇴직금, 퇴직소득세, 퇴직 주민세, 지급합계, 공제합계, 차인지급액을 확인할 수 있는 메뉴
* 아래 있는 주황색 메뉴바를 누르면 세부 내용을 확인할 수 있음.

퇴직금 계산 상세내역	
산정 급여	9,900,000 = 3,300,000 + 3,300,000 + 3,300,000
산정 상여연차	0 = 0 X 3 / 12
평균임금	107,600 = (9,900,000+0+0)/92
근속일수	2079일
누진일수/금액	0/0
퇴직금	18,386,330 = (107,600*30)*(2,079/365)+0

* 평균임금 계산식, 근속 일수, 누진 일수 / 금액, 퇴직금 산식에 의한 세부 내용 확인 가능

⑤ 중간 지급 탭

　㉠ 중간 정산하여 지급한 퇴직금을 반영하고자 하는 경우 선택하며, 1년 이내 퇴직금 2번 이상 지급 시 반드시 합산하여 신고

⑥ 퇴직금 계산 순서

　㉠ 신고 귀속 입력 → 귀속 연도 입력 → 지급일자입력 → 사업장 입력 → 정산 구분 입력 → 조회 → 대상자 선정 → 귀속 연월, 재직 기준, 지급 일자, 퇴직 일자, 신청 일자, 사원 코드 입력 → 사원 확인 후 급여 정보 탭에서 퇴직금 계산

⑦ 마감 : 퇴직금 산정 후 국세청에 지급명세서 제출 시 마감한 사원에 대한 신고 시행

※ 빈출 유형 파악

- 시험문제 빈출 유형
　• 퇴직금 기준설정 변경 후 퇴직금 계산 문제 출제(자주하는 실수 : 기준설정 미변경 후 퇴직금 계산)
　• 퇴직금 계산(중도 정산) : 기산일 및 평균임금, 상여, 연차수당 확인하는 문제 출제
　• 퇴직금 계산 상세내역 문제 풀이 문제
　• 퇴직금 및 차인지급액 금액 확인 문제

* 김쌤의 TIP : 퇴직금 계산 문제는 반드시 출제되는 문제로 문제 풀이를 진행하기 전 퇴직금 기준설정을 반드시 변경하고 문제 풀이 진행. 퇴직금 계산 시 절차에 의해 진행하며, 계산 후 상세 내역을 확인하는 만큼 꼼꼼한 문제 풀이가 필요함.

---

(3) 퇴직금추계액(추계코드 선택 후 조회) **인사 1급 출제**

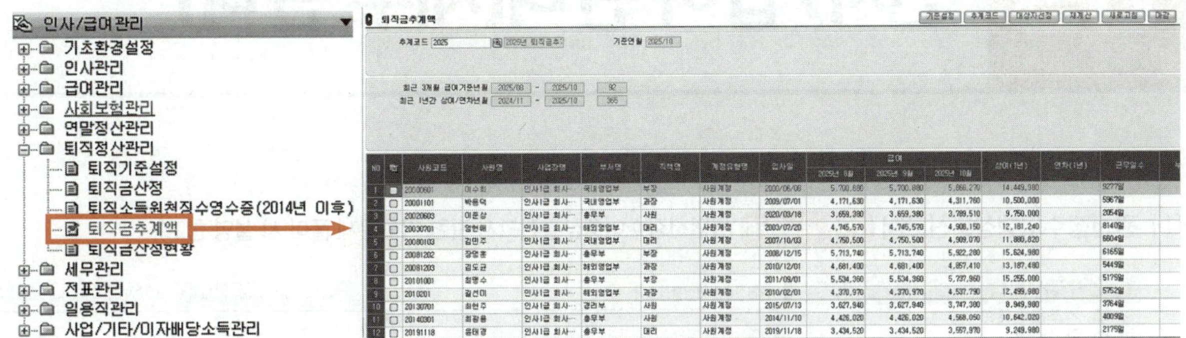

① 퇴직급여충당금을 설정하기 위한 현재 재직자의 퇴직급여 추계액 계산 시 사용하는 메뉴

   (현재 시점 기준으로 근로자가 퇴직할 시 지급해야 할 것으로 예상되는 퇴직금의 추정 금액)

② 추계코드 입력 후 퇴직금 추계액 계산 진행

   * **추계코드 입력 시 대상자 선정 시 계정 유형 확인 필요**

③ 재계산 : 조회하고 있는 추계코드의 데이터를 초기화하여 대상자를 재선정하고 데이터를 새로

   가져오고자 하는 경우

④ 새로고침 : 사원 정보 변경 시 인사 정보 등록의 사원 정보로 변경하고자 하는 경우

⑤ 마감 : 추계 내역을 최종 확인 후 마감

⑥ 퇴직금 추계액 풀이 순서

   ㉠ 추계코드 선택 → 추계코드 입력(코드, 명, 기준 연월) → 대상자 선정 → 추계코드 선택 → 조회하면 추계액

     계산

※ 빈출 유형 파악

- 시험문제 빈출 유형

  • 퇴직금 추계액 문제는 현재 보유 금액 제시, 퇴직금 추계 비율 제시 후 기준 연월 입력 후 계산하는 문제 풀이

    진행

* **김쌤의 TIP** : 퇴직금 추계 문제는 빈출 되는 문제로 순서를 기억하는 문제로 어렵지 않음. 출문제를 풀면서 개념

      정리하면 됨.

인사/급여 관리(세무 관리)

[1] 원천징수이행상황신고서 `인사 1급 출제` / (원천징수이행상황신고서 관련 기출문제 풀이 시 설명 참고)

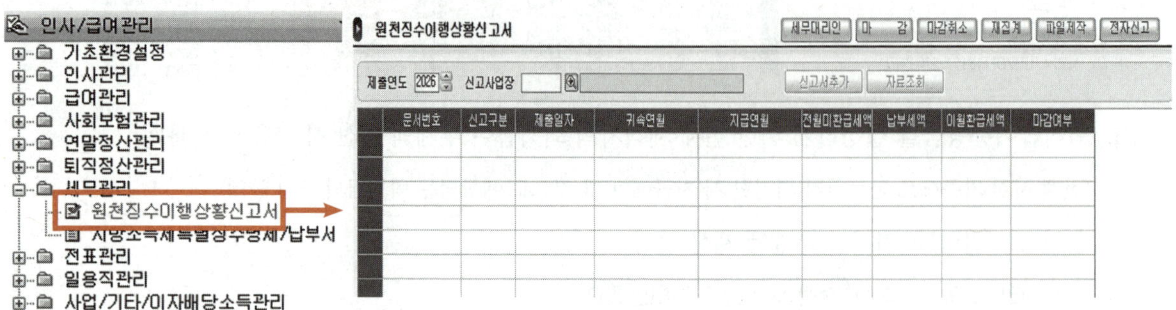

① 회사가 원천징수하고 지급한 소득세법상의 소득금액과 원천징수된 세액을 집계하여 세무서에 보고하는 보고서

② 제출 연도 작성 후 신고사업장 선택, 신고서 추가를 눌러 작성 시작

③ 신고 구분(정기), 귀속 연월, 지급 연월, 제출 일자 확인 후 조회 버튼 클릭

④ 데이터가 존재하지 않습니다 → 확인 → 일반데이터 반영(매월 징수분 전체) → 연말정산 미적용 선택 후 적용을 눌러 실행

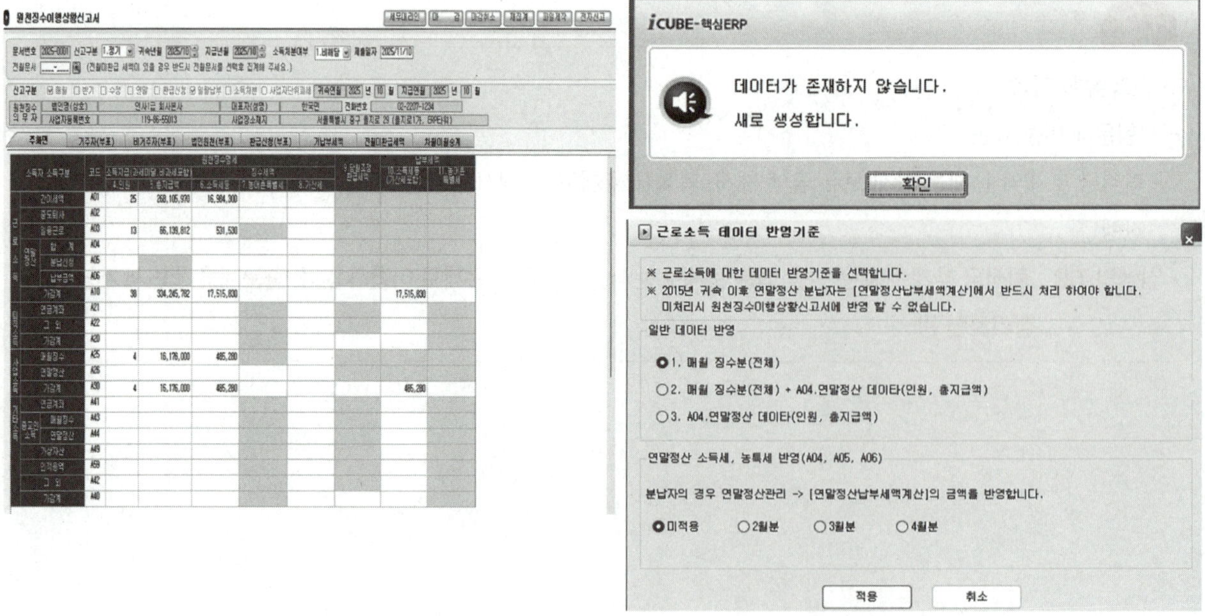

※ 빈출 유형 파악

- 시험문제 빈출 유형
  - 원천징수이행상황신고서 작성 시 인사 급여 환경설정 변경 내용 있을 시 반드시 변경 후 풀이 진행
  - 원천징수이행상황신고서 작성 후에 주 화면 및 거주자(부표), 비거주자(부표)를 보는 문제 출제
  - 근로소득, 퇴직소득, 사업소득, 기타소득에 대한 금액 묻는 문제 출제
- *김쌤의 TIP : 원천징수이행상황신고서 문제 풀이 시 반드시 환경설정 변경 후 문제 풀이 진행 가끔 기출문제의 경우에 환경설정이 적용되지 않는 경우가 있으니, 그때는 인사급여 환경설정 탭을 변경 후 다시 실행하고 원천징수이행상황신고서 문제를 풀어주면 됨. (1급 시험을 보는 학생에 해당함.)

[2] 지방소득세특별징수명세/납부서 `인사 1급 출제` / (지방소득세특별징수명세 기출문제 풀이 시 설명 참고)

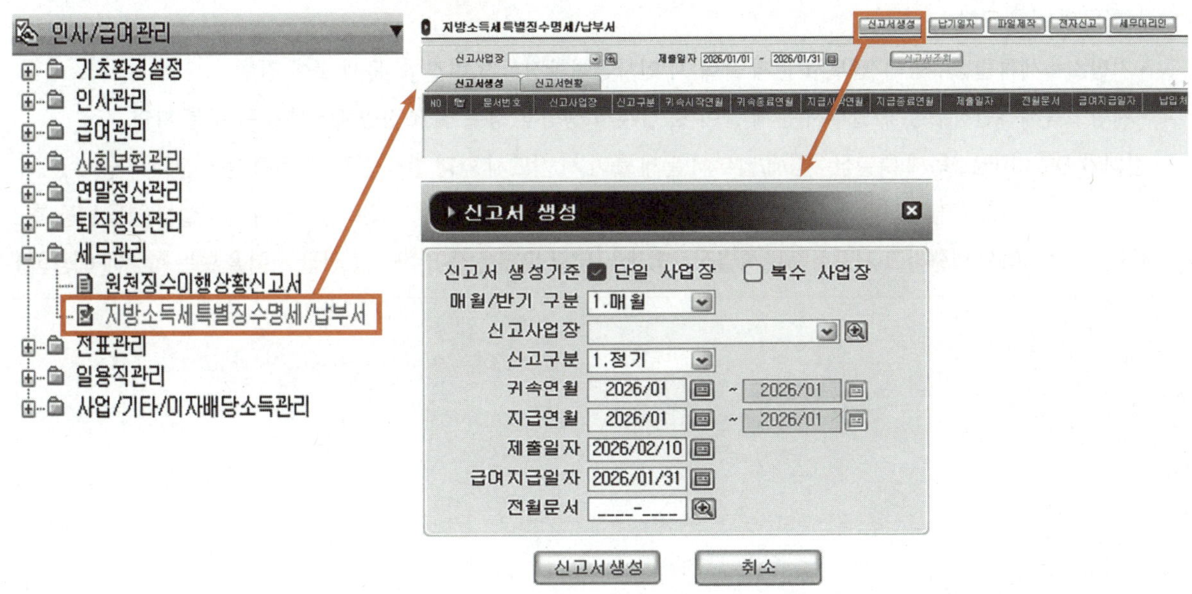

① 지방자치단체에 납부하는 세금 지방소득세(소득세의 10%를 납부하게 됨) 소득세와 동일하게 소득 지급 시 회사가 원천징수하고, 매월 10일에 신고 및 납부하게 됨.

② 지방소득세 특별징수명세/납부서 사업장 선택 후 신고서 생성을 눌러 작성 시행

③ 신고서 생성 시 주어진 조건에 따라 입력 후 신고서 생성(신고서 현황 메뉴 클릭)

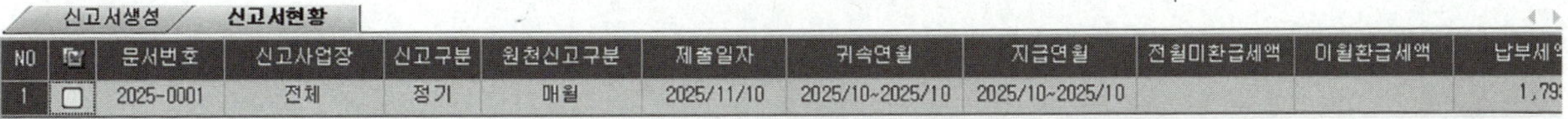

NO		문서번호	신고사업장	신고구분	원천신고구분	제출일자	귀속연월	지급연월	전월미환급세액	이월환급세액	납부세액
1	☐	2025-0001	전체	정기	매월	2025/11/10	2025/10~2025/10	2025/10~2025/10			1,793

④ 징수 및 조정명세서(소득 구분 확인 후 조회)

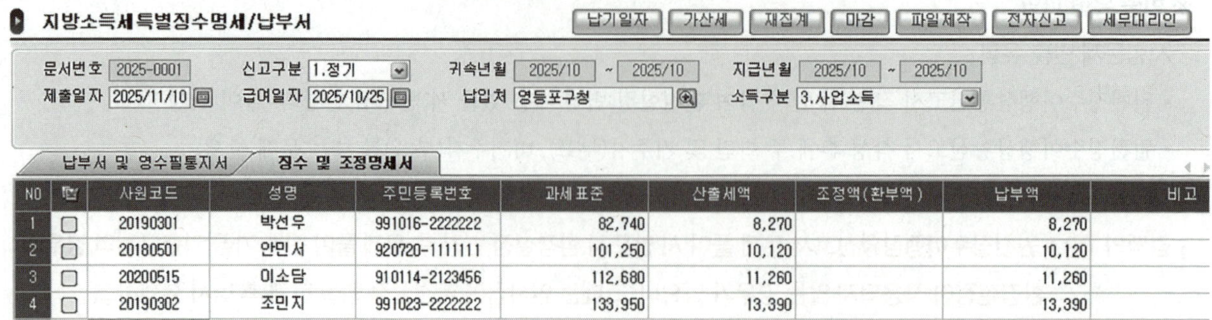

NO		사원코드	성명	주민등록번호	과세 표준	산출 세액	조정액(환부액)	납부액	비고
1	☐	20190301	박선우	991016-2222222	82,740	8,270		8,270	
2	☐	20180501	안민서	920720-1111111	101,250	10,120		10,120	
3	☐	20200515	이소담	910114-2123456	112,680	11,260		11,260	
4	☐	20190302	조민지	991023-2222222	133,950	13,390		13,390	

※ 빈출 유형 파악

- 시험문제 빈출 유형

  • 지방소득세특별징수명세/납부서 문제 풀이 시 인사급여환경설정 변경 후 문제 풀이 진행

  • 지방소득세특별징수명세/납부서 문제 풀이 시 납부서 생성후 징수 및 조정명세에서 소득 구분 확인

* 김쌤의 **TIP** : 지방소득세 특별징수명세/납부서 문제 풀이 시 반드시 환경 설정 변경 후 문제 풀이 진행, 가끔

　　　 기출문제의 경우에 환경설정이 적용되지 않는 경우가 있으니, 그때는 인사급여 환경설정 탭을 변경 후

　　　 다시 실행하고 지방소득세 특별징수명세/납부서 문제를 풀어주면 됨. (1급 시험을 보는 학생에 해당함.)

인사/급여 관리(전표 관리)

(1) 계정과목 설정(계정 유형 선택 후 항목 구분 선택 조회)

① 지급유형별, 계정유형별, 지급·공제항목별로 계정과목을 설정(상용직 급여, 퇴직금)

② 계정과목 설정 전 회계 연결계정 과목 등록 선행

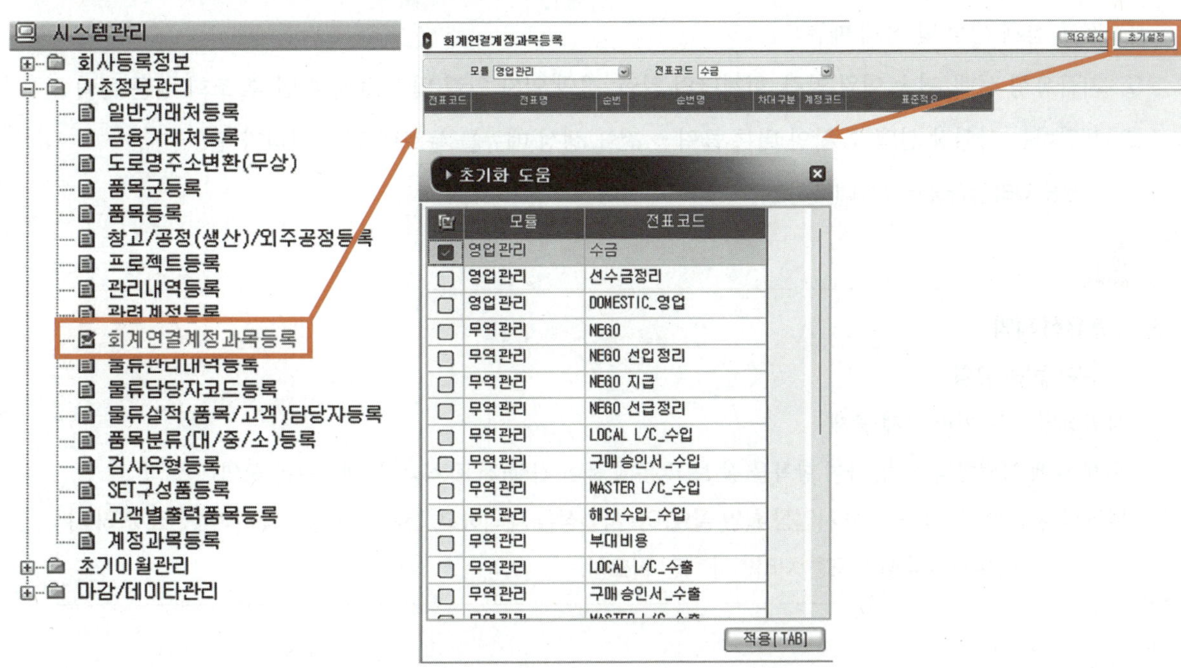

* 계정과목 선택 시 모두 선택해서 초기화 진행이 되어야 전표 처리가 가능해짐.

> **※ 빈출 유형 파악**
>
> - 시험문제 빈출 유형
>   - 시험문제에서 자주 나오지는 않지만, 전표 처리가 안 되는 이유가 출제되기도 함.
>   - 계정 코드가 잘못된 것은?
>
> *김쌤의 **TIP** : 계정과목 설정에서 코드 설정이 잘못되면 전표 처리가 되지 않아 오류가 발생함. 이러한 사유를 묻는
> 　　　　　　　문제 출제 시 계정과목 설정 메뉴에서 확인 가능

(2) 전표집계 및 생성(지급유형 선택, 귀속 연월 2025년 11월, 회계단위 본사, 결의일자 2025년 11월 25일 입력 조회)

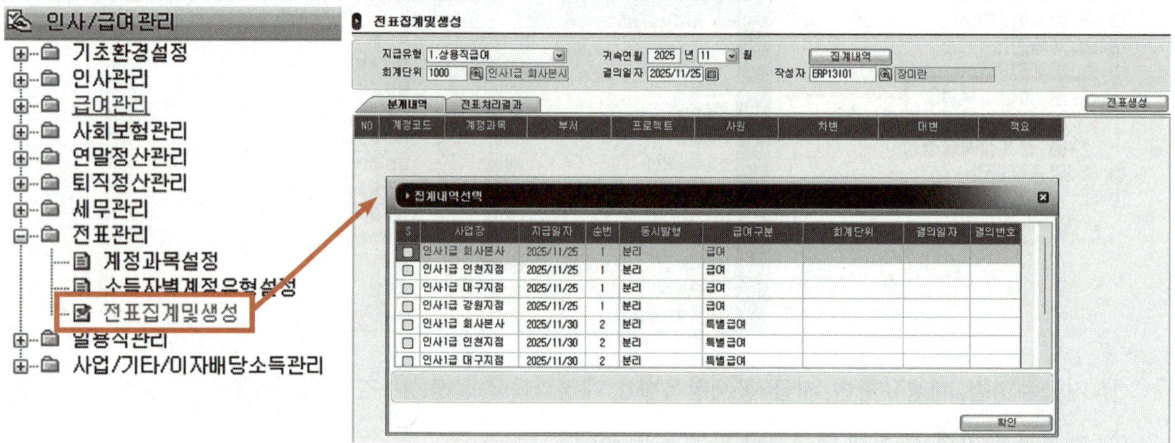

① 전표 집계 생성 및 삭제 메뉴

② 지급유형 선택, 귀속 연월 입력, 회계단위 입력, 결의 일자 입력 및 작성자 확인 후 조회 버튼 클릭

③ 해당하는 사업장 선택 후 확인 버튼 클릭 → 전표 생성 메뉴를 누르면 전표 처리가 됨.

　　* 전표 처리 결과에서 분개내역 확인

> **※ 빈출 유형 파악**
>
> - 시험문제 빈출 유형
>   - 사업장별 전표 처리 문제 출제
>   - 문제 출제 사업장의 상여, 급여 항목을 잘 보고 문제 풀이 진행(전표 처리 후 계정과목 확인)
>
> *김쌤의 **TIP** : 계정과목 처리 시 사업장 확인 필요(○○ 사업장을 제외하고, 전체 사업장에 대하여), 전표 처리 시
> 　　　　　　　급여만인지 상여 포함 처리인지 확인 필요함.

인사/급여 관리(일용직 관리)

(1) 일용직 사원 등록(일용직 사원등록 메뉴 실행 후 세부 내용 확인)

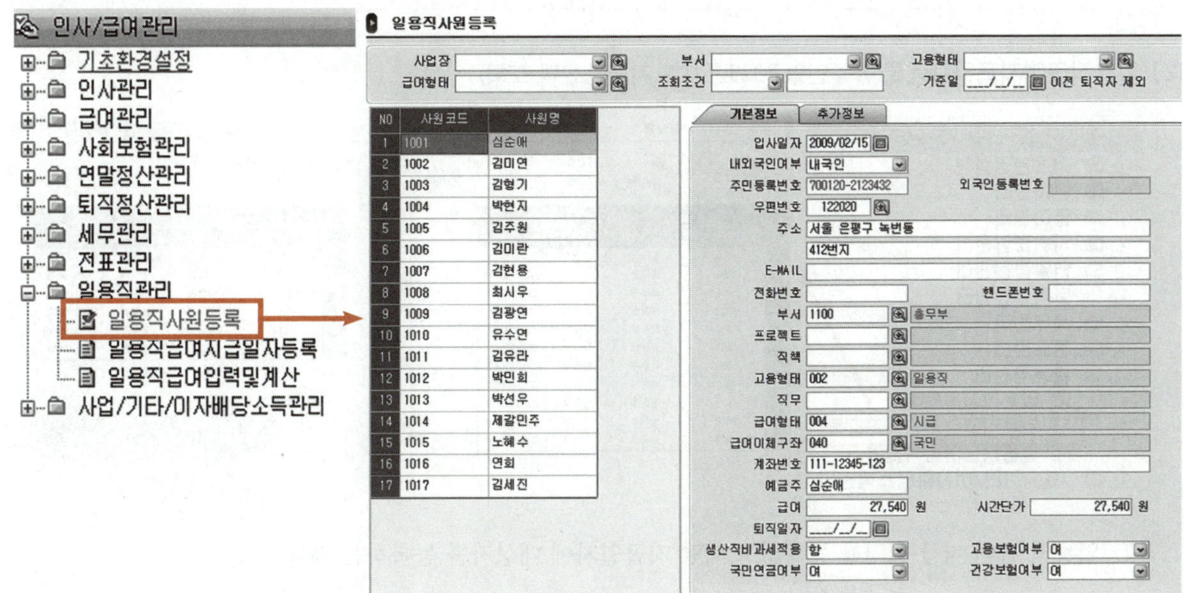

① 일용직 사원에 해당하는 대상자 등록하는 메뉴(시험 빈출 메뉴)

　㉠ 사원 코드 : 일용직 사원의 사원 번호를 영문자와 숫자 등을 이용하여 등록

　㉡ 급여 형태 : 월급, 일급, 시급으로 나누어짐. 매일 매일의 출결 관리를 하지 않고 특정일에 월급으로
　　　지급하는 경우 월급으로 선택 등록하고, 근무 시간에 관계없이 하루 일정 금액을 지급하는 경우
　　　일급으로 선택 등록함. 실제 근무 시간에 따라 급여를 지급하는 경우는 시급을 선택하여 등록

　㉢ 급여 및 시간 단가 : 월급, 일급 또는 시급 등의 급여 형태에 따라 지급되는 급여액을 등

　㉣ 생산직 비과세 적용 : 급여 형태가 시급직인 사원에 대해 8시간 초과근무의 경우, 자동 비과세
　　　신고분으로 지급액이 산출

　㉤ 고용보험 여부 : 함으로 선택 시 고용보험 자동 계산 공제됨.

　㉥ 국민연금 여부 / 건강보험 여부 : 해당하면 선택

※ **빈출 유형 파악**

- 시험문제 빈출 유형

  • 이미 등록된 사원의 데이터를 변경하는 문제 출제

  • 새로운 일용직 직원을 등록하는 문제 출제됨.

  • 일용직 사원등록 단독 문제는 출제되지 않고 등록을 통해 일용직 급여까지 계산하는 문제 출제됨.

* 김쌤의 **TIP** : 일용직 사원등록 시에는 실수가 있는지 입력 후 확인하는 절차 필요함.

(2) 일용직급여지급일자등록(귀속 연월 2025년 11월, 지급일 선택, 조회)

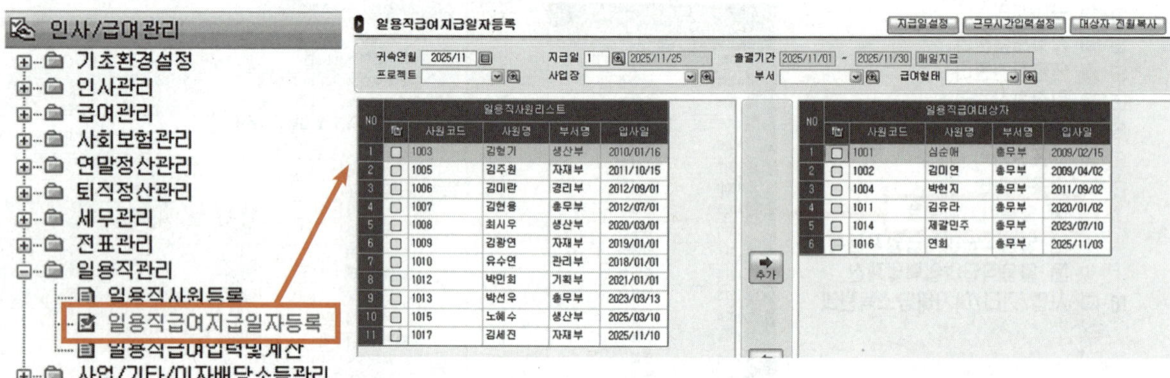

① 일용직 급여 지급 일자를 등록하고 해당 지급일자에 대상자를 등록하는 메뉴

　　㉠ 귀속 연월 입력, 지급일 선택(매일 지급, 일정 기간 지급 중 선택), 사업장 선택, 부서 및 급여 형태 선택

　　㉡ 대상자 선택 박스 체크 후 추가 버튼을 눌러 좌측에서 우측으로 이동

※ **빈출 유형 파악**

- 시험문제 빈출 유형

  • 부서와 급여 형태를 조건으로 주고 해당하는 대상자에게 급여 지급하는 문제 출제됨.

  *주어진 조건으로 조회 후 좌측에서 우측으로 대상자 이동

* 김쌤의 **TIP** : 일용직 급여지급일자 등록은 주어진 조건을 잘 확인하고 대상자를 조건에 맞게 추가하는 것이 중요함.

　　　　　　메뉴 하나를 푸는 문제가 아니고 보통 일용직급여지급일자등록 → 일용직급여입력및계산 문제 또는,

　　　　　　일용직사원등록 → 일용직급여지급일자 등록 추가 → 일용직급여입력및계산 문제 출제됨.

(3) 일용직급여입력 및 계산(귀속 연월 2025년 11월, 지급일 선택, 조회)

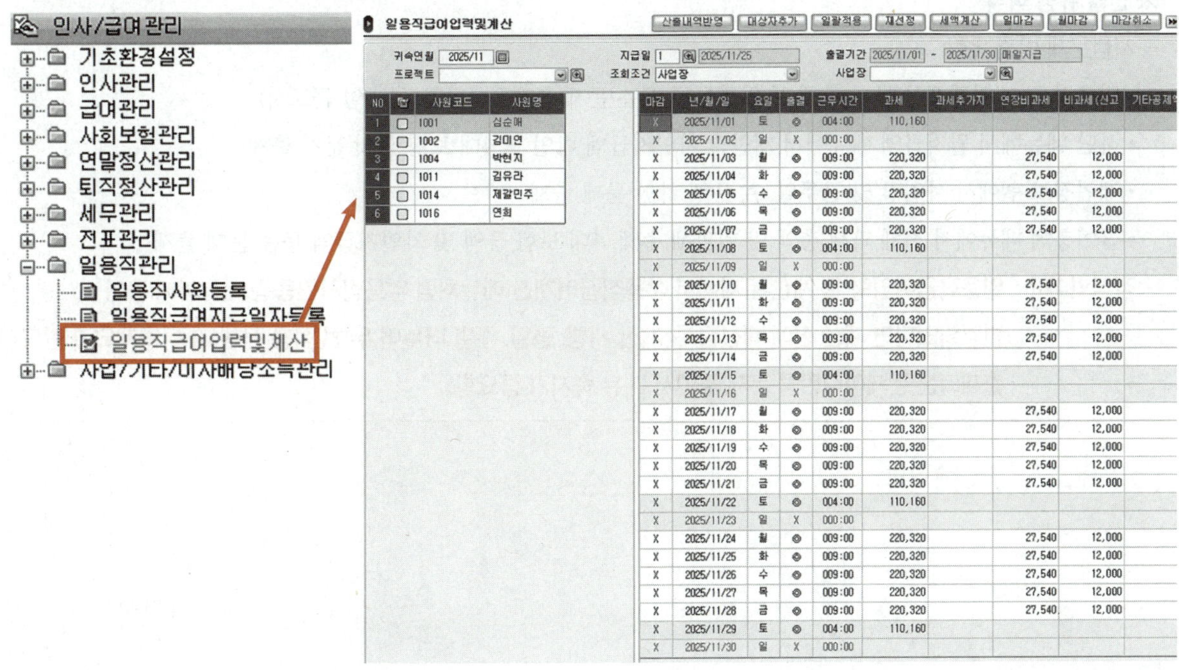

NO		사원코드	사원명
1	☐	1001	심순애
2	☐	1002	김미연
3	☐	1004	박현지
4	☐	1011	김유라
5	☐	1014	제갈민주
6	☐	1016	연희

마감	년/월/일	요일	출결	근무시간	과세	과세추가지	연장비과세	비과세(신고	기타공제
X	2025/11/01	토	◎	004:00	110,160				
X	2025/11/02	일	X	000:00					
X	2025/11/03	월	◎	009:00	220,320		27,540	12,000	
X	2025/11/04	화	◎	009:00	220,320		27,540	12,000	
X	2025/11/05	수	◎	009:00	220,320		27,540	12,000	
X	2025/11/06	목	◎	009:00	220,320		27,540	12,000	
X	2025/11/07	금	◎	009:00	220,320		27,540	12,000	
X	2025/11/08	토	◎	004:00	110,160				
X	2025/11/09	일	X	000:00					
X	2025/11/10	월	◎	009:00	220,320		27,540	12,000	
X	2025/11/11	화	◎	009:00	220,320		27,540	12,000	
X	2025/11/12	수	◎	009:00	220,320		27,540	12,000	
X	2025/11/13	목	◎	009:00	220,320		27,540	12,000	
X	2025/11/14	금	◎	009:00	220,320		27,540	12,000	
X	2025/11/15	토	◎	004:00	110,160				
X	2025/11/16	일	X	000:00					
X	2025/11/17	월	◎	009:00	220,320		27,540	12,000	
X	2025/11/18	화	◎	009:00	220,320		27,540	12,000	
X	2025/11/19	수	◎	009:00	220,320		27,540	12,000	
X	2025/11/20	목	◎	009:00	220,320		27,540	12,000	
X	2025/11/21	금	◎	009:00	220,320		27,540	12,000	
X	2025/11/22	토	◎	004:00	110,160				
X	2025/11/23	일	X	000:00					
X	2025/11/24	월	◎	009:00	220,320		27,540	12,000	
X	2025/11/25	화	◎	009:00	220,320		27,540	12,000	
X	2025/11/26	수	◎	009:00	220,320		27,540	12,000	
X	2025/11/27	목	◎	009:00	220,320		27,540	12,000	
X	2025/11/28	금	◎	009:00	220,320		27,540	12,000	
X	2025/11/29	토	◎	004:00	110,160				
X	2025/11/30	일	X	000:00					

① 일용직 사원의 근태를 반영하여 급여를 계산할 수 있고, 이를 근거로 급여대장, 급여명세서, 근로내역
확인서 등을 출력하는 메뉴

② 주어진 조건에 따라 조회 후 체크박스 선택 일괄 적용 계산하면 됨.

    * 일괄 적용 시간, 요일, 비과세(신고 제외분) 선택 후 문제 풀이 진행(평일과 주말 문제를 주면, 횟수만큼 적용 진행)

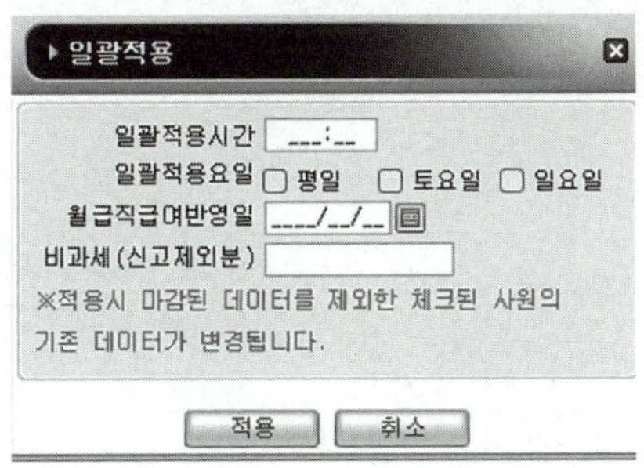

③ 하단 메뉴(문제 풀이 시 금액 확인이 필요한 메뉴)

월지급액	개인정보	산출내역	급여총액

과세총액	4,957,200	회사부담금	274,690	고용보험	44,550	소득세	37,800
비과세신고분	550,800	기타공제액		국민연금	258,660	지방소득세	3,600
비과세신고제외분	240,000	건강보험	203,760	장기요양보험	26,380	차인지급액	5,173,250

※ **빈출 유형 파악**

- 시험문제 빈출 유형

• 일용직 급여 입력계산 문제 출제 시 일괄등록 메뉴 문제 출제됨. (평일, 공휴일 근로시)

• 하단 메뉴에서 월지급액 메뉴에서 개인별 차인지급액 확인 및 4대 보험 확인 문제 출제

• 개인정보 탭에서 사업장 및 근무일 수, 은행 확인 문제 출제

• 급여총액 메뉴에서 전체 과세 총액 및 비과세 총액, 4대 보험 금액 및 차인지급액 묻는 문제 출제

* 김쌤의 TIP : 일용직급여입력 및 계산 문제에서 상용직급여계산 메뉴처럼 일용직사원등록 메뉴의 내용이
변경되었다면 계산 전에 재선정 후 계산 시행. 평일, 주말 나누어 두 번 적용 진행(자주 출제되고 반드시
출제되는 문제이니만큼 문제 풀면서 메뉴 숙지가 중요함)

12 인사/급여 관리(사업/기타/이자 배당소득관리)

(1) 소득자별 소득 현황(인사 1급) / (소득 구분 1번 선택, 귀속 연월 2025년 1월~12월, 지급 기간 2025년 1월 1일~2025년 12월 31일 선택 후 조회)

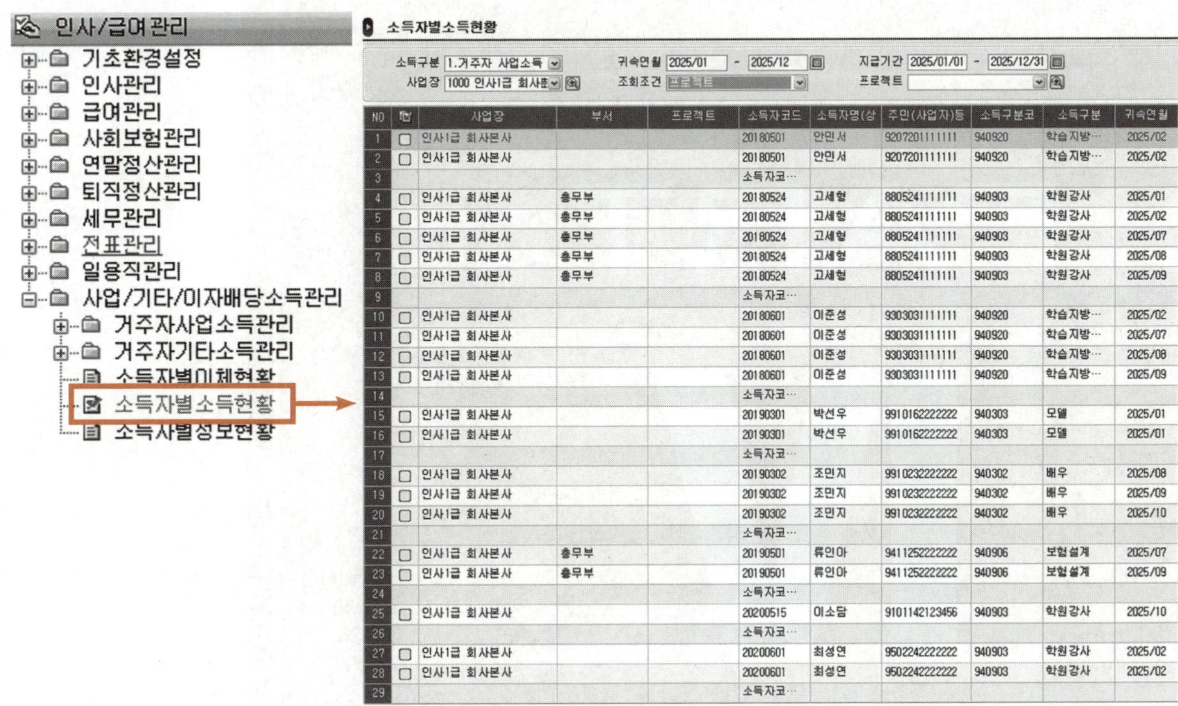

NO		사업장	부서	프로젝트	소득자코드	소득자명(상	주민(사업자)등	소득구분코	소득구분	귀속연월
1	□	인사1급 회사본사			20180501	안민서	9207201111111	940920	학습지방…	2025/02
2	□	인사1급 회사본사			20180501	안민서	9207201111111	940920	학습지방…	2025/02
3					소득자코…					
4	□	인사1급 회사본사	총무부		20180524	고세형	8805241111111	940903	학원강사	2025/01
5	□	인사1급 회사본사	총무부		20180524	고세형	8805241111111	940903	학원강사	2025/02
6	□	인사1급 회사본사	총무부		20180524	고세형	8805241111111	940903	학원강사	2025/07
7	□	인사1급 회사본사	총무부		20180524	고세형	8805241111111	940903	학원강사	2025/08
8	□	인사1급 회사본사	총무부		20180524	고세형	8805241111111	940903	학원강사	2025/09
9					소득자코…					
10	□	인사1급 회사본사			20180601	이준성	9303031111111	940920	학습지방…	2025/02
11	□	인사1급 회사본사			20180601	이준성	9303031111111	940920	학습지방…	2025/07
12	□	인사1급 회사본사			20180601	이준성	9303031111111	940920	학습지방…	2025/08
13	□	인사1급 회사본사			20180601	이준성	9303031111111	940920	학습지방…	2025/09
14					소득자코…					
15	□	인사1급 회사본사			20190301	박선우	9910162222222	940303	모델	2025/01
16	□	인사1급 회사본사			20190301	박선우	9910162222222	940303	모델	2025/01
17					소득자코…					
18	□	인사1급 회사본사			20190302	조민지	9910232222222	940302	배우	2025/08
19	□	인사1급 회사본사			20190302	조민지	9910232222222	940302	배우	2025/09
20	□	인사1급 회사본사			20190302	조민지	9910232222222	940302	배우	2025/10
21					소득자코…					
22	□	인사1급 회사본사	총무부		20190501	류인아	9411252222222	940906	보험설계	2025/07
23	□	인사1급 회사본사	총무부		20190501	류인아	9411252222222	940906	보험설계	2025/09
24					소득자코…					
25	□	인사1급 회사본사			20200515	이소담	9101142123456	940903	학원강사	2025/10
26					소득자코…					
27	□	인사1급 회사본사			20200601	최성연	9502242222222	940903	학원강사	2025/02
28	□	인사1급 회사본사			20200601	최성연	9502242222222	940903	학원강사	2025/02
29					소득자코…					

① 소득자별 소득에 대한 상세한 내용을 확인하는 메뉴

※ 빈출 유형 파악

- 시험문제 빈출 유형

  • 소득자별 소득 구분 확인 문제 사업장 및 부서 확인 문제 출제

  • 신고 귀속 연도와 지급 및 영수일자, 지급 금액과 실지급액 등 상세 내용 묻는 문제 출제

* **김쌤의 TIP** : 현황 문제 중 하나로 메뉴가 어디 있는지 알면 풀이하는데 크게 무리가 가지 않는 문제임. 메뉴가 어떤 카테고리 안에 있는지 확인하고 현황 필드명을 눈에 익혀 기출문제를 풀어보면 어렵지 않음.

PART

IV

1장

ERP 정보관리사 인사 1급 기출문제

 6회 2025년 11월 기출문제 (이론)

01 ㈜생산은 자유 서술식 면접 코멘트, 사내 익명 게시글 등에서 불만 요인을 뽑아 ERP 인사 대시보드에 반영하려 한다. 적용 기술로 가장 적절한 것은?

① 강화 학습

② 지도 학습-회귀

③ 텍스트마이닝(NLP)

④ 데이터마이닝-유사 집단화

02 인공지능의 기술 발전에 대한 설명으로 옳지 않은 것은?

① 연결주의 시대는 학습에 필요한 빅데이터와 컴퓨팅 파워의 부족이라는 한계를 극복하였다.

② 연결주의는 지식을 직접 제공하기보다 지식과 정보가 포함된 데이터를 제공하고 컴퓨터가 스스로 필요한 정보를 학습한다.

③ 계산주의는 인간이 보유한 지식을 컴퓨터로 표현하고 이를 활용해 현상을 분석하거나 문제를 해결하는 지식기반시스템을 말한다.

④ 딥러닝은 입력층(input layer)과 출력층 (output layer) 사이에 다수의 숨겨진 은닉층(hidden layer)으로 구성된 심층신경망(Deep Neural Networks)을 활용한다.

03 [보기]의 사례에서 ERP 도입목표로 가장 적절하지 <u>않은</u> 것은?

보기

㈜생산은 사업장이 여러 곳으로 분산되어 인사정보가 부서별 엑셀로 관리되고 있다. 사번 규칙이 제각각이라 입·퇴사 이력 추적이 어렵고, 근태 → 급여 → 회계 연계가 수작업으로 이뤄져 인건비 오집계가 자주 발생한다. 또한 근무자의 외근, 출장, 휴가 등 근태상황을 실시간으로 확인하기 어려워 업무 소통에도 문제가 발생하고 있다. 이러한 문제점을 해결하기 위해 ERP 인사모듈을 도입하게 되었다.

① 근태·급여·회계의 통합 처리로 인건비 집계 정확성 향상

② 직무·직급·인사코드 표준화를 통한 인사데이터 일관성 유지

③ 폐쇄형 정보시스템 구성으로 부서별 자율성과 유연성 극대화

④ ERP 인사모듈 시스템 구축 및 도입을 통해 직원별 근태 상황 공유

04 'TO-BE 프로세스 도출, 패키지 설치, 추가개발 및 수정보완 문제 논의 등'은 ERP 구축절차 중 어느 단계에 해당하는가?

① 설계 단계　　　　② 구현 단계

③ 분석 단계　　　　④ 구축 단계

05 [보기]에서 ERP 인사 패키지 선택 및 사용 시 유의점으로 가장 적절하지 <u>않은</u> 것은?

> **보기**
>
> ㈜생산은 분산된 근태·급여 프로세스를 표준화하기 위해 ERP 인사(HR) 도입을 추진한다.
> - 인사·조직·직무·급여항목 등의 마스터데이터 정비와 이행 규칙 수립
> - 코드 표준화(사번/직무/직급)와 데이터 정합성 점검
> - 사용자 교육·워크숍을 통한 변화관리 방안을 제시
> - 근태 승인·급여 산정 절차가 편리한 패키지 우선 선택

① 원활한 사용을 위한 지속적 교육 및 워크숍 운영

② 도입 기업의 업종·규모·필요 모듈 등 상황에 맞는 패키지 선택

③ 데이터 신뢰도 향상을 위한 마스터 관리와 정합성 검증 체계 구축

④ 현 시점의 기업 비즈니스 프로세스를 유지할 수 있는 패키지를 최우선으로 선택

06 오늘날 기업이 직면한 인적자원관리의 환경적 요소에 해당하지 <u>않은</u> 것은?

① 일과 삶의 균형이 중요해졌다.

② 윤리경영은 중요하나, 기업의 이익을 감소시킬 수 있다.

③ 장소나 시간에 구애받지 않고 일하는 방식을 적용하였다.

④ 인력구성이 다양화되었고, 구성원의 고령화가 증가하였다.

07 인적자원관리의 패러다임 변화에 대한 설명으로 가장 적절하지 <u>않은</u> 것은?

① 업무를 수행하는 조직원의 전공이 다양해지고 있다.

② 스마트워크의 확산으로 일하는 방식이 변화하고 있다.

③ 직장에서의 성공을 위해 가정생활의 희생을 감수해야 한다.

④ 글로벌화의 가속화로 인한 글로벌 인재의 수요가 증대될 것이다.

08 위험도, 작업시간, 작업환경, 작업위험 같은 요소를 평가할 때, 이들은 어떤 평가 기준에 해당하는지 고르시오.

① 숙련요소 – 직무를 수행하는 데 필요한 지식, 경험 등

② 책임요소 – 직무에서 요구되는 의사결정 및 권한 수준

③ 노력요소 – 직무 수행 시 요구되는 신체적/정신적 노력

④ 작업요소 – 특정 업무 수행을 위해 필요한 환경 및 절차

09 [보기]에서 ㈜생산의 인적자원 미래예측기법으로 가장 적절한 것은?

> **보기**
>
> ㈜생산의 인사팀에서는 최근 5년간의 매출 증가율과 채용 인원 간의 관계를 분석한 결과, 매출이 10% 증가할 때마다 신규 채용 인력이 평균 5% 증가한다는 패턴을 확인했다. 이에 따라, ㈜생산은 올해 매출이 20% 증가할 것으로 예상됨에 따라, 해당 데이터를 고려하여 올해 인력 충원 계획을 세우려 한다.

① 추세분석법   ② 마코프체인

③ 델파이기법   ④ 브레인스토밍

10 인적자원관리는 조직의 유효성을 높이기 위해 실천되는 하나의 과정이다. 인적자원관리 기본기능 외에 실무 운영 기능에 대한 설명으로 적합하지 <u>않은</u> 것은?

① 확보기능 - 인적자원계획, 조직개발
② 보상기능 - 임금관리, 복리후생관리
③ 개발기능 - 교육훈련, 경력개발, 인사고과
④ 유지기능 - 안전보건관리, 이직관리, 노사관계관리

11 선발도구의 타당성을 파악하기 위한 방법으로 적절하지 <u>않은</u> 것은?

① 측정대상의 취지를 어느 정도 선발도구에 담고 있는 가를 해당 직무의 전문가들이 모여 판단한다.
② 지원자의 어떤 면을 측정할 때 동일한 환경에서 측정된 결과가 서로 일치하는 정도를 파악한다.
③ 선발시험에서 합격한 지원자들의 시험성적과 입사 후 어느 기간이 지난 후 그들이 달성한 직무성과를 비교하여 그 상관관계를 조사한다.
④ 신입사원의 선발에 적용하려는 선발도구를 현직 종업원에게 실시하여 현직 종업원이 획득한 시험점수와 그들의 인사고과점수간의 상관관계를 조사한다.

12 적정배치의 방법으로 적재적소주의의 장점에 해당하지 <u>않는</u> 것은?

① 고능력, 저임금 실현을 통해 기업의 목표를 달성한다.
② 동기유발이 되어 일하는 보람을 얻어 창조력을 발휘한다.
③ 종업원 적성을 고려한 배치는 잠재능력을 발휘할 수 있다.
④ 개성을 존중하는 배치는 인간존중의 이념이 이루어져 직무몰입이 높다.

13 선발 의사결정에 관한 설명으로 가장 적절하지 <u>않은</u> 것은?

① 선발률이 일정할 때 타당성 계수가 증가하면 예측수단의 성공률이 증가하게 된다.
② 만족스러운 성과를 낼 수 있는 사람을 시험성적이 미달되어서 선발하지 않는 오류를 제1종 오류라고 한다.
③ 총 지원자 중에서 만족스러운 성과를 낼 수 있는 사람들을 많이 선발하게 되면 선발기준의 타당성이 높다고 말할 수 있다.
④ 선발률이란 총지원자 중 선발된 사람의 비율을 의미하는 것으로 선발률이 0에 가까우면 1종 오류는 줄어들지만 2종 오류가 증가하고, 선발률이 1에 가까우면 1종 오류는 늘어나지만 2종 오류는 줄어드는 효과가 있다.

14 [보기]의 (   )에 들어갈 용어를 한글로 입력하시오.

> **보기**
>
> (   )(은)는 직무의 수평적 확대를 통해 동일 수준의 유사한 과업을 추가하여 종업원에게 다양한 과업을 수행할 기회를 제공함으로써 흥미와 만족도를 높이려는 직무설계 방법이다. 한편, 작업자가 수행해야 하는 과업 수만 높아졌다는 비판도 제기된다.

15 평가요소 선정 원칙으로 적절하지 <u>않은</u> 것은?

① 직급, 직종, 직군별로 평가 요소 및 가중치를 달리한다.

② 객관적인 고과 요소를 선정하고 명확한 정의를 부여한다.

③ 폭넓은 범위를 망라하는 일반적 특성을 평가요소로 선정한다.

④ 중복되는 요소를 피하고 피평가자 간 차이가 없는 요소는 제외한다.

16 [보기]의 ㉠, ㉡에 해당하는 것을 고르시오.

> **보기**
>
> (㉠)(은)는 피평가자의 능력이나 성과를 실제보다 더 높게 평가하는 것을 말한다.
> (㉡)(은)는 평가자가 피평가자의 어느 한 면을 기준으로 다른 것까지 함께 평가해 버리는 경향을 말한다.

① ㉠ 관대화 경향   ㉡ 관대화 경향

② ㉠ 중심화 경향   ㉡ 현혹 효과

③ ㉠ 엄격화 경향   ㉡ 중심화 경향

④ ㉠ 관대화 경향   ㉡ 현혹효과

17 [보기]는 ㈜생산성의 인사고과 평가 오류 관련 내용이다. 해당 인사관리 평가 오류로 가장 적절한 것은?

> **보기**
>
> - 평가자가 평소 노동조합을 ㈜생산성에 발전적인 조직으로 보지 않고, 투쟁적이고 해만 끼치는 조직으로 보는 관점에서 노조에 매우 적극적인 사람의 능력과 업적을 낮게 평가한다.
> - 평가자가 특정 종교에 좋지 않은 감정을 가진 상태에서 이러한 감정을 피평가자의 평가에 반영한다.

① 논리적 오류   ② 상동적 오류

③ 가혹화 경향   ④ 중심화 경향

18 [보기]에서 적용된 ㈜생산IT의 승진 기준과 가장 관련이 깊은 요소는 무엇인가?

> **보기**
>
> ㈜생산IT는 업무 사기 진작과 성과 달성을 독려하기 위해, 기존의 근속연수와 조직 내 경험을 중심으로 한 연공주의 승진 제도에서 성과주의 기반의 승진 제도로 전환했다. 이제 직원의 개인 성과와 조직 기여도가 가장 중요한 평가 요소로 작용하며, 일정 기간 이상 근속한 직원이라도 성과가 부족하면 승진 대상에서 제외될 수 있다. 이는 장기적인 조직 안정성과 직무 충성도를 유지하는 장점이 있지만, 압박이 높아지는 단점도 존재한다.

① 근속연수   ② 연공서열

③ 업무실적   ④ 직무안정성

19 [보기]에서 설명하는 인사담당자의 역할은 무엇인가?

> **보기**
>
> • 기능: 인사제도 및 프로세스의 효율화
> • 활동: 인사관리 시스템 개선, 비용절감, 효율적 하부구조 설계 등

① 관리 전문가   ② 변화 촉진자

③ 종업원 조력자   ④ 전략적 동반자

20 [보기]는 홀(D.T.Hall)의 경력단계모형에 대한 설명이다. [보기]에서 설명하는 경력욕구를 한글로 입력하시오.

> **보기**
>
> 탐색단계는 조직 구성원은 자기 자신을 인식하고 학교 교육과 직장 경험을 통하여 여러 가지를 실험해 보면서 자기에게 적합한 직업을 선택하게 된다.

21 수당에 대한 설명으로 가장 적절한 것은?

① 가족수당은 법으로 지급이 의무화된 법정수당이다.

② 야간근로수당은 평균임금을 기준으로 50% 가산하여 지급한다.

③ 해고예고수당은 통상임금을 기준으로 30일분 이상 지급해야 한다.

④ 휴업수당은 천재지변으로 인한 휴업의 경우에도 통상임금을 기준으로 지급해야 한다.

22 ㈜생산성은 [보기]에 해당하는 특수임금제를 도입하려고 한다. [보기]에서 설명하는 특수임금제로 가장 적절한 것은?

화폐 단위가 아닌 물량으로 산정하는 방식이며 표준 노동시간 대비 절약된 노동시간분을 성과급으로 배분하는 제도로, 표준 생산시간과 실제 생산시간의 차이에서 발생되는 이익을 노사 간에 50%씩 나누어 갖는 형태이다.

① 럭커 플랜(Rucker Plan)

② 스캔론 플랜(Scanlon Plan)

③ 이윤분배제(Profit Sharing System)

④ 임프로쉐어 플랜(Impro-share Plan)

23 [보기]의 ㈜생산성이 가장 중요하게 생각하는 복리후생의 설계 원칙은 무엇인가?

㈜생산성은 복리후생 제도를 개편하면서 기업의 수익성을 고려하여 현재와 미래의 복리후생비 지불 능력의 범위를 평가하였다.

① 지불능력의 원칙

② 다수혜택의 원칙

③ 근로자의 참여 원칙

④ 근로자의 욕구 충족 원칙

24 원천징수에 대한 설명으로 적절하지 <u>않은</u> 것은?

① 완납적 원천징수의 대상소득에는 분리과세 이자소득, 분리과세 배당소득, 분리과세 연금소득, 분리과세 기타소득 등이 있다.

② 원천징수영수증이란 원천징수 의무자와 소득자의 인적사항과 소득금액의 지급시기, 소득금액 등을 기재한 과세 자료를 말한다.

③ 원천징수 의무자는 원천징수한 세금을 소득지급일이 속하는 달의 다음 달 10일까지 관할세무서 또는 금융기관에 납부해야 한다.

④ 예납적 원천징수란 당해 원천징수에 의하여 납세의무가 종결되는 것이 아니라 확정신고 시 납부할 세액에 대한 예납적 성격의 원천징수를 말한다.

25 고용보험 적용제외 대상이 <u>아닌</u> 것은?

① 외국인 근로자

② 별정우체국 직원

③ 60세 이후에 고용된 자

④ 1월간 소정근로시간이 60시간 미만인 근로자

26 종합소득세 과세표준 기준으로 5,000만원 초과 8,800만원 이하인 경우의 적용 세율(%)을 입력하시오.

*정답은 단위(%)를 제외한 숫자만 입력하시오.

27 ㈜생산성은 소비자의 욕구를 파악하기 위하여 시장조사를 실시하였다. 시장조사 시 일용직 사원을 활용하였다. 일용직 사원의 일당 200,000원을 현금으로 지급하는 경우 당사가 원천징수하여야 할 소득세는 얼마인가?

*단, 지방소득세는 포함하지 않는다.

*정답은 단위(원)을 제외한 숫자만 입력하시오.

28 [보기]에서 설명하는 근로시간제의 유형은 무엇인가?

> **보기**
>
> 신상품·신기술의 연구개발, 자연과학분야, 정보처리시스템의 설계 또는 분석 업무, 신문 기사의 취재, 방송 제작 사업 등과 같이 업무수행 방법이나 수단, 시간배분 등이 근로자의 재량에 따라 결정되어 근로시간보다 성과에 의해 근무 여부를 판단할 수 있는 경우 노사 간의 합의시간을 근로시간으로 보는 제도를 말한다.

① 연장 근로시간제
② 재량 근로시간제
③ 선택적 근로시간제
④ 탄력적 근로시간제

29 전국적 또는 지역별·산업별 노동조합의 대표와 개별 기업의 사용자 대표 사이에 이루어지는 단체교섭 방식은 무엇인가?

① 통일교섭
② 집단교섭
③ 공동교섭
④ 대각선교섭

30 경영참가제도에 대한 설명으로 가장 적절하지 않은 것은?

① 종업원 지주제도는 회사가 근로자에게 회사 주식을 유상 또는 무상의 방법으로 취득하게 하여 근로자를 주주로서 기업경영에 참가시키는 제도이다.
② 스캔론 플랜이란 인건비의 절약분에 대한 배분액을 판매가치를 근거로 하여 배분하는 제도이다.
③ 럭커 플랜이란 조직이 창출한 부가가치 생산액을 종업원 인건비를 기준으로 배분하는 제도이다.
④ 노사협의제도는 노동자, 근로자 또는 노동조합의 대표가 기업의 최고결정기관에 직접 참가하여 기업경영의 여러 문제를 공동으로 결정하는 제도이다.

31 [보기]의 배우자 출산휴가 및 남녀고용평등법 관련하여 ( )에 해당하는 내용을 고르시오.

> **보기**
>
> 사업주는 근로자가 배우자의 출산을 이유로 휴가를 고지하는 경우에 ( )일의 휴가를 주어야 한다. 이 경우 사용한 휴가기간은 유급으로 한다.

① 15일
② 20일
③ 30일
④ 60일

32 [보기]에서 설명하는 근무방식을 쓰시오.

> **보기**
>
> ■ 장점
> - 가정과 직장이 멀리 떨어져 있는 경우 종업원에게 매우 유리함
> - 근로자는 워라벨을 실현시킬 수 있다.
> - 근무시간의 시작과 종료가 전종업원에게 동일하여 적용되기 때문에 직무들이 상호관련성이 높은 경우 높은 협동가능성, 업무진행의 효율성이 높다.
>
> ■ 단점
> - 교대근무제가 없는 작업자의 경우 장비&설비의 활용도가 낮음
> - 고객에 대한 서비스 기간이 주당 5일에서 4일로 줄어들 경우 고객의 불만을 야기 시킬 수 있음
> - 1일 10시간 혹은 그 이상의 근무로 인한 저녁 자유시간의 단축이 개인의 불만요인으로 나타남

33 [보기]의 (   ) 안에 들어갈 용어를 한글로 입력하시오.

> **보기**
>
> (   )(은)는 근로조건의 기준에 관한 권리의 형성·유지·변경 등을 둘러싼 분쟁으로, 임금 인상이나 단체협약 갱신·체결 등이 이에 해당한다.

6회 2025년 11월 기출문제 (실무)

01 다음 중 핵심 ERP 사용을 위한 기초 사업장 정보를 확인하고, 그 내역으로 옳지 <u>않은</u> 것은?

① [1000.인사1급 회사본사] 사업장의 주소는 '서울특별시 중구 을지로 29'이다.

② [2000.인사1급 인천지점] 사업장의 관할세무서는 [121.인천]이고, 법정동 지방세신고지는 [2823751000.부평구청]이다.

③ [3000.인사1급 대구지점] 사업장은 등록된 사업장 중 유일하게 원천징수이행상황신고서를 '반기'로 신고한다.

④ [4000.인사1급 강원지점] 사업장은 [1000.인사1급 회사본사] 사업장과 더불어 주사업장에 속하며, 종사업장은 [4000.인사1급 강원지점] 외엔 등록되지 않았다.

02 당 회사에 등록된 부서를 '2025/11/22' 기준으로 조회했을 때, 조회된 부서의 설명으로 옳은 것은?

① 조회기준일 기준, 현재 사용 중인 부서는 총 9개이다.

② [2000.인사1급 인천지점] 사업장에 속한 부서가 가장 많이 사용 중이다.

③ [6150.연구부]는 2026년부터는 사용하지 않을 예정인 부서이다.

④ 등록된 부서 중 가장 오랜 기간 사용된 부서는 모두 [2000.영업부문] 소속이다.

03 당 회사의 인사/급여기준에 대한 설정을 확인했을 때, 올바르게 설명한 [보기] 내용은 몇 개인가? (단, 환경설정 기준은 변경하지 <u>않는다</u>.)

> **보기**
>
> A : '사무직'인 윤수현 사원의 출결마감기준일은 1일부터 당월 말일까지이다.
>
> B : 11월 3일에 입사한 길채연 대리의 정상 기본급이 450만원이고 해당 월에 28일을 근무했다면, 11월에 지급받는 기본급은 450만원이다. (해당 근로자는 현재 수습직이 아니다.)
>
> C : 현재 '수습직'인 김도현 사원의 정상 기본급은 300만원이고 11월에 20일을 근무했다면, 11월에 지급받는 기본급은 150만원이다.
>
> D : 당 회사에서 발생하는 건강보험정산 금액은 급여작업 시, [S11.건강보험정산] 코드로 관리한다.

① 1개 　　　　　② 2개

③ 3개 　　　　　④ 4개

04 당 회사는 2025년 11월 [800.과장] 직급의 호봉을 아래 [보기]와 같이 일괄 등록하고자 한다. [800.과장] 직급의 호봉등록을 완료했을 때, 5호봉 기준의 기본급은 얼마인가?

> **보기**
>
> 1. 기본급 초기치 : 2,400,000원 (증가액 55,000원)
>
> 2. 급호수당 초기치 : 200,000원 (증가액 18,000원)
>
> 3. 연장수당 초기치 : 170,000원 (증가액 7,000원)
>
> 4. 정률인상 적용 : 기본급 5.0%, 급호수당 2.5%
>
> 5. 정액인상 적용 : 연장수당 2,300원

① 2,751,000원 　　　　　② 2,808,750원

③ 3,230,100원 　　　　　④ 3,313,300원

05 당 회사의 2025년도 귀속 '급여' 지급항목의 설정 기준에 대한 설명으로 옳지 <u>않은</u> 것은? (단, 지급/공제항목설정 기준은 변경하지 않는다.)

① [P00.기본급]은 책정된 임금의 월급을 기준으로 지급하며, 수습직은 [인사/급여환경설정] 메뉴의 환경설정에 따라 지급한다.

② [P20.자격수당]은 근로자들이 취득한 일부 자격들에 한해 금액이 지급되며, 자격을 취득한 모든 근로자들이 지급받는 수당이다.

③ 근속기간이 8년 6개월인 근로자의 [P30.근속수당]은 55,000원이다.

④ [P50.식대보조비]는 '국내영업부', '해외영업부' 소속이 아닌 근로자들에게 200,000원이 지급된다.

06 당 회사의 2025년 10월 귀속 급/상여 지급일자 등록을 확인한 내용으로 옳지 <u>않은</u> 것은?

① 해당 귀속연월에는 두 번의 급/상여가 지급되었으며, 급/상여를 지급할 대상자를 선정하는 방법은 각 지급일자별로 다르게 설정되어 있다.

② '명절특별급여'를 지급하는 지급일자의 대상자는 사용자가 직접 등록해야 하며, '지급직종및급여형태'에 해당하는 근로자를 모두 등록할 수 있다.

③ '급여'의 지급일자는 '2025/10/25'이며, '상여' 항목을 별도로 추가하여 관리할 수 있다.

④ '명절특별급여'와 '급여'의 지급 대상자의 직종은 '사무직', '생산직', '연구직'이다.

07 당 회사의 인사 정보를 확인하고 관련된 설명으로 옳지 <u>않은</u> 것은?

① [20080103.김민주] 사원은 현재 세대주이며 종교 종사자이다.

② [20081201.조선우] 사원은 '2012/06/30'에 중도정산을 받은 이력이 존재하며, 현재 직급은 [600.부장]이다.

③ [20081203.김도균] 사원은 현재 [2200.해외영업부] 소속이며, 직종은 [003.연구직]이다.

④ [20090701.김동민] 사원은 [900.카카오뱅크]를 통해 급여를 지급받으며, 노조에 가입하지 않았다.

08 당 회사에서 2025년 3분기에 진행한 [610. AI 활용 교육]의 교육정보 및 평가의 설명으로 옳지 <u>않은</u> 것은?

① 해당 교육의 교육목적은 '임직원들의 AI 프롬프트 작성 능력 향상'이다.

② 해당 교육은 [1.사내]에서 이뤄지는 교육이며, 각 근로자들의 실부담금은 0원이다.

③ 교육을 이수하지 못한 근로자의 교육평가는 모두 'C등급'이다.

④ 해당교육의 교육평가는 S등급, A등급, B등급, C등급으로 이뤄졌으며, S등급을 받은 인원은 총 3명이다.

09 당 회사는 2025/12/01의 날짜로 [2025년 4/4분기 인사발령]을 진행하였다. [20251201] 발령호수의 <발령내역>에 대한 설명으로 옳지 <u>않은</u> 것은?

① 해당 발령일자의 대상자의 직책은 현재 모두 '대리'이고, 모두 '발령 전 정보'가 존재한다.

② 해당 발령일자의 대상자는 모두 5명이고, 발령 후 직책은 모두 '과장'으로 변경된다.

③ 해당 발령일자의 대상자는 각각 다른 부서에 속해 있고, 발령 후 부서가 변경되는 사원은 [20090701.김동민]과 [20191118.윤태경]이다.

④ 해당 발령일자의 발령내역이 전부 존재하는 대상자 중 발령 전, 현재, 발령 후 직책이 모두 다른 사원은 [20010401.노희선]이 유일하다.

10 회사는 창립기념일을 맞아 2025년 10월 31일 기준으로 [1000.인사1급 회사본사] 사업장의 만 15년 이상 장기근속자에 대해 특별근속수당을 지급하기로 하였다. 아래 [보기]를 기준으로 지급한 총 특별근속수당은 얼마인가? (단, 퇴사자는 제외하며, 미만일수는 올리고, 이전 경력은 제외한다.)

> **보기**
>
> 15년 이상 20년 미만 : 100,000원
> 20년 이상 25년 미만 : 150,000원
> 25년 이상 : 200,000원

① 900,000원   ② 1,000,000원

③ 1,700,000원   ④ 2,200,000원

11 당 회사의 2025년 11월 귀속 급여(지급일자 : 2025/11/25)에 해당하는 대상자 중 [20091215.이서경] 사원이 출산휴가를 신청하였다. [20091215.이서경] 사원의 휴직 내역을 [보기]와 같이 등록하고, 해당 지급일자의 급여 계산을 진행한 뒤 확인한 정보로 옳지 <u>않은</u> 것은? (단, 그 외 급여계산에 필요한 조건은 프로그램에 등록된 기준을 이용한다.)

> **보기**
>
> 1. 시작일, 종료일 : 2025/11/17, 2026/02/15
> 2. 휴직사유 : [150.출산휴가]
> 3. 휴직지급율 : 75%
> 4. 퇴직기간적용 : 함

① 해당 지급일자의 대상자는 모두 25명이고, 총 과세금액의 합계는 134,308,380원이다.

② 해당 지급일자에서 발생한 신고비과세 금액 중 식대(비과세포함) 금액은 3,800,000원이다.

③ [20091215.이서경] 사원에게 책정된 월급은 3,000,000원이고, 실제 지급된 급여는 4,451,740원이다.

④ [20181101.이민성] 사원에게 지급된 급여 항목 중 실제 비과세 처리된 금액은 '식대보조비' 뿐이다.

12 당 회사는 2025년 11월 귀속 '특별급여' 소득을 지급하고자 한다. 아래 [보기]의 지급대상 요건으로 지급일자를 직접 추가하여 급여 계산을 진행한 뒤 확인한 정보로 옳은 것은? (단, 그 외 급여계산에 필요한 조건은 프로그램에 등록된 기준을 이용한다.)

① 해당 지급일자의 대상자는 총 6명이고, 공제되는 소득세는 총 3,238,520원이다.

② 가장 적은 과세총액이 발생한 대상자는 [20010401.노희선]이고, 과세총액은 4,162,080원이 발생했다.

③ 책정된 월급이 가장 큰 근로자가 가장 많은 특별급여를 지급받는다.

④ '특별급여'는 [1000.인사1급 회사본사] 사업장 소속이 아니면 월급의 150%를 지급받고, 그렇지 않으면 130%를 지급받는다.

13 당 회사는 [1000.인사1급 회사본사] 사업장에 대해 2025년 10월 귀속(지급일 1번)에 이체한 급/상여를 확인하고자 한다. 이체 현황에 대한 설명으로 옳지 <u>않은</u> 것은? (단, 무급자는 제외한다.)

① 해당 지급일자에 급/상여는 '2025/10/01'에 지급되었으며, 대상자는 총 13명이다.

② 모든 대상자가 계좌이체를 통해 급여를 지급받았으며, '신한은행'을 통해 급/상여를 지급받는 대상자가 가장 많다.

③ 각 은행에 이체된 금액은 10,000,000원을 초과하며, 가장 적은 금액이 이체된 은행의 지급액은 10,002,820원이다.

④ '국민은행'과 '신한은행'에 지급된 금액의 합은 '우리은행'과 '카카오뱅크'에 지급된 금액의 합보다 적다.

14 당 회사는 초과근무에 대해 수당을 지급하고 있다. 아래 [보기]의 기준을 토대로 2025년 10월 귀속 <급여>구분 [20081201.조선우] 사원의 '초과근무수당'을 계산하면 얼마인가? (단, 근무수당을 계산하면서 발생되는 모든 원단위 금액은 절사하며, 책정임금 시급은 원단위 금액을 절사하지 않고 계산한다.)

① 1,149,100원   ② 1,179,210원

③ 1,199,220원   ④ 1,205,080원

15 당 회사는 [1000.인사1급 회사본사] 사업장을 제외한 사업장에 대해 2025년 3분기에 속한 기간에 지급한 내역 중 [100.급여]를 지급한 내역에 대해 직종별로 집계하여 금액을 확인하고자 한다. 내역을 확인하고 직종과 항목별 금액으로 옳지 <u>않은</u> 것은?

① '사무직'의 연장근로수당 : 7,311,960원

② '생산직'의 직무발명보상금 : 12,000,000원

③ '연구직'의 근속수당 : 3,420,000원

④ '연구직'의 식대보조비 : 600,000원

16 당 회사는 일용직 사원에 대해 사원별로 지급형태를 구분하여 일용직 급여를 지급하고 있다. 아래 [보기]를 확인하여 2025년 11월 귀속 지급일 중 '매일지급' 대상자를 직접 반영 후 급여를 계산했을 때, 해당 지급일의 급여내역에 대한 설명으로 옳지 않은 것은? (단, 그 외 급여 계산에 필요한 조건은 프로그램에 등록된 기준을 따른다.)

보기

1. 지급형태 : '매일지급' 지급일
2. 지급 대상자 : [004.시급직]인 [1100.총무부] 사원
3. 평일 9시간 근무, 토요일 4시간 근무
4. 비과세 적용 12,000원(평일만 적용)

① 해당 지급일자의 대상자는 총 6명이고, 실지급액은 25,190,300원이다.
② [1002.김미연]을 제외한 나머지 사원에게서 국민연금액이 공제되었으며, 총 956,640원이 공제되었다.
③ 건강보험금액은 모든 사원에게서 공제되었으며, 총 1,043,380원이 공제되었다.
④ [1016.연희] 사원의 근무일수가 다른 사원의 근무일수와 차이가 있는 이유는 해당 사원이 11월 중도 입사자이기 때문이다.

17 2025년 11월 귀속 일용직 급여작업 전, 아래 [보기]를 기준으로 [1017.김세진] 사원의 정보를 직접 변경하고 급여를 계산했을 때, 2025년 11월 귀속 해당 지급일자의 실지급액 총계는 얼마인가? (단, 그 외 급여 계산에 필요한 조건은 프로그램 등록된 기준을 따른다.)

보기

1. 사원정보 변경
   1) 생산직비과세 적용 '함'
   2) 국민연금 여부 : '여' / 건강보험여부 : '여'
   3) 급여 : 30,430원 / 시간단가 : 30,430원
2. 일용직 급여지급
   1) 지급형태 : '일정기간지급' 지급일
   2) 평일 10시간 근무 가정
   3) 비과세 적용 : 12,000원 (평일만 적용)

① 21,512,440원   ② 24,335,920원
③ 27,257,380원   ④ 29,047,540원

18 당 회사에서 지급한 급여내역 중 [1000.인사1급 회사본사] 사업장의 2025년 3분기 <과세/비과세> 총액을 확인하고자 한다. 해당 기간에 지급한 부서별 <과세/비과세> 총계로 옳은 것은? (단, '사용자부담금'은 제외한다.)

① 경리부 - 과세총액 : 19,794,980원 / 비과세총액 : 2,800,000원
② 국내영업부 - 과세총액 : 36,839,220원 / 비과세총액 : 2,000,000원
③ 총무부 - 과세총액 : 35,907,880원 / 비과세총액 : 7,000,000원
④ 해외영업부 - 과세총액 : 54,827,460원 / 비과세총액 : 3,000,000원

19 당 회사의 퇴직금 산정을 위한 퇴직기준설정을 확인했을 때, 올바르게 설명한 [보기] 내용은 몇 개인가? (단, 환경설정 기준은 변경하지 <u>않</u>는다.)

A : 노동부기준은 적용하지 않고, 평균임금 기간 산정 시 전월을 기준으로 3개월을 산정한다.

B : 임원누진만 적용하고 있으며, 적용유형은 [001.기간]이고 적용방식은 [000.가산율]이며 '대표이사'일 때, 가산율이 200만큼 적용된다.

C : 비과세 항목은 퇴직금 계산 시 사용할 수 없으며, 근속일수에 퇴사일을 포함한다.

D : 퇴직금 계산식은 '일할'로 설정되어 있고, 연차수당코드는 [P80.연차수당]을 사용한다.

① 0개   ② 1개

③ 2개   ④ 3개

20 당 회사는 퇴직추계총액 기준으로 30% 만큼 '퇴직급여충당부채'를 설정하고자 한다. 아래 [보기] 기준으로 퇴직금추계코드를 직접 등록하고 퇴직금 추계액을 계산했을 때, 회사에서 설정할 수 있는 '퇴직급여충당부채'는 얼마인가? (단, 전기 퇴직급여충당부채 잔액은 없는 것으로 가정하며, 원단위는 절사한다. 그 외 기준은 프로그램 등록 기준을 따른다.)

1. 추계코드(명) : [2025.2025년 10월 퇴직금추계액]
2. 기준연월 : 2025/10
3. 대상 사업장(계정) : [1000.인사1급 회사본사](사원)

① 327,055,300원   ② 327,055,370원

③ 342,034,300원   ④ 342,034,370원

21 2025년 10월 24일 [2000.인사1급 인천지점] 사업장의 [20090701.김동민] 사원이 주택구매를 위한 중도정산을 신청하였다. 아래 [보기]의 내용에 따라 퇴직기준과 대상자를 직접 반영하여 퇴직 정산 작업을 진행했을 때, 정산 결과에 대한 설명으로 옳지 <u>않</u>은 것은? (단, 그 외 퇴직금 계산에 필요한 조건은 프로그램의 등록 기준에 따른다.)

1. 평균임금 계산식 : '일평균 임금' 적용
2. 지급항목 설정 : 기본급, 연장근로수당, 자격수당
3. 귀속연월 : 2025/10
4. 재직기준 : 2025/10/01 ~ 2025/10/31
5. 퇴직일자, 신청일자 : 2025/10/24
6. 지급일자 : 2025/10/31

① 중도정산결과 해당 근로자의 근속기간은 5159일(14년 1개월 15일)이다.

② 중도정산 시 급여기간은 2025/08/25 ~ 2025/10/24이다.

③ 중도정산결과 해당 근로자에게 지급될 중도정산금은 54,724,360원이다.

④ 중도정산 시 산정된 급여지급내역의 총 금액은 11,974,980원이다.

22 당 회사는 2025년 3분기 귀속 거주자 사업소득에 대해 소득자별로 소득 현황을 확인하고자 한다. 2025년 3분기에 지급한 소득에 대해 조회한 내용으로 옳은 것은?

① 총 6명의 소득자에 대해서 소득이 지급되었고, 소득자의 소득구분은 모두 [940303.모델]이다.

② 발생한 소득은 모두 [1000.인사1급 회사본사] 사업장에서 발생한 소득이며, 총 지급액은 27,366,430원이다.

③ 당월귀속 당월지급한 소득과 당월귀속 익월지급한 소득이 같이 존재하며, 당월귀속 익월지급한 소득에서 공제한 총 소득세는 184,860원이다.

④ 가장 많은 소득이 발생한 소득자는 [20180524.고세형]이며, 총 실지급액은 6,073,690원이다.

23 당 회사 [1000.인사1급 회사본사] 사업장의 [20020603.이준상] 사원의 2024년 귀속의 근로소득 지급/공제내역 중 지급받은 총급여의 합계(상여 포함)와 실제 원천징수한 소득세의 합계로 옳은 것은?

① 총급여 : 44,780,000원 / 소득세 : 2,446,850원

② 총급여 : 44,780,000원 / 소득세 : 2,549,620원

③ 총급여 : 49,655,000원 / 소득세 : 2,446,850원

④ 총급여 : 49,655,000원 / 소득세 : 2,549,620원

24 아래 [보기]를 기준으로 당 회사의 지방소득세 특별징수명세 신고서를 생성했을 때, [3.사업소득]의 소득자별 '과세표준'으로 옳지 <u>않은</u> 것은? (단, 신고서를 생성하기 전 [인사/급여환경설정] 메뉴의 '지방소득세/주민세(종업원분)집계방식' 설정을 '귀속연월'로 변경하고, 신고서 생성기준은 '단일 사업장' 기준으로 생성한다.)

① [20190301.박선우] - 과세표준 : 82,700원

② [20180501.안민서] - 과세표준 : 101,250원

③ [20200515.이소담] - 과세표준 : 112,680원

④ [20190302.조민지] - 과세표준 : 133,950원

25 아래 [보기]를 기준으로 '인사/급여환경설정'을 직접 변경한 뒤, [1000.인사1급 회사본사] 사업장의 원천세 신고서를 추가했을 때 조회된 '소득자 소득구분' 별 '6.소득세등' 금액으로 옳은 것은? (단, 신고구분은 '정기'이며, 소득처분여부는 '1.비해당'으로 설정한다.)

① 근로소득 간이세액(A01) - 16,984,300원

② 근로소득 일용근로(A03) - 17,515,830원

③ 사업소득 매월징수(A25) - 16,176,000원

④ 총합계(A99) - 350,421,782원

01 [보기]의 ㈜생산솔루션의 RPA 활용 사례에 근거할 때, 현재 진행 중인 자동화 범위와 앞으로 계획된 기술 적용은 각각 RPA 적용 단계 중 무엇에 해당하는가?

> **보기**
>
> ㈜생산솔루션은 매월 인사부서에서 반복적으로 수행하던 급여 자료 정리, 휴가 사용 내역 입력, 인사카드 자동 갱신 등 단순·반복적인 업무를 줄이기 위해 RPA(Robotic Process Automation)를 도입하였다.
> 향후에는 OCR(광학 문자 인식)과 자연어 처리 기술을 접목하여, 스캔된 증빙자료에서 근거 데이터를 추출하거나, 직원 설문 문항의 서술형 답변을 자동 분석하여 항목별로 분류하는 기능까지 구현하고자 한다.

① 현재: 기초프로세스 자동화 / 향후: 인지자동화

② 현재: 인지자동화 / 향후: 기초프로세스 자동화

③ 현재: 데이터 기반의 딥러닝 및 머신러닝 활용 / 향후: 인지자동화

④ 현재: 기초프로세스 자동화 / 향후: 데이터 기반의 딥러닝 및 머신러닝 활용

02 클라우드 서비스의 비즈니스 모델에 관한 설명으로 옳지 <u>않은</u> 것은?

① 공개형 클라우드는 데이터의 소유권 확보와 프라이버시 보장이 필요한 경우 사용된다.

② 폐쇄형 클라우드는 특정한 기업 내부 구성원에게만 제공되는 서비스(internal cloud)를 말한다.

③ 공개형 클라우드는 사용량에 따라 사용료를 지불하며 규모의 경제를 통해 경쟁력 있는 서비스 단가를 제공한다는 장점이 있다.

④ 혼합형 클라우드는 특정 업무는 폐쇄형 클라우드 방식을 이용하고 기타 업무는 공개형 클라우드 방식을 이용하는 것을 말한다.

03 ERP 구축 전에 수행되는 단계적으로 시간의 흐름에 따라 비즈니스 프로세스를 개선해가는 점증적 방법론은 무엇인가?

① ERD(Entity Relationship Diagram)

② BPI(Business Process Improvement)

③ MRP(Material Requirement Program)

④ SFS(Strategy Formulation & Simulation)

04 기업에서 ERP시스템을 도입하기 위해 분석, 설계, 구축, 구현 등의 단계를 거친다. 이 과정에서 필수적으로 거쳐야하는 "GAP분석" 활동의 의미를 적절하게 설명한 것은?

① TO - BE 프로세스 분석

② TO - BE 프로세스에 맞게 모듈을 조합

③ 현재업무(AS - IS) 및 시스템 문제 분석

④ 패키지 기능과 TO - BE 프로세스와의 차이 분석

05 ERP시스템의 SCM 모듈을 실행함으로써 얻는 장점으로 가장 적절하지 <u>않은</u> 것은?

① 공급사슬에서의 가시성 확보로 공급 및 수요변화에 대한 신속한 대응이 가능하다.

② 정보투명성을 통해 재고수준 감소 및 재고회전율(inventory turnover) 증가를 달성할 수 있다.

③ 공급사슬에서의 계획(plan), 조달(source), 제조(make) 및 배송(deliver) 활동 등 통합 프로세스를 지원한다.

④ 마케팅(marketing), 판매(sales) 및 고객서비스(customer service)를 자동화함으로써 현재 및 미래 고객들과 상호작용할 수 있다.

06 [보기]는 ㈜생산성의 인사관리활동과 관련된 의사결정 질문이다. 해당 인사관리 영역으로 가장 적절한 것은?

> **보기**
>
> • 종업원의 성과창출 의지 및 능력을 계속 유지하도록 관리하는 과정은 무엇인가?
> • 종업원마다 매우 다양한 욕구들을 가지고 있는데, 기업조직이 다양한 욕구를 어떻게 충족시켜 만족을 끌어낼 수 있는가?
> • 항상 더 높은 수준의 근로조건을 요구하는 노조에 대한 대책은 무엇인가?

① 인력확보활동　　　② 인력개발활동

③ 인력유지활동　　　④ 인력방출활동

07 [보기]는 ㈜생산컨설팅의 신규 직무를 관리하기 위한 수행 활동 내용이다. 일반적인 직무관리 절차 순서를 고르시오.

> **보기**
>
> 가. 유사 직무와 비교하여 직무의 상대적 가치를 평가하고, 적정 임금 수준을 산정하였다(직무평가)
> 나. 인사팀은 생산직 사원의 주요 업무, 필요 도구, 근무 시간, 보고 체계 등을 파악하기 위해 인터뷰와 관찰을 실시하였다(직무분석)
> 다. 수집한 정보를 바탕으로 생산직 사원의 업무 내용과 책임, 직무 목적 등을 체계적으로 문서화하고, 해당 직무를 수행하기 위해 필요한 학력, 자격, 경험, 신체 조건 등의 요건을 정리하였다(직무기술서 및 직무명세서 작성)

① 가 → 나 → 다　　　② 나 → 다 → 가

③ 가 → 다 → 나　　　④ 나 → 가 → 다

08 [보기]의 (　　)안에 들어가야 하는 직무평가 방법을 고르시오.

> **보기**
>
> (　㉠　)(은)는 직무평가자가 평가하려는 직무들의 직무기술서 및 직무명세서를 가지고 이들 직무들의 상대적인 가치를 해당 직무들에 대해 기업의 목표달성관련 중요도, 직무수행상의 난이도, 작업환경 등을 포괄적으로 고려하여 그 가치에 서열을 매기는 방법이다.
> (　㉡　)(은)는 여러 직무들을 전체로 비교하지 않고 직무가 갖고 있는 요소별 직무들 간의 서열을 매기는 데에서 출발하는 방법이다.

① ㉠ 서열법, ㉡ 요소비교법

② ㉠ 서열법, ㉡ 분류법

③ ㉠ 분류법, ㉡ 점수법

④ ㉠ 점수법, ㉡ 중요사실기록법

09 명목집단법(NGT)의 절차로 옳은 것은?

① 아이디어 공유 → 아이디어 작성 → 투표 및 의사결정 → 토론
② 아이디어 작성 → 아이디어 공유 → 토론 → 투표 및 의사결정
③ 아이디어 작성 → 투표 및 의사결정 → 토론 → 아이디어 공유
④ 토론 → 아이디어 공유 → 아이디어 작성 → 투표 및 의사결정

10 인적자원의 모집 방법 중 내부모집에 의한 방법으로만 구성된 것은?

① 광고, 인터넷 모집
② 채용박람회, 근로자 추천
③ 교육기관의 추천, 인턴십 제도
④ 사내공개모집제도, 관리자 및 기능목록 작성

11 [보기]는 ㈜생산성의 면접방법과 관련된 회의내용이다. [보기]에서 설명하는 ㈜생산성의 면접방법은 무엇인가?

> **보기**
>
> - 김대리 : 이 면접은 다수의 면접자가 한 명의 피면접자를 평가하는 형태로 진행됩니다.
> - 박과장 : 한 명에 대해 여러 사람이 동시에 관찰하므로 평가에 있어서 신뢰도가 높다는 장점이 있습니다.
> - 홍차장 : 다수의 면접자 앞에서 피면접자가 심리적으로 위축될 경우 평가에 있어서 신뢰도가 저하될 수 있습니다.
> - 최팀장 : 이 방법은 집단면접보다 시간이 많이 소요된다는 점을 인지해야 합니다.

① 집단면접
② 패널면접
③ 비지시적면접
④ 스트레스면접

12 채용 예정자를 대상으로 한 시험 성적을 먼저 측정하고, 일정 기간 근무 후의 직무성과와 비교하여 선발도구의 타당성을 검사하는 방법을 의미하는 것은?

① 동시타당성
② 예측타당성
③ 내용타당성
④ 구성타당성

13 배치관리의 원칙으로 적절하지 <u>않은</u> 것은?

① 연공주의
② 능력주의
③ 적재적소주의
④ 인재육성주의

14 [보기]는 ㈜생산성의 직무평가방법과 관련된 회의내용이다. [보기]에 해당하는 직무평가방법을 한글로 입력하시오.

> **보기**
>
> - 김대리 : 해당 직무를 평가할 때 주어진 등급으로 분류하므로 다른 직무평가 방법보다 실시과정이 간단하고 용이합니다.
> - 박과장 : 이 방법은 우리 회사에 도입하는데 비용이 별로 발생하지 않아서 좋은 것 같습니다.
> - 홍차장 : 평가대상 직무들이 가지고 있는 자격요건의 수준등급이 몇 개 되지 않는 경우 매우 효과적입니다.
> - 최팀장 : 이 방법은 개별 등급에 대한 정의를 내리는 것이 어렵다는 것을 인지해야 합니다. 특정 평가대상 직무를 어느 등급에 분류시키기 위해서는 개별등급에 대한 정의가 명확해야 해요. 특히 중간등급에 대한 차별화가 명확한 정의를 내리는데 어려움이 있을 수 있습니다.

15 상대평가 방식 인사고과의 장점으로 적절하지 <u>않은</u> 것은?

① 피평가자들의 평가 수용성이 높아진다.

② 평가자의 중심화·관대화 경향을 줄일 수 있다.

③ 평가에 있어 시간과 비용이 비교적 적게 쓰인다.

④ 승진, 보상 등 제한된 자원의 효율적 분배가 가능하다.

16 [보기]가 설명하는 인사평가기법은 무엇인가?

보기

- 피평가자의 능력, 개인적 특성 및 성과를 평가하기 위하여 평가요소들을 제시하고 이에 대해 단계별 차등을 두어 평가하는 기법
- 평가목적에 따른 평가요소를 개발하여 평가하게 하면 특정 평가요소에 대한 피평가자의 수준을 판단할 수 있음
- 평가결과에 대한 의미 있는 계량화가 가능하여 임금(인센티브) 책정 등에 유용한 정보를 제공할 수 있음
- 평가자가 의도적으로 특정 피평가자를 높게 평가할 수 있다는 문제가 있음

① 평정척도법   ② 서술식고과법

③ 행동기준평가법   ④ 강제선택서술법

17 [보기]는 ㈜생산IT의 승진 기준 변화에 대한 내용이다. 변화의 내용으로 가장 적절한 것은?

보기

㈜생산IT는 과거에는 오랜 재직 기간과 조직 내 순번을 중시하여, 오래 근무한 직원이 승진 대상에서 앞설 수 있었다.

그러나 최근에는 이러한 방식이 젊은 직원들의 동기부여에 한계를 보인다고 판단하여, 구체적인 직무 성과와 조직 기여 정도를 승진의 핵심 기준으로 삼고 있다.

이에 따라 오래 근무했더라도 성과가 부족하면 승진 대상에서 제외되며, 반대로 재직 기간이 짧더라도 탁월한 기여를 보인 직원은 승진할 수 있게 되었다.

① 연공적 승진제도 → 성과주의 승진제도

② 연공적 승진제도 → 근속연수 중심 승진제도

③ 근속연수 중심 승진제도 → 안정성 확보형 승진제도

④ 안정성 확보형 승진제도 → 직무만족 중심 승진제도

18 교육훈련의 필요성 분석방법에 대한 설명으로 적절하지 <u>않은</u> 것은?

① 자료조사법은 해당기업이 보유하고 있는 제 기록들을 검토하여 교육훈련의 필요성을 밝혀내는 기법이다.

② 질문지법은 종업원을 대상으로 질문지를 통해 태도조사, 문제점 조사 등을 실시하여 교육훈련의 필요성을 파악하는 기법이다.

③ 작업표본법은 일선 작업장에서 종업원이 수행한 작업결과의 일부를 검토하여 해당 작업자 혹은 작업집단에 대한 교육훈련의 필요성 여부를 판단하는 기법이다.

④ 전문가 자문법은 교육훈련에 풍부한 경험을 가진 기업 외부전문가 12~16명으로 구성된 집단이 일련의 과정을 거치면서 교육훈련의 필요성을 파악하는 기법이다.

19 홀(D. T. Hall)의 경력단계모형 중 네 번째 단계는 쇠퇴단계로 자신의 경력을 평가하고 직장 생활을 통합해 보면서 은퇴를 준비하는 단계이다. 쇠퇴단계의 경력욕구는 무엇인가?

① 친교성(Intimacy)　　② 통합성(Integrity)

③ 생산성(Generativity)　　④ 정체성(Identity)

20 [보기]에서 나타나는 인사고과 평가에 대한 오류를 한글로 입력하시오.

> **보기**
>
> • 평가자가 평소 노동조합을 ㈜생산성에 발전적인 조직으로 보지 않고, 투쟁적이고 해만 끼치는 조직으로 보는 관점에서 노조에 매우 적극적인 사람의 능력과 업적을 낮게 평가한다.
> • 평가자가 특정 종교에 좋지 않은 감정을 가진 상태에서 이러한 감정을 피평가자의 평가에 반영한다.
> • 평가자가 "나이 많은 직원은 새로운 기술을 잘 배우지 못한다."라는 선입견 때문에 실제로는 성실히 배우고 성과를 내는 중년 직원에게도 낮은 평가를 한다.

21 임금관리의 차원에서 [보기]는 무엇을 실현하기 위한 것인가?

> **보기**
>
> 임금수준의 형평성은 경쟁사나 동종업계의 임금수준과 비교했을 때 공정하다고 판단하는 정도, 동일 기업 내에서 직급 간 또는 직종 간 임금 차이를 공정하다고 판단하는 정도를 의미한다.

① 임금관리의 체계성　　② 임금관리의 적정성

③ 임금관리의 합리성　　④ 임금관리의 공정성

22 지급의 기본 원칙으로 적절하지 <u>않은</u> 것은?

① 통화 지급의 원칙　　② 직접 지급의 원칙

③ 분할 지급의 원칙　　④ 정기 지급의 원칙

23 [보기]에서 설명하고 있는 임금형태는?

> **보기**
>
> 보통의 임금산정 방식과 같이 기본 임금을 결정한 후 연장·야간·휴일근로가 발생했을 때 각각의 수당을 산정하여 지급하는 것이 아니라 실제 근로시간을 따지지 않고 기본임금에 제수당을 포함하거나 일정액을 제수당으로 정하여 매월 지급하는 방식의 임금제도이다.

① 포괄임금제　　② 임금피크제

③ 순응임률제　　④ 표준시간급제

24 [보기]의 육아휴직 및 남녀고용평등법과 관련하여 (　　)에 들어갈 기간을 순서대로 옳게 제시한 것은?

> **보기**
>
> 육아휴직제도는 근로자가 피고용자의 신분을 유지하면서, 일정기간 자녀의 양육을 위해 휴직을 할 수 있도록 하는 제도이다.
> 「남녀고용평등법」 제19조제2항에서는 육아휴직의 기간을 (　　)년 이내로 한다. 다만 일정 요건을 충족하는 근로자의 경우 (　　)개월 이내에서 추가로 육아휴직을 사용할 수 있다.

① 1년, 3개월　　② 1년, 6개월

③ 2년, 3개월　　④ 2년, 6개월

25 근로소득만 있는 경우, 연말정산의 절차로 가장 적절한 것은?

① 두 곳 이상의 근무처로부터 급여를 받는 경우 주된 근무지와 종된 근무지 모두 원천징수의무자에게 제출한다.

② 근로자가 퇴직을 하는 경우 원천징수의무자는 퇴직하는 달의 근로소득을 지급하는 때 연말정산을 하여야 한다.

③ 근로자의 고의, 과실 또는 어떤 이유로 사실과 다른 연말정산을 하게 된 경우 근로자는 당해연도 3월에 종합소득확정신고를 하여야 한다.

④ 과세기간 중도에 퇴직한 경우 재취업한 직장에 전 직장으로부터 받은 근로소득을 합산하여 소득공제 및 세액공제 신고를 하여야 하고 연말정산은 생략이 가능하다.

26 [보기]에서 설명하는 정부의 보장제도를 한글로 입력하시오.

> **보기**
>
> ㈜푸른희망기업은 최근 자금난으로 인해 직원들의 급여와 퇴직금을 제때 지급하지 못하는 상황에 처했다.
> 결국 기업은 법원에 도산신청을 하였고, 일부 근로자들은 퇴직을 결정했다. 그러나 퇴직한 직원들은 미지급된 임금과 퇴직금을 받을 수 있는 방법이 없어 생활고에 시달리고 있었다.
> 이때, 정부에서 사업주를 대신하여 근로자들에게 미지급된 임금과 퇴직금을 지급하는 제도가 적용되었다.
> 이 제도를 통해 퇴직자들은 일정 금액을 보전받아 생계를 유지할 수 있었다.

27 [보기]에서 설명하는 용어를 한글로 입력하시오.

> **보기**
>
> (　　　)(이)란 원천징수 의무자와 소득자의 인적사항과 소득금액(근로소득, 사업소득, 퇴직소득, 이자소득, 배당소득 등), 소득금액의 지급시기 등을 기재한 과세자료를 말한다.

28 [보기]는 무엇에 대한 설명인가?

> **보기**
>
> 근로자가 일정 기간(예 1개월) 내 총 근로시간을 기준으로 출퇴근 시각과 근로시간을 자율적으로 조정할 수 있는 제도로 근로기준법 제52조에 따라 근로자 대표와의 서면합의가 필요하며, 정산기간(1개월 이내) 내 1주 평균 근로시간이 40시간을 초과하지 않아야 합니다.

① 간주 근로시간제　　② 재량 근로시간제
③ 탄력적 근로시간제　　④ 선택적 근로시간제

29 근로시간에 대한 설명으로 적절하지 <u>않은</u> 것은?

① 적절한 근로시간은 노동의 재생산성을 유지시킨다.

② 1주 간의 근로시간은 휴게시간을 제외하고 40시간을 초과할 수 없다.

③ 15세 이상 18세 미만인 사람의 근로시간은 1일에 6시간, 1주에 30시간을 초과하지 못한다.

④ 근로시간을 산정하는 경우 작업을 위하여 근로자가 사용자의 지휘·감독 아래에 있는 대기시간 등은 근로시간으로 본다.

30 단체교섭의 기능으로 옳지 <u>않은</u> 것은?

① 근로자의 욕구불만을 조정하는 기능

② 노사의 공동체 의식을 조성하는 기능

③ 근로조건을 통일적으로 형성하는 기능

④ 근로자의 직무만족을 직접 보장하는 기능

31 단체교섭의 당사자란 자기의 이름으로 단체교섭을 행하고 단체협약을 체결할 수 있는 자를 말하는데 근로자 측의 당사자와 사용자 측의 당사자로 구분된다. 단체교섭의 당사자에 해당되지 <u>않는</u> 것은?

① 법인   ② 사업자

③ 노동조합 대표   ④ 해고자 단체 대표

32 [보기]의 (　　)에 들어갈 법정수당 금액은 얼마인가?

*정답은 단위(원)을 제외한 숫자만 입력하시오.

> **보기**
>
> • 김생산씨는 상시 근로자 수가 5인 이상인 ㈜KPC산업에서 일하고 있으며 1주 소정근로시간은 40시간, 시간당 통상임금은 15,000원이다.
> • 김생산씨는 휴일에 출근하여 10시간의 근로를 제공하였다. 회사는 근로기준법에 따라 김생산씨의 10시간 휴일근로에 대해 (　　)원의 법정수당을 지급하였다.

---

33 [보기]의 ㉠, ㉡에 해당하는 용어를 예와 같이 ㉠, ㉡ 순서대로 입력하시오.

*예 ㉠이 홍삼, ㉡이 인삼일 경우 (홍삼, 인삼)으로 입력

> **보기**
>
> • 의사결정참여는 근로자 또는 노동조합이 경영의사결정권을 갖고 있느냐의 여부에 따라 (㉠)와(과) (㉡)(으)로 구분된다.
> • (㉠)(이)란 공동협의를 기본으로 하는 것으로서 노사 쌍방에게 관심이 깊은 사항으로서 보통 단체교섭에서는 취급되지 않는 사항에 대하여 노사가 협력하여 협의하는 제도를 말한다.
> • (㉡)(은)는 경영에 대한 의사결정권이 노사 공동으로 행해지는 것으로서 근로자 및 노동조합이 경영에 참가하여 의사교환 및 경영문제의 제기뿐만 아니라 경영에 공동결정을 하는 행위까지도 행한다.

 5회 2025년 9월 기출문제 (실무)

01 다음 중 핵심 ERP 사용을 위한 기초 사업장 정보를 확인하고, 그 설명으로 옳지 <u>않은</u> 것은?

① [1000.인사1급 회사본사] 사업장은 당 회사의 '본점' 사업장이며, 지방세 신고 시 개인법인구분의 설정은 [21.OO주식회사]로 설정되어 있다.

② [2000.인사1급 인천지점] 사업장의 개업년월일은 '2000/01/03' 이며, 주업종은 [721000.정보통신업]이다.

③ [3000.인사1급 부산지점] 사업장은 [1000.인사1급 회사본사] 사업장과 더불어 주사업장에 속하며, 해당 사업장의 주(총괄납부)사업장 승인번호는 '4321'이다.

④ [4000.인사1급 강원지점] 사업장의 관할세무서는 [221.춘천] 이며, 해당 회사에 등록된 사업장 중 유일하게 원천징수이행상황신고서를 반기별로 작성한다.

02 당 회사에 등록된 부서를 '2025/09/27' 기준으로 조회했을 때, 조회된 부서에 대한 설명으로 옳은 것은?

① 조회기준일 기준 현재 사용 중인 부서는 총 9개이다.

② [1000.인사1급 회사본사] 사업장에 속한 부서는 모두 [1000.관리부문] 소속이다.

③ 2025년 이후 사용이 종료될 예정인 부서는 [3000.인사1급 부산지점]에 속해있다.

④ [5000.자재부문]에 속한 부서는 [4000.인사1급 강원지점]에 속해있다.

03 당 회사의 인사/급여기준에 대한 설정을 확인했을 때, 올바르게 설명한 [보기] 내용은 몇 개인가?
(단, 환경설정 기준은 변경하지 않는다.)

> **보기**
>
> 1. 입사자의 급여는 근무일수와는 무관하게 월급여를 지급받는다.
> 2. 월급이 300만원인 근로자가 현재 수습직인 경우, 실제로 월급은 210만원을 지급받는다.
> 3. 당 회사에서 2025년 07월 귀속, 2025년 08월 지급한 건에 대해 지방소득세특별징수명세 신고서를 생성하는 경우, 2025년 08월에 지급한 모든 소득 데이터가 집계된다.
> 4. 당 회사의 건강보험정산코드는 [S10.건강보험]이다.

① 0개 ② 1개
③ 2개 ④ 3개

04 당 회사는 2025년 09월 [800.과장] 직급의 호봉을 아래 [보기]와 같이 일괄 등록하고자 한다. [800.과장] 직급의 호봉등록을 완료하고, 5호봉 기준의 '호봉합계'는 얼마인가?

> **보기**
>
> 1. 기본급 초기치 : 3,100,000원 (증가액 120,000원)
> 2. 급호수당 초기치 : 150,000원 (증가액 16,000원)
> 3. 연장수당 초기치 : 50,000원 (증가액 5,000원)
> 4. 일괄인상
>   1) 정률인상 적용 : 기본급 4.5%, 급호수당 2.0%
>   2) 정액인상 적용 : 연장수당 2,000원

① 3,615,700원 ② 3,741,100원
③ 3,884,660원 ④ 4,031,380원

05 당 회사의 2025년도 귀속 '급여' 지급항목의 설정 기준에 대한 설명으로 옳지 <u>않은</u> 것은? (단, 지급/공제항목설정 기준은 변경하지 않는다.)

① [P00.기본급]은 책정된 임금의 월급을 기준으로 지급하며, 입사자는 [인사/급여환경설정] 메뉴의 환경설정에 따라 지급한다.

② [P20.자격수당]은 특정 자격증을 취득한 경우에 지급하며, 자격별로 금액이 다르게 책정되어 있다.

③ [P55.영업촉진비]는 [2100.국내영업부]와 [2200.해외영업부]에 속한 대상자인 경우에만 지급하며, 동일한 금액을 지급받는다.

④ [P90.출산지원금(1회)] 수당은 2024년에는 지급하지 않은 수당이며, 해당 수당의 계산식은 설정 되어있지 않다.

06 당 회사의 2025년 08월 귀속 급/상여 지급일자 등록을 확인하고, 그 설명으로 옳지 <u>않은</u> 것은?

① 해당 귀속연월에는 '하계휴가비'와 '급여'를 각각 다른 지급일자에 지급했다.

② '급여'를 지급하는 일자에 '상여'를 직접 추가하여 지급할 수 있다.

③ '하계휴가비'의 경우 입사자와 퇴사자를 제외하고 지급했다.

④ '급여' 지급 대상자는 '지급직종및급여형태'에 반영된 정보와 일치하는 대상자를 [상용직급여입력및계산] 메뉴에서 직접 선정하여 반영한다.

07 당 회사는 2025년 2분기에 [918.2025년 2분기 내부교육]을 진행하였으며, 해당 교육을 미이수한 대상자에 대해 3분기에 내부교육을 다시 진행할 예정이다. 전체 사업장을 기준으로 조회했을 때 3분기에 내부교육을 다시 진행할 인원은 몇 명인가?

① 7명 　　　　② 8명
③ 9명 　　　　④ 10명

08 당 회사는 전체 사업장의 근로자를 대상으로 2025년 3분기에 [보기]에 해당하는 자격증을 취득한 대상자에게 자격수당을 지급하기로 하였다. [보기]와 같이 자격수당을 지급 할 때, 그 지급액은 얼마인가? 단, 퇴사자는 제외한다.

> **보기**
> 1. [800. AI-POT 1급] : 100,000원
> 2. [810. AI-POT 2급] : 70,000원

① 750,000원 　　　　② 800,000원
③ 850,000원 　　　　④ 900,000원

09 당 회사의 인사 정보를 확인하고 관련된 설명으로 옳은 것은?

① [20000601.이수희] 사원은 현재 세대주이며, 수습기간을 거친 이력이 있다.

② [20080103.김소현] 사원은 현재 [2100.국내영업부] 소속이며, 직종은 [001.사무직]이다.

③ [20081201.안민서] 사원의 급여형태는 [002.연봉]이며, 20세이하 부양가족이 존재한다.

④ [20081204.유지현] 사원은 [010.한국] 은행을 통해 급여를 지급받으며, 최근 책정된 월급은 4,619,166원이다.

10 당 회사는 2025/09/30에 [2025년 4/4분기 인사발령]이 진행될 예정이다. [20250930] 발령호수의 <발령내역>에 대한 설명으로 옳지 <u>않은</u> 것은?

① 발령 대상자들은 모두 현재 '국내영업부' 소속이며, 5명이 발령대상자이다.

② 발령 전 부서와 현재 부서가 동일한 사원은 [20010402.박국현]이 유일하다.

③ 발령 후, '해외영업부'로 부서가 변경되는 사원은 [20001101.박용덕]이 유일하다.

④ 발령 후, 직책과 직급이 모두 변경되는 사원은 [20170921.최영우]가 유일하다.

11 당 회사의 2025년 09월 귀속 급여(지급일자 : 2025/09/25)를 작업하기 전, [P25.직무발명보상금]의 지급 조건을 설정한 뒤 작업을 하고자 한다. [보기]의 내용을 참고하여 지급 조건을 설정하고, 전체 급여 지급 대상자의 급여를 계산했을 때 '비과세' 총액은 얼마인가? (단, 문제에서 제시한 조건 외의 급여계산에 필요한 조건은 프로그램에 등록된 기준을 이용한다.)

> **보기**
>
> 1. 지급코드 : [P25.직무발명보상금]
> 2. 지급기준
>   분류기준 : [002.부서별] /
>   지급대상부서 : [7000.연구개발부]
>   계산구분 : 계산 /
>   계산식 : 책정임금의 월급 * 0.15

① 3,894,240원　　　　② 4,020,430원
③ 4,215,570원　　　　④ 4,420,850원

12 당 회사는 다가오는 추석을 맞이하여 [202.명절휴가비]를 지급하고자 한다. (단, 그 외 급여계산에 필요한 조건은 프로그램에 등록된 기준을 이용한다.)

> **보기**
>
> 1. 귀속연월 : 9월, 상여지급일자 : 2025/09/30
> 2. 동시발행여부 및 대상자선정 : 분리,
>   직종및급여형태별(입사자와 퇴사자는 상여계산에서
>   제외함.)
> 3. 명절휴가비 지급대상 : 전체 사업장 기준 직종이
>   '생산직' 또는 '연구직'이고, 급여형태가 '월급'인 근로자
> 4. 명절휴가비의 상여지급대상기간 :
>   2025/01/01 ~ 2025/08/31

① 해당 지급일자의 대상자는 모두 6명이고, 모두 [1000.인사1급 회사본사] 사업장 소속이다.
② 명절휴가비는 책정임금의 월급의 130%에 해당하는 금액을 지급한다.
③ 명절휴가비는 모두 차등 지급되었으며, [20081204.유지현] 사원이 가장 많은 금액을 지급받았다.
④ 해당 지급일자의 총 과세금액은 30,080,350원이다.

13 당 회사는 [1000.인사1급 회사본사] 사업장을 제외한 나머지 사업장에 대해 2025년 08월 귀속(지급일 2번)에 이체한 급/상여를 확인하고자 한다. 이체 현황에 대한 설명으로 옳지 <u>않은</u> 것은? (단, 무급자는 제외한다.)

① 해당 조회조건의 대상자는 모두 7명이고, 총 실지급액은 30,874,530원이다.
② 해당 조회조건의 대상자 중 가장 적은 금액의 급/상여가 계좌로 이체된 사원은 [20090701.김성실]이다.
③ 해당 조회조건의 '신한은행'에서 발생한 급/상여 이체 금액은 '카카오뱅크'와 '한국은행'에서 발생한 급/상여 이체 금액보다 크다.
④ 해당 조회조건의 급/상여는 2025/08/25에 지급되었고, 급/상여 이체 대상의 이름과 예금주명이 다른 사원이 존재한다.

14 당 회사는 초과근무에 대해 수당을 지급하고 있다. 아래 [보기]의 기준을 토대로 2025년 08월 귀속(지급일 1번)의 [20081203.안종남] 사원의 '초과근무수당'을 계산하면 얼마인가? (단, 근무수당을 계산하면서 발생되는 모든 원단위 금액은 절사하며, 책정임금 시급은 원단위 금액을 절사하지 않고 계산한다.)

> **보기**
>
> 초과근무수당
> = 1유형근무 수당 + 2유형근무 수당
> 초과근무 시급 : 책정임금 시급
> 1유형 근무수당 : 총 연장근무시간에 초과근무 시급을
> 　　　　　　　 곱한 후 150% 가산하여 산정
> 2유형 근무수당 : 총 심야근무시간에 초과근무 시급을
> 　　　　　　　 곱한 후 200% 가산하여 산정

① 729,770원　　　　② 745,640원
③ 760,660원　　　　④ 789,220원

15 당 회사는 [1000.인사1급 회사본사] 사업장의 2025년 상반기에 지급한 [100.급여] 내역을 집계하여 확인하고자 한다. [100.급여] 내역을 기간별로 확인했을 때, 기간과 지급항목 금액에 대한 내용으로 옳지 않은 것은?

① 2025년 01월의 연장근로수당 : 200,000원

② 2025년 03월의 직무발명보상금 : 600,000원

③ 2025년 04월의 근속수당 : 4,850,000원

④ 2025년 06월의 영업촉진비 : 5,700,000원

16 당 회사는 일용직 사원에 대해 사원별 지급형태를 구분하여 일용직 급여를 지급하고 있다. 아래 [보기]를 확인하여 2025년 09월 귀속 지급일 중 '매일지급' 대상자를 직접 반영 후 급여를 계산할 때, 해당 지급일의 급여내역에 대한 설명으로 옳은 것은? (단, 급여계산에 필요한 조건은 프로그램에 등록된 기준대로 확인한다.)

① 해당 지급일자의 대상자는 총 6명이고, 총 실지급액은 29,223,920원이다.

② 해당 지급일자의 대상자는 모두 30일 중 26일을 근무하였다.

③ 해당 지급일자에서 공제된 총 소득세는 251,460원이고, 모든 대상자에게서 소득세가 공제되었다.

④ 해당 지급일자의 총 비과세 금액은 8,162,820원이고, 모든 대상자에게서 비과세 금액이 발생했다.

17 2025년 09월 귀속 일용직 급여작업 전, 아래 [보기]를 기준으로 [1019.하윤서] 사원의 사원정보를 직접 입력하고 [일용직급여지급일자등록] 메뉴에 대상자를 반영하여 모든 대상자들의 급여계산을 진행했을 때, 해당 일용직 대상자들에게 실제 지급된 금액의 총 합계는 얼마인가? (단, 그 외 급여계산에 필요한 조건은 프로그램 등록된 기준을 따른다.)

① 26,275,250원

② 28,009,750원

③ 30,448,770원

④ 32,612,990원

18 당 회사의 [1000.인사1급 회사본사] 사업장을 제외한 사업장의 2025년 상반기의 <과세/비과세> 총액으로 옳은 것은? (단, '사용자부담금'은 제외한다.)

① 과세총액 : 60,336,210원 / 비과세총액 : 1,500,000원

② 과세총액 : 121,695,710원 / 비과세총액 : 5,000,000원

③ 과세총액 : 182,031,920원 / 비과세총액 : 6,500,000원

④ 과세총액 : 390,760,990원 / 비과세총액 : 13,200,000원

19 당 회사의 퇴직금 산정을 위한 퇴직기준설정을 확인했을 때, 올바르게 설명한 [보기] 내용은 몇 개인가?
(단, 환경설정 기준은 변경하지 않는다.)

A : 노동부기준은 적용하지 않고, 평균임금 기간 산정 시 당월을 기준으로 3개월을 산정한다.
B : 근속누진과 임원누진 적용을 동시에 사용하고 있으며, 근속누진의 적용유형은 [001.기간]이다.
C : 상여 항목은 퇴직금 계산 시 선택할 수 없으며, 근속일수에 퇴사일을 포함한다.
D : 퇴직금 계산식은 '일할'로 설정되어 있고, 연차수당코드는 [P60.월차수당]을 사용한다.

① 0개 ② 1개
③ 2개 ④ 3개

20 2025년 08월 25일 [1000.인사1급 회사본사] 사업장의 [20080103.김소현] 사원이 주택구매를 사유로 중도정산을 신청하였다. 아래 [보기]의 내용에 따라 퇴직기준과 대상자를 직접 반영하여 퇴직정산작업을 진행했을 때, 정산 결과에 대한 설명으로 옳지 <u>않은</u> 것은? (단, 그 외 퇴직금 계산에 필요한 조건은 프로그램의 등록 기준에 따른다.)

1. 평균임금 계산식 : '일평균 임금' 적용
2. 지급항목 설정 : 기본급, 연장근로수당, 근속수당
3. 귀속연월 : 2025/08
4. 재직기준 : 2025/08/01 ~ 2025/08/31
5. 퇴직일자, 신청일자 : 2025/08/25
6. 지급일자 : 2025/08/25

① [20080103.김소현] 사원의 중도 정산 시의 근속기간은 6445일이다.
② [20080103.김소현] 사원의 퇴직금 계산 시 산정된 기본급의 합계는 10,813,740원이다.
③ [20080103.김소현] 사원의 퇴직금 계산 시 산정된 급여내역은 2025/05/01~2025/07/31까지의 기간이다.
④ [20080103.김소현] 사원에게 실제로 지급될 중도정산 퇴직금은 73,273,970원이다.

21 아래 [보기]를 기준으로 2025년 08월 귀속의 전표를 생성하려 했을 때 발생하는 오류에 대한 처리로 올바른 것은 무엇인가? (현재 반영되어 있는 데이터를 기준으로 오류내역을 조회한다.)

1. 지급유형 : [1.상용직급여]
2. 회계단위 : [1000.인사1급 회사본사]
3. 결의일자 : 2025/08/25
4. 작성자 : [ERP13I01.장미란]
5. 집계사업장 : [1000.인사1급 회사본사]

① [계정과목설정] 메뉴의 상용직급여 탭에서 조회되는 계정유형 별 지급항목의 계정코드 중 누락된 계정코드를 설정한다.
② [계정과목설정] 메뉴의 상용직급여 탭에서 조회되는 계정유형 별 공제항목의 계정코드 중 누락된 계정코드를 설정한다.
③ [소득자별계정유형설정] 메뉴에서 계정유형이 누락된 사원의 계정유형을 설정한다.
④ [전표집계및생성] 메뉴의 전표처리결과 탭에서 기존에 생성해 놓은 전표를 확인한 뒤 전표삭제를 한다.

22 당 회사 [3000.인사1급 부산지점] 사업장의 [20090701.김성실] 사원의 2024년 귀속의 근로소득 지급/공제내역 중 지급받은 총급여의 합계(상여 포함)와 실제 원천징수한 소득세의 합계로 옳은 것은?

① 총급여 : 47,149,920원 / 소득세 : 3,368,480원
② 총급여 : 47,149,920원 / 소득세 : 3,739,040원
③ 총급여 : 57,962,400원 / 소득세 : 3,368,480원
④ 총급여 : 57,962,400원 / 소득세 : 3,739,040원

23 당 회사는 2025년 상반기 귀속 거주자 사업소득에 대해 소득자별로 소득 현황을 확인하고자 한다. 2025년 상반기에 지급한 소득에 대해 조회한 내용으로 옳은 것은?

① 상반기에는 총 6명의 소득자에게서 소득이 발생했고, 가장 많은 소득세를 공제한 소득구분은 [940302.배우]이다.
② 상반기에 발생한 소득 중 가장 많은 소득이 발생한 소득자는 [20210802.안민서]이고, 실제 지급받은 총 소득금액은 12,881,220원이다.
③ 상반기에 발생한 소득은 모두 [1000.인사1급 회사본사] 사업장에서만 발생했고, 총 지급액은 41,308,600원이다.
④ 상반기에 발생한 당월 귀속의 소득은 모두 당월에 지급되었으며, [940907.음료배달]의 경우 매월 소득이 발생하였다.

24 아래 [보기]를 기준으로 당 회사의 지방소득세 특별징수명세 신고서를 생성했을 때, [3.사업소득]의 소득자별 '과세표준'이 옳지 <u>않은</u> 것은? (단, 신고서 생성기준은 '단일 사업장' 기준으로 생성한다.)

1. 매월 신고
2. 신고사업장 : [1000.인사1급 회사본사]
3. 신고구분 : 1.정기
4. 귀속연월 : 2025년 08월
5. 지급연월 : 2025년 08월
6. 제출일자 : 2025년 09월 10일
7. 급여지급일자 : 2025년 08월 25일

① [20210802.안민서] - 과세표준 : 190,000원
② [20220114.윤태경] - 과세표준 : 139,980원
③ [20200813.이의리] - 과세표준 : 142,500원
④ [20180601.조한영] - 과세표준 : 96,000원

25 아래 [보기]를 기준으로 '인사/급여환경설정'을 직접 확인하여 변경한 뒤, [1000.인사1급 회사본사] 사업장의 원천세 신고서를 추가했을 때 조회된 내용 중 옳은 것은? (단, 신고구분은 '정기'이며, 소득처분여부는 '1.비해당'으로 설정한다.)

1. 원천세 신고유형 : 본점일괄신고
2. 이행상황신고서집계방식 : 지급연월
3. 신고서 생성 기준 : 귀속연월, 지급연월 : 2025/08
   (제출일자 2025/09/10)
4. 일반 데이터반영 : 매월징수분(전체) / 연말정산 소득세, 농특세 반영 : 미적용

① 해당 신고서에서는 근로소득(간이세액), 일용근로소득, 사업소득(매월징수)이 집계되었으며, 각 소득들의 총지급액 합은 182,482,040원이다.

② 근로소득 구분에 집계된 근로소득(간이세액)과 일용근로소득의 내역은 해당 신고서에서 직접 수정이 불가한 항목이다.

③ 주화면 탭의 사업소득(매월징수)에 집계된 인원과 총지급액은 거주자(부표) 탭의 사업소득(매월징수)계에 집계된 인원과 총지급액은 동일하며, 해당 항목의 수정은 거주자(부표) 탭에서만 가능하다.

④ 일용근로소득에서 발생한 소득세는 사업소득(매월징수)에서 발생한 소득세보다 50,070원만큼 더 발생했다.

01 [보기]의 ㈜생산솔루션 회사가 도입한 인공지능 기술에 대한 설명으로 가장 적절한 것은?

> **보기**
>
> ㈜생산인사솔루션은 최근 급변하는 인사 환경에 대응하기 위해 인공지능 기반의 인사관리 시스템을 도입하였다. 인사팀은 이 시스템을 활용하여 입사 지원자의 이력서와 자기소개서를 자동으로 분석하고, 적합한 인재를 선별하는 과정에서 이미지 인식 및 문장 분석 기능을 활용하고 있다. 또한 근무태도 및 성과 데이터를 시계열로 분석하여 인사 평가에 반영하고자 한다.

① RNN은 이미지 데이터를 효과적으로 분류할 수 있는 딥러닝 알고리즘이다.

② RNN은 고정입력값만을 처리할 수 있으며, 순차적인 자연어 분석에는 적합하지 않다.

③ CNN은 시계열 데이터 분석에 최적화되어 있으며, 인사 평가 예측에 주로 활용할 수 있다.

④ CNN은 필터링을 기반으로 이미지 인식에 효과적이며, 이력서 내 사진 판별 등에 활용될 수 있다.

02 [보기]의 ㈜생산에이아이의 블록체인 기술 도입 사례이다. ㈜생산에이아이의 인사정보 관리 방식에 대한 설명으로 가장 적절한 것은?

> **보기**
>
> ㈜생산에이아이는 최근 임직원의 근로계약, 인사 이력, 근태 및 급여 정보 등 주요 인사 데이터를 보다 투명하고 신뢰성 있게 관리하기 위해 블록체인 기반 인사정보 관리 시스템을 도입하였다. 이 시스템은 인사 정보의 위변조를 방지하고, 구성원 간 정보 접근 투명성을 확보하는 데 초점을 두고 있다.

① 블록체인은 중앙 서버를 기반으로 하여 인사 정보를 단일 시스템에 집중 저장한다.

② 블록체인에서는 블록 단위의 정보가 시간 순서와 무관하게 저장되며 수정이 용이하다.

③ 블록체인은 인사정보 보호를 위해 거래 내역을 개별 참여자에게만 분산 저장하지 않는다.

④ 블록체인 기반 인사정보 관리는 정보 위·변조 방지와 참여자 간 투명한 공유를 가능하게 한다.

03 [보기]에서 ㈜생산개발의 ERP 인사모듈 도입 기대 효과로 가장 적절하지 <u>않은</u> 것은?

> **보기**
>
> ㈜생산인재개발은 인사 업무의 정확성과 효율성을 높이기 위해 ERP 인사 모듈을 도입하였다. 도입 이후 입·퇴사자 관리, 급여정산, 인사평가 등 각종 인사 업무가 통합되어 진행되고, 실시간으로 인사 데이터를 조회할 수 있게 되었다. 또한 직원들은 본인의 근태 및 인사기록을 셀프서비스 방식으로 확인할 수 있게 되어, 인사팀의 반복 업무 부담도 줄어들었다.

① 인사 관련 업무의 사이클 타임 단축
② 급여정산과 인사기록 관리의 효율화
③ ERP 인사 모듈 교육으로 인한 비용 증가
④ 통합 인사정보를 통한 경영 의사결정 지원

04 e-Business 지원 시스템을 구성하는 단위 시스템에 해당되지 <u>않는</u> 것은?

① 성과측정관리(BSC)
② EC(전자상거래) 시스템
③ 의사결정지원시스템(DSS)
④ 고객관계관리(CRM) 시스템

05 ERP시스템 투자비용에 관한 개념 중 '시스템의 전체 라이프사이클(life-cycle)을 통해 발생하는 전체 비용을 계량화한 비용'에 해당하는 것은?

① 유지보수 비용(Maintenance Cost)
② 시스템 구축비용(Construction Cost)
③ 총소유비용(Total Cost of Ownership)
④ 소프트웨어 라이선스비용(Software License Cost)

06 [보기]의 내용은 인사부문 관리활동 중 어느 활동에 해당하는가?

*선택지 중 가장 밀접한 내용을 고르는 문제입니다.

> **보기**
>
> ㈜생산의 인사팀은 현재 진행중인 '업무 동기 전략' 프로그램이 어느 정도 효과를 나태내고 있는지를 평가하기 위해 다양한 지표를 개발하였다.
> • 종업원의 사기 수준이 타 기업에 비해 어느 정도인가?
> • 종업원은 관리자에 대해 만족하는가?
> • 결근율, 지각률 등 불만지표는 감소하고 있는가?
> 본 질문을 바탕으로 다양한 논의를 거쳐 정확한 평가를 위한 측정지표를 개발할 예정이다.

① 구조조정
② 인력계획
③ 인력실천
④ 인력통제

07 직무분석에 대한 설명으로 가장 적절한 것은?

① 인사관리 직군의 급여관리 업무 당담자의 급여자료 입력은 과업(Task)에 해당하며, 근무일 수 입력은 과업을 이루는 직종(Occupation)에 해당한다.
② 비서직은 하나의 직무이여, 비서직이 수행하는 회의록 작성은 요소(Element)에 해당하며, 회의록 작성을 위한 타이핑, 회의록 내용 검토 등은 과업(Task)에 해당한다.
③ 사무관리 직군의 교육훈련 담당자의 직위(Position)는 교육 프로그램 일정 관리이며, 일정 관리를 위한 강의 일정표 작성, 강사 스케줄 확인 등은 직무(Job)에 해당한다.
④ 생산직군에 종사하는 조립 공정 작업자의 과업(Task)는 부품조립이며, 드라이버로 나사 줄이기, 부품 위치 맞추기 등과 같이 가장 단위의 일은 요소(Element)에 해당한다.

08 [보기]는 ㈜생산 인사팀의 회의 내용이다. 주제에 가장 밀접한 직무설계 방법은 무엇인가?

- 김대리 : 회사 입장에서 해당 직무설계 방법은 작업자의 훈련이 용이하고, 단순·반복 작업으로 대량생산이 가능하기 때문에 높은 생산성을 달성할 수 있습니다. 또한 숙련공의 필요성이 적어지기 때문에 노무비 절감하고, 작업의 관리가 용이해질 수 있습니다.
- 박사원 : 그러나 근로자 입장에서는 작업의 반복으로 인한 권태감이 생기고, 세분화된 작업으로 작업에 대한 만족도가 감소하게 됩니다. 또한 작업방법이나 수단을 개선하여 능력을 발휘할 기회도 상실하게 됩니다.
- 정과장 : 회사 입장에서도 여러 리스크는 존재합니다. 제품 전체에 대한 책임 규명이 힘들고, 품질 관리도 어렵습니다. 또한 작업자의 이직, 지각 및 결근, 생산공정의 고의적인 지체, 작업자의 고충 등으로 인한 비용 증가도 발생합니다.
- 이차장 : 반대로 근로자에게도 여러 이점이 있습니다. 한 작업자가 수행하는 여러 종류의 일(Task)를 숫자 면에서 줄여주기 때문에 작업 결과에 대한 책임 부담이 적어지고, 정신적 스트레스나 피로도도 줄어듭니다. 또한 전문적인 직무 교육을 받을 필요가 없어지고, 미숙련공들의 취업 기회가 확대될 수 있습니다.

① 직무순환(Job Rotation)

② 직무확대(Job Enlargement)

③ 직무충실화(Job Enrichment)

④ 직무전문화(Job Specialization)

09 [보기]는 NCS(국가직무능력표준) 기반으로 작성된 문서이다. 문서의 종류로 가장 적절한 것은?

채용 분야	세무·회계	분류 체계	대분류	02. 경영·회계·세무			
			중분류	03. 재무·회계			
			소분류	02. 경영		01. 재무	
			세분류	02. 세무	01. 회계·감사	01.예산	02. 자금
직무 수행 내용	□ (세무) 세법의 체계 내에서 조세부담을 최소화시키는 조세전략을 수립하고 과세당국의 세무조사 및 행정처분에 대응하는 업무를 수행함 □ (회계·감사) 내·외부의 의사결정자들이 효율적인 의사결정을 할 수 있도록 내부 회계기준을 설정하고 내부 통제현황을 관리 및 검토하며 회계감사 및 회계법인의 요구사항에 대응하는 업무를 수행함 □ (예산, 자금) 조직이 목표로 하는 경영성과를 효과적으로 당성하기 위해 예상되는 수익·비용을 편성 및 집행하고 영업활동의 수행을 위해 현금흐름을 관리하며 이에 수반되는 재무위험 관리 및 도출되는 성과에 대해 분석하는 업무를 수행함						
일반 요건	연령	만 60세 미만인 자		작업기초 능력	□ 자원관리능력, 문제해결능력, 조직이해능력, 대인관계능력, 직업윤리		
	학력	제한 없음					
교육 요건	학력	제한 없음		권장자격	□ ERP회계정보관리사 1급/2급 □ ERP인사정보관리사 1급/2급		
	전공	제한 없음					
능력 단위	□ 법인세·지방세 신고, 절세방안 등 조세전략 수립, 세무조사 대응, 회계감사 대응, 이종사업간 연결회계, 예산편성지침 및 연간종합예산 수립, 예산위험관리, 재무위험관리, 성과 및 실적분석 등			직무수행 태도	□ 개정세법 적용여부를 확인하는 적극적 태도, 신고·납부기한을 준수하고자 하는 의지, 수정 및 경정청구사유를 발견하려는 세심한 자세, 경변화에 능동적이고 적극적으로 대처하려는 자세, 회계감사 대응을 위한 타 부서와의 협업 태도, 부서의 목소리를 들으려는 경청 의지 등		
필요 지식	□ 세법상 결산조정 및 신고조정 항목, 법인세법·지방세법 및 조세특례제한법, 수정신고·경정청구의 요건 및 절차, 정부 동향 및 기업환경변화, 세무조사 방향 및 최근 쟁점, 불복청구 및 의신청 절차, 분석을 위한 관리·재무회계 지식 등			필요기술	□ 세무정보시스템 운용능력 법인세 부속서류 작성기술, 추세분석 등 통계적 기법 활용능력, 세무조사 쟁점사항에 대한 대응요령 및 사례검토 능력, 회계감사 결과에 대한 신속한 사후조치 능력, 예산회계상 민감도 추정·분석 능력, 실적분석 및 평과결과에 대한 보고서 작성 능력 등		

① 회계보고서

② 성과평과표

③ 직무명세서

④ 인사발령서

10 인력예측기법에 대한 설명으로 적절하지 <u>않은</u> 것은?

① 자격요건기법 : 기업 환경이 미래에도 안정적이며, 직무내용, 구조, 기술에 큰 변화가 없는 경우 개별 직무에 요구되는 요건과 과업에 대한 분석을 병행하여 인력 수요예측 자료로 활용한다.

② 시나리오기법 : 과거 인력변화를 가져다 주었던 요인을 찾아서 시간에 따른 변화 정보를 파악하고 이를 인력의 변화정도와 연결시켜 미래의 인력 변화정도(인력수요)를 예측하는 분석 방법이다.

③ 노동과학적기법(작업연구기법) : 작업시간연구를 기초로 조직의 하위 작업장별 필요한 인력을 산출하는 기법으로, 표준 작업동작, 표준 작업시간, 생산단위당 표준작업시간 등을 인력 예측 자료로 활용한다.

④ 생산성비율분석 : 기업에 필요한 인력의 수는 작업량에 따라 비례한다는 가정을 바탕으로, 과거 기업이 달성했던 생산성의 변화 정보를 가지고 미래에 필요한 생산라인 투입 인력을 예측하는 기법이다.

11 선발 의사결정에 관한 설명으로 가장 적절하지 <u>않은</u> 것은?

① 선발률이 일정할 때 타당성 계수가 증가하면 예측수단의 성공률이 증가하게 된다.

② 만족스러운 성과를 낼 수 있는 사람을 시험성적이 미달되어서 선발하지 않는 오류를 제1종 오류라고 한다.

③ 총 지원자 중에서 만족스러운 성과를 낼 수 있는 사람들을 많이 선발하게 되면 선발기준의 타당성이 높다고 말할 수 있다.

④ 선발률이란 총지원자 중 선발된 사람의 비율을 의미하는 것으로 선발률이 0에 가까우면 1종오류는 줄어들지만 2종오류가 증가하고, 선발률이 1에 가까우면 1종오류는 늘어나지만 2종오류는 줄어드는 효과가 있다.

12 [보기]는 ㈜생산전자의 직무평가 순서 및 방법에 대한 내용이다. 해당 방법은 개별 직무에 대한 가치가 점수로 명확하게 산정되기 때문에 직무간 비교가 용이하다. 하지만 평가요소에 대한 가중치 설정에 문제가 제기될 수 있으며, 다른 평가방법보다 상대적으로 시간과 비용이 많이 발생한다. ㈜생산전자의 직무평가 방법으로 가장 적절한 것은?

보기

■ 평가순서

① 평가요소 선정 → ② 평가요소에 대한 가중치 설정 →
③ 평가요소에 대한 점수부여

■ 평가요소의 가중치 선정

평가요소		가중치	
대분류	소분류	소분류	대분류
숙련	• 직무경험 • 교육수준 • 문제해결능력	20 15 15	50
노력	• 육체적 노력 • 정신적 노력	5 5	10
책임	• 안전 • 직무개선 • 원재료관리	10 10 10	30
직무조건	• 작업환경 • 위험도	5 5	10

① 서열법　　　　　　② 점수법
③ 요소비교법　　　　④ 쌍대비교법

13 배치관리의 원칙으로 적절하지 <u>않은</u> 것은?

① 연공주의　　　　　② 능력주의
③ 적재적소주의　　　④ 인재육성주의

14 [보기]에서 설명하는 용어를 한글로 입력하시오.

- 조직 내부 인력이 부족하거나 전문성이 부족할 때, 특정 업무를 외부 전문기관에 위탁하여 수행하는 방식
- 상시 고용보다 외부 위탁이 더 저렴할 겨우 경제적인 효과를 거둘 수 있음
- 일시적인 인력 수요 증가 시 인력 부족의 대응 방안으로 대응 할 수 있는 전략중 하나이다.

15 [보기]는 무엇에 대한 설명인가?

- 가장 단순한 방법으로 근로자의 장단점과 성과 및 잠재적인 요인의 향상을 위한 제언을 사실적으로 서술하는 방법
- 간편하지만 비교가 어려우며, 평가 결과가 상이할 수 있음
- 일종의 자기고과 방법으로 자기평가는 자유롭게 기술함

① 강제선택법   ② 자유기술법
③ 대조표고과법   ④ 서술식고과법

16 교육훈련에 관한 적절한 설명으로 적절하지 <u>않</u>은 것은?

① 액션러닝(action learning)은 현장경험을 중시하는 경험위주의 교육훈련 학습방법이다.
② 교육훈련의 프로세스는 크게 필요성분석(수요조사), 계획설계, 실시, 평가의 과정을 거친다.
③ OJT(on the job training)는 훈련받은 내용을 바로 활용할 수 있지만 잘못된 관행이 전수될 가능성이 있다.
④ 중요사건법은 직무성과에 영향을 미치는 중요한 상황을 가정하고 시뮬레이션을 통해 훈련시키는 교육방법이다.

17 [보기]는 ㈜생산의 승진제도 내용이다. 본 사례에서 '능력주의 승진'에 대한 설명으로 가장 적절하지 <u>않</u>은 것은?

㈜생산은 최근 승진제도를 개편하였다. 회사는 기존의 연공서열 중심 승진 방식에서 벗어나, 각 직원의 역량과 직무 수행 능력을 중심으로 평가하고, 그 결과에 따라 승진 여부를 결정하고 있다.
승진 시 고려되는 기준은 직무의 중요도, 성과 평가 결과, 직무 적합성 등이다. 반면, 일반직 하위계층 근로자들은 여전히 승진 가능성이 낮고, 조직 내에서는 목적보다는 절차와 능력 기준이 강조되고 있다.

① 합리적 기준에 따라 승진이 이루어진다.
② 승진 기준은 직무 성과 중심으로 설정된다.
③ 일반직 하위계층 직종에도 잘 적용되는 방식이다.
④ 승진 기준은 가치적·목적적 기준보다는 능력 중심의 절차적 기준이다.

18 경력관리 및 경력개발에 대한 설명으로 가장 적절하지 <u>않은</u> 것은?

① 기업 조직에 대한 일체감을 제고시켜 기업 내 협동시스템의 구축이 원활해진다.

② 기업은 인력의 외적 유입과 다양한 인재풀 확보를 통해 조직의 경력을 개발시킬 수 있다.

③ 종업원에게 직장에 대한 안정감(Job security)을 주고 미래에 대한 설계 가능성을 제시함으로써 비전을 제공한다.

④ 직원의 성장욕구를 충족시켜주며, 직원이 지닌 기술 및 역량이 노후화되는 것을 막고 도전적인 직무경험을 하게 함으로써 성장의 기쁨을 준다.

19 Lewin의 변화과정 중 환경의 변화를 인지하여 고정관념을 탈피하여 개방적이고 새로운 관점을 수용하려는 준비단계는?

① 변화   ② 해빙

③ 재동결   ④ 정착화

20 [보기]에서 교육훈련방법을 한글로 기입하시오.

관리자를 대상으로 직무지식을 획득하기 위한 교육기법이다. 특정 부서의 직속상사 밑에 미래에 그 자리를 계승할 예정있는 자가 같이 일을 하면서 그 상사로부터 업무에 관한 자세한 내용을 교육받는 제도이다. 해당 교육훈련에는 직장 내 훈련법(OJT)가 동시에 포함되기도 한다.

- 장점 : 실무의 내용을 그대로 교육받기 때문에 실무 적용성과 학습 효과성이 높다.
- 단점 : 우수한 상사의 교육훈련이 무조건 우수하지 못할 수 있으며, 교육이 의례적으로 흐를 가능성도 있다.

21 [보기]에서 김대리가 인식하는 임금의 의미로 가장 적절한 것은?

㈜의 김대리는 최근 직무 재조정으로 인해 임금에 변화가 생기자 큰 혼란을 겪고 있다. 그는 "임금은 단순히 생계를 위한 수단만이 아니라, 내가 조직에서 어느 정도 인정받고 있는지, 어떤 위치에 있는지를 보여주는 지표 같다"고 말한다. 또한 "회사의 경영성과만을 기준으로 임금이 결정되는 것은 종업원 입장에서는 공정하지 않다"고 주장한다.

① 기업의 비용 요소   ② 생산성 향상 수단

③ 경쟁력 확보 수단   ④ 신분 및 지위의 상징

22 통상임금과 평균임금에 대한 설명으로 옳지 <u>않</u>은 것은?

① 평균임금이란 이를 산정해야 할 사유가 발생한 날 이전 3개월 동안에 그 근로자에게 지급된 임금의 총액을 그 기간의 총일수로 나눈 금액을 의미한다.

② 통상임금이란 근로자에게 정기적이고 일률적으로 소정근로 또는 총 근로에 대하여 지급하기로 정한 시간급 금액, 일급 금액, 주급 금액, 월급 금액 또는 도급 금액을 의미한다.

③ 퇴직금, 휴업수당, 재해보상금, 육아휴직급여, 구직급여는 평균임금을 기준으로 적용된다.

④ 연차유급휴가수당, 연장·야간·휴일근로수당은 통상임금을 기준으로 적용된다.

23 [보기]의 사업부별 적용해야 할 성과급제로 가장 적절하게 짝지어진 것은?

㈜생산은 조직의 생산성과 효율성을 높이기 위해 부서 단위 성과급 제도 도입을 검토하고 있다. 이에 따라 3가지 사업부에서 각각 다른 방식으로 성과급을 운영하고자 한다.
- A사업부는 제품 단위당 표준시간 대비 실제 작업시간을 기준으로 하여 절감된 시간만큼 성과급을 지급한다.
- B사업부는 직원들이 자발적으로 생산성 개선 제안을 내고 이를 통해 절감된 비용을 기준으로 성과급을 지급한다.
- C사업부는 매출에서 외부 비용(원재료, 외주비 등)을 제외한 부가가치 수준을 기준으로 성과급을 지급하고 있다.

① A: 스캔론 플랜 / B: 임프로셰어 / C: 럭커 플랜
② A: 임프로셰어 / B: 스캔론 플랜 / C: 럭커 플랜
③ A: 럭커 플랜 / B: 임프로셰어 / C: 스캔론 플랜
④ A: 임프로셰어 / B: 럭커 플랜 / C: 스캔론 플랜

24 소득을 지급하는 자가 그 지급받는 자의 조세를 징수하여 국가 및 지방자치단체에 납부하는 제도는 무엇인가?

① 종합과세　　　　　② 분류과세
③ 기타과세　　　　　④ 원천징수

25 [보기]는 ㈜생산의 복리후생에 대한 내용이다. ㈜생산의 복리후생 종류로 가장 적절한 것은?

㈜생산은 직원들이 아래의 내용을 선택할 수 있는 복리후생 프로그램을 채택하고 있다.
- 휴가 : 추가 휴가 제공 vs 휴가 수당 지급
- 보험 : 생명보험 혜택 vs 자동차보험 혜택
- 상담 : 세무상담 vs 기타 법률상담료 지원
- 재산 형성 : 저축 vs 증권투자

직원들의 선택을 통해 복리후생 혜택이 제공되기 때문에 동기부여에 효과적이며, 기업은 직원들이 선택하지 않는 복리후생 항목을 줄여 예산을 합리적으로 배분할 수 있다.

① 홀리스틱 복리후생
② 문화지원 복리후생
③ 라이프사이클 복리후생
④ 카페테리아형 복리후생

26 [보기]에서 설명하는 용어를 한글로 입력하시오.

근로자가 근로의 의사와 능력이 있음에도 불구하고 취업하지 못한 상태에 있는 피보험자의 생활에 필요한 급여를 실시하여 근로자 등의 생활안정과 구직활동을 촉진하기 위한 제도이다.

27 [보기]에서 설명하는 용어를 한글로 입력하시오.

> **보기**
>
> 근로자의 업무상 재해를 신속하고 공정하게 보상하며, 재해근로자의 재활 및 사회 복귀를 촉진하기 위한 시설을 설치·운영하고, 재해 예방과 그 밖에 근로자의 복지 증진을 위한 사업을 시행하기 위한 사회제도

28 근로시간에 대한 설명으로 가장 적절한 것은?

① 근로기준법은 노동을 할 수 있는 대한민국 국민 누구나, 연령·성별 등에 차별을 두지 않고 동일한 기준을 적용한다.

② 근로시간은 휴게시간을 제외하고 1일 8시간, 1주 40시간을 초과할 수 없으나, 당사자 간 합의를 통해 1주 16시간 한도안에서 연장할 수 있다.

③ 사용자는 야간근무 진행 시 통상임금의 100분의 100을 지급해야 하며, 여기서 야간근무는 12시 자정부터 다음날 오전 6시 사이의 근로를 의미한다.

④ 사용자는 8시간을 초과한 휴일근로를 진행 할 경우 통상임금의 100분의 100을 가산하여 지급해야 하며, 8시간 이내의 휴일근로 진행 시 통상임금의 100분의 50을 가산하여 지급해야 한다.

29 [보기]는 제품의 디자인부터 제작 설비까지 만드는 ㈜생산프로덕트의 사례이다. 해당 회사 문제점에 대한 대응 방안으로 가장 적절하지 <u>않은</u> 것은?

> **보기**
>
> ㈜생산프로덕트는 고객의 요청에 따라 제품을 설계하고, 제작 설비까지 구축해 줄 수 있는 큰 규모의 기업이다. 제품 디자인, 맞춤형 설비 제작 등 다양한 사업을 수행하고 있다.
>
> 직원들의 사기 진작과 효율적인 인사 관리를 위해 다양한 근로제도를 일찍부터 도입해 왔으나, 최근에는 사업군별로 다음과 같은 운영상의 고민이 발생하고 있다.
>
> • 디자인 직군은 완성된 프로토타입을 직접 확인한 후 대면 회의가 필수적이나, 근무시간을 자유롭게 조정할 수 있는 선택적 근로시간제 도입 이후 회의 일정 조율과 커뮤니케이션에 차질이 생기면서 업무 리드타임이 증가하였다.
>
> • 맞춤형 제작 설비에 대한 수요가 증가함에 따라 야간근무와 주말근무가 불가피해졌으며, 이로 인해 주 52시간제 준수가 어려운 상황에 직면하고 있다.
>
> • 디자인 업무는 안정적인 수요를 유지하고 있으며, 설비 제작 수요는 지속적으로 증가하고 있어 전체적으로 사업의 안정성은 견고한 편이다.

① 박사원 : 디자인 직군의 경우, 직원들과의 협의를 통해 의무적으로 근무해야 하는 회의 시간을 설정함으로써, 선택적 근로시간제를 유지하는 방안을 고려해야 합니다.

② 이대리 : 설비 직군의 경우, 업무량이 많아지는 주요 시기에는 3개월 단위 이내의 탄력적 근로시간제를 도입하고, 환산시간이 주 52시간을 초과하지 않는 범위 안에서 업무가 수행될 수 있도록 관리해야 합니다.

③ 김팀장 : 설비 직군의 경우, 지속적으로 증가하는 수요에 탄력적으로 대응하기 위해 상시 연장근로를 허용하고, 야간 및 주말근무를 포함한 총 근로시간을 자율에 맡기죠. 자율권을 제공함으로써 직원들의 사기가 증대될 수 있어요.

④ 배부장 : 중장기적인 관점에서 안정적인 사업구조를 바탕으로 수요가 증가하는 설비 파트의 인력 충원을 위한 계획을 수립해야겠네요.

 경영참가제도의 유형 중 이윤참가(성과참가)로
만 구성된 것은?

① 스캔론플랜, 럭커플랜

② 종업원지주제, 스캔론플랜

③ 종업원지주제, 노사협의제도

④ 노사공동결정제도, 노사협의제도

31 단체교섭 및 단체협약에 대한 설명으로 가장 적
절하지 <u>않은</u> 것은?

① 단체교섭은 노동조합과 사용자가 임금, 근로시간, 복
지 등에 대해 협상하는 활동을 의미한다.

② 단체교섭은 일반적으로 교섭준비, 예비교섭, 본 교섭,
마무리 교섭, 교섭의 평가 순으로 진행된다.

③ 단체협약은 교섭 결과를 바탕으로 서면으로 체결한
계약으로, 법적 효력을 가지는 문서를 의미한다.

④ 단체협약을 체결하지 못할 경우 사용자는 파업, 태업,
보이콧 등 쟁위행위를 통해 분쟁상태를 만들 수 있다.

32 대한민국헌법에서 명시하는 노동 3권 세 가지
를 모두 한글로 입력하시오.

33 [보기]에서 설명하는 근무유형을 한글로 입력하
시오.

보기

동일한 작업 또는 직무를 둘 이상의 근로자가 시간대를
나누어 순차적으로 수행하는 근무 형태. 즉, 일정한
시간마다 근무자를 바꾸어 가며 하는 근무형태

2025년 7월 기출문제 (실무)

01 다음 중 핵심 ERP 사용을 위한 기초 사업장 정보를 확인하고, 그 내역으로 알맞지 <u>않은</u> 것은 무엇인가?

① <1000.인사1급 회사본사> 사업장은 해당 회사의 '본점' 사업장이며, 종목은 '레저용품'이다.

② <2000.인사1급 인천지점> 사업장의 주업종코드는 '369301.제조업'이며, 원천징수이행상황신고서 신고 시 '반기' 신고를 진행하는 사업장이다.

③ <3000.인사1급 대구지점> 사업장의 지방세신고지 행정동은 '2714051000.동구청'이며, 관할세무서는 '502.동대구'이고, 개업년월일은 '2005/01/09'이다.

④ <4000.인사1급 강원지점> 사업장은 사업자단위과세 신고 시, 주(총괄납부)사업장으로 신고한다.

02 다음 중 핵심 ERP 사용을 위한 기초 부서 정보를 확인하고, 내역으로 옳지 <u>않은</u> 것은 무엇인가?

① '2000.영업부'는 현재는 사용하지 않는 부서이며, 사용종료일은 '2025/03/31'이다.

② <4000.인사1급 강원지점> 사업장에 속한 부서는 현재 모두 사용 중이다.

③ [6000.연구부문]에 속한 부서는 현재 모두 사용 중이다.

④ '8100.육성부'는 [8000.육성부문]에 속한 부서이며, 사용시작일은 '2021/01/02'이다.

03 당 회사의 인사/급여기준에 대한 설정을 확인했을 때, 올바르게 설명한 [보기] 내용은 몇 개인가? (단, 환경설정 기준은 변경하지 않는다.)

> **보기**
>
> A : 생산직 비과세를 적용할 직종으로 '002.생산직', '003.연구직' 직종이 등록되어 있다.
>
> B : 회사의 '월일수 산정' 기준은 '당월일'이며, 7월 귀속 기준으로 일수 산정 시 일수는 30일이다.
>
> C : 입사자의 경우 급여 계산 시, 25일 초과 근무 시 월급여를 '월할' 지급한다.
>
> D : 건강보험정산 코드로 'S11.건강보험정산' 코드가 설정되어 있다.

① 1개 　　　　　② 2개
③ 3개 　　　　　④ 4개

04 당 회사는 2025년 07월 [800.과장] 직급의 호봉을 아래 [보기]와 같이 일괄 등록하고자 한다. 호봉 등록을 완료하고 호봉 금액을 확인 시, 6호봉 기준의 '호봉합계'는 얼마인가?

> **보기**
>
> 1. 기본급 초기치 : 3,300,000원 (증가액 100,000원)
> 2. 급호수당 초기치 : 150,000원 (증가액 15,000원)
> 3. 연장수당 초기치 : 100,000원 (증가액 10,000원)
> 4. 일괄인상
>   1) 정률인상 적용 : 기본급 5.5%, 급호수당 2.3%
>   2) 정액인상 적용 : 연장수당 3,000원

① 3,903,500원 　　　　② 4,130,485원
③ 4,261,330원 　　　　④ 4,392,175원

05 2025년 귀속 기준 급여 지급/공제항목설정을 확인하고, 그 설명으로 옳지 <u>않은</u> 것은 무엇인가? (단, 지급/공제항목설정 기준은 변경하지 않는다.)

① [P10.연장근로수당]은 'O01.야간근로수당' 비과세 적용 기준요건인 월정급여에 포함되지 않는 지급항목이며, '002.생산직' 직종일 때 책정임금의 월급*0.1로 지급한다.

② [P25.직무발명보상금]은 분류 여부가 제외조건으로 설정되어 있으며, '오진형', '장기영' 사원을 제외한 모든 사원에 대해서 1,000,000원을 지급하고 감면 비대상 항목이다.

③ [P30.근속수당]은 근속기간이 07년 01개월 일 때 55,000원을 지급하고, 퇴사자인 경우에는 지급하지 않는 항목이다.

④ [P50.식대보조비]는 '2100.국내영업부', '2200.해외영업부'에 속한 사원에게는 지급하지 않고 [P55.영업촉진비]는 해당 부서에 속한 사원에게만 지급한다.

06 당 회사의 2025년 06월 귀속 급/상여 지급일자 등록을 확인하고, 그 내역으로 알맞지 <u>않은</u> 것은 무엇인가?

① '급여'의 '지급직종및급여형태'에 반영된 정보와 일치하는 대상자는 [상용직급여입력및계산] 메뉴에서 직접 대상자 선정을 진행하여 대상자를 반영한다.

② '급여'를 지급하는 일자에 '상여'를 추가하여 지급할 수 있다.

③ '상여' 지급 시, '상여지급대상기간'은 '2025/06/01 ~2025/06/30'이며 모든 직종에 대해서 지급한다.

④ 입사자의 경우 '상여' 지급 시, 근무일수에 상관없이 '일할'로 지급한다.

07 당 회사는 전체 사업장의 <620. ERP 활용 교육> 교육평가가 우수한 사원을 대상으로 포상을 지급하기로 하였다. 아래 [보기]를 기준으로 지급한 대상자들의 총 지급 금액으로 알맞은 것은 무엇인가?

> **보기**
> 교육평가 A등급 : 300,000원
> 교육평가 B등급 : 100,000원

① 1,000,000원   ② 1,300,000원
③ 1,400,000원   ④ 1,600,000원

08 당 회사는 전체 사업장에 대해 사내 동호회 가입 현황을 확인하고자 한다. 다음 중 현재 '500.런닝동호회' 가입자가 <u>아닌</u> 사원은 누구인가?

(단, 퇴사자는 제외한다.)

① [20001101.박용덕]   ② [20020603.이준상]
③ [20040301.오진형]   ④ [20081201.조선우]

09 당 회사의 인사정보를 확인하고 관련된 설명으로 올바르지 <u>않은</u> 것은 무엇인가?

① [20010401.노희선] 사원은 장애인복지법에 의한 장애인이며, 배우자 공제를 적용 받는다.

② [20030701.엄현애] 사원은 '2015/06/01~2015/08/31'에 육아휴직 이력이 존재하며, 급여이체은행은 '260.신한'은행으로 설정되어 있다.

③ [20081204.박성호] 사원은 60세 이상 부양가족이 1명 존재하며, 급여형태는 '004.시급'으로 설정되어 있다.

④ [20191118.윤태경] 사원의 직급은 '대리'이며, 학자금 상환 대상자로 상환통지액은 '500,000원'이다.

10 당 회사는 창립기념일을 맞아 2025년 06월 30일 기준으로 전체 사업장의 만 15년 이상 장기근속자에 대해 특별근속수당을 지급하기로 하였다. 아래 [보기]를 기준으로 지급한 총 특별근속수당은 얼마인가? (단, 퇴사자는 제외하며, 미만일수는 버리고, 모든 경력사항을 제외한다.)

보기

1. 15년 이상 ~ 20년 미만 : 150,000원
2. 20년 이상 ~ 25년 미만 : 200,000원
3. 25년 이상 ~ : 250,000원

① 2,850,000원   ② 2,900,000원

③ 3,150,000원   ④ 3,200,000원

11 당 회사의 2025년 07월 귀속 급여(지급일자 : 2025/07/25)에 해당하는 대상자 중 [20181101.이민성] 사원이 개인적인 사유로 휴직을 신청하였다. [20181101.이민성] 사원의 휴직 내역을 [보기]와 같이 등록한 뒤 모든 지급 대상자에 대해 급여를 계산할 때, '과세' 총액은 얼마인가? (단, 그 외 급여계산에 필요한 조건은 프로그램에 등록된 기준을 이용한다.)

보기

1. 시작일, 종료일 : 2025/07/01, 2025/07/18
2. 휴직사유 : [200.병가]
3. 휴직지급율 : 80%
4. 퇴직기간적용 : 함

① 50,621,580원   ② 51,150,150원

③ 52,745,920원   ④ 53,166,870원

12 당 회사는 2025년 07월 귀속 특별급여(지급일자 : 2025/07/31) 소득을 지급하고자 한다. 아래 [보기]를 기준으로 특별급여 지급항목의 지급 요건을 직접 변경하고 모든 지급 대상자에 대해 급여를 계산 할 때, 해당 지급일자의 과세총액은 얼마인가? (단, 그 외 급여계산에 필요한 조건은 프로그램에 등록된 기준을 이용한다.)

보기

1. 지급항목 : [P05.특별급여]
2. 분류코드 : [005.직종별]
■ '001.사무직' - 계산 : 책정임금의 월급 X 30%
■ '002.생산직' - 금액 : 1,000,000원
■ '003.연구직' - 금액 : 1,500,000원

① 17,360,380원   ② 18,220,470원

③ 19,245,680원   ④ 20,120,790원

13 당 회사는 <1000.인사1급 회사본사> 사업장에 대해 2025년 06월 귀속(지급일 2번)에 이체한 급/상여를 확인하고자 한다. 이체 현황에 대한 설명으로 옳지 않은 것은 무엇인가? (단, 무급자는 제외한다.)

① 해당 조회조건의 대상자는 모두 13명이고, 총 실지급액은 63,379,470원이다.

② 해당 조회조건의 대상자 중 가장 많은 금액의 급/상여가 계좌로 이체된 사원은 [20081202.장명훈]이다.

③ 해당 조회조건의 '신한은행'에서 발생한 급/상여 이체 금액은 '우리은행'에서 발생한 급/상여 이체 금액보다 적다.

④ 해당 조회조건의 급/상여는 2025/07/10에 지급되었고, 급/상여 이체 대상의 이름과 예금주명이 다른 사원이 존재한다.

14 당 회사는 초과근무에 대해 수당을 지급하고 있다. 아래 [보기]의 기준을 토대로 2025년 06월 귀속 (지급일 1번)의 [20081203.김도균] 사원의 '초과근무 수당'을 계산하면 얼마인가? (단, 근무수당을 계산하면서 발생되는 모든 원단위 금액은 절사하며, 책정임금 시급은 원단위 금액을 절사하지 않고 계산한다.)

보기

초과근무수당 = 1유형근무 수당 + 2유형근무 수당
초과근무 시급 : 책정임금 시급
1유형 근무수당 : 총 연장근무시간에 초과근무 시급을
　　　　　　　　곱한 후 150% 가산하여 산정
2유형 근무수당 : 총 심야근무시간에 초과근무 시급을
　　　　　　　　곱한 후 200% 가산하여 산정

① 1,087,990원 　　② 1,102,810원
③ 1,372,540원 　　④ 1,494,950원

15 당 회사는 <1000.인사1급 회사본사> 사업장에 대해 2025년 2분기에 속한 기간의 지급내역 중 '100.급여', '200.상여' 지급내역에 대해 부서별로 집계하여 금액을 확인하고자 한다. 내역을 확인하고 부서와 항목별 금액이 올바르지 <u>않은</u> 것은 무엇인가?

① 부서 : 총무부 / 공제합계 : 15,170,740원
② 부서 : 경리부 / 직무발명보상금 : 6,000,000원
③ 부서 : 국내영업부 / 소득세 : 5,743,710원
④ 부서 : 해외영업부 / 지급합계 : 70,546,170원

16 당 회사는 일용직 사원에 대해 사원 별 지급형태를 구분하여 일용직 급여를 지급하고 있다. 아래 [보기]를 확인하여 2025년 07월 귀속 지급일 중 '매일지급' 대상자를 직접 반영 후 급여계산 할 때, 해당 지급일의 급여내역에 대해 바르지 <u>않은</u> 것은 무엇인가? (단, 급여계산에 필요한 조건은 프로그램에 등록된 기준대로 확인한다.)

보기

1. 지급형태 : '매일지급' 지급일
2. 지급 대상자 : '004.시급직'인 '1100.총무부',
　'1200.경리부' 사원
3. 평일 10 시간 근무, 토요일 4 시간 근무
4. 비과세 적용 10,000원(평일만 적용)

① 해당 지급일자에 실제 지급된 금액은 총 36,440,614원 이며, 대상자 중 [1004.박현지] 사원만 소득세가 공제되지 않고 급여를 지급 받았다.
② 해당 지급일자의 대상자는 총 6명이고, 연장 비과세는 총 4,719,554원 지급 되었다.
③ 해당 지급일자에 실제 공제된 건강보험은 총 1,414,900원이며, 건강보험이 공제되지 않고 급여를 지급 받은 사원은 존재하지 않는다.
④ 해당 지급일자의 회사부담금은 총 1,901,610원이며, 급여를 계좌로 지급 받지 않고 현금으로 지급 받는 사원이 존재한다.

17 2025년 07월 귀속 일용직 급여작업 전, 아래 [보기]를 기준으로 [1016.이재문] 사원의 사원정보를 직접 입력하고 [일용직급여지급일자등록]에 대상자를 반영하여 급여계산을 했을 때, 해당 일용직 대상자들에게 실제 지급된 금액의 총 합계는 얼마인가?

(단, 그 외 급여계산에 필요한 조건은 프로그램 등록된 기준을 따른다.)

보기

1. 사원정보 입력 (사원코드 : 1016, 사원명 : 이재문)

   입사일자 : 2025/07/07

   주민등록번호 : 920101 - 1234567

   부서 : [4100.생산부]

   급여형태 : [004.시급]

   급여/시간단가 : 36,140원

   생산직비과세적용 : 함

   국민/건강/고용보험여부 : 여

2. 일용직 급여지급

   지급형태 : '일정기간지급' 지급일, 평일 10시간 근무 가정 (비과세 적용 12,000원)

① 31,569,990원　　　② 33,994,250원

③ 35,702,810원　　　④ 37,151,700원

18 당 회사의 <1000.인사1급 회사본사> 사업장의 2025년 2분기의 <과세/비과세> 총액을 확인하고자 한다. 해당 기간의 <과세/비과세> 총액으로 올바른 것은 무엇인가? (단, '사용자부담금'은 포함한다.)

① 과세총액 : 249,708,780원 / 비과세총액 : 43,200,000원

② 과세총액 : 249,708,780원 / 비과세총액 : 50,658,660원

③ 과세총액 : 481,313,700원 / 비과세총액 : 83,400,000원

④ 과세총액 : 481,313,700원 / 비과세총액 : 97,666,080원

19 당 회사의 퇴직금 산정을 위한 퇴직기준설정을 확인했을 때, 올바르게 설명한 [보기] 내용은 몇 개인가? (단, 환경설정 기준은 변경하지 않는다.)

보기

A : 노동부기준은 적용하지 않고, 평균임금 기간 산정 시 당월을 기준으로 3개월을 산정한다.

B : 임원누진만 적용하고 있으며, 적용유형은 [001.기간]이고 적용방식은 [000.가산율]이며 '대표이사'일 때, 가산율이 200만큼 적용된다.

C : 비과세 항목은 퇴직금 계산 시 사용할 수 없으며, 근속일수에 퇴사일을 포함한다.

D : 퇴직금 계산식은 '일할'로 설정되어 있고, 연차수당코드는 [P60.월차수당]을 사용한다.

① 0개　　　② 1개

③ 2개　　　④ 3개

20 2025년 07월 25일 <1000.인사1급 회사본사> 사업장의 [20080103.김민주] 사원이 개인 사유로 중도정산을 신청하였다. 아래 [보기]의 내용에 따라 퇴직기준과 대상자를 직접 반영하여 퇴직 정산작업을 진행했을 때, 정산 결과에 대한 설명으로 올바른 것은 무엇인가? (단, 그 외 퇴직금 계산에 필요한 조건은 프로그램의 등록 기준에 따른다.)

보기

1. 평균임금 계산식 : '일평균 임금' 적용
2. 지급항목 설정 : 기본급, 연장근로수당, 자격수당, 직무발명보상금, 근속수당, 영업촉진비, 상여
3. 귀속연월 : 2025/07
4. 재직기준 : 2025/07/01 ~ 2025/07/31
5. 퇴직일자, 신청일자 : 2025/07/25
6. 지급일자 : 2025/07/31

① [20080103.김민주] 사원은 중도 정산 시 누진이 적용되지 않았고, 산정된 급여의 합계는 11,880,810원이다.

② [20080103.김민주] 사원의 중도 정산 시 퇴직금은 119,017,020원이고, 퇴직금 계산 기간 내 지급된 상여금은 5,940,410원이다.

③ [20080103.김민주] 사원의 중도 정산 시 근속기간은 17년 9개월 23일이고, 근무일수는 89일이며, 퇴직금 지급 시 실제 지급된 금액은 116,342,900원이다.

④ [20080103.김민주] 사원의 중도 정산 시 평균임금은 222,570원이고, 퇴직금 계산 기간 내 지급된 연차수당은 존재하지 않는다.

21 아래 [보기]를 기준으로 2025년 06월 귀속의 전표를 생성하고, 전표처리결과 계정과목별 금액을 확인 시 올바르지 <u>않은</u> 것은 무엇인가?

보기

1. 지급유형 : 상용직급여
2. 회계단위 : [1000.인사1급 회사본사]
3. 결의일자 : 2025/06/30
4. 작성자 : [ERP13I01.장미란]
5. 집계사업장 : <1000.인사1급 회사본사>, <2000.인사1급 인천지점>
6. 집계급여구분 : 급여, 상여

① 직원급여 : 235,494,820원

② 미지급세금 : 29,348,480원

③ 당좌예금 : 264,634,820원

④ 경상연구개발비 : 22,000,000원

22 아래 [보기]를 기준으로 '인사/급여환경설정'을 직접 확인하여 변경한 뒤, <1000.인사1급 회사본사> 사업장의 원천세 신고서를 추가 시 근로소득 구분에 대한 총지급액과 소득세는 각각 얼마인가? (단, 신고구분은 '정기'이며, 소득처분여부는 '1.비해당'으로 설정한다.)

보기

1. 원천세 신고유형 : 본점일괄신고
2. 이행상황신고서집계방식 : 귀속, 지급연월
3. 신고서 생성 기준 : 귀속 : 2025.06 / 지급 : 2025.06 (제출일자 2025.07.10.)
4. 일반 데이터반영 : 매월징수분(전체)
5. 연말정산 소득세, 농특세 반영 : 미적용

① 총지급액 : 127,164,150원 / 소득세 : 5,046,530원

② 총지급액 : 138,351,640원 / 소득세 : 5,294,260원

③ 총지급액 : 264,634,820원 / 소득세 : 26,680,560원

④ 총지급액 : 288,010,420원 / 소득세 : 28,467,790원

23 아래 [보기]를 기준으로 당 회사의 지방소득세 특별징수명세 신고서를 생성했을 때, [4.근로소득]의 소득자별 '과세표준' 금액을 확인 시 올바르지 **않은** 것은 무엇인가? (단, 신고서 생성기준은 '단일 사업장' 기준으로 생성한다.)

※ 인사/급여환경설정
'지방소득세/주민세(종업원분)집계방식' : 귀속연월

1. 매월 신고
2. 신고사업장 : [0000.전체]
3. 신고구분 : 1.정기
4. 귀속연월 : 2025년 06월
5. 지급연월 : 2025년 06월
6. 제출일자 : 2025년 07월 10일
7. 급여지급일자 : 2025년 06월 30일
8. 계속근무자 연말정산 환급액 반영 기준 : 미적용

① [20001101.박용덕] - 산출세액 : 80,160원
② [20000601.이수희] - 산출세액 : 208,770원
③ [20081201.조선우] - 산출세액 : 39,110원
④ [20130701.최현주] - 산출세액 : 73,070원

24 당 회사는 퇴직추계총액 기준으로 40% 만큼 '퇴직급여충당부채'를 설정하고자 한다. 아래 [보기] 기준으로 퇴직금추계코드를 직접 등록하고 퇴직금추계액을 계산 했을 때, 회사에서 설정할 수 있는 '퇴직급여충당부채'는 얼마인가? (단, 전기 퇴직급여충당부채 잔액은 없는 것으로 가정하며, 원단위는 절사하고, 그 외 기준은 프로그램의 등록 기준에 따른다.)

1. 추계코드(명) : [2025.2025년 퇴직금추계액]
2. 기준연월 : 2025/06
3. 대상 사업장(계정) : [1000.인사1급 회사본사],
   [3000.인사1급 대구지점] (사원)

① 458,342,010원   ② 521,672,150원
③ 644,825,970원   ④ 703,321,120원

25 당 회사는 <1000.인사1급 회사본사> 사업장에 대해 수당 별 지급/공제현황을 확인하고자 한다. 다음 중 2025년 상반기동안 'T10.지방소득세'가 가장 적게 공제된 사원은 누구인가?

① [20001101.박용덕]
② [20020603.이준상]
③ [20081202.장명훈]
④ [20130701.최현주]

PART IV

2장

ERP 정보관리사 인사 2급 기출문제

6회 2025년 11월 기출문제 (이론)

01 기계학습에 대한 설명으로 옳지 <u>않은</u> 것은?

① 비지도학습 방법에는 분류모형과 회귀모형이 있다.

② 비지도학습은 입력값에 대한 목표치가 주어지지 않는 다.

③ 지도학습은 학습 데이터로부터 하나의 함수를 유추해 내기 위한 방법이다.

④ 강화학습은 선택 가능한 행동들 중 보상을 최대화하 는 행동 혹은 순서를 선택하는 방법이다.

02 [보기]는 무엇에 대한 설명인가?

> **보기**
>
> ㈜생산은 ERP 도입을 앞두고 인사·근태·급여 전 과정을 '현행 유지'가 아닌 제로베이스에서 전면 재검토했다. 부서별로 다르던 신청서·승인 절차를 통합하고, 승인 단계는 7단계 → 3단계로 축소, 사원·관리자 셀프서비스를 도입했다. 또한 직무·직급 코드를 표준화하고, 근태 → 급여 → 회계로 이어지는 흐름을 전면 재설계하여 처리 시간 50% 단축과 오류율 절반 감소를 목표로 삼았다. 즉, 비용, 품질, 서비스, 속도와 같은 핵심적 부분에서 극적인 성과를 이루기 위해 기업의 업무프로세스를 기본적으로 다시 생각하고 근본적으로 재설계하였다.

① JIT ② BPR
③ TQM ④ HRD

03 ERP의 발전과정으로 가장 적절한 것은?

① MRPⅡ → MRPⅠ → ERP → 확장형ERP

② ERP → 확장형ERP → MRPⅠ → MRPⅡ

③ MRPⅠ → ERP → 확장형ERP → MRPⅡ

④ MRPⅠ → MRPⅡ → ERP → 확장형ERP

04 [보기]에 대한 설명으로 적절한 것은?

> **보기**
>
> ㈜생산의 인사팀은 다양한 기능을 지원하는 ERP를 도입하였다. 이 시스템은 AI 기반 빅데이터 분석과 비즈니스 애널리틱스 기능을 포함한다. 인사팀은 시스템을 통해 매월 조직·직무·근무유형별 인건비·근태·평가 데이터를 분석하고 있다. 특히, 사업부의 초과근무 급증과 이직위험 지수가 상승하면 시스템이 사전에 경고하고, 인사팀은 해당 부서와 협의하여 교대제·충원·교육 예산을 조정해 초과근무 수당과 이직을 줄이는 의사결정을 통해 선제적인 대응을 할 수 있게 되었다.

① 복리후생 신청 전자결재 단계 확대

② 출입통제 IoT 센서 설치로 설비 안전성 강화

③ 채용 면접 일정의 자동 예약으로 대기시간 감소

④ 인건비·이직위험에 대한 예측 및 인사 의사결정 지원

05 인적자원관리 방식 중 인적자원의 능력계발과 만족감 증진에 관심을 두는 실천적 경영을 중시하는 관리법은?

① 인간중심적 관리 ② 행동지향적 관리
③ 전략지향적 관리 ④ 미래지향적 관리

06 직무와 관련된 용어로 직업이라고 불리는 것은?

① 직종
② 직위
③ 과업
④ 직군

07 [보기]의 사례는 D기업에서 직무평가를 수행하는 과정에서 발생한 상황이다. 평가자가 범한 오류 유형으로 가장 적절한 것을 고르시오.

> **보기**
>
> 사례 : D기업의 인사팀은 부서별 직무 가치를 평가하고 있었다. 회계부서에서 근무하는 김 대리는 평소 책임감 있고 성실한 태도로 동료들의 신뢰를 받고 있었다. 이에 인사담당자는 김 대리가 수행하는 회계직무의 난이도와 책임도를 실제보다 높게 판단하여 해당 직무를 상위 등급으로 평가하였다.

① 후광 효과(Halo effect)
② 가혹화 경향(Strictness error)
③ 관대화 경향(Leniency error)
④ 중심화 경향(Central tendency error)

08 직무평가 방법 중 하나인 '서열법(Ranking Method)'의 단점으로 보기 어려운 것은?

① 평가 전반에 평가자의 주관이 개입될 가능성이 높다.
② 직무 간 서열을 통해 상대적 직무가치를 단순하게 파악할 수 있다.
③ 유사한 직무가 많을 경우, 각 직무의 순위를 정확히 매기기 어렵다.
④ 평가 대상 직무 수가 많을 경우, 평가자의 부담이 커지고 신뢰도가 낮아질 수 있다.

09 내부모집에 대한 설명으로 가장 적절하지 <u>않은</u> 것은?

① 내부모집은 종업원의 경력 개발 경로를 제시하고, 승진·배치전환과 연계되어 동기부여 효과를 기대할 수 있다.
② 내부모집을 활용하면 지원자의 근무 태도나 성과에 대한 자료를 이미 보유하고 있어 선발 시 평가가 용이하다.
③ 내부모집을 과도하게 활용하면 외부 인력 유입이 줄어들어 조직이 경직되고, 새로운 아이디어 도입이 어려워질 수 있다.
④ 내부모집은 조직 구성원을 대상으로 비밀리에 진행할수록 불필요한 소문이 차단되어 신뢰 형성에 유리하다는 장점을 가진다.

10 [보기]는 무엇에 대한 설명인가?

> **보기**
>
> 종업원 직무수행평가에 필요한 정보를 파악하기 위해 개인별 능력 평가표를 종업원별로 기능보유색인을 작성하여 데이터베이스화하여 경력개발에 활용하는 방법이다.

① 기능목록제도
② 자기신고제도
③ 직무순환제도
④ 종합평가센터제도

11 인적자원 개발을 위한 교육 훈련 기법 중 OJT(On-the-Job Training)에 대한 설명으로 가장 적절하지 <u>않은</u> 것은?

① 표준화된 대규모 인원 교육에 가장 효과적인 기법이다.

② 직무 현장에서 실제 업무를 통해 학습이 이루어지는 방식이다.

③ 개별 학습자의 능력과 진도에 맞춰 교육 내용 조절이 용이하다.

④ 즉각적인 피드백을 통해 업무 수행 능력 향상에 직접적으로 기여한다.

12 승진관리의 원칙으로 적절하지 <u>않은</u> 것은?

① 안정성의 원칙　　② 적정성의 원칙

③ 공정성의 원칙　　④ 합리성의 원칙

13 [보기]에 해당하는 내용을 고르시오.

㈜생산의 건설노조는 계약이 이루어질 때 단체교섭을 통하여 영향력을 행사하고 계약기간 중에는 고충처리절차를 통해 영향력을 발휘하여 보상의 내용을 유리하게 하고자 노력한다. 기업 역시 같은 상황에서 경영권을 바탕으로 계약을 유리하게 전개하고자 한다.

① 윤리적 거래　　② 정치적 거래

③ 사회적 거래　　④ 심리적 거래

14 [보기]는 A기업의 보상제도에 대한 설명이다. 이 기업이 운영 중인 보상제도 유형으로 가장 적절한 것은?

A기업은 최근 실적 중심의 조직문화를 정착시키기 위해 보상체계를 개편하였다. 이 제도에 따르면, 개인이나 팀이 설정된 목표를 초과 달성하거나 우수한 실적을 낸 경우, 기본급 외에 추가적인 보상이 주어진다. 보상의 규모는 달성한 결과 수준에 따라 차등 지급되며, 직원들은 실적 향상을 위해 보다 적극적으로 업무에 참여하게 되었다.

① 연봉제　　　　② 능력급제

③ 시간급제　　　④ 성과급제

15 [보기]는 ㈜생산의 복리후생 제도 개선 사례이다. 이 사례에서 강조된 복리후생 관리방안으로 가장 적절한 것을 고르시오.

㈜생산은 복리후생 만족도가 낮다는 내부 조사를 받고, 사내 워킹그룹을 구성해 개선 방향을 논의했다. 직원 인터뷰와 설문을 통해 "육아, 주거, 자기계발" 등 분야별 니즈를 파악했고, 이를 기반으로 직원들이 자신의 상황에 맞게 복지 항목을 선택할 수 있는 제도를 운영하기 시작했다.

① 성과 우수자에게만 복리후생을 제공한다.

② 모든 직원에게 동일한 복리후생을 적용한다.

③ 복리후생 제도의 법적 기준을 최소한으로 충족한다.

④ 직원 욕구에 기반한 선택적 복리후생제도를 운영한다.

16 원천징수 사무처리 규정 상 과세자료에 포함되지 않는 것은?

① 직접적으로 국세의 과세에 근거가 되는 비과세 자료

② 간접적으로 국세의 과세에 근거가 되는 비과세 자료

③ 직접적으로 국세의 과세에 근거가 되는 탈세정보 자료

④ 간접적으로 국세의 과세에 근거가 되는 과세미달 자료

17 원천징수이행상황신고서의 제출 시기로 옳은 것은?

① 소득 지급일이 속하는 달 10일까지

② 소득 지급일이 속하는 달 20일까지

③ 소득 지급일이 속하는 달의 다음 달 10일까지

④ 소득 지급일이 속하는 달의 다음 달 20일까지

18 [보기]에서 설명하는 근로시간제의 유형은 무엇인가?

> **보기**
>
> 연구개발, 사무직, IT서비스 등과 같이 업무 특성상 출퇴근 시각을 일률적으로 정하기보다, 근로자가 자신의 생활 패턴과 업무량에 맞추어 근무시간을 조정할 필요가 있는 경우에 활용되는 제도이다. 사용자는 1개월 등 일정한 정산기간 동안의 총 근로시간만을 정해 두고, 그 범위 안에서 출퇴근 시각과 1일 근로시간의 배분을 근로자가 자율적으로 선택하도록 한다. 필요한 경우 정해진 시간대에는 반드시 근무하도록 하는 핵심근로시간을 둘 수 있다.

① 재량 근로시간제

② 선택적 근로시간제

③ 탄력적 근로시간제

④ 사업장 밖 간주근로시간제

19 노동조합의 기본권으로 적절하지 않은 것은?

① 단결권 : 근로자가 노동조합을 조직하거나 가입할 수 있는 권리

② 단체행동권 : 노동조합이 자신들의 주장을 관철하기 위해 파업, 태업 등 쟁의행위를 할 수 있는 권리

③ 단체교섭권 : 노동조합이 사용자 또는 사용자 단체와 단체협약을 체결하기 위해 교섭할 수 있는 권리

④ 경영참가권 : 노동조합이 기업의 경영 의사결정 과정에 직접적으로 참여하여 최종 결정을 할 수 있는 권리

20 단체협약서의 미실행 혹은 단체협약서의 약속이 달리 적용될 경우 등 노사 간 분쟁 시 해당 근로자를 대신하여 노동조합에서 사용자 측과 협상하고 해결해주는 제도는 무엇인가?

① 숍제도

② 고충처리제도

③ 헤드헌팅제도

④ Industrial 제도

6회 2025년 11월 기출문제 (실무)

01 다음 중 핵심 ERP 사용을 위한 기초 사업장 정보를 확인한 내용으로 옳지 <u>않은</u> 것은?

① [1000.인사2급 회사본사] 사업장의 업태는 '제조.도매'이다.

② [2000.인사2급 인천지점] 사업장은 '반기'별로 이행상황신고서를 제출한다.

③ [3000.인사2급 강원지점] 사업장은 등록된 사업장 중 가창 최근 개업했다.

④ 주(총괄납부)사업장으로 등록되어 있는 사업장은 [1000.인사2급 회사본사] 사업장이 유일하다.

02 다음 중 핵심 ERP 사용을 위한 기초 부서 정보를 확인한 내용으로 옳은 것은?

① 2025/11/22 기준, 현재 사용 중인 부서는 모두 8개다.

② 2025/11/22 기준, 현재 사용 중인 부서는 [3000.인사2급 강원지점] 사업장을 제외한 사업장에 속해 있다.

③ 등록된 부서 중 [2200.해외영업부]는 2026년부터 사용되지 않을 예정이다.

④ 현재 등록된 부문들은 모두 사용 중이며, [7000.AI연구부문]은 가장 최근 사용하기 시작한 부문이다.

03 다음 중 [H.인사/급여관리] 모듈에 대한 [ERP13I02.이현우] 사원의 설정을 확인하고 관련된 설명으로 옳지 <u>않은</u> 것은?

① 당 회사에 등록된 모든 근로자의 인사기록카드를 조회할 수 있다.

② 상용직 근로자의 급여를 지급하기 위해 급여지급일자를 새롭게 등록할 수 있다.

③ 회사에 재직 중인 모든 근로자의 급여명세서를 출력하여 전달할 수 있다.

④ 기존에 등록 되어있는 일용직 사원의 정보를 변경할 수 있다.

04 당 회사는 2025년 11월 [700.대리] 직급의 호봉을 아래 [보기]와 같이 일괄 등록하고자 한다. 호봉 등록을 완료하고 호봉 금액을 확인 시, 5호봉 '호봉합계'의 금액은 얼마인가?

> **보기**
>
> 1. 기 본 급 : 초기치 2,400,000원, 증가액 70,000원
> 2. 직급수당 : 초기치　55,000원, 증가액 18,000원
> 3. 일괄인상
>   1) 정률인상 적용 : 기본급 2.9%
>   2) 정액인상 적용 : 직급수당 7,000원

① 2,685,690원　　② 2,757,720원

③ 2,801,690원　　④ 2,891,720원

05 당 회사의 인사/급여환경설정의 설명으로 옳지 <u>않은</u> 것은? (단, 환경설정 기준은 변경하지 않는다.)

① 11월에 입사한 사원의 정상 월급여가 300만원이고 해당 월의 근무일수가 27일인 경우, 해당 사원은 270만원의 급여를 지급받는다.

② 11월에 퇴사 예정인 사원의 정상 월급여가 300만원이고 해당 월의 근무일수가 20일인 경우, 해당 사원은 200만원의 급여를 지급받는다.

③ 당 회사의 10월 월일수는 실제 달력일수인 31일이다.

④ 당 회사에서 근무 중인 생산직의 11월 출결일은 10월 25일부터 11월 24일까지로 계산된다.

06 2025년 귀속 '급여' 지급항목설정을 확인하고, 그 설명으로 옳지 <u>않은</u> 것은? (단, 지급/공제항목설정 기준은 변경하지 않는다.)

① [P00.기본급]은 책정임금의 월급을 기준으로 지급하는 항목이다.

② [P02.가족수당]에 등록된 가족별 수당금액은 모두 동일하게 책정 되어있다.

③ [P30.야간근로수당]은 비과세 적용 기준요건인 '월정급여'에 포함되는 지급항목이다.

④ [P50.자격수당]은 입퇴사자에게는 미지급되는 수당이다.

07 당 회사 [20001102.정영수] 사원의 정보로 옳지 <u>않은</u> 것은?

① 주민등록주소는 '인천 중구 운서동'이고, 현재 세대주이다.

② 2000/01/01에 입사했고, 2010/10/10에 중도퇴사한 이력이 존재한다.

③ 국외소득이 발생하는 사원은 아니며, 급여는 [030.기업]은행을 통해 이체받는다.

④ 노조에 가입 되어있지 않고, 최근 계약한 책정임금의 연봉은 '78,000,000원'이다.

08 당 회사는 2025년 10월 한달간 진행한 AI 활용 교육에서 우수한 성적을 얻은 직원에 한하여 수당을 지급하기로 했다. 아래 [보기]를 기준으로 지급한 대상자들의 총 지급 금액으로 알맞은 것은 무엇인가?

> **보기**
>
> 1. 교육명 : [150.임직원 AI 활용 교육]
> 2. 수당 지급 금액
>   교육평가 A등급 : 200,000원
>   교육평가 B등급 : 100,000원

① 1,600,000원 　　　　② 1,800,000원

③ 2,200,000원 　　　　④ 2,400,000원

09 당 회사는 2025년 귀속 모든 사업장의 사원별 상벌현황을 확인하고자 한다. 해당 귀속연도의 [100.우수표창] 대상자 중 포상/징계일자가 <u>다른</u> 대상자는 누구인가? (단, 퇴사자는 제외한다.)

① [20000601.이종현] 　　② [20010401.노희선]

③ [20110401.강민주] 　　④ [20161107.박선우]

10 회사는 창립기념일을 맞아 2025년 10월 31일 기준으로 모든 사업장 소속의 만 15년 이상 장기근속자에 대해 특별근속수당을 지급하기로 하였다. 아래 [보기]를 기준으로 지급한 특별근속수당 총 금액은 얼마인가? (단, 퇴사자는 제외하며, 미만일수는 버리고, 이전 경력은 제외한다.)

> **보기**
>
> 15년 이상 20년 미만 : 150,000원
> 20년 이상 : 200,000원

① 2,150,000원 　　　　② 2,200,000원

③ 2,250,000원 　　　　④ 2,300,000원

11 당 회사의 2025년 11월 귀속 급여(지급일자 : 2025/11/25)에 해당하는 대상자 중 [20110401.강민주] 사원이 개인적인 사유로 휴직을 신청하였다. [20110401.강민주] 사원의 휴직 내역을 [보기]와 같이 등록한 뒤 모든 지급 대상자의 급여를 계산했을 때, '과세' 총액은 얼마인가? (단, 그 외 급여계산에 필요한 조건은 프로그램에 등록된 기준을 이용한다.)

1. 시작일, 종료일 : 2025/11/03, 2025/11/10
2. 휴직사유 : [300.질병휴직]
3. 휴직지급율 : 75%
4. 퇴직기간적용 : 함

① 85,531,950원 　② 85,781,950원
③ 89,289,110원 　④ 89,539,110원

12 당 회사는 2025년 11월 귀속 '특별급여' 소득을 지급하고자 한다. 아래 [보기]의 지급대상 요건으로 지급일자를 직접 추가하여 모든 지급 대상자의 급여를 계산했을 때, '소득세' 총액은 얼마인가? (단, 그 외 급여계산에 필요한 조건은 프로그램에 등록된 기준을 이용한다.)

1. 특별급여지급일자 : 2025/11/30
2. 동시발행 및 대상자선정 : 분리, 직종및급여형태별
3. 특별급여지급대상 : [2000.인사2급 인천지점] 사업장을 제외한 사업장의 급여형태가 '월급'인 모든 직종

① 2,554,580원 　② 2,810,000원
③ 5,335,740원 　④ 5,869,240원

13 당 회사는 사원별 '지각/조퇴/외출시간'을 기준으로 '기본급 공제액'을 계산하여 해당 금액을 '기본급'에서 공제하고 지급한다. 아래 [보기]의 기준을 토대로 2025년 10월 귀속 [20110101.배유진] 사원의 근태내역을 확인하고, '기본급 공제액'을 계산하면 얼마인가? (단, 공제액을 계산하면서 발생되는 모든 원단위 금액은 절사하며, 책정임금 시급은 원단위 금액을 절사하지 않고 계산한다.)

기본급 공제액 : 1유형 공제액 + 2유형 공제액
1유형 공제액 : (조퇴시간 + 외출시간) * 2.25 * 책정임금 시급
2유형 공제액 : (지각시간) * 2.75 * 책정임금 시급

① 307,050원 　② 331,950원
③ 362,810원 　④ 390,670원

14 당 회사는 2025/11 귀속 일용직 사원의 급여를 지급하려는데 대상자가 추가되지 <u>않은</u> 것을 확인했다. 아래 [보기]를 확인하여 대상자를 추가한 뒤 급여를 계산했을 때, 해당 지급일자의 총 차인지급액은 얼마인가? (단, 그 외 급여계산에 필요한 조건은 프로그램에 등록된 기준을 따른다.)

1. 지급형태 : 매일지급
2. [3100.관리부] 또는 [4100.생산직(생산부)] 소속의 일용직 사원 중 급여형태가 [004.시급]인 일용직 사원
3. 평일 9시간 근무 가정

① 13,195,000원 　② 15,080,000원
③ 15,291,760원 　④ 16,695,000원

15 2025년 11월 귀속 일용직 급여작업 전, 아래 [보기]를 기준으로 [0020.성준] 사원의 사원정보를 직접 변경하고 급여를 계산했을 때, 해당 지급일에 대한 설명으로 옳은 것은? (단, 그 외 급여계산에 필요한 조건은 프로그램에 등록된 기준을 따른다.)

보기

1. 사원정보 변경
   1) 생산직비과세 적용 '함'
   2) 국민/건강/고용보험여부 '여'
2. 일용직 급여지급
   1) 지급형태 : '일정기간지급' 지급일
   2) 평일 10시간 근무 / 토요일 4시간 근무 가정
   3) 비과세(신고제외분) : 12,000원(평일만 적용)

① 지급인원은 총 6명이고, 모두 [5100.자재부] 소속이다.
② 대상자들은 모두 11월 한 달간 25일을 근무했다.
③ 대상자들의 과세총액과 비과세총액의 합은 25,778,660원이다.
④ 모든 대상자들의 급여에서 소득세가 공제되었으며, 소득세의 총합은 81,600원이다.

16 당 회사의 [2000.인사2급 인천지점] 사업장 기준 2025년 3분기의 지급총액 및 공제총액은 얼마인가? (단, 사용자부담금은 포함한다.)

① 지급총액 : 150,548,760원 / 공제총액 : 11,558,560원
② 지급총액 : 150,548,760원 / 공제총액 : 22,766,460원
③ 지급총액 : 156,948,750원 / 공제총액 : 11,558,560원
④ 지급총액 : 156,948,750원 / 공제총액 : 22,766,460원

17 당 회사는 [2000.인사2급 인천지점] 사업장에 대해 2025년 10월 귀속(지급일 1번)에 이체한 급/상여를 확인하고자 한다. 이체 현황에 대한 설명으로 옳지 <u>않은</u> 것은? (단, 무급자는 제외한다.)

① 해당 귀속연월의 급여는 '2025/10/25'에 지급되었다.
② 해당 조회조건의 대상자는 모두 11명이고, 4개의 은행을 통해 급여가 이체되었다.
③ 해당 사업장에서 가장 많은 금액이 이체된 사원은 [20010402.박국현]이고, 5,402,630원이 이체되었다.
④ 해당 사업장에는 총 42,367,170원이 이체되었으며, '국민은행'으로 이체된 금액이 가장 크다.

18 2025년 3분기에 지급된 급/상여내역을 부서별로 확인하고자 한다. 전체 사업장의 급/상여내역 중 급여구분이 [100.급여]인 데이터를 조회했을 때, 부서별 지급항목 소계내역으로 옳지 <u>않은</u> 것은?

① '경리부'의 기본급 : 7,814,200원
② '관리부'의 근속수당 : 5,370,720원
③ '국내영업부'의 직책수당 : 600,000원
④ '생산부'의 야간근로수당 : 450,000원

19 당 회사는 전체 사업장을 대상으로 급/상여 지급액 등 변동사항을 확인하고자 한다. 2025년 10월 변동 상태에 대한 설명으로 옳지 **않은** 것은? (단, 모든 기준은 조회된 데이터를 기준으로 확인한다.)

1. 기준연월 : 2025년 10월
2. 비교연월 : 2024년 10월
3. 사용자부담금 '제외'

① 인원의 변동은 없으며, 기본급은 비교연월보다 5,570,320원 상승했다.

② 4대 사회보험 중 고용보험을 제외한 항목의 금액이 상승했으며, 국민연금은 비교연월보다 112,190원 상승했다.

③ [20001101.박용덕] 사원의 지급내역 중 변동사항은 '근속수당'만 존재하며, 비교연월보다 26,150원 상승했다.

④ [20001102.정영수] 사원은 기준연월과 비교연월의 공제내역을 비교했을 때, 모든 항목의 금액 변동이 있는 유일한 사원이다.

20 당 회사는 2025년 3분기에 진행했던 급여작업을 수당별로 확인하고자 한다. [2000.인사2급 인천지점] 사업장을 제외한 보기의 대상자 중 [S00.국민연금]을 가장 많이 공제한 사원은 누구인가?

① [20110101.배유진] ② [20120101.정수연]
③ [20130102.김용수] ④ [20000601.이종현]

01 [보기]에서 빅데이터 5V 특성 중 가장 뚜렷하게 나타나는 것을 고르시오.

> **보기**
>
> ㈜생산솔루션은 ERP 인사시스템에 출퇴근 기록, 직원 만족도 설문(텍스트), 면접 영상 녹화, SNS 후기 등 다양한 데이터를 수집·저장하고 있다. 최근에는 비정형 데이터의 비중이 커져 이를 효율적으로 분석할 필요가 커졌다.

① Value ② Variety

③ Veracity ④ Velocity

02 [보기]는 ㈜생산에서 빅데이터 플랫폼을 활용하여 ERP 인사 데이터를 처리하는 단계별 내용이다. 순서로 가장 적절한 것을 고르시오.

> **보기**
>
> (가) 수집된 데이터를 클라우드 기반 빅데이터 플랫폼(Hadoop, Spark 등)에 저장하고, 이상값 제거·정제 과정을 거친다. (데이터 저장/처리)
>
> (나) 분석 결과를 대시보드 형태로 시각화하여 경영진에게 제공하고, 인사 의사결정에 활용한다. (데이터 시각화/활용)
>
> (다) 직원들의 근태 기록, 설문 응답, 채용 지원서 데이터를 ERP 인사시스템과 외부 시스템에서 자동으로 불러온다. (데이터 수집)

① (가) - (나) - (다) ② (나) - (가) - (다)

③ (다) - (가) - (나) ④ (다) - (나) - (가)

03 ERP 시스템의 프로세스, 화면, 필드, 그리고 보고서 등 거의 모든 부분을 기업의 요구사항에 맞춰 구현하는 방법을 무엇이라 하는가?

① 정규화(Normalization)

② 트랜잭션(Transaction)

③ 컨피규레이션(Configuration)

④ 커스터마이제이션(Customization)

04 ERP도입 기업의 사원들을 위한 ERP교육을 계획할 때, 고려사항으로 가장 적절하지 <u>않은</u> 것은?

① 전사적인 참여가 필요함을 강조한다.

② 지속적인 교육이 필요함을 강조한다.

③ 최대한 ERP커스터마이징이 필요함을 강조한다.

④ 자료의 정확성을 위한 철저한 관리가 필요함을 강조한다.

05 인사관리의 주요 목표로 가장 적절한 것은?

① 기업의 단기적인 재무 성과 극대화

② 직원들의 개인적인 삶의 질 향상만을 추구

③ 최고 경영진의 의사 결정만을 전적으로 지원

④ 조직의 목표 달성에 기여하며, 동시에 구성원의 만족과 발전을 도모

06 인적자원계획의 수립 시, 기업 외부 환경 분석 요소로 가장 적절하지 <u>않은</u> 것은?

① 노동 시장의 변화와 동향

② 경쟁사의 인력 운영 전략

③ 정부의 고용 관련 정책 및 법규

④ 기업 내부의 직무 만족도 및 이직률 변화

07 배치관리의 원칙으로 사람을 소모시키면서 사용하지 않고 성장시키면서 사용해야 한다는 원칙은?

① 적재적소 원칙　　② 실력주의 원칙

③ 균형주의 원칙　　④ 인재육성주의 원칙

08 [보기]는 A기업 인사팀의 직무분석 사례이다. 사례를 참고하여 직무분석의 효과적인 활용과 한계에 대한 설명 중 옳지 <u>않은</u> 것을 고르시오.

A기업은 최근 사업 다각화에 따라 기존 직무들을 재분석하고 신규 직무도 체계적으로 정의하였다.
직무분석 결과를 바탕으로 채용, 교육훈련, 보상체계 뿐 아니라 조직 재구성 및 인력배치에도 적극 활용하였다.
하지만 일부 고도의 창의력과 자율성을 요구하는 직무에 대해서는 직무분석이 적합하지 않다는 의견도 있다.

① 직무분석은 채용과 교육훈련 프로그램 설계에 필수적인 기초 자료를 제공한다.

② 창의력과 자율성이 중요한 직무는 직무분석을 통해 구체적으로 정의하고 평가하기에 적합하다.

③ 직무분석은 보상체계 구축뿐만 아니라 조직 구조 및 인력배치 결정에도 전략적으로 활용될 수 있다.

④ 직무분석은 명확하고 반복적인 업무에 더 효과적이며, 고도의 자율적 직무에는 한계가 있을 수 있다.

09 [보기]는 ㈜생산의 인적자원 수요예측 사례이다. 이 기업이 활용한 인력 수요예측 방법으로 가장 적절한 것은 무엇인가?

㈜생산은 최근 3년간의 매출액과 인력 수의 추세를 분석하여, 매출액 대비 필요 인력 비율(생산성 비율)을 산출하였다. 이를 바탕으로 내년도 예상 매출액에 따라 필요한 인력 수요를 계산하였다.

① 명목집단법　　　　② 델파이기법

③ 전문가예측법　　　④ 생산성비율분석

10 인사고과(Personnel Appraisal)의 실시 목적에 대한 설명으로 가장 적절하지 <u>않은</u> 것은?

① 직원간의 사적 친목 도모 추구

② 공정한 보상 및 승진 결정의 근거를 마련

③ 직무수행에 대한 피드백을 제공하여 직원의 역량 개발을 촉진

④ 직원의 능력과 성과를 정기적으로 평가하여 인사 결정의 기초 자료로 활용

11 [보기]에서 설명하고 있는 교육·훈련 및 개발의 방법은?

㈜생산여행사 직원 6명이 모여서 내년도 계절별 여행상품 개발에 대한 안건으로 자유롭게 논의하였다. 2025년 12월 1일~ 2025년 12월 3일까지 총 3일간 회의를 진행했다. 회의에서 제시한 안건들 중 가장 적합한 여행상품을 선택하고 자유롭게 의견을 교환하였다.

① 사례연구법　　　　② 역할연기법

③ 인바스켓훈련　　　④ 브레인스토밍

12 [보기]는 ㈜생산의 인적자원 개발 사례이다. 이 사례에서 언급된 활동 중에서 '경력관리'의 주요 내용으로 보기 어려운 것은?

보기

㈜생산은 구성원의 지속적인 성장을 위해 다양한 인사제도를 운영하고 있다. 팀장 이상의 리더를 대상으로 리더십 향상교육, 사내 강사 육성 프로그램, 중장기 경력계획 수립 워크숍 등을 정기적으로 제공하며, 직무전환 희망자에게는 직무 순환 기회도 부여하고 있다. 신입사원에게는 입사 직후 조직 적응을 위한 오리엔테이션을 집중적으로 운영하고 있다.

① 리더십 향상 교육
② 직무 순환 기회 제공
③ 신입사원 오리엔테이션 운영
④ 중장기 경력계획 수립 워크숍

13 [보기]의 사례에서, 기업이 중점을 두고 있는 임금관리 전략으로 가장 적절한 것은?

보기

㈜생산은 최근 인재확보 경쟁이 치열해지자, 유사 업종의 임금수준을 조사한 후 자사 보상 수준을 상향 조정하였다. 이는 구직자들에게 매력적인 기업으로 인식되고, 입사 지원율이 크게 증가하는 결과를 가져왔다.

① 임금 통제 전략
② 외부 경쟁력 확보 전략
③ 내부 공정성 확보 전략
④ 직무 중심 임금 체계 전략

14 임금수준을 결정하는 요인으로 옳지 않은 것은?

① 정부규제
② 같은 업종의 타사 임금수준
③ 노동력의 수요와 공급 상황
④ 종업원 개개인의 심리적 만족 수준

15 [보기]의 (   ) 안에 들어갈 보험료율을 고르시오.

보기

국민연금보험료 = 가입자의 기준 소득월액 × (   )%(연금보험료율)

① 4.5　　　　② 3.3
③ 7.6　　　　④ 9.0

16 소득세법상 거주자는 국내에 몇 일 이상의 거소를 둔 개인을 의미하는가?

① 123일 이상　　② 153일 이상
③ 183일 이상　　④ 213일 이상

17 고용보험에 대한 설명으로 적절하지 않은 것은?

① 실업급여 보험료는 근로자가 전액 부담한다.
② 고용안정·직업능력 개발 사업 보험료는 사업주가 전액 부담한다.
③ 실업급여 보험료 중 근로자 부담분에 대하여 사업주가 매월 임금 지급 시 원천징수 한다.
④ 고용보험은 근로자의 실업 예방과 생활 안정, 직업능력 개발을 지원하기 위한 사회보험이다.

18 [보기]는 ㈜생산디자인의 근로시간 운영 방식에 대한 사례이다. 해당 기업이 채택하고 있는 근로시간 제도로 가장 적절한 것은 무엇인지 고르시오.

디자인 회사인 ㈜생산디자인은 직원들의 창의성과 워라밸 향상을 위해 새로운 근무제도를 도입하였다. 이 제도는 직원들이 1개월 단위로 총 근로시간(예 160시간)만 채우면, 개인 상황에 따라 출퇴근 시간을 자유롭게 조정할 수 있으며, 하루 6시간 또는 10시간 근무도 자율적으로 조절할 수 있다. 단, 팀 회의와 협업을 위해 오전 10시부터 오후 3시까지는 필수 근무시간(코어타임)으로 정하였다.

① 시차 출퇴근제　　　② 법정 근로시간제
③ 선택적 근로시간제　　④ 의무적 근로시간제

19 숙련공을 조직기반으로 하는 노동조합의 형태로 가장 적절한 것은?

① 일반조합　　　　　② 직종별 노동조합
③ 기업별 노동조합　　④ 중견기업별 노동조합

20 회사가 근로자에게 회사 주식을 유상 또는 무상의 방법으로 취득하게 하여 근로자를 주주로서 기업 경영에 참가시키는 제도로 가장 적절한 것은?

① 락커플랜　　　　　② 스캔론플랜
③ 스톡옵션제도　　　④ 종업원지주제도

2025년 9월 기출문제 (실무)

01 다음 중 핵심 ERP 사용을 위한 기초 사원등록 정보를 확인하고, '사용자'로 등록된 사원의 설명으로 옳지 않은 것은?

① 조회되는 사원이 속한 부서는 [3100.관리부]이다.

② 조회되는 사원은 '2002/12/01'에 입사하였다.

③ 조회되는 사원의 회계입력방식은 '승인'이다.

④ 조회되는 사원의 비상연락망은 기재되어 있지 않다.

02 다음 중 핵심 ERP 사용을 위한 기초 부서 정보를 확인하고, 내역으로 알맞지 않은 것은 무엇인가?

① '2025/09/27' 기준으로 현재 사용 중인 부서는 모두 10개이다.

② '2025/09/27' 기준으로 [2000.인사2급 인천지점] 사업장에 속한 부서가 가장 적게 사용되고 있다.

③ [2200.해외영업부] 부서는 2026년부터는 사용되지 않을 예정이다.

④ 가장 최근 사용이 중단된 부서는 [6100.경리부]이며, '2021/12/31'까지 사용되었다.

03 다음 중 [H.인사/급여관리] 모듈에 대한 [ERP13I02.이현우] 사원의 설정을 확인하고 관련된 설명으로 옳지 않은 것은?

① 당 회사에 등록된 근로자의 인사기록카드를 조회할 수 있다.

② 상용직 근로자의 급여를 지급하기 위해 급여지급일자를 새롭게 등록할 수 있다.

③ 기존에 등록된 일용직 근로자의 사원정보를 수정할 수 있다.

④ 회사 내 모든 근로자의 급여명세를 출력하여 전달할 수 있다.

04 당 회사는 2025년 09월 [800.주임] 직급의 호봉을 아래 [보기]와 같이 일괄 등록하고자 한다. 호봉등록을 완료 후 5호봉 '기본급'의 금액은 얼마인가?

> **보기**
>
> 1. 기본급 : 초기치 2,180,000원, 증가액 110,000원
> 2. 직급수당 : 초기치 65,000원, 증가액 12,000원
> 3. 일괄인상 : 기본급 3.2%, 직급수당 1.6% 정률인상

① 2,703,840원   ② 2,817,360원

③ 2,818,648원   ④ 2,944,360원

05 당 회사의 인사/급여기준에 대한 설정을 확인한 뒤, 설정을 올바르게 설명한 [보기] 내용은 몇 개인가? (단, 환경설정 기준은 변경하지 <u>않는다.</u>)

A : 근무일수가 17일인 입사자의 월 급여는 실제 근무한 일수만큼 계산하여 지급한다.

B : 월 200만원을 지급받는 근로자의 수습기간이 끝나지 않았다면, 실제로는 160만원을 지급받는다.

C : 월일수 산정 시, 실제 귀속연월의 실제 일수를 적용한다.

D : 당 회사에 등록되어 있는 모든 직종의 출결 마감 기준일은 당월 1일부터 말일까지이다.

① 0개   ② 1개

③ 2개   ④ 3개

06 2025년 귀속 기준 급여 지급/공제항목설정을 확인하고, 그 설명으로 옳지 <u>않은</u> 것은? (단, 지급/공제항목설정 기준은 변경하지 않는다.)

① [P01.영업촉진비]는 특정 부서에 속하는 근로자에게만 지급하며, 부서별로 지급하는 금액이 다르다.

② [P02.가족수당]은 수습기간에 해당하는 근로자에게는 지급하지 않으며, 등록된 가족수당 대상자 중 [900.자]를 제외한 분류대상들은 모두 같은 금액을 지급한다.

③ [P06.근속수당]은 근속기간이 1년 이상인 대상자에게 지급하며, 근속기간이 15년 이상인 대상자에게는 150,000원을 지급한다.

④ [P70.직무발명보상금]은 비과세유형이 [R11.직무발명보상금]인 수당이며, [002.생산직]인 경우에만 지급한다.

07 당 회사 [20001102.정영수] 사원에 대한 설명으로 옳은 것은?

① '2000/01/01'에 입사했으며 현재 [4100.생산부] 소속이다.

② 직종은 [002.생산직]이며 급여형태는 [001.월급]이다.

③ 과거에 [T13.중소기업취업감면(90% 감면)]대상자였다.

④ 노조에 가입되어 있고, 배우자공제를 받고 있다.

08 당 회사는 2025년 08월 한달간 진행한 역량강화교육에서 우수한 성적을 얻은 직원에 한하여 수당을 지급하기로 했다. 아래 [보기]를 기준으로 지급한 대상자들의 총 지급 금액으로 알맞은 것은 무엇인가?

1. 교육명 : [994.임직원역량강화교육(2025년)]
2. 수당 지급 금액
   교육평가 A등급 : 200,000원
   교육평가 B등급 : 100,000원

① 1,400,000원   ② 1,550,000원

③ 1,800,000원   ④ 2,200,000원

09 당 회사는 [2000.인사2급 인천지점] 사업장의 2024년 '이직률'을 확인하고자 한다. 2024년을 기준으로 [2000.인사2급 인천지점] 사업장의 평균 이직률은 얼마인가? (단, 모든 정보는 프로그램에 입력된 기준으로 확인한다.)

① 0.17   ② 1.34

③ 1.67   ④ 3.00

10 당 회사는 2025년 08월 31일 기준으로 전체 사업장의 만 15년 이상 장기근속자에 대해 특별근속수당을 지급하기로 하였다. 아래 [보기]를 기준으로 지급한 총 특별근속수당은 얼마인가? (단, 퇴사자는 제외하며, 미만일수는 버리고, 모든 경력사항을 제외한다.)

보기

1. 15년 이상 ~ 20년 미만 : 150,000원
2. 20년 이상 ~ 25년 미만 : 200,000원
3. 25년 이상 ~ : 250,000원

① 2,550,000원   ② 3,050,000원
③ 3,500,000원   ④ 4,250,000원

11 회사는 2025년 09월 귀속 '급여' (지급일자 : 2025/09/25) 지급 시, [20140501.김화영] 사원의 변경된 책정임금을 반영하여 급여작업을 진행하고자 한다. [보기]를 기준으로 직접 '책정임금'을 추가하고 모든 지급 대상자에 대해 급여를 계산할 때, 해당 지급일자의 과세총액은 얼마인가? (단, 그 외 급여계산에 필요한 조건은 프로그램에 등록된 기준을 이용한다.)

보기

1. 사원명 : [20140501.김화영]
2. 계약시작년월 : 2025/09
3. 연봉 : 43,800,000원

① 85,576,100원   ② 86,476,100원
③ 90,176,100원   ④ 91,076,100원

12 당 회사는 추석을 맞이하여 2025년 09월 귀속 '특별급여'를 지급하고자 한다. 아래 [보기]의 지급대상 요건으로 지급일자를 직접 추가하여 모든 지급 대상자에 대해 급여를 계산할 때, '회사부담금' 총액은 얼마인가? (단, 그 외 급여계산에 필요한 조건은 프로그램에 등록된 기준을 이용한다.)

보기

1. 특별급여지급일자 : 2025/09/30
2. 동시발행 및 대상자선정 : 분리, 직종및급여형태별
3. 특별급여지급대상 : [1000.인사2급 회사본사] 사업장 소속이 아니고, 급여형태가 '월급'인 사무직과 생산직인 근로자

① 1,105,350원   ② 1,172,010원
③ 2,150,670원   ④ 2,277,360원

13 당 회사는 사원별 '지각/조퇴/외출시간'을 기준으로 '기본급 공제액'을 계산하여 해당 금액을 '기본급'에서 공제하고 지급한다. 아래 [보기]의 기준을 토대로 2025년 08월 귀속 [20110101.김윤미] 사원의 근태내역을 확인하고, '기본급 공제액'을 계산하면 얼마인가? (단, 공제액을 계산하면서 발생되는 모든 원단위 금액은 절사하며, 책정임금 시급은 원단위 금액을 절사하지 않고 계산한다.)

보기

기본급 공제액 : 1유형 공제액 + 2유형 공제액
1유형 공제액 : (조퇴시간 + 외출시간) * 2.25 * 책정임금 시급
2유형 공제액 : (지각시간) * 2.75 * 책정임금 시급

① 1,130,560원   ② 1,231,610원
③ 1,298,730원   ④ 1,377,440원

14 당 회사는 일용직 사원에 대해 사원 별 지급형태를 구분하여 일용직 급여를 지급하고 있다. 아래 [보기]를 확인하여 2025년 09월 귀속 지급일 중 '매일지급' 대상자를 직접 반영 후 급여를 계산했을 때, 해당 지급일의 급여내역에 대한 설명으로 옳은 것은? (단, 그 외 급여계산에 필요한 조건은 프로그램에 등록된 기준대로 확인한다.)

1. 지급형태 : '매일지급' 지급일
2. 지급 대상자 : [4100.생산부] 사원
3. 평일 10시간 근무, 토요일 4시간 근무
4. 비과세(신고제외분) 적용 : 12,000원 (평일만 적용)

① 대상자는 총 5명이고, 모든 일용직 사원이 30일 중 25일을 근무하였다.
② 비과세 금액이 존재하며, 이는 모두 비과세신고분에 해당한다.
③ 가장 많은 금액을 지급 받는 사원은 [0001.김인사]이고, 11,655,170원을 지급받는다.
④ 모든 일용직 사원의 급여에서 소득세가 공제되며, 총 354,600원이 공제되었다.

15 당 회사는 일용직 사원에 대해 급여를 지급하고자 한다. 아래 [보기]를 기준으로 2025년 09월 귀속 일용직 대상자의 정보를 변경 후 모든 대상자들에 대해 급여를 계산했을 때, 해당 지급일에 대한 설명으로 옳은 것은? (단, 그 외 급여계산에 필요한 조건은 프로그램에 등록된 기준을 따른다.)

1. 생산직 비과세적용 대상자 추가 : [0019.윤규연]
2. 지급형태 : '일정기간지급' 지급일
3. 평일 9시간 근무
4. 비과세(신고제외분) 적용 : 12,000원

① 대상자는 총 4명이고, 모든 일용직 사원이 30일 중 22일을 근무하였다.
② 비과세금액은 신고분과 신고제외분 금액이 모두 존재하며, 총 1,760,560원이 발생했다.
③ 대상자들에게 총 지급된 금액은 15,132,730원이며, [002.김연호] 사원이 가장 많은 금액을 지급받는다.
④ 공제된 국민연금의 총액은 729,090원이며, 지방소득세의 총액은 109,780원이다.

16 당 회사는 [2000.인사2급 인천지점] 사업장과 [3000.인사2급 강원지점] 사업장에 대한 2025년 상반기 급여 내역을 확인하고자 한다. 직급별 과세총액 및 비과세총액의 소계로 옳지 <u>않은</u> 것은? (단, 사용자 부담금은 제외하여 조회한다.)

① 사원 - 과세총액 : 45,574,940원 / 비과세총액 : 3,000,000원
② 대리 - 과세총액 : 145,916,170원 / 비과세총액 : 8,100,000원
③ 과장 - 과세총액 : 87,016,870원 / 비과세총액 : 3,600,000원
④ 차장, 부장의 합산 - 과세총액 : 100,058,690원 / 비과세총액 : 3,000,000원

17 당 회사는 전체 사업장 기준 2025년 08월 귀속 급여에 대한 대장을 확인하고자 한다. 부서별로 대장을 집계하여 확인했을 때, 부서별 지급/공제항목의 금액으로 옳지 <u>않은</u> 것은?

① [1200.경리부] – 근속수당 : 350,000원

② [2100.국내영업부] – 야간근로수당 : 160,000원

③ [3100.관리부] – 건강보험 : 594,810원

④ [4100.생산부] – 소득세 : 552,520원

18 당 회사의 2025년 상반기의 급/상여 지급현황을 확인하고자 한다. [100.급여] 지급내역 중 [2100.국내영업부] 소속 사원 중 야간근로수당을 지급받은 내역이 있는 사원은 누구인가?

① [20000601.이종현]　　② [20010402.제갈형서]

③ [20030701.엄현애]　　④ [20120101.정수연]

19 당 회사는 전체 사업장을 대상으로 급/상여 지급액 등 변동사항을 확인하고자 한다. 2025년 08월 변동 상태에 대한 설명으로 옳지 <u>않은</u> 것은? (단, 모든 기준은 조회된 데이터를 기준으로 확인한다.)

> **보기**
>
> 1. 기준연월 : 2025년 08월
> 2. 비교연월 : 2024년 08월
> 3. 사용자부담금 '포함'

① 인원에 대한 변동사항은 없으며, 과세금액의 경우 비교연월에 비해 1,433,330원 증가했다.

② 4대 사회보험 공제금액의 변동사항은 없으며, 소득세의 경우 비교연월에 비해 174,550원 증가했다.

③ 기준연월에 지급받은 영업촉진비는 비교연월에 비해 과세금액을 증가하게 한 유일한 요인이다.

④ [20000601.이종현] 사원은 영업촉진비를 추가로 지급받음으로 인해, 비교연월에 비해 소득세가 44,580원 증가하는 결과를 얻었다.

20 당 회사는 2025년 상반기 급여 작업에 대해 수당 별 지급현황을 확인하고자 한다. 다음 중 [2000.인사2급 인천지점] 사업장 기준 [P06.근속수당]을 가장 많이 지급 받은 사원은 누구인가?

① [20020603.이성준]　　② [20130701.신별]

③ [20140901.강민우]　　④ [20140903.정용빈]

4회 2025년 7월 기출문제 (이론)

01 제품, 공정, 생산설비와 공장에 대한 실제 세계와 가상 세계의 통합시스템이며 제조 빅데이터를 기반으로 사이버모델을 구축하고 이를 활용하여 최적의 설계 및 운영을 수행하는 것을 무엇이라 하는가?

① 비즈니스 애널리틱스(Business Analytics)

② 사이버물리시스템(Cyber Physical System, CPS)

③ 공급사슬관리(Supply Chain Management, SCM)

④ 예지보전 시스템(Prognostics and Health Management, PHM)

02 [보기]의 ㈜생산성에 적용된 기술에 대한 설명으로 가장 적절한 것은?

> **보기**
>
> ㈜생산은 ERP 인사 시스템에 신규 기술을 도입하여 직원들의 조직몰입도와 이직 가능성을 분석하고자 한다. 이를 위해 직원들이 작성한 사내 익명게시판의 글, 퇴사 면담 기록, 인사평가 의견란에 입력된 비정형 데이터를 수집하였다. 인사팀은 이를 분석해 직원들의 감정 변화, 이직 징후, 조직문화 개선 방향 등을 도출하고자 한다.

① 소수의 직원들을 직접 인터뷰하여 감정을 분석하는 방식이다.

② 음성 데이터나 이미지 데이터를 처리하는 데 최적화된 AI 기술이다.

③ 자연어 형태의 데이터를 분석하여 유의미한 정보를 추출하는 기법이다.

④ 정형 데이터의 통계적 분석을 통해 직원의 업무성과를 직접 수치화하는 기술이다.

03 [보기]의 ERP 아웃소싱에 대한 사례에 대한 설명으로 가장 적절하지 <u>않은</u> 것은?

> **보기**
>
> ㈜생산은 ERP 인사 모듈의 도입 및 운영을 위해 외부 전문 IT 아웃소싱 업체와 계약을 체결하였다. 해당 업체는 인사정보 시스템의 설계부터 구축, 테스트, 유지보수까지 전 과정에 참여하며, 인사부서는 주기적으로 커스터마이징 요청과 피드백을 전달하고 있다. 최근 ㈜생산은 시스템 내부의 성과관리 기능을 자사 맞춤형으로 개선하고자 하였으나, 기술적 제약과 계약 범위 문제로 반영에 어려움을 겪고 있다.

① ERP 아웃소싱은 개발과 유지에 필요한 인력 운용에 도움을 줄 수 있다.

② ERP 아웃소싱은 기업 내부의 인사IT 기술력 부족을 보완하는 데 유리할 수 있다.

③ ERP 아웃소싱은 외부 전문성을 활용해 기업이 보유하지 않은 인사 관련 지식을 확보하는 방법이 될 수 있다.

④ ERP 아웃소싱을 도입하면 시스템 구축 이후 내부 인사 부서 인력으로 모든 커스터마이징이 자유롭게 가능하다.

04 [보기]는 ㈜생산의 ERP 시스템 도입 성공 사례이다. ERP 도입 효과에 대한 설명으로 가장 적절하지 <u>않은</u> 것은?

> **보기**
>
> ㈜생산은 전사 인사 업무의 디지털 전환을 위해 ERP 시스템을 도입하였다. 시스템 도입 효과는 다음과 같다.
> - 연차 사용 촉진 관리업무 표준화 및 관련 업무 프로세스를 자동화하여, 연차 관련 업무 절차가 약 75% 축소되었다.
> - 근태 기록과 급여계산식을 연동하여 실시간 급여 자동 산출이 가능해졌다.
> - 세무신고 기능도 사전에 설정된 Best Practice 기반으로 구현되어 신고 오류가 현저히 줄어들었다.

① 세무신고의 Best Practice 내재화하여 업무 프로세스 개선하였다.

② 기업의 인적 자원을 효율적으로 관리하여 기업의 경쟁력을 강화시켰다.

③ 데이터 접근이 용이해짐에 따라 인사 담당 실무자 수준에서 경영 의사결정이 가능해졌다.

④ 반복적이고 규칙 기반의 인사 업무를 시스템화함으로써 업무의 효율성이 증가하였고, 수작업 계산 오류 가능성이 줄어들었다.

05 인사관리에 대한 설명으로 가장 적절하지 <u>않은</u> 것은?

① 인사관리의 목표는 기업조직의 목표에서 도출되어야 하며 기업의 목표달성에 기여해야 한다.

② 근로생활의 질 충족을 통해 근로자의 작업환경과 관계 개선, 노동 의욕 향상, 종업원 사기 증진에 기여한다.

③ 기업의 경영활동에 필요한 직무별 양적·질적·시간적 요구에 따른 인력을 제공하고, 노동성과를 극대화시킴으로써 경제적 효율성을 추구한다.

④ 인력확보, 인력개발, 인력보상, 인력유지로 구분되어 있으며, 업무별 명확한 기능범위를 정하고, 독자적으로 수행되어야 효율성을 달성할 수 있다.

06 직무분석에 대한 설명으로 가장 적절한 것은?

① 과업은 독립된 목적으로 수행되는 하나의 명확한 작업활동을 의미하며, 직군은 유사한 과업들이 모여 하나의 일의 범위를 형성하는 것을 의미한다.

② 생산본부는 자격사업 업무에 4명, 교육사업 업무에 3명, 컨설팅사업 업무 5명, 감독직에 2명이 배치되어 있다. 해당 경우 직무(Job)는 4개, 직위(Position)도 4개이다.

③ 이미 설계·운영되고 있는 직무는 기술변화 등으로 항상 변화하고 개선되어야 하는 경우가 많은데, 직무분석을 통해 직무 구조 및 과정의 개선에 직무분석 정보를 활용하여 인력확보 활동만을 지원한다.

④ 직무내용에 대한 정보, 직무수행자에게 요구 되는 자격 요건 정보 등에 대한 정보를 획득하고, 이를 체계적으로 정리하여 직무내용에 관한 정보를 '직무기술서'로 작성하고, 직무수행자에게 요구되는 자격조건에 관한 정보는 직무명세서로 작성한다.

07 [보기]는 어느 직무분석 방법의 단점을 나열한 것이다. 해당 직무분석 방법으로 가장 적절한 것은?

> **보기**
>
> - 마케팅 전략 수립, 학술연구, 과학자 등 직무의 시작에서 종료까지 긴 직무에 적용하기 어렵다.
> - 법률 관련 직무 등 정신적인 활동에 대해서 적용하기 어렵다.
> - 직무분석 담당자가 해당 방법을 통해 직무분석을 수행할 경우 업무에 방해가 될 수 있다.
> - 해당 방법을 통해 획득한 정보의 신뢰성에 문제가 있을 수 있다.

① 관찰법 ② 질문지법
③ 작업기록법 ④ 중요사실기록법

08 직무전문화에 대한 설명으로 가장 적절하지 <u>않</u>은 것은?

① 한 작업자의 여러 종류의 일(Task)을 숫자면에서 줄이는 것이다.

② 직무전문화가 이루어질수록 생산성은 지속적으로 높아지게 된다.

③ 기업은 직무전문화를 통해 작업자의 선발과 훈련이 용이해지고, 숙련공의 의존이 낮아져 노무비를 절약할 수 있다.

④ 작업자는 직무전문화를 통해 작업결과에 대한 책임 부담이 적어지고, 특별한 직무교육을 받을 필요성이 감소하게 된다.

09 [보기]의 면접 방법으로 가장 적절한 것을 고르시오.

> **보기**
>
> ㈜생산은 최근 AI 기반 제품기획 전문가를 채용하기 위해 면접을 진행했다. 이 과정에서 인사팀장, 기술연구소장, 전략기획팀장이 함께 한 명의 지원자를 상대로 각자의 전문 분야에 대해 질문하며 평가하였다.

① 압박면접 　② 패널면접

③ 비지시적 면접 　④ 블라인드 면접

10 [보기]의 평가방법으로 가장 적절한 것은?

> **보기**
>
> ㈜생산의 인사팀은 홍길동 사원의 업무성과 평가를 위해 다음과 같은 네 가지 진술문을 사용하고자 한다.
> - 고객의 문의사항에 신속하게 응대한다(적절).
> - 문제 해결을 위해 타 부서와 적극적으로 협력한다(적절).
> - 고객에게 불친절하게 대응한다(부적절).
> - 문제 상황에서 책임을 회피하려 한다(부적절).
>
> 인사평가 담당자는 이 네 개 항목 중 두 개의 진술을 선택하도록 하여, 직원의 업무 수행 행동을 간접적으로 평가하였다.

① 쌍대비교법 　② 강제할당법

③ 강제선택법 　④ 중요사건평가법

11 [보기]에 해당하는 교육훈련 방법은 무엇인가?

> **보기**
>
> ㈜생산은 최근 생산라인 신입사원 김철수의 현장 적응을 위해 교육훈련을 실시하였다. 이 과정에서 김철수 사원은 생산팀의 직속 상사인 장그래 대리로부터 작업장 내에서 직접 작업 시범을 보고, 작업 순서와 주의사항에 대한 설명을 들은 후 실습을 통해 반복 훈련을 받았다.

① 도제훈련 　② 액션러닝

③ 그리드훈련 　④ 행동모델법

12 [보기]에서 설명하는 승진의 유형은?

> **보기**
>
> 일정 기간 직무수행능력 및 업적만을 평가하여 특별히 유능한 사람에게 승진의 기회를 제공하는 것

① 대용승진 　② 역직승진

③ 발탁승진 　④ 연공승진

13 2025년 기준 근로기준법에 의한 최저시급은 얼마인가?

① 10,010원　　　　② 10,020원
③ 10,030원　　　　④ 10,040원

14 퇴직급여에 대한 설명으로 적절하지 <u>않은</u> 것은?

① 근로자가 퇴직한 경우에는 그 지급 사유가 발생한 날부터 20일 이내에 퇴직금을 지급하여야 한다.
② 사용자는 계속 근로기간 1년에 대하여 30일분 이상의 평균임금을 퇴직금으로 퇴직하는 근로자에게 지급할 수 있는 제도를 설정하여야 한다.
③ 확정기여형 퇴직연금은 기업이 납입해야 하는 부담금이 사전에 확정되며, 기업이 근로자 개발 계좌에 정기적으로 기여금을 납입하고 근로자가 직접 적립금을 운용하게 된다.
④ 확정급여형 퇴직연금은 종업원이 퇴직할 때 받는 퇴직급여가 사전에 확정되어 기업이 매년 부담금을 납입하여 기업이 직접 책임지고 운용하며, 기업의 운용 결과에 관계없이 근로자는 사전에 정해진 수준의 퇴직급여를 수령한다.

15 복리후생에 대한 설명으로 가장 적절하지 <u>않은</u> 것은?

① 대상자 선정, 프로그램 형태 결정, 소요되는 재원 조달 방법을 고려하여 설계해야 한다.
② 복리후생은 종업원의 다양한 욕구와 기업의 경영환경을 모두 고려하여 설계해야 한다.
③ 복리후생은 근로자의 생계 보장이나 생활 안정에 기여할 뿐 조직성과나 근로의욕과는 무관하다.
④ 선택적 복리후생 제도는 근로자가 자신의 필요에 따라 복지 항목을 선택할 수 있도록 설계되는 제도이다.

16 소득세법 에 대한 설명으로 가장 적절하지 <u>않은</u> 것은?

① 개인단위 과세 제도이며, 직접세이다.
② 신고납세주의이며, 누진세율을 적용한다.
③ 과세방법에 따라 종합과세, 분류과세, 분리과세로 분류된다.
④ 종합과세 대상 소득은 이자, 배당, 사업, 근로, 연금, 양도 소득이 있다.

17 4대 사회보험에 대한 설명으로 가장 적절하지 <u>않은</u> 것은?

① 건강보험은 국민건강을 증진시키기 위한 사회보장 제도로 매월 납입한 보험료를 재원으로 진료비의 일부분을 부담해준다. 2025년도 건강보험료율 7.09%를 사용자와 근로자가 반반씩 부담한다.

② 고용보험은 근로자가 실업한 경우 생활에 필요한 급여를 지급함으로써 근로자의 생활 안전과 구직 활동을 촉진하는 사회보장제도이다. 근로기준법 상 근로자, 65세 이후 고용된 근로자, 공무원 대상자에 포함된다.

③ 국민연금은 노령연금, 유족연금, 장애연금 등을 지급함으로써 국민의 생활 안정과 복지증진을 도모하는 사회보장제도이다. 기업은 신규입사자 있는 경우 다음 달 15일까지 사업자 가입자 자격 취득신고서를 작성해 신고해야 한다.

④ 산업재해보상보험은 산업재해근로자를 보호하기 위해 국가가 보험료를 징수한 재원으로 산재근로자에게 보상하는 제도이다. 업무상 재해를 입을 경우 근로복지공단에 산재보험 신청 후 심사를 통해 대상자를 선별하며, 보험사업에 소요되는 재원인 보험료는 원칙적으로 사업주가 전액 부담해야 한다.

18 [보기]의 기업의 사례별 근로시간 유형이 바르게 짝지어지지 <u>않은</u> 것을 고르시오.

보기

- A: ㈜생산정밀은 근로자 A와 주 5일, 1일 8시간씩, 주 40시간 근로계약을 체결하고 있으며, 초과 시 연장근로수당을 지급한다.
- B: ㈜생산기획의 기획팀은 1개월 단위로 총 근로시간만 정해두고, 하루 6시간 근무하거나 어떤 날은 10시간 일하는 등 팀원들이 자율적으로 출퇴근 시간을 조정한다.
- C: ㈜생산물류의 출장직원 B는 하루 종일 외근하면서 회사의 출퇴근 시스템을 사용하지 않는다. 회사는 사전에 '외근 시 일 8시간 근로한 것'으로 인정하기로 하였다.
- D: ㈜생산정보기술은 IT개발 및 고객 대응을 하는 기업으로, 모든 팀원은 오전 10시부터 오후 3시까지는 반드시 근무해야 한다. 이외의 출퇴근 시간은 각자 자율적으로 조정할 수 있으며, 일부 직원은 오전 7시에 출근하여 오후 4시에 퇴근하기도 하고, 일부는 오전 10시에 출근하여 오후 7시에 퇴근한다. 다만, 협업과 회의를 위해 오전 10시~오후 3시를 '집중근무시간(Core Time)'으로 지정하였다.

① A: 법정 근로시간제
② B: 선택적 근로시간제
③ C: 탄력적 근로시간제
④ D: 집중 근무제

19 숍 시스템(shop system)의 종류는 대표적으로 3가지가 있다. 포함되는 않는 것은?

① 오픈 숍   ② 유니온 숍
③ 클로즈드 숍   ④ 체크오프

20 [보기]에서 설명하는 제도로 가장 적절한 것은?

> **보기**
>
> ㈜생산의 김사원은 최근 같은 팀의 상급자에게
> 지속적으로 퇴근 직전에 일을 지시받는 일이 반복되면서
> 스트레스를 호소하게 되었다.
> 김사원은 사내 인트라넷을 통해 담당자에게 '부당한
> 지시에 따른 업무 스트레스'를 정식 접수하였다.
> 담당자는 해당 사례를 접수한 후 팀장과 면담을
> 진행하였고, 지시 방식 개선과 업무분장을 재조정하기로
> 협의하였다. 이후 김사원은 업무 스트레스가 완화되었고,
> 공식 제도를 통해 자신의 의견이 반영되었다는 점에서
> 조직에 대한 신뢰감을 갖게 되었다.

① 옐로도그   ② 스톡옵션제도

③ 고충처리제도   ④ 종업원지주제도

5회 2025년 7월 기출문제 (실무)

01 다음 중 핵심 ERP 사용을 위한 기초 사업장 정보를 확인하고, 그 내역으로 올바르지 <u>않은</u> 것은?

① [1000.인사2급 회사본사] 사업장의 사업장주소는 '서울특별시 중구 을지로 29'이다.

② [2000.인사2급 인천지점] 사업장은 '반기'별로 이행상황신고서를 제출한다.

③ [3000.인사2급 강원지점] 사업장의 업태는 '교육서비스업'이다.

④ 주(총괄납부)사업장으로 등록되어 있는 사업장은 [1000.인사2급 회사본사] 사업장이 유일하다.

02 다음 중 핵심 ERP 사용을 위한 기초 부서 정보를 확인하고, 내역으로 올바른 것은?

① 2025/03/22 기준 현재 사용 중인 부서 중 [1000.인사2급 회사본사] 사업장 소속의 부서는 모두 5개이다.

② 2025/03/22 기준 현재 사용이 종료된 부서는 모두 2개이며, 2개의 부서 모두 같은 날에 사용이 종료되었다.

③ 가장 오랜 기간 사용된 부서는 모두 [1000.관리부문] 소속이다.

④ 2025/01/01부터 사용 중인 부문은 [7000.AI연구부문]이다.

03 다음 중 [H.인사/급여관리] 모듈에 대한 [ERP13I02.이현우] 사원의 설정 내역을 확인하고 관련된 설명으로 올바르지 <u>않은</u> 것은?

① [ERP13I02.이현우] 사원은 당 회사에 등록된 모든 근로자의 인사정보를 수정할 수 있다.

② [ERP13I02.이현우] 사원은 당 회사에 등록된 모든 근로자의 면허자격 정보를 조회할 수 있지만 추가할 수는 없다.

③ [ERP13I02.이현우] 사원은 당 회사에 등록된 모든 근로자의 연말정산자료입력 작업을 할 수 있다.

④ [ERP13I02.이현우] 사원은 상용직 급여에 대한 전표 작업을 할 수 없다.

04 당 회사는 2025년 03월 [800.주임] 직급의 호봉을 아래 [보기]와 같이 일괄 등록하고자 한다. 호봉등록을 완료 후 5호봉 '기본급' 금액은 얼마인가?

> **보기**
>
> 1. 기본급 : 초기치 2,000,000원, 증가액 100,000원
> 2. 직급수당 : 초기치 50,000원, 증가액 35,000원
> 3. 일괄인상 : 기본급 6.5%, 직급수당 3.5% 정률인상

① 2,556,000원 ② 2,752,650원

③ 2,769,000원 ④ 3,038,100원

05 당 회사의 인사/급여기준에 대한 설정을 확인한 뒤, 설정을 올바르게 설명한 [보기] 내용은 몇 개인가? (단, 환경설정 기준은 변경하지 않는다.)

> **보기**
>
> A : 입사자 급여계산 시, 근무일수가 20일을 초과하는 경우 '월'의 방식으로 급여를 지급하고 그렇지 않은 경우 실제 근무일만큼 급여를 지급한다.
> B : 수습직의 경우 3개월 간 80%에 해당하는 급여를 지급받는다.
> C : 월일수 산정 시, '한달 정상일'에 입력된 기준일(월)수를 일수로 적용한다.
> D : '생산직'의 출결마감 기준일은 전월 25일에서 당월 24일까지이다.

① 1개   ② 2개
③ 3개   ④ 4개

06 2025년도 귀속 '급여'구분의 '지급항목'에 대한 설정으로 올바르지 <u>않은</u> 것은?

① 전년도와 비교했을 때, 등록된 지급항목 중 [P02.가족수당]의 가족별 분류에 대한 변동사항이 있다.
② [P06.근속수당]은 모든 근속기간의 계산식이 '[근무한년수]*[시급]'으로 동일하게 계산된다.
③ [P30.야간근로수당]은 직종코드가 [002.생산직]인 근로자에 대해서만 150,000원씩 지급받는다.
④ 'P'로 시작하는 지급항목 코드의 과세구분이 '비과세'인 지급항목의 분류여부 설정은 모두 '분류'이다.

07 당 회사 [20120101.정수연] 사원의 정보로 올바르지 <u>않은</u> 것은?

① '2013/11/01'에 입사했으며, 입사일과 그룹입사일이 다르다.
② 현재 [7100.교육부]소속이고, 직책은 [500.파트장]이다.
③ 현재 [T13.중소기업취업감면(90% 감면)]대상자이고, 2025/01에 새롭게 임금을 책정했다.
④ 배우자공제를 받고 있으며, 노조에 가입되어 있지는 않다.

08 당 회사는 [150.임직원 AI 활용 교육]을 진행하였다. 아래 [보기] 기준으로 교육평가 내역을 직접 확인 시, 교육평가 결과가 'B등급'이 <u>아닌</u> 사원은 누구인가?

> **보기**
>
> 1. 교육명 : [150.임직원 AI 활용 교육]
> 2. 시작/종료일 : 2025/01/01 ~ 2025/03/31

① [20000502.김종욱]   ② [20010402.박국현]
③ [20110101.배유진]   ④ [20130102.김용수]

09 당 회사는 [2025년 1/4분기 인사발령]을 사원별로 진행하고자 한다. [20250101] 발령호수의 발령 내역을 확인하고, 그 설명으로 올바른 것은?

① 해당 발령호수의 모든 대상자는 부서와 직책 정보만 변경된다.
② 해당 발령호수의 모든 대상자는 부서에 대한 발령전 정보가 존재한다.
③ 해당 발령호수의 직책정보가 변경되는 대상자는 [20010402.박국현] 사원만 존재한다.
④ 해당 발령호수의 [20161107.박선우] 사원은 발령 후 총무부로 부서이동을 한다.

10 회사는 창립기념일을 맞아 2025년 02월 28일 기준으로 모든 사업장에 대해 만 15년 이상 장기근속자에 대해 특별근속수당을 지급하기로 하였다. 아래 [보기]를 기준으로 지급한 특별근속수당 총 금액은 얼마인가? (단, 퇴사자는 제외하며, 미만일수는 올리고, 이전 경력은 제외한다.)

15년 이상 20년 미만 : 150,000원

20년 이상 : 200,000원

① 2,150,000원   ② 2,200,000원

③ 2,250,000원   ④ 2,300,000원

11 2025년 03월 귀속(1번 순번) 급여를 계산하기 전 [20010401.노희선] 사원의 책정임금을 새로 계약하였다. [보기]와 같이 책정임금을 새로 등록하고 급여 계산을 했을 때, [20010401.노희선] 사원의 '소득세'와 '지방소득세'는 얼마인가?

계약시작년월 : 2025년 03월

연봉 : 42,766,830원

① 소득세 : 171,930원 / 지방소득세 : 17,190원

② 소득세 : 187,950원 / 지방소득세 : 18,790원

③ 소득세 : 211,980원 / 지방소득세 : 21,190원

④ 소득세 : 236,010원 / 지방소득세 : 23,600원

12 당 회사는 2025년 03월 귀속 '상여' 소득을 지급하고자 한다. <2024년 12월 귀속 상여> 지급일 기준으로 아래 [보기]와 같이 직접 지급일을 추가 등록하여 상여 계산 시, 대상자들의 총 '과세' 금액은 얼마인가? (단, 그 외 급여계산에 필요한 조건은 프로그램에 등록된 기준을 이용한다.)

1. 지급일자 : 2025/04/10

2. 상여지급대상기간 : 2025/01/01~2025/03/31

① 23,193,840원   ② 23,331,350원

③ 24,275,840원   ④ 24,304,470원

13 당 회사는 초과근무에 대해 수당을 지급하고 있다. 아래 [보기]의 기준을 토대로 2025년 02월 귀속 <급여> 구분 [20020603.이성준] 사원의 '초과근무수당'을 계산하면 얼마인가? (단, 근무수당을 계산하면서 발생되는 모든 원단위 금액은 절사하며, 책정임금 시급은 원단위 금액을 절사하지 않고 계산한다.)

- 초과근무수당 = 1유형 근무수당 + 2유형 근무수당
- 1유형 근무수당 = (평일연장근무시간 + 토일정상근무시간) * 1.5 * 책정임금 시급
- 2유형 근무수당 = (평일심야근무시간 + 토일연장근무시간) * 2 * 책정임금 시급

① 1,286,050원   ② 1,295,960원

③ 1,303,680원   ④ 1,313,590원

14 당 회사는 일용직 사원에 대해 급여를 지급하고자 한다. 아래 [보기]를 기준으로 2025년 03월 귀속 일용직 대상자의 정보를 변경 후 모든 대상자들에 대해 급여 계산을 했을 때, 해당 지급일에 대한 설명으로 올바르지 <u>않은</u> 것은? (단, 그 외 급여계산에 필요한 조건은 프로그램에 등록된 기준을 따른다.)

보기

1. 생산직 비과세적용 대상자 추가 : [0019.류성준]
2. 지급형태 : 매일지급
3. 평일 9시간 근무 가정
4. 비과세(신고제외분) : 12,000원

① 해당 지급일의 대상자는 모두 5명이고, 발생한 과세총액의 합은 20,750,310원이다.

② 해당 지급일의 대상자는 모두 31일 중 21일을 근무하였다.

③ 해당 지급일에서는 일부 대상자에 대해서만 총 67,620원의 소득세가 공제되었다.

④ 해당 지급일의 실지급액 합은 19,898,880원이고, 회사부담금 총액은 1,046,740원이다.

15 당 회사는 2025/03 귀속 일용직 사원에 대해 급여를 지급 시, 대상자가 누락된 것을 확인했다. 아래 [보기]를 확인하여 대상자를 추가 후, 급여 적용 시 해당 지급일자의 과세총액은 얼마인가? (단, 그 외 급여계산에 필요한 조건은 프로그램에 등록된 기준을 따른다.)

보기

1. 지급형태 : 일정기간지급
2. [1200.경리부]이고 급여형태가 [003.일급] 인 대상자 추가
3. 평일 8시간 근무 가정

① 13,918,240원 ② 14,775,210원
③ 15,678,530원 ④ 16,380,000원

16 당 회사는 [2000.인사2급 인천지점] 사업장과 [3000.인사2급 강원지점] 사업장에 대한 2024년 4/4분기의 '과세/비과세' 지급 내역을 확인하고자 한다. 과세총액이 가장 많이 발생한 부서와 비과세총액이 가장 많이 발생한 부서로 올바른 것은? (단, 사용자부담금은 제외한다.)

① 과세총액 : 관리부 / 비과세총액 : 자재부

② 과세총액 : 생산부 / 비과세총액 : 교육부

③ 과세총액 : 관리부 / 비과세총액 : 교육부

④ 과세총액 : 생산부 / 비과세총액 : 자재부

17 당 회사는 전체 사업장 기준 2025년 02월 귀속 <급여> 급여구분의 대장을 확인하고자 한다. 근무조별로 대장을 집계하여 확인했을 때, 근무조별 지급/공제항목의 금액으로 올바르지 <u>않은</u> 것은?

① 1조 – 가족수당 : 260,000원

② 2조 – 영업촉진수당 : 300,000원

③ 2조 – 직무발명보상금 : 250,000원

④ 3조 – 자격수당 : 300,000원

18 당 회사의 2024년 4/4분기의 급/상여 지급현황을 확인하고자 한다. [100.급여] 지급내역 중 [3100.관리부] 소속 [20161107.박선우] 사원의 '소득세' 및 '지방소득세'의 공제액은 각각 얼마인가?

① 소득세 : 286,290원 / 지방소득세 : 28,620원

② 소득세 : 507,780원 / 지방소득세 : 50,760원

③ 소득세 : 563,850원 / 지방소득세 : 56,370원

④ 소득세 : 1,803,480원 / 지방소득세 : 180,330원

19 당 회사는 전 사업장을 대상으로 급/상여 지급액 등 변동사항을 확인하고자 한다. 2025년 02월 변동 상태에 대한 설명으로 올바르지 <u>않은</u> 것은? (단, 모든 기준은 조회된 데이터를 기준으로 확인한다.)

1. 기준연월 : 2025년 02월(지급일 1번)
2. 비교연월 : 2024년 02월(지급일 1번)
3. 사용자부담금 : 제외

① 비교연월과 기준연월의 급/상여 지급인원의 변동은 없다.
② 비교연월에 비해 기본급은 2,747,470원 상승했다.
③ [20001102.정영수] 사원의 지급 항목에서는 근속수당과 자격수당의 금액 변동이 존재한다.
④ [20110101.배유진] 사원의 지급/공제항목에서는 기본급을 제외한 모든 항목에서 금액 변동이 존재한다.

20 당 회사는 [2000.인사2급 인천지점] 사업장에 대해 수당 별 지급현황을 확인하고자 한다. 선택지에 제시된 사원 중에서 2024년 4/4분기동안 [P06.근속수당]을 가장 많이 지급받은 사원은 누구인가?

① [20001102.정영수]
② [20010401.노희선]
③ [20020603.이성준]
④ [20030701.엄현애]

PART
IV

1장

ERP 정보관리사 인사 1급 기출문제

01 (6회) 2025년 11월 기출문제(이론)

　　　2025년 11월 기출문제(실무)

02 (5회) 2025년 9월 기출문제(이론)

　　　2025년 9월 기출문제(실무)

03 (4회) 2025년 7월 기출문제(이론)

　　　2025년 7월 기출문제(실무)

6회 2025년 11월 기출문제 해설 (이론)

정답

01	③	02	①	03	③	04	①
05	④	06	②	07	③	08	④
09	①	10	①	11	②	12	①
13	④	14	직무확대	15	③	16	④
17	②	18	②	19	①	20	주체형성
21	③	22	④	23	①	24	②
25	③	26	24%	27	1,350원	28	②
29	④	30	④	31	20일	32	집중 근무제
33	이익분쟁						

01

답 ③

해 자유 서술/익명 게시글(비정형 텍스트) → 키워드/토픽/감성 분석 = NLP
① 강화학습(행동 정책)
② 회귀(연속 값 예측)
④ 군집화(2차 처리할 수 있지만 핵심기술은 NLP)

📖 한 줄 요약 : 텍스트에서 요인 추출 = NLP/텍스트마이닝

02

답 ①

해 연결 주의 시대가 빅데이터 / 컴퓨터 파워 부족 한계를 극복"은 표현이 부정확.
(오히려 그 한계 때문에 한동안 침체, 이후 딥러닝/빅데이터/연산력으로 재도약)

② 데이터로 학습
③ 지식기반 = 계산 주의 설명
④ 딥러닝 = 다층 은닉층

📖 한 줄 요약 : 초기 연결 주의는 데이터·연산력 한계가 컸다.

03

답 ③

해 ERP 도입 목표는 통합·표준화·실시간 공유인데, ③ "폐쇄형으로 자율성/유연성 극대화"는 반대 방향
①②④는 사례 문제(분산/수작업/정합성/실시간 공유)를 직접 개선

📖 한 줄 요약 : ERP 목표 = 통합·표준화·연계·실시간

04

답 ①

해 TO-BE, 패키지 설치/파라미터, 추가 개발 논의 = 설계(Design) 단계의 전형

📖 한 줄 요약 : TO-BE·GAP·커스터마이징 논의 = 설계 단계

05

답 ④

해 ERP는 보통 "표준프로세스/베스트프랙티스" 수용이 핵심인데, "현시점 프로세스 유지"를 최우선은 부적절
①②③은 ERP 성공 요인

📖 한 줄 요약 : ERP는 '현행 유지'보다 '표준 수용/정합성' 우선

06

답 ②

해 윤리경영은 고객에 대한 긍정적 이미지를 제고시켜 이것이 구매 선택으로 연결될 수 있다.
2번은 가치판단/내부 경영 의사결정 성격이 강함(나머지는 명확한 환경변화)

🔖 **한 줄 요약 : 환경요소 = 일하는 방식/인구구성/가치 트렌드**

07

답 ③

해 "성공을 위해 가정 희생"은 과거 패러다임에 가까움(WLB 확산과 반대)
가족 구성원에 대한 배려와 봉사가 직장 생활 못지않게 중요하다는 인식으로 바뀌고 있다.
①②④는 실제 변화 방향

🔖 **한 줄 요약 : 현대 HRM = 성과+WLB+유연근무**

08

답 ④

해 위험도/작업환경/작업위험은 "작업조건(환경)"
숙련 요소에는 도전성, 교육, 경험, 몰입, 창의성, 지식, 기술 등이 있으며, 노력 요소에는 육체적/정신적 노력이 있다.
책임 요소에는 관리 감독, 기계설비, 직무개선, 원재료 책임 등

🔖 **한 줄 요약 : 환경·위험·조건 = 작업 요소**

09

답 ①

해 추세 분석법 : 특정 변수와 인력 수요 간의 관계를 분석하여 미래 인력 수요를 예측하는 방법이다.
(과거 매출 증가율 ↔ 채용증가율의 패턴(추세/비율)을 근거로 미래 인력 추정)
과거 5년 동안 매출 증가율과 인력 충원 간의 패턴을 분석하여 미래를 예측했으며, 이는 추세분석법을 활용한 인력계획 수립 사례에 해당

* 마코프(이동확률), 델파이(전문가 합의), 브레인스토밍(아이디어)

🔖 **한 줄 요약 : 과거 지표 추세로 수요 예측 = 추세분석**

10

답 ①

해 확보 기능 – 직무관리, 인적자원계획, 모집과 선발
("확보 기능"은 인력계획·모집·선발이 핵심인데, "조직개발(OD)"은 개발/변화관리 영역)
② 보상 ③ 개발 ④ 유지 기능은 제시 항목과 잘 맞음

🔖 **한 줄 요약 : 조직개발은 '확보'가 아니라 '개발/변화'**

11

답 ②

해 "동일 조건 반복 측정 일치" → 신뢰도(정확히는 신뢰성)
지원자의 어떤 면을 측정할 때 동일한 환경에서 측정된 결과가 서로 일치하는 정도를 파악하는 것은 신뢰도를 뜻함.
① 내용타당도
③ 예측타당도
④ 동시타당도

🔖 **한 줄 요약 : 일치 정도 = 신뢰도, 성과 예측 = 타당도**

12

답 ①

해 적재적소는 동기·몰입·잠재력 발휘가 장점이지 "고능력 저임금"이 장점은 아님
고능률, 고임금의 실현으로 보람을 얻게 하고, 이는 기업 목표 달성을 이룬다.
②③④는 적재적소 장점

🔖 **한 줄 요약 : 적재적소 = 동기↑ 잠재력↑ 몰입↑**

13

답 ④

해 선발률이 0에 가까우면(거의 안 뽑으면) '좋은 사람을 놓치는 오류(1종)'가 늘고, '나쁜 사람을 뽑는 오류(2종)'는 줄어드는 게 일반적 선발률이 1에 가까우면 2종 오류는 늘어나지만 1종 오류는 줄어드는 효과가 있다.

> 📖 **한 줄 요약 : 선발률↓(선발을 까다롭게 하면)**
> **→ 1종 오류↑, 2종 오류↓**

14

답 직무확대(직무 확대화, job enlargement)

해 "수평적 확대, 동일수준 과업 추가, 흥미/만족" = 직무확대
과업의 다양성을 늘리는 직무확대에 대한 설명이다.

> 📖 **한 줄 요약 : 수평으로 과업 늘리면 = 직무확대**

15

답 ③

해 평가 요소는 구체·명확·중복제거가 핵심인데 "일반적 특성 폭넓게 망라"는 모호·중복 유발
단일한 특정 내용을 지닌 요소를 평가 요소로 선정해야 한다.
폭넓은 범위를 망라하는 일반적 특성에 대한 평가는 가치가 있다고 보기 어렵다.
①②④는 타당한 원칙

> 📖 **한 줄 요약 : 평가요소 = 명확·구체·중복 X**

16

답 ④

해 ㄱ: 관대화 경향, ㄴ: 현혹 효과(후광 효과)에 대한 설명

> 📖 **한 줄 요약 : 높게 주는 경향 = 관대화, 한 면이 전체 평가 좌우**
> **= 현혹(후광)**

17

답 ②

해 "노조 활동/종교"라는 집단특성에 대한 선입견으로 평가 왜곡 = 상동(스테레오타입)
상동적 오류 : 특정한 사람에 대해 갖고 있는 평가자의 지각에 의해 나타난다. 평가자가 평소 특정 종교, 사회단체 등에 좋지 않은 감정을 갖고, 있을 때 이러한 감정이 피평가자 평가에 나타나는 것

> 📖 **한 줄 요약 : 집단편견이 평가에 들어가면 = 상동적 오류**

18

답 ②

해 근속연수, 연공 서열, 직무 안정성은 성과주의 승진의 개념과는 거리가 멀다.
연공주의 → 성과주의 전환, 승진 기준이 성과/기여도 중심

> 📖 **한 줄 요약 : 성과주의 승진 기준 = 업무실적**

19

답 ①

해 관리 전문가 : 인사제도 및 프로세스 효율화 기능을 수행하며 인사관리 시스템 개선, 비용 절감, 효율적 하부구조 설계 등을 주요 활동으로 한다. ("제도/프로세스 효율화, 시스템 개선, 비용 절감")

> 📖 **한 줄 요약 : 효율·비용·시스템 = 관리 전문가**

20

답 주체 형성(정체성)

해 경력단계 1단계 탐색단계에 해당하는 경력 욕구는 주체 형성이다.
Hall 탐색단계 핵심은 자기 이해/진로 탐색 → 자아개념 확립·경력 방향 결정

> 📖 **한 줄 요약 : 탐색단계 = 자아개념 정립·진로 탐색(정체성)**

21

답 ③

해 ※ 해고 예고수당 = 통상임금 기준 30일분 이상 지급
- 가족수당은 법정수당이 아니며, 주로 회사 내규에 따라 결정된다.
- 야간근로수당은 통상임금 기준으로 산정한다.
- 천재지변 휴업은 휴업수당 의무가 아님(휴업수당은 사용자 귀책일 경우에 지급하며, 평균임금 기준으로 산정)

📖 한 줄 요약 : 해고예고 수당 = 통상임금 30일

22

답 ④

해 임프로쉐어 플랜은 화폐 단위가 아닌 물량으로 산정하는 방식이며 표준 노동시간 대비 절약된 노동시간 분을 성과급으로 배분하는 제도로, 표준 생산시간과 실제 생산시간의 차이에서 발생하는 이익을 노사 간에 50%씩 나누어 갖는 형태(표준시간 대비 절약 시간 이익을 50:50 배분, 물량(시간) 기준 = Improshare)

📖 한 줄 요약 : 표준시간 절감 이익 50:50 = 임프로쉐어

23

답 ①

해 보기의 내용은 "현재·미래 복리후생비 지불 능력 범위 평가"에 대한 내용임.

📖 한 줄 요약 : 복리후생 설계에서 재무 여력 고려 = 지불 능력

24

답 ②

해 원천징수 의무자와 소득자의 인적 사항과 소득금액의 지급 시기, 소득금액 등을 기재한 과세 자료는 지급명세서

📖 한 줄 요약 : 원천징수 = 완납적(분리과세) vs 예납적 구분(연말정산)

25

답 ③

해 고용보험 적용 제외 대상자 : 65세 이후에 고용된 자

📖 한 줄 요약 : 교재의 고용보험 적용 제외 대상자 참고

26

답 24%

해 종합소득세 과세표준 5천만원 초과 ~ 8,800만원 이하 구간 세율 = 24%(현행 기준)

📖 한 줄 요약 : 자주 나오지 않음으로 PASS(참고만 할 것)

27

답 1,350원

해 근거(계산): 일용근로소득세(지방세 제외)
과세표준 = 200,000 - 150,000 = 50,000
산출세액 = 50,000 × 6% = 3,000
세액공제 55% → 3,000 × 55% = 1,650
원천징수세액 = 3,000 - 1,650 = 1,350

📖 한 줄 요약 : 일용직 = (일급-15만)×6% 후 55% 공제

28

답 ②

해 업무 수행 방법·시간 배분이 근로자 재량 → 합의 시간을 근로시간으로 봄
재량 근로시간제 : 업무의 성질에 비추어 업무 수행 방법을 근로자의 재량에 위임할 필요가 있는 업무로서 사용자가 근로자대표와 서면합의로 정한 근로시간을 소정근로시간으로 인정하는 제도

📖 한 줄 요약 : R&D/기자/설계 분석 등 = 재량근로

29

답 ④

해 지문은 대각선 교섭에 대한 설명이다.
상급 단체(지역/산별/전국) 노조 대표 ↔ 개별기업 사용자
대표 = 교섭 주체가 "대각선"

> 📖 **한 줄 요약 : 상급단체 노조 ↔ 개별 사용자 = 대각선 교섭**

30

답 ④

해 노사 협의제도는 "공동결정(최고 결정기관 직접 참가)"이
아니라 협의/자문 성격이 핵심
(노동자, 근로자 또는 노동조합의 대표가 근로자 측과 함께
협의기구를 만들어 기업경영의 여러 문제를 노사 공동으
로 협의/자문제도)

> 📖 **한 줄 요약 : 노사협의 = 협의(자문), 공동결정기관 참가 아님**

31

답 20일

해 남녀고용평등법 제18조의2 배우자 출산휴가 20일, 유급
(2025년 기준)
- 사업주는 근로자가 배우자의 출산을 이유로 휴가를 고지
하는 경우에 20일의 휴가를 주어야 한다. 이 경우 사용한
휴가 기간은 유급

> 📖 **한 줄 요약 : 배우자 출산휴가 = 20일 유급**

32

답 집중 근무제

해 집중 근무제는 4/40스케줄로 일컬어지는데 주당 근무 일
수를 줄이는 대신 근로자들이 하루 10시간씩 4일 근무하
고 추가 휴일을 하루 더 가질 수 있도록 선택권을 주는 제
도

> 📖 **한 줄 요약 : 4일 근무 나오면 집중 근무제**

33

답 이익분쟁

해 근로조건의 기준에 관한 권리의 형성·유지·변경 등을 둘러
싼 분쟁으로, 임금 인상이나 단체협약 갱신·체결 등이 이에
해당

> 📖 **한 줄 요약: 임금 인상·협약갱신 = 이익분쟁**

6회 2025년 11월 기출문제 해설 (실무)

정답

01	②	02	③	03	④	04	①	05	②	06	③	07	①	08	④	09	①	10	②
11	③	12	④	13	②	14	②	15	③	16	①	17	④	18	①	19	③	20	④
21	②	22	③	23	④	24	①	25	①										

01

답 ②

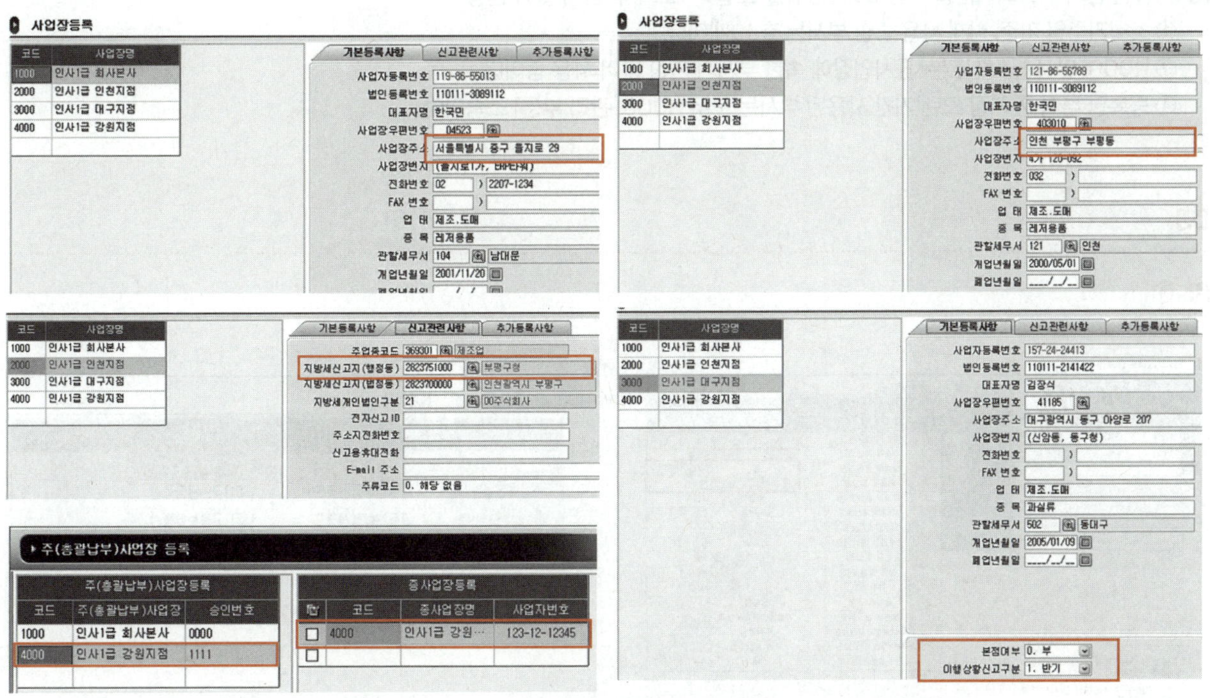

해 시스템 관리 → 사업장등록 → 기본 등록 사항, 신고 관련 사항, 주 사업장등록 메뉴 확인 후 풀이 진행

② [2000.인사1급 인천지점] 사업장의 법정동 지방 세신고지는 [2823700000.인천광역시 부평구]이다.

답 ③

▶ 부서등록

사업장 [▼] 🔍	조회기준일 적용 ☑ 2025/11/22 📅

부서코드	부서명	사업장코드	사업장명	부문코드	부문명	사용기간	사용기간
1100	총무부	1000	인사1급 회사본사	1000	관리부문	2005/01/01	
1200	경리부	1000	인사1급 회사본사	1000	관리부문	2005/01/01	
2100	국내영업부	1000	인사1급 회사본사	2000	영업부문	2008/01/01	
2200	해외영업부	1000	인사1급 회사본사	2000	영업부문	2008/01/01	
3100	관리부	2000	인사1급 인천지점	1000	관리부문	2008/01/01	
4100	생산부	2000	인사1급 인천지점	4000	생산부문	2008/01/01	
5100	자재부	2000	인사1급 인천지점	5000	자재부문	2008/01/01	
6150	연구부	3000	인사1급 대구지점	6000	연구부문	2021/01/01	2025/12/31
7100	교육부	4000	인사1급 강원지점	7000	교육부문	2021/01/02	
8100	육성부	4000	인사1급 강원지점	8000	육성부문	2021/01/02	

해 시스템 관리 → 조회기준일 적용(2025년 11월 22일) → 조회 후 문제 풀이 진행

① 조회기준일 기준, 현재 사용 중인 부서는 총 **10개**이다.

② **[1000. 인사 1급 회사 본사]** 사업장에 속한 부서가 가장 많이 사용 중이다.

④ 등록된 부서 중 가장 오랜 기간 사용된 부서는 모두 **[1000. 관리 부문]** 소속이다.

답 ④

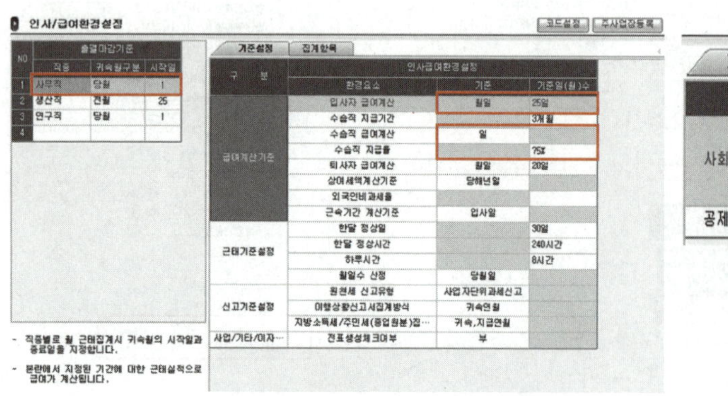

해 인사/급여관리 → 기초환경설정 → 인사/급여환경설정 메뉴 → 기준설정 문제 풀이

A : '사무직'의 출결 마감 기준일은 1일부터 당월 말일까지이다.

B : 해당 입사자의 근무 일수는 25일을 넘겼기 때문에 월 기본급여를 모두 지급 받는다. (28일 근무)

C : 수습직의 급여는 일할 계산하여 지급

　　- 3,000,000 / 30(11월 정상일) × 20(실제 근무일 수) × 0.75(수습직 지급율) = 1,500,000원

D : 집계 항목 탭에서 건강보험 정산 코드에 설정된 코드를 확인 : [S11. 건강보험 정산] 코드

04

답 ①

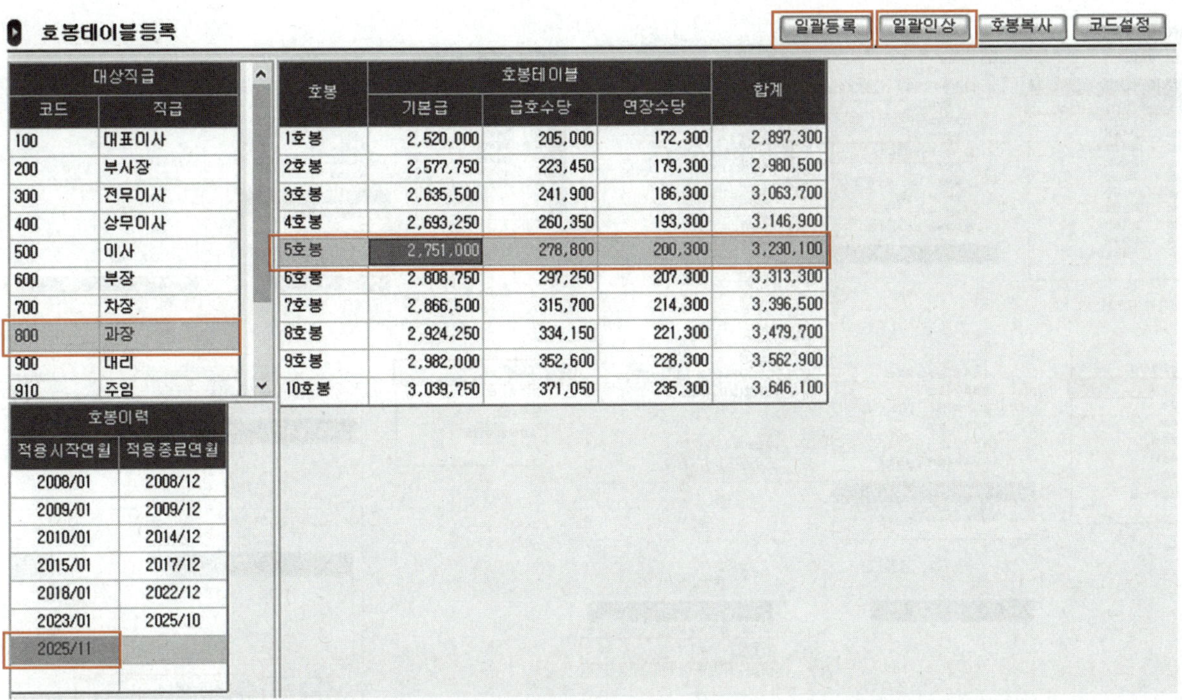

호봉	호봉테이블			합계
	기본급	급호수당	연장수당	
1호봉	2,520,000	205,000	172,300	2,897,300
2호봉	2,577,750	223,450	179,300	2,980,500
3호봉	2,635,500	241,900	186,300	3,063,700
4호봉	2,693,250	260,350	193,300	3,146,900
5호봉	2,751,000	278,800	200,300	3,230,100
6호봉	2,808,750	297,250	207,300	3,313,300
7호봉	2,866,500	315,700	214,300	3,396,500
8호봉	2,924,250	334,150	221,300	3,479,700
9호봉	2,982,000	352,600	228,300	3,562,900
10호봉	3,039,750	371,050	235,300	3,646,100

해 인사/급여 관리 → 기초환경설정 → 호봉테이블 등록 → 호봉 이력 입력 → 일괄등록 → 일괄인상(정률, 정액 적용)

*호봉 테이블 등록 적용 시작 연월 입력 시 적용 종료연월은 따로 입력하지 않아도 자동 입력 됨.

답 ②

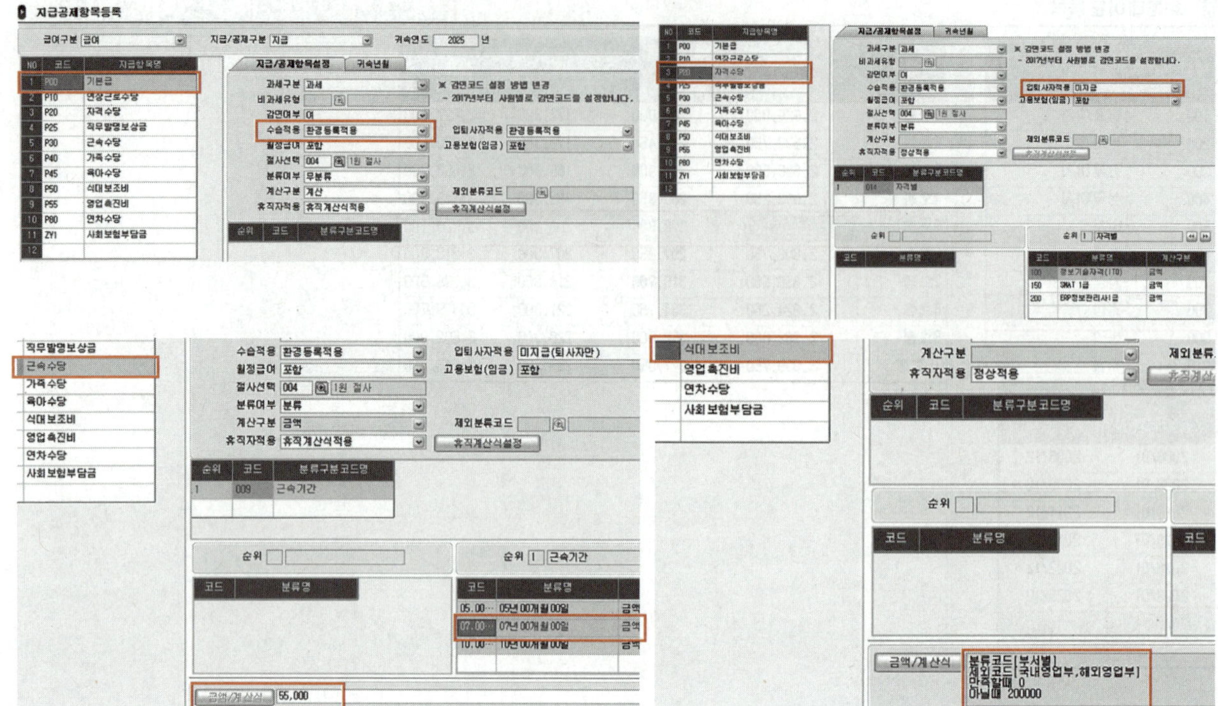

해 인사/급여 관리 → 기초환경설정 → 지급공제항목등록 → 마감 취소(암호 없음) → 급여 구분(급여) → 지급/공제 구분(지급) → 귀속
연도(2025년) → 조회(지급 항목별 선택 후 문제 풀이 진행)
② P20. 자격 수당은 입 퇴사자를 제외한 근로자들이 지급 받는 수당이다.

06

답 ③

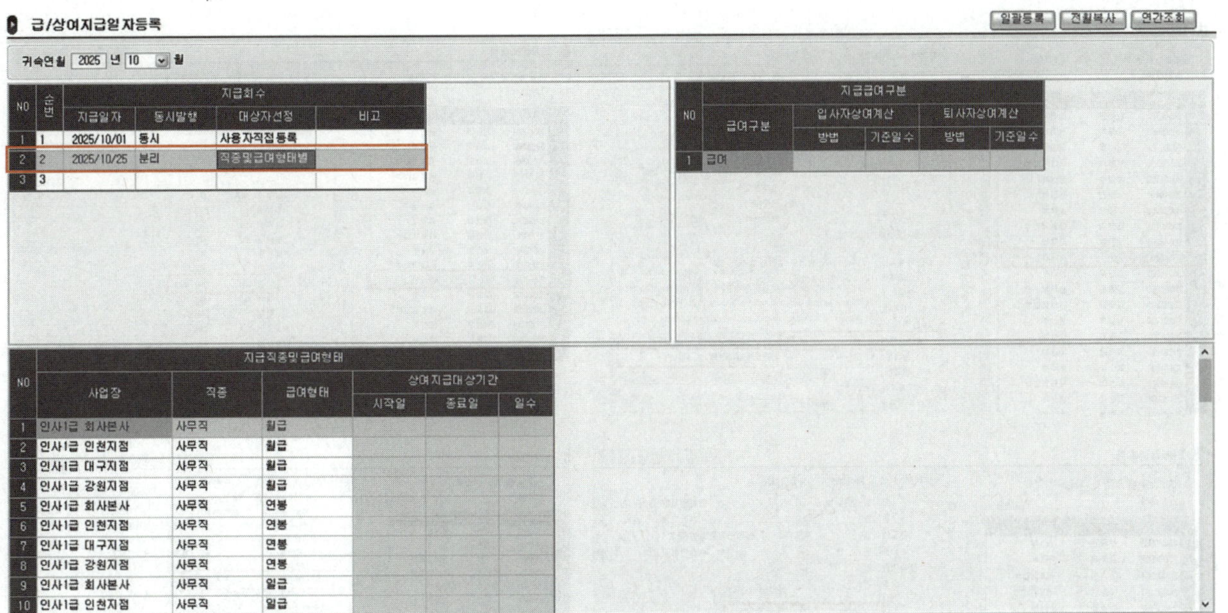

인사/급여 관리 → 급/상여 일자 등록 → 귀속 연월(2025년 10월) 적용 → 문제 풀이 진행
③ '급여'의 동시 발행 구분은 '분리'이기 때문에 '상여' 항목을 별도로 추가하여 관리할 수 없다.
*동시 발행이 동시로 되어 있어야 지급 급여 구분에서 급여와 상여를 같이 입력할 수 있다.

답 ①

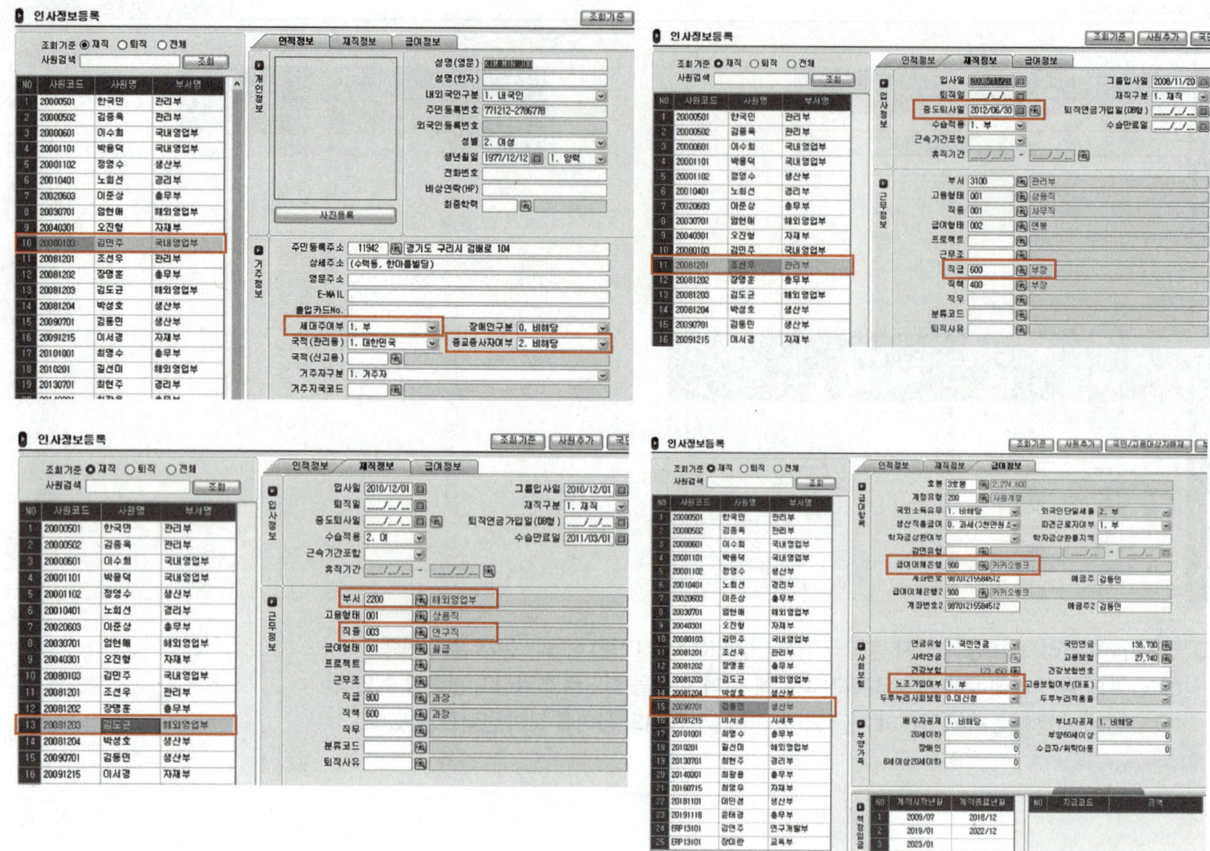

해 인사/급여관리 → 인사 정보 등록 → 인적 정보 탭, 재직 정보 탭, 급여정보 탭 확인 후 문제 풀이 진행
① [20080103.김민주] 사원은 현재 세대원이며 종교 종사자가 아니다.

08

답 ④

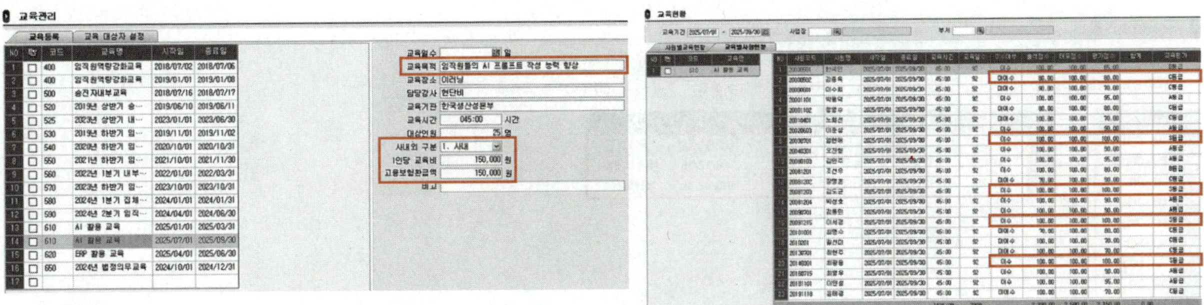

해 인사/급여관리 → 인사관리 → 교육 관리(610번 AI활용 선택 후 내용 확인) → 교육현황(교육현황 2025년 한해) → 교육 별 사원현황(610번 AI 활용 교육 선택 내용 확인) → 문제 풀이 진행

2025년 3분기에 진행한 [610. AI 활용 교육]을 [교육 관리] 메뉴와 [교육현황] 메뉴에서 위 보기와 비교해 답을 확인한다.

④ S등급을 받은 인원은 총 4명이다.

09

답 ①

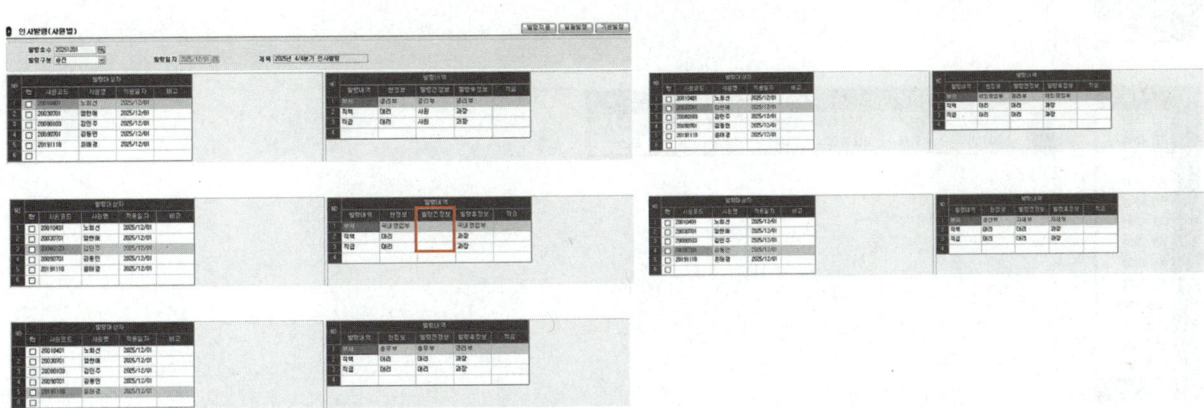

해 인사/급여관리 → 인사발령사원별(발령호수: 2025년 12월 1일, 발령 구분 승진) 선택 → 조회 후 문제 풀이 진행

① [20080103.김민주] 사원을 제외한 대상자의 '발령 전 정보'가 존재한다.

답 ②

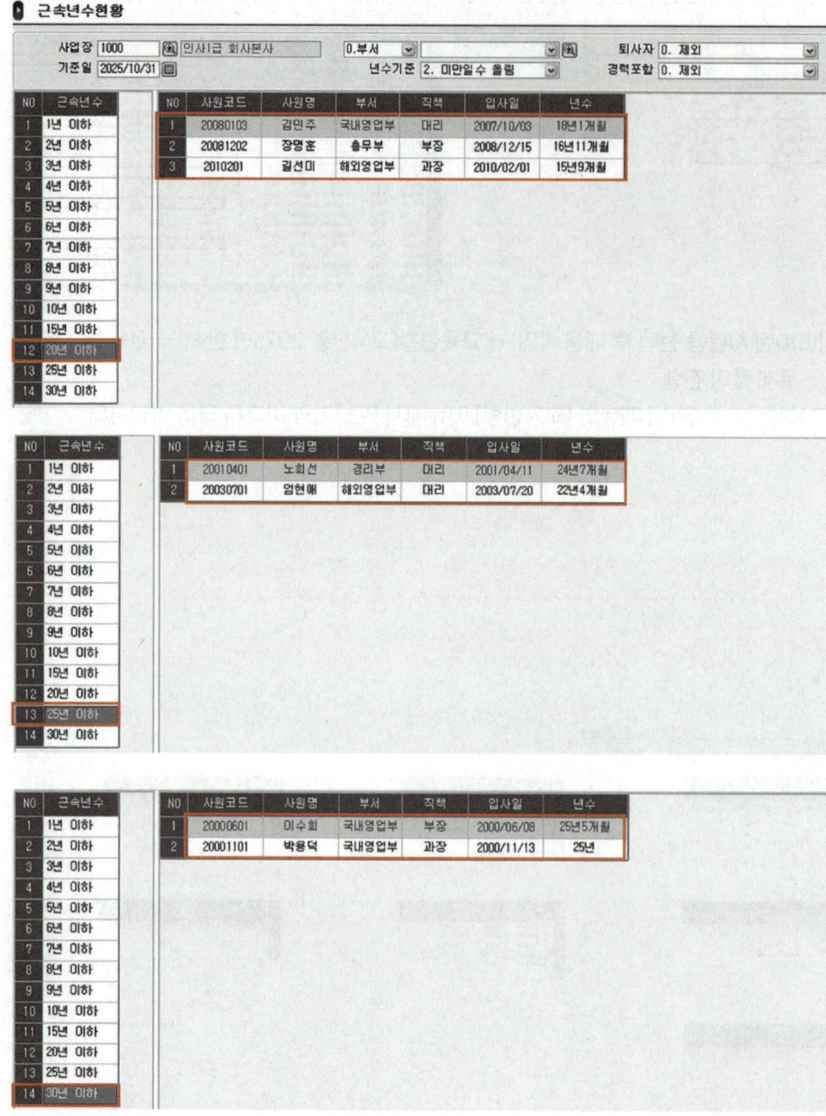

해 인사/급여관리 → 근속년수 현황 → 사업장(100번), 퇴사자(제외), 기준일(2025년 10월 31일), 년수기준(미만일수 올림), 경력포함(제외) 선택 → 조회 후 문제 풀이 진행

- 15년 이상 20년 미만 : 100,000원 × 3명 = 300,000원 / 20년 이상 25년 미만 : 150,000원 × 2명 = 300,000원
- 25년 이상 : 200,000원 × 2명 = 400,000원 → 300,000원 + 300,000원 + 400,000원 = 1,000,000원

답 ③

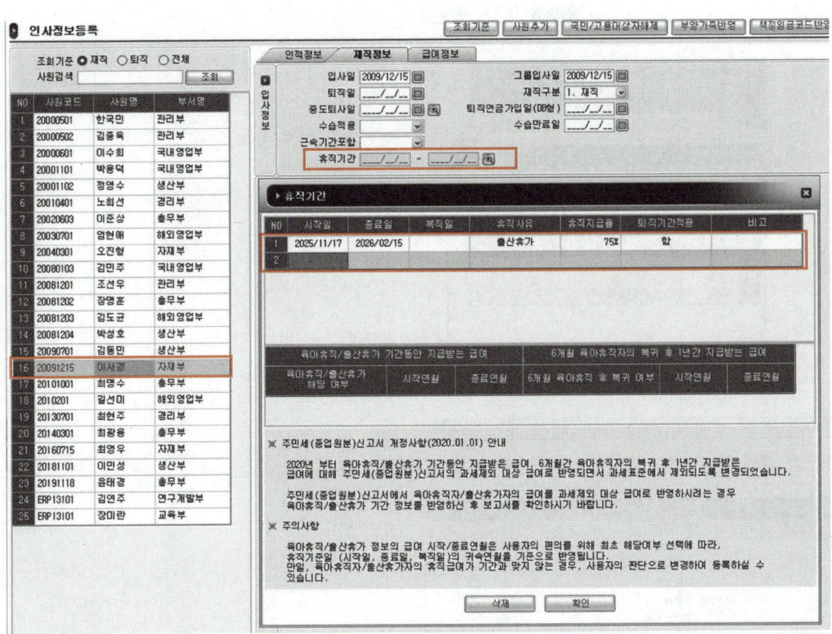

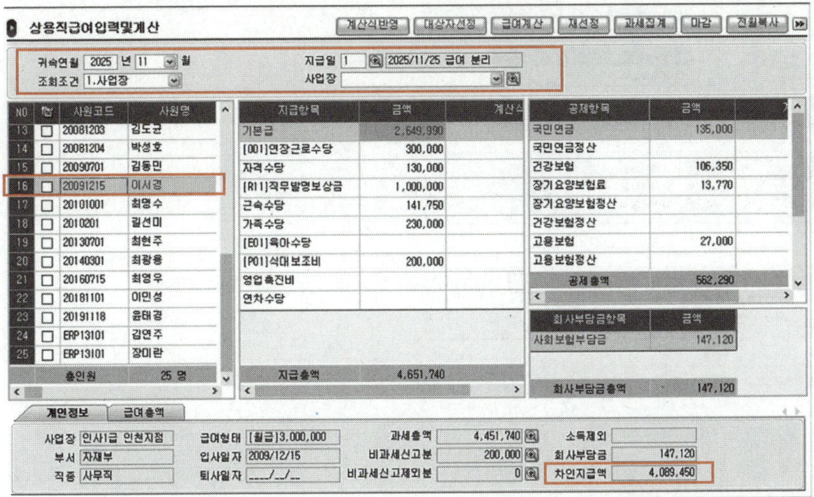

해 인사/급여관리 → 인사정보 등록 → 이서경(재직 정보 탭) → 휴직 기간 입력(시작일, 종료일, 휴직 사유, 휴직 지급율, 퇴직기간적용) 후 확인 → 급여관리 → 상용직 급여 입력 계산(귀속 연월 2025년 11월, 지급일 1번 선택) → 조회 → 이서경 선택 후 재선정(사원정보 선택 후 적용) → 전체 선택 → 급여계산 → 조회 후 문제 풀이 진행

③ [20091215.이서경] 사원에게 실제 지급된 급여는 4,089,450원이다.

* 차인지급액 = 실지급액

* 메뉴를 두 개 사용하는 문제는 풀이 시 누락 되지 않도록 연습을 많이 해야합니다.

답 ④

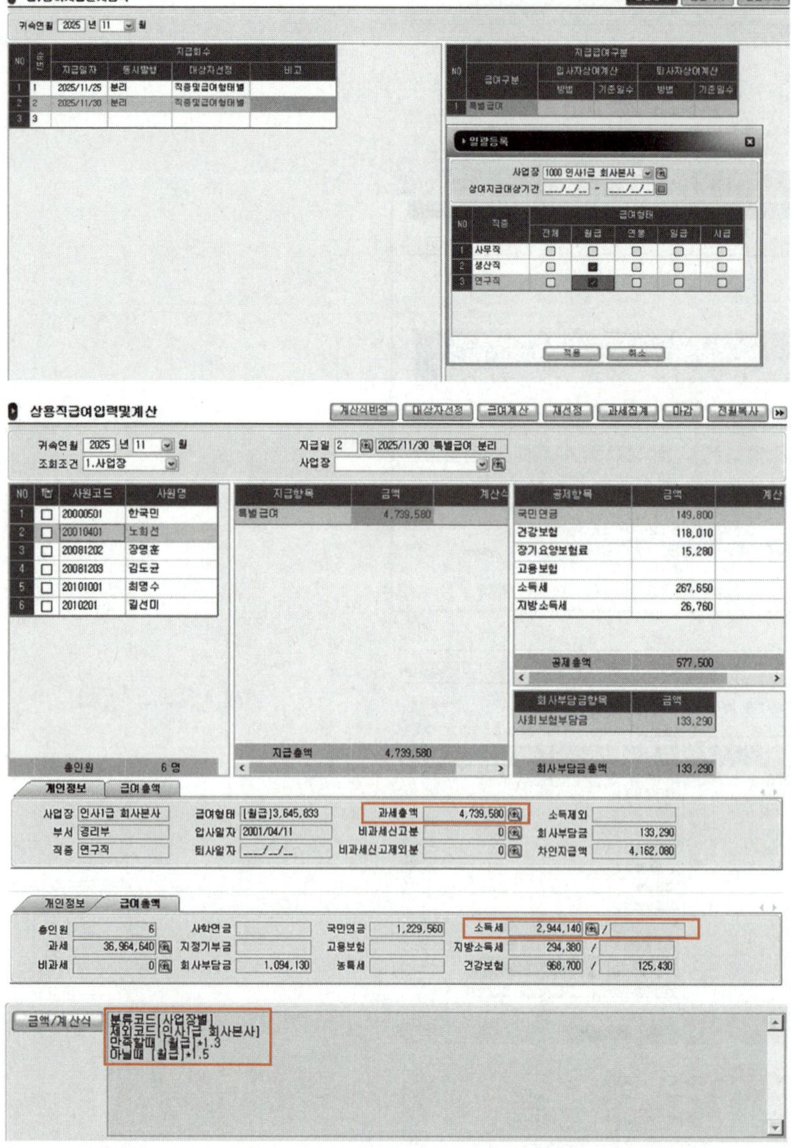

해 인사/급여관리 → 급/상여 일자 등록(지급일자(2025년 11월), 동시발행(분리), 대상자선정(직종및급여형태별), 급여구분(특별급여), 일괄 등록(전체사업장 생산직, 연구직)선택) → 상용직 급여입력 계산(귀속 년월, 지급일 2번 특별급여 선택) → 조회 후 급여계산 문제 풀이 진행

④번 지문은 인사/급여관리 → 지급공제항목 등록(급여구분(특별급여),지급/공제구분(지급),귀속연도(2025년)) → 조회

① 해당 지급일자에 공제되는 소득세는 총 2,944,140원이다.

② 가장 적은 과세 총액이 발생한 [20010401.노희선]의 과세 총액은 4,739,580원이다.

③ [20081202.장명훈]은 해당 지급일자의 대상자 중 가장 많은 월급이 책정되어 있으나, [20081202.장명훈]이 속한 사업장의 특별급여 지급율은 [20000501.한국민]의 특별급여 지급율보다 작다. 이와 같은 이유로 [20000501.한국민]의 특별급여가 [20081202.장명훈]의 특별급여보다 더 많이 계산되었다.

13

답 ②

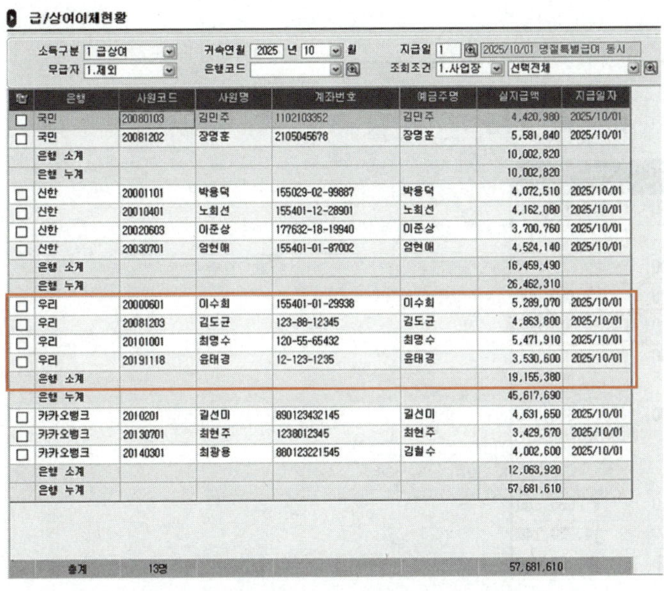

해 인사/급여 관리 → 급여 관리 → 급상여이체현황(소득구분(급상여), 귀속연월(2025년 10월), 지급일(1번), 무급자(제외), 사업장(본사) → 조회 후 문제 풀이 진행
② '우리은행'을 통해 급/상여를 지급 받는 대상자가 가장 많다.

14

답 ②

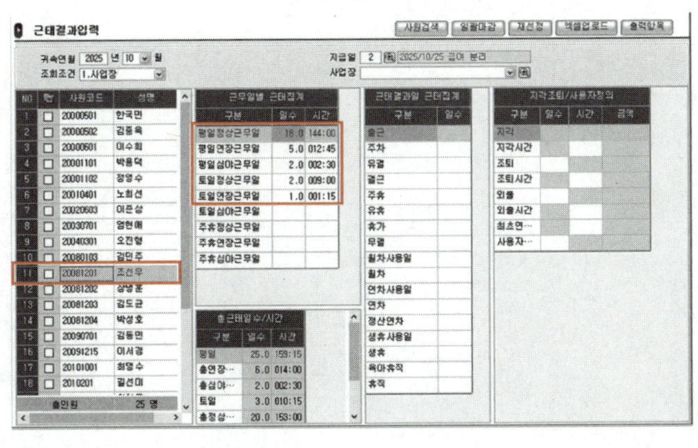

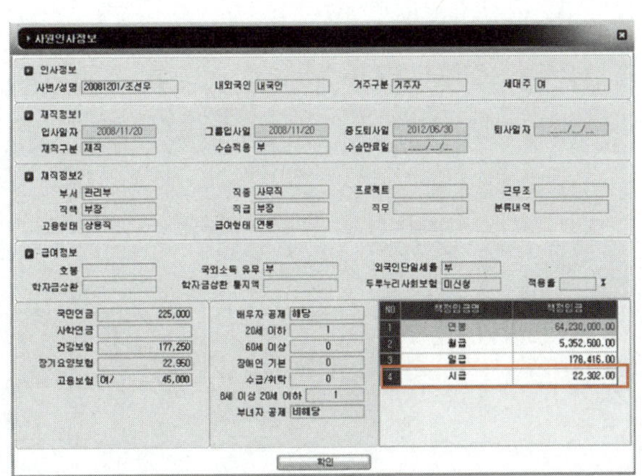

해 인사/급여관리 → 급여관리 → 근태결과 입력 → 조선우 선택(우클릭 후 사원 인사 정보 확인(시급)) → 초과근무 시간 확인 후 계산 문제 풀이
- 책정임금 시급 : 22,302원
- (평일연장근무시간 + 토일정상근무시간) : (12.75 + 9) × 2 × 22,302원 = 970,130원 (970,137)
- (평일심야근무시간 + 토일연장근무시간) : (2.5 + 1.25) × 2.5 × 22,302원 = 209,080원 (209,081.25)
- 초과근무수당 : 970,130원 + 209,080원 = 1,179,210원

답 ③

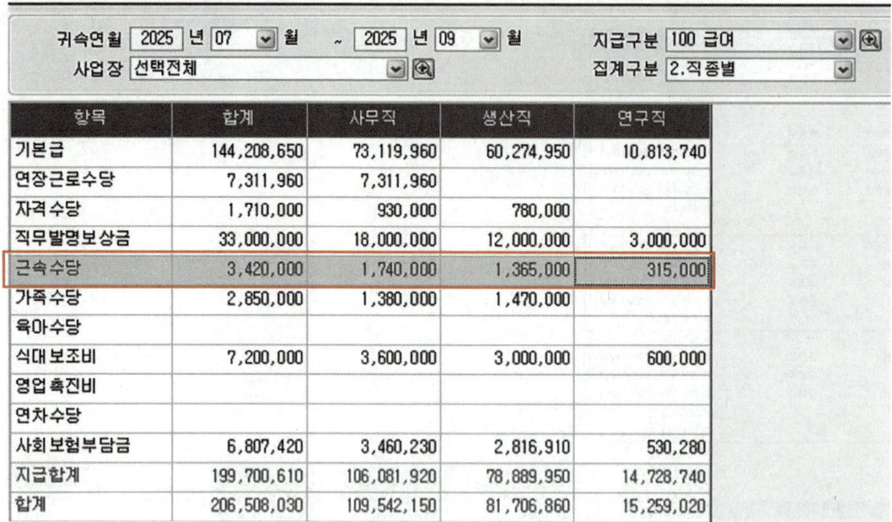

항목	합계	사무직	생산직	연구직
기본급	144,208,650	73,119,960	60,274,950	10,813,740
연장근로수당	7,311,960	7,311,960		
자격수당	1,710,000	930,000	780,000	
직무발명보상금	33,000,000	18,000,000	12,000,000	3,000,000
근속수당	3,420,000	1,740,000	1,365,000	315,000
가족수당	2,850,000	1,380,000	1,470,000	
육아수당				
식대보조비	7,200,000	3,600,000	3,000,000	600,000
영업촉진비				
연차수당				
사회보험부담금	6,807,420	3,460,230	2,816,910	530,280
지급합계	199,700,610	106,081,920	78,889,950	14,728,740
합계	206,508,030	109,542,150	81,706,860	15,259,020

해 인사/급여관리 → 급여관리 → 항목별급상여지급현황(귀속연월(2025년 3분기), 지급 구분(100번), 사업장(본사를 제외한 사업장), 집계 구분(직종별)) → 조회 후 문제 풀이 진행
③ '연구직'의 근속수당 : 3,420,000원

답 ①

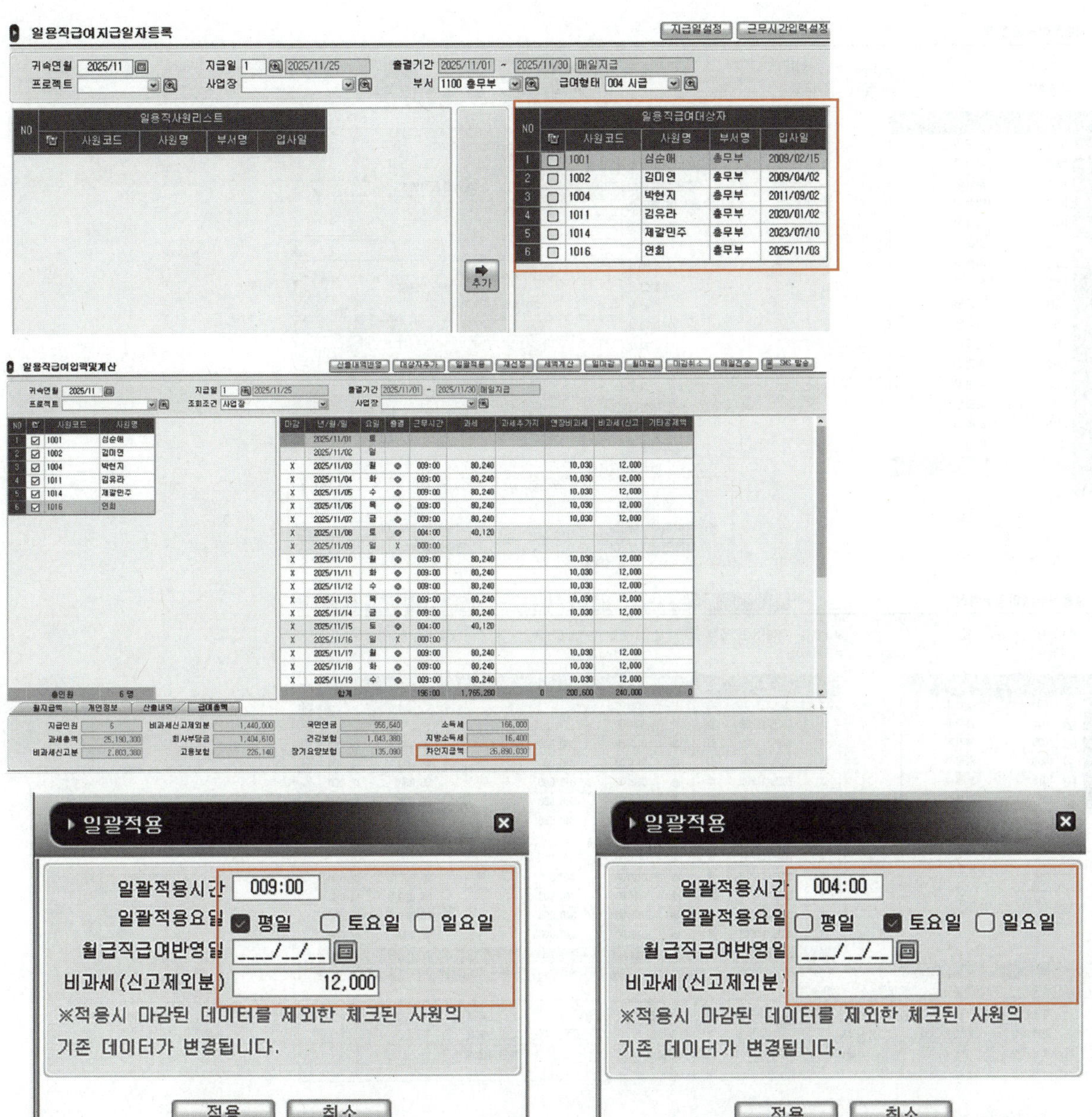

해 인사/급여 관리 → 일용직관리 → 일용직급여지급일자등록(귀속연월(2025년 11월), 지급일(매일지급), 부서(총무부), 급여 형태(시급) 선택 후 인원 전체 선택하여 추가 버튼을 우측으로 이동) → 일용직 급여 입력 계산(귀속연월 (2025년 11월), 지급일(매일지급)) → 조회 후 전체 사원 체크 후 일괄 적용(평일 적용 후 토요일 적용) → 조회 후 문제 풀이 진행
① 해당 지급일자의 실지급액은 26,890,030원이다.

답 ④

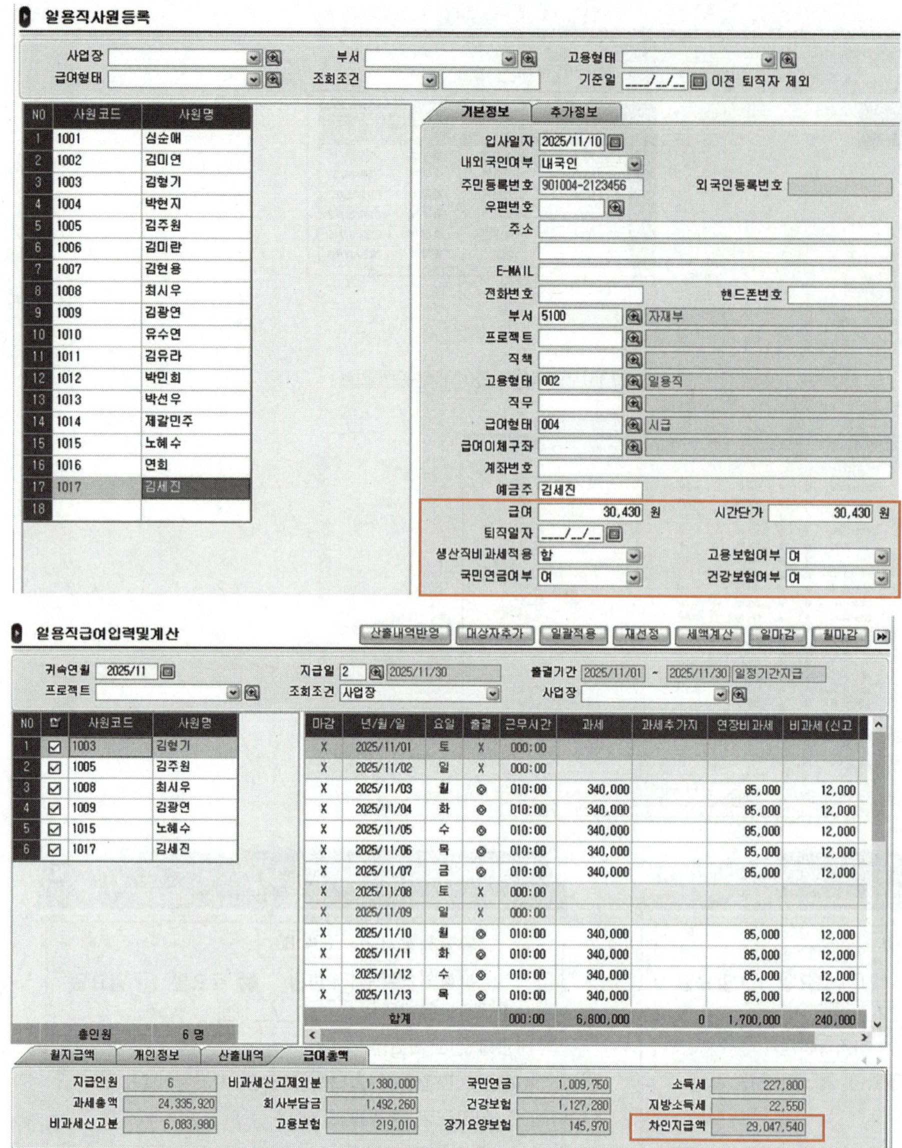

🔖 인사/급여관리 → 일용직사원등록(급여(30430), 생산직비과세적용(함), 국민연금여부(여), 건강보험여부(여)) → 일용직급여입력
계산(귀속연월(2025년 11월), 지급일(2번)) → 조회 → 재선정(김세진 선택 후 재선정) → 전체 체크 → 일괄적용 후 문제 풀이 진행
④ 차인 지급액 : 29,047,540원

답 ①

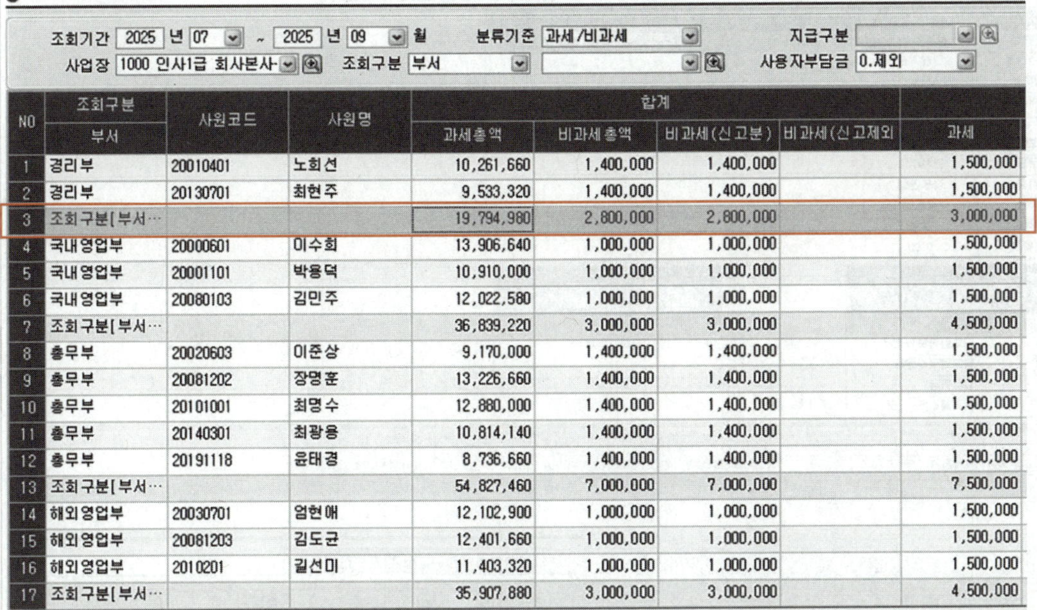

NO	조회구분 / 부서	사원코드	사원명	합계				과세
				과세총액	비과세 총액	비과세(신고분)	비과세(신고제외)	
1	경리부	20010401	노회선	10,261,660	1,400,000	1,400,000		1,500,000
2	경리부	20130701	최현주	9,533,320	1,400,000	1,400,000		1,500,000
3	조회구분[부서…			19,794,980	2,800,000	2,800,000		3,000,000
4	국내영업부	20000601	이수회	13,906,640	1,000,000	1,000,000		1,500,000
5	국내영업부	20001101	박용덕	10,910,000	1,000,000	1,000,000		1,500,000
6	국내영업부	20080103	김민주	12,022,580	1,000,000	1,000,000		1,500,000
7	조회구분[부서…			36,839,220	3,000,000	3,000,000		4,500,000
8	총무부	20020603	이준상	9,170,000	1,400,000	1,400,000		1,500,000
9	총무부	20081202	장명훈	13,226,660	1,400,000	1,400,000		1,500,000
10	총무부	20101001	최명수	12,880,000	1,400,000	1,400,000		1,500,000
11	총무부	20140301	최광용	10,814,140	1,400,000	1,400,000		1,500,000
12	총무부	20191118	윤태경	8,736,660	1,400,000	1,400,000		1,500,000
13	조회구분[부서…			54,827,460	7,000,000	7,000,000		7,500,000
14	해외영업부	20030701	엄현애	12,102,900	1,000,000	1,000,000		1,500,000
15	해외영업부	20081203	김도균	12,401,660	1,000,000	1,000,000		1,500,000
16	해외영업부	2010201	길선미	11,403,320	1,000,000	1,000,000		1,500,000
17	조회구분[부서…			35,907,880	3,000,000	3,000,000		4,500,000

해 인사/급여관리 → 급여 관리 → 연간급여 현황(조회기간(2025년 3분기), 분류기준(과세/비과세), 사업장(본사), 사용자부담금(제외)) → 조회 후 문제 풀이 진행

답 ③

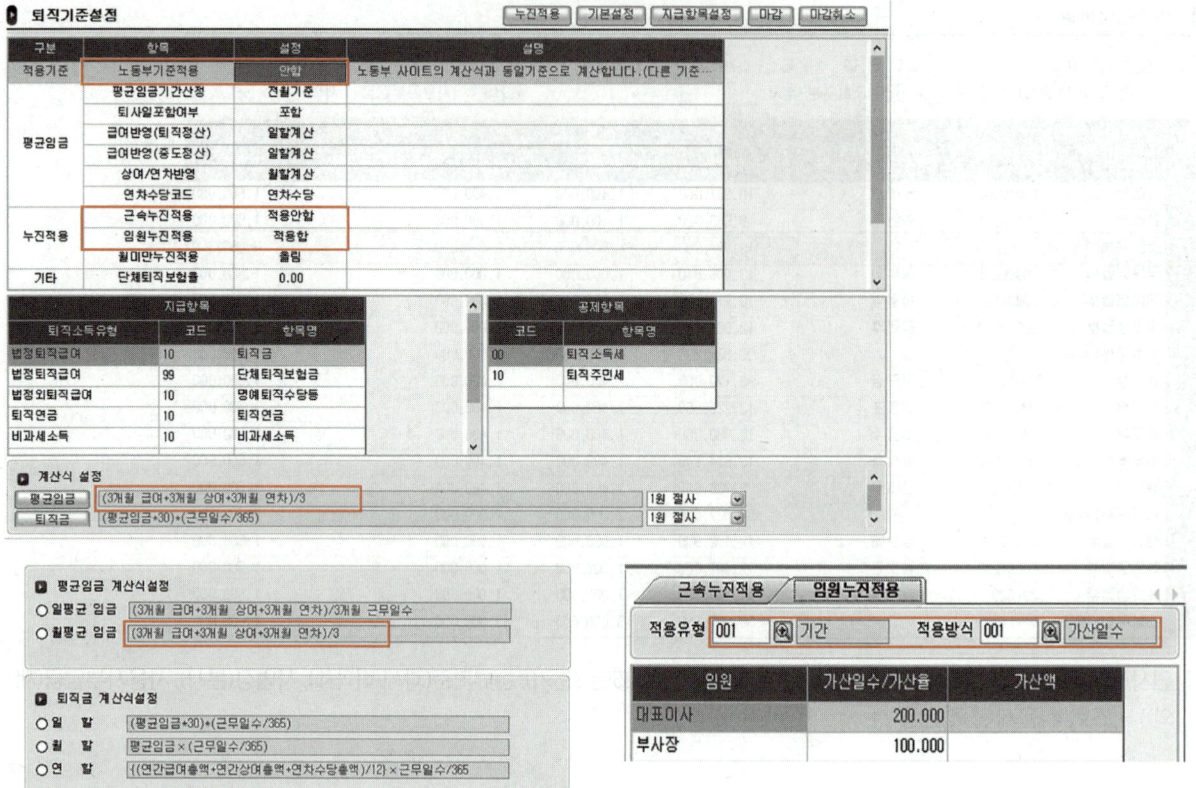

해 인사/급여관리 → 퇴직정산관리 → 퇴직기준설정(마감 취소) → 문제 풀이 진행

*퇴직금 계산 시에도 비과세 항목 선택 활용할 수 있음.

A : 노동부기준은 적용하지 않고, 평균임금 기간 산정 시 전월을 기준으로 3개월을 산정한다. (맞음)

B : 임원누진만 적용하고 있으며, 적용유형은 [001.기간]이고 적용방식은 [000.가산율]이며 '대표이사'일 때, 가산율이 200만큼 적용된다. (가산일수 적용방식임)

C : 비과세 항목은 퇴직금 계산 시 사용할 수 없으며, 근속일수에 퇴사일을 포함한다. (비과세 항목 사용가능)

D : 퇴직금 계산식은 '일할'로 설정되어 있고, 연차수당코드는 [P80.연차수당]을 사용한다. (맞음)

20

답 ④

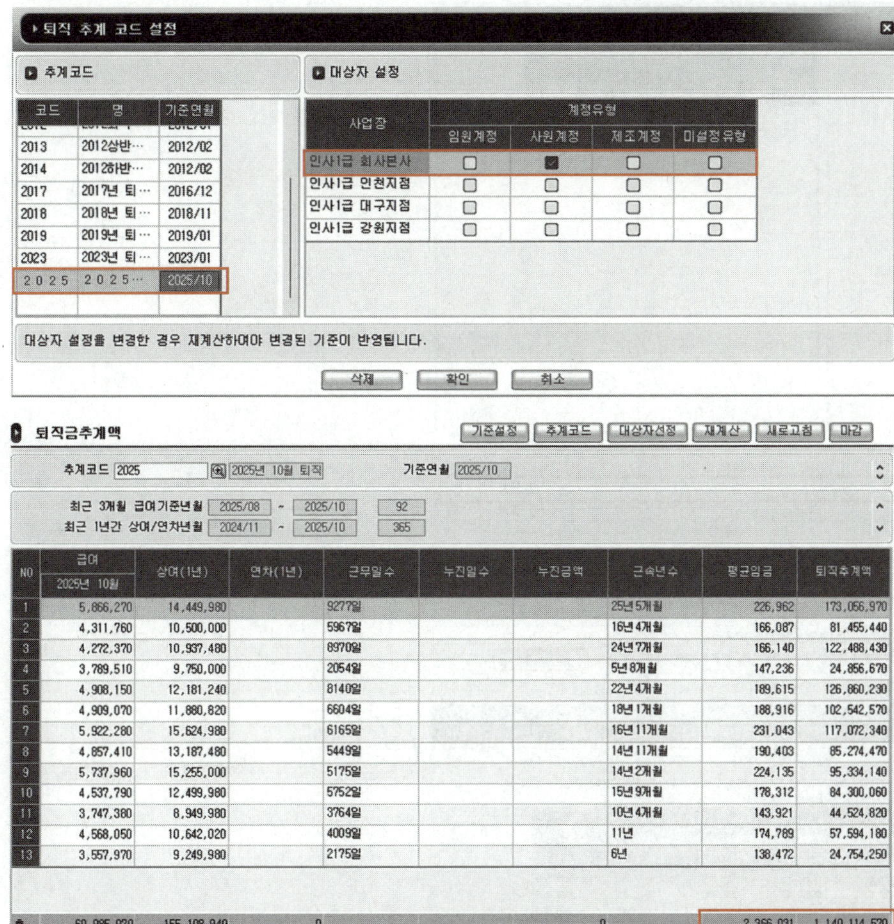

NO	급여 2025년 10월	상여(1년)	연차(1년)	근무일수	누진일수	누진금액	근속년수	평균임금	퇴직추계액
1	5,866,270	14,449,980		9277일			25년 5개월	226,962	173,056,970
2	4,311,760	10,500,000		5967일			16년 4개월	166,087	81,455,440
3	4,272,370	10,937,480		8970일			24년 7개월	166,140	122,488,430
4	3,789,510	9,750,000		2054일			5년 8개월	147,236	24,856,670
5	4,908,150	12,181,240		8140일			22년 4개월	189,615	126,860,230
6	4,909,070	11,880,820		6604일			18년 1개월	188,916	102,542,570
7	5,922,280	15,624,980		6165일			16년 11개월	231,043	117,072,340
8	4,857,410	13,187,480		5449일			14년 11개월	190,403	85,274,470
9	5,737,960	15,255,000		5175일			14년 2개월	224,135	95,334,140
10	4,537,790	12,499,980		5752일			15년 9개월	178,312	84,300,060
11	3,747,380	8,949,980		3764일			10년 4개월	143,921	44,524,820
12	4,568,050	10,642,020		4009일			11년	174,789	57,594,180
13	3,557,970	9,249,980		2175일			6년	138,472	24,754,250
총..	60,985,970	155,108,940	0			0		2,366,031	1,140,114,570

해 인사/급여관리 → 퇴직정산관리 → 퇴직금추계액 → 추계 코드(코드(2025), 명(2025년 10월 퇴직금추계액), 기준연월(2025년 10월), 대상자 설정(본사 사원)) → 추계코드 선택 → 문제 풀이 진행

퇴직금 추계액 : 1,140,114,570원 × 30% = 342,034,370원 (342,034,371)

답 ②

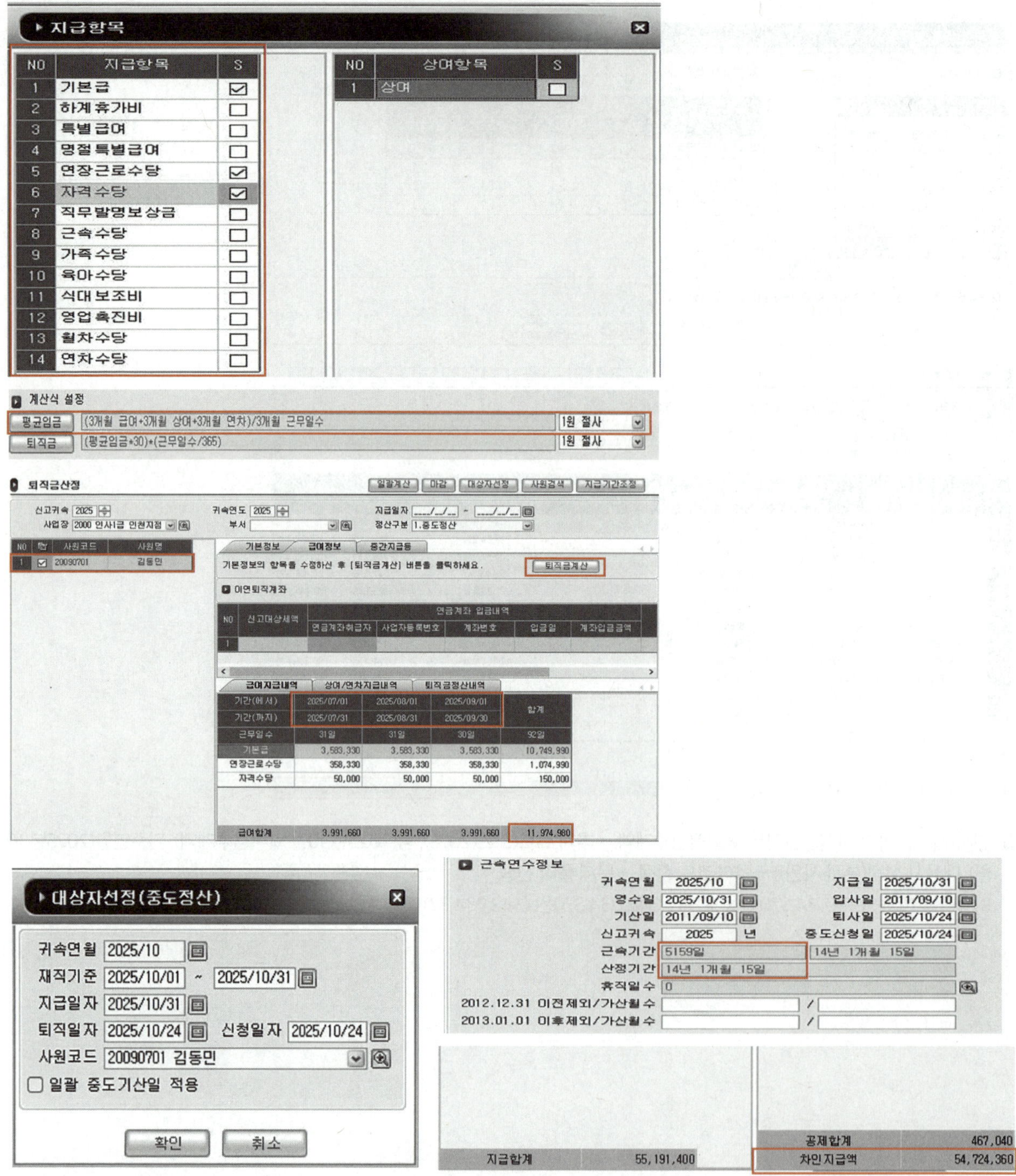

해 인사/급여관리 → 퇴직정산관리 → 퇴직기준설정(마감취소 후 기본설정(평균임금 → 일평균), 지급항목 설정) → 퇴직금 산정(신고귀속(2025년), 귀속연도(2025년), 사업장(인천지점), 정산구분(중도정산)) → 조회 → 대상자 선정 → 조회 → 김동민 선택 후 급여정보 탭에서 퇴직금 계산 → 문제 풀이 진행
② 중도정산 계산 시 급여기간은 2025/07/01 ~ 2025/09/30이다.

22

답 ③

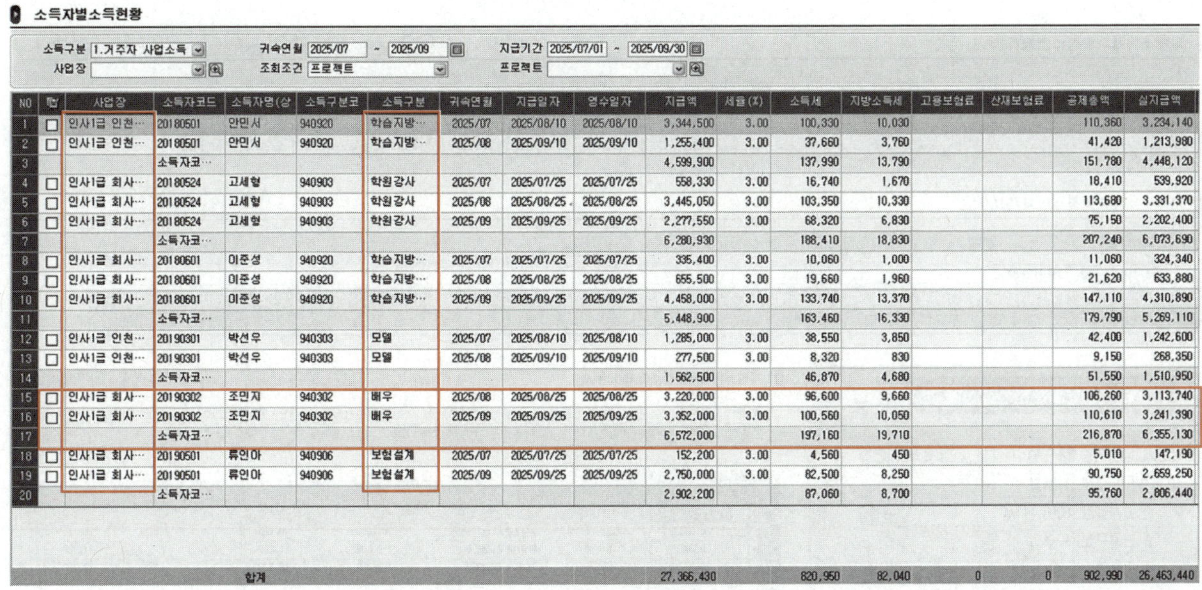

소득자별소득현황

NO		사업장	소득자코드	소득자명(상	소득구분코	소득구분	귀속연월	지급일자	영수일자	지급액	세율 (%)	소득세	지방소득세	고용보험료	산재보험료	공제총액	실지급액
1	☐	인사1급 인천…	20180501	안민서	940920	학습지방…	2025/07	2025/08/10	2025/08/10	3,344,500	3.00	100,330	10,030			110,360	3,234,140
2	☐	인사1급 인천…	20180501	안민서	940920	학습지방…	2025/08	2025/09/10	2025/09/10	1,255,400	3.00	37,660	3,760			41,420	1,213,980
3			소득자코…							4,599,900		137,990	13,790			151,780	4,448,120
4	☐	인사1급 회사…	20180524	고세형	940903	학원강사	2025/07	2025/07/25	2025/07/25	558,330	3.00	16,740	1,670			18,410	539,920
5	☐	인사1급 회사…	20180524	고세형	940903	학원강사	2025/08	2025/08/25	2025/08/25	3,445,050	3.00	103,350	10,330			113,680	3,331,370
6	☐	인사1급 회사…	20180524	고세형	940903	학원강사	2025/09	2025/09/25	2025/09/25	2,277,550	3.00	68,320	6,830			75,150	2,202,400
7			소득자코…							6,280,930		188,410	18,830			207,240	6,073,690
8	☐	인사1급 회사…	20180601	이준성	940920	학습지방…	2025/07	2025/07/25	2025/07/25	335,400	3.00	10,060	1,000			11,060	324,340
9	☐	인사1급 회사…	20180601	이준성	940920	학습지방…	2025/08	2025/08/25	2025/08/25	655,500	3.00	19,660	1,960			21,620	633,880
10	☐	인사1급 회사…	20180601	이준성	940920	학습지방…	2025/09	2025/09/25	2025/09/25	4,458,000	3.00	133,740	13,370			147,110	4,310,890
11			소득자코…							5,448,900		163,460	16,330			179,790	5,269,110
12	☐	인사1급 인천…	20190301	박선우	940303	모델	2025/07	2025/08/10	2025/08/10	1,285,000	3.00	38,550	3,850			42,400	1,242,600
13	☐	인사1급 인천…	20190301	박선우	940303	모델	2025/08	2025/09/10	2025/09/10	277,500	3.00	8,320	830			9,150	268,350
14			소득자코…							1,562,500		46,870	4,680			51,550	1,510,950
15	☐	인사1급 회사…	20190302	조민지	940302	배우	2025/08	2025/08/25	2025/08/25	3,220,000	3.00	96,600	9,660			106,260	3,113,740
16	☐	인사1급 회사…	20190302	조민지	940302	배우	2025/09	2025/09/25	2025/09/25	3,352,000	3.00	100,560	10,050			110,610	3,241,390
17			소득자코…							6,572,000		197,160	19,710			216,870	6,355,130
18	☐	인사1급 회사…	20190501	류인아	940906	보험설계	2025/07	2025/07/25	2025/07/25	152,200	3.00	4,560	450			5,010	147,190
19	☐	인사1급 회사…	20190501	류인아	940906	보험설계	2025/09	2025/09/25	2025/09/25	2,750,000	3.00	82,500	8,250			90,750	2,659,250
20			소득자코…							2,902,200		87,060	8,700			95,760	2,806,440
		합계								27,366,430		820,950	82,040	0	0	902,990	26,463,440

해 인사/급여관리 → 사업/기타/이자배당소득관리 → 소득자별소득현황(소득구분(거주자 사업소득), 귀속연월(2025년 3분기), 지급기간(2025년 3분기)) → 조회 후 문제 풀이 진행

① 소득자의 소득구분은 [940302.배우], [940303.모델], [940903.학원강사], [940906.보험설계], [940920.학습지 방문강사]이다.

② 소득은 [1000.인사1급 회사본사] 사업장과 [2000.인사1급 인천지점] 사업장에서 발생한 소득이다.

④ 가장 많은 소득이 발생한 소득자는 [20190302.조민지]이며, 총 실지급액은 6,355,130원이다.

23

답 ④

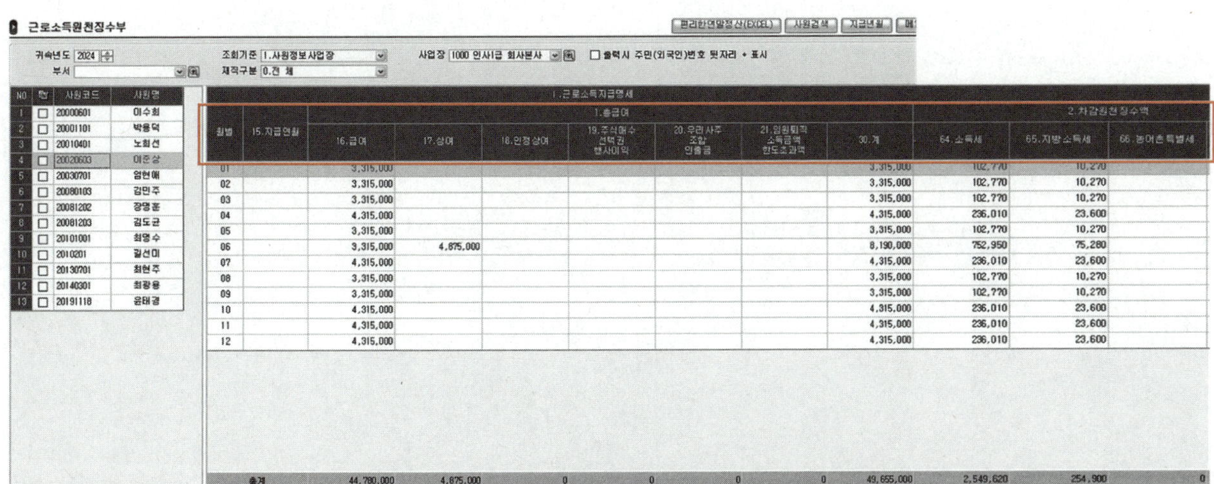

근로소득원천징수부

조회기준 1.사원정보사업장 사업장 1000 인사1급 회사본사 ☐ 출력시 주민(외국인)번호 뒷자리 ＊ 표시
부서 재직구분 0.전 체

NO		사원코드	사원명
1	☐	20000601	이수희
2	☐	20001101	박동덕
3	☐	20010401	노희선
4	☐	20020603	이준상
5	☐	20030701	엄현애
6	☐	20080103	김민주
7	☐	20081202	장명훈
8	☐	20081203	김도균
9	☐	20101001	최명수
10	☐	2010201	길선미
11	☐	20130701	최현주
12	☐	20140301	최광용
13	☐	20191118	윤태경

| | | 1.근로소득지급명세 | | | | | | | 2.차감원천징수액 | | |
| | | 1.총급여 | | | | | | | | | |
월별	15.지급연월	16.급여	17.상여	18.인정 상여	19.주식매수 선택권 행사이익	20.우리 사주 조합 인출금	21.임원퇴직 소득금액 한도초과액	30.계	64.소득세	65.지방소득세	66.농어촌특별세
01		3,315,000						3,315,000	102,770	10,270	
02		3,315,000						3,315,000	102,770	10,270	
03		3,315,000						3,315,000	102,770	10,270	
04		4,315,000						4,315,000	236,010	23,600	
05		3,315,000						3,315,000	102,770	10,270	
06		3,315,000	4,875,000					8,190,000	752,950	75,280	
07		4,315,000						4,315,000	236,010	23,600	
08		3,315,000						3,315,000	102,770	10,270	
09		3,315,000						3,315,000	102,770	10,270	
10		4,315,000						4,315,000	236,010	23,600	
11		4,315,000						4,315,000	236,010	23,600	
12		4,315,000						4,315,000	236,010	23,600	
총계		44,780,000	4,875,000	0	0	0		49,655,000	2,549,620	254,900	0

해 인사/급여관리 → 연말정산관리 → 근로소득원천징수부(귀속년도(2024년), 사업장(본사)) → 조회

＊ '30.계' 항목의 합계(총급여(상여포함))와 '64.소득세' 항목의 합계를 확인(항목이 많은 만큼 우측까지 봐야 함)

답 ①

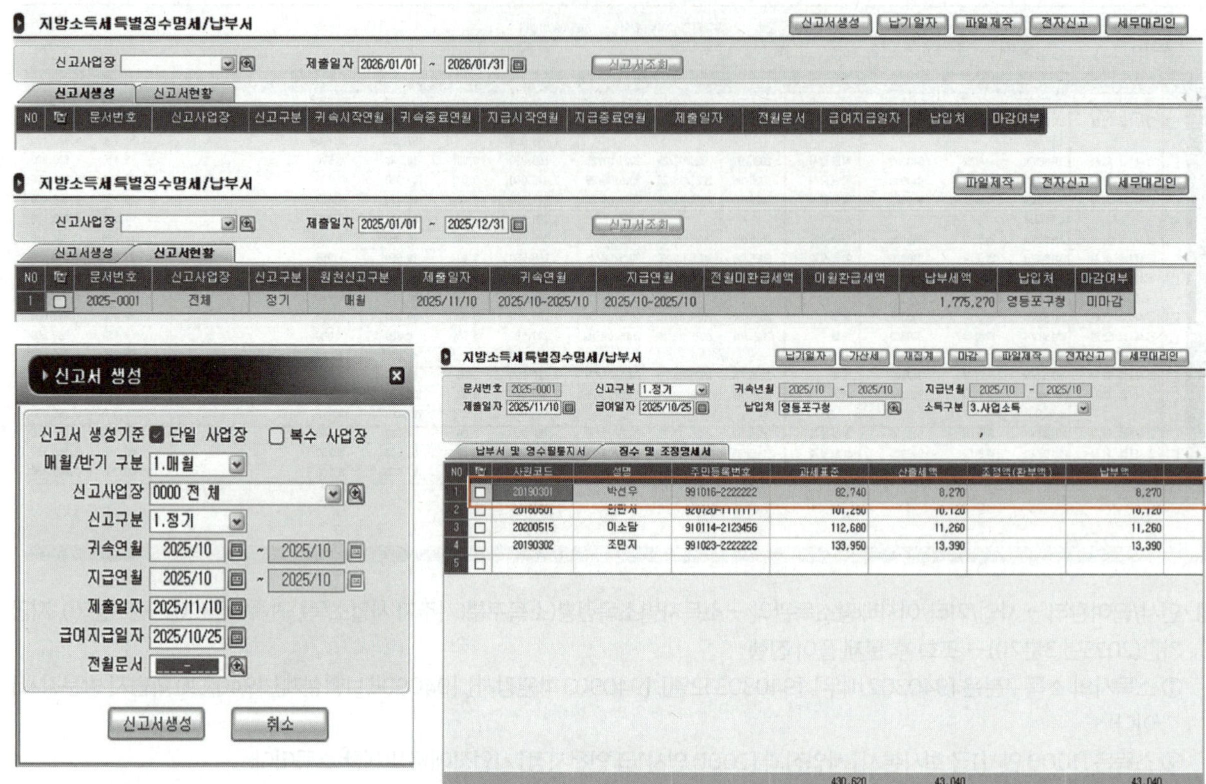

해 인사/급여관리 → 세무관리 → 지방소득세특별징수 명세/납부서(신고서 생성) → 신고서 생성(단일사업장, 신고사업장(전체), 신고구분(정기), 귀속연월(2025년 10월), 지급연월(2025년 10월), 제출일자(2025년 11월 10일), 급여지급일자(205년 10월 25일))후 신고서 생성 → 제출 일자 1년 두고 조회 → 신고서 현황에서 더블클릭 → 징수 및 조정탭(소득구분(사업소득) 조회) → 문제 풀이 진행

답 ①

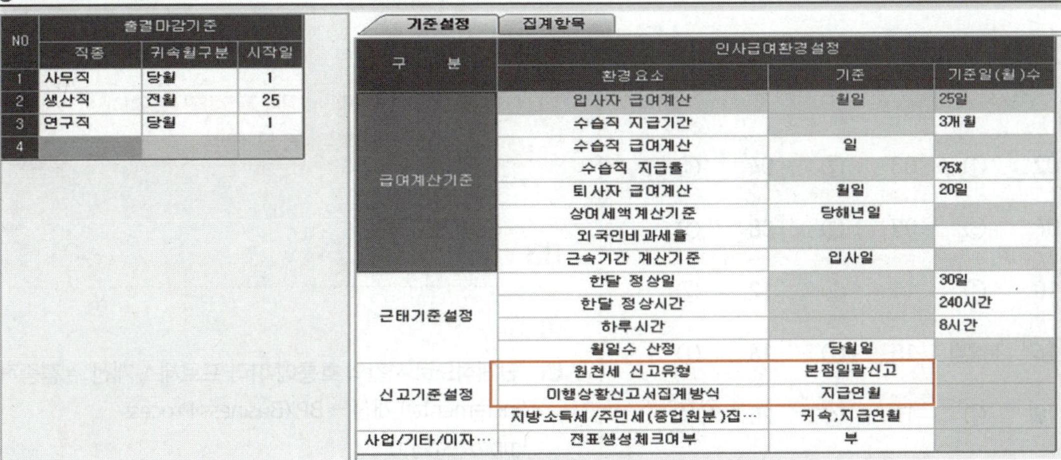

인사/급여환경설정

NO	출결마감기준		
	직종	귀속월구분	시작일
1	사무직	당월	1
2	생산직	전월	25
3	연구직	당월	1
4			

기준설정	집계항목

구 분	인사급여환경설정		
	환경요소	기준	기준일(월)수
급여계산기준	입사자 급여계산	월일	25일
	수습직 지급기간		3개월
	수습직 급여계산	일	
	수습직 지급률		75%
	퇴사자 급여계산	월일	20일
	상여세액계산기준	당해년일	
	외국인비 과세율		
	근속기간 계산기준	입사일	
근태기준설정	한달 정상일		30일
	한달 정상시간		240시간
	하루시간		8시간
	월일수 산정	당월일	
신고기준설정	원천세 신고유형	본점일괄신고	
	이행상황신고서집계방식	지급연월	
	지방소득세/주민세(종업원분)집…	귀속,지급연월	
사업/기타/이자…	전표생성체크여부	부	

원천징수이행상황신고서

제출연도 [2025] 신고사업장 [1000] 🔍 인사1급 회사본사 　[신고서추가]　[자료조회]

원천징수이행상황신고서

문서번호 [____-____] 신고구분 [1.정기 ▾] 귀속년월 [2025/10] 지급년월 [2025/10] 소득처분여부 [1.비해당 ▾] 제출일자 [2025/11/10]
전월문서 [____-____] 🔍 (전월미환급 세액이 있을 경우 반드시 전월문서를 선택후 집계해 주세요.)

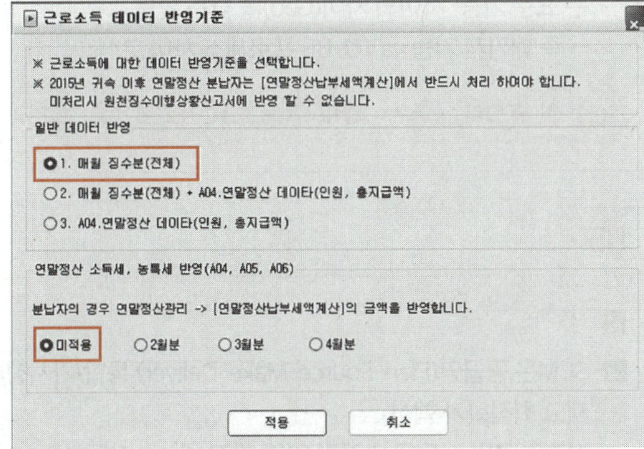

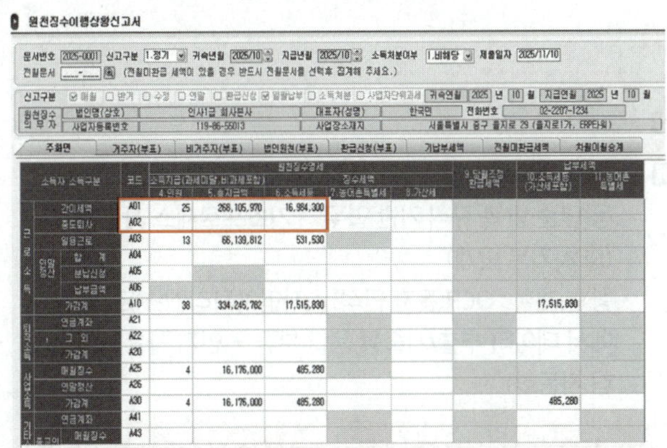

해 인사/급여관리 → 인사/급여 환경설정(원천세 신고유형(본점일괄신고), 이행상황신고서집계방식(지급연월)) → 세무관리 → 원천징수이행상황신고(제출연도(2025년), 신고사업장(본사), 신고서 추가) → 원천징수이행상황신고서(귀속연월(2025년 10월), 지급년월(2025년 10월), 제출 일자 자동 변경(확인)) → 조회 → 근로소득데이터 반영 기준 확인(일반 데이터 반영(매월징수분(전체)), 연말정산 소득세, 농특세 반영(미적용)) → 확인 → 문제 풀이 진행
*인사/급여 환경설정 시 적용되지 않는 경우가 있음. (교육용 프로세스) 이럴 때는 메뉴를 닫고 다시 메뉴를 열어 변경된 내용이
　적용되었는지 확인 후 문제 풀이 진행

2025년 9월 기출문제 해설 (이론)

정답

01	①	02	①	03	②	04	④
05	④	06	③	07	②	08	①
09	②	10	④	11	②	12	②
13	①	14	분류법	15	①	16	①
17	①	18	④	19	④	20	상동적 오류
21	④	22	③	23	①	24	②
25	①	26	임금채권	27	지급 명세서	28	④
29	③	30	④	31	④	32	240,000
33	㉠ 노사협의제도, ㉡ 공동결정제도						

01

답 ①

해
- 현재 자동화 : 급여자료 정리, 휴가 입력, 인사카드 갱신 등 단순·반복·규칙 기반 업무 → 기초프로세스 자동화 (RPA 기본 단계)
- 향후 계획 : OCR(문자 인식) + 자연어처리(NLP)로 증빙에서 데이터 추출/서술형 응답 분류 → 인지 자동화(지능형 자동화)

> 📖 한 줄 요약 : 반복·규칙 업무 = 기초 RPA / OCR·NLP 결합 = 인지자동화

02

답 ①

해 공개형(퍼블릭) 클라우드는 다수 사용자에게 제공되는 공유형 환경이라, "데이터 소유권/프라이버시 보장 필요" 상황에는 보통 폐쇄형(프라이빗)이 더 적합.

> 📖 한 줄 요약 : 프라이버시/통제 필요하면 폐쇄형, 비용/확장성은 공개형

03

답 ②

해 "단계적으로 시간의 흐름에 따라 프로세스 개선" = 점증적(Incremental) 개선 → BPI(Business Process Improvement)

> 📖 한 줄 요약 : 프로세스를 "점진 개선" = BPI

04

답 ④

해 GAP 분석 = "우리가 원하는 TO-BE"와 "패키지가 제공하는 표준 기능" 사이의 차이(Gap)를 찾는 활동
→ 즉 패키지 기능 vs TO-BE 프로세스 차이 분석

> 📖 한 줄 요약 : GAP = 패키지 기능과 TO-BE의 "차이" 확인

05

답 ④

해 SCM은 공급망(Plan-Source-Make-Deliver) 통합/가시성/재고 최적화가 핵심.
하지만, 4번 지문은 마케팅·영업·고객서비스 자동화로 CRM 영역에 가까워 SCM 모듈 장점으로 부적절.

> 📖 한 줄 요약 : SCM = 공급망 최적화 / 마케팅·고객 관계 = CRM

06

답 ③

인력 유지 활동은 종업원의 성과 창출 의지 및 능력을 계속 유지하도록 관리하는 과정
성과 의지·능력 유지, 다양한 욕구 충족(복리후생/동기), 노조 대응(노사관계) → 유지(유인/관계/복지/노무) 영역
① 확보: 모집·선발·배치 중심
② 개발: 교육훈련·경력개발 중심
④ 방출: 퇴직·해고·전직 지원 등

한 줄 요약 : 복지·동기·노사관계 = 인력 유지

07

답 ②

해 직무관리 일반 순서: 직무분석 → 직무기술서/명세서 작성 → 직무평가
보기에서 나(직무분석) → 다(기술서/명세서) → 가(직무평가)

한 줄 요약 : 직무분석 → 직무기술서/명세서 → 직무평가

08

답 ①

해 ㉠ "직무 전체를 포괄적으로 고려해 서열" → 서열법
㉡ "직무 전체가 아니라 요소별 서열에서 출발" → 요소비교법(요소를 비교·서열화)
② 분류법은 '등급(class)'에 넣는 방식이지 "요소별 서열 출발"이 아님
③ 점수법은 요소별 점수 부여가 핵심(서열 출발과 다름)
④ 중요 사실 기록법은 직무평가가 아니라 인사고과 기법

한 줄 요약 : 전체 서열 = 서열법 /
요소로 쪼개 비교 = 요소비교법

09

답 ②

해 명목집단법은 참가자들이 독자적으로 아이디어를 작성하고, 이를 공유한 뒤 토론을 거쳐 투표로 의사결정을 하는 절차를 갖는 방법으로, 인력 수요 예측 및 집단적 의사결정 기법에 활용

명목집단법 절차 : 개별 아이디어 작성(침묵) → 공유 → 토론/명료화 → 투표/순위 결정

한 줄 요약 : 아이디어 작성 → 공유 → 토론 → 투표

10

답 ④

해 ① 광고와 인터넷 모집으로 외부모집에 해당한다.
② 채용박람회, 근로자 추천은 외부모집,
③ 교육기관 추천, 인턴십 제도도 외부모집,
④ 사내 공개모집제도와 관리자 및 기능목록 작성은 내부 모집이다.

한 줄 요약 : 사내 공모, 인재 목록 = 내부 모집

11

답 ②

해 패널면접은 다수의 면접자가 한 명의 피면접자를 평가하는 방법이다. 한 명에 대해 여러 사람이 동시에 관찰하므로 평가에 있어서 신뢰도가 높다.
① 집단면접: 여러 지원자를 동시에 평가(지원자 집단)
③ 비지시적: 질문 통제 최소(상담식)로 진행 방식 개념
④ 스트레스면접: 압박/긴장 유발로 반응 관찰

한 줄 요약 : 면접관 多 + 지원자 1 = 패널면접

12

답 ②

해 시험(선발 도구) 점수 측정 후 미래 직무성과와 비교 → 예측타당성
예측타당성 : 채용 전 지원자의 시험 성적을 먼저 측정한 후, 일정 기간 근무한 뒤의 직무성과와 비교하여 선발 도구가 실제 직무성과를 얼마나 잘 예측하는지를 검증하는 방법
① 동시 타당성: 현재 시점의 다른 기준과 비교
③ 내용 타당성: 문항이 직무내용을 대표하는지
④ 구성 타당성: 심리적 구성개념을 제대로 재는지

한 줄 요약 : 미래 성과로 검증 = 예측타당성

13

답 ①

해 배치관리의 원칙은 적재적소 주의, 능력주의, 인재육성주의, 균형 주의이다.
연공주의는 적절한 배치관리 원칙이라 할 수 없다.
② 능력주의 : 직무요건-인력역량 적합
③ 적재적소 주의 : 배치관리 핵심
④ 인재육성주의 : 경력·성장 고려 배치

한 줄 요약 : 배치 = 적합/역량 중심, 연공은 배치원칙 아님

14

답 분류법

해 "주어진 등급으로 분류, 과정 간단, 비용 적음, 등급 정의가 어려움(특히 중간등급)"
• 서열법: 직무 전체를 단순 서열
• 점수법: 요소별 점수 부여(정교하지만 비용/시간 큼)
• 요소비교법: 요소 서열+금액 배분(복잡)

한 줄 요약 : 등급에 "분류"하는 간편한 직무평가 = 분류법

15

답 ①

해 상대평가는 서열화/경쟁 유발로 수용성이 오히려 낮아질 수 있음(불만·갈등 유발 가능).
②~④는 상대평가의 대표 장점.
② 관대화·중심화 경향 완화(비교 강제)
③ (상대적으로) 단순 비교라 운영비용이 낮은 편으로 출제됨
④ 제한 자원의 배분(승진/성과급) 용이

한 줄 요약 : 상대평가 장점 = 분포 강제·배분 용이 /
수용성은 낮아질 수 있음

16

답 ①

해 "평가 요소 제시 + 단계별 차등(척도)" → 평정척도 법
계량화할 수 있지만 평가자가 의도적으로 조정 가능(주관 개입)도 전형적 단점.

(피평가자의 능력, 개인적 특성 및 성과를 평가하기 위하여 평가 요소들을 제시하고 이에 대해 단계별 차등을 두어 평가하는 기법)
② 서술식: 문장으로 기술(계량화 약함)
③ 행동 기준평가(BARS): 행동 사례를 기준으로 척도 구성(더 구체적)
④ 강제 선택서술: 미리 짝지은 문항 중 선택(평가자 조작 줄이려는 방식)

한 줄 요약 : 요소+등급 척도 = 평정 척도법

17

답 ①

해 과거: 재직기간/순번 중시 → 연공적 승진
현재: 성과/기여 중심 → 성과주의 승진

한 줄 요약 : 연공 → 성과로 전환 = 승진 기준 변화의 정답 패턴

18

답 ④

해 전문가 자문법은 기업의 내부 및 외부에서 교육훈련 전문가에게 해당 기업의 교육훈련의 필요성을 파악하도록 하는 방법
① 자료 조사법: 기록/문서 검토로 필요 파악(맞음)
② 질문지법: 설문으로 문제/태도 파악(맞음)
③ 작업 표본법(work sampling)은 작업시간을 표본 관측해 활동 비율을 추정하는 방식

한 줄 요약 : 전문가 의견 법은 델파이식으로 출제되는 경향이 많음.

19

답 ④

해 Hall 쇠퇴단계: 경력 평가·통합, 은퇴 준비 → 욕구는 통합성(Integrity)
① 친교성: 관계/소속 욕구(다른 단계 개념)
③ 생산성: 후배양성/성과 창출 성격(중년기)
④ 정체성: 자아 정립(초기)

한 줄 요약 : 쇠퇴단계 욕구 = 통합성(Integrity)

20

답 상동적 오류

해 노조 활동가, 특정 종교, 나이 많은 직원에 대한 선입견으로
평가 왜곡 → 집단 고정관념 기반 평가 오류 = 상동적 오류
(평가자가 특정 집단이나 개인에 대한 고정관념·선입견을
평가에 반영하는 오류)

> 📖 한 줄 요약 : 노조/종교/연령 편견이 평가에 들어가면
> = 상동적 오류

21

답 ④

해 외부(경쟁사)·내부(직급/직종) 비교에서 "공정하다고 느끼
는 정도" = 공정성(형평성)
경쟁사나 동종업계의 임금수준과 비교했을 때 공정하다고
판단하는 정도, 동일 기업 내에서 직급 간 또는 직종 간 임
금 차이를 공정하다고 판단하는 정도를 의미하는 것은 공
정성을 실현하기 위함
① 체계성: 제도 운용의 일관된 시스템 여부
② 적정성: 수준이 적절한가
③ 합리성: 논리적·근거 기반 운영

> 📖 한 줄 요약 : 형평성(equity) = 공정성

22

답 ③

해 임금 지급 4대 원칙: 통화 지급, 직접지급, 전액 지급, 정기
지급
보기의 "분할 지급"은 원칙이 아님(오히려 전액 지급이 원
칙).

> 📖 한 줄 요약 : 임금 지급 원칙: 통화·직접·전액·정기

23

답 ①

해 포괄임금제는 실제 근로시간을 따지지 않고 기본임금에
제 수당을 포함하거나 일정액을 제 수당으로 정하여 매월
지급하는 방식의 임금제도이다. 한편, 포괄임금제가 근로
기준법상 분쟁이 잦은 제도

(실제 근로시간을 따지지 않고 기본임금에 각종 수당을 포
함하거나 정액으로 지급 → 포괄임금제)

> 📖 한 줄 요약 : 수당을 묶어서 정액 지급 = 포괄임금제

24

답 ②

해 남녀고용평등법 제19조: 육아휴직의 기간은 1년 이내로 한
다. 다만, 일정한 요건을 충족하는 근로자의 경우 6개월 이
내에서 추가로 육아휴직을 사용할 수 있다.

> 📖 한 줄 요약 : 육아휴직 = 1년 + (요건 시) 6개월 추가

25

답 ①

해 • 중도 퇴사자는 원천징수의무자가 퇴직하는 달의 급여를
지급할 때 연말정산을 함
① 두 곳 이상의 근무처로부터 급여를 받는 경우 주된 근무
지와 종된 근무지를 정하여 주된 근무지 원천징수의무
자에게 제출
③ 근로자의 고의, 과실 또는 어떤 이유로 사실과 다른 연
말정산을 하게 된 경우 근로자는 5월에 종합소득확정신
고를 하여야 한다.
④ 과세기간 중도에 퇴직한 경우 재취업한 직장에 전 직장
으로부터 받은 근로소득을 합산하여 소득공제 및 세액
공제 신고를 하여야 하고 그에 따라 연말정산을 하여야
한다.

> 📖 한 줄 요약 : 중도 퇴사 = 퇴직 월 급여 지급 시점에 연말정산

26

답 임금채권

해 "임금 채권보장제도"란 사업주가 퇴직한 근로자 및 사업주
와 근로계약이 종료되지 않은 근로자(이하 "재직근로자"라
함)가 지급받지 못한 임금·퇴직금·휴업수당 및 출산 전후
휴가 기간 중 급여(이하 "임금 등"이라 함)의 지급을 청구하
면 근로자의 미지급 임금 등을 고용 노동부 장관이 사업주
를 대신하여 지급하는 제도를 의미한다.

> 📖 한 줄 요약 : 도산 체불임금 국가 대지급 = 임금 채권보장제도

27

답 지급명세서

해 원천징수의무자/소득자 인적 사항, 소득금액, 지급 시기 등을 기재한 과세 자료 = 지급명세서

28

답 ④

해 선택적 근로시간제 : 근로자가 일정 기간(예: 1개월) 내 총근로시간을 기준으로 출퇴근 시각과 근로시간을 자율적으로 조정할 수 있는 제도로 근로기준법 제52조에 따라 근로자 대표와의 서면합의가 필요하며, 정산 기간(1개월 이내) 내 1주 평균 근로시간이 40시간을 초과하지 않아야 합니다. (정산 기간(예 1개월) 내 총근로시간 기준, 출퇴근 시각 자율 조정, 근로자대표 서면합의 필요)
① 간주근로 : 외근 등으로 실제시간 산정 곤란 시 "간주"
② 재량근로 : 업무수행 방법/시간 배분이 근로자 재량(연구개발 등)
③ 탄력적 근로 : 특정 단위 기간 평균으로 주40 맞추는 제도(출퇴근 자율 조정이 핵심 아님)

29

답 ③

해 15세 이상 18세 미만인 사람의 근로시간은 1일에 7시간, 1주에 35시간을 초과하지 못한다.

30

답 ④

해 단체교섭은 근로조건 개선을 통해 직무만족에 간접적인 영향을 줄 수는 있지만, 직무만족을 직접 보장하는 기능은 없다.

31

답 ④

해
• 해고자 단체 대표는 일반적으로 사용자와의 단체교섭 당사자로 인정되기 어려움(법적 대표성/교섭권이 문제).
• 단체교섭의 당사자는 단체교섭을 실제 실행할 수 있는 법적 자격이 있는 자 즉, 단체교섭의 권한을 갖고 있는 자를 말한다.(단체교섭 당사자: 자기 이름으로 교섭·협약 체결할 수 있는 자(노조 대표, 사용자/법인 등)
• 근로자 측의 교섭 주체는 법 소정의 노동조합 설립요건을 갖춘 적법한 노동조합이어야 하므로 해고자단체, 일시적인 쟁의단 등은 교섭 주체가 될 수 없다.
• 사용자 측의 교섭 주체는 법인 기업이면 그 법인, 개인 기업이면 그 사업주가 된다.

32

답 240,000원

해 사용자는 8시간 이내의 휴일근로에 대해서 통상임금의 100분의 50, 8시간을 초과한 휴일근로에 대해서는 통상임금의 100분의 100을 가산하여 지급하여야 한다.
김생산씨가 휴일에 10시간 근로하였으므로,
(8시간 x 15,000원 X 1.5배) +(2시간 X 15,000원 X 2배) = 240,000원을 휴일근로수당으로 지급하여야 한다.

33

답 ㉠ 노사협의제, ㉡ 노사공동결정제도

해 ㉠ "공동협의 중심, 단체교섭에서 다루지 않는 사항 협의"
→ 노사협의제도
㉡ "노사 공동으로 의사결정(공동결정까지)" → 공동결정제도

2025년 9월 기출문제 해설 (실무)

정답

01	②	02	③	03	①	04	④	05	③	06	②	07	②	08	①	09	④	10	③
11	②	12	①	13	③	14	①	15	④	16	④	17	②	18	③	19	①	20	④
21	②	22	④	23	②	24	①	25	③												

01

 답 ②

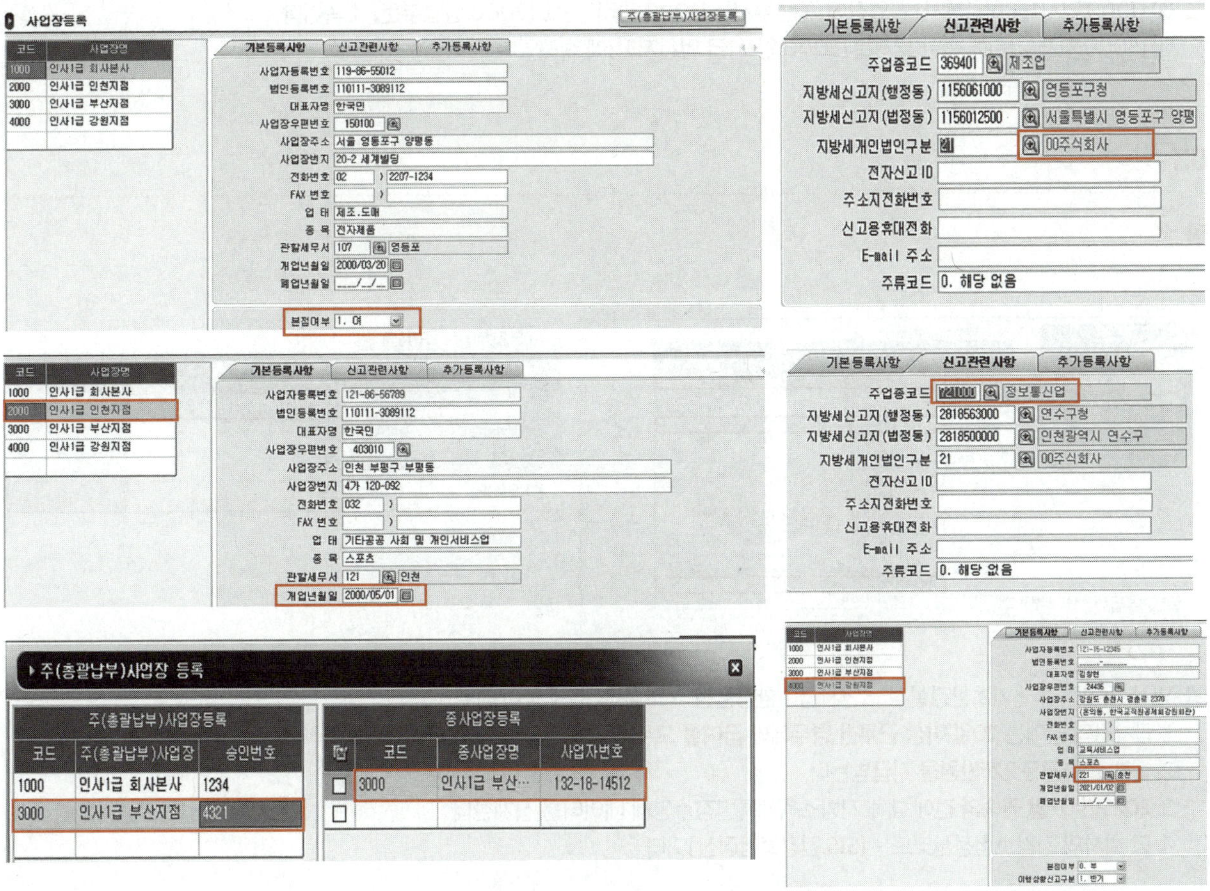

시스템관리 → 사업장등록 → 각 사업장별로 확인 후 문제 풀이 진행
② [2000.인사1급 인천지점] 사업장의 개업년월일은 '2000/05/01'이다.

답 ③

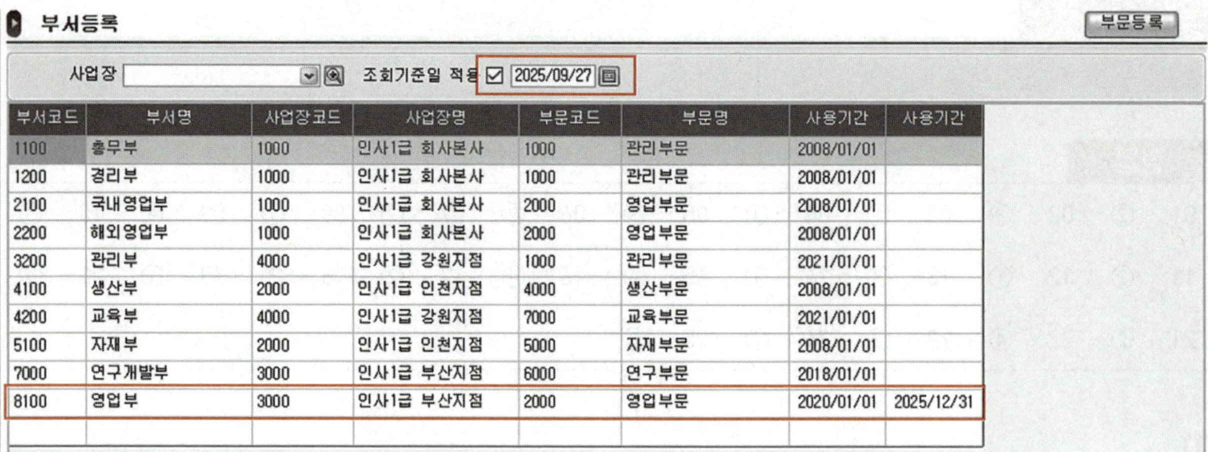

해 시스템관리 → 부서등록 → 조회기준일 적용(2025년 9월 27일) → 조회 후 문제 풀이 진행
  ① 조회기준일 기준 현재 사용 중인 부서는 총 **10개**이다.
  ② [1000.인사1급 회사본사] 사업장에 속한 부서는 [1000.관리부문], [2000.영업부문] 소속이다.
  ④ [5000.자재부문]에 속한 부서는 [2000.인사1급 인천지점]에 속해있다.

03

답 ①

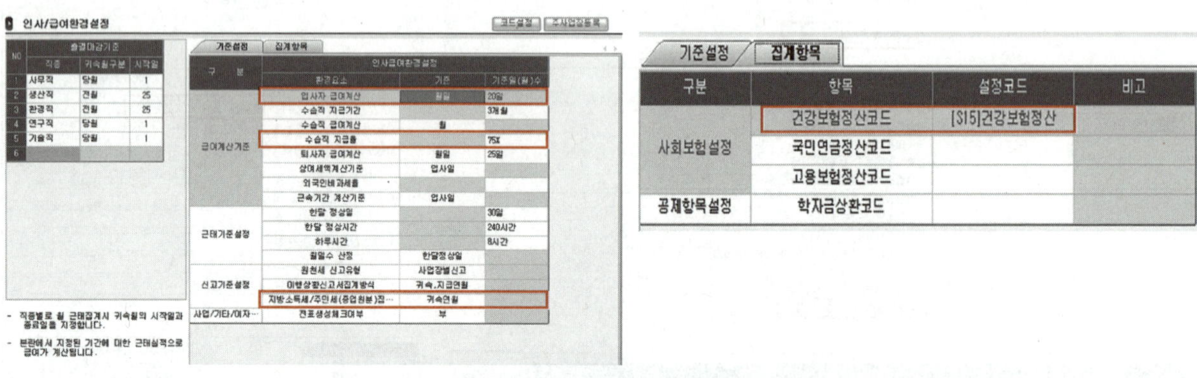

해 인사/급여관리 → 기초환경설정 → 인사급여환경설정 → 조회 후 문제 풀이 진행
  1. 입사자의 급여는 **20일 이상 근무한 경우에만 급여를 모두 지급**하고 그렇지 않으면 **일할 지급**한다.
  2. 실제로 월급은 **225만원을 지급**받는다.
  3. **2025년 07월 귀속의 건**에 대해 지방소득세특별징수명세 데이터를 집계한다.
  4. 당 회사의 건강보험정산코드는 [S15.건강보험정산]이다.

04

답 ④

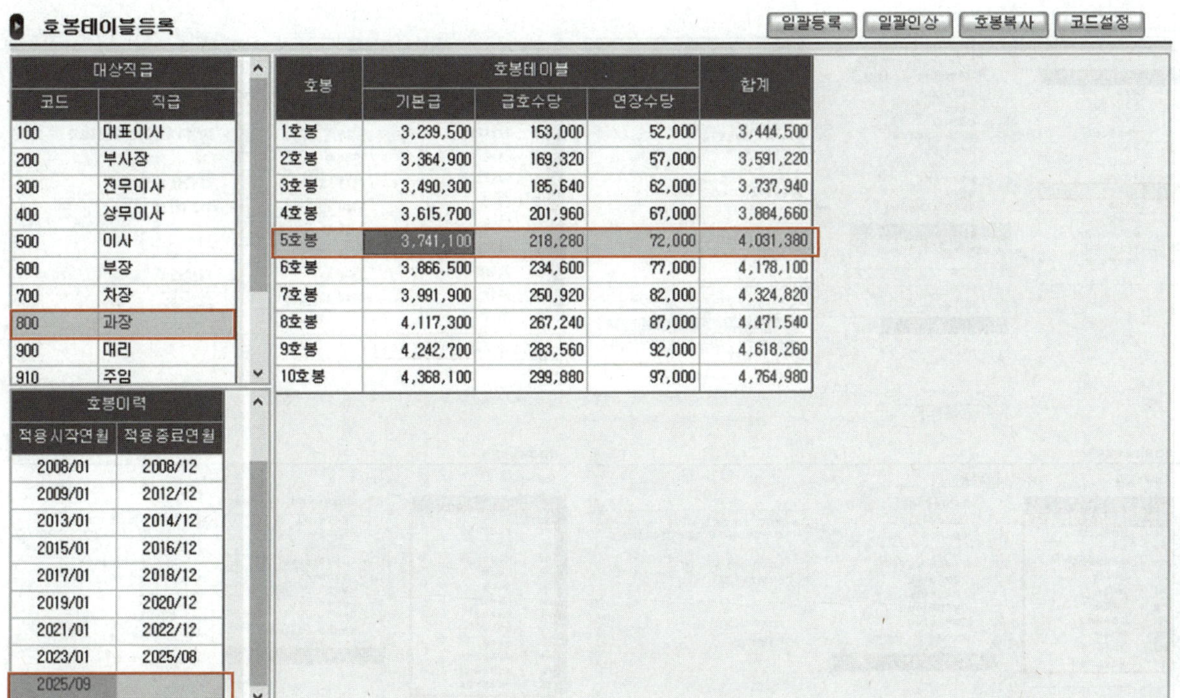

호봉	호봉테이블			합계
	기본급	급호수당	연장수당	
1호봉	3,239,500	153,000	52,000	3,444,500
2호봉	3,364,900	169,320	57,000	3,591,220
3호봉	3,490,300	185,640	62,000	3,737,940
4호봉	3,615,700	201,960	67,000	3,884,660
5호봉	3,741,100	218,280	72,000	4,031,380
6호봉	3,866,500	234,600	77,000	4,178,100
7호봉	3,991,900	250,920	82,000	4,324,820
8호봉	4,117,300	267,240	87,000	4,471,540
9호봉	4,242,700	283,560	92,000	4,618,260
10호봉	4,368,100	299,880	97,000	4,764,980

해 인사/급여관리 → 기초환경설정 → 대상 직급(과장 선택) → 호봉 이력(적용시작연월 2025년 9월 입력) → 호봉 테이블(일괄등록, 일괄인상(정률, 정액) 적용 → 일괄인상 → 문제 풀이 진행

답 ③

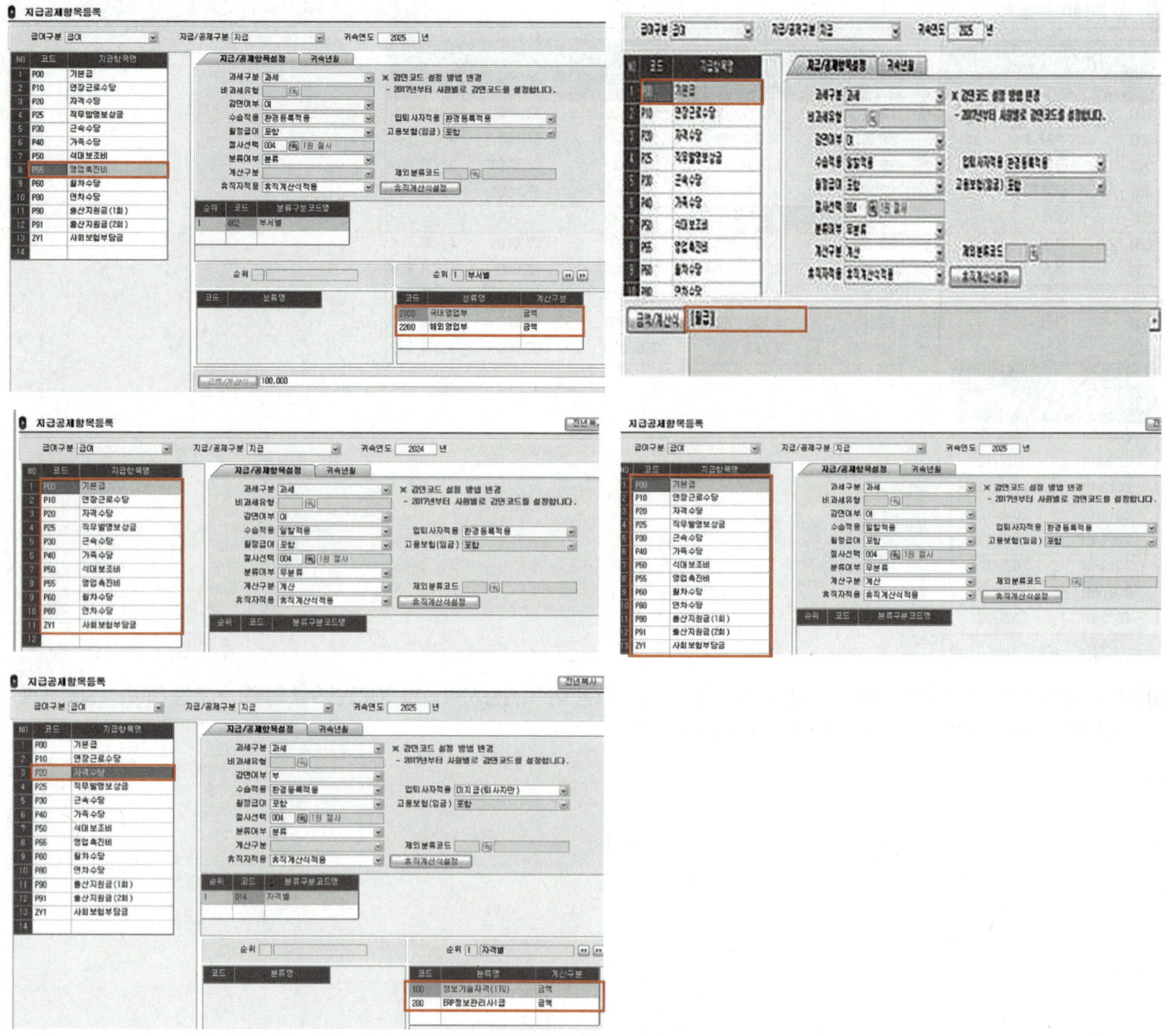

해 인사/급여관리 → 지급공제항목등록(마감취소, 급여구분(급여), 지급/공제구분(지급), 귀속연도(2025년)) → 각 항목별 확인 후 문제 풀이 진행

③ [P55.영업촉진비]는 [2200.해외영업부]에 속한 대상자가 50,000원을 더 지급받는다.

답 ②

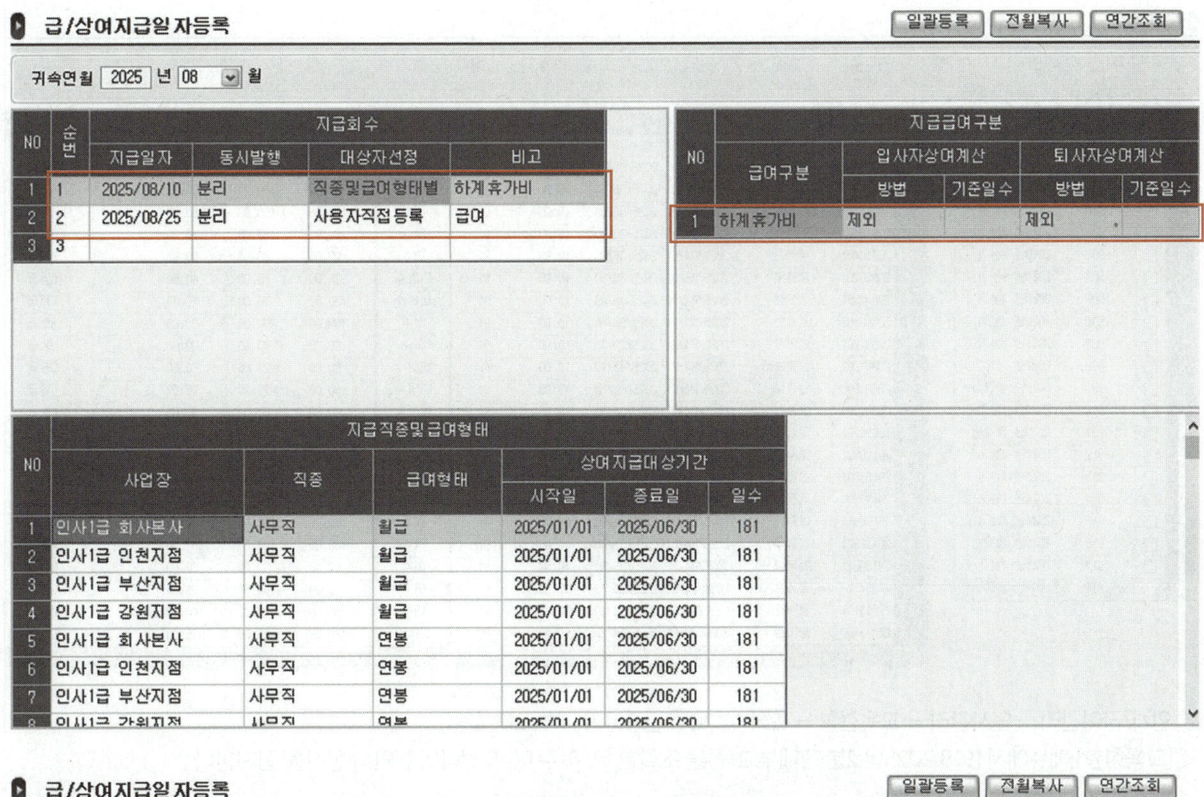

해 인사/급여관리 → 기초환경설정 → 급/상여일자등록(귀속연월(2025년 8월)) → 조회

* '급여' 지급 대상자는 '지급직종 및 급여형태'에 반영된 정보와 일치하는 대상자를 [상용직급여입력및계산] 메뉴에서 직접 선정하여 반영한다. **(대상자 선정이 사용자직접등록으로 상용직 급여 입력계산에서 적용된 지급 및 직종 급여형태 중에서 선택 가능.)**

② '급여'를 지급하는 일자의 동시발행 구분이 '분리'이기 때문에, 해당 지급일자에 '상여'를 추가할 수 없다.

답 ②

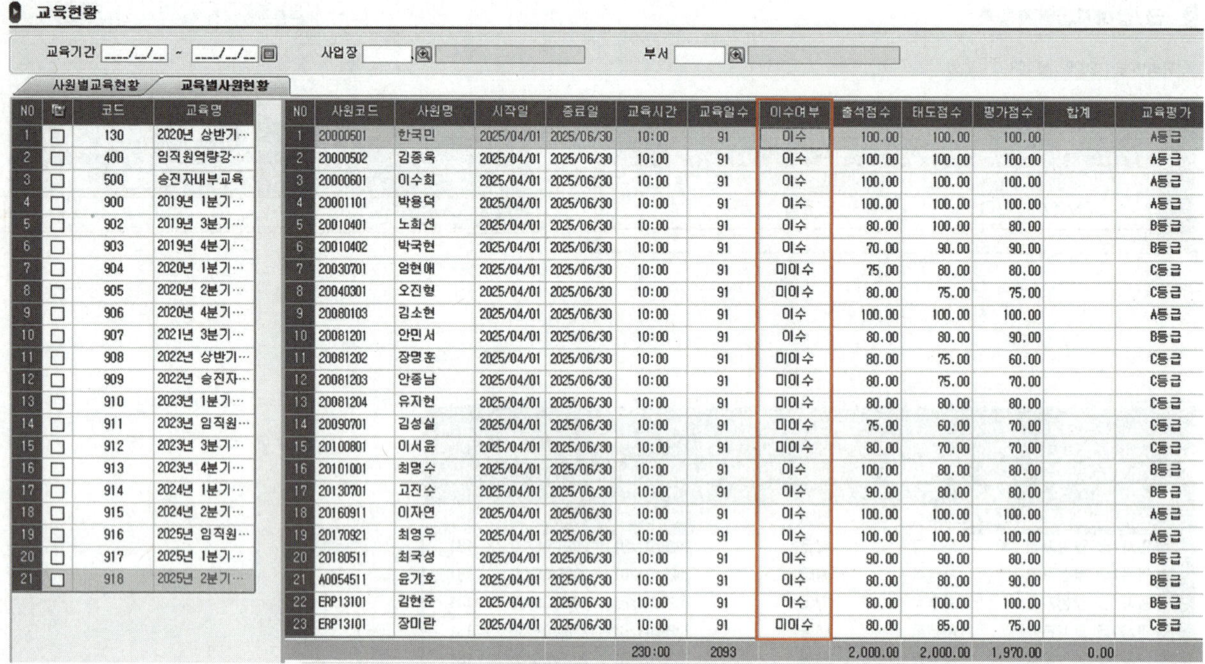

교육현황

교육기간 [___/__/__] ~ [___/__/__] | 사업장 [ ] | 부서 [ ]

| 사원별교육현황 | 교육별사원현황 |

NO	□	코드	교육명
1	□	130	2020년 상반기…
2	□	400	임직원역량강…
3	□	500	승진자내부교육
4	□	900	2019년 1분기…
5	□	902	2019년 3분기…
6	□	903	2019년 4분기…
7	□	904	2020년 1분기…
8	□	905	2020년 2분기…
9	□	906	2020년 4분기…
10	□	907	2021년 3분기…
11	□	908	2022년 상반기…
12	□	909	2022년 승진자…
13	□	910	2023년 1분기…
14	□	911	2023년 임직원…
15	□	912	2023년 3분기…
16	□	913	2023년 4분기…
17	□	914	2024년 1분기…
18	□	915	2024년 2분기…
19	□	916	2025년 임직원…
20	□	917	2025년 1분기…
21	□	918	2025년 2분기…

NO	사원코드	사원명	시작일	종료일	교육시간	교육일수	이수여부	출석점수	태도점수	평가점수	합계	교육평가
1	20000501	한국민	2025/04/01	2025/06/30	10:00	91	이수	100.00	100.00	100.00		A등급
2	20000502	김종욱	2025/04/01	2025/06/30	10:00	91	이수	100.00	100.00	100.00		A등급
3	20000601	이수회	2025/04/01	2025/06/30	10:00	91	이수	100.00	100.00	100.00		A등급
4	20001101	박용덕	2025/04/01	2025/06/30	10:00	91	이수	100.00	100.00	100.00		A등급
5	20010401	노회선	2025/04/01	2025/06/30	10:00	91	이수	80.00	100.00	80.00		B등급
6	20010402	박국현	2025/04/01	2025/06/30	10:00	91	이수	70.00	90.00	90.00		B등급
7	20030701	엄현애	2025/04/01	2025/06/30	10:00	91	미이수	75.00	80.00	80.00		C등급
8	20040301	오진형	2025/04/01	2025/06/30	10:00	91	미이수	80.00	75.00	75.00		C등급
9	20080103	김소현	2025/04/01	2025/06/30	10:00	91	이수	100.00	100.00	100.00		A등급
10	20081201	안민서	2025/04/01	2025/06/30	10:00	91	이수	80.00	80.00	90.00		B등급
11	20081202	장명훈	2025/04/01	2025/06/30	10:00	91	미이수	80.00	75.00	60.00		C등급
12	20081203	안종남	2025/04/01	2025/06/30	10:00	91	미이수	80.00	75.00	70.00		C등급
13	20081204	유지현	2025/04/01	2025/06/30	10:00	91	미이수	80.00	80.00	80.00		C등급
14	20090701	김성실	2025/04/01	2025/06/30	10:00	91	미이수	75.00	60.00	70.00		C등급
15	20100801	이서윤	2025/04/01	2025/06/30	10:00	91	미이수	80.00	70.00	70.00		C등급
16	20101001	최명수	2025/04/01	2025/06/30	10:00	91	이수	100.00	80.00	80.00		B등급
17	20130701	고진수	2025/04/01	2025/06/30	10:00	91	이수	90.00	80.00	80.00		B등급
18	20160911	이자연	2025/04/01	2025/06/30	10:00	91	이수	100.00	100.00	100.00		A등급
19	20170921	최영우	2025/04/01	2025/06/30	10:00	91	이수	100.00	100.00	100.00		A등급
20	20180511	최국성	2025/04/01	2025/06/30	10:00	91	이수	90.00	90.00	80.00		B등급
21	A0054511	윤기호	2025/04/01	2025/06/30	10:00	91	이수	80.00	80.00	90.00		B등급
22	ERP13I01	김현준	2025/04/01	2025/06/30	10:00	91	이수	80.00	100.00	100.00		B등급
23	ERP13I01	장미란	2025/04/01	2025/06/30	10:00	91	미이수	80.00	85.00	75.00		C등급
					230:00	2093		2,000.00	2,000.00	1,970.00	0.00	

해 인사/급여관리 → 인사관리 → 교육현황 → 조회 후(2025년 2분기 내부교육 확인)
[교육현황] 메뉴에서 [918.2025년 2분기 내부교육]을 조회한 뒤, 이수 여부가 '미이수'인 대상자를 집계한다.

답 ①

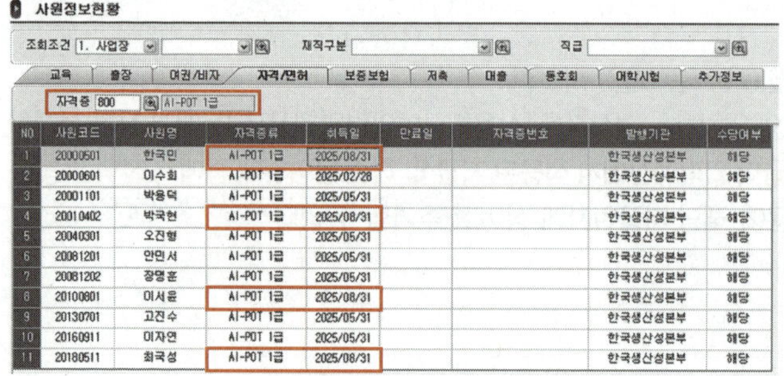

사원정보현황

조회조건 [1. 사업장 ▾] [▾] | 재직구분 [▾] | 직급 [▾]

| 교육 | 출장 | 여권/비자 | 자격/면허 | 보증보험 | 저축 | 대출 | 동호회 | 어학시험 | 추가정보 |

자격증 [800] [AI-POT 1급]

NO	사원코드	사원명	자격종류	취득일	만료일	자격증번호	발행기관	수당여부
1	20000501	한국민	AI-POT 1급	2025/08/31			한국생산성본부	해당
2	20000601	이수회	AI-POT 1급	2025/02/28			한국생산성본부	해당
3	20001101	박용덕	AI-POT 1급	2025/05/31			한국생산성본부	해당
4	20010402	박국현	AI-POT 1급	2025/08/31			한국생산성본부	해당
5	20040301	오진형	AI-POT 1급	2025/05/31			한국생산성본부	해당
6	20081201	안민서	AI-POT 1급	2025/05/31			한국생산성본부	해당
7	20081202	장명훈	AI-POT 1급	2025/05/31			한국생산성본부	해당
8	20100801	이서윤	AI-POT 1급	2025/08/31			한국생산성본부	해당
9	20130701	고진수	AI-POT 1급	2025/05/31			한국생산성본부	해당
10	20160911	이자연	AI-POT 1급	2025/05/31			한국생산성본부	해당
11	20180511	최국성	AI-POT 1급	2025/08/31			한국생산성본부	해당

자격증 [810] [AI-POT 2급]

NO	사원코드	사원명	자격종류	취득일	만료일	자격증번호	발행기관	수당여부
1	20000501	한국민	AI-POT 2급	2025/08/31			한국생산성본부	해당
2	20000502	김종욱	AI-POT 2급	2025/08/31			한국생산성본부	해당
3	20010401	노회선	AI-POT 2급	2025/05/31			한국생산성본부	해당
4	20030701	엄현애	AI-POT 2급	2025/05/31			한국생산성본부	해당
5	20040301	오진형	AI-POT 2급	2025/08/31			한국생산성본부	해당
6	20080103	김소현	AI-POT 2급	2025/08/31			한국생산성본부	해당
7	20090701	김성실	AI-POT 2급	2025/02/28			한국생산성본부	해당
8	20101001	최명수	AI-POT 2급	2025/02/28			한국생산성본부	해당
9	20170921	최영우	AI-POT 2급	2025/08/31			한국생산성본부	해당

해 인사/급여관리 → 인사관리 → 사원정보현황 → 자격/면허 선택 후 조회
1. [800. AI-POT 1급] : 100,000원 * 4명 = 400,000원
2. [810. AI-POT 2급] : 70,000원 * 5명 = 350,000원

09

답 ④

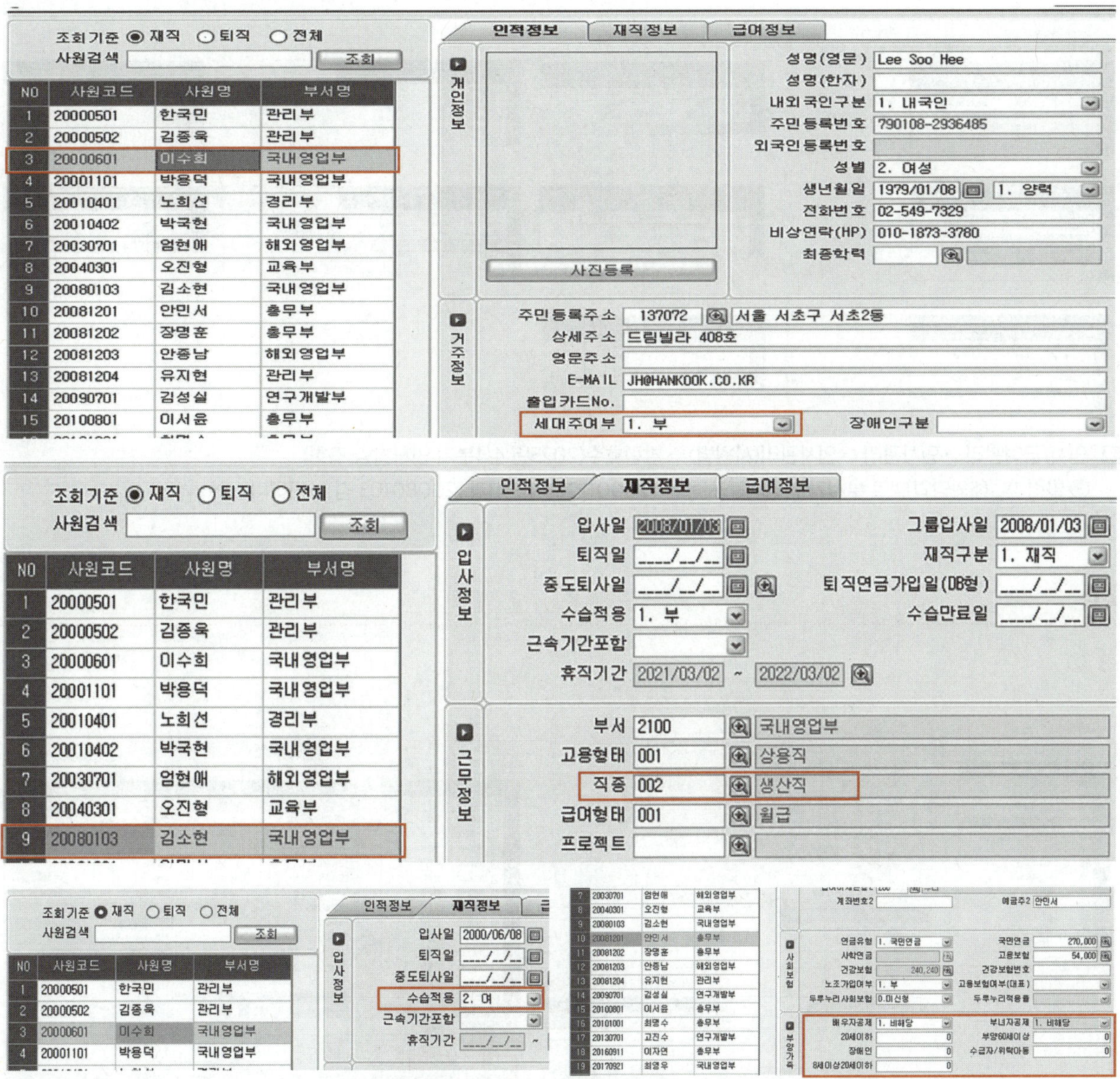

해 인사/급여관리 → 인사관리 → 인사정보등록 → 각 탭 조회 후 문제 풀이 진행
① [20000601.이수희] 사원은 현재 세대원이다.
② [20080103.김소현] 사원의 직종은 [002.생산직]이다.
③ [20081201.안민서] 사원의 20세이하 부양가족은 존재하지 않는다.

답 ③

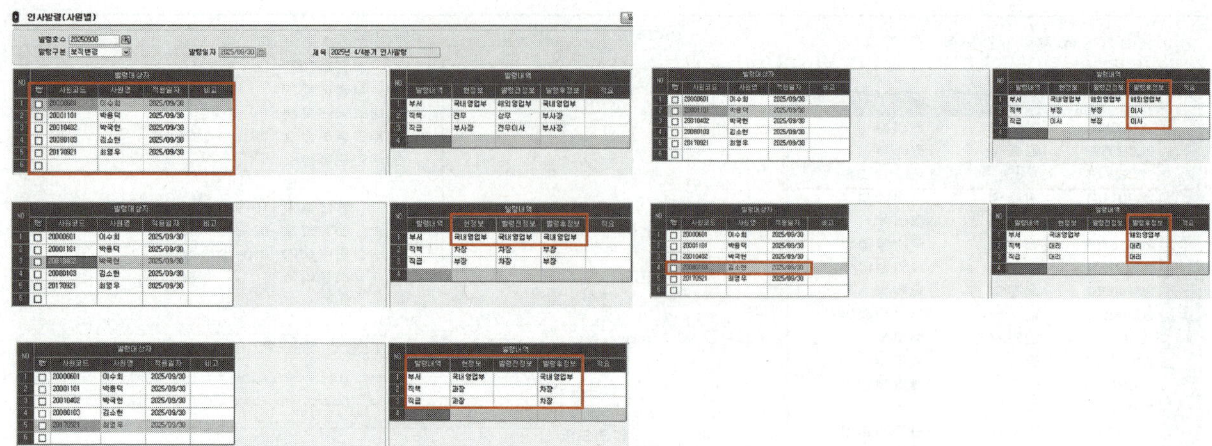

해 인사/급여관리 → 인사관리 → 인사관리(사원별) → 발령호수(2025년 4/4분기 인사발령 조회)
③ 발령 후, '해외영업부'로 부서가 변경되는 사원은 [20001101.박용덕]과 [20080103.김소현]이다.

답 ②

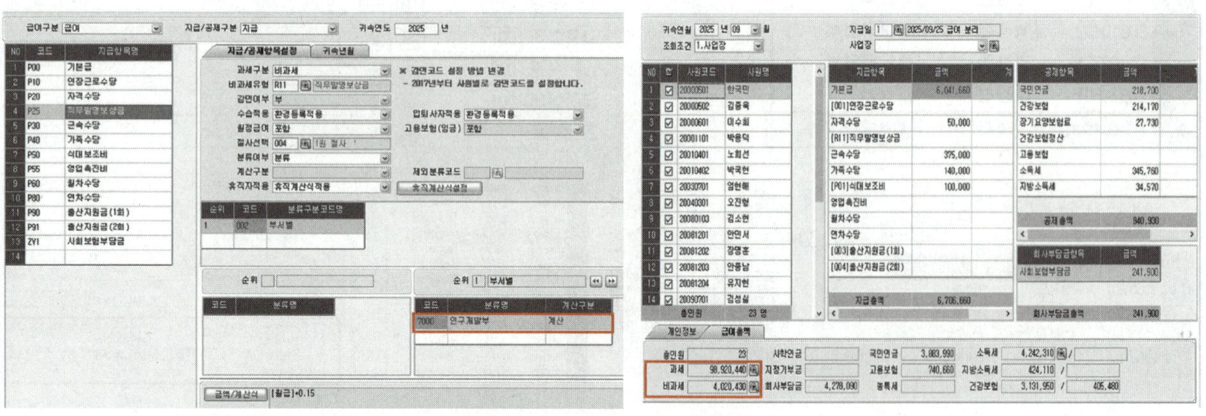

해 인사/급여관리 → 기초환경설정 → 지급공제항목(급여구분(급여), 지급/공제구분(지급), 귀속연도(2025)) → 조회 후 직무발명 보
상금(분류 입력) → 상용직급여입력계산(귀속연월(2025년 9월), 지급일(1번), 전체체크(급여계산)) → 조회 후 문제 풀이 진행

12

답 ①

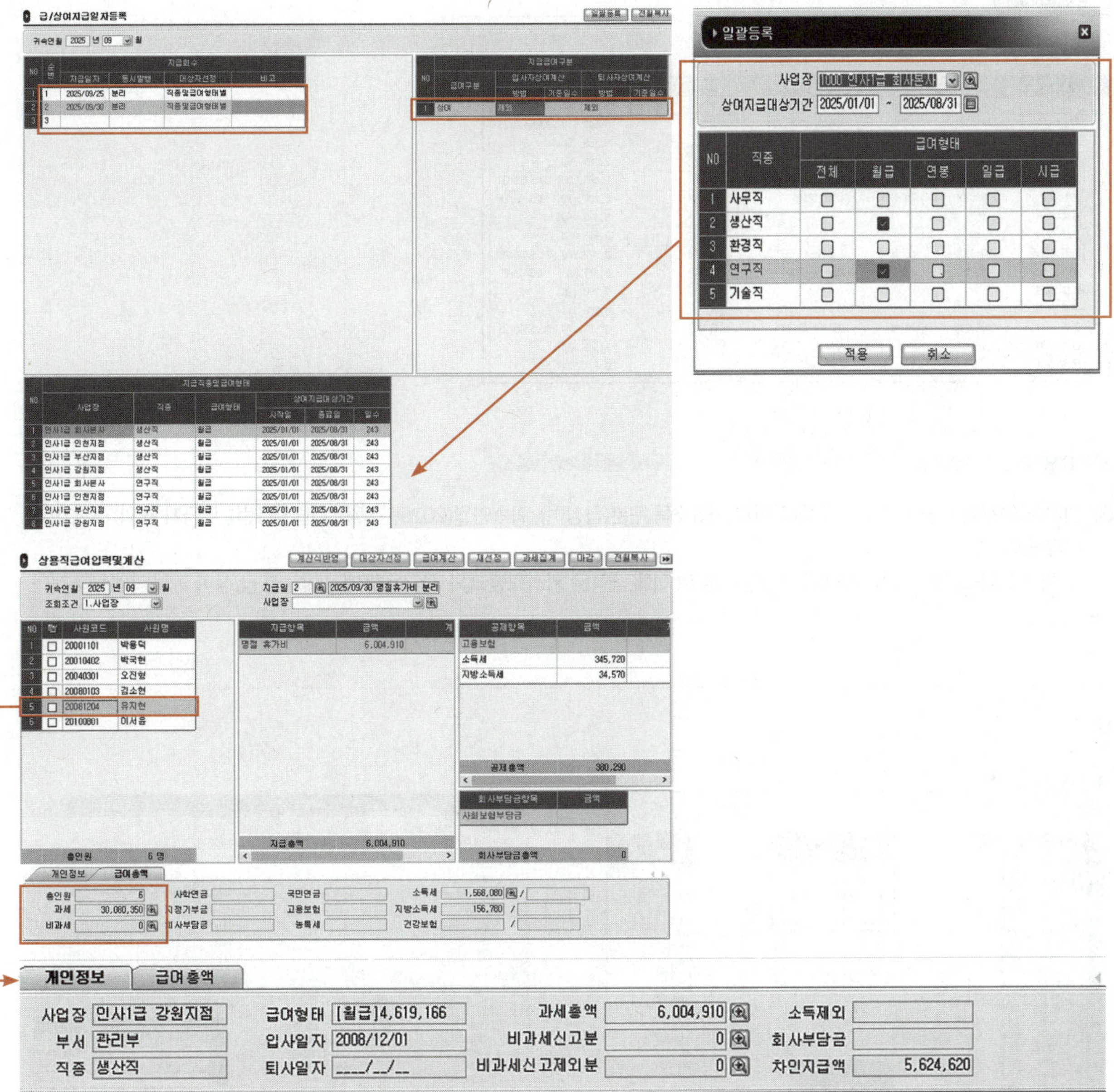

해 인사/급여관리 → 기초환경설정 → 급/상여일자등록(귀속연월(2025년 9월), 조회 후 상여 일자 등록) → 급여관리 → 상용직급여
입력계산(귀속연월(2025년 9월), 지급일(2번), 조회 후 급여계산) → 개인 탭, 급여 총액 탭 확인
① 유지현 사원은 [4000.인사1급 강원지점] 사업장 소속이다.

답 ③

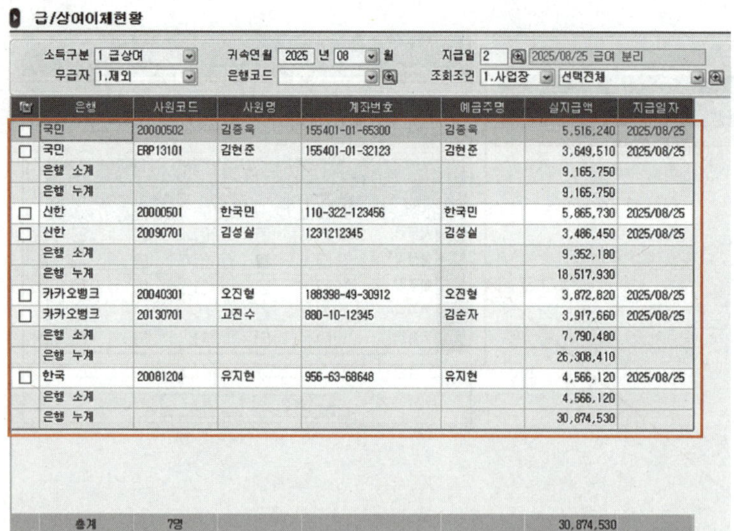

해 인사/급여관리 → 급여관리 → 급/상여이체현황(소득 구분(급상여), 귀속연월(2025년 8월), 지급일(2번), 무급자 제외) → 조회 후 문제 풀이 진행
③ 해당 조회조건의 '신한은행'에서 발생한 급/상여 이체 금액은 '카카오뱅크'와 '한국은행'에서 발생한 급/상여 이체 금액보다 적다.

답 ①

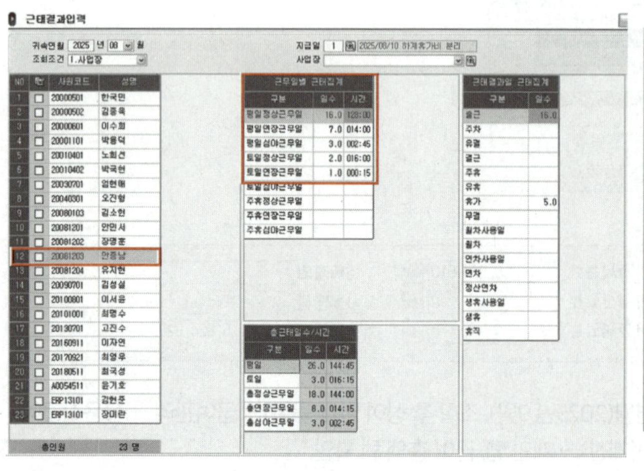

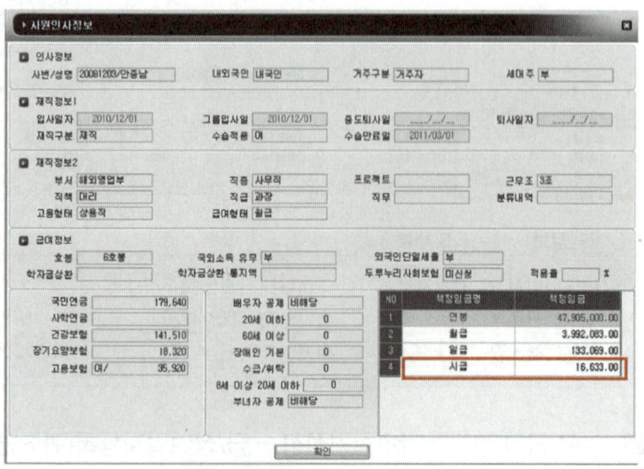

해 인사/급여관리 → 급여관리 → 근태결과입력(귀속연월(2025년 8월), 지급일(1번), 조회) → 안종남 확인(우클릭하여 사원인사 정보 확인) → 시급 확인 후 문제 풀이 진행
  • 초과근무수당 : 592,550원 + 137,220원 = 729,770원책정임금 시급 : 16,633원
  • 1유형 근무수당 : 14.25 * 16,633원 × 2.5 = 592,550원 (592,550.625)
  • 2유형 근무수당 : 2.75 * 16,633원 × 3 = 137,220원 (137,222.25)
  • 초과근무수당 : 592,550원 + 137,220원 = 729,770원

15

답 ④

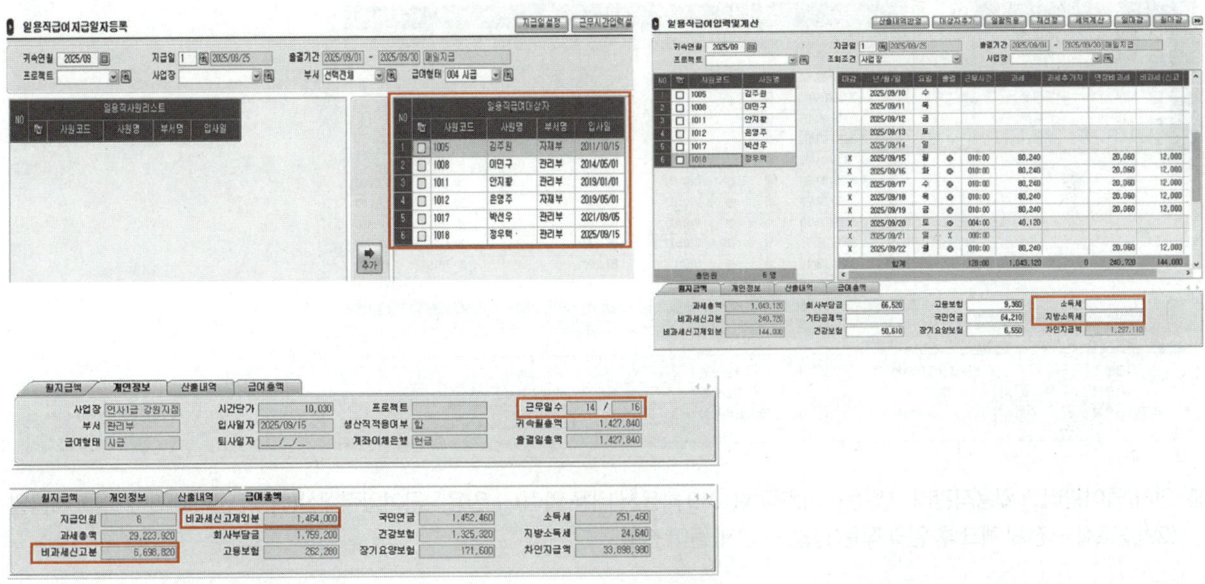

해 인사/급여관리 → 급여관리 → 항목별급상여지급현황(귀속연월(2025년 상반기 조회), 지급구분(100), 사업장(본사), 집계구분(기간별) 선택 후 조회 → 내용 확인 후 문제 풀이 진행

16

답 ④

해 인사/급여관리 → 일용직관리 → 일용직급여 지급일자등록(부서 선택(관리부, 자재부), 급여형태(시급) 선택) 대상자 6명 체크 후 오른쪽으로 이동 → 일용직급여입력계산(귀속연월(2025년 9월), 지급일(1번), 조회 → 전체 체크 후 일괄등록 진행(평일, 토요일 각각 적용) → 문제 풀이 진행
① 총 실지급액은 **33,898,980원**이다.
② **[1018.정우택]**은 2025/09/15 입사자이며, **16일 중 14일을 근무**하였다.
③ **[1018.정우택]**의 소득세는 공제되지 않았다.

답 ②

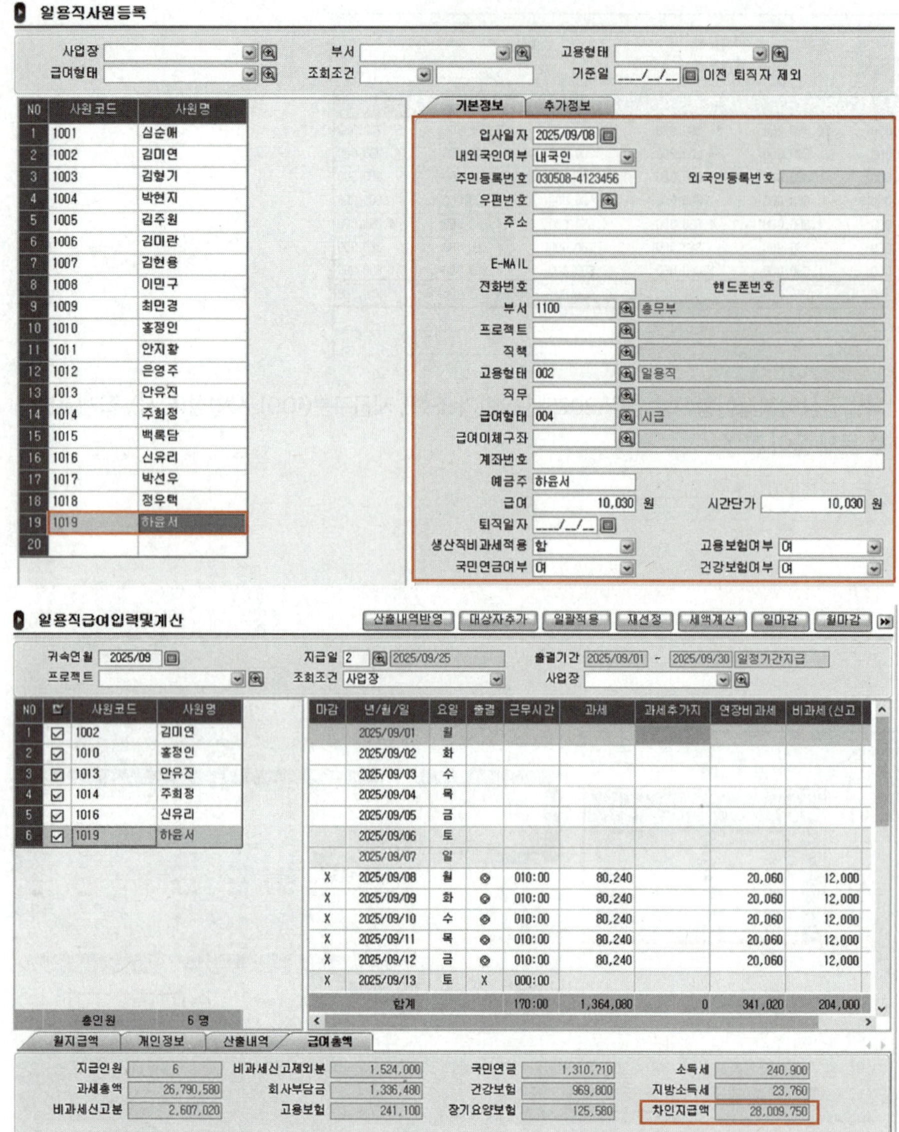

인사/급여관리 → 일용직관리 → 일용직사원등록(1019 하윤서 내용 입력) → 일용직급여입력계산(귀속연월(2025년 9월), 지급일 (2번)) 조회 → 전체 체크 후 일괄 적용(평일) → 문제 풀이 진행

18

답 ③

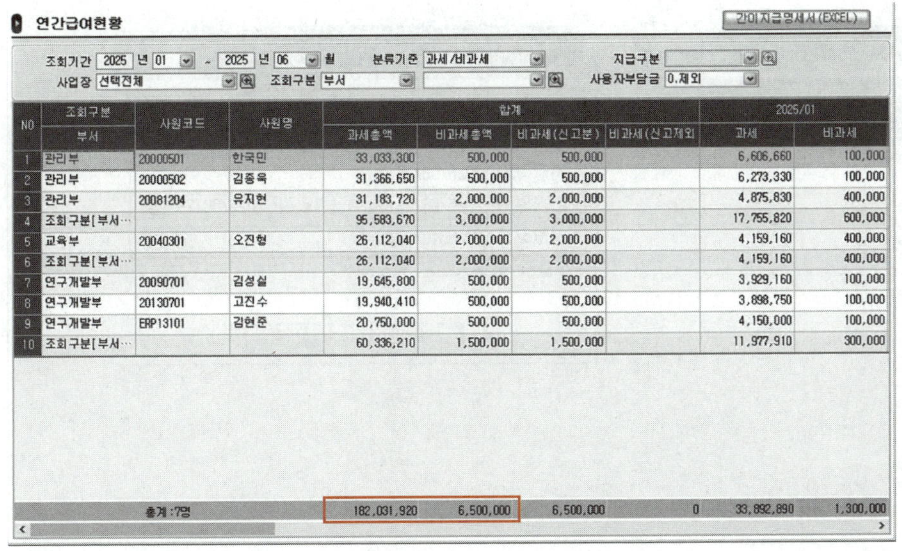

해 인사/급여관리 → 급여관리 → 연간급여현황(조회기간 상반기), 분류기준(과세/비과세), 사용자부담금(제외) → 조회 후 문제 풀이
진행

19

답 ①

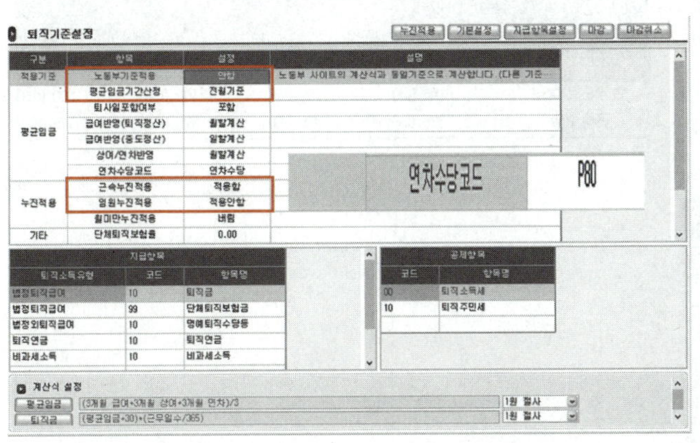

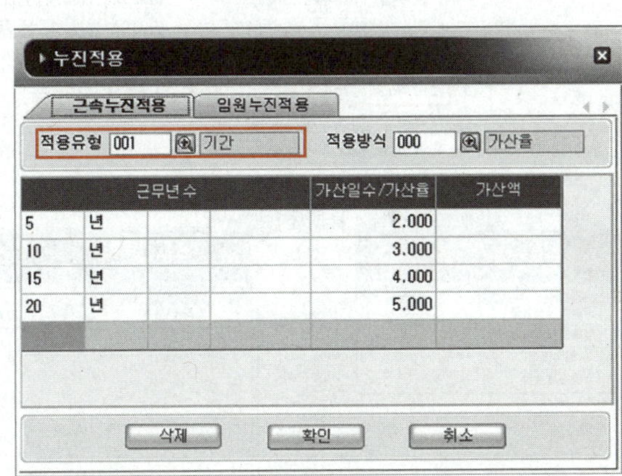

해 인사/급여관리 → 퇴직정산관리 → 퇴직기준설정(마감 취소 후 기준 확인)
A : 평균임금 기간 산정 시 전월을 기준으로 3개월을 산정한다.
B : 임원누진 적용은 사용하고 있지 않다.
C : 필요시에 상여 항목은 퇴직금 계산 시 선택할 수 있다.(지급 항목에서 선택 가능)
D : 연차수당코드는 [P80.연차수당]을 사용한다.

답 ④

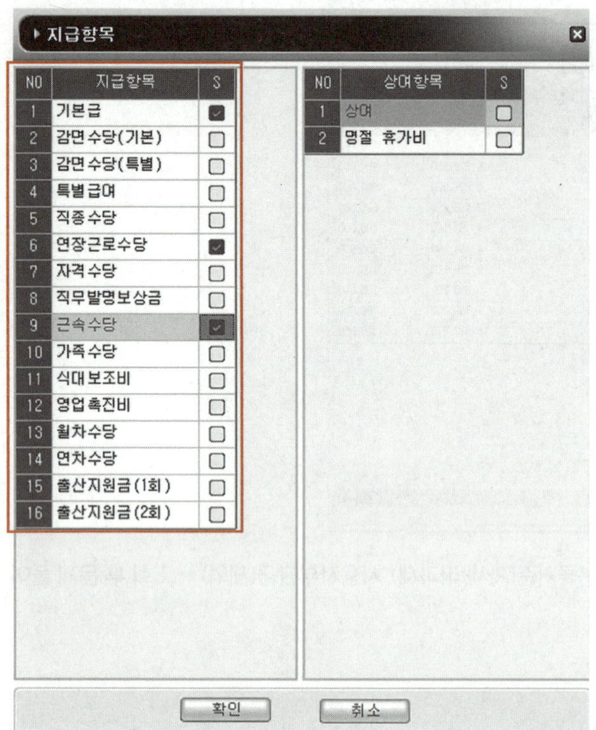

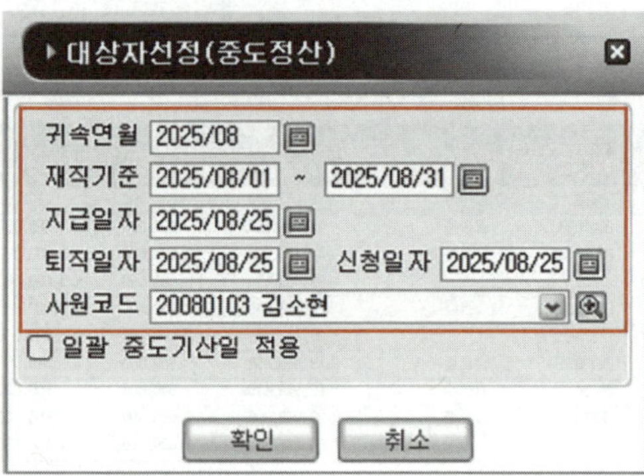

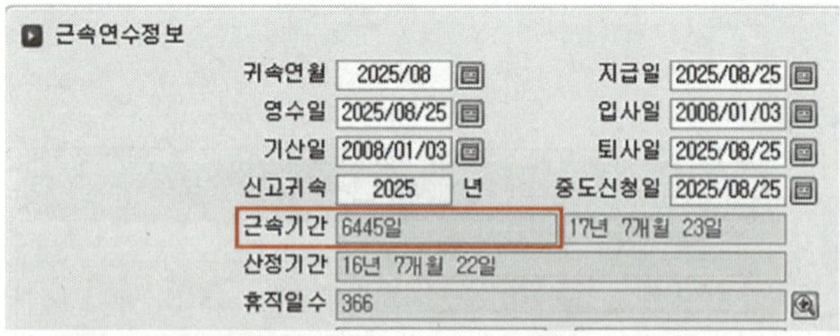

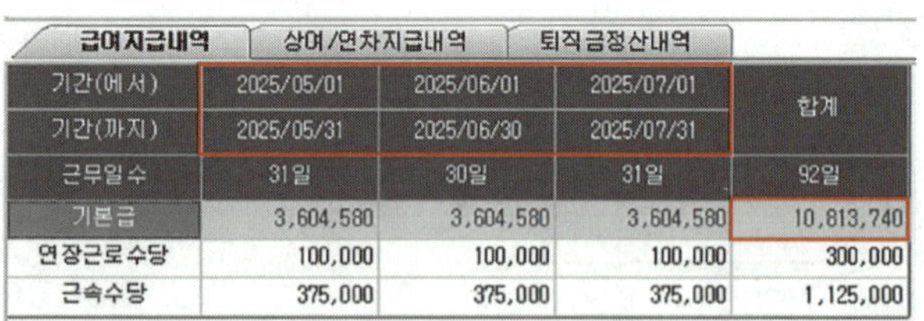

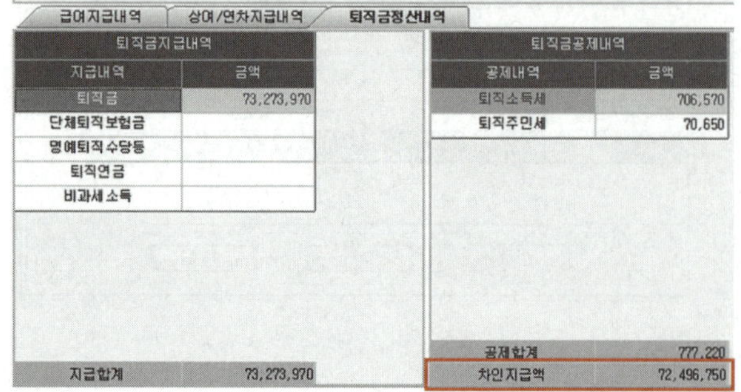

해 인사/급여관리 → 퇴직정산관리 → 퇴직기준설정(평균임금(일평균임금 적용), 지급항목설정(기본급, 연장근로수당, 근속수당) →
퇴직금 산정(신고귀속(2025년), 귀속연도(2025년), 사업장(본사) 조회 후 대상자 선택) → 대상자 선택(데이터 입력) → 조회 김소
현 사원 선택 후 퇴직금 계산 → 내용 확인 후 문제 풀이 진행
④ [20080103.김소현] 사원에게 실제로 지급될 중도정산 퇴직금은 72,496,750원이다.

답 ②

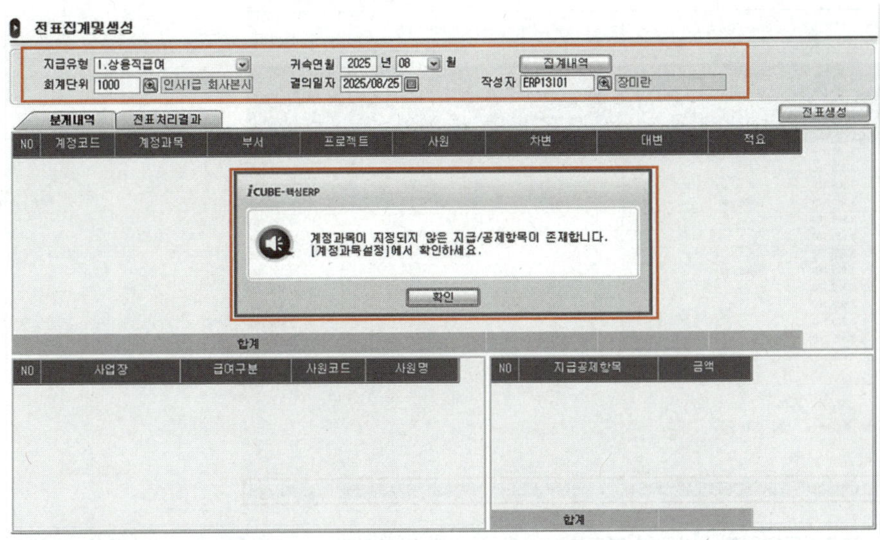

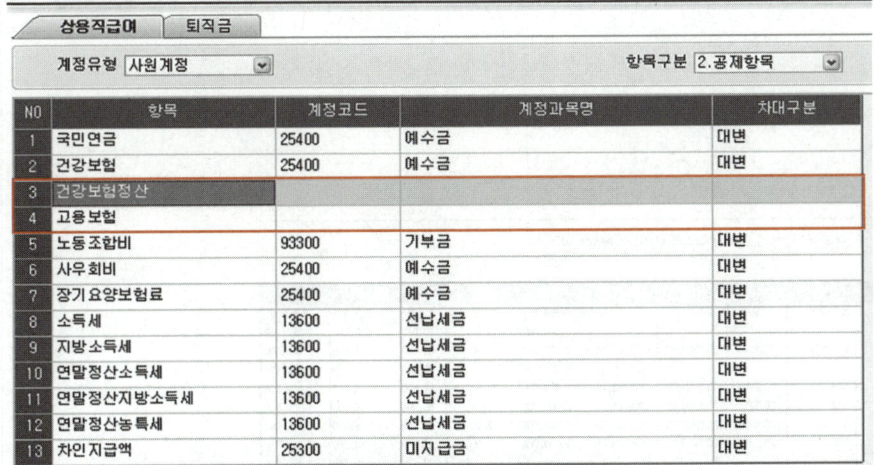

계정과목설정

NO	항목	계정코드	계정과목명	차대구분
1	국민연금	25400	예수금	대변
2	건강보험	25400	예수금	대변
3	건강보험정산			
4	고용보험			
5	노동조합비	93300	기부금	대변
6	사우회비	25400	예수금	대변
7	장기요양보험료	25400	예수금	대변
8	소득세	13600	선납세금	대변
9	지방소득세	13600	선납세금	대변
10	연말정산소득세	13600	선납세금	대변
11	연말정산지방소득세	13600	선납세금	대변
12	연말정산농특세	13600	선납세금	대변
13	차인지급액	25300	미지급금	대변

계정유형 사원계정   항목구분 2.공제항목

상용직급여 퇴직금

해 인사/급여관리 → 전표관리 → 전표집계 및 생성(지급유형(상용직급여), 귀속연월(2025년 8월)
회계단위(본사), 결의 일자(2025년 8월 25일), 작성자(장미란), 조회) → 경고창 확인 → 계정과목 설정으로 이동(계정 유형 선택,
항목 구분 선택 후 조회) → 문제 풀이 진행
전표 조회 시, '계정과목이 지정되지 않은 지급/공제항목이 존재합니다. [계정과목설정]에서 확인하세요.' 확인
오류는 [계정과목설정] 메뉴의 계정과목이 누락되었기 때문에 발생한 문제로 계정과목 설정에서 비어 있는 항목 확인 후 문제 풀이 진행.

답 ④

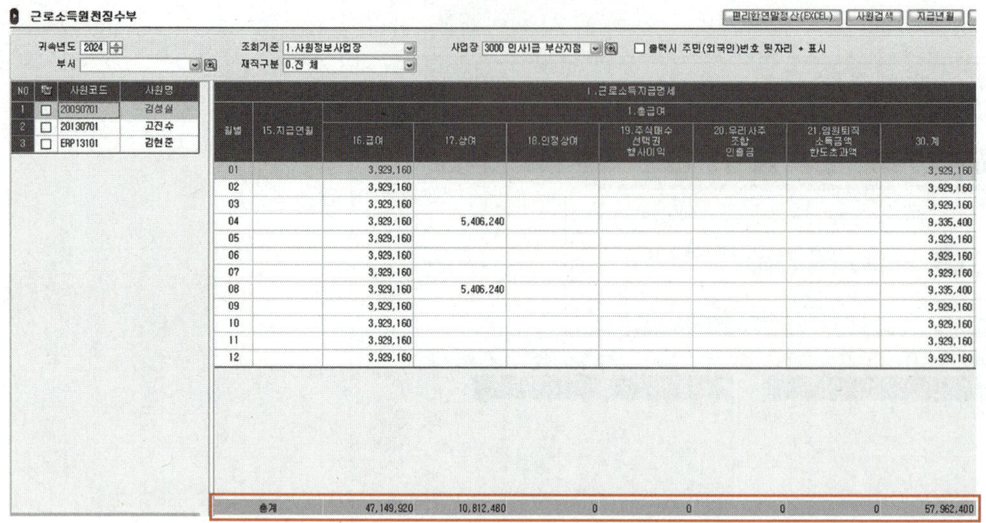

해 인사/급여관리 → 연말정산관리 → 근로소득원천징수부(귀속연도 2024년), 사업장(부산지점)) → 조회 [20090701.김성실]사원
의 2024년 귀속 근로소득원천징수부를 조회하여 '30.계' 항목의 합계(총급여(상여포함))와 '64.소득세' 항목의 합계를 확인

답 ②

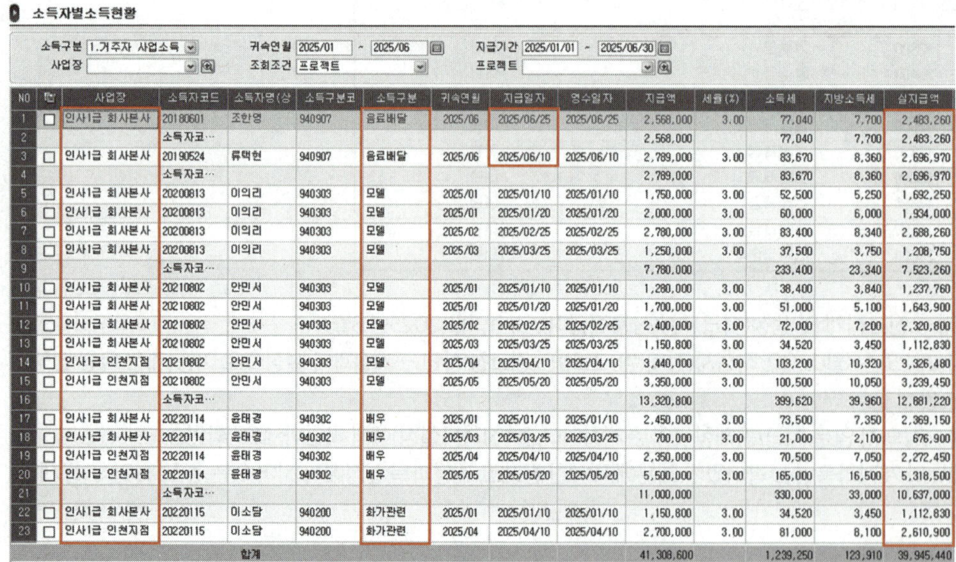

해 인사/급여관리 → 사업/기타/이자배당소득관리 → 소득자별소득현황(소득구분(거주자 사업소득), 귀속연월(상반기), 지급기간(상
반기)) → 조회 후 문제 풀이 진행
① 가장 많은 소득세를 공제한 소득구분은 [940303.모델]이다.
③ 상반기에 발생한 소득은 [1000.인사1급 회사본사] 사업장과 [2000.인사1급 인천지점] 사업장에서 발생했다.
④ [940907.음료배달]의 경우 2025/06에만 소득이 발생하였다.

답 ①

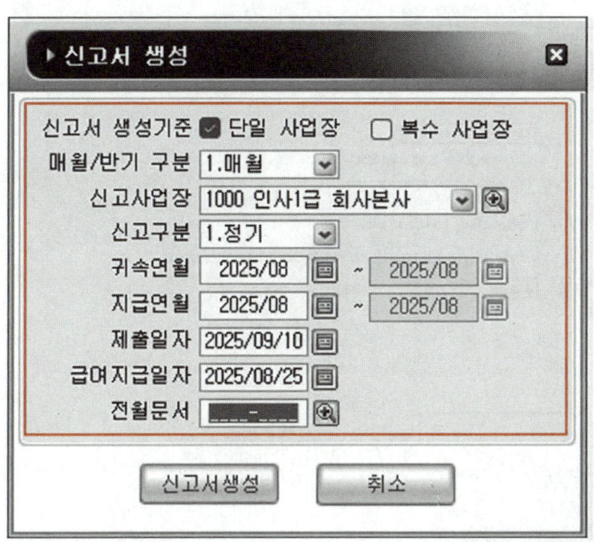

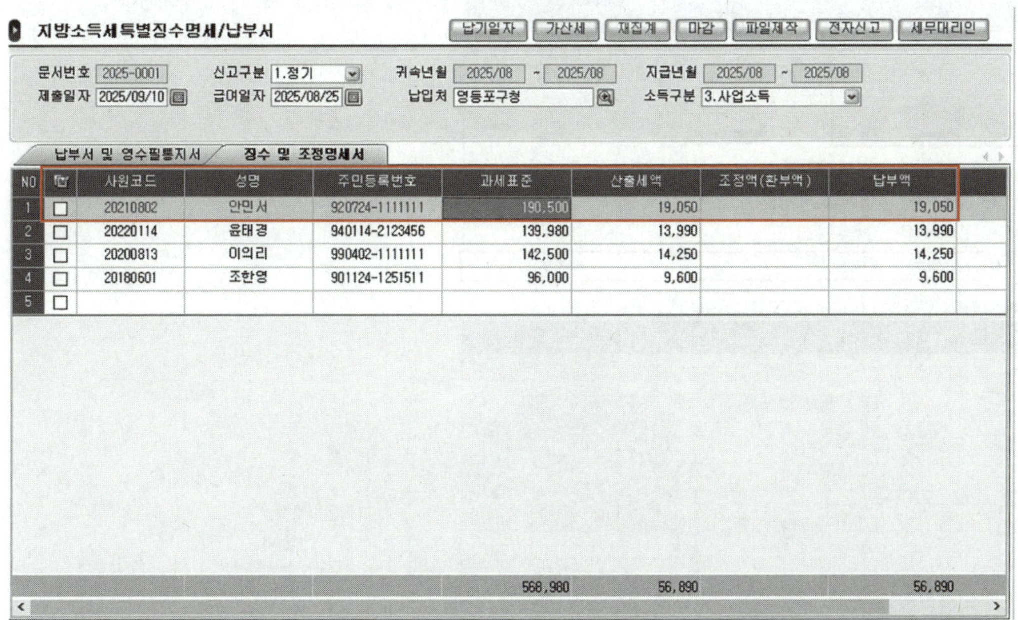

지방소득세특별징수명세/납부서　　납기일자　가산세　재집계　마감　파일제작　전자신고　세무대리인

문서번호 2025-0001　신고구분 1.정기　귀속년월 2025/08 ~ 2025/08　지급년월 2025/08 ~ 2025/08
제출일자 2025/09/10　급여일자 2025/08/25　납입처 영등포구청　소득구분 3.사업소득

납부서 및 영수필통지서 ／ 징수 및 조정명세서

NO		사원코드	성명	주민등록번호	과세표준	산출세액	조정액(환부액)	납부액
1	☐	20210802	안민서	920724-1111111	190,500	19,050		19,050
2	☐	20220114	윤태경	940114-2123456	139,980	13,990		13,990
3	☐	20200813	이의리	990402-1111111	142,500	14,250		14,250
4	☐	20180601	조한영	901124-1251511	96,000	9,600		9,600
5	☐							
					568,980	56,890		56,890

해 인사/급여관리 → 지방소득세특별징수명세/납부서 → 신고서 생성(데이터 입력) → 신고서 생성 후 2025년 조회 → 신고서 현황에서 더블클릭 → 징수 및 조정 명세서 탭에서 사업소득 조회 문제 풀이 진행

답 ③

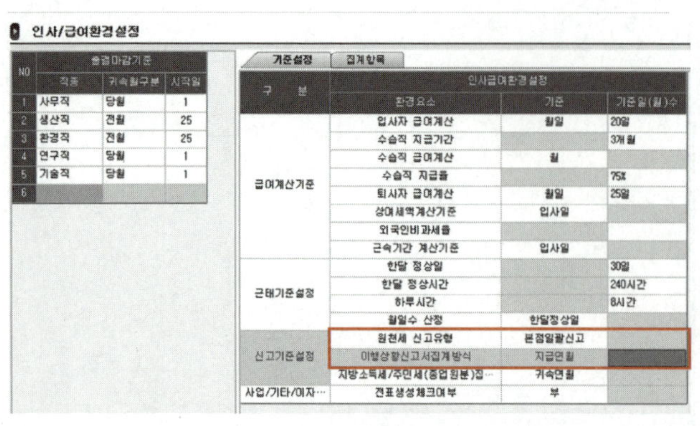 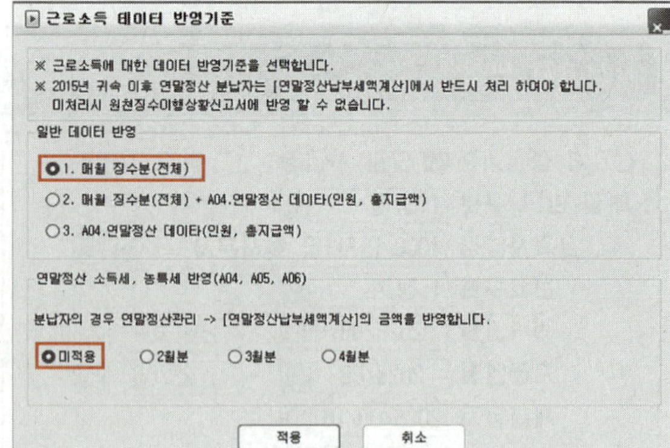

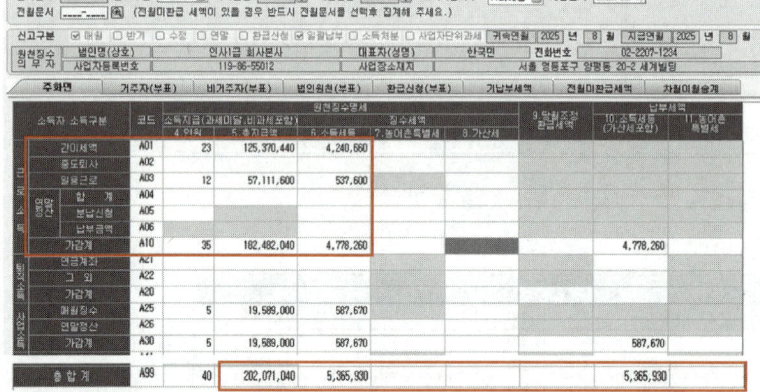

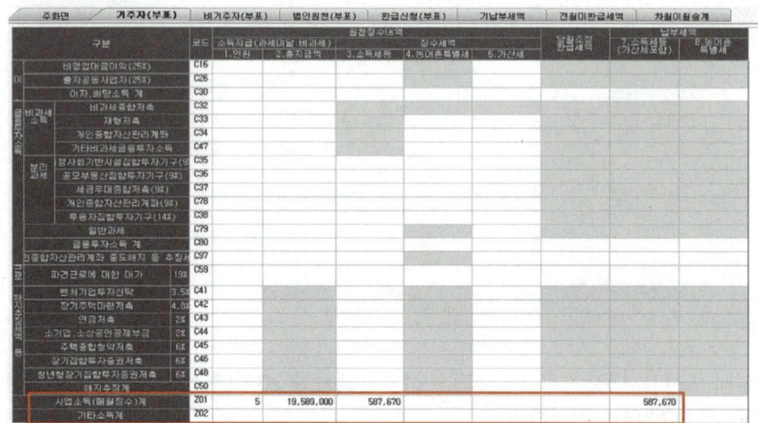

해 인사/급여관리 → 기초환경설정 → 인사/급여환경 설정(원천세 신고유형(본점일괄신고), 이행상황신고서집계 방식(지급연월)) → 원천징수이행상황신고서(제출연도(2025), 신고사업장(1000), 신고서 추가) → 원천징수이행상황신고서(귀속연월(2025년 8월), 지급년월(2025년 8월)) 입력 후 조회 → 근로 소득 데이터 반영(매월 징수분 전체, 연말정산 소득세, 농특세 반영 미적용) → 조회 후 문제 풀이 진행(거주자(부표)에서 사업 소득 확인)
① 각 소득들의 총지급액의 합은 202,071,040원이다.
② 해당 신고서에서 수정이 가능한 항목이다.
④ 50,070원만큼 덜 발생했다.

4회 2025년 7월 기출문제 해설 (이론)

정답

01	④	02	④	03	③	04	①
05	③	06	④	07	④	08	④
09	③	10	②	11	④	12	②
13	①	14	아웃소싱	15	②	16	④
17	③	18	②	19	②	20	대역법
21	④	22	③	23	②	24	④
25	④	26	실업급여	27	산재보험	28	④
29	③	30	①	31	④		
32	단결권, 단체행동권, 단체교섭권			33	교대근무		

01

답 ④

해 CNN은 필터 기반으로 이미지 인식/분류에 강점.
보기에서 "이미지 인식(이력서 사진 판별)"에 가장 적절한
설명이 4번임.
① RNN은 주로 순차/시계열/자연어에 강점이지, 이미지
　분류 특화는 아님.
② RNN은 고정입력만 처리하는 게 아니라 순차 데이터 처
　리에 적합.
③ CNN은 시계열 분석 "최적화" 모델이라고 보기 어렵고,
　시계열은 보통 RNN/LSTM/Transformer 계열이 더 대
　표적.

> 📖 **한 줄 요약** : 이미지 인식 = CNN /
> 　　　　　순차·시계열·자연어 = RNN 계열

02

답 ④

해 블록체인 핵심: 분산저장 + 위변조 어려움 + 투명한 공유
(합의 기반 기록)
→ 인사 정보의 신뢰성·투명성 확보 설명에 부합.
① 중앙 서버 기반 "단일 저장"은 블록체인과 반대(분산원
　장).
② 블록은 시간 순서로 연결(체인)되고 수정용이 아니라
　수정이 매우 어려움.
③ "분산 저장하지 않는다"는 블록체인 부정.

> 📖 **한 줄 요약** : 블록체인 = 분산원장으로 위변조 방지
> 　　　　　+ 투명 공유

03

답 ③

해 ERP 인사 모듈 도입 기대효과는 효율화/통합/실시간/셀프
서비스 등 "성과"인데, 교육으로 인한 비용 증가는 "기대효
과"가 아니라 부수비용/단점 쪽.

> 📖 **한 줄 요약** : ERP 효과 = 통합·표준·실시간·효율 /
> 　　　　　교육비 증가는 효과가 아님

04

답 ①

해 e-Business 지원 시스템 단위에는 EC, CRM, DSS 등 업무/
거래/고객/의사결정 지원 시스템이 대표적.
BSC(성과측정관리)는 SEM임.

> 📖 **한 줄 요약** : e-Business 단위 시스템 = EC/CRM/DSS등 /
> 　　　　　BSC는 성과관리 도구

05

답 ③

해 TCO(총소유비용) = 시스템의 도입~운영~폐기까지 전체 라이프사이클 비용을 합산한 개념.
(시스템의 전체 라이프사이클(life-cycle)을 통해 발생하는 전체 비용을 계량화한 비용)

> 📖 **한 줄 요약 : 라이프사이클 전체 비용 = TCO**

06

답 ④

해
- 프로그램 효과를 지표로 측정·평가(사기/만족/결근·지각률) → 인사관리의 통제(평가·피드백) 활동.
- 인사 부분의 관리 활동 : 인력계획, 인력 실천, 인력통제로 구분
① 구조조정 : 인력감축/재배치 등
② 인력계획 : 수요·공급 예측/계획 수립
③ 인력 실천 : 채용/배치/교육/보상 등 실행

> 📖 **한 줄 요약 : 인력통제 = 지표로 효과 측정·평가**

07

답 ④

해 과업(Task): 직무를 구성하는 주요 업무 단위(예: 부품조립)
요소(Element): 과업을 이루는 가장 작은 동작/단위(예: 나사 조이기, 위치 맞추기) ④ 설명이 가장 정확.
① 급여관리 담당자 사례에서 근무일 수 입력과 같은 작은 단위의 일은 요소
② 비서직(직무) / 회의록 작성은 보통 과업에 가까운데 요소로 둔 점이 부정확.
③ 교육훈련 담당자는 직무에 더 적합하며, 스케줄 확인 등은 단위는 요소

> 📖 **한 줄 요약 : 과업 = 업무단위 / 요소 = 최소 동작 단위**

08

답 ④

해 단순·반복·대량생산, 훈련 용이, 숙련공 필요↓, 관리 용이 → 전문화
단점으로 권태/만족↓, 품질/책임 문제, 결근·이직 등도 전문화의 전형적 부작용.
① 직무순환 : 다양한 직무를 돌림
② 직무확대 : 수평적 업무 범위 확대
③ 직무충실화 : 자율·책임(수직) 확대

> 📖 **한 줄 요약 : 직무전문화 = 단순·분업·대량생산**

09

답 ③

해 보기의 NCS 기반 문서는 보통 직무 수행에 필요한 지식·기술·태도/자격요건을 체계화 → 직무명세서 성격.

> 📖 **한 줄 요약 : 직무명세서는 채용 과정에서 적합한 인재를 선발하는 기준을 제시하는 데 활용할 수 있다.**

10

답 ②

해 ②은 추세분석에 대한 설명이다.
시나리오 기법은 기업의 환경이 매우 불안정하고 복잡한 변화가 예상될 때 활용할 수 있는 예측 기법
(과거 요인 변화→미래 예측의 추세/인과 기반 예측)

> 📖 **한 줄 요약 : 시나리오 기법 = 미래 '상황별 가정'이 포인트**

11

답 ④

해 선발률이 0에 가까우면 2종 오류는 줄어들지만 1종 오류가 증가하고, 선발률이 1에 가까우면 2종 오류는 늘어나지만 1종 오류는 줄어드는 효과가 있다.

> 📖 **한 줄 요약 : 선발률↓ → 1종 오류↑ / 2종 오류↓**

12

답 ②

해 가치가 점수로 명확 산정, 비교 용이.
가중치 설정 논란, 시간·비용↑→ 점수법 특징.
① 서열법 : 간단 하지만 점수 산정이 아님
③ 요소비교법 : 요소 간 금액 배분/비교로 더 복잡한 방식
④ 쌍대비교법 : 1:1 비교로 서열화(점수법 설명과 다름)

> 한 줄 요약 : 점수법 = 점수로 산정·비교 용이
> 그러나, 시간·비용↑

13

답 ①

해 배치관리 원칙은 보통 적재적소/균형/육성 중심.
연공주의는 배치원칙으로 부적합(근속·연령 중심이라 직무적합과 충돌).

> 한 줄 요약 : 배치 = 적합·균형·육성 / 연공은 배치원칙 아님

14

답 아웃소싱

해 아웃소싱은 내부 인력이나 역량이 부족할 때 유용한 전략이다.
(내부 인력/전문성 부족 시 외부 전문기관에 위탁, 비용 절감 가능, 일시적 수요 대응 → 아웃소싱.)

> 한 줄 요약 : 아웃소싱 = 외부 전문기관 위탁 수행

15

답 ②

해 자유기술법은 근로자의 장단점과 성과 및 잠재적인 요인의 향상을 위한 제언을 사실적으로 서술하는 방법이다.
장단점·성과·개선 제언을 자유롭게 서술, 간편하지만 비교 어려움
"자기평가를 자유롭게 기술" → 자유기술법 특징.

> 한 줄 요약 : 자유기술법
> = 자유롭게 쓰는 서술형(자기평가 포함)

16

답 ④

해 중요사건법은 교육훈련이 아니라 보통 인사평가(중요사실 기록) 기법으로 분류됨.
"중요 상황 가정·시뮬레이션 훈련"은 다른 훈련기법(사례연구/시뮬레이션 등) 설명에 가까움.
중요사건법은 중요한 사건이 발생할 때마다 그것을 기록한 후 나중에 인사평가 시 활용하는 인사평가의 한 방법이다.

> 한 줄 요약 : 중요사건법
> = 평가기법(중요사실 기록)로 보는 게 정석

17

답 ③

해 능력주의 승진은 일반적으로 전문 직종, 고위직, 관리자급 계층에 적합하며, 일반직종이나 하위 계층에는 적용이 어려운 구조적 한계가 있다.

> 한 줄 요약 : 능력주의라도 하위 직군에 '잘 적용'된다고
> 단정하면 함정

18

답 ②

해 경력관리/경력개발의 핵심은 조직 내부 인력의 성장·경력경로 설계·역량 개발에 초점.
②의 "외적 유입으로 조직의 경력을 개발"은 경력개발의 일반적 설명으로는 부적절, 외적 유입과 인재풀 확보는 채용, 인재 관리 영역으로 볼 수 있다.

> 한 줄 요약 : 경력개발 = 내부 성장·경로 설계 중심 /
> 외부 유입은 인재 관리의 영역

19

답 ②

해 레윈(Lewin)의 3단계 변화에는 해빙 단계, 변화단계, 재동
결단계가 있다.
해빙 : 환경변화 인지, 고정관념 탈피, 새 관점 수용 준비
변화단계 : 새로운 상태로 바뀌는 단계, 즉 새로운 업무 방
식이나 제도를 도입하는 단계,
재동결단계 : 조직을 새로운 제도에서 안정시키는 단계

> 📖 한 줄 요약 : 해빙 = 준비(마음 풀기)

20

답 대역법

해 대역법에 대한 설명이다. 대역법에서 교육 참가자는 미래
에 현재의 상사가 수행하는 직무를 맡을 예정이기 때문에
학습 의욕이 매우 높다는 특징이 있다. 주로 관리자층에서
지식을 습득하기 위해 이루어지는 교육 기법이다.

> 📖 한 줄 요약 : 대역법
> = 관리자층에서 주로 이루어지는 교육훈련 기법

21

답 ④

해 보기 – "조직에서 인정/위치"를 보여주는 지표 → 임금의
신분·지위 상징 기능.
종업원의 입장은 사회적 신분의 상징, 생계비 및 가계 수입
의 원천, 욕구 충족의 수단 등이 있으며, 기업의 입장은 기
업경쟁력 요소, 인건비 요소, 종업원 채용 및 유지의 요인
이 있다. 국민경제의 입장은 기업의 생산 활동 증대, 국민
경제 발전에 긍정적인 영향 등이 있다.
① 비용 요소 : 기업 관점의 의미
② 생산성 향상 수단 : 동기부여/성과 연계 관점
③ 경쟁력 확보 수단 : 인재 확보/유지 관점

> 📖 한 줄 요약 :임금 = 생계 수단 + (상징) 지위·인정의 표시

22

답 ③

해 "육아휴직급여/구직급여"까지 평균임금 적용이라고 묶어
틀린 진술
육아휴직급여는 통상임금을 기준으로 적용한다.

> 📖 한 줄 요약 : 고용보험 급여(육아휴직·구직)는
> 평균임금으로 단정 X

23

답 ②

해 A: 표준시간 대비 실제시간 절감분 기준 성과급 → 임프로
셰어
B: 생산성 개선 제안, 절감 비용 기반 성과급 → 스캔론
C: 매출-외부비용(부가가치) 기준 → 럭커

> 📖 한 줄 요약 : 시간 절감 = 임프로셰어 / 제안 절감 = 스캔론 /
> 부가가치 = 럭커

24

답 ④

해 원천징수는 소득을 지급하는 자가 그 지급받는 자의 조세
를 징수하여 국가 및 지방자치단체에 납부하는 제도이다.

> 📖 한 줄 요약 : 원천징수 = 지급 시 미리 떼는 세금

25

답 ④

해 보기 – 직원이 항목을 "선택"하고, 미선택 항목은 기업이
예산을 줄여 효율화 → 카페테리아형 복리후생.
카페테리아형 복리후생제도는 직원에게 복지 포인트 또는
금액 범위 내 선택권을 부여하여, 자기 필요에 맞는 복지항
목을 선택하게 하는 제도이다. 조직은 비효율적인 복지항
목에 대한 비용을 절감할 수 있고, 직원은 복지에 대한 만
족과 자율성을 경험할 수 있어 동기부여 효과도 크다.
① 홀리스틱 : 전인적 지원 (건강/정신 등 포괄 지원)
② 문화지원 : 문화/여가 중심
③ 라이프사이클 : 생애주기(결혼/출산/육아/은퇴) 맞춤

> 📖 한 줄 요약 : 선택형 복리후생 = 카페테리아형

26

답 실업급여

해 "실업급여"란 근로의 의사와 능력이 있음에도 불구하고 취업하지 못한 상태에 있는 피보험자의 생활에 필요한 급여를 실시하여 근로자 등의 생활 안정과 구직활동을 촉진하기 위한 제도를 말한다.

> **📖 한 줄 요약 : 실업급여 = 생활 안정 + 구직촉진 급여**

27

답 산재보험

해 "산업재해보상보험"이란 근로자의 업무상 재해를 신속하고 공정하게 보상하며, 재해근로자의 재활 및 사회 복귀를 촉진하기 위한 보험시설을 설치·운영하고, 재해 예방과 그 밖에 근로자의 복지 증진을 위한 사업을 시행하기 위한 사회보험(이하 "산재보험"이라 함)을 말한다.

> **📖 한 줄 요약 : 산재보험 = 업무상 재해 보상 + 재활·복귀**

28

답 ④

해 ① 연소근로자 보호 등 대상에 따라 일부 다른 기준이 적용된다.
② 52시간 한도 내에서 연장근로가 가능하다.
③ 야간근로는 오후 10시부터 다음 날 오전 6시까지를 의미하며, 야간근로수당은 통상임금의 가산율은 50%이다.

> **📖 한 줄 요약 : 휴일근로 가산(8시간 이내 50% 가산, 8시간 초과 100% 가산이 핵심 규정)**

29

답 ③

해 "상시 연장근로 허용 + 총근로시간을 자율에 맡김"으로 주 52시간 준수 문제를 방치/위반 방향
→ 대응 방안으로 부적절.

> **📖 한 줄 요약 : 법으로 정한 시간을 변경하면 오답**

30

답 ①

해 종업원지주제, 스톡옵션제도는 자본참가제도이며, 노사 공동결정제도, 노사 협의제도는 의사결정 참가제도이다.

> **📖 한 줄 요약 : 스캔론·럭커 = 성과참가 / 종업원 지주 = 자본참가**

31

답 ④

해 파업/태업/보이콧 등 쟁의행위는 일반적으로 근로자(노조) 측 수단이지 "사용자"가 하는 것으로 서술하면 틀림.

> **📖 한 줄 요약 : 쟁의행위 주체는 원칙적으로 근로자 측**

32

답 단결권, 단체행동권, 단체교섭권

해 근로자는 근로조건의 향상을 위하여 자주적인 단결권 · 단체교섭권 및 단체행동권을 가진다. (헌법 33조)
- 단결권 : 근로자가 노동조합을 자유롭게 결성하고 가입할 수 있는 권리로 노조 결성, 기존 노조 가입 등이 해당한다.
- 단체교섭권 : 근로자가 사용자와 노동조건 등에 대해 교섭할 수 있는 권리이며, 임금, 근로시간, 복지, 근로환경 개선 등의 활동을 의미한다.
- 단체행동권 : 근로자가 근로조건의 유지·개선 등을 위해 사용자에게 대항하여 단체적인 행동을 할 수 있는 권리이다.

> **📖 한 줄 요약 : 노동 3권 = 단결·교섭·행동**

33

답 교대근무

해 교대근무란, 동일한 작업 또는 직무를 둘 이상의 근로자가 시간대를 나누어 순차적으로 수행하는 근무 형태를 말하며, 주간/야간조, 2조 2교대, 3조 3교대 등이 있다.

> **📖 한 줄 요약: 교대근무 = 시간대를 나눠 번갈아 일하면**

4회 2025년 7월 기출문제 해설 (실무)

정답

01	②	02	③	03	③	04	④	05	①	06	①	07	②	08	②	09	④	10	①
11	③	12	①	13	②	14	④	15	③	16	①	17	④	18	②	19	①	20	④
21	③	22	②	23	③	24	①	25	④										

01

답 ②

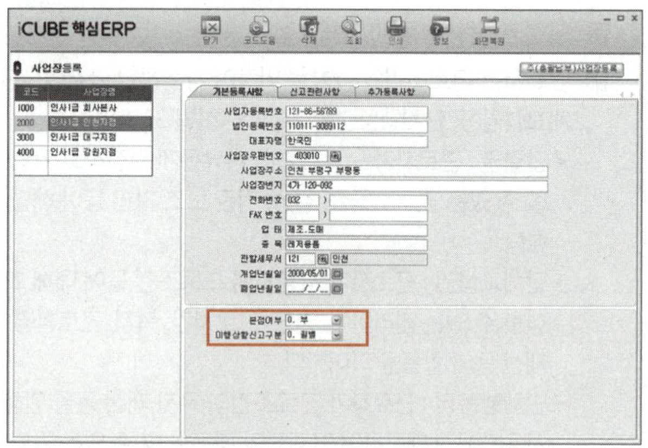

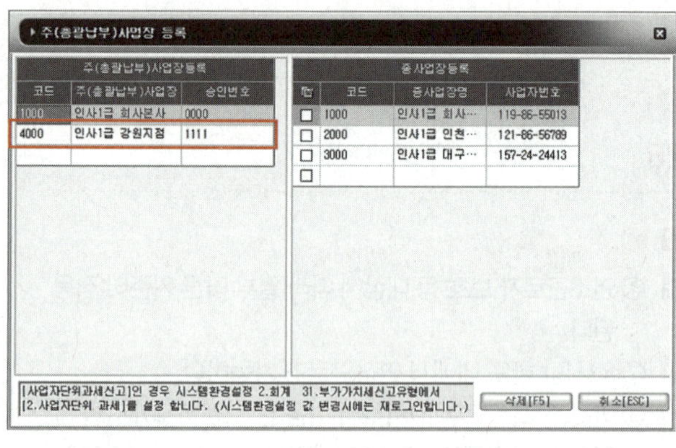

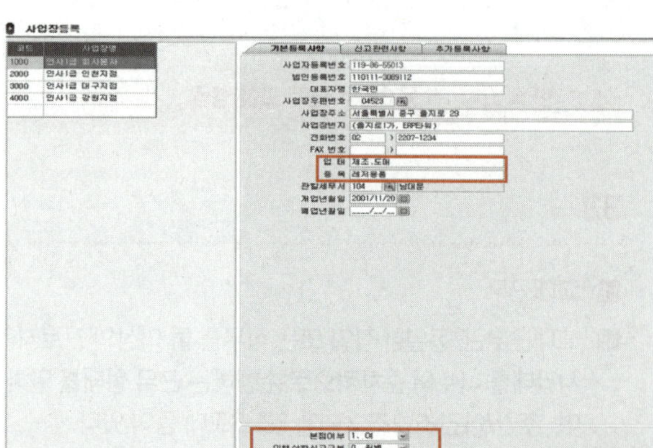

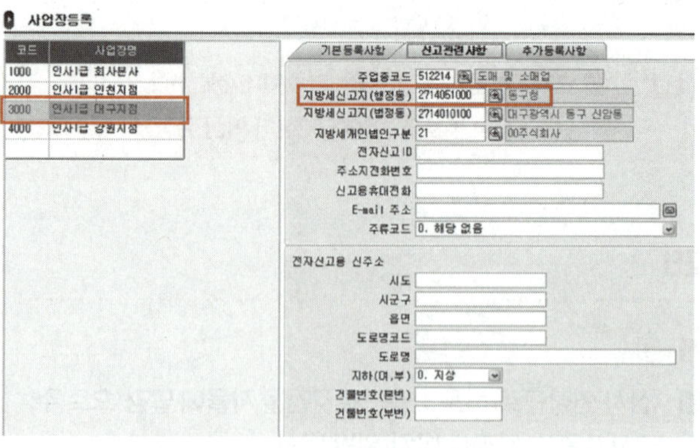

해 시스템관리 → 회사등록정보 → 사업장등록 → 각 사업장별 조회 후 문제 풀이 진행

② <2000.인사1급 인천지점> 사업장의 주업종코드는 '369301.제조업' 이며, 원천징수이행상황신고서 신고 시 '월별' 신고를 진행하는 사업장이다.

02

답 ③

시스템관리 → 회사등록 → 부서등록 → 조회 후 문제 풀이 진행
③ [6000.연구부문]에 속한 부서 중 '6100.연구개발부'는 현재 사용하지 않는 부서이다.
*문제 풀이 진행 시 기준 날짜에 대한 특별한 이야기가 없으면 해당 월의 첫날로 풀이 진행 (2025년 7월 1일 기준)

03

답 ③

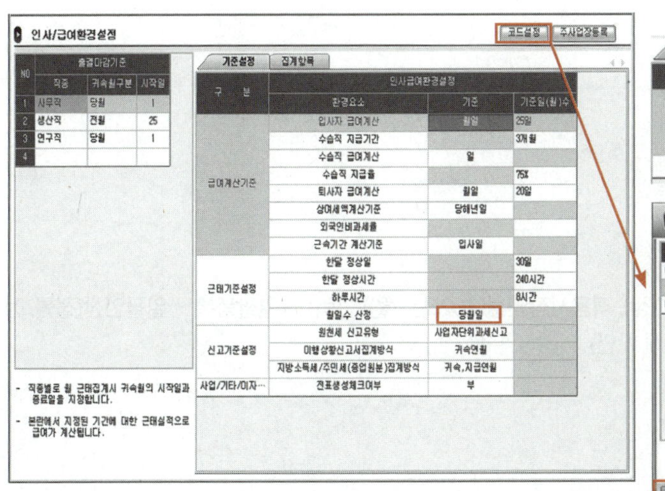

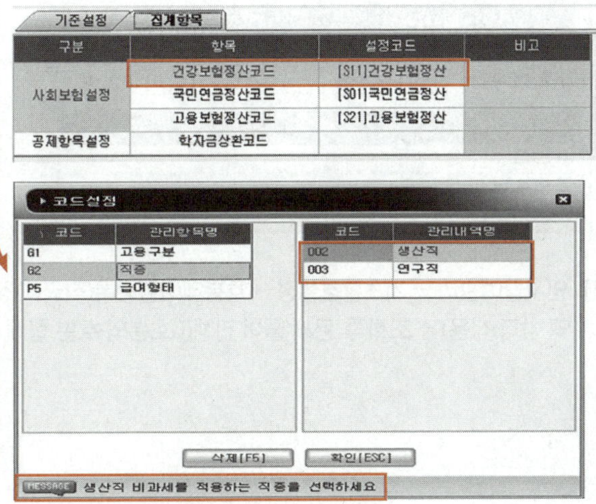

시스템관리 → 인사/급여관리 → 기초환경설정 → 인사/급여환경설정 → 조회 후 문제 풀이 진행
B : 회사의 '월일수 산정' 기준은 '당월일'이며, 7월 귀속 기준으로 일수 산정 시 일수는 31일이다.

답 ④

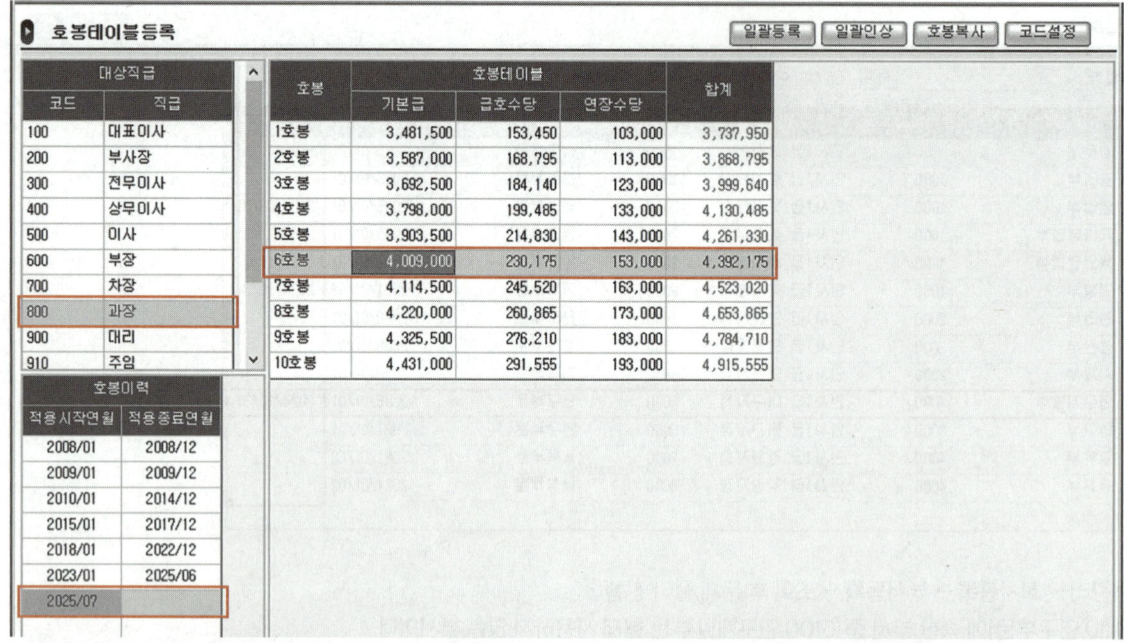

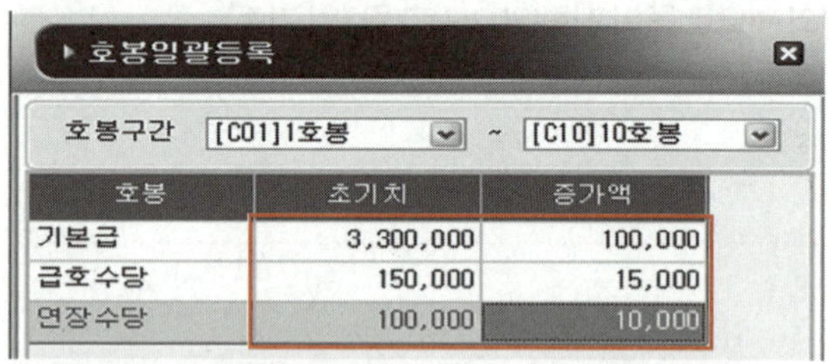

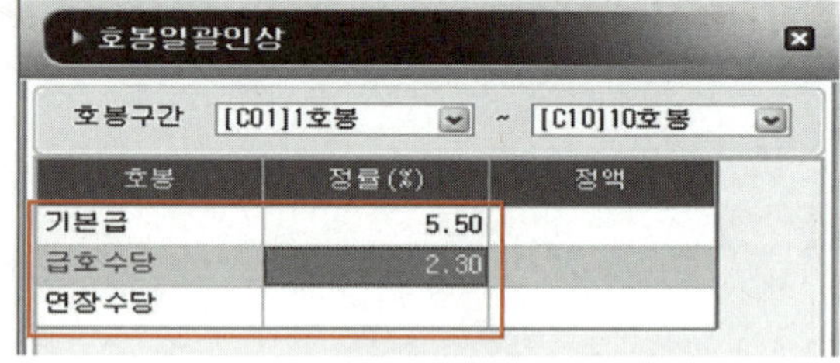

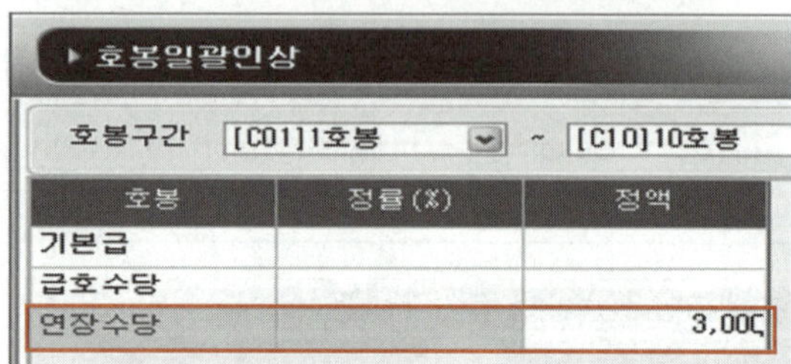

해 인사급여관리 → 기초환경설정 → 호봉테이블등록(직급(과장), 적용시작연월(2025년 7월) 입력) → 일괄등록 → 일괄인상(정률, 정액 각각 적용) → 조회 후 문제 풀이 진행(6호봉의 호봉 합계 확인)

답 ①

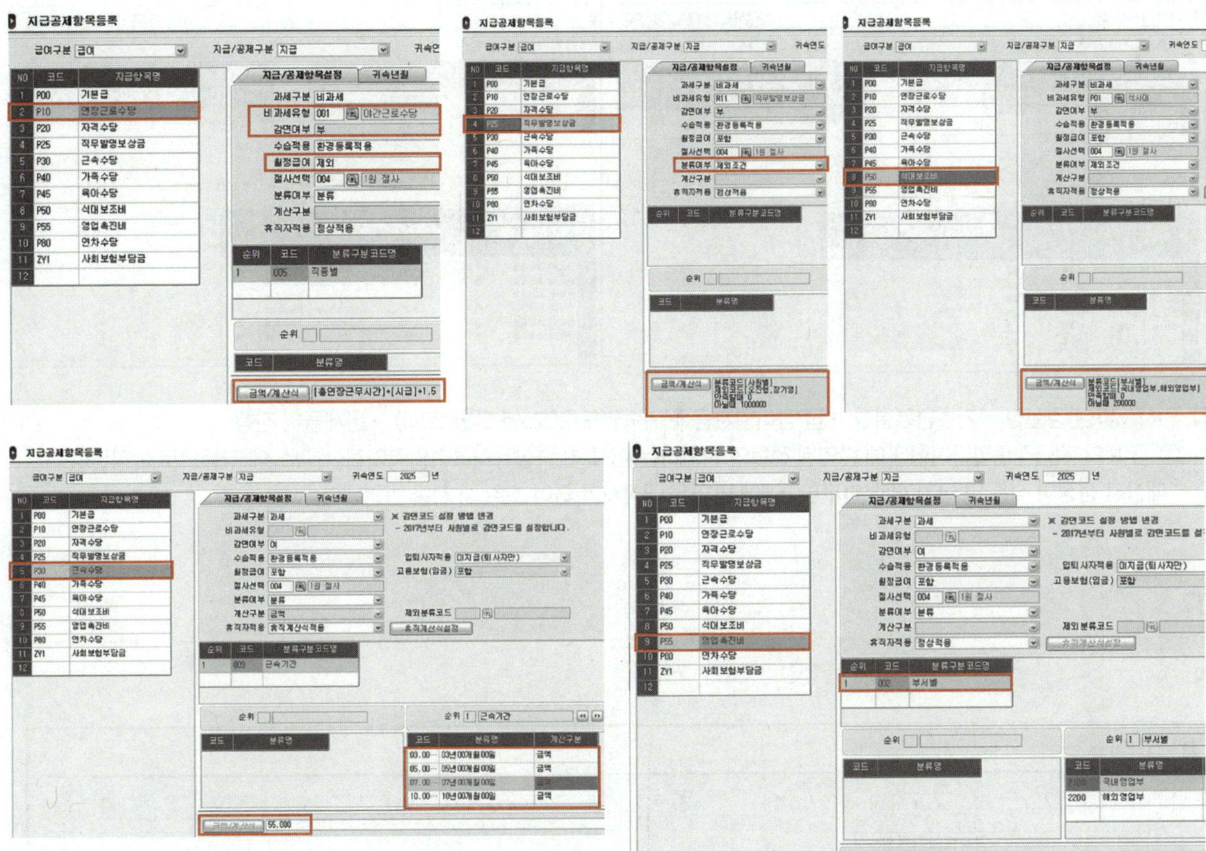

🔲 인사/급여관리 → 기초환경설정 → 지급공제항목등록(마감 취소 후 문제 풀이 진행) → 급여구분(급여), 지급/공제구분(지급), 귀속
연도(2025년) → 항목별 조회 후 문제 풀이 진행

① [P10.연장근로수당]은 'O01.야간근로수당' 비과세 적용 기준요건인 월정급여에 포함되지 않는 지급 항목이며, 'O02.생산직' 직
종일 때 **총 연장 근무시간 × 시급 × 1.5**로 지급한다.

답 ①

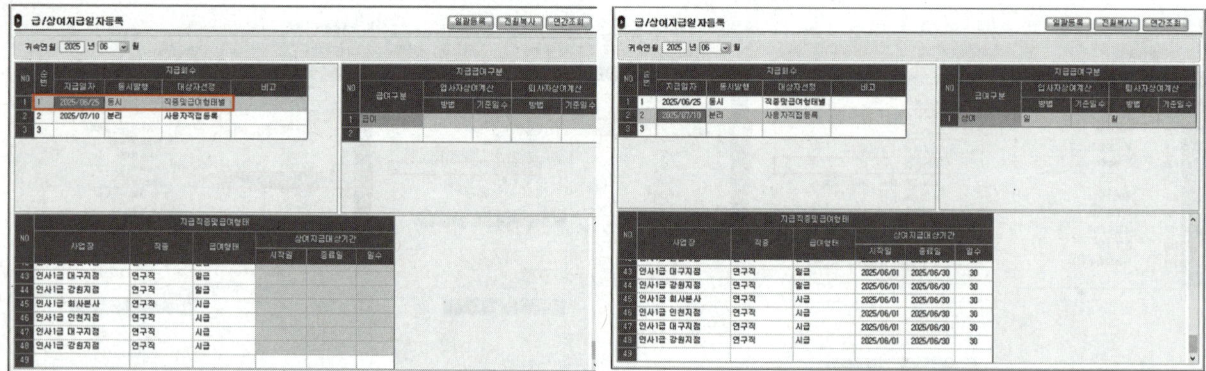

해 인사/급여환경설정 → 기초환경설정 → 급/상여일자등록(귀속연도(2025년 6월), 조회) → 문제풀이 진행

① '급여'의 '지급직종및급여형태'에 반영된 정보와 일치하는 대상자는 [상용직급여입력및계산] 메뉴에 자동으로 반영된다.

* 대상자 선정이 직종 및 급여 형태별이면 아래에 반영된 대상자가 급여 조회 시 자동 반영된다.

답 ②

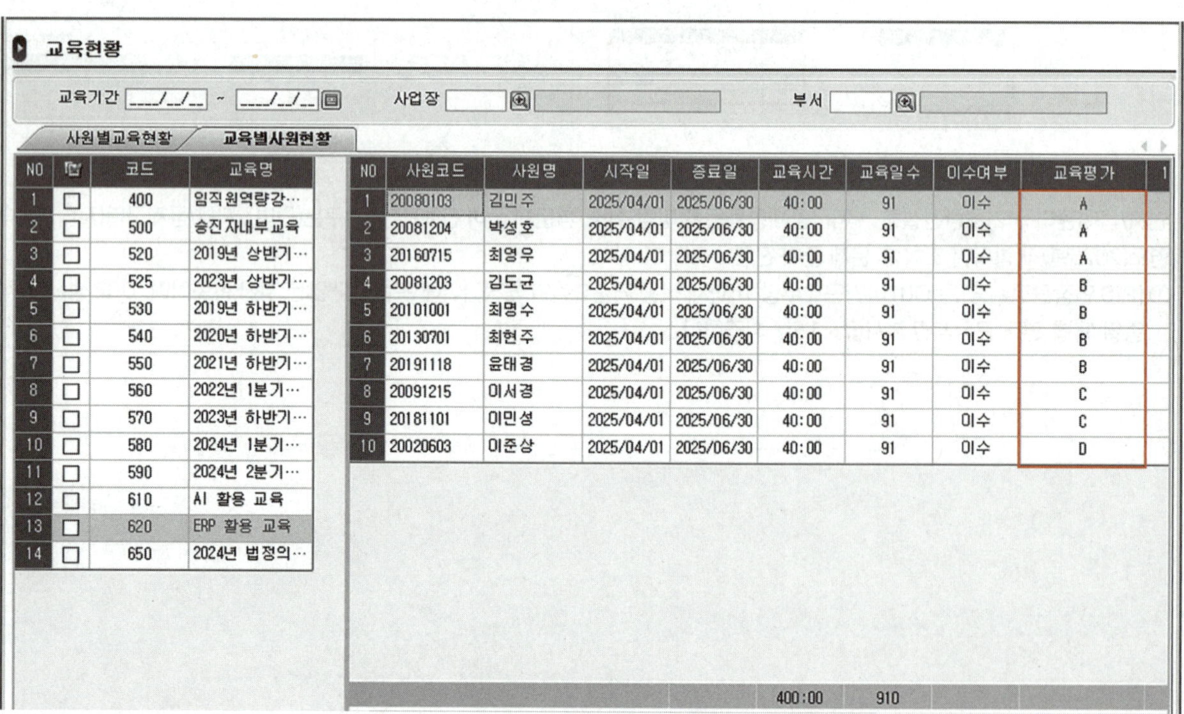

해 인사/급여관리 → 인사관리 → 교육현황 → 620 ERP 활용 교육 조회 후 문제 확인

교육평가 A등급 3명 : 300,000원 x 3 = 900,000원, 교육평가 B등급 4명 : 100,000원 x 4 = 400,000원

900,000원 + 400,000원 = 1,300,000원

08

답 ②

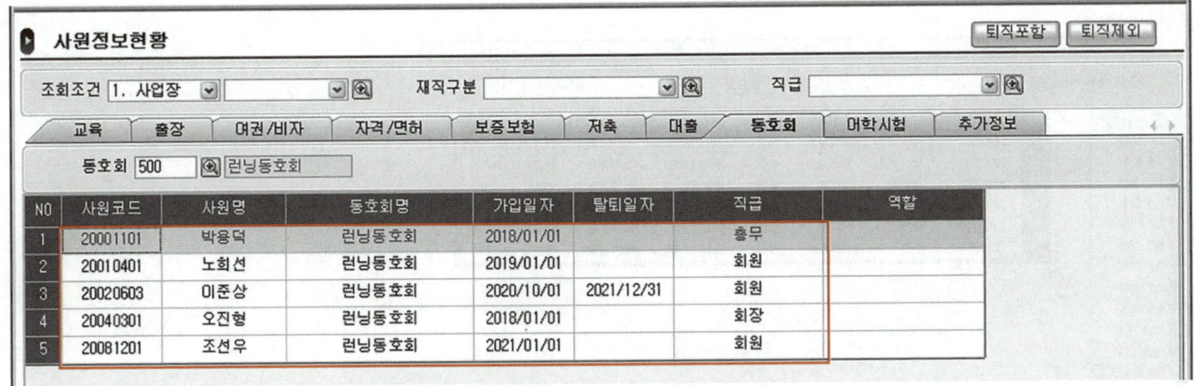

📋 인사/급여현황 → 인사관리 → 사원정보현황 → 동호회(런닝 동호회) 확인 후 조회

09

답 ④

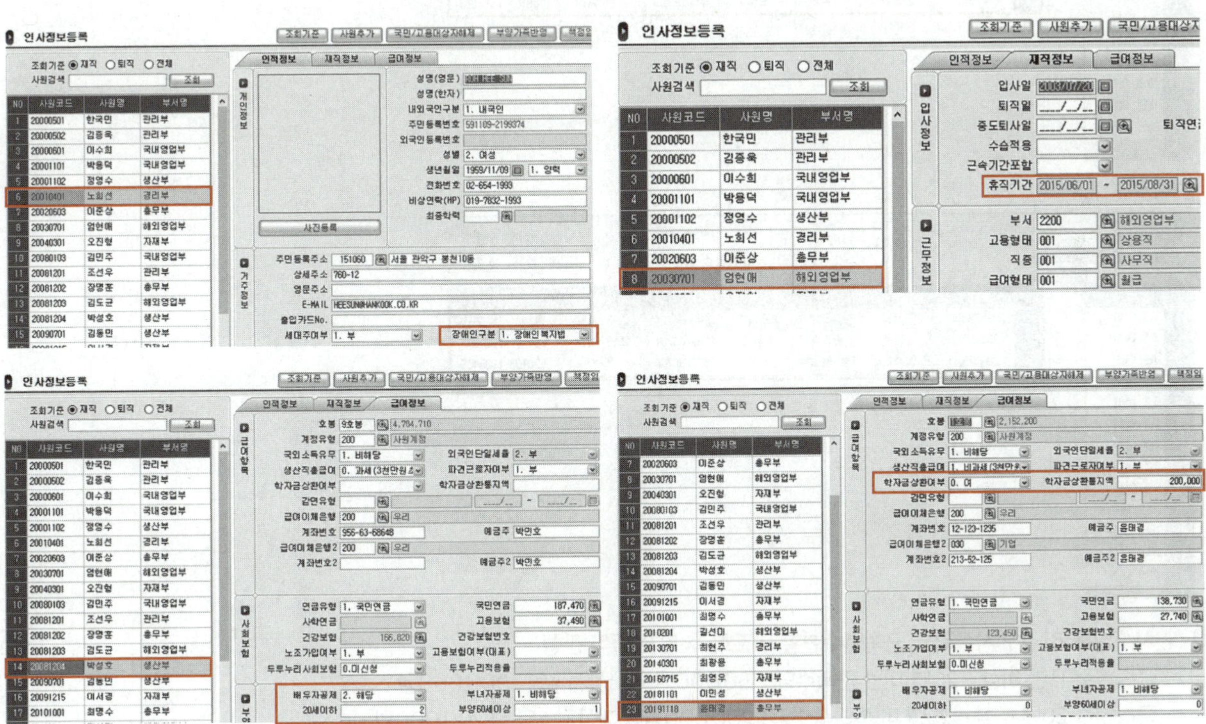

📋 인사/급여관리 → 인사관리 → 인사정보등록 조회 후 문제 풀이 진행
　④ [20191118.윤태경] 사원의 직급은 '대리'이며, 학자금상환 대상자로 상환통지액은 '200,000원'이다.

답 ①

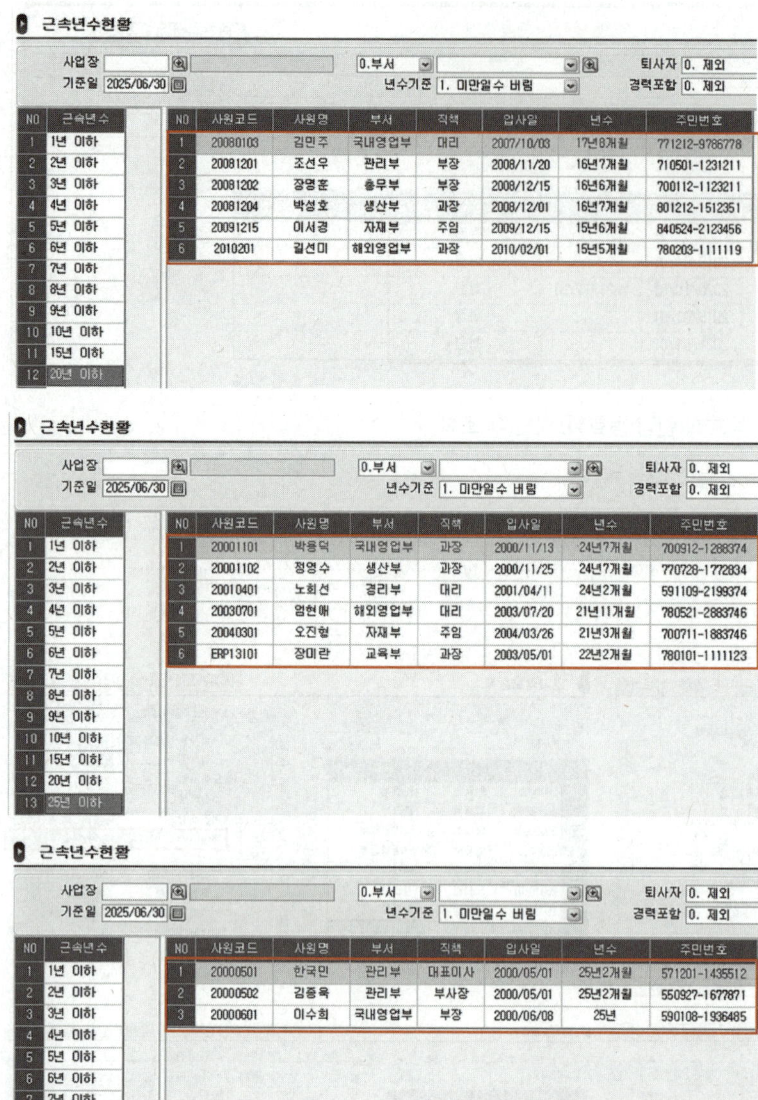

해 인사/급여관리 → 인사관리 → 근속년수현황 → 조회 후 문제 풀이 진행
- 근속년수 15년 이상 ~ 20년 미만 근속수당 : 150,000원 × 대상자 6명 : 900,000원
- 근속년수 20년 이상 ~ 25년 미만 근속수당 : 200,000원 × 대상자 6명 : 1,200,000원
- 근속년수 25년 이상 ~ 근속수당 : 250,000원 × 대상자 3명 : 750,000원
- ∴ 900,000원 + 1,200,000원 + 750,000원 = 2,850,000원

답 ③

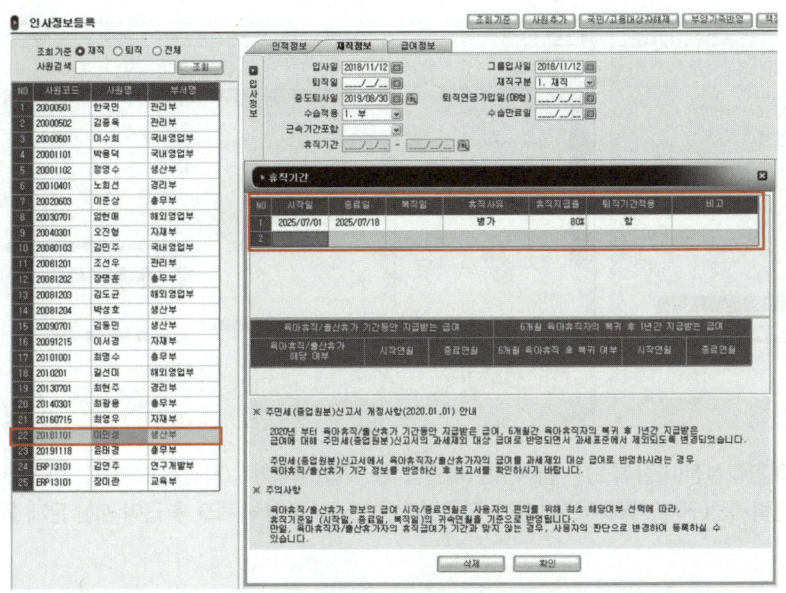

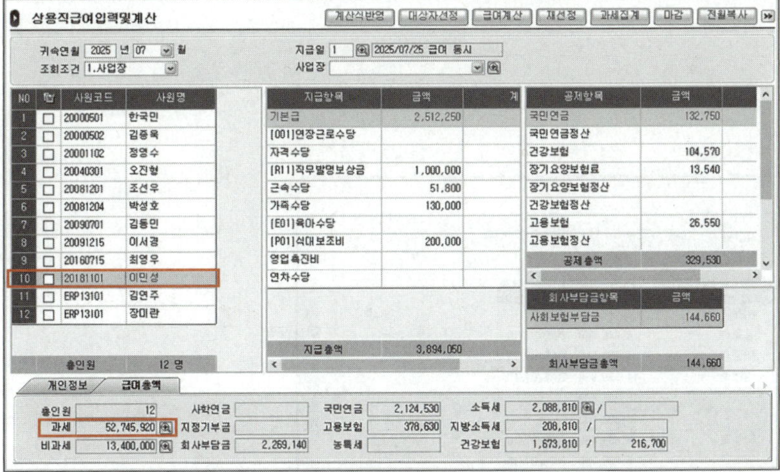

해 인사/급여관리 →사관리 → 인사정보등록(재직 정보 탭에서 휴직 기간 적용) → 상용직급여입력및계산(조회 후 이민성 사원 체크 후 재선정) → 귀속연월(2025년 7월), 지급일(1번), 조회 → 사원 전체 체크 후 급여 계산

12

답 ①

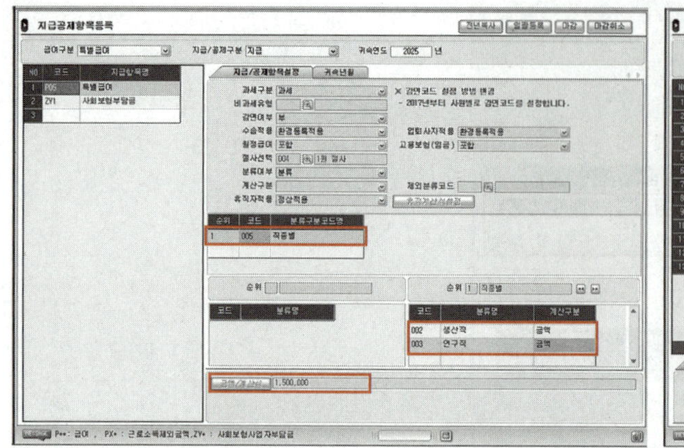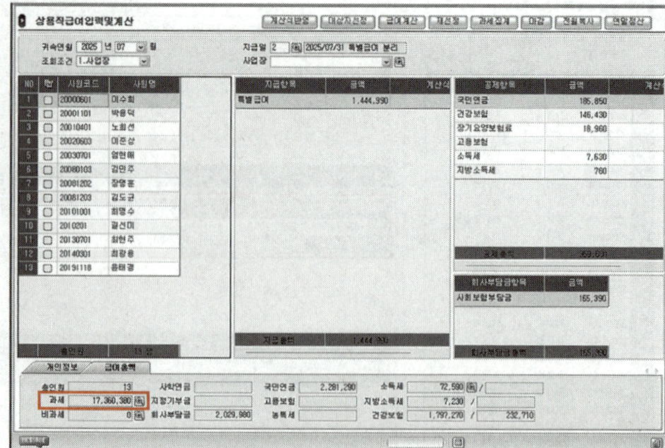

해 인사/급여관리 → 기초환경설정 → 인사/급여환경설정(마감취소) → 급여구분(특별급여), 지급/공제항목(지급), 귀속연도(2025년)
→ 조회 후 등록 → 급여관리 → 상용직급여입력계산(귀속연월(2025년 7월), 지급일(2번), 조회) → 전체 체크 후 급여 계산 문제 풀
이 진행

13

답 ②

은행	사원코드	사원명	계좌번호	예금주명	실지급액	지급일자
신한	20001101	박용덕	155029-02-99887	박용덕	4,501,890	2025/07/10
신한	20010401	노희선	155401-12-28901	노희선	4,648,640	2025/07/10
신한	20020603	이준상	177632-18-19940	이준상	4,152,920	2025/07/10
신한	20030701	엄현애	155401-01-87002	엄현애	4,998,980	2025/07/10
은행 소계					18,302,430	
은행 누계					18,302,430	
우리	20000601	이수회	155401-01-29938	이수회	5,405,480	2025/07/10
우리	20081203	김도균	123-88-12345	김도균	5,285,730	2025/07/10
우리	20101001	최명수	120-55-65432	최명수	5,955,780	2025/07/10
우리	20191118	윤태경	12-123-1235	윤태경	3,973,790	2025/07/10
은행 소계					20,620,780	
은행 누계					38,923,210	
카카오뱅크	20100201	길선미	890123432145	길선미	5,265,820	2025/07/10
카카오뱅크	20130701	최현주	1238012345	최현주	3,805,700	2025/07/10
카카오뱅크	20140301	최광용	880123221545	김철수	4,486,830	2025/07/10
은행 소계					13,558,350	
은행 누계					52,481,560	
현금	20080103	김민주		김민주	4,892,720	2025/07/10
현금	20081202	장명훈		장명훈	6,005,190	2025/07/10
총계	13명				63,379,470	

해 인사/급여관리 → 급여관리 → 급/상여이체현황(소득 구분(급상여), 귀속연월(2025년 8월), 지급일(2번), 무급자 제외) → 조회 후
문제 풀이 진행
② 해당 조회조건의 대상자 중 가장 많은 금액의 급/상여가 계좌로 이체된 사원은 [20101001.최명수]이며, [20081202.장명훈] 사
원은 급/상여를 현금으로 지급 받았다.

14

답 ④

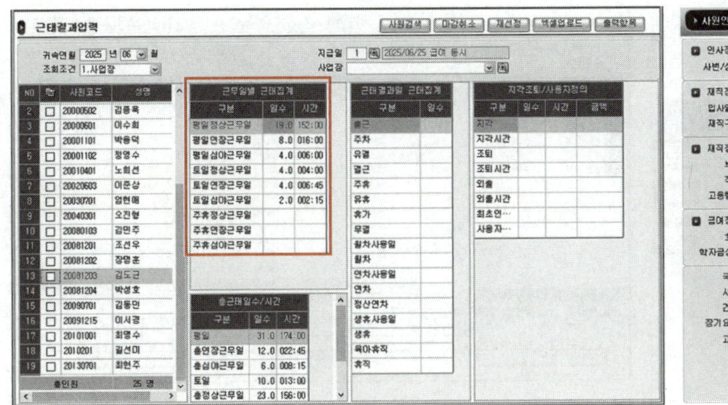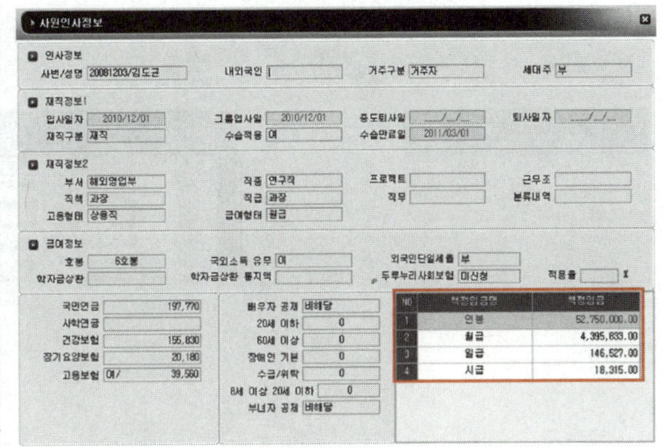

해 인사/급여관리 → 급여관리 → 근태결과입력(귀속연월(2025년 6월), 지급일(1), 조회) → 김도균 체크 후 우클릭 사원인사정보 조회(책정임금 확인) → 계산 후 문제 풀이 진행
(책정임금 시급 : 18,315원)
- 1유형 근무수당 : 22.75 × 18,315원 × 2.5 = 1,041,660원 (1,041,665.625)
- 2유형 근무수당 : 8.25 × 18,315원 × 3 = 453,290원 (453,296.25)
- 초과근무수당 : 1,041,660원 + 453,290원 = 1,494,950원

15

답 ③

항목	합계	총무부	경리부	국내영업부	해외영업부
연장근로수당	6,860,340	1,064,190	894,990	3,683,040	1,218,120
자격수당	3,240,000	750,000	390,000	1,650,000	450,000
직무발명보상금	39,000,000	15,000,000	6,000,000	9,000,000	9,000,000
근속수당	3,525,000	1,155,000	480,000	945,000	945,000
가족수당	1,170,000		390,000		780,000
육아수당					
식대보조비	4,200,000	3,000,000	1,200,000		
영업촉진비	2,250,000			900,000	1,350,000
연차수당					
상여	77,554,470	30,260,990	9,943,730	18,415,400	18,934,350
사회보험부담금	7,458,660	2,967,870	928,590	1,705,200	1,857,000
지급합계	292,908,780	111,752,180	39,186,200	71,424,230	70,546,170
합계	300,367,440	114,720,050	40,114,790	73,129,430	72,403,170
국민연금	6,843,870	2,723,310	852,090	1,564,650	1,703,820
국민연금정산					
건강보험	5,391,810	2,145,450	671,280	1,232,670	1,342,410
건강보험정산					
고용보험	1,368,720	544,620	170,400	312,930	340,770
고용보험정산					
장기요양보험료	698,130	277,800	86,910	159,600	173,820
장기요양보험정산					
소득세	22,396,210	8,617,830	2,177,050	5,857,620	5,743,710
지방소득세	2,239,490	861,730	217,680	585,730	574,350
공제합계	38,938,230	15,170,740	4,175,410	9,713,200	9,878,880
차인지급액	253,970,550	96,581,440	35,010,790	61,711,030	60,667,290

해 인사/급여관리 → 급여관리 → 항목별급상여지급현황(귀속연월(2025년 2분기), 지급구분(급여, 상여), 집계구분(부서별)) → 조회 후 문제 풀이 진행

답 ①

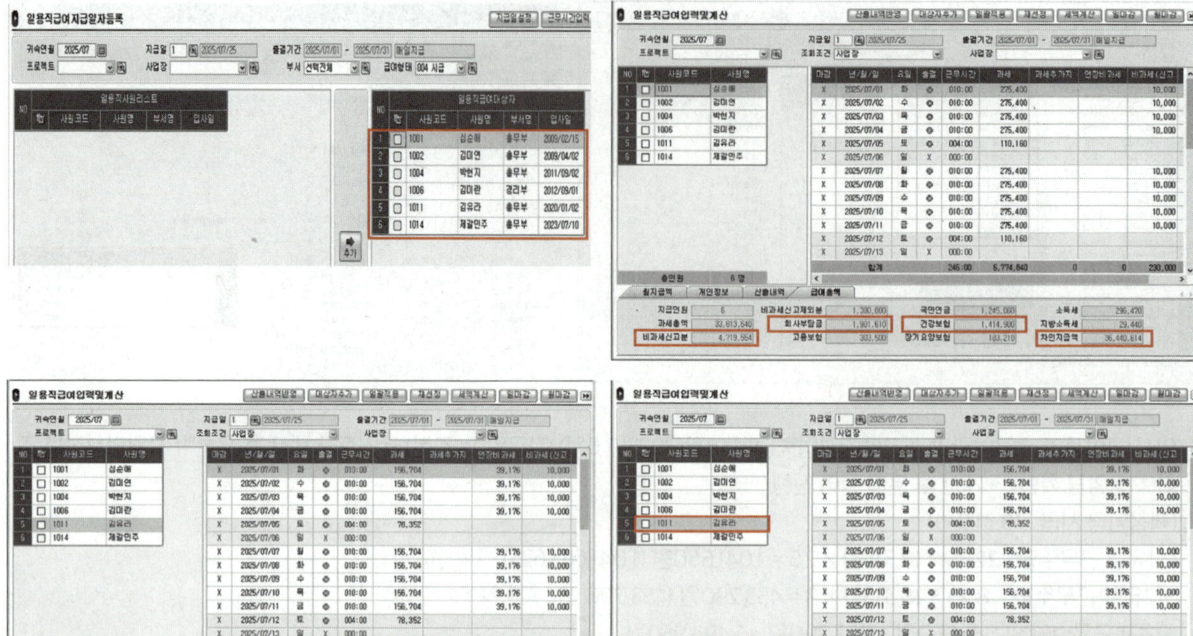

해 인사/급여관리 → 일용직관리 → 일용직급여지급일자등록(귀속연월(2025년 7월), 지급일(1번), 부서(총무부, 경리부), 급여형태 (시급)) → 조회 후 우측으로 이동 → 일용직급여입력및계산(귀속연월(2025년 7월), 지급일(1)) → 조회 후 사원 체크 후 일괄적용 → 문제 풀이 진행

① 해당 지급일자에 실제 지급된 금액은 총 36,440,614원이며, 대상자 중 [1004.박현지], [1011.김유라] 사원은 소득세가 공제되지 않고 급여를 지급 받았다.

답 ④

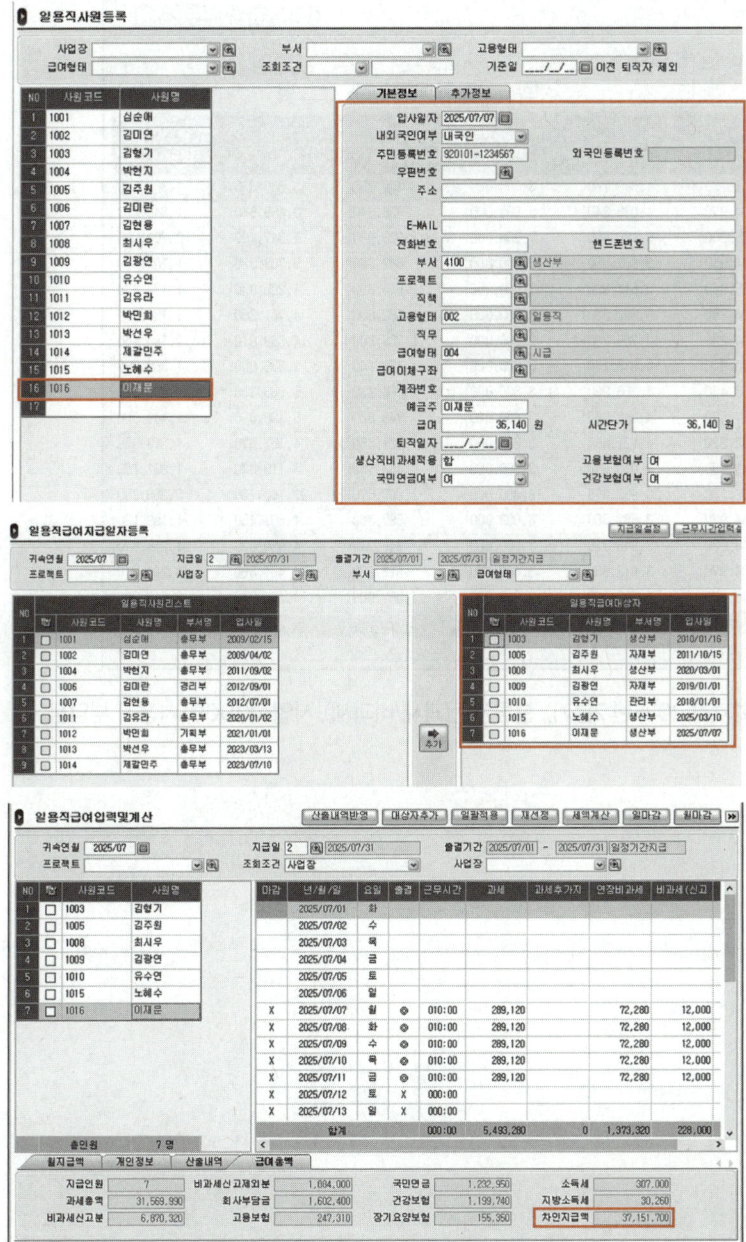

해 인사/급여관리 → 일용직사원등록(이재문 데이터 입력) → 일용직급여지급일자등록(일정기간지급 조회 후 이재문 헌터 우측으로 이동) → 일용직급여입력및계산(귀속연월(2025년 7월), 지급일(2)) 조회 → 일괄적용 → 문제 풀이 진행

답 ②

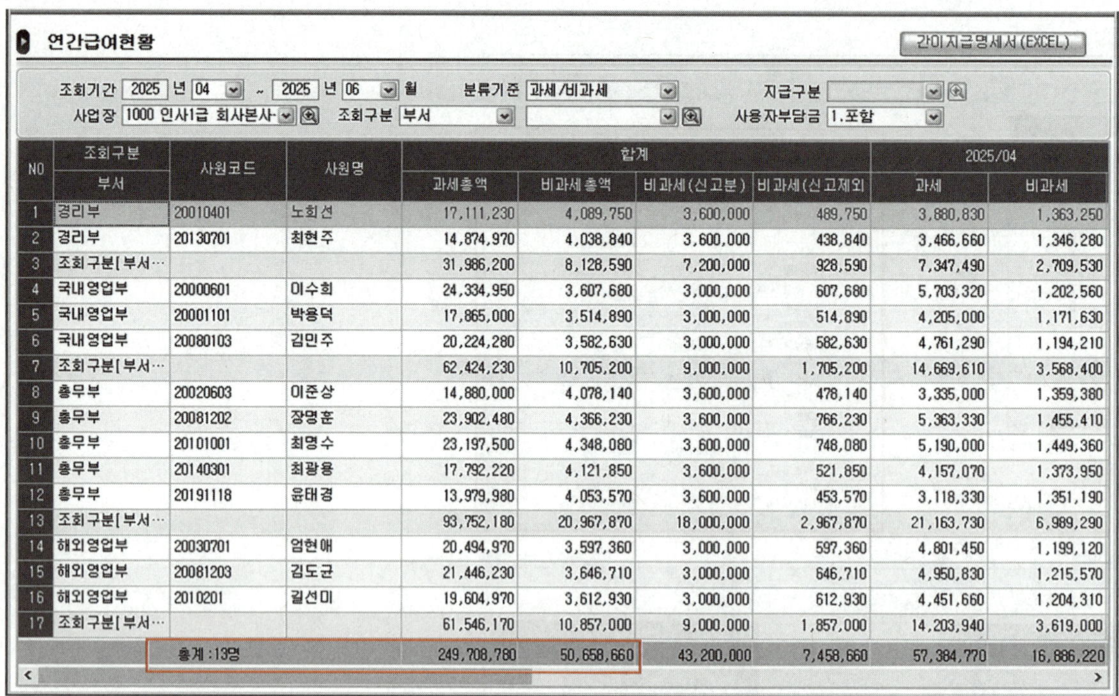

NO	조회구분 / 부서	사원코드	사원명	합계				2025/04	
				과세총액	비과세총액	비과세(신고분)	비과세(신고제외)	과세	비과세
1	경리부	20010401	노회선	17,111,230	4,089,750	3,600,000	489,750	3,880,830	1,363,250
2	경리부	20130701	최현주	14,874,970	4,038,840	3,600,000	438,840	3,466,660	1,346,280
3	조회구분[부서…			31,986,200	8,128,590	7,200,000	928,590	7,347,490	2,709,530
4	국내영업부	20000601	이수회	24,334,950	3,607,680	3,000,000	607,680	5,703,320	1,202,560
5	국내영업부	20001101	박용덕	17,865,000	3,514,890	3,000,000	514,890	4,205,000	1,171,630
6	국내영업부	20080103	김민주	20,224,280	3,582,630	3,000,000	582,630	4,761,290	1,194,210
7	조회구분[부서…			62,424,230	10,705,200	9,000,000	1,705,200	14,669,610	3,568,400
8	총무부	20020603	이준상	14,880,000	4,078,140	3,600,000	478,140	3,335,000	1,359,380
9	총무부	20081202	장명훈	23,902,480	4,366,230	3,600,000	766,230	5,363,330	1,455,410
10	총무부	20101001	최명수	23,197,500	4,348,080	3,600,000	748,080	5,190,000	1,449,360
11	총무부	20140301	최광용	17,792,220	4,121,850	3,600,000	521,850	4,157,070	1,373,950
12	총무부	20191118	윤태경	13,979,980	4,053,570	3,600,000	453,570	3,118,330	1,351,190
13	조회구분[부서…			93,752,180	20,967,870	18,000,000	2,967,870	21,163,730	6,989,290
14	해외영업부	20030701	엄현애	20,494,970	3,597,360	3,000,000	597,360	4,801,450	1,199,120
15	해외영업부	20081203	김도균	21,446,230	3,646,710	3,000,000	646,710	4,950,830	1,215,570
16	해외영업부	2010201	길선미	19,604,970	3,612,930	3,000,000	612,930	4,451,660	1,204,310
17	조회구분[부서…			61,546,170	10,857,000	9,000,000	1,857,000	14,203,940	3,619,000
	총계:13명			249,708,780	50,658,660	43,200,000	7,458,660	57,384,770	16,886,220

해 인사/급여관리 → 급여관리 → 연간급여현황(조회기간(2025년 2분기), 분류기준(과세/비과세), 사업장(1000),사용자 부담금(포함)) → 조회 후 문제 풀이 진행

답 ①

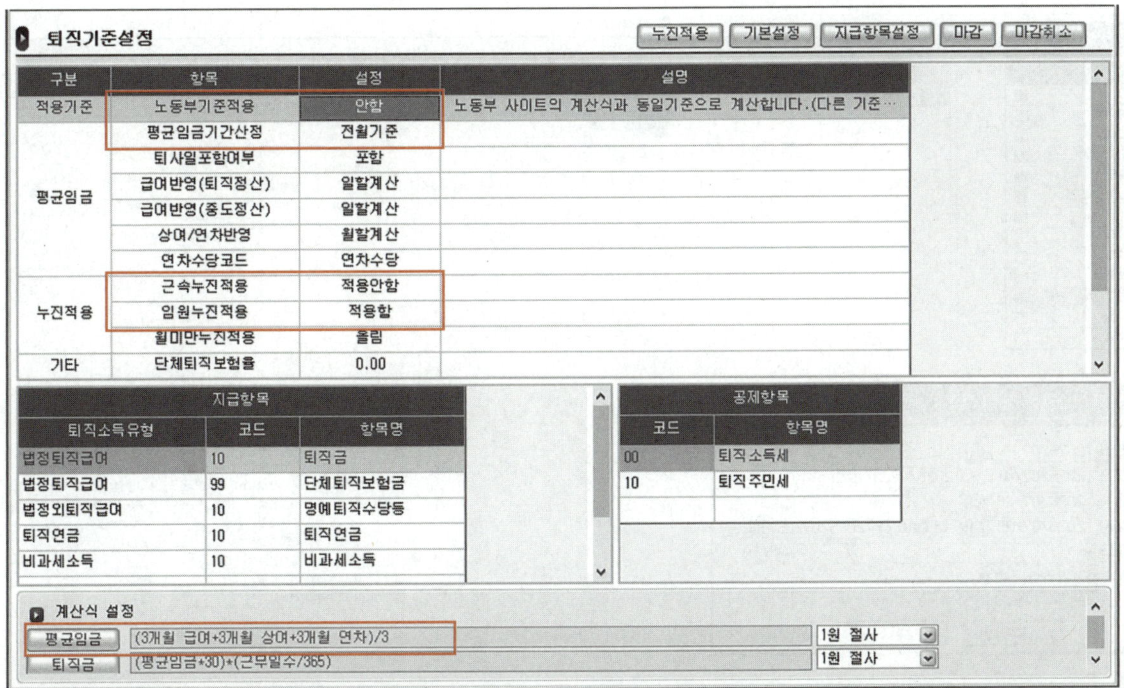

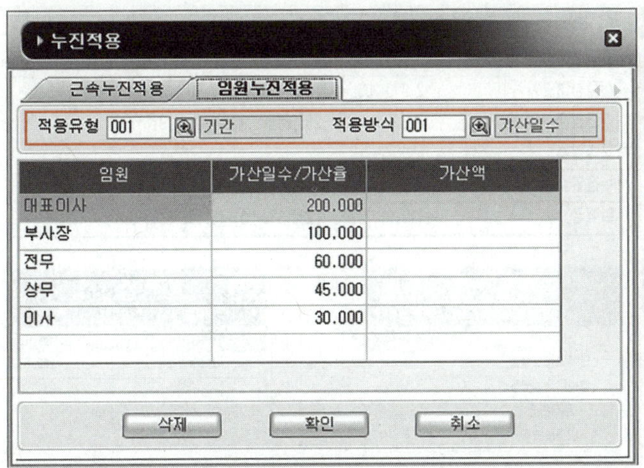

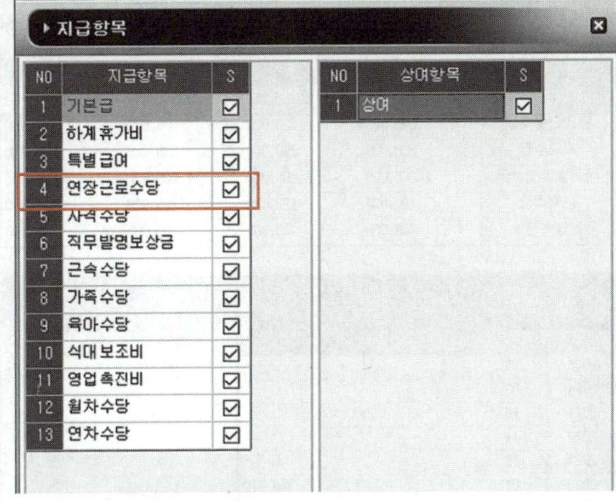

해 인사/급여관리 → 퇴직정산관리 → 퇴직기준설정(마감 취소 후 문제 풀이)

  A : 노동부기준은 적용하지 않고, 평균임금 기간 산정 시 **전월**을 기준으로 3개월을 산정한다.

  B : 임원누진만 적용하고 있으며, 적용유형은 [001.기간]이고 **적용방식은 [001.가산일수]이며 '대표이사'일 때, 가산일수가 200**
    만큼 적용된다.

  C : **비과세 항목은 퇴직금 계산 시 사용할 수 있으며**, 근속일수에 퇴사일을 포함한다.

  D : 퇴직금 계산식은 '일할'로 설정되어 있고, **연차수당코드는 [P80.연차수당]**을 사용한다.

답 ④

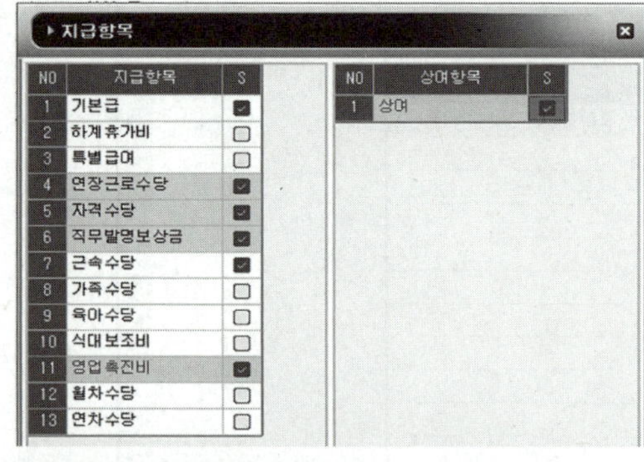

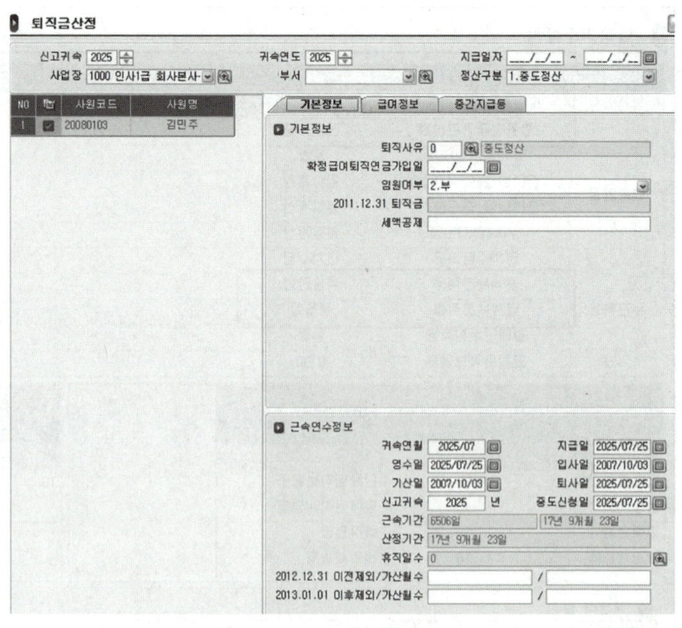

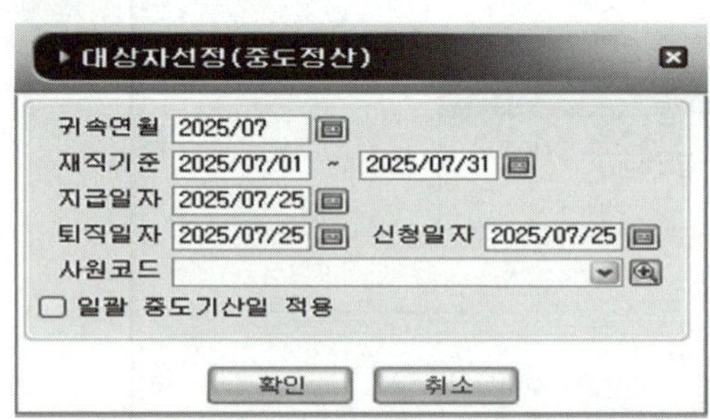

기간(에서)	2025/04/01	2025/05/01	2025/06/01	합계
기간(까지)	2025/04/30	2025/05/31	2025/06/30	
근무일수	30일	31일	30일	91일
기본급	3,960,270	3,960,270	3,960,270	11,880,810
연장근로수당	396,020	396,020	396,020	1,188,060
자격수당	200,000	200,000	200,000	600,000
직무발명보상금	1,000,000	1,000,000	1,000,000	3,000,000
근속수당	105,000	105,000	105,000	315,000
영업촉진비	100,000	100,000	100,000	300,000

퇴직금 계산 상세내역	
산정 급여	17,283,870 = 5,761,290 + 5,761,290 + 5,761,290
산정 상여연차	2,970,205 = 11,880,820 X 3 / 12
평균임금	222,570 = (17,283,870+2,970,205+0)/91
근속일수	6506일
누진일수/금액	0/0
퇴직금	119,017,020 = (222,570*30)+(6,506/365)+0

상여지급내역			
기간(년)	기간(월)	상여금	연차수당
2024	07		
2024	08		
2024	09		
2024	10		
2024	11		
2024	12		
2025	01	5,940,410	
2025	02		
2025	03		
2025	04		
2025	05		
2025	06	5,940,410	

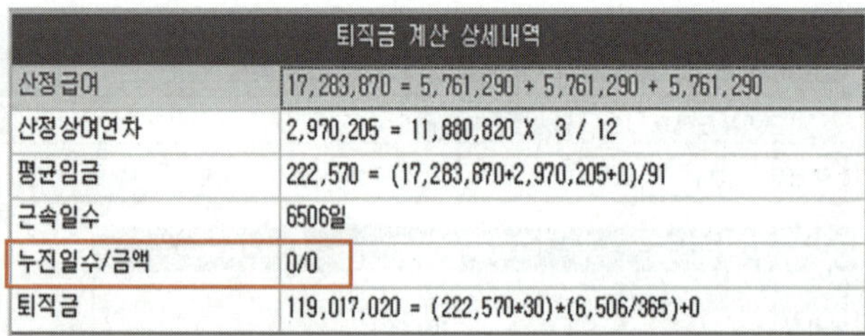

퇴직금지급내역	
지급내역	금액
퇴직금	119,017,020
단체퇴직보험금	
명예퇴직수당등	
퇴직연금	
비과세소득	

퇴직금공제내역	
공제내역	금액
퇴직소득세	2,431,020
퇴직주민세	243,100

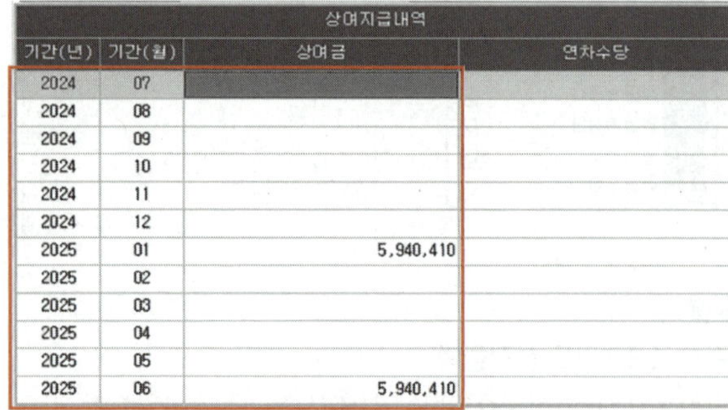

해 인사/급여관리 → 퇴직정산관리 → 퇴직기준설정(마감 취소 후 지급 항목 및 평균임금 변경) → 퇴직금 산정 → 신고귀속(2025년), 귀속연도(2025년), 사업장(본사), 조회 → 대상자 선정 입력 → 대상자 체크 후 퇴직금 계산 → 문제 풀이 진행
① [20080103.김민주] 사원은 중도 정산 시 누진이 적용되지 않았고, **산정된 급여의 합계는 17,283,870원이다.**
② [20080103.김민주] 사원의 중도 정산 시 퇴직금은 119,017,020원이고, **퇴직금 계산 기간 내 지급된 상여금은 11,880,820원이다.**
③ [20080103.김민주] 사원의 중도 정산 시 근속기간은 17년 9개월 23일이고, **근무일수는 91일이며,** 퇴직금 지급 시 실제 지급된 금액은 116,342,900원이다.

답 ③

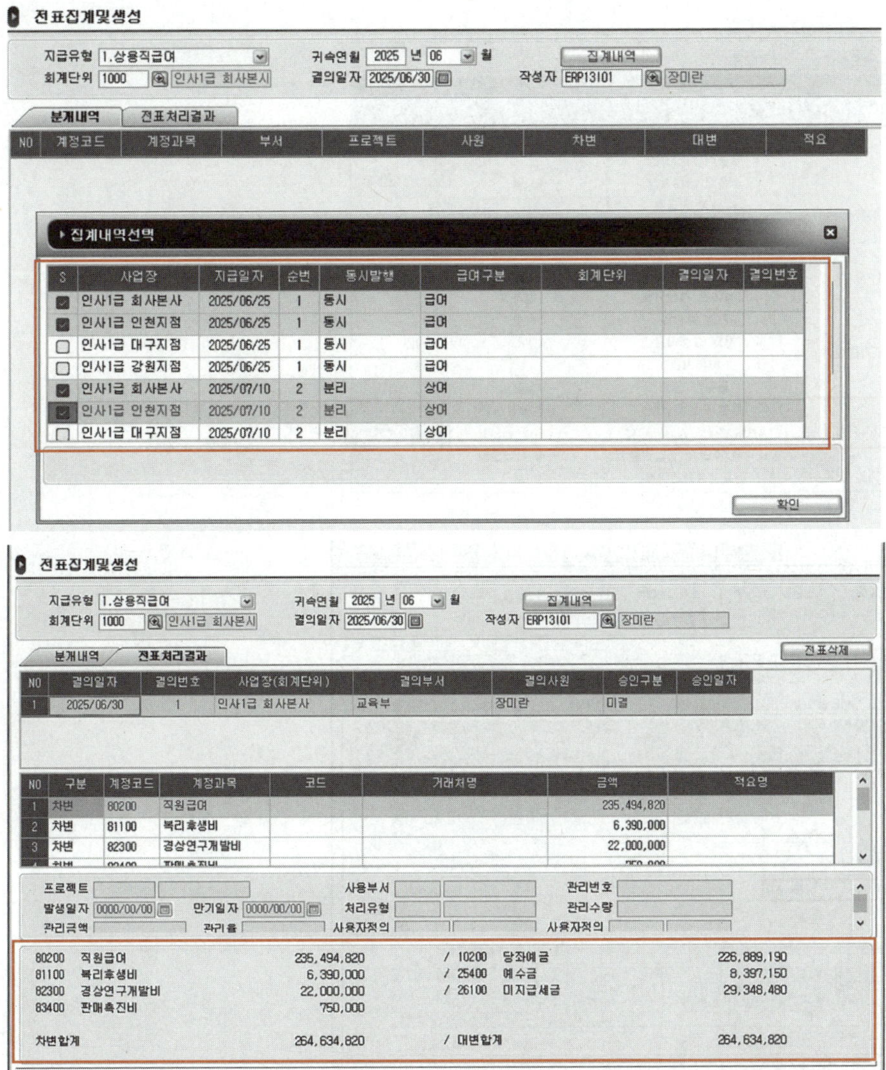

해 인사/급여관리 → 전표관리 → 전표집계 및 생성(주어진 데이터 입력) → 집계내역 선택시(본사와 인천지점) 급여, 상여 선택 → 확인 후 전표 처리 → 전표처리 결과에서 내용 확인

 ②

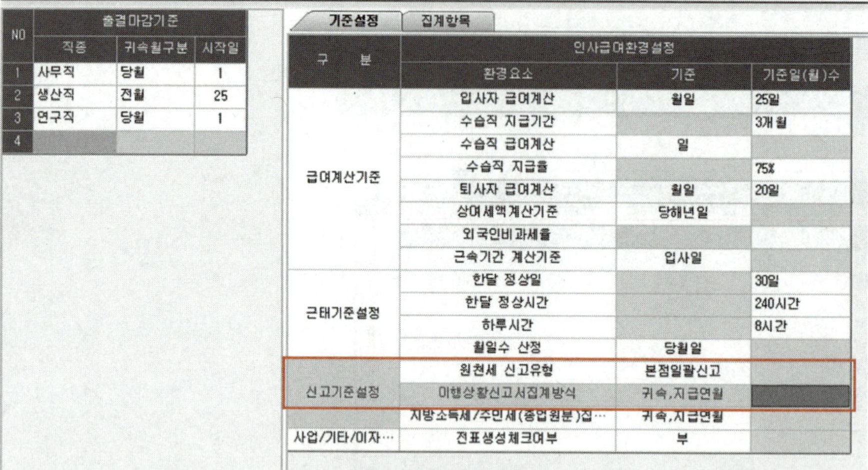

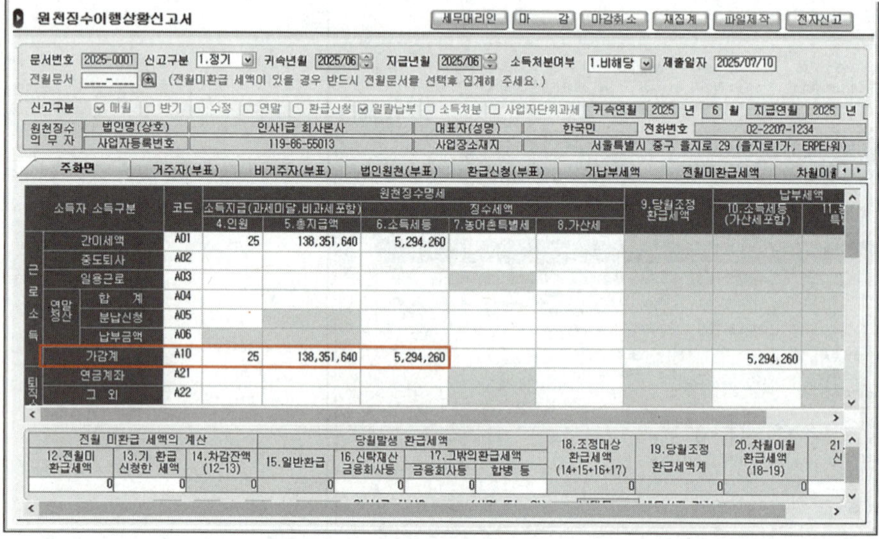

🖳 인사/급여관리 → 기초 환경설정 → 세무관리 → 원천세신고유형, 이행상황신고집계방식 수정 → 원천징수이행상황신고서 → 본사 추가 → 신고구분(2025년), 귀속연월(2025년), 지급연월(2025년), 조회 후 일반데이터(미반영), 연말정산소득세, 농특세 반영 미 적용 후 문제 풀이 진행

답 ③

인사/급여환경설정

NO	출결마감기준		
	직종	귀속월구분	시작일
1	사무직	당월	1
2	생산직	전월	25
3	연구직	당월	1
4			

기준설정 | 집계항목

구 분	인사급여환경설정		
	환경요소	기준	기준일(월)수
급여계산기준	입사자 급여계산	월일	25일
	수습직 지급기간		3개월
	수습직 급여계산	일	
	수습직 지급율		75%
	퇴사자 급여계산	월일	20일
	상여세액계산기준	당해년일	
	외국인비과세율		
	근속기간 계산기준	입사일	
근태기준설정	한달 정상일		30일
	한달 정상시간		240시간
	하루시간		8시간
	월일수 산정	당월일	
신고기준설정	원천세 신고유형	본점일괄신고	
	이행상황신고서집계방식	귀속,지급연월	
	지방소득세/주민세(종업원분)집…	귀속연월	
사업/기타/이자…	전표생성체크여부	부	

지방소득세특별징수명세/납부서

납기일자　가산세　재집계　마감　파일제작　전자신고　세무대리인

문서번호	2025-0001	신고구분	1.정기	귀속년월	2025/06 - 2025/06	지급년월	2025/06 - 2025/06
제출일자	2025/07/10	급여일자	2025/06/30	납입처	영등포구청	소득구분	4.근로소득

납부서 및 영수필통지서 | 징수 및 조정명세서

NO		사원코드	성명	주민등록번호	과세표준	산출세액	조정액(환부액)	납부액
11	☐	20040301	오진형	700711-1883746	916,370	91,630		91,630
12	☐	20191116	윤태경	940114-2123456	674,900	67,490		67,490
13	☐	20181101	이민성	890611-1255321	648,200	64,820		64,820
14	☐	20091215	이서경	840524-2123456	783,220	78,320		78,320
15	☐	20000601	이수회	590108-1936485	2,087,740	208,770		208,770
16	☐	20020603	이준상	630821-1667896	761,650	76,160		76,160
17	☐	20081202	장명훈	700112-1123211	2,028,960	202,890		202,890
18	☐	ERP13101	장미란	760101-1111123	1,248,440	124,840		124,840
19	☐	20001102	정영수	770728-1772834	1,150,070	115,000		115,000
20	☐	20081201	조선우	710501-1231211	1,862,890	186,280		186,280
21	☐	20140301	최광룡	801212-1512311	973,000	97,290		97,290
22	☐	20101001	최명수		1,880,460	188,040		188,040
23	☐	20160715	최영우	810511-1655321	668,380	66,830		66,830
24	☐	20130701	최현주	870520-2531656	730,780	73,070		73,070
25	☐	20000501	한국민	571201-1435512	1,342,930	134,280		134,280
26	☐							
					28,467,790	2,846,630		2,846,630

해 인사/급여관리 → 기초환경설정 → 인사/급여환경설정(지방소득세/주민세 집계방식 수정) → 세무관리 → 지방소득세특별징수명세/납부서(신고서 생성, 내용 입력) → 신고서 현황 탭에서 기간 올해 두고 조회 → 더블클릭 후 → 징수 및 조정명세 탭(근로소득) 확인 후 문제 풀이 진행

답 ①

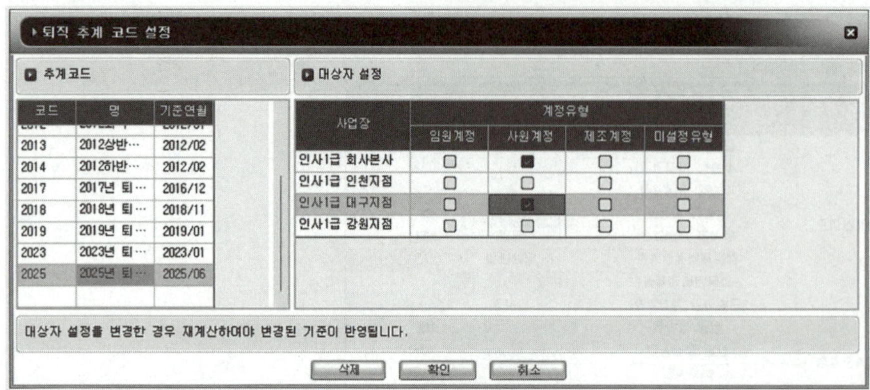

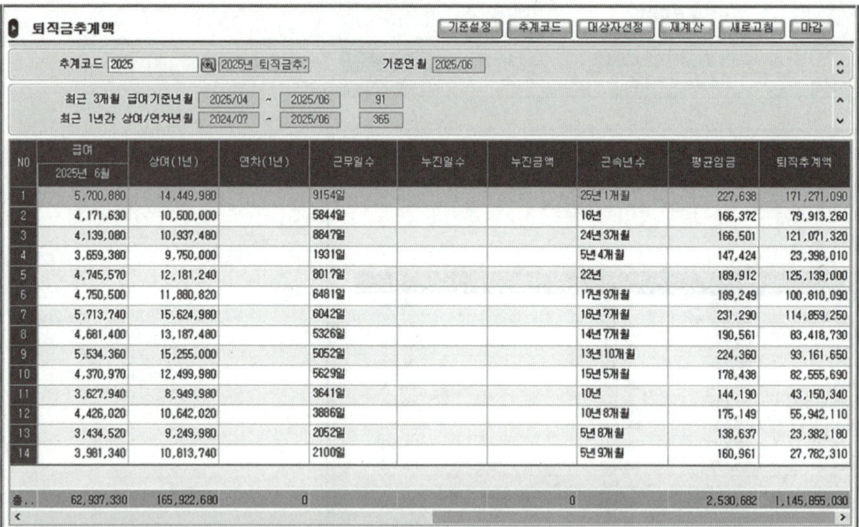

NO	급여 2025년 6월	상여(1년)	연차(1년)	근무일수	누진일수	누진금액	근속년수	평균임금	퇴직추계액
1	5,700,880	14,449,980		9154일			25년 1개월	227,638	171,271,090
2	4,171,630	10,500,000		5844일			16년	166,372	79,913,260
3	4,139,080	10,937,480		8847일			24년 3개월	166,501	121,071,320
4	3,659,380	9,750,000		1931일			5년 4개월	147,424	23,398,010
5	4,745,570	12,181,240		8017일			22년	189,912	125,139,000
6	4,750,500	11,880,820		6481일			17년 9개월	189,249	100,810,090
7	5,713,740	15,624,980		6042일			16년 7개월	231,290	114,859,250
8	4,681,400	13,187,480		5326일			14년 7개월	190,561	83,418,730
9	5,534,360	15,255,000		5052일			13년 10개월	224,360	93,161,650
10	4,370,970	12,499,980		5629일			15년 5개월	178,438	82,555,690
11	3,627,940	8,949,980		3641일			10년	144,190	43,150,340
12	4,426,020	10,642,020		3886일			10년 8개월	175,149	55,942,110
13	3,434,520	9,249,980		2052일			5년 8개월	138,637	23,382,180
14	3,981,340	10,813,740		2100일			5년 9개월	160,961	27,782,310
총..	62,937,330	165,922,680	0			0		2,530,682	1,145,855,030

해 인사/급여관리 → 퇴직정산관리 → 퇴직금 추계액 → 추계 코드 입력 → 퇴직금 추계액(추계코드 선택 후 조회)

퇴직급여충당부채 : 1,145,855,030원 × 40% = 458,342,010원(원 단위 절사)

답 ④

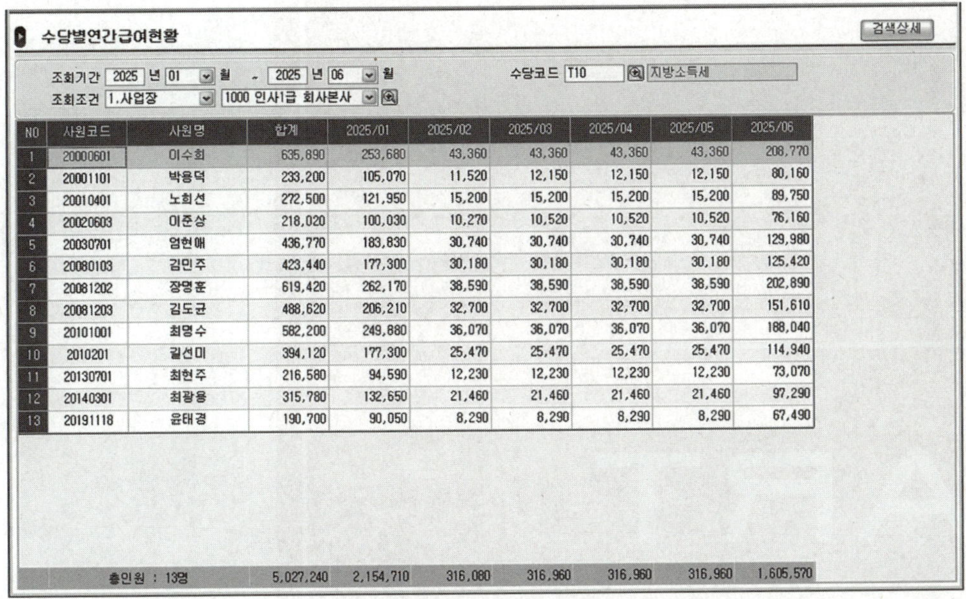

NO	사원코드	사원명	합계	2025/01	2025/02	2025/03	2025/04	2025/05	2025/06
1	20000601	이수희	635,690	253,680	43,360	43,360	43,360	43,360	208,770
2	20001101	박용덕	233,200	105,070	11,520	12,150	12,150	12,150	80,160
3	20010401	노희선	272,500	121,950	15,200	15,200	15,200	15,200	89,750
4	20020603	이준상	218,020	100,030	10,270	10,520	10,520	10,520	76,160
5	20030701	엄현애	436,770	183,830	30,740	30,740	30,740	30,740	129,980
6	20080103	김민주	423,440	177,300	30,180	30,180	30,180	30,180	125,420
7	20081202	장명훈	619,420	262,170	38,590	38,590	38,590	38,590	202,890
8	20081203	김도균	488,620	206,210	32,700	32,700	32,700	32,700	151,610
9	20101001	최명수	582,200	249,880	36,070	36,070	36,070	36,070	188,040
10	2010201	길선미	394,120	177,300	25,470	25,470	25,470	25,470	114,940
11	20130701	최현주	216,580	94,590	12,230	12,230	12,230	12,230	73,070
12	20140301	최광용	315,780	132,650	21,460	21,460	21,460	21,460	97,290
13	20191118	윤태경	190,700	90,050	8,290	8,290	8,290	8,290	67,490
	총인원 : 13명		5,027,240	2,154,710	316,080	316,960	316,960	316,960	1,605,570

해 인사/급여관리 → 급여관리 → 수당별연간급여현황(조회기간(상반기), 수당코드(지방소득세), 사업장(본사)) → 조회 후 문제 풀이
진행(지방소득세가 가자 적게 공제된 사원 확인)

PART IV

2장

ERP 정보관리사 인사 2급 기출문제

정답

01	①	02	②	03	④	04	④	05	②
06	①	07	①	08	②	09	④	10	①
11	①	12	①	13	②	14	④	15	④
16	③	17	③	18	②	19	④	20	②

01

답 ①

해 비지도 학습은 정답(라벨, 목표치)이 없는 데이터에서 군집화, 차원 축소 등을 수행합니다.
분류/회귀는 대표적으로 지도학습(라벨이 있는 학습)입니다.
따라서, "비지도 학습 방법에 분류·회귀가 있다"라는 ①이 틀림.

> 한 줄 요약 : 분류·회귀 = 지도학습 /
> 비지도 학습 = 군집·차원 축소

02

답 ②

해 보기는 "현행 유지가 아닌 제로베이스 전면 재검토", "승인단계 7→3 축소", "프로세스 전면 재설계로 처리시간/오류율 극적 개선 목표" 등 업무 프로세스를 근본적으로 재설계하는 내용입니다.
① JIT: 재고 최소화/적시 생산 중심(생산·물류 운영기법).
② (정답) BPR: 제로베이스로 프로세스 자체를 재설계(AS-IS→TO-BE).
③ TQM: 전사적 품질관리(지속적 개선·품질 문화).
④ HRD: 인적자원개발(교육훈련/경력개발).

> 한 줄 요약 : 제로베이스 + 승인단계 축소
> + 흐름 전면 재설계" = BPR

03

답 ④

해 ERP 발전 과정 : 1970년 MRP Ⅰ, 1980년 MRP Ⅱ, 1990년 ERP, 2000년 이후 확장형 ERP

> 한 줄 요약 : MRP Ⅰ(70s) → MRP Ⅱ(80s) → ERP(90s)
> → 확장형(2000s)

04

답 ④

해 보기 핵심은 "인건비·근태·평가 데이터 분석" + "초과근무/이직위험 상승 시 사전 경고" + "교대제·충원·예산 조정으로 선제 대응 의사결정"입니다. 즉 분석·예측 기반 의사결정 지원(경영 조기경보 성격)에 해당.

> 한 줄 요약 : "지표 분석 + 위험 사전 경고 + 대응 의사결정"
> = 예측형 HR Analytics

05

답 ②

해 행동지향적 관리 인적자원관리 방식 중 인적자원의 능력계발과 만족감 증진에 관심을 두는 실천적 경영을 중시하는 관리법
① 인간중심적 관리는 종업원을 하나의 인격적 주체로 인식하는 관리
③ 전략지향적 관리는 경영자가 종업원들의 잠재능력개발에 주력하는 관리법
④ 미래지향적 관리는 인적자원의 활용, 보전보다는 미래지향적 관점에서 인력을 육성 및 계발

> 한 줄 요약 : 행동 지향적 관리 = 행동 통제/성과 행동

06

답 ①

해 직무 용어에서 직종(job family)이 일반적으로 "직업
(occupation)"에 해당
② 직위(position): 한 사람에게 부여된 직무상 위치/자리.
③ 과업(task): 수행해야 할 "일의 단위" (직무보다 더 작은
단위).
④ 직군(job group): 유사 직무의 집단(예: 사무직군/영업
직군).

> 📖 **한 줄 요약** : 직업(Occupation) 성격 = 직종(job family)

07

답 ①

해 후광 효과는 평가 대상의 특정 긍정적 또는 부정적 특성이
다른 특성들을 평가하는 데 전반적으로 영향을 미치는 오
류이며, 평가자의 주관적인 편견이 개입될 때 발생함
(김 대리의 좋은 인상(성실·책임감) 때문에 직무 가치를 높
게 판단함 → 후광 효과.)
② 가혹화 : 전반적으로 박하게 주는 경향
③ 관대화 : 전반적으로 후하게 주는 경향이지만, 보기처럼
"특정 대상의 좋은 인상 때문에"가 핵심이면 후광 효과
가 더 정확.
④ 중심화 : 중간만 주는 경향(극단 회피)

> 📖 **한 줄 요약** : 사람 인상 때문에 직무 가치까지 과대평가
> = 후광효과

08

답 ②

해 서열법은 직무들을 상대적인 가치 순서대로 나열하는 방
법이다.
서열법은 단점으로 "주관 개입", "직무 가치 차이를 수치로
파악 어려움", "유사 직무 많거나 직무 수 많으면 적용 어려
움"

> 📖 **한 줄 요약** : 서열법 단점(주관·유사 직무 /
> 직무 수 많으면 어려움 / "단순 파악"은 장점)

09

답 ④

해 내부 모집은 공개성/공정성이 중요합니다.
"비밀리에 할수록 신뢰 형성에 유리"는 오히려 불신·루머
를 키울 수 있어 부적절.

> 📖 **한 줄 요약** : 내부모집은 '비밀'이 아니라 '공개·공정'이
> 신뢰 포인트

10

답 ①

해 보기 – "기능 보유색인 작성→DB화→경력개발 활용"은 교
재의 기능 목록 제도(인재 목록 제도) 정의와 동일
② 자기 신고 제도는 종업원이 자신의 능력 등에 대하여 일
정한 양식의 자기 신고서에 작성하여 인사부문에 신고
하는 제도
③ 직무순환 제도는 담당 직무를 순차적으로 교체하여 개
인에게 폭넓은 경험을 제공하는 제도
④ 종합 평가센터 제도는 직원의 장래성, 리더십, 잠재력
등을 다양한 평가 기법을 통해 다각적으로 평가하고, 이
를 바탕으로 직원의 경력개발 계획을 체계적으로 수립

> 📖 **한 줄 요약** : 기능 보유 색인 DB로 경력개발 = 기능 목록 제도

11

답 ①

해 OJT는 "직무 현장에서 선임자/감독자가 개별적으로 직무
지식·기술을 훈련"하는 방식입니다.
따라서 "표준화된 대규모 인원 교육에 가장 효과적"은 오
히려 Off-JT(집합교육)에 가까움.

> 📖 **한 줄 요약** : OJT = 현장·개별 코칭 /
> 대규모 표준교육 = Off-JT

12

답 ①

해 승진관리는 보통 공정성 / 합리성 / 적정성 등 "선발·평가
의 타당성" 중심 원칙이 핵심.
"안정성"은 인사고과/임금 등 다른 관리에서 등장하는 표
현으로 안정성의 원칙은 해당하지 않는다.

> 📖 **한 줄 요약 : 승진원칙 핵심: 공정·합리·적정**

13

답 ②

해 단체교섭에서 노조의 영향력(힘), 기업의 경영권(권력)을
바탕으로 유리하게 전개 → 보상이 권력·영향력에 의해 결
정되는 "정치적 거래" 유형.
① 윤리적 거래 : 공정·윤리 의식 기반의 교환.
③ 사회적 거래 : 지위/관계/사회적 인정의 교환 성격.
④ 심리적 거래 : 만족감/인식된 보상 등 심리적 요소 중심.

> 📖 **한 줄 요약 : 노사 '힘'으로 보상 유리하게 = 정치적 거래**

14

답 ④

해 보기 – 목표 초과 달성/우수 실적 시 기본급 외 추가 보상,
결과 수준에 따라 차등 지급 → 성과에 따른 변동 보상
성과급제는 근로자의 직무 성과나 기업 기여도에 따라 임
금을 지급하는 형태를 말한다. 시간급제는 근로 시간에 따
라, 연봉제는 연간 단위로 임금을 책정하는 것이며, 능력급
제는 개인의 능력 수준에 따라 임금을 결정하는 방식
① 연봉제 : 연간 총액 중심(계약/고정 급여 비중). "초과 달
성 시 추가 보상"이 핵심이면 성과급이 더 정확.
② 능력급제 : 능력/직능 등급에 따라 임금 결정(성과와 구
분).
③ 시간급제 : 근로 시간에 비례해 지급(성과/목표 초과와
무관).

> 📖 **한 줄 요약 : 목표 초과 성과에 따라 차등 보상 = 성과급제**

15

답 ④

해 "육아·주거·자기계발 니즈 파악" + "직원이 상황에 맞게 항
목 선택"은 카페테리아식(선택적) 복리후생 정의와 동일

> 📖 **한 줄 요약 : 직원 니즈 조사 → 개인이 복지 항목 선택**
> **= 카페테리아식 복리후생**

16

답 ③

해 세무 행정에서 "과세자료"는 일반적으로 국세 과세(비과
세·과세 미달 포함) 판단에 활용되는 자료 범주로 보며, '탈
세정보'는 성격상 별도의 정보·제보(조사/추적) 범주로 분
리해 묻는 경우가 많음. 그래서, 탈세정보자료는 제외한다.
① 비과세 자료(직접 과세 근거) : 과세/비과세 판정 자체가
과세 행정에 필요하므로 자료로 활용될 수 있음.
② 비과세 자료(간접 근거) : 직접이든 간접이든 과세 판단
에 영향이 있으면 자료 범주로 묶일 여지가 큼.
④ 과세미달 자료(간접 근거): 과세 미달(기준 이하) 판단
역시 과세 행정에 필요한 자료 범주로 묶일 수 있음.

> 📖 **한 줄 요약 : 과세자료 : 직접 근거+간접 근거(포함)**

17

답 ③

해 원천징수이행상황신고서는 소득 지급일이 속하는 달의 다
음 달 10일까지 원천징수 이행상황 신고서를 제출한다.

> 📖 **한 줄 요약 : 월별 제출은 보통 "다음 달 10일"**

18

답 ②

해 "1개월 등 정산 기간 총 근로 시간만 정해두고, 그 범위 내에서 출퇴근/1일 근로 시간을 근로자가 자율 선택" + "핵심 근로 시간(코어타임) 둘 수 있음" → 선택적 근로시간제의 전형적 설명.

(선택적 근로시간제는 정산 기간의 총 근로 시간을 정해두고, 그 범위 내에서 근로자가 출퇴근 시간을 자유롭게 선택하여 근무할 수 있는 제도이다. 탄력적근로시간제는 특정 주의 근로 시간을 늘리는 대신 다른 주의 근로 시간을 줄여 평균 법정근로시간을 맞추는 제도)

① 재량 근로시간제 : 업무수행 방법/시간 배분을 근로자 재량으로 보되, '간주 시간' 개념(산정 방식)이 핵심

③ 탄력적 근로시간제 : 사용자가 업무량에 따라 특정 주/일에 근로시간을 늘리고 다른 기간에 줄여 평균을 맞추는 제도

④ 사업장 밖 간주 근로시간제 : 출장/외근 등 사업장 밖 근로에서 실제 시간 산정이 어려워 '간주'하는 제도.

> 📖 한 줄 요약 : 총량(정산 기간)만 맞추고 출퇴근 자율
> +코어타임 가능 = 선택적 근로시간제

19

답 ④

해 노동3권은 단결권, 단체교섭권, 단체행동권입니다.
경영참가권은 일반적으로 노동조합의 직접적인 권리로 보장되지 않는다. 노사협의회 등을 통해 경영 사항에 대해 협의하거나 의견을 제시할 수는 있으나, 최종 의사결정에 대한 직접적인 권한은 없다.

> 📖 한 줄 요약 : 노동3권 = 단결·교섭·행동

20

답 ②

해 단체협약 미이행, 약속 불이행 등 분쟁/불만(고충)을 노조가 사용자와 협의하여 해결하는 절차는 고충처리제도
(고충처리제도란 단체협약서의 미실행 혹은 단체협약서의 약속이 달리 적용될 경우 등 노사 간 분쟁 시 해당 근로자를 대신하여 노동조합에서 사용자 측과 협상하고 해결해 주는 제도)

> 📖 한 줄 요약 : 노사 분쟁·불만 해결 절차 = 고충처리제도

6회 2025년 11월 기출문제 해설 (실무)

정답

01	②	02	③	03	③	04	④	05	①	06	②	07	①	08	③	09	④	10	②
11	④	12	①	13	②	14	③	15	①	16	④	17	③	18	④	19	②	20	①

01

답 ②

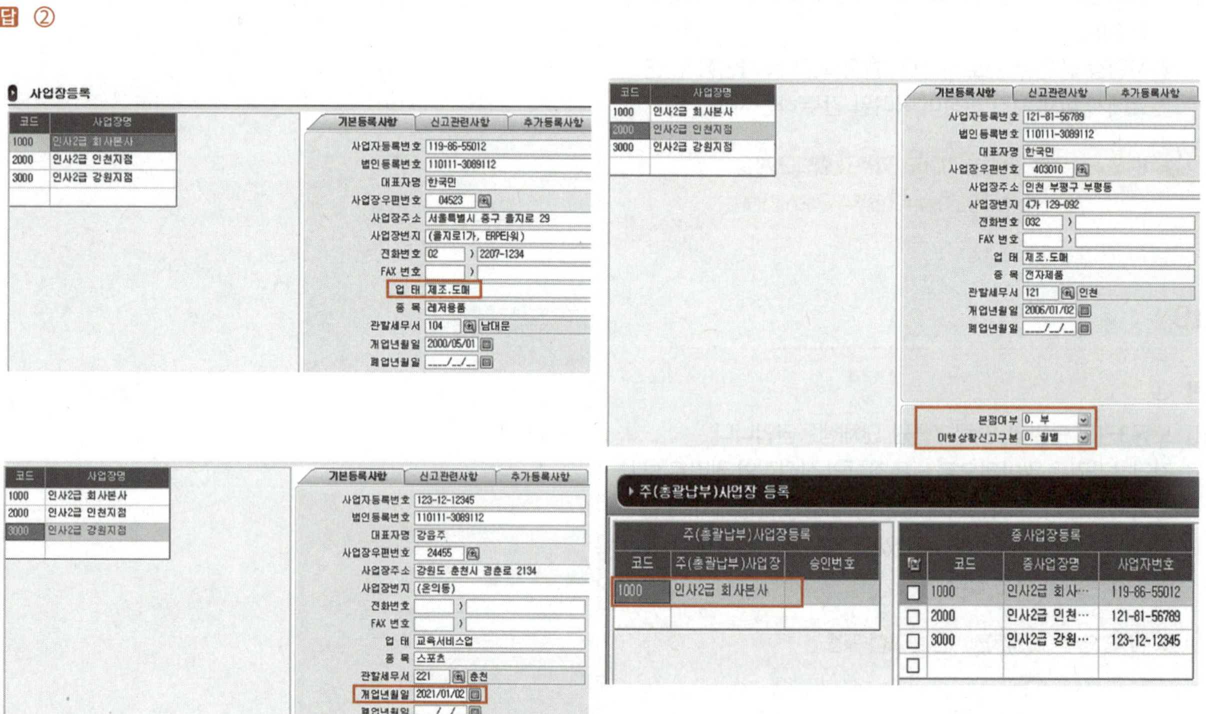

해 시스템 관리 → 회사등록정보 → 사업장등록 → 조회 후 문제 풀이 진행

② [2000.인사 2급 인천지점] 사업장은 월별로 이행상황신고서를 제출한다.

02

답 ③

부서등록

부서코드	부서명	사업장코드	사업장명	부문코드	부문명	사용기간	사용기간
1100	총무부	1000	인사2급 회사본사	1000	관리부문	2000/05/01	
1200	경리부	1000	인사2급 회사본사	1000	관리부문	2000/05/01	
1300	기획부	1000	인사2급 회사본사	2000	영업부문	2015/01/01	2019/12/31
2100	국내영업부	1000	인사2급 회사본사	2000	영업부문	2000/05/01	
2200	해외영업부	1000	인사2급 회사본사	2000	영업부문	2000/05/01	2025/12/31
3100	관리부	2000	인사2급 인천지점	1000	관리부문	2006/01/01	
4100	생산부	2000	인사2급 인천지점	4000	생산부문	2006/01/01	
5100	자재부	2000	인사2급 인천지점	5000	자재부문	2006/01/01	
6100	연구개발부	1000	인사2급 회사본사	7000	AI연구부문	2020/01/01	
7100	교육부	3000	인사2급 강원지점	6000	교육부문	2021/01/02	

▶부문등록

부문코드	부문명	사용기간	
1000	관리부문	2000/05/01	
2000	영업부문	2000/05/01	
3000	관리부문(인천지점)	2008/01/01	2019/12/31
4000	생산부문	2006/01/01	
5000	자재부문	2006/01/01	
6000	교육부문	2021/01/01	
7000	AI연구부문	2025/04/01	

해 시스템관리 → 회사등록정보 → 부서등록(조회 기준일 적용) → 부문 등록 및 부서등록 조회 후 문제 풀이 진행

① 2025/11/22 기준, 현재 사용 중인 부서는 모두 9개다.

② 2025/11/22 기준, 현재 사용 중인 부서는 ERP에 등록된 모든 사업장에 각각 속해있다.

④ 현재 등록된 부문 중 [3000.관리부문(인천지점)] 부문을 제외하고 사용 중이다.

03

답 ③

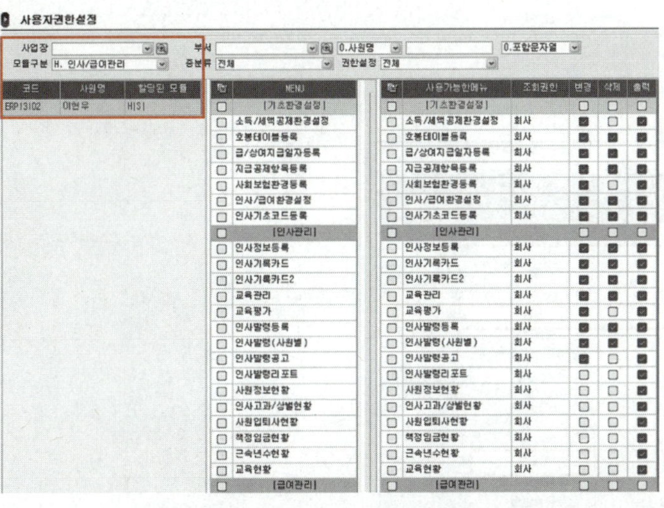

	사용가능한메뉴	조회권한	변경	삭제	출력
	[기초환경설정]		☐	☐	☐
☐	소득/세액공제환경설정	회사	☑	☐	☑
☐	호봉테이블등록	회사	☑	☑	☑
☐	급/상여지급일자등록	회사	☑	☑	☑
☐	지급공제항목등록	회사	☑	☑	☑
☐	사회보험환경등록	회사	☑	☑	☑
☐	인사/급여 환경설정	회사	☑	☑	☑
☐	인사기초코드등록	회사	☑	☑	☑
	[인사관리]		☐	☐	☐
☐	인사정보등록	회사	☑	☑	☑
☐	인사기록카드	회사	☑	☑	☑
☐	인사기록카드2	회사	☑	☑	☑

	[급여관리]		☐	☐	☐
☐	근태결과입력	회사	☑	☑	☑
☐	상용직급여입력및계산	회사	☑	☑	☑
☐	급여대장	회사	☑	☐	☑
☐	급여명세	사업장	☑	☐	☑
☐	급/상여이체현황	회사	☐	☐	☑

	[일용직관리]		☐	☐	☐
☐	일용직사원등록	회사	☑	☑	☑
☐	일용직급여지급일자등록	회사	☑	☐	☑
☐	일용직급여입력및계산	회사	☑	☑	☑

해 시스템관리 → 회사등록정보 → 사용자권한설정(모듈(인사/급여관리)) 조회 → 메뉴 확인 후 문제풀이

③ 관리자가 속한 사업장의 근로자 급여명세서를 출력하여 전달할 수 있다.

답 ④

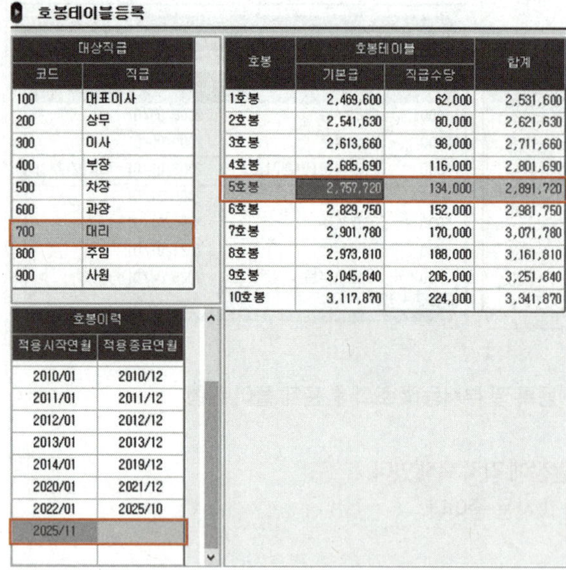

해 인사/급여관리 → 기초환경설정 → 호봉테이블등록(대상직급(대리), 적용시작연월(2025년 11월)) → 일괄등록 → 일괄인상(정률, 정액 적용) → 조회 후 문제 풀이 진행

답 ①

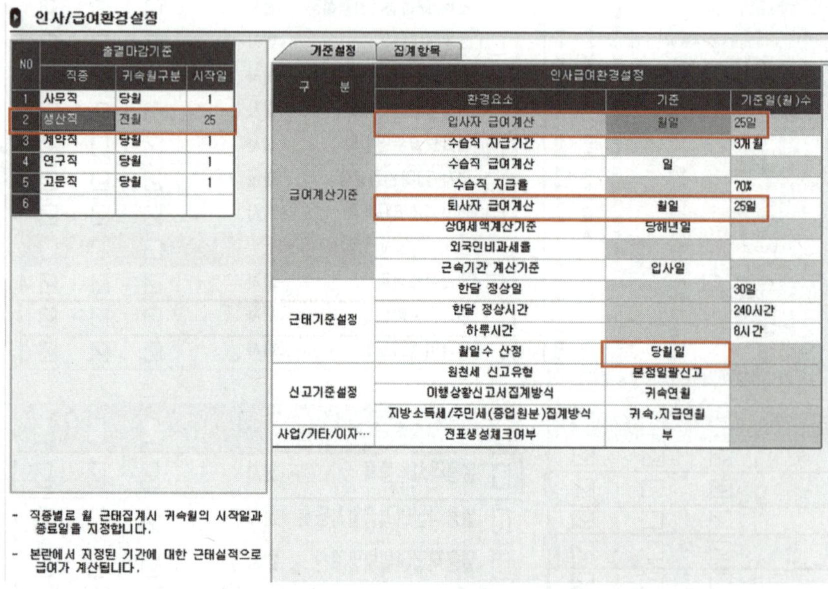

해 인사/급여관리 → 기초환경설정 → 인사/급여환경설정 → 조회 후 문제 풀이 진행
　① 입사자의 급여계산은 기준 일(월)수에 따라 일할계산 또는 월할계산을 진행한다. 보기의 입사자는 기준일(월)수인 25일을 넘겨 일했기 때문에 정상 월 급여인 300만원을 지급받는다.

답 ②

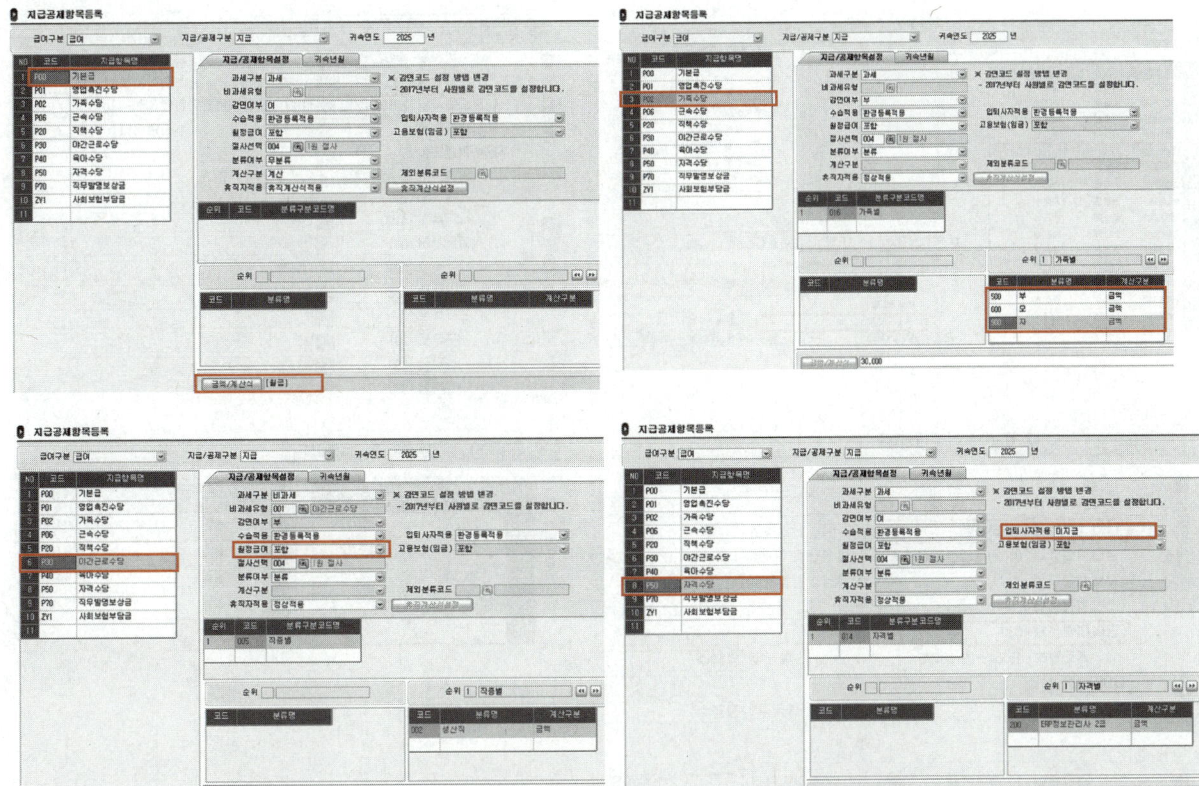

해 인사/급여관리 → 기초환경설정 → 지급공제항목등록(마감취소) → 급여구분(급여), 지급/공제구분(지급), 귀속년도(2025년) 조회
→ 항목별 확인 후 문제 풀이 진행
② [P02.가족수당]에 등록된 가족별 수당금액은 [900.자]는 30,000원으로 책정 되어있고, 그 외 부양가족은 100,000원으로 책정되어 있다.

답 ①

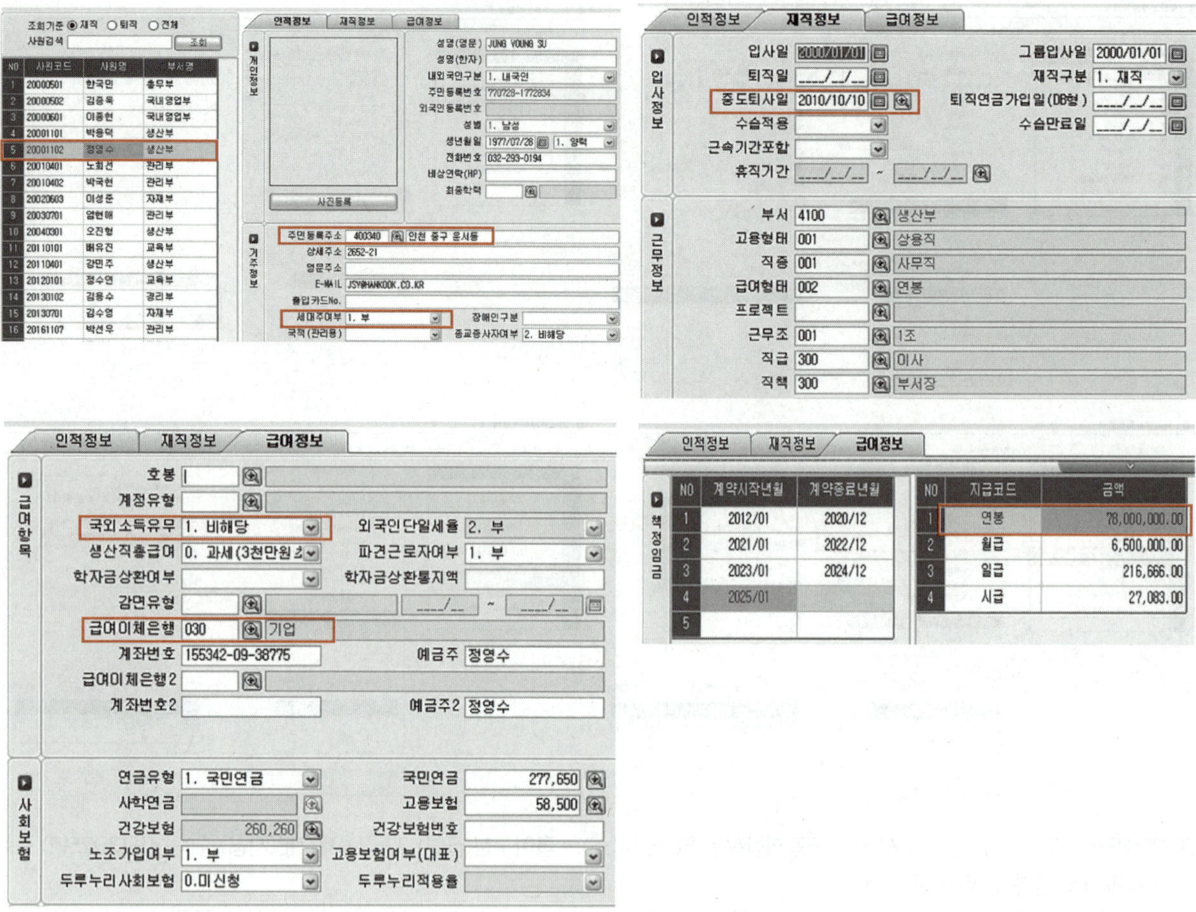

해 인사/급여관리 → 인사관리 → 인사정보등록 → 조회 후 문제 풀이 진행

*급여 정보 탭에서 급여정보를 확인 할때는 ctrl+F3를 눌러서 암호를 해제하고 연봉을 확인함.

08

답 ③

● 교육현황

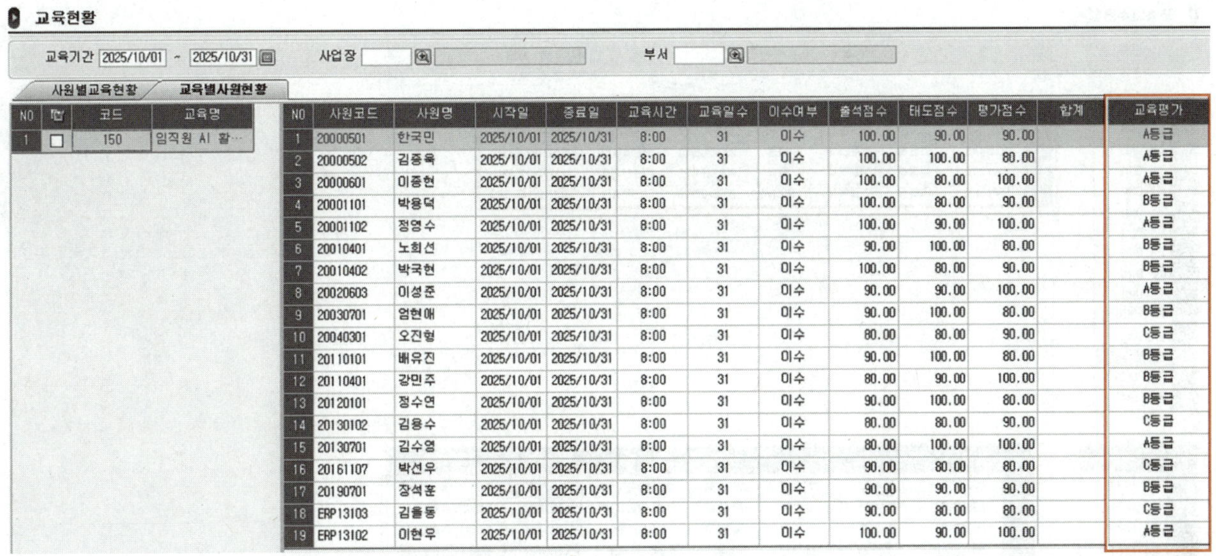

교육기간 2025/10/01 ~ 2025/10/31   사업장 [ ]   부서 [ ]

사원별교육현황 | 교육별사원현황

NO		코드	교육명
1	☐	150	임직원 AI 활…

NO	사원코드	사원명	시작일	종료일	교육시간	교육일수	이수여부	출석점수	태도점수	평가점수	합계	교육평가
1	20000501	한국민	2025/10/01	2025/10/31	8:00	31	이수	100.00	90.00	90.00		A등급
2	20000502	김종욱	2025/10/01	2025/10/31	8:00	31	이수	100.00	100.00	80.00		A등급
3	20000601	이종현	2025/10/01	2025/10/31	8:00	31	이수	100.00	80.00	100.00		A등급
4	20001101	박용덕	2025/10/01	2025/10/31	8:00	31	이수	100.00	80.00	90.00		B등급
5	20001102	정영수	2025/10/01	2025/10/31	8:00	31	이수	100.00	90.00	100.00		A등급
6	20010401	노희선	2025/10/01	2025/10/31	8:00	31	이수	90.00	100.00	80.00		B등급
7	20010402	박국현	2025/10/01	2025/10/31	8:00	31	이수	100.00	80.00	90.00		B등급
8	20020603	이성준	2025/10/01	2025/10/31	8:00	31	이수	90.00	90.00	100.00		A등급
9	20030701	엄현애	2025/10/01	2025/10/31	8:00	31	이수	90.00	100.00	80.00		B등급
10	20040301	오진형	2025/10/01	2025/10/31	8:00	31	이수	80.00	80.00	90.00		C등급
11	20110101	배유진	2025/10/01	2025/10/31	8:00	31	이수	90.00	100.00	80.00		B등급
12	20110401	강민주	2025/10/01	2025/10/31	8:00	31	이수	80.00	90.00	100.00		B등급
13	20120101	정수연	2025/10/01	2025/10/31	8:00	31	이수	90.00	100.00	80.00		B등급
14	20130102	김용수	2025/10/01	2025/10/31	8:00	31	이수	80.00	80.00	90.00		C등급
15	20130701	김수영	2025/10/01	2025/10/31	8:00	31	이수	80.00	100.00	100.00		A등급
16	20161107	박선우	2025/10/01	2025/10/31	8:00	31	이수	90.00	80.00	80.00		C등급
17	20190701	장석훈	2025/10/01	2025/10/31	8:00	31	이수	90.00	90.00	90.00		B등급
18	ERP13103	김을동	2025/10/01	2025/10/31	8:00	31	이수	90.00	80.00	80.00		C등급
19	ERP13102	이현우	2025/10/01	2025/10/31	8:00	31	이수	100.00	90.00	100.00		A등급

해 인사/급여관리 → 인사관리 → 교육현황(교육기간(2025년 10월) → 조후 문제 풀이 진행
교육평가 A등급 : 200,000원 × 7명 = 1,400,000원
교육평가 B등급 : 100,000원 × 8명 = 800,000원

09

답 ④

● 인사고과/상벌현황

고과현황 | 상벌현황

상벌코드 전체 ▾ 100 우수표창 ▾ 🔍   사업장 [ ] ▾ 🔍
사원코드 [ ] ▾ 🔍   퇴사자 0.제외 ▾   포상/징계일자 2025/01/01 ~ 2025/12/31

NO	사원코드	사원명	구분	포상/징계명	포상/징계일자	징계기간	포상/징계내역
1	20000601	이종현	포상	우수표창	2025/03/31	~	우수사원 인센티브 지급 건
2	20010401	노희선	포상	우수표창	2025/03/31	~	우수사원 인센티브 지급 건
3	20030701	엄현애	포상	우수표창	2025/06/30	~	우수사원 인센티브 지급 건
4	20110101	배유진	포상	우수표창	2025/06/30	~	우수사원 인센티브 지급 건
5	20110401	강민주	포상	우수표창	2025/03/31	~	우수사원 인센티브 지급 건
6	20130102	김용수	포상	우수표창	2025/06/30	~	우수사원 인센티브 지급 건
7	20161107	박선우	포상	우수표창	2025/09/30	~	우수사원 인센티브 지급 건

해 인사/급여관리 → 인사관리 → 인사고과/상벌현황(상벌코드(100), 퇴사자(제외), 포상/징계일자(2025년)) 조회

답 ②

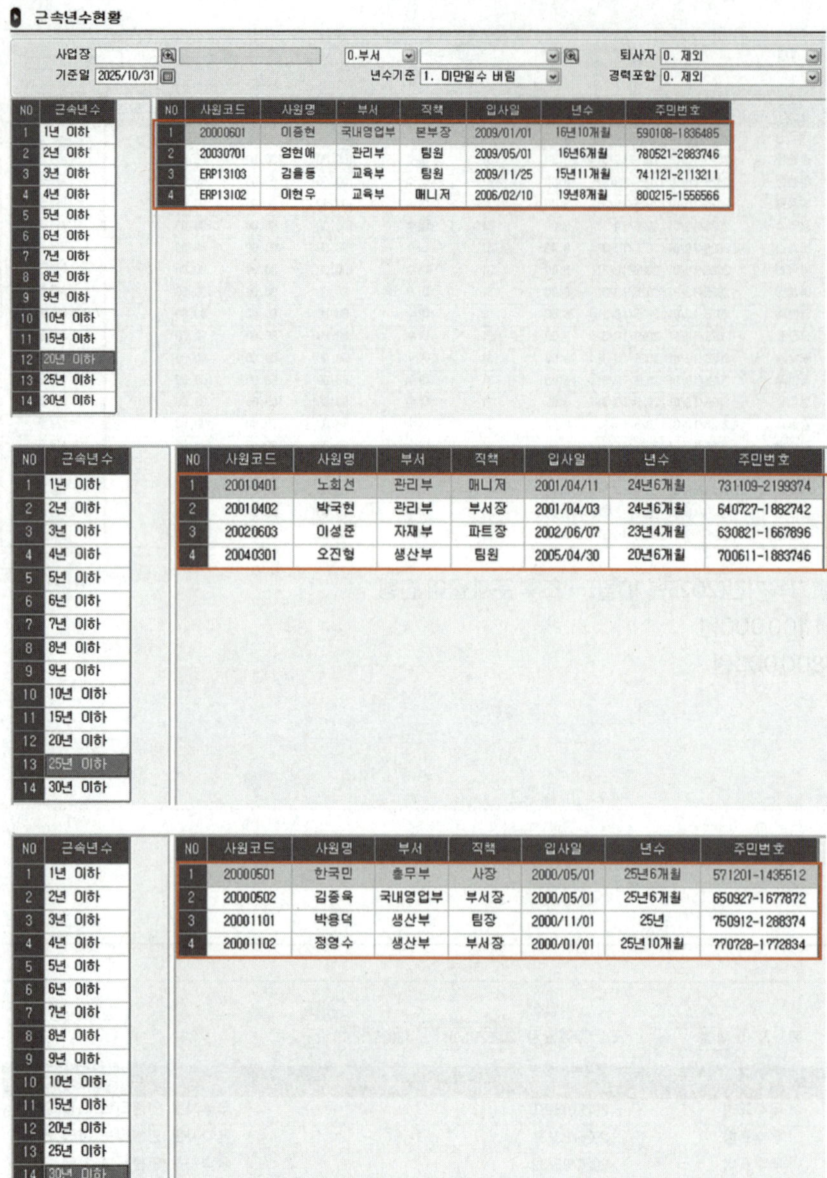

근속년수현황

조회조건: 사업장 / 기준일 2025/10/31 / 0.부서 / 년수기준 1. 미만일수 버림 / 퇴사자 0. 제외 / 경력포함 0. 제외

[NO / 근속년수] 목록: 1 1년 이하, 2 2년 이하, 3 3년 이하, 4 4년 이하, 5 5년 이하, 6 6년 이하, 7 7년 이하, 8 8년 이하, 9 9년 이하, 10 10년 이하, 11 15년 이하, 12 20년 이하, 13 25년 이하, 14 30년 이하

(12 20년 이하 선택)

NO	사원코드	사원명	부서	직책	입사일	년수	주민번호
1	20000601	이중현	국내영업부	본부장	2009/01/01	16년10개월	590108-1836485
2	20030701	엄현애	관리부	팀원	2009/05/01	16년6개월	780521-2883746
3	ERP13103	김을동	교육부	팀원	2009/11/25	15년11개월	741121-2113211
4	ERP13102	이현우	교육부	매니저	2006/02/10	19년8개월	800215-1556566

(13 25년 이하 선택)

NO	사원코드	사원명	부서	직책	입사일	년수	주민번호
1	20010401	노회선	관리부	매니저	2001/04/11	24년6개월	731109-2199374
2	20010402	박국현	관리부	부서장	2001/04/03	24년6개월	640727-1882742
3	20020603	이성준	자재부	파트장	2002/06/07	23년4개월	630821-1667896
4	20040301	오진형	생산부	팀원	2005/04/30	20년6개월	700611-1883746

(14 30년 이하 선택)

NO	사원코드	사원명	부서	직책	입사일	년수	주민번호
1	20000501	한국민	총무부	사장	2000/05/01	25년6개월	571201-1435512
2	20000502	김종욱	국내영업부	부서장	2000/05/01	25년6개월	650927-1677872
3	20001101	박용덕	생산부	팀장	2000/11/01	25년	750912-1288374
4	20001102	정영수	생산부	부서장	2000/01/01	25년10개월	770728-1772834

해 인사/급여관리 → 인사관리 → 근속년수현황(2025년 10월 31일), 년수기준(미만일수 버림), 경력(제외)) → 조회
1.근속년수 15년 이상 20년 미만자 근속수당 : 150,000원 × 대상자 4명 : 600,000원
2.근속년수 20년 이상자 근속수당 : 200,000원 × 대상자 8명 : 1,600,000원

답 ④

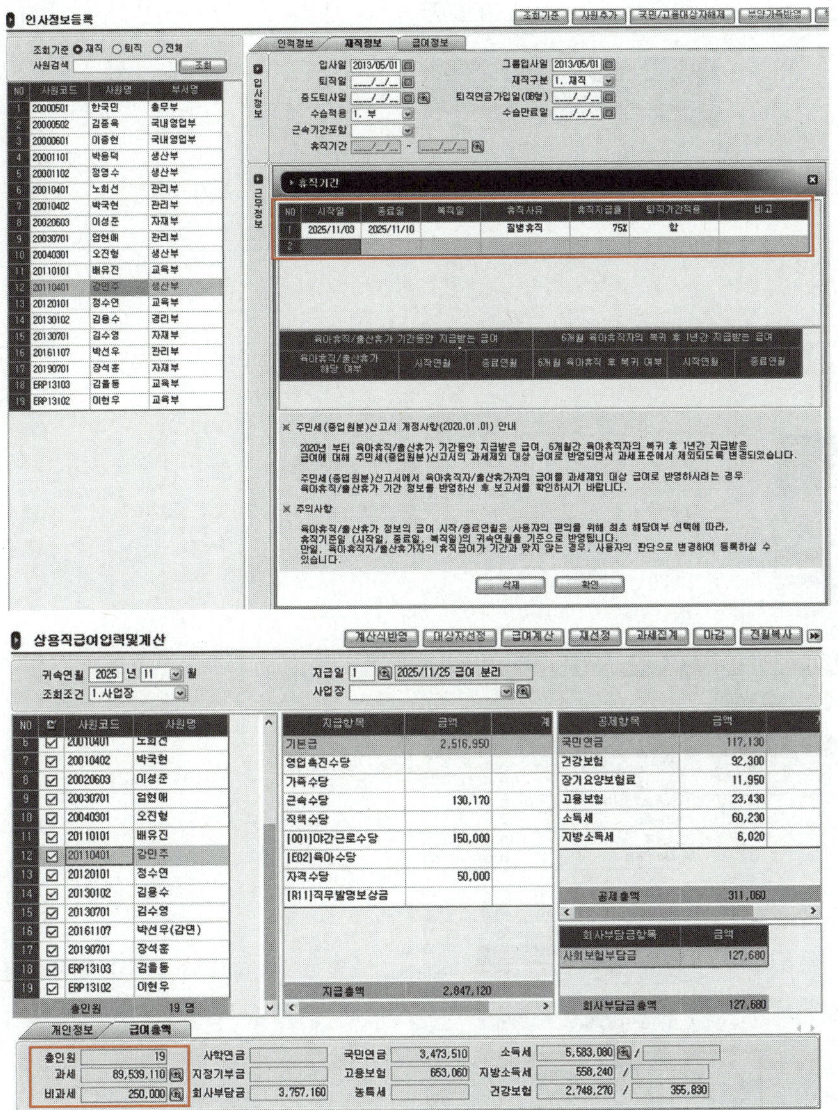

인사/급여관리 → 인사관리 → 인사정보등록 → 김민주 사원 선택 후 재직정보탭에서 휴직 기간 입력 → 상용직급여입력및계산(귀속연월(2025년 11월), 지급일(1), 조회) → 김민주 선택(재선정) → 전체선택(급여계산)

답 ①

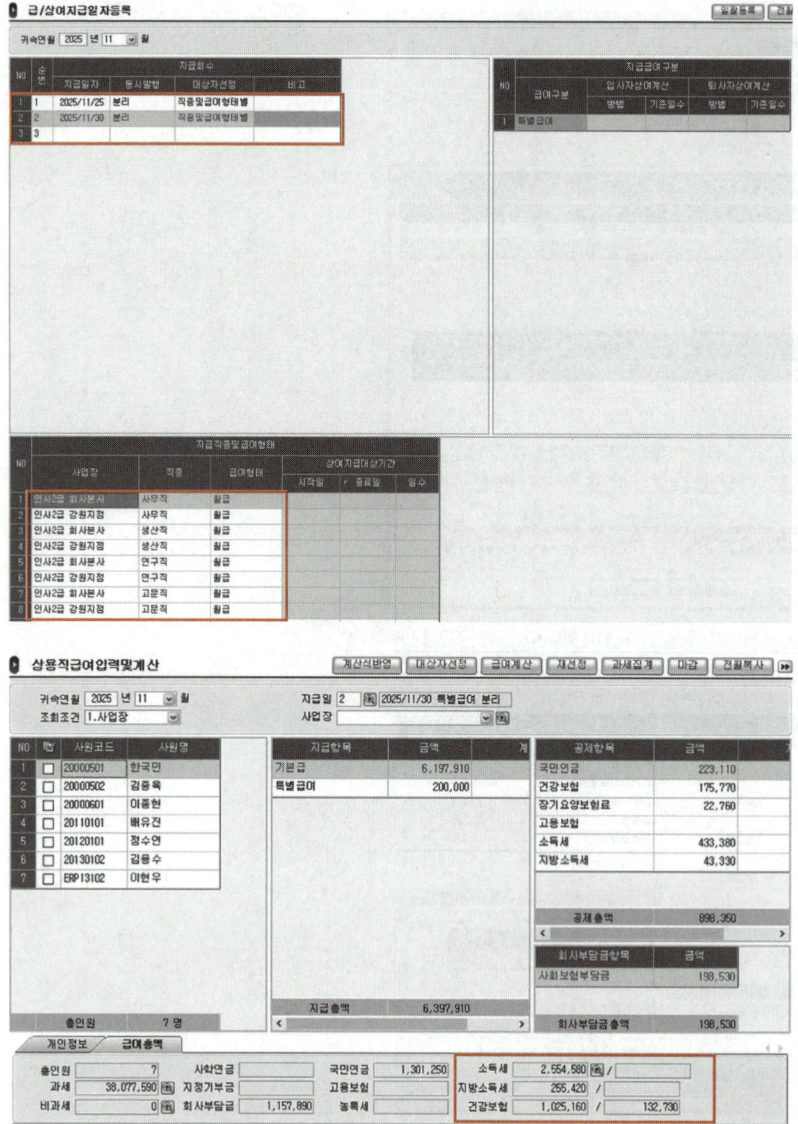

해 인사/급여관리 → 기초환경설정 → 급/상여지급일자등록(특별급여 등록) → 급여관리 → 상용직급여입력및계산(귀속연월(2025년 11월), 지급일(2)) 조회 → 전체 체크 후 급여계산 → 조회 후 문제 풀이 진행

13

답 ②

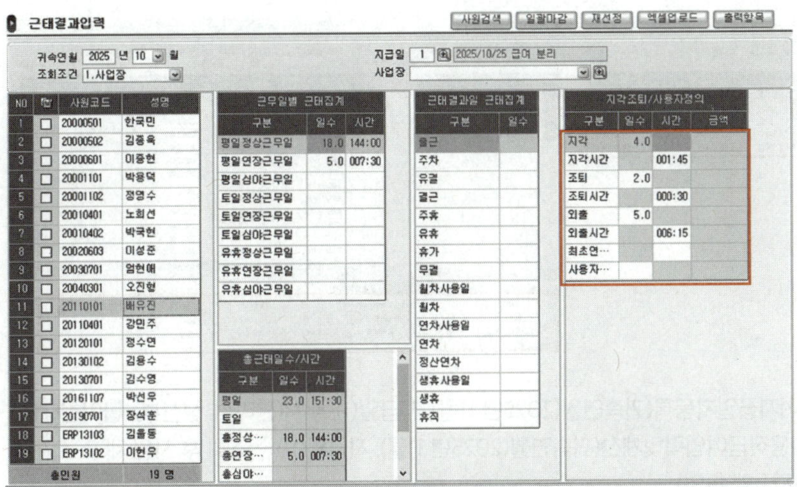

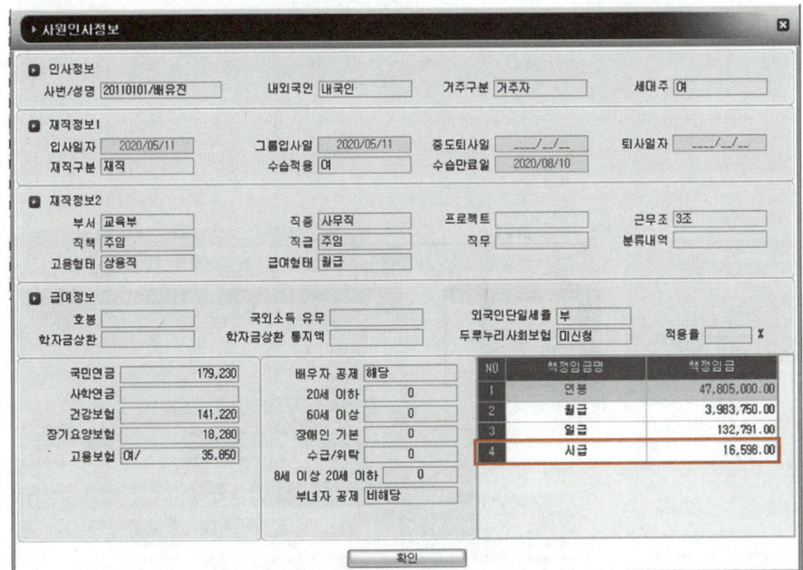

해 인사/급여관리 → 급여관리 → 근태결과 입력(우클릭 사원인사정보 확인) → 귀속연월(2025년 10월), 지급일(1) → 조회 후 문제 풀이 진행(지각/조퇴시간 확인 계산)

(책정임금 시급 : 16,598원)

1유형 공제액 : (0.5 + 6.25) × 2.25 × 16,598원 = 252,080원 (252,082.125)

2유형 공제액 : (1.75) × 2.75 × 16,598원 = 79,870원 (79,877.875)

* 기본급 공제액 : 252,080원 + 79,870원 = 331,950원

답 ③

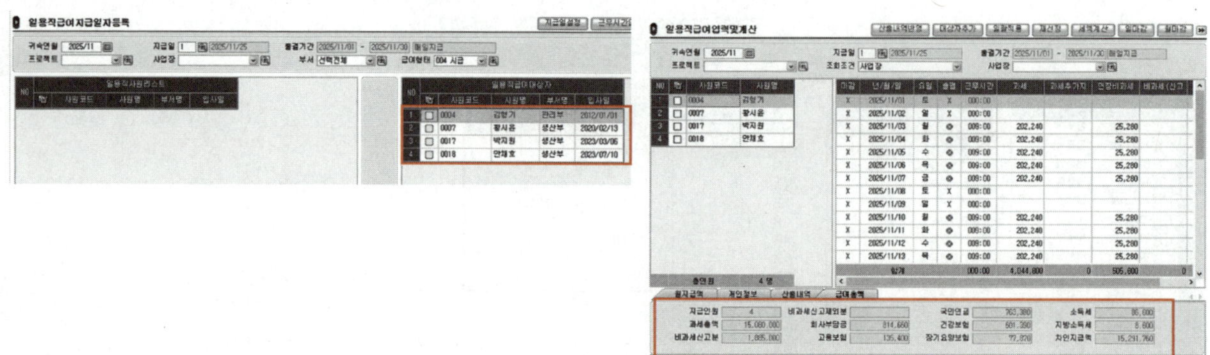

해 인사/급여관리 → 일용직관리 → 일용직급여지급일자등록(귀속연월(2025년 11월), 지급일(1), 부서(관리부, 생산부), 급여형태(시급)) 조회 후 사원 체크 우측으로 이동 → 일용직급여입력및계산(귀속연월(2025년 11월), 지급일(1)) → 조회 후 사원 체크 → 일괄 적용(평일) → 조회 후 문제 풀이 진행(차인지급액 확인)

15

답 ①

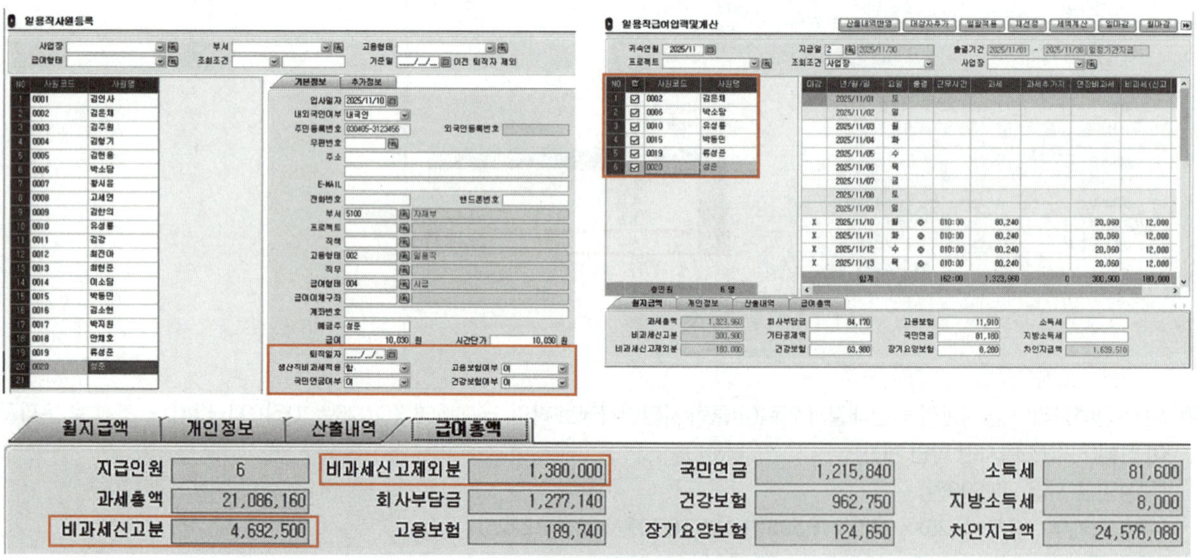

해 인사/급여관리 → 일용직관리 → 일용직사원등록(성준 사원 데이터 변경) → 일용직급여입력및계산(귀속연원(2025년 11월), 지급일(2)) 조회 → 성준사원 체크 후 재선정 → 전체사원 체크 후 일괄 적용 진행
② 11월 10일 입사자인 [0020.성준]은 18일을 근무했다.
③ 대상자들의 과세총액과 비과세총액(비과세신고분+비과세신고제외분)의 합은 27,158,660원이다.
④ 일부 대상자들의 급여에서 소득세가 공제되었다.

16

답 ④

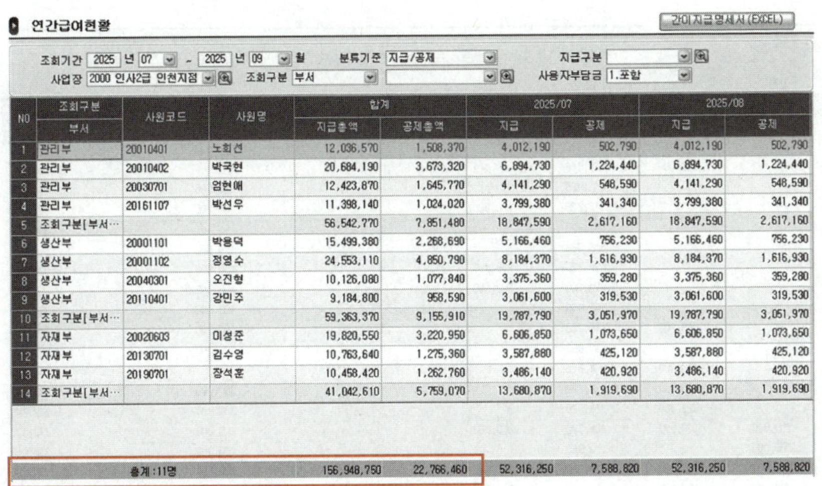

NO	조회구분 부서	사원코드	사원명	합계 지급총액	합계 공제총액	2025/07 지급	2025/07 공제	2025/08 지급	2025/08 공제
1	관리부	20010401	노회선	12,036,570	1,508,370	4,012,190	502,790	4,012,190	502,790
2	관리부	20010402	박국현	20,684,190	3,673,320	6,894,730	1,224,440	6,894,730	1,224,440
3	관리부	20030701	엄현애	12,423,870	1,645,770	4,141,290	548,590	4,141,290	548,590
4	관리부	20161107	박선우	11,398,140	1,024,020	3,799,380	341,340	3,799,380	341,340
5	조회구분[부서…			56,542,770	7,851,480	18,847,590	2,617,160	18,847,590	2,617,160
6	생산부	20001101	박용덕	15,499,380	2,268,690	5,166,460	756,230	5,166,460	756,230
7	생산부	20001102	정영수	24,553,110	4,850,790	8,184,370	1,616,930	8,184,370	1,616,930
8	생산부	20040301	오진형	10,126,080	1,077,840	3,375,360	359,280	3,375,360	359,280
9	생산부	20110401	강민주	9,184,800	958,590	3,061,600	319,530	3,061,600	319,530
10	조회구분[부서…			59,363,370	9,155,910	19,787,790	3,051,970	19,787,790	3,051,970
11	자재부	20020603	이성준	19,820,550	3,220,950	6,606,850	1,073,650	6,606,850	1,073,650
12	자재부	20130701	김수영	10,763,640	1,275,360	3,587,880	425,120	3,587,880	425,120
13	자재부	20190701	장석훈	10,458,420	1,262,760	3,486,140	420,920	3,486,140	420,920
14	조회구분[부서…			41,042,610	5,759,070	13,680,870	1,919,690	13,680,870	1,919,690
	총계:11명			156,948,750	22,766,460	52,316,250	7,588,820	52,316,250	7,588,820

해 인사/급여관리 → 급여관리 → 연간 급여현황(조회기간(2025년 3분기), 분류기준(지급/공제), 사업장(인천지점), 사용자부담금(포함)) → 조회 후 문제 풀이 진행

17

답 ③

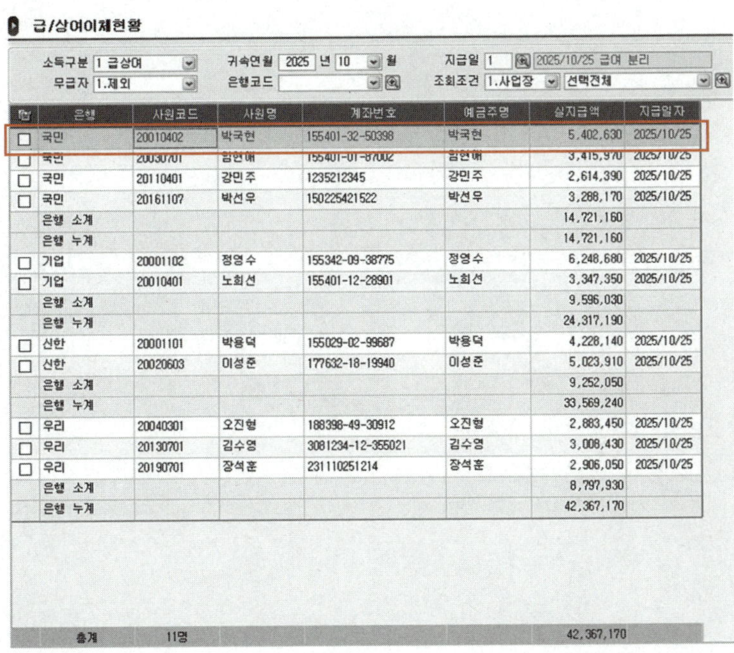

	은행	사원코드	사원명	계좌번호	예금주명	실지급액	지급일자
☐	국민	20010402	박국현	155401-32-50398	박국현	5,402,630	2025/10/25
☐	국민	20030701	엄현애	155401-01-87002	엄현애	3,415,970	2025/10/25
☐	국민	20110401	강민주	1235212345	강민주	2,614,390	2025/10/25
☐	국민	20161107	박선우	150225421522	박선우	3,288,170	2025/10/25
	은행 소계					14,721,160	
	은행 누계					14,721,160	
☐	기업	20001102	정영수	155342-09-38775	정영수	6,248,680	2025/10/25
☐	기업	20010401	노회선	155401-12-28901	노회선	3,347,350	2025/10/25
	은행 소계					9,596,030	
	은행 누계					24,317,190	
☐	신한	20001101	박용덕	155029-02-99687	박용덕	4,228,140	2025/10/25
☐	신한	20020603	이성준	177632-18-19940	이성준	5,023,910	2025/10/25
	은행 소계					9,252,050	
	은행 누계					33,569,240	
☐	우리	20040301	오진형	188398-49-30912	오진형	2,883,450	2025/10/25
☐	우리	20130701	김수영	3081234-12-355021	김수영	3,008,430	2025/10/25
☐	우리	20190701	장석훈	231110251214	장석훈	2,906,050	2025/10/25
	은행 소계					8,797,930	
	은행 누계					42,367,170	
	총계	11명				42,367,170	

해 인사/급여관리 → 급여관리 → 급/상여이체현황(소득구분(급상여), 귀속연월(2025년 10월), 지급일(1), 무급자(제외), 사업장(인천지점)) → 조회 후 문제 풀이 진행

답 ④

● 월별급/상여지급현황

| 조회기간 | 2025 | 년 | 07 | 월 | ~ | 2025 | 년 | 09 | 월 | 지급일 | | 지급구분 | 100 급여 |
| 조회구분 | 2.부서 | | | | | | | | | 부서 | | | |

부서	사원코드	사원명	기본급	영업촉진수당	가족수당	근속수당	직책수당	야간근로수당	육아수당	자격수당	직무발명보상금	사회보험부담금
경리부	20130102	김용수	7,814,200		520,000	586,040						383,180
			7,814,200		520,000	586,040						383,180
부서 소계			7,814,200		520,000	586,040						383,180
관리부	20010401	노희선	9,913,500			1,486,920				150,000		486,150
관리부	20010402	박국현	16,374,990			2,456,220	900,000			150,000		802,980
관리부	20030701	엄현애	10,812,480			1,081,200						530,190
관리부	20161107	박선우	10,392,150			346,380				150,000		509,610
			47,493,120			5,370,720	900,000			450,000		2,328,930
부서 소계			47,493,120			5,370,720	900,000			450,000		2,328,930
교육부	20110101	배유진	7,967,500			165,980				100,000		390,700
교육부	20120101	정수연	9,125,000		60,000	418,220				100,000		382,500
교육부	ERP13103	김흘동	10,208,460			957,000				100,000		500,600
교육부	ERP13102	이현우	8,125,000		460,000	964,820						398,440
			35,425,960		520,000	2,506,020				300,000		1,672,240
부서 소계			35,425,960		520,000	2,506,020				300,000		1,672,240
국내영업부	20000502	김종욱	9,020,000	200,000	120,000	1,409,320	600,000			100,000		442,320
국내영업부	20000601	이종현	7,195,820	200,000		719,560				100,000		352,860
			16,215,820	400,000	120,000	2,128,880	600,000			200,000		795,180
부서 소계			16,215,820	400,000	120,000	2,128,880	600,000			200,000		795,180
생산부	20001101	박용덕	12,551,250			1,882,650	450,000					615,480
생산부	20001102	정영수	19,500,000			3,046,830	900,000			150,000		956,280
생산부	20040301	오진형	8,113,980			1,014,210		450,000		150,000		397,890
생산부	20110401	강민주	7,811,250			390,510		450,000		150,000		383,040
			47,976,480			6,334,200	1,350,000	900,000		450,000		2,352,690
부서 소계			47,976,480			6,334,200	1,350,000	900,000		450,000		2,352,690

해 인사/급여관리 → 급여관리 → 월별급/상여지급현황(조회기간(2025년 3분기), 지급구분(100), 조회구분(부서)) → 조회 후 문제 풀이 진행(④ '생산부'의 야간근로수당 : 900,000원)

19

답 ②

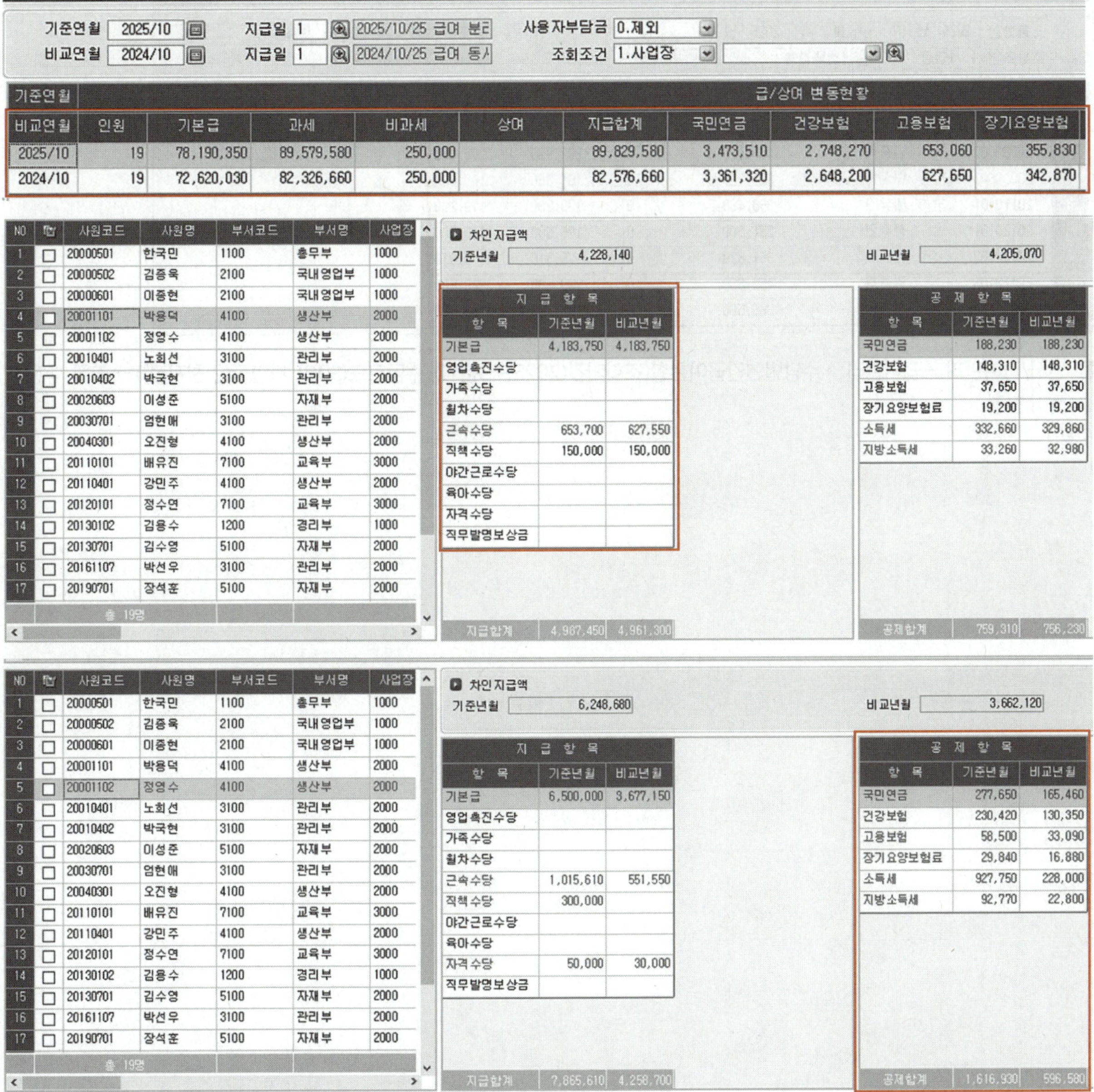

급/상여변동현황 요약

비교연월	인원	기본급	과세	비과세	상여	지급합계	국민연금	건강보험	고용보험	장기요양보험
2025/10	19	78,190,350	89,579,580	250,000		89,829,580	3,473,510	2,748,270	653,060	355,830
2024/10	19	72,620,030	82,326,660	250,000		82,576,660	3,361,320	2,648,200	627,650	342,870

사원 목록

NO	사원코드	사원명	부서코드	부서명	사업장
1	20000501	한국민	1100	총무부	1000
2	20000502	김종욱	2100	국내영업부	1000
3	20000601	이종현	2100	국내영업부	1000
4	20001101	박용덕	4100	생산부	2000
5	20001102	정영수	4100	생산부	2000
6	20010401	노희선	3100	관리부	2000
7	20010402	박국현	3100	관리부	2000
8	20020603	이성준	5100	자재부	2000
9	20030701	엄현애	3100	관리부	2000
10	20040301	오진형	4100	생산부	2000
11	20110101	배유진	7100	교육부	3000
12	20110401	강민주	4100	생산부	2000
13	20120101	정수연	7100	교육부	3000
14	20130102	김용수	1200	경리부	1000
15	20130701	김수영	5100	자재부	2000
16	20161107	박선우	3100	관리부	2000
17	20190701	장석훈	5100	자재부	2000
				총 19명	

차인지급액 기준년월 4,228,140 비교년월 4,205,070

지급항목	기준년월	비교년월
기본급	4,183,750	4,183,750
영업촉진수당		
가족수당		
월차수당		
근속수당	653,700	627,550
직책수당	150,000	150,000
야간근로수당		
육아수당		
자격수당		
직무발명보상금		
지급합계	4,987,450	4,961,300

공제항목	기준년월	비교년월
국민연금	188,230	188,230
건강보험	148,310	148,310
고용보험	37,650	37,650
장기요양보험료	19,200	19,200
소득세	332,660	329,860
지방소득세	33,260	32,980
공제합계	759,310	756,230

차인지급액 기준년월 6,248,680 비교년월 3,662,120

지급항목	기준년월	비교년월
기본급	6,500,000	3,677,150
영업촉진수당		
가족수당		
월차수당		
근속수당	1,015,610	551,550
직책수당	300,000	
야간근로수당		
육아수당		
자격수당	50,000	30,000
직무발명보상금		
지급합계	7,865,610	4,258,700

공제항목	기준년월	비교년월
국민연금	277,650	165,460
건강보험	230,420	130,350
고용보험	58,500	33,090
장기요양보험료	29,840	16,880
소득세	927,750	228,000
지방소득세	92,770	22,800
공제합계	1,616,930	596,580

해 인사/급여관리 → 급여관리 → 사원별급/상여변동현황(기준연월, 비교연월 입력), 사용자 부담금(제외) 조회 → 문제 풀이 진행
② 4대 사회보험의 모든 금액이 상승했다.

답 ①

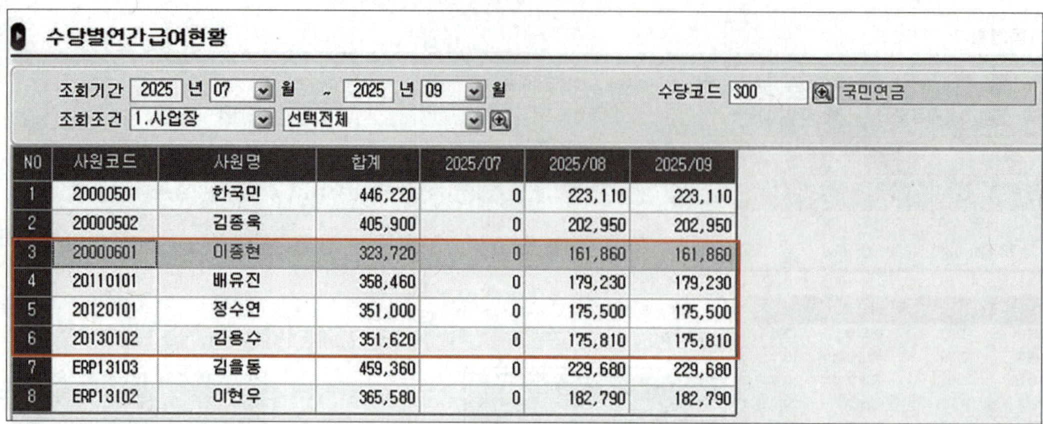

해 인사/급여관리 → 급여관리 → 수당별연간급여현황(조회기간(2025년 3분기), 수당코드(S00), 사업장(인천지점)) → 조회 후 문제
풀이 진행

정답

01	②	02	③	03	④	04	③	05	④
06	④	07	④	08	②	09	④	10	①
11	④	12	③	13	②	14	④	15	④
16	③	17	①	18	③	19	②	20	④

01

답 ②

해 출퇴근 기록(정형), 설문 텍스트/면접 영상/SNS 후기(비정형)처럼 서로 다른 형태의 데이터가 함께 존재하고, "비정형 데이터 비중 증가"를 강조합니다. → 5V 중 다양성(Variety)에 해당함.
① Value : "분석을 통해 비용절감/성과향상 등 가치 창출 결과"가 핵심이어야 함.
③ Veracity : 데이터 신뢰성/정확성(가짜 리뷰, 오류, 편향) 이슈가 중심일 때.
④ Velocity : 실시간/초고속 생성·처리(스트리밍, 초당 로그 등)처럼 속도가 강조돼야 함.

📖 **한 줄 요약 : 정형+비정형(텍스트·영상·SNS) 혼재 → Variety**

02

답 ③

해 빅데이터 처리 표준 흐름은 수집 → 저장/정제(처리) → 시각화/활용입니다.
(다) = 수집, (가) = 저장·정제, (나) = 시각화·활용.

📖 **한 줄 요약 : 빅데이터 처리 표준 흐름 : 수집 → 저장/정제 → 시각화/활용**

03

답 ④

해 "프로세스·화면·필드·보고서 등 거의 모든 부분을 요구사항에 맞춰 구현"은 패키지 기본 제공 범위를 넘어 수정·개발하는 의미 → 커스터마이제이션.
① 정규화 : DB 설계에서 중복 제거·이상현상 방지(테이블 구조) 개념.
② 트랜잭션 : DB 작업 단위 / ERP 거래(전표) 단위 개념으로.
③ 컨피규레이션 : 옵션/파라미터로 제공 범위 내 설정(개발 최소).

📖 **한 줄 요약 : 설정 = 컨피규레이션 / 구현·개발 = 커스터마이징**

04

답 ③

해 ERP 도입 성공 요인에서 일반적으로 커스터마이징은 최소화(유지보수·업그레이드 리스크 감소)가 방향임.

📖 **한 줄 요약 : GERP 교육에서 '커스터마이징 최대화'는 오답**

05

답 ④

해 인사관리는 조직의 전략적 목표 달성을 지원하는 동시에, 직원의 성장과 만족을 통해 시너지를 창출하는 것을 지향한다. 단기적인 재무 성과나 특정 집단의 이익만을 추구하지 않는다.
① 단기 재무성과 극대화 : HR은 장기 인재 확보·육성·유지 포함 → 단기 성과만은 편협.
② 삶의 질 향상만 : 조직 성과와 연결이 빠짐.
③ 경영진 의사결정만 지원 : HR은 조직 전체 운영·구성원 관리 기능.

📖 **한 줄 요약 : HRM = 조직 성과 + 구성원 만족/성장**

06

답 ④

해 기업 내부의 직무 만족도 및 이직률 변화는 내부 환경 분석에 해당하며, 인적자원계획 수립 시 외부 환경 분석은 노동시장, 경쟁사 전략, 정부 정책 등 기업 외적인 요소를 고려한다.
① 노동시장 변화 : 외부 수급·임금 수준 등 대표 외부요인.
② 경쟁사 인력전략 : 외부 경쟁환경 분석.
③ 정부 정책/법규 : 법률·제도 환경(외부요인).

> 📖 한 줄 요약 : 외부 = 시장·경쟁·정부 / 내부 = 만족·이직

07

답 ④

해 "소모하며 쓰지 않고 성장시키며 사용" → 육성/개발 중심 배치 원칙.
인재육성주의 원칙에 대한 설명이다. 즉, 종업원의 직무를 전환할 때, 새로운 직무를 맡김으로써 종업원의 능력을 키워 장기적으로 그 가치를 높이려는 원칙

> 📖 한 줄 요약 : 사람을 키우며 배치 = 인재육성주의

08

답 ②

해 보기에서 "창의력·자율성 요구 직무엔 직무분석이 적합하지 않다는 의견"이 있음.
②는 이를 반대로 말해 틀림(창의·자율 직무는 업무가 유동적이라 고정적 정의/평가가 어렵기 때문).
직무분석은 채용, 교육, 보상, 조직 재구성 등 다양한 인사관리 영역에 전략적으로 활용 가능

> 📖 한 줄 요약 : 직무분석은 '반복·명확'에 강하고
> '창의·자율'엔 한계

09

답 ④

해 "매출액 대비 필요 인력 비율(생산성 비율)"을 구해 예상 매출에 적용 → 전형적 생산성비율법.
(생산성 비율 분석법은 과거의 성과 지표(매출 등)와 인력 수 사이의 비율을 바탕으로 미래 인력 수요를 계량적으로 예측하는 방법)
① 명목집단법 : 아이디어 도출·우선순위 합의(정성적 집단기법).
② 델파이기법 : 전문가 반복 설문으로 합의(정성적 예측).
③ 전문가예측법 : 데이터보다 전문가 판단 중심.

> 📖 한 줄 요약 : "매출/인력 비율"로 예측 = 생산성 비율법

10

답 ①

해 인사고과는 직원의 성과향상, 능력 개발, 공정한 인사 결정(보상, 승진 등)을 주된 목적으로 하며, 직원 간의 사적 친목 도모는 인사고과의 직접적인 목적이 아니다.

> 📖 한 줄 요약 : 인사고과 = 공정 인사 결정·개발 / 친목 목적 ✕

11

답 ④

해 "자유롭게 논의, 의견 교환, 안건 중 선택" → 아이디어 발산 중심의 브레인스토밍.
(브레인스토밍은 창의적 아이디어 도출을 위한 집단적 문제 해결 기법으로, 알렉스 오스본이 1930년대에 광고 캠페인 아이디어 개선을 위해 개발했다.)
① 사례연구법 : 실제 사례 자료를 분석해 결론 도출(케이스 제공이 핵심).
② 역할 연기법 : 역할 부여 후 상황 연기·피드백.
③ 인 바스켓훈련 : 문서 / 결재 / 업무를 우선순위로 처리하는 훈련.

> 📖 한 줄 요약 : 자유 토론으로 아이디어 생성 = 브레인스토밍

12

답 ③

해 경력관리는 중장기 성장 경로, 직무순환/전환, 경력계획 등.
신입 오리엔테이션은 "조직 적응" 성격이 강해 경력관리 핵심으로 보기 어려움.
(경력관리는 개인의 장기적인 경력 경로 설정 및 발전을 지원하는 것을 주된 내용으로 한다. 신입사원 오리엔테이션은 단기적인 직무 적응을 위한 교육훈련의 한 종류이지만, 경력관리 전체의 주요 내용으로 보기에는 어렵다. 경력관리는 더욱 폭넓은 관점에서 개인의 생애 주기와 조직 내에서의 성장 경로를 다룸)

📖 **한 줄 요약 : 경력관리 = 경력계획·순환 / 신입 OT는 적응 교육**

13

답 ②

해 "유사 업종 임금 수준 조사 후 보상 상향" = 외부 시장 임금과 비교해 채용 경쟁력(외부 경쟁력) 확보.
시장 경쟁력을 갖추기 위해 외부 임금 수준을 고려하여 보상 체계를 조정한 경우

📖 **한 줄 요약 : 업계 임금 보고 올리면 = 외부 경쟁력 전략**

14

답 ④

해 임금 수준 결정요인은 일반적으로 기업 지불능력, 생계비, 노동 시장 임금(동종기업 임금, 수요·공급, 교섭), 법·규제 등 개개인의 심리적 만족은 임금수준을 결정하는 요인에 해당하지 않는다.

📖 **한 줄 요약 : 임금 결정 = 시장·법·지불 능력 / 심리 만족은 결정요인 X**

15

답 ④

해 국민연금 보험료율은 9%(통상 근로자 4.5% + 사업주 4.5%)로 각각 4.5%씩 부담한다.

📖 **한 줄 요약 : 국민연금 = 기준소득월액 × 9% (노사 각 4.5%)**

16

답 ③

해 소득세법상 거주자 판단에서 대표 기준: 국내 183일 이상 거소

📖 **한 줄 요약 : 거주자 기준 일수 = 183일**

17

답 ①

해 고용보험 중 실업급여 보험료는 근로자·사업주가 함께 부담하는 구조이므로 "근로자 전액 부담"은 틀림.
실업급여 보험료는 근로자와 사업주가 절반씩 부담한다.

📖 **한 줄 요약 : 실업급여 보험료 = 공동부담(근로자 전액 X)**

18

답 ③

해 1개월 단위 총 근로 시간(예 160h)만 충족하면 되고, 출퇴근·1일 근로 시간 배분을 근로자가 자율 조정 코어타임(10~15) 존재 → 선택적 근로시간제 특징과 일치.
(선택적 근로시간제는 정산 기간의 총 근로 시간을 정해두고, 그 범위 내에서 근로자가 출퇴근 시간을 자유롭게 선택하여 근무할 수 있는 제도이다. 탄력적근로시간제는 특정 주의 근로 시간을 늘리는 대신 다른 주의 근로 시간을 줄여 평균 법정근로시간을 맞추는 제도)
① 시차 출퇴근제 : 보통 하루 근로 시간은 고정(출퇴근 시각만 이동).
② 법정 근로시간제 : 근로기준법상 기본 기준(1일 8시간 / 주 40시간)을 말하는 것
④ 의무적 근로시간제: 제도명으로 비표준적이며, 보기의 '자율 선택'과도 반대.

> 📖 **한 줄 요약 : 총량(월) + 코어타임 + 자율 배분**
> **= 선택적 근로시간제**

19

답 ②

해 "숙련공(기능·기술) 기반"은 기업이 아니라 직종/직업(기능) 중심으로 조직되는 노조 형태가 대표적입니다.
(산업별 노동조합은 동일 산업에 종사하는 모든 노동자를 대상으로 하며, 기업별 노동조합은 기업 단위, 일반조합은 직종·산업을 불문한 미숙련·비정규 노동자를 주로 대상으로 한다.)

> 📖 **한 줄 요약 : 숙련공 기반 = 직종별 노동조합**

20

답 ④

해 근로자가 회사 주식을 유상/무상으로 취득해 주주로서 경영참가 → 종업원지주제도 정의와 일치
(종업원지주제도는 회사가 종업원에게 주식을 보유하도록 하여 경제적 안정과 주인의식을 고취시키는 제도이다. 이는 근로의욕 향상, 노사협력 증진, 기업가치 제고를 목표로 하며, 우리사주조합을 통해 운영된다. 스톡옵션은 '경영참가'보다는 '보상·인센티브 제도'에 가깝다. 가장 적절한 정답은 종업원지주제도)

> 📖 **한 줄 요약 : 직원을 주주로 참여시키면 = 종업원지주제도**

5회 2025년 9월 기출문제 해설 (실무)

정답

01	③	02	②	03	④	04	①	05	②	06	④	07	①	08	③	09	②	10	①
11	④	12	①	13	②	14	③	15	③	16	④	17	②	18	④	19	③	20	①

01

답 ③

사원등록

사원코드	사원명	사원명(영문)	부서코드	부서명	입사일	퇴사일	사용자여부	암호	인사입력방식	회계입력방식	조회권한	품의서권한	검수조서권한	비상연락망
ERP13I02	이현우		3100	관리부	2002/12/01		여		승인	수정	회사	미결	승인	

해 시스템관리 → 회사등록정보 → 사원등록(사용자만 체크) 조회 후 문제 풀이 진행
③ 조회되는 사원의 회계입력방식은 '수정'이다.

02

답 ②

부서등록

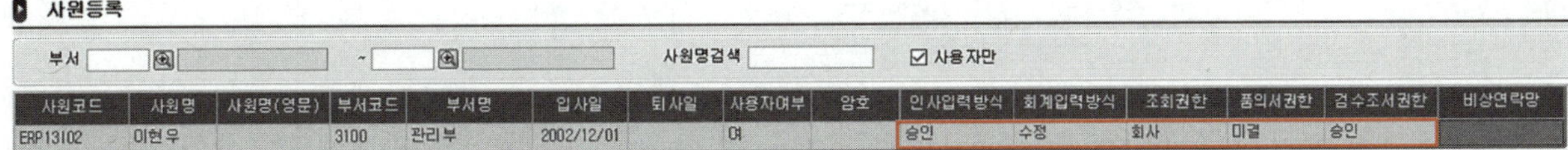

부서코드	부서명	사업장코드	사업장명	부문코드	부문명	사용기간	사용기간
1100	총무부	1000	인사2급 회사본사	1000	관리부문	2008/01/01	
1200	경리부	1000	인사2급 회사본사	1000	관리부문	2008/01/01	
1300	관리부	1000	인사2급 회사본사	1000	관리부문	2008/01/01	2012/12/31
2100	국내영업부	1000	인사2급 회사본사	2000	영업부문	2008/01/01	
2200	해외영업부	1000	인사2급 회사본사	2000	영업부문	2008/01/01	2025/12/31
3100	관리부	2000	인사2급 인천지점	3000	관리부문(인천지점)	2008/01/01	
4100	생산부	2000	인사2급 인천지점	4000	생산부문	2008/01/01	
5100	자재부	2000	인사2급 인천지점	5000	자재부문	2010/01/01	
6100	경리부	2000	인사2급 인천지점	3000	관리부문(인천지점)	2012/01/01	2021/12/31
7100	감사부	1000	인사2급 회사본사	1000	관리부문	2020/01/01	
8100	관리부	3000	인사2급 강원지점	6000	관리부문(강원지점)	2021/01/01	
9100	교육부	3000	인사2급 강원지점	7000	교육부문	2021/01/01	

해 시스템관리 → 회사등록정보 → 부서등록 → 조회 후 문제 풀이 진행
② '2025/09/27' 기준으로 [3000.인사2급 강원지점] 사업장에 속한 부서가 가장 적게 사용되고 있다.

답 ④

🔲 시스템관리 → 회사등록정보 → 사용자권한설정 → 모듈구분(인사/급여관리) → 조회 문제 풀이
④ 본인이 속한 사업장의 급여명세를 출력하여 전달할 수 있다.

04

답 ①

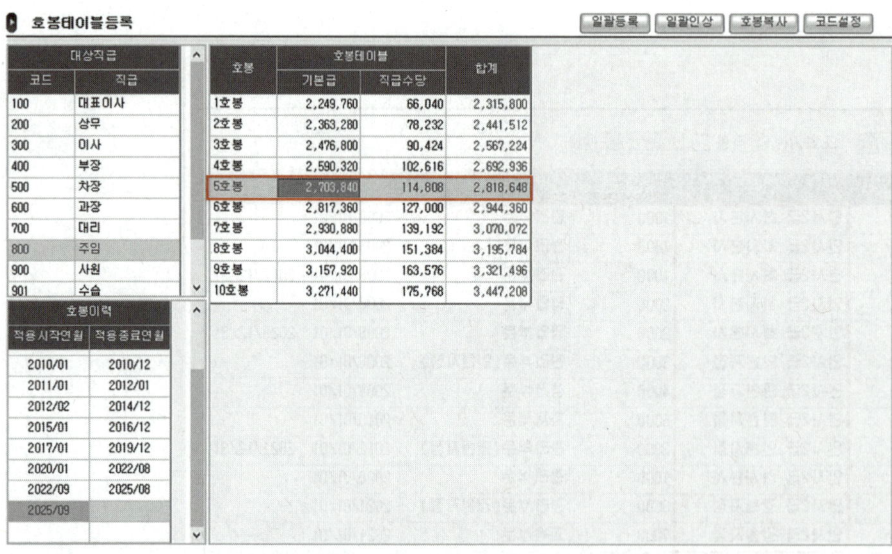

🔲 인사/급여관리 → 기초환경설정 → 호봉테이블등록 → 대상직급(주임), 적용시작연월(2025년 9월), 일괄등록 → 일괄인상(정률, 정
액) 적용 → 문제 풀이 진행

05

답 ②

▶ 인사/급여환경설정　　　　　　　　　　　　　　　　　　코드설정　주사업장등록

NO	출결마감기준		
	직종	귀속월구분	시작일
1	사무직	당월	1
2	생산직	전월	25
3	수습직	전월	25
4			

기준설정　집계항목

구　　분	인사급여환경설정		
	환경요소	기준	기준일(월)수
급여계산기준	입사자 급여계산	월일	20일
	수습직 지급기간		3개월
	수습직 급여계산	일	
	수습직 지급율		75%
	퇴사자 급여계산	월일	25일
	상여세액계산기준	입사일	
	외국인비과세율		
	근속기간 계산기준	입사일	
근태기준설정	한달 정상일		30일
	한달 정상시간		240시간
	하루시간		8시간
	월일수 산정	한달정상일	
신고기준설정	원천세 신고유형	본점일괄신고	
	이행상황신고서집계방식	귀속연월	
	지방소득세/주민세(종업원분)집…	귀속,지급연월	
사업/기타/이자…	전표생성체크여부	부	

- 직종별로 월 근태집계시 귀속월의 시작일과 종료일을 지정합니다.

- 본란에서 지정된 기간에 대한 근태실적으로 급여가 계산됩니다.

해 인사/급여환경설정 → 기초환경설정 → 인사/급여환경설정 → 조회 후 문제 풀이 진행

B : 수습 직은 **75%만큼 지급하기 때문에 150만 원을 지급받는다.**

C : 월일 수 산정 시, **'한달정상일'**에 기재된 일수를 적용한다.

D : '생산직'과 '수습직'의 경우 전월 **25일부터 당월 24일까지가 출결마감기준일이 된다.**

답 ④

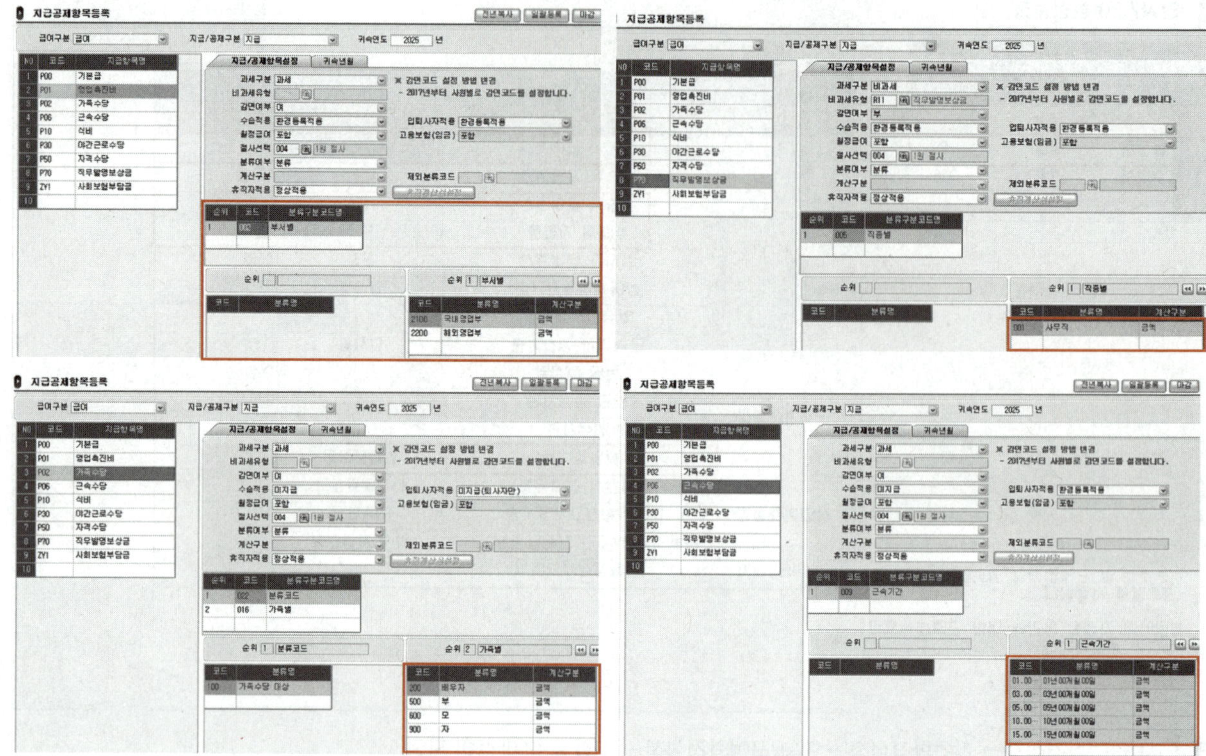

해 인사/급여관리 → 기초환경설정 → 지급공제항목등록 → 마감 취소 후 조회 → 항목별 문제 풀이 진행
④ [P70.직무발명보상금]은 [001.사무직]인 경우에만 지급한다.

답 ①

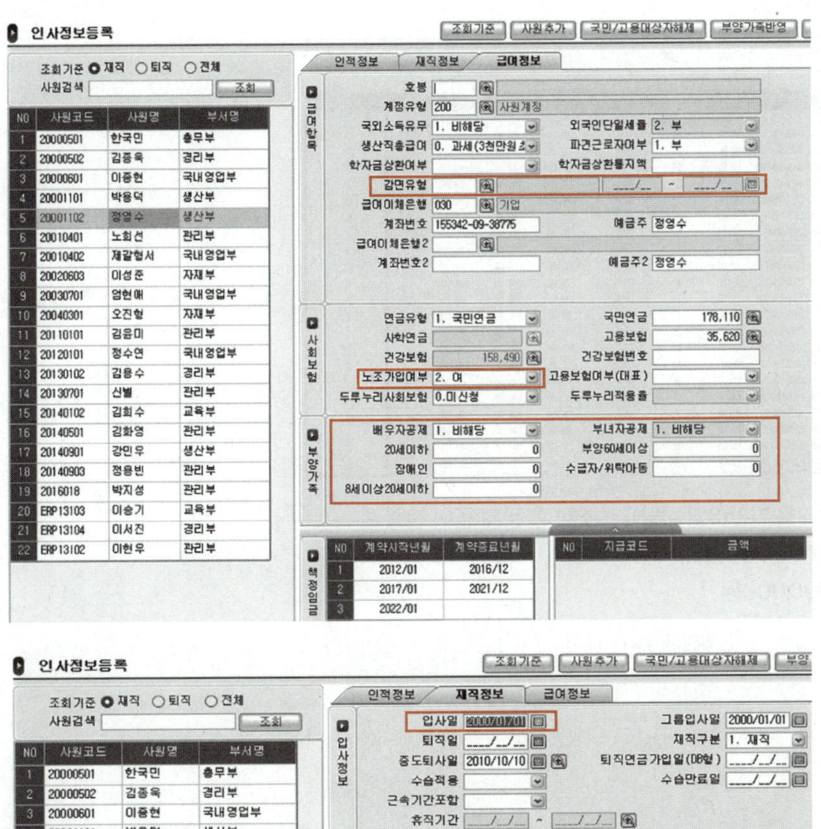

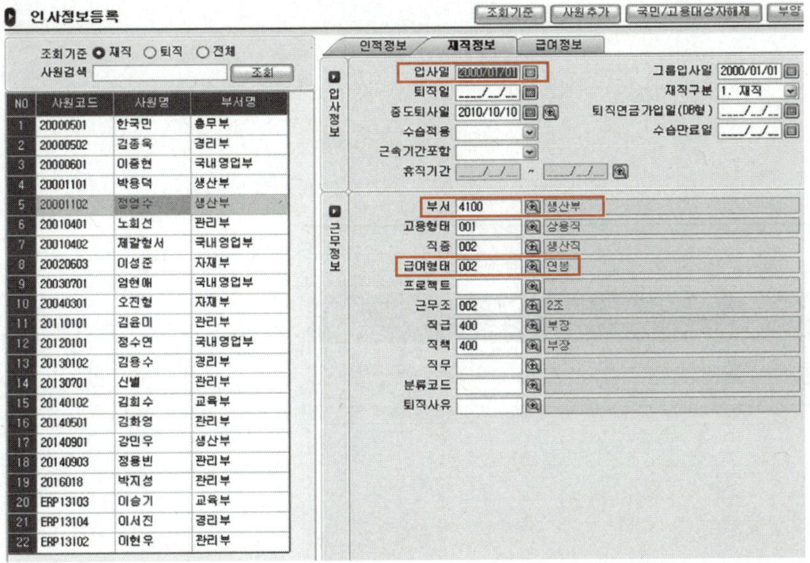

해 인사/급여관리 → 인사관리 → 인사정보등록 → 정영수 확인 후 문제 풀이 진행
② 급여형태는 [002.연봉]이다.
③ 해당 근로자는 **감면 대상자가 아니다.**
④ **배우자공제를 받고 있지 않는다.**

답 ③

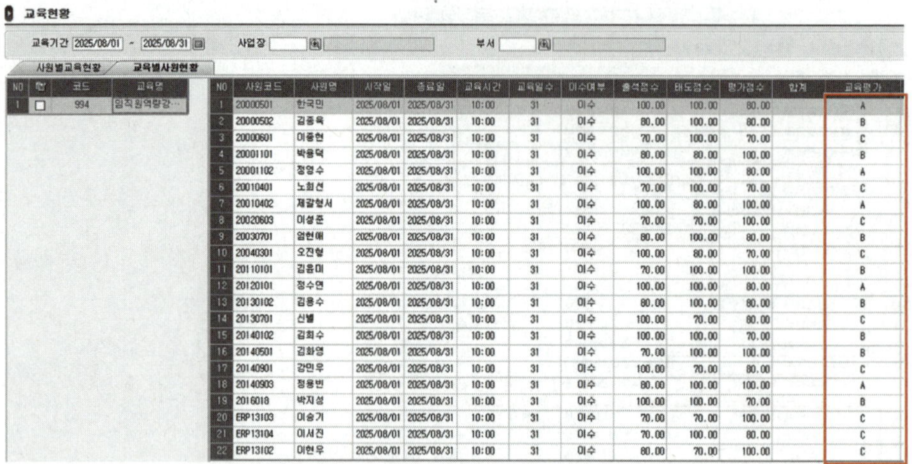

교육현황

NO	핵	코드	교육명		NO	사원코드	사원명	시작일	종료일	교육시간	교육일수	이수여부	출석점수	태도점수	평가점수	합계	교육평가
1	☐	994	임직원역량강…		1	20000501	한국민	2025/08/01	2025/08/31	10:00	31	이수	100.00	100.00	80.00		A
					2	20000502	김종욱	2025/08/01	2025/08/31	10:00	31	이수	80.00	100.00	80.00		B
					3	20000601	이종현	2025/08/01	2025/08/31	10:00	31	이수	70.00	100.00	70.00		C
					4	20001101	박용덕	2025/08/01	2025/08/31	10:00	31	이수	80.00	80.00	100.00		B
					5	20001102	정영수	2025/08/01	2025/08/31	10:00	31	이수	100.00	100.00	80.00		A
					6	20010401	노희선	2025/08/01	2025/08/31	10:00	31	이수	70.00	100.00	70.00		C
					7	20010402	제갈형서	2025/08/01	2025/08/31	10:00	31	이수	100.00	80.00	100.00		A
					8	20020603	이성준	2025/08/01	2025/08/31	10:00	31	이수	70.00	70.00	100.00		C
					9	20030701	엄현애	2025/08/01	2025/08/31	10:00	31	이수	80.00	100.00	80.00		B
					10	20040301	오진형	2025/08/01	2025/08/31	10:00	31	이수	100.00	80.00	70.00		C
					11	20110101	김윤미	2025/08/01	2025/08/31	10:00	31	이수	70.00	100.00	100.00		B
					12	20120101	정수연	2025/08/01	2025/08/31	10:00	31	이수	100.00	100.00	80.00		A
					13	20130102	김용수	2025/08/01	2025/08/31	10:00	31	이수	80.00	100.00	80.00		B
					14	20130701	신별	2025/08/01	2025/08/31	10:00	31	이수	100.00	70.00	80.00		C
					15	20140102	김희수	2025/08/01	2025/08/31	10:00	31	이수	100.00	100.00	70.00		B
					16	20140501	김화영	2025/08/01	2025/08/31	10:00	31	이수	70.00	100.00	100.00		B
					17	20140901	강민우	2025/08/01	2025/08/31	10:00	31	이수	100.00	70.00	80.00		C
					18	20140903	정용빈	2025/08/01	2025/08/31	10:00	31	이수	80.00	100.00	100.00		A
					19	2016018	박지성	2025/08/01	2025/08/31	10:00	31	이수	100.00	100.00	70.00		B
					20	ERP13103	이승기	2025/08/01	2025/08/31	10:00	31	이수	70.00	70.00	100.00		C
					21	ERP13104	이서진	2025/08/01	2025/08/31	10:00	31	이수	70.00	100.00	80.00		C
					22	ERP13102	이현우	2025/08/01	2025/08/31	10:00	31	이수	80.00	70.00	100.00		C

해 인사/급여관리 → 인사관리 → 교육현황(교육 기간(8월 한달)) → 조회 후 문제 풀이 진행
교육평가 A등급 : 200,000원 × 5명 = 1,000,000원
교육평가 B등급 : 100,000원 × 8명 = 800,000원

답 ②

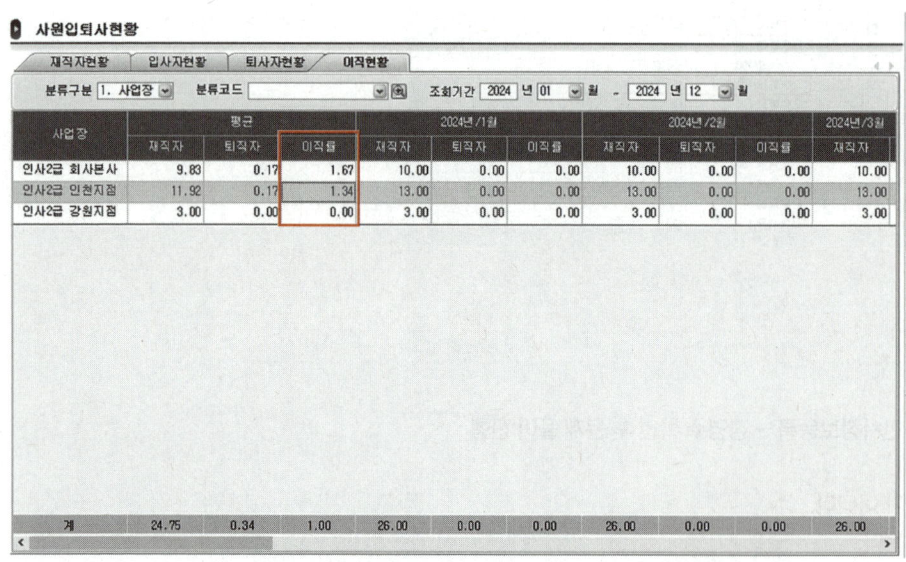

사원입퇴사현황

재직자현황 / 입사자현황 / 퇴사자현황 / 이직현황

분류구분 1. 사업장 분류코드 조회기간 2024 년 01 월 ~ 2024 년 12 월

사업장	평균			2024년/1월			2024년/2월			2024년/3월
	재직자	퇴직자	이직률	재직자	퇴직자	이직률	재직자	퇴직자	이직률	재직자
인사2급 회사본사	9.83	0.17	1.67	10.00	0.00	0.00	10.00	0.00	0.00	10.00
인사2급 인천지점	11.92	0.17	1.34	13.00	0.00	0.00	13.00	0.00	0.00	13.00
인사2급 강원지점	3.00	0.00	0.00	3.00	0.00	0.00	3.00	0.00	0.00	3.00
계	24.75	0.34	1.00	26.00	0.00	0.00	26.00	0.00	0.00	26.00

해 인사/급여관리 → 인사관리 → 사원입퇴사현황(조회기간(2024년), 사업장(인천지점)) → 조회 후 문제 풀이 진행
 * 이직률 문제는 가끔 출제되는 문제로 사원 입퇴사 현황에서 확인할 수 있다.

10

답 ①

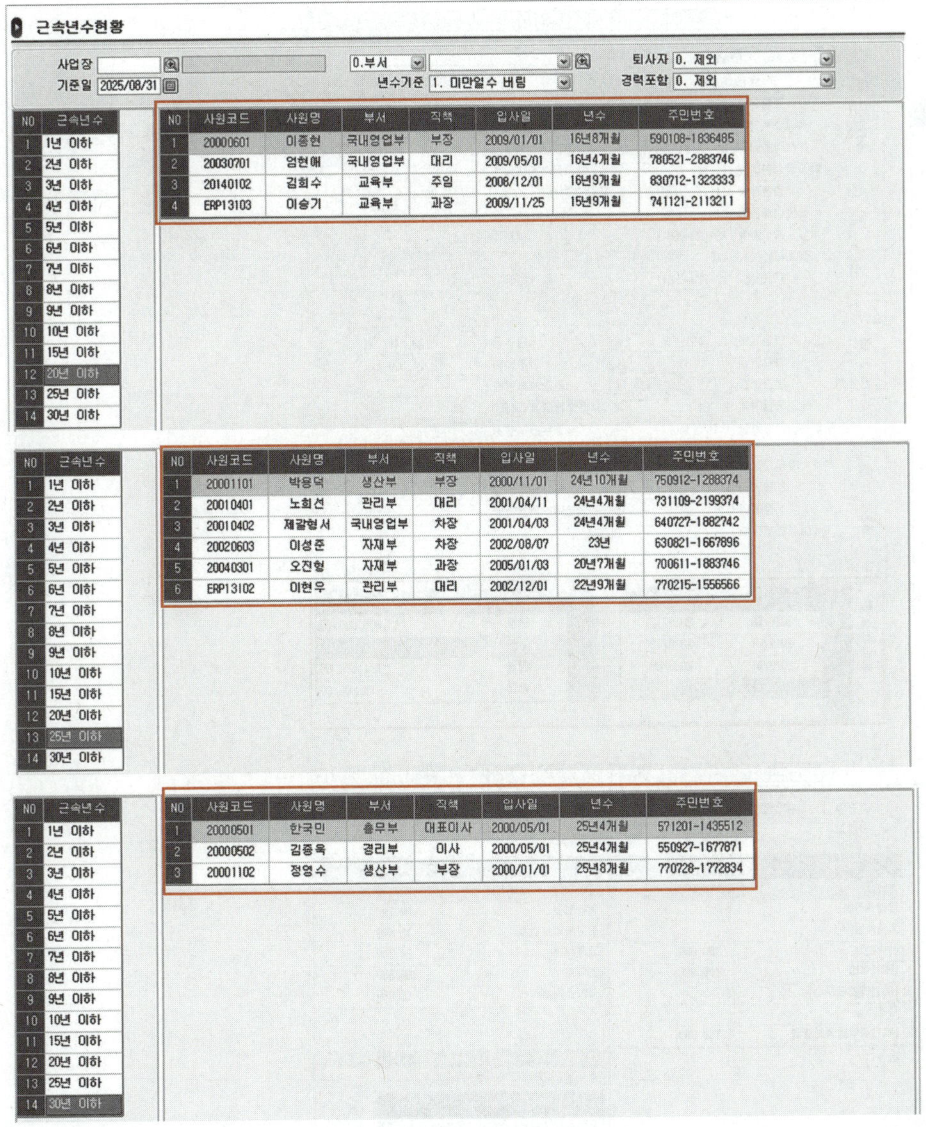

해 인사/급여관리 → 인사관리 → 근속년수현황(퇴사자(제외), 기준일(2025년 8월 31일), 년수기준(미만일수버림), 경력포함(제외))
→ 조회 후 문제 풀이 진행
- 15년 이상 ~ 20년 미만 : 150,000원 × 대상자 4명 : 600,000원
- 20년 이상 ~ 25년 미만 : 200,000원 × 대상자 6명 : 1,200,000원
- 25년 이상 ~ : 250,000원 × 대상자 3명 : 750,000원

답 ④

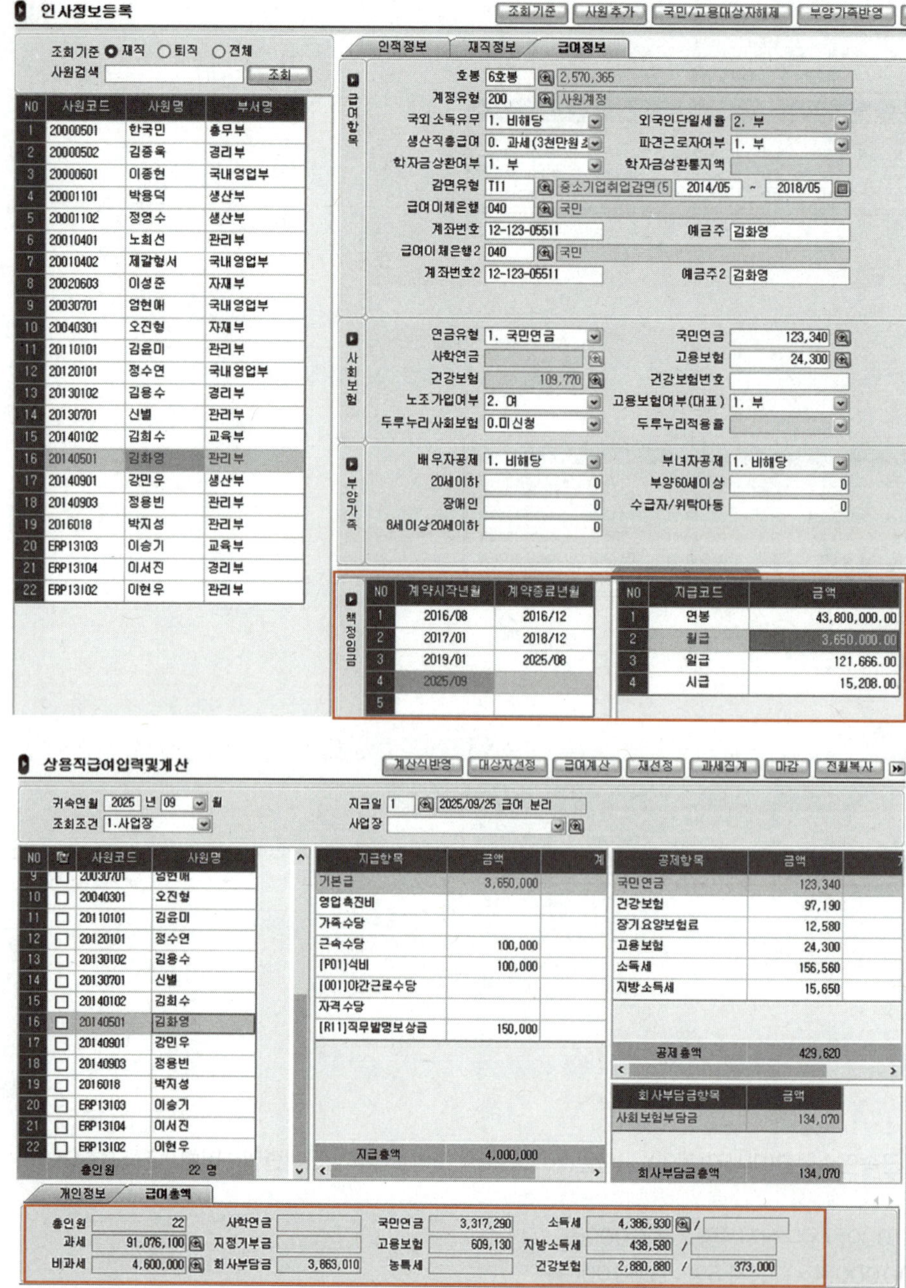

해 인사/급여관리 → 인사관리 → 인사정보등록(계약시작년월(2025년 9월), F3 입력 암호 해제 후 연봉 입력) → 상용직급여입력계
산(귀속연월(2025년 9월), 지급일(1)) → 조회 후 김화영 체크(재선정) → 전체 체크 후 급여계산

답 ①

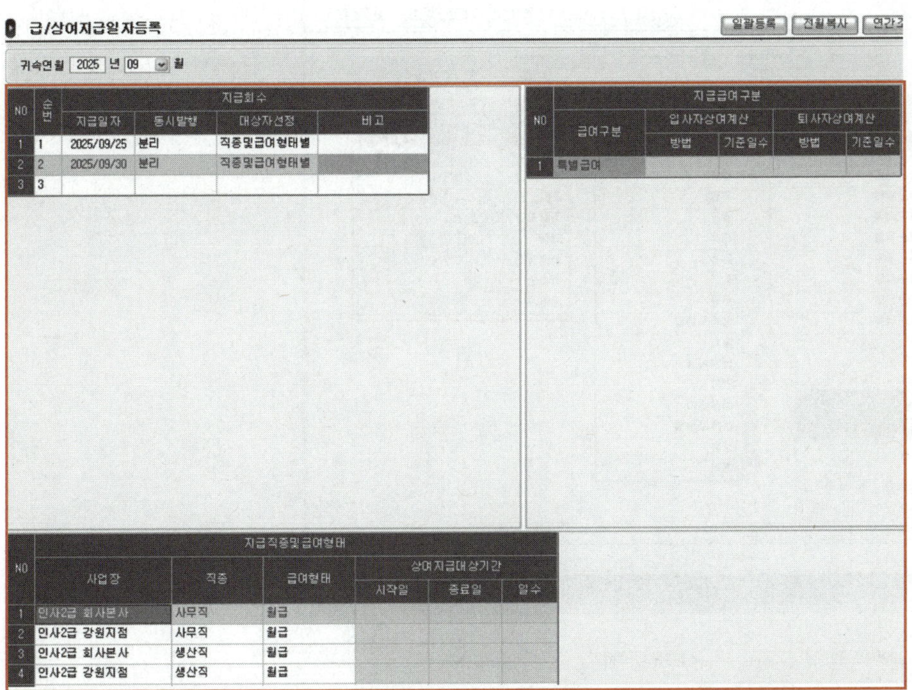

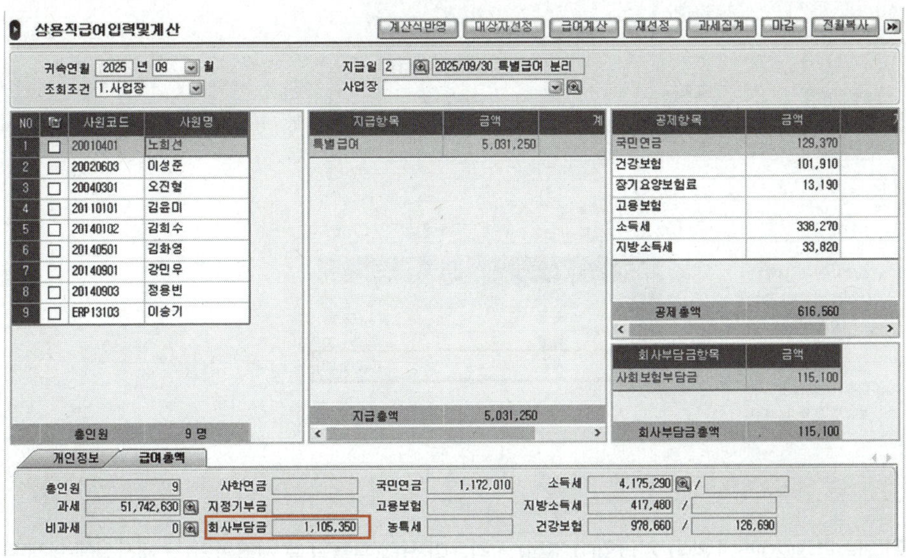

해 인사/급여관리 → 급/상여일자등록(귀속연월(2025년 9월), 특별 급여 등록) → 상용직급여입력및계산(귀속연월(2025년 9월), 지급일(2), 조회 후 급여계산) → 문제 풀이 진행(회사부담금 확인)

답 ②

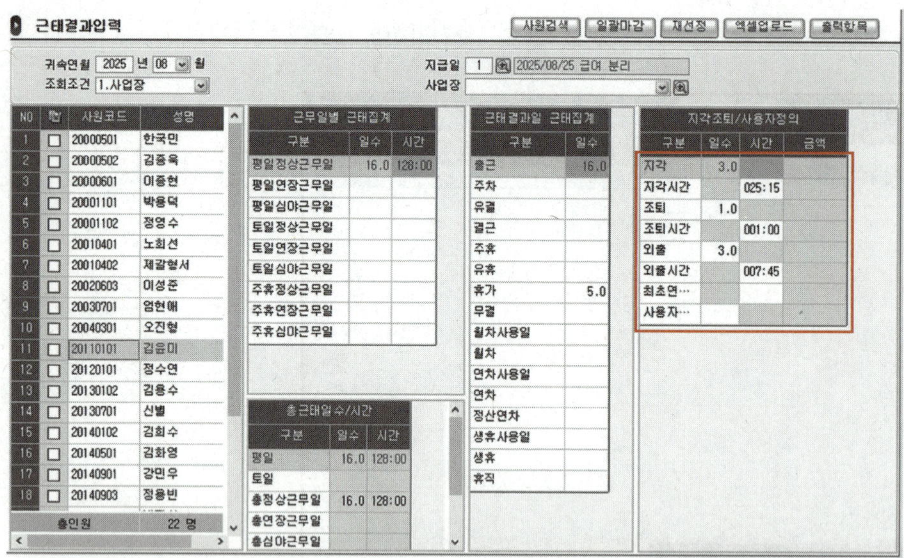

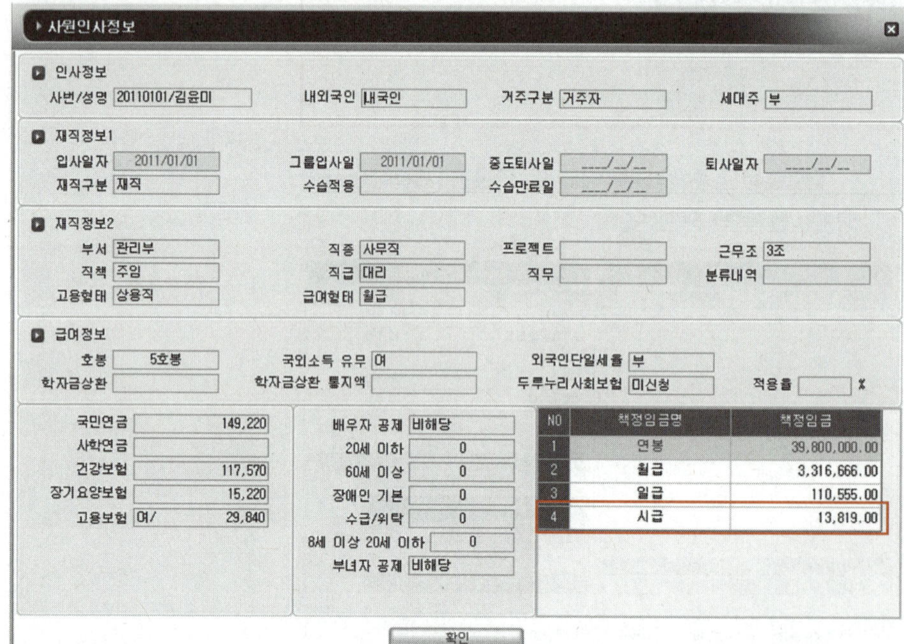

🈁 인사/급여관리 → 근태결과입력(귀속연월(2025년 8월), 지급일(1) 조회) → 김윤미 선택(우클릭 후 시급확인) → 계산식에 의해 문제 풀이 진행

(책정임금 시급 : 13,819원)

1유형 공제액 : (1 + 7.75) × 2.25 × 13,819원 = 272,060원 (272,061.5625)

2유형 공제액 : (25.25) × 2.75 × 13,819원 = 959,550원 (959,556.8125)

기본급 공제액 : 272,060원 + 959,550원 = 1,231,610원

답 ③

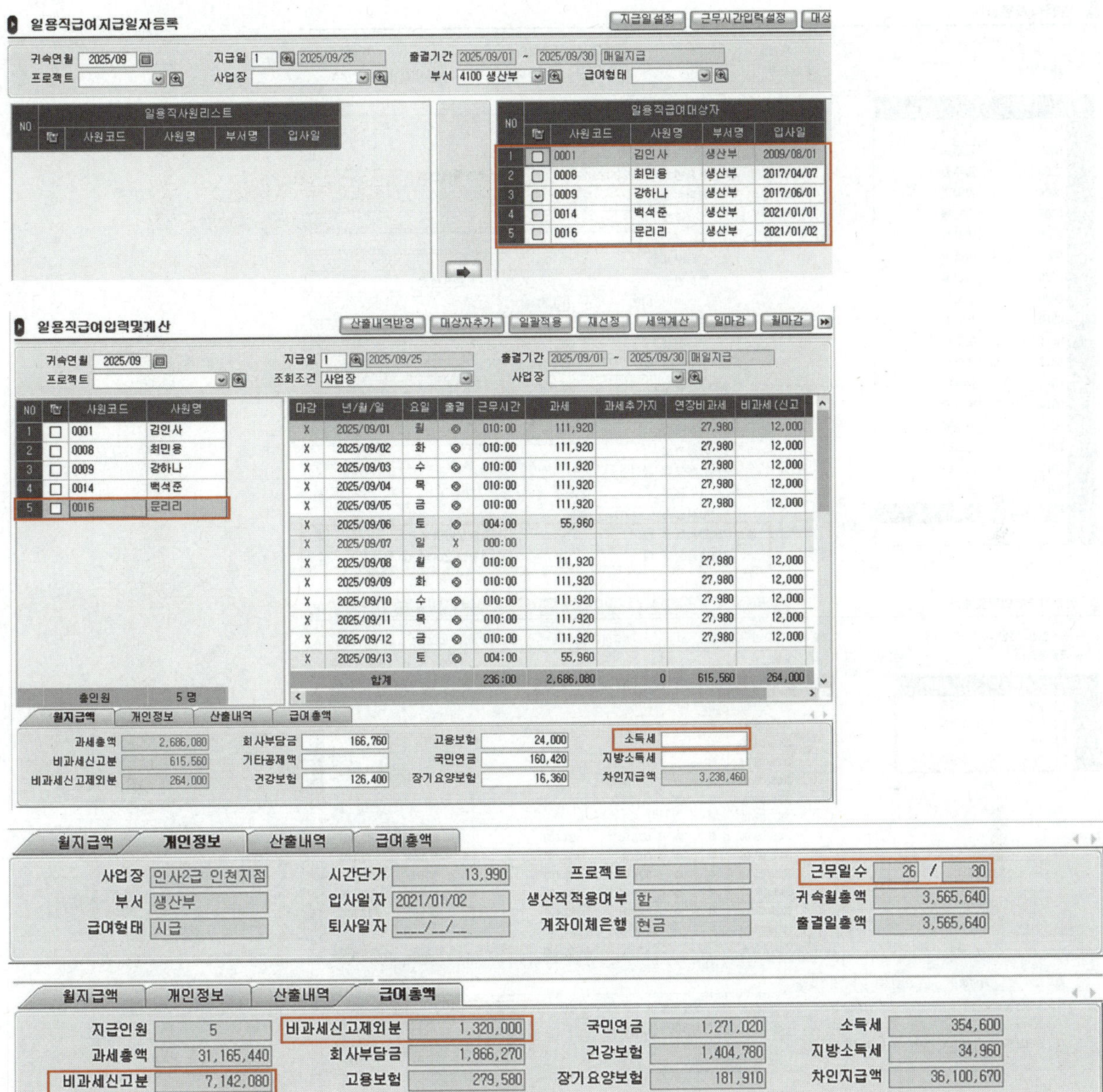

해 인사/급여관리 → 일용직관리 → 일용직급여지급일자등록(귀속연월(2025년 9월), 부서(생산부)) 조회 후 우측 이동 → 일용직급여입력및계산(일괄적용(평일, 토요일)) → 조회 후 문제 풀이 진행

① 30일 중 26일을 근무하였다.

② 비과세 금액은 비과세신고분과 비과세신고제외분이 존재한다.

④ [0016.문리리] 사원의 급여에서는 소득세가 공제되지 않았다.

답 ③

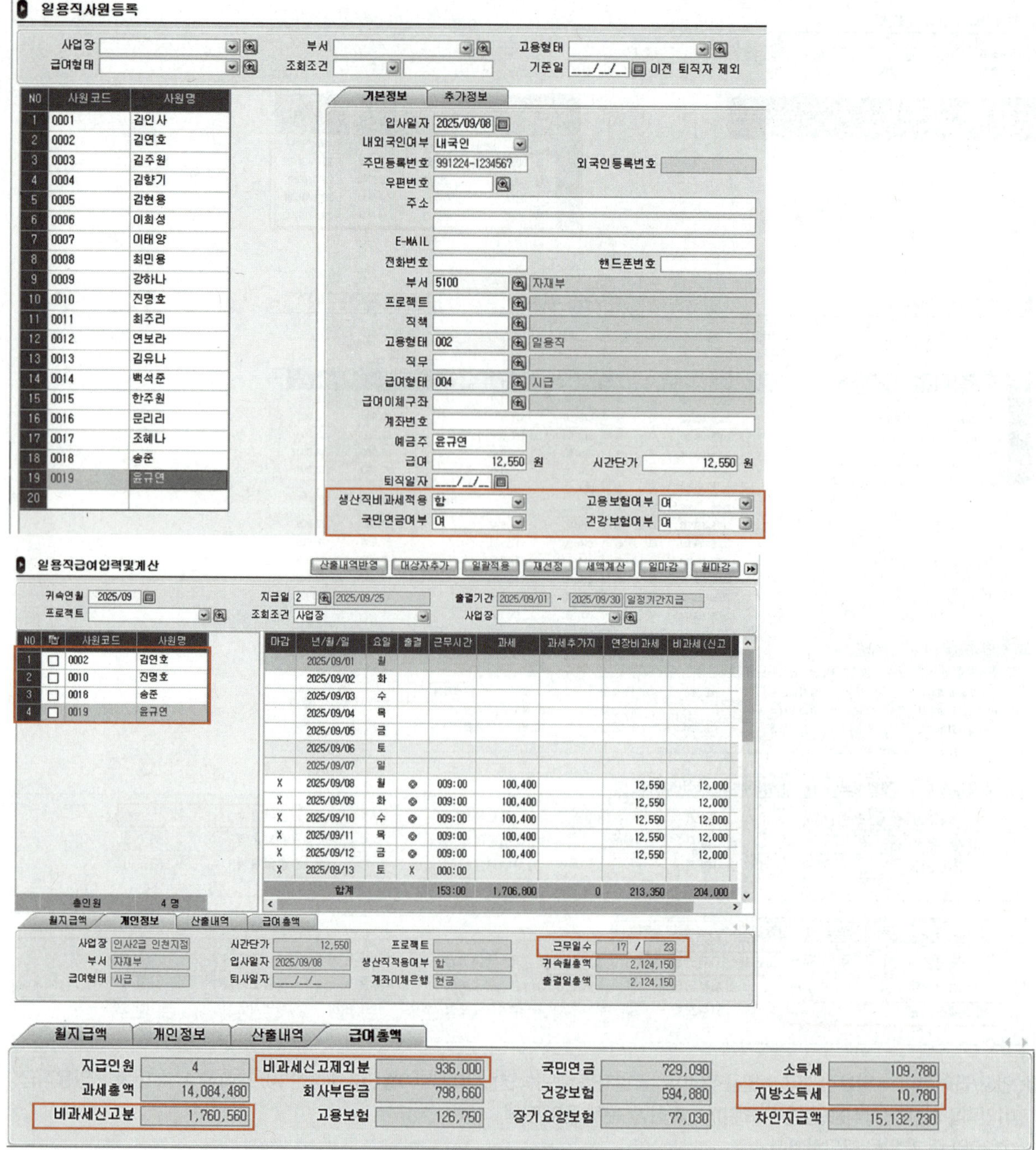

지급일(2)) → 전체 체크 후 일괄적용 → 조회 후 문제 풀이 진행
① [0018.송준]사원과 [0019.윤규연]사원은 23일 중 17일을 근무하였다.
② 비과세금액은 총 2,696,560원이 발생했다.
④ 지방소득세의 총액은 10,780원이다.

16

답 ④

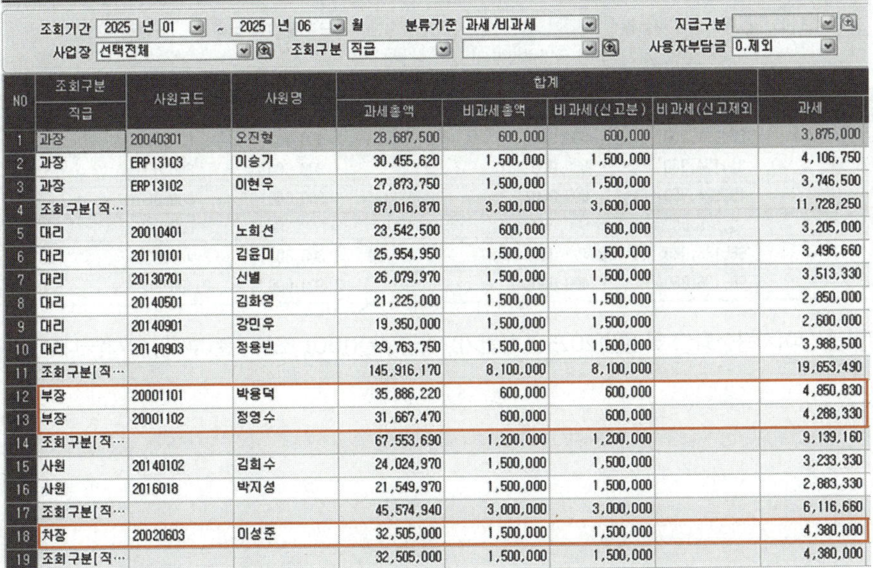

NO	조회구분 / 직급	사원코드	사원명	합계 과세총액	비과세 총액	비과세(신고분)	비과세(신고제외)	과세
1	과장	20040301	오진형	28,687,500	600,000	600,000		3,875,000
2	과장	ERP13103	이승기	30,455,620	1,500,000	1,500,000		4,106,750
3	과장	ERP13102	이현우	27,873,750	1,500,000	1,500,000		3,746,500
4	조회구분[직…			87,016,870	3,600,000	3,600,000		11,728,250
5	대리	20010401	노희선	23,542,500	600,000	600,000		3,205,000
6	대리	20110101	김윤미	25,954,950	1,500,000	1,500,000		3,496,660
7	대리	20130701	신별	26,079,970	1,500,000	1,500,000		3,513,330
8	대리	20140501	김화영	21,225,000	1,500,000	1,500,000		2,850,000
9	대리	20140901	강민우	19,350,000	1,500,000	1,500,000		2,600,000
10	대리	20140903	정용빈	29,763,750	1,500,000	1,500,000		3,988,500
11	조회구분[직…			145,916,170	8,100,000	8,100,000		19,653,490
12	부장	20001101	박용덕	35,886,220	600,000	600,000		4,850,830
13	부장	20001102	정영수	31,667,470	600,000	600,000		4,288,330
14	조회구분[직…			67,553,690	1,200,000	1,200,000		9,139,160
15	사원	20140102	김회수	24,024,970	1,500,000	1,500,000		3,233,330
16	사원	2016018	박지성	21,549,970	1,500,000	1,500,000		2,883,330
17	조회구분[직…			45,574,940	3,000,000	3,000,000		6,116,660
18	차장	20020603	이성준	32,505,000	1,500,000	1,500,000		4,380,000
19	조회구분[직…			32,505,000	1,500,000	1,500,000		4,380,000

해 인사/급여관리 → 급여관리 → 연간급여 현황(조회기간(2025년 상반기), 분류기준(과세/비과세), 사업장 선택, 사용자 부담금(제외)) → 조회 후 문제 풀이 진행(과세 총액 및 비과세 총액 확인)
④ 차장, 부장의 비과세총액 합산금액 : 2,700,000원

17

답 ②

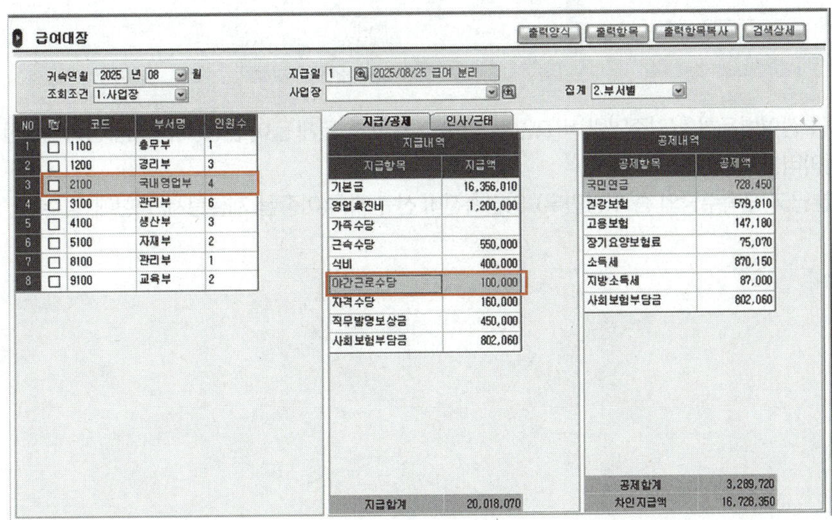

해 인사/급여관리 → 급여관리 → 급여대장(귀속연월(2025년 8월), 지급일(1), 집계(부서별)) → 조회
[2100.국내영업부]의 야간근로수당은 100,000원이 발생했다.

답 ④

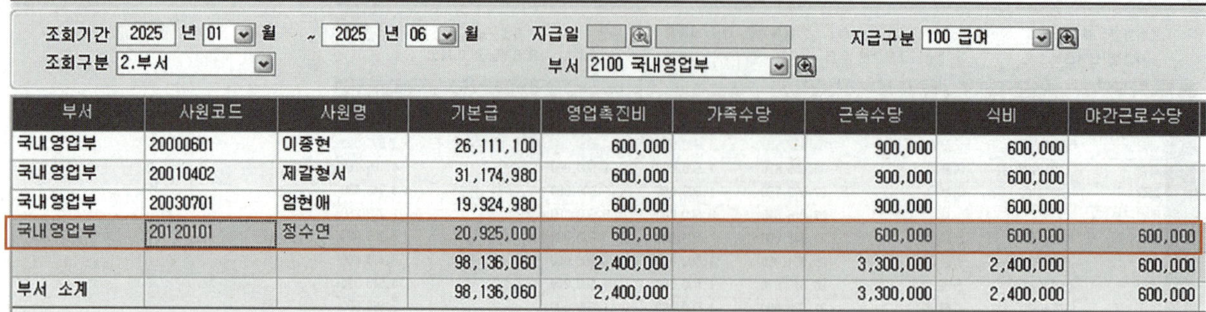

해 인사/급여관리 → 급여관리 → 월별급/상여지급현황(조회기간(2025년 상반기), 지급구분(100), 조회구분(부서), 부서(국내영업부)) → 조회 후 문제 풀이 진행

답 ③

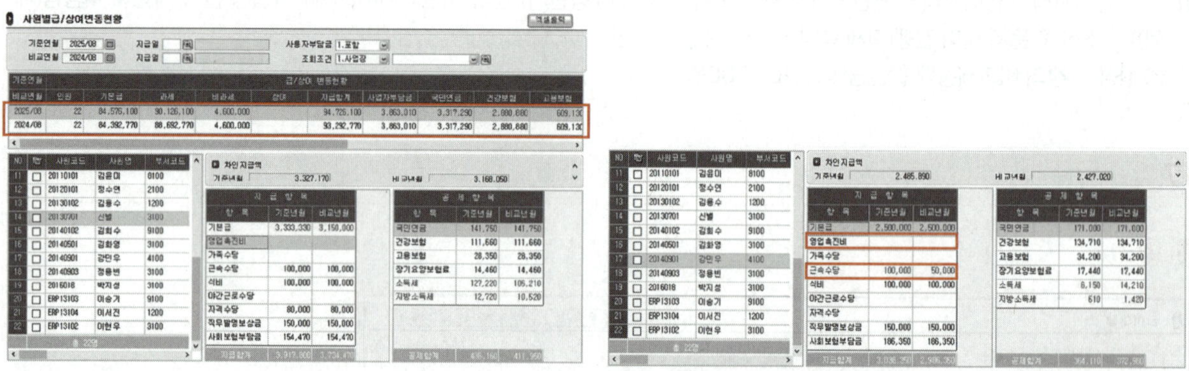

해 인사/급여관리 → 급여관리 → 사원별급/상여변동현황(기준연월, 비교연월 입력) → 조회 후 문제 풀이 진행[사원별급/상여변동현황] 메뉴에서 [보기]의 조건에 맞춰 데이터를 조회한다.
과세금액을 증가하게 한 요인에는 기본급과 근속수당의 증가(강민우), 영업촉진비 신규 지급(이종현, 제갈형서, 엄현애, 정수현)이 있다.

답 ①

▶ 수당별연간급여현황

조회기간 2025 년 01 월 ~ 2025 년 06 월 수당코드 P06 근속수당
조회조건 1.사업장 2000 인사2급 인천지점

NO	사원코드	사원명	합계	2025/01	2025/02	2025/03	2025/04	2025/05	2025/06
1	20001101	박용덕	900,000	150,000	150,000	150,000	150,000	150,000	150,000
2	20001102	정영수	900,000	150,000	150,000	150,000	150,000	150,000	150,000
3	20010401	노희선	900,000	150,000	150,000	150,000	150,000	150,000	150,000
4	20020603	이성준	900,000	150,000	150,000	150,000	150,000	150,000	150,000
5	20040301	오진형	900,000	150,000	150,000	150,000	150,000	150,000	150,000
6	20130701	신별	600,000	100,000	100,000	100,000	100,000	100,000	100,000
7	20140501	김화영	600,000	100,000	100,000	100,000	100,000	100,000	100,000
8	20140901	강민우	600,000	100,000	100,000	100,000	100,000	100,000	100,000
9	20140903	정용빈	600,000	100,000	100,000	100,000	100,000	100,000	100,000
10	2016018	박지성	300,000	50,000	50,000	50,000	50,000	50,000	50,000
11	ERP13102	이현우	900,000	150,000	150,000	150,000	150,000	150,000	150,000

해 인사/급여관리 → 급여관리 → 수당별연간급여현황(조회기간(2025년 상반기), 수당코드(근속수당), 사업장(인천지점)) → 조회 후 문제 풀이 진행

4회 2025년 7월 기출문제 해설 (이론)

정답

01	②	02	③	03	④	04	③	05	④
06	④	07	①	08	②	09	②	10	③
11	①	12	③	13	③	14	①	15	③
16	④	17	②	18	③	19	④	20	③

01

답 ②

해 문장에서 "실제 세계(제품·공정·설비·공장) + 가상 세계(사이버 모델) 통합", "제조 빅데이터 기반 사이버 모델 구축", "최적 설계·운영"은 CPS(물리-사이버 통합 시스템)의 설명
① 비즈니스 애널리틱스 : 기업 데이터 분석으로 의사결정 지원(경영 분석)
③ SCM : 공급망(조달–생산–유통) 흐름 관리.
④ PHM(예지보전) : 설비 고장 예측/건전성 관리에 초점 (정비).

한 줄 요약 : 현실 공장 + 가상(사이버 모델) 통합해 최적 운영 = CPS

02

답 ③

해 익명게시판 글/퇴사면담 기록/평가 의견란은 텍스트(자연어) 중심 비정형 데이터이고, 감정 변화/이직 징후를 뽑아내려면 NLP(자연어처리) 기반 텍스트 분석이 핵심
① 인터뷰 방식 : 보기처럼 "텍스트 데이터 수집·분석"이지, 소수 인터뷰 중심 정성 조사 아님.
② 음성·이미지 최적화 AI : 보기 데이터는 주로 텍스트(자연어)가 중심임.
④ 정형 데이터 통계 분석 : 비정형 텍스트에서 감정/징후 추출이 목적

한 줄 요약 : 게시글·면담 기록·의견란(텍스트) 분석 = 자연어처리(NLP)

03

답 ④

해 ERP 아웃소싱은 외부 전문업체가 구축/유지보수 등을 담당하므로, 커스터마이징은 계약범위·기술제약·비용의 영향을 크게 받습니다. "내부 인사부서 인력으로 자유롭게 가능"은 그래서 잘못된 설명.
(교재에서도 아웃소싱은 인적자원 절약·기술력 부족 위험 제거 등에 도움이라 설명)

한 줄 요약 : 아웃소싱 = 외부 의존↑

04

답 ③

해 ERP 도입 효과는 표준화·자동화·오류감소·실시간 정보공유 등인데, "실무자 수준에서 경영 의사결정이 가능"은 과장 표현입니다. ERP는 의사결정을 "지원"하되, 경영 의사결정 주체는 일반적으로 경영진/관리층입니다.

한 줄 요약 : ERP는 의사결정을 '지원'(정보 제공)이지, 실무자에게 '경영결정' 자체를 준다는 뜻은 아님

05

답 ④

해 인사관리는 확보-개발-보상-유지가 서로 연결된 통합 흐름으로 작동합니다.
"독자적으로 수행되어야 효율"은 HRM의 통합 관점과 반대입니다.

한 줄 요약 : HR 기능은 '독립'이 아니라 '통합 연계'가 정답

06

답 ④

해 직무분석 결과는 직무기술서(직무 내용)와 직무명세서(인적 요건)로 정리하는 것이 정석입니다.
① 유사한 과업들을 모아 일의 범위를 형성하는 것은 직무에 해당한다.
② 직위는 사람의 수가 기준이 되는데, 해당 경우에는 14개이다(4+3+5+2).
③ 해당 내용은 직무설계에 관한 내용이며, 인력확보 활동만을 지원하는 내용은 적절하지 못하다.

📖 **한 줄 요약 : 직무기술서 = 일(직무 내용) / 직무명세서 = 사람(요건)**

07

답 ①

해 보기 단점은 "긴 직무에 부적합", "정신적 활동 직무에 부적합", "관찰 자체가 방해", "신뢰성 문제" → 직접 관찰 기반 방법의 전형적 한계입니다. (관찰법 단점과 일치)
(관찰법(Observation)은 직무분석을 시행하는 사람이 특정 직무가 수행하는 내용을 관찰하는 방법이다. 비교적 직무시간이 짧은 업무 대상으로 진행되며, 면접이나 질문지 작성 등이 불가능할 경우에 활용될 수 있다. 다만, 직무수행 자가 본인 업무가 분석되고 있음을 인지하는 경우 직무수행에 왜곡 현상이 나타날 수 있다. 이는 자료의 신뢰성 문제로 이어진다.)
② 질문지법 : 설문으로 광범위 수집은 가능하나 "관찰이 방해" 같은 표현과는 내용이 다름.
③ 작업기록법 : 수행자가 기록하므로 '관찰자의 방해'보다는 기록 누락/왜곡 문제가 중심.
④ 중요사실기록법 : 중요한 사건/행동을 기록하는 방식

📖 **한 줄 요약 : '직접 지켜봐야 해서' 생기는 단점들 = 관찰법**

08

답 ②

해 직무전문화는 일정 수준까지 생산성을 올리지만, 지나치면 단조·권태·동기저하로 생산성이 오히려 떨어질 수 있습니다.
"전문화가 될수록 생산성이 지속적으로 높아진다"는 항상 맞는 답이 아님.

📖 **한 줄 요약 : 직무전문화는 '항상' 생산성↑가 아니라 '과도하면' 역효과**

09

답 ②

해 여러 면접관(인사팀장·연구소장·전략기획팀장)이 한 지원자를 동시에 질문·평가 → 패널면접입니다.
(전문 분야별 다수의 면접자가 평가하는 패널면접)
① 압박 면접 : 스트레스 상황 유도 질문이 핵심
③ 비지시적 면접 : 지원자가 주도적으로 말하도록 유도
④ 블라인드 면접 : 학력/출신 등 정보 가리고 평가

📖 **한 줄 요약 : 여러 면접관이 함께 한 명을 평가 = 패널면접**

10

답 ③

해 평가자가 "네 가지 진술문 중 두 개를 선택"하도록 하여 간접 평가
→ 강제선택법(좋은/나쁜 진술이 섞인 문항에서 선택 강제).
((주)생산의 사례에서 2개의 적절한 질문과 2개의 부적절한 질문을 제시하고, 이 중 2개를 선택하게 하여 업무 수행 행동을 평가하였다.)
① 쌍대비교법 : 두 대상을 1:1로 계속 비교해 순위/우열을 정함
② 강제할당법 : 일정 비율로 등급(상/중/하)을 강제로 배분(분포 강제).
④ 중요사건평가법 : 평소의 중요한 행동 사건을 기록·평가(사건 기록이 핵심).

📖 **한 줄 요약 : 진술문 묶음에서 '골라라' = 강제선택법**

11

답 ①

해 현장에서 직속 상사가 직접 시범 → 설명 → 실습 반복은 전
형적인 OJT형 도제 훈련(기술·기능 전수).
행동 모델법은 보통 대인관계/관리 기술에서 '모델 행동 관
찰→역할연습→피드백' 절차가 강조됩니다.
② 액션 러닝 : 실제 과제를 팀으로 해결하며 학습
③ 그리드 훈련 : 그리드 이론 기반 리더십/관리 훈련 맥락
④ 행동 모델법 : 바람직한 행동모델을 관찰하고 따라 해보
며 피드백

한 줄 요약 : 상사가 현장에서 시범·실습 반복
= 도제 훈련(OJT)

12

답 ③

해 "기간 직무 수행 능력·업적만 평가하여 유능자에게 특별히
승진 기회" → 발탁승진(능력/성과 중심 조기 승진).
① 대용승진 : 직책과 권한 등 직무 내용상의 실질적인 변
화나 보상 없이 직위 등을 변경하는 형식적인 형태의 제
도.
② 역직승진: 조직구조의 관리체계를 위해 라인상의 직위
를 상승시키는 제도
④ 연공승진 : 능력보다는 근무경력이나 나이 등 시간의 차
이에 의해 승진에 우선권을 준다는 제도

한 줄 요약 : 업적·능력만 보고 특별 승진 = 발탁승진

13

답 ③

해 2025년 기준 근로기준법에 따른 최저시급은 10,030원이
다.
2025년 최저임금은 시급 10,030원으로 공시되어 있습니
다.

한 줄 요약 : 2026년 최저임금 10,320원(월 환산액(209시
간 기준): 2,156,880원)

14

답 ①

해 사용자는 근로자가 퇴직한 경우 그 지급 사유가 발생한 날
부터 14일 이내에 퇴직금을 지급하여야 한다.

한 줄 요약 : 퇴직금 지급기한: 14일

15

답 ③

해 복리후생은 생계·생활 안정뿐 아니라 동기부여/조직몰입/
애사심/성과에도 영향을 줄 수 있습니다.
(보기에서도 건강개선→감사/애사심 증가) 따라서, "조직
성과나 근로의욕과 무관"은 틀림.

한 줄 요약 : 복리후생은 '의욕·성과와 무관'이 아니라
'동기부여 수단'도 될 수 있음

16

답 ④

해 이자 소득 , 배당 소득, 사업 소득, 근로 소득 , 연금 소득, 기
타 소득은 합산해서 과세하는 종합과세 소득이며, 양도소
득과 퇴직소득은 다른 소득과 합산하지 않고 별도로 과세
하는 분류과세에 해당한다.

한 줄 요약 : 종합과세 6종(이·배·사·근·연·기)

17

답 ②

해 "고용보험 적용 대상에 65세 이후 고용자, 공무원이 포함"
취지인데, 65세 이후 고용된 자는 실업급여 적용 제외, 공
무원은 적용 제외.
① 건강보험은 보험료로 재원을 마련하고 진료비 일부를
보장. 보험료율 7.09%(노사 반반 부담)
③ 국민연금 사업장가입자 자격취득·상실 신고는 사유 발
생월의 다음 달 15일까지 규정에 근거.
④ 산재보험은 원칙적으로 사업주 전액 부담이 기본

한 줄 요약 : 고용보험(65세 이후 고용·공무원은 '적용 제외')

18

답 ③

해 C는 "외근으로 출퇴근 시스템 사용 X, 회사가 '일 8시간 근로한 것으로 인정'" → 사업장 밖 간주 근로시간제

① A : 법정 근로시간제 (맞음) 1일 8시간, 주 40시간 + 초과 시 연장수당 지급 → 법정근로시간 기본 틀.

② B : 선택적 근로시간제 (맞음) 1개월 총량 내에서 일별 6h/10h 등 자율 배분 → 선택적 근로시간제.

④ D : 집중 근무제 (대체로 맞음) 코어타임(10~15) + 그 외 자율은 "집중근무시간 운영/코어타임" 성격으로 보기 표현에 부합

> 📖 **한 줄 요약** : 외근·출장 시간 '일정 시간으로 인정
> = 사업장 밖 간주근로

19

답 ④

해 대표적 숍제도 3가지는 보통 오픈 숍 / 유니온 숍 / 클로즈드숍

체크오프(check-off)는 임금에서 조합비를 공제해 노조에 납부하는 조합비 공제 방식으로, 숍제도의 3분류에 보통 넣지 않습니다.

> 📖 **한 줄 요약** : 숍 제도 3종(오픈/유니온/클로즈드)

20

답 ③

해 근로자가 부당 지시·스트레스 등 "고충"을 공식 접수 → 담당자가 면담·조정으로 해결 → 제도적 해결 경험으로 신뢰 형성 → 전형적인 고충처리제도

① 황견계약 : 노조 가입 금지 계약(노조 탄압적).

② 스톡옵션제도 : 주식 매수 권리 부여(보상제도).

④ 종업원지주제도 : 직원이 자사주를 취득해 주주로 참여 (경영참가/재산형성).

> 📖 **한 줄 요약** : 직원 불만을 공식 접수·조정해 해결
> = 고충처리제도

4회 · 2025년 7월 기출문제 해설 (실무)

정답

01	④	02	②	03	②	04	①	05	①	06	③	07	③	08	①	09	③	10	④
11	②	12	②	13	③	14	④	15	④	16	②	17	①	18	③	19	④	20	①

01

답 ④

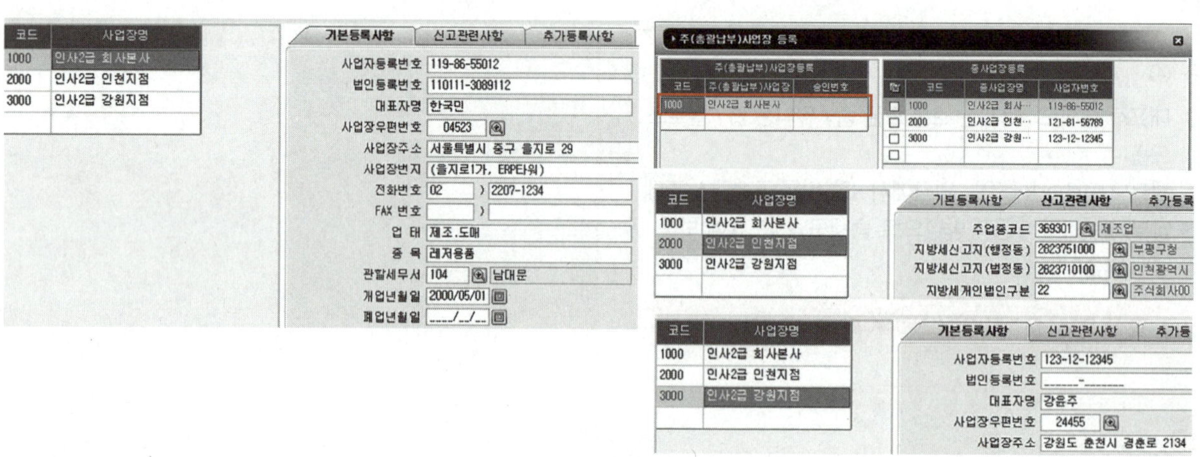

해 시스템관리 → 회사등록정보 → 사업장등록 → 조회 후 문제 풀이 진행

④ <1000.인사2급 회사본사> 사업장은 해당 회사의 본점 사업장이고, **주(총괄납부)사업장이다.**

02

답 ②

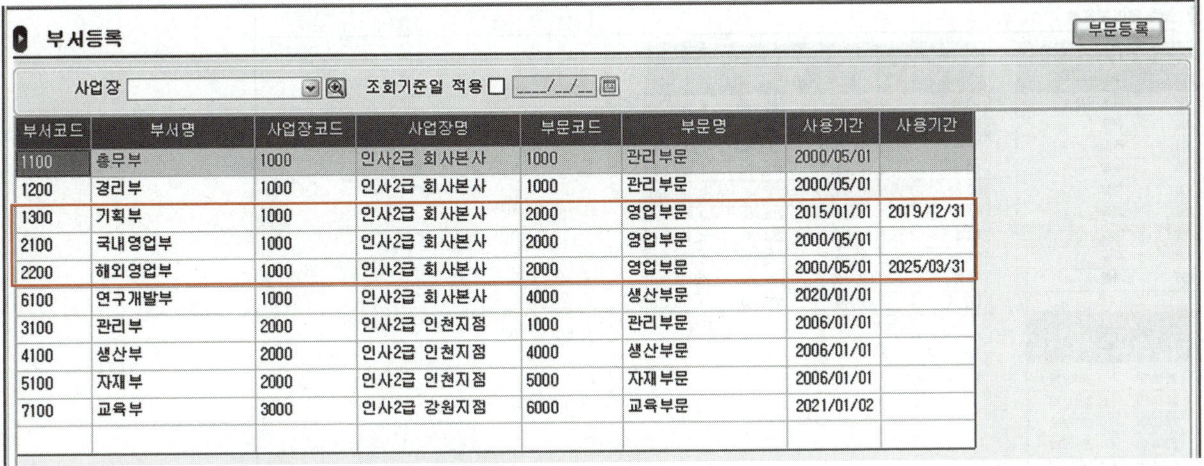

해 시스템관리 → 회사등록정보 → 부서등록 → 조회 후 문제 풀이 진행
　② [2000.영업부문]에 속한 부서 중 '2100.국내영업부'만 현재 사용 중이다.

03

답 ②

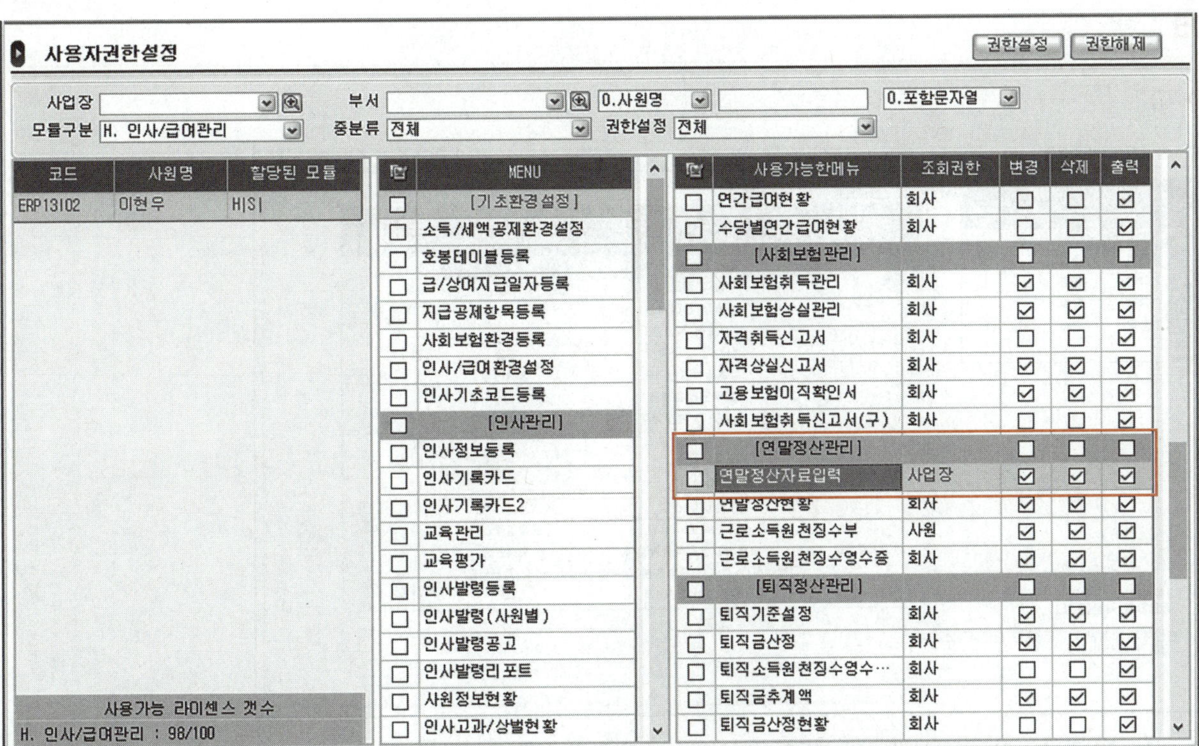

해 시스템관리 → 회사등록정보 → 사용자권한설정 → 모듈(인사/급여관리) 선택 후 조회
　② [연말정산자료입력] 메뉴에서는 로그인한 사원 본인이 속한 사업장에 소속된 대상자의 자료에 대해서 수정이 가능하다.

답 ①

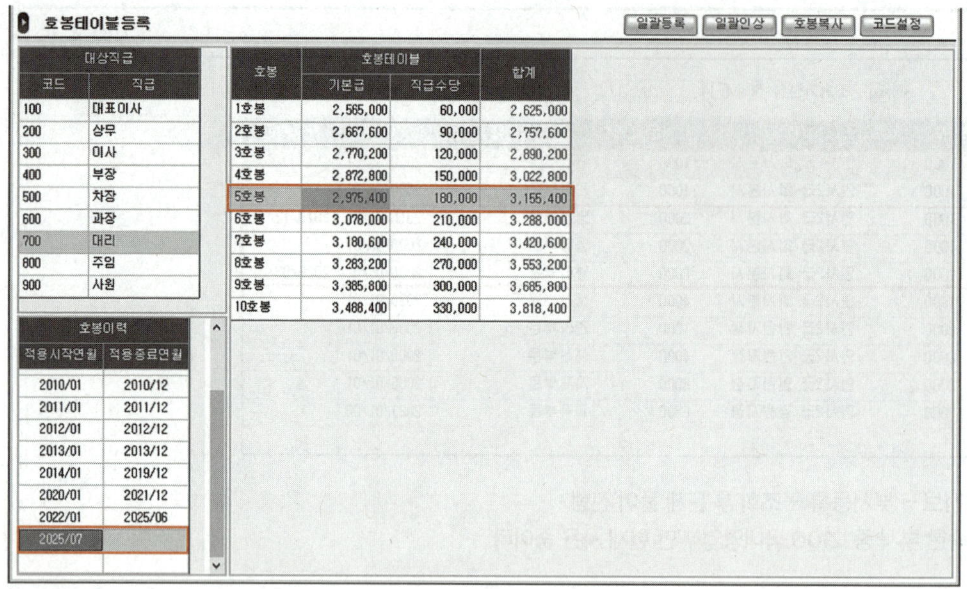

해 인사/급여관리 → 기초환경설정 → 호봉테이블등록 → 직급(대리), 적용시작연월(2025년 7월), 일괄등록, 일괄 인상 후 문제 풀이 진행(대리 5호봉 합계액)

답 ①

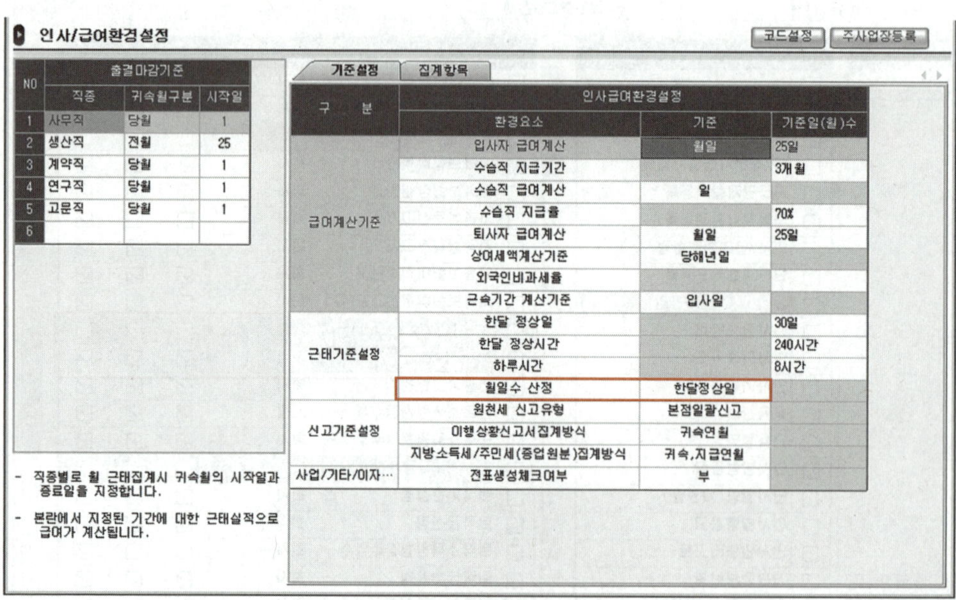

해 인사/급여관리 → 기초환경설정 → 인사/급여환경설정 → 조회 후 문제 풀이 진행
  ① 2025년 07월 귀속 기준으로 월일수 산정 시, 한달정상일로 설정된 30일을 적용한다.

06

답 ③

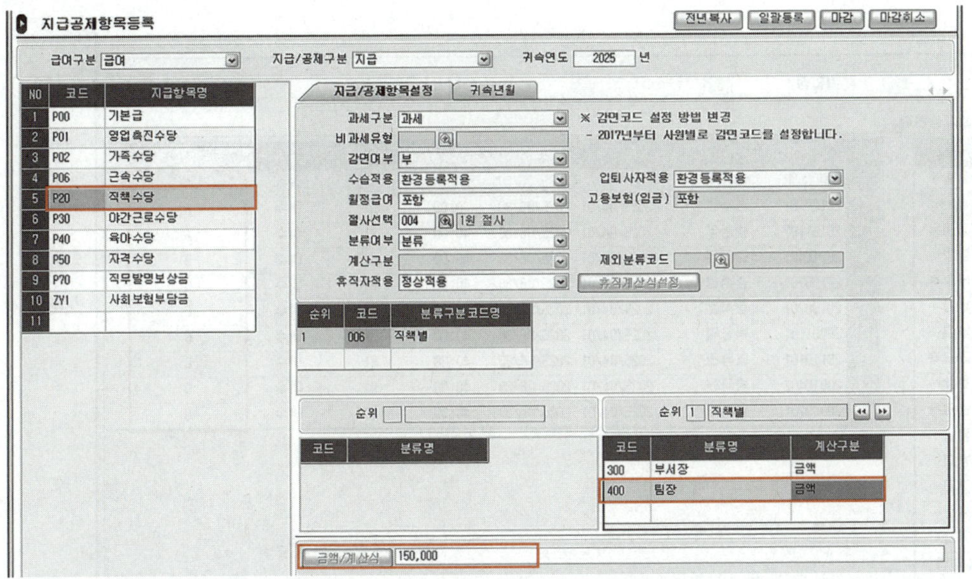

인사/급여관리 → 기초환경설정 → 지급공제항목등록 → 급여구분(급여), 지급/공제구분(지급), 귀속연도(2025년) → 조회 후 문제 풀이 진행

③ [P20.직책수당]은 직책별로 지급하며, '400.팀장'에게 150,000원을 지급한다.

07

답 ③

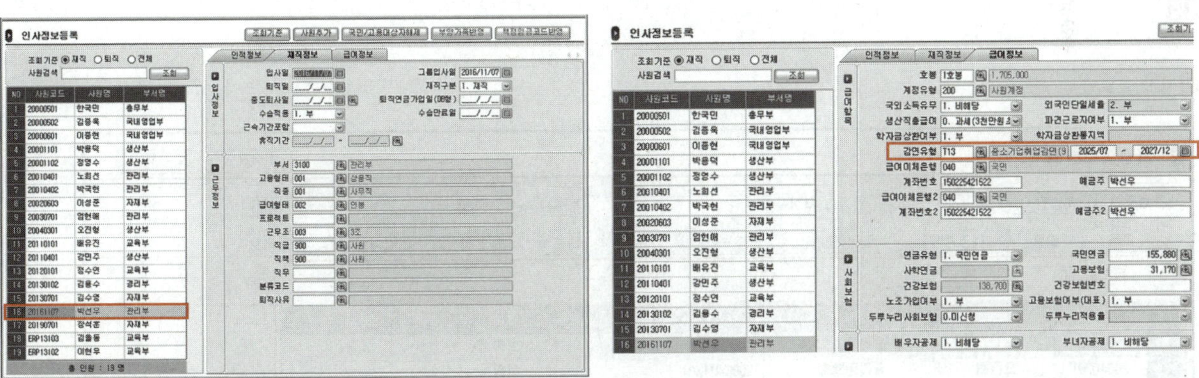

인사/급여관리 → 인사관리 → 인사정보등록 → 조회 후 문제 풀이 진행

③ [20161107.박선우] 사원은 현재 [T13.중소기업취업감면(90% 감면)] 대상자이고, 근무조는 '003.3조'이다.

답 ①

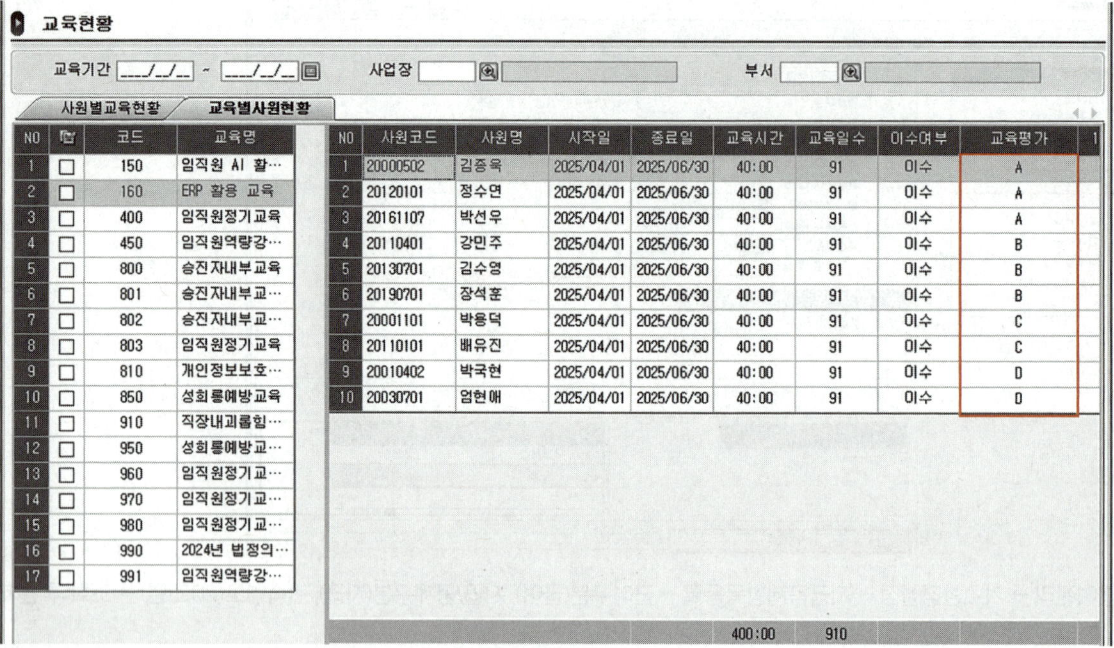

해 인사/급여관리 → 인사관리 → 교육현황 → 조회 후 문제 풀이 진행
- 교육평가 A등급 3명 : 300,000원 x 3명 = 900,000원
- 교육평가 B등급 3명 : 100,000원 x 3명 = 300,000원
- 900,000원 + 300,000원 = 1,200,000원

답 ③

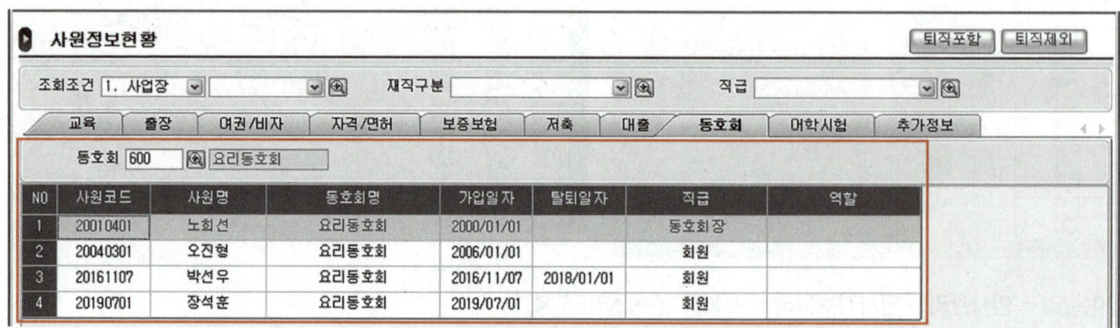

해 인사/급여관리 → 인사관리 → 사원정보현황(동호회(600)) 조회 후 문제 풀이 진행

답 ④

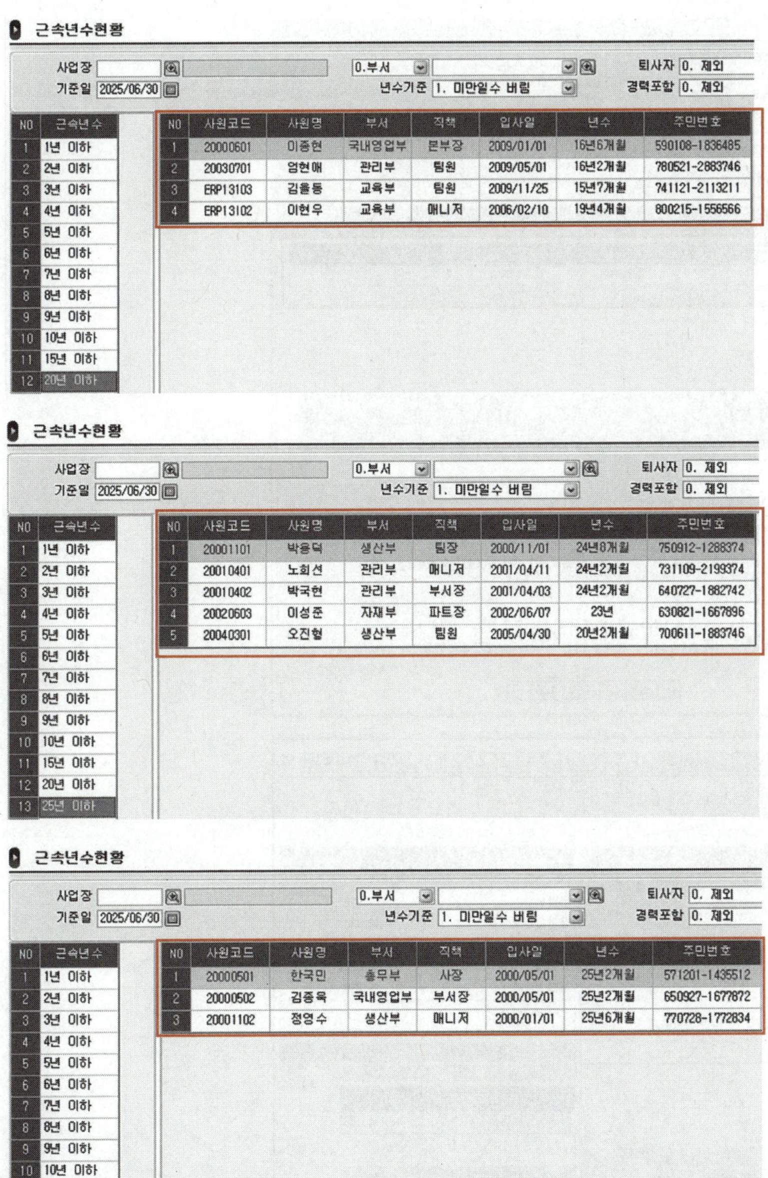

해 인사/급여관리 → 인사관리 → 근속년수현황(기준일(2025년 6월 30일), 퇴사자(제외), 년수기준(미만일수버림), 경력(제외)) →
근속년수 확인 후 문제 풀이 진행
1. 근속년수 15년 이상자 근속수당 : 150,000원 x 대상자 4명 : 600,000원
2. 근속년수 20년 이상자 근속수당 : 200,000원 x 대상자 5명 : 1,000,000원
3. 근속년수 25년 이상자 근속수당 : 250,000원 x 대상자 3명 : 750,000원
총 근속수당 = 2,350,000원

답 ②

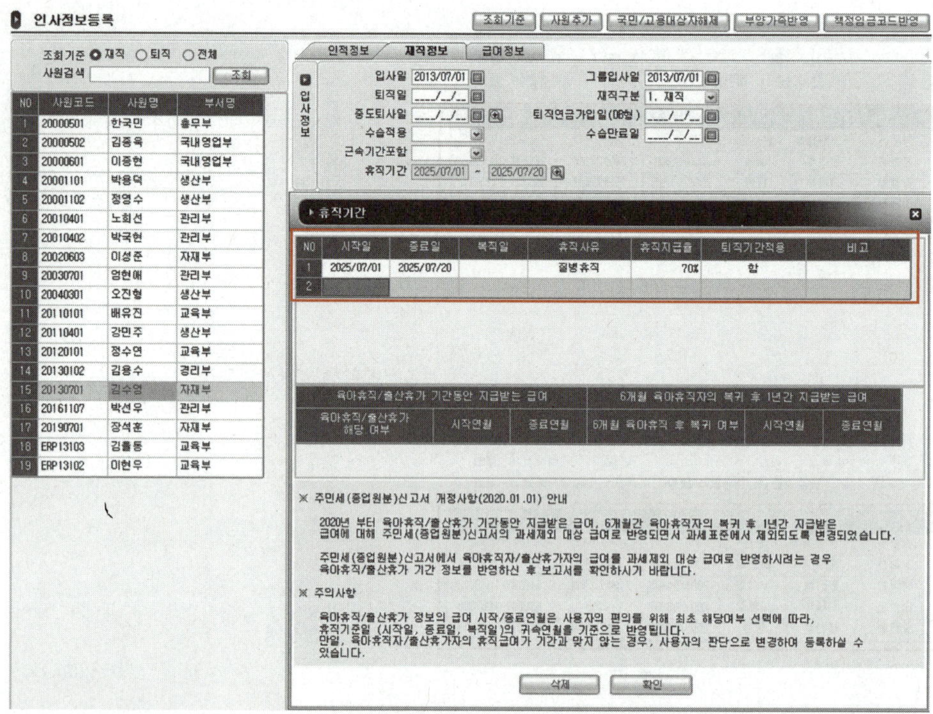

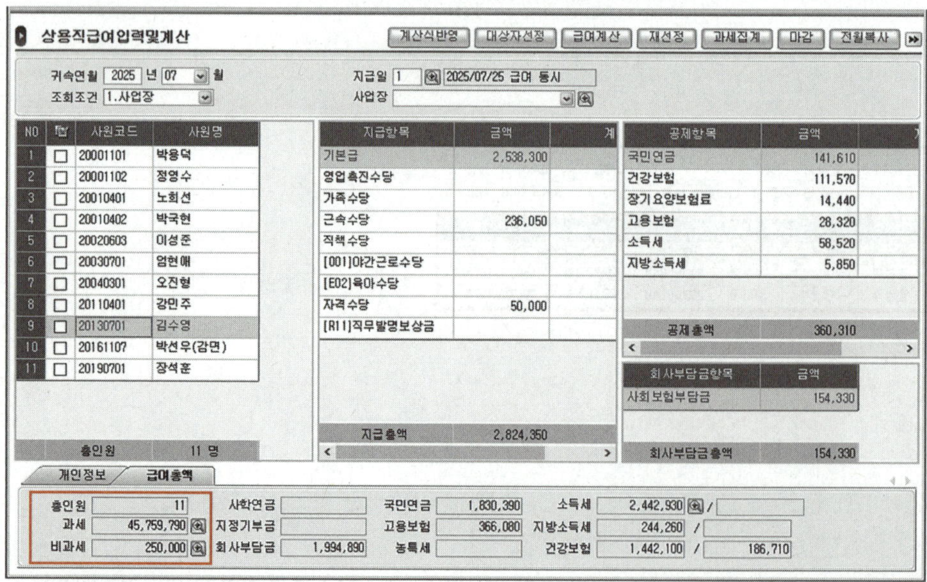

해 인사/급여관리 → 인사관리 → 인사정보등록(재직정보 탭에서 휴직 사유 입력) → 급여관리 → 상용직급여입력계산(귀속연월 (2025년 7월), 지급일(1), 조회) → 김수영 선택 후 재선정 → 전체 체크 급여 계산 → 급여총액 탭 확인 후 문제 풀이 진행(과세 총액 확인)

답 ②

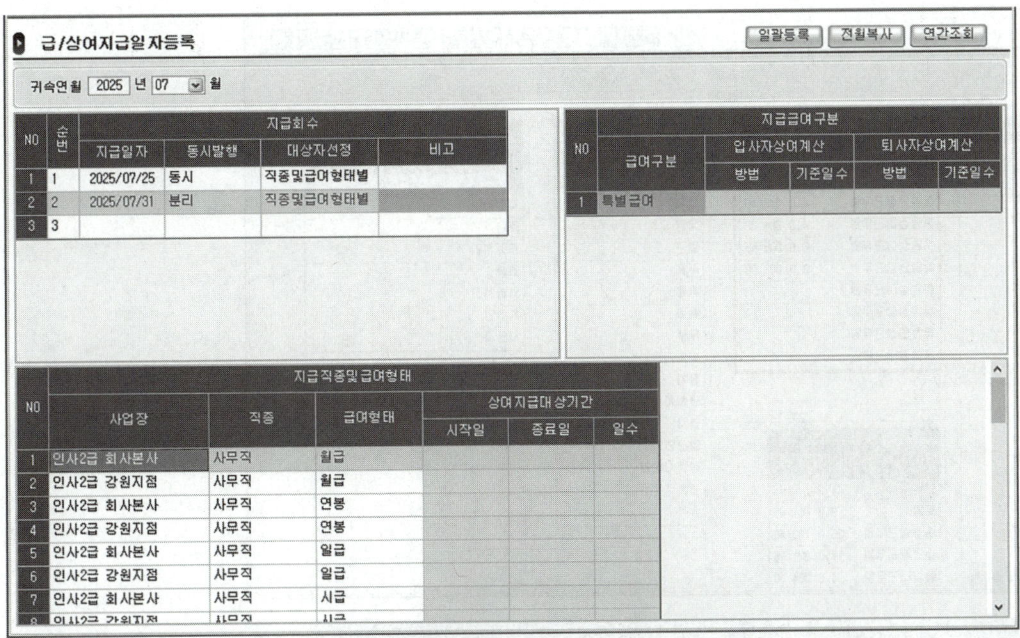

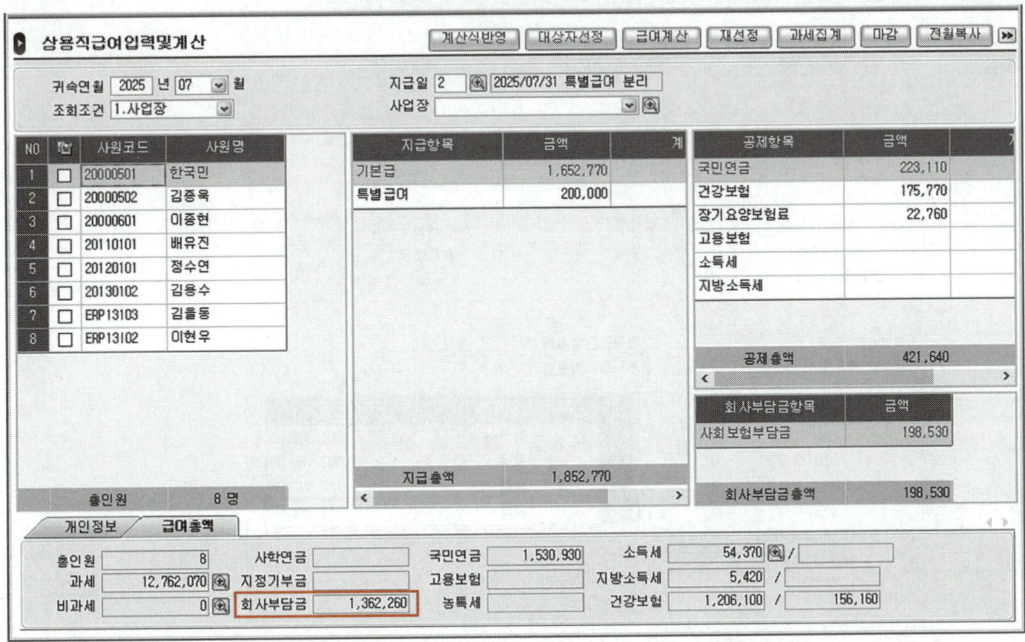

해 인사/급여관리 → 기초환경설정 → 급/상여일자등록(귀속연월(2025년 7월), 특별급여 입력) → 급여관리 → 상용직급여입력계산 (귀속연월(2025년 7월), 지급일(2), 조회) → 전체 체크 후 급여 계산(회사부담금 총애 확인)

답 ③

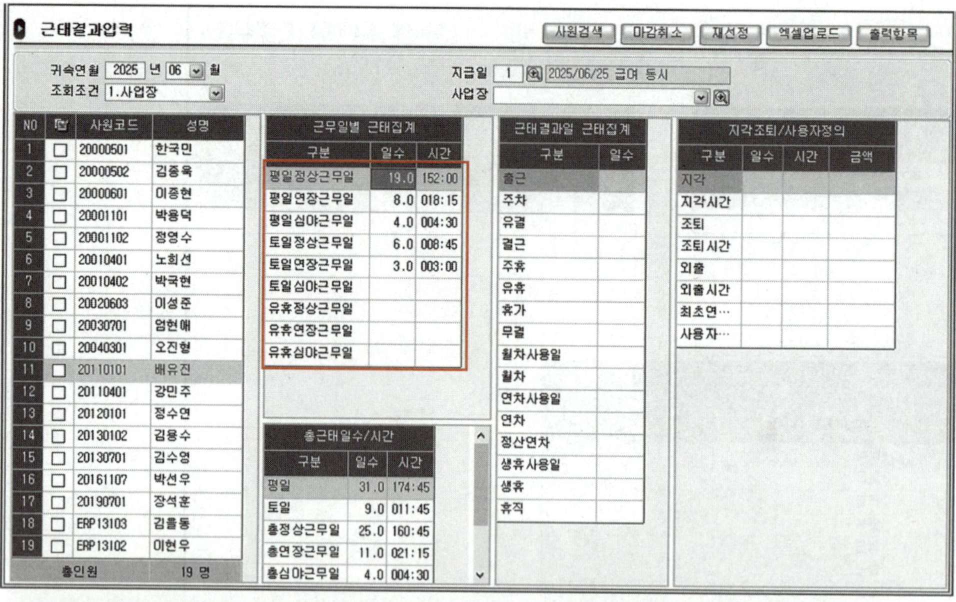

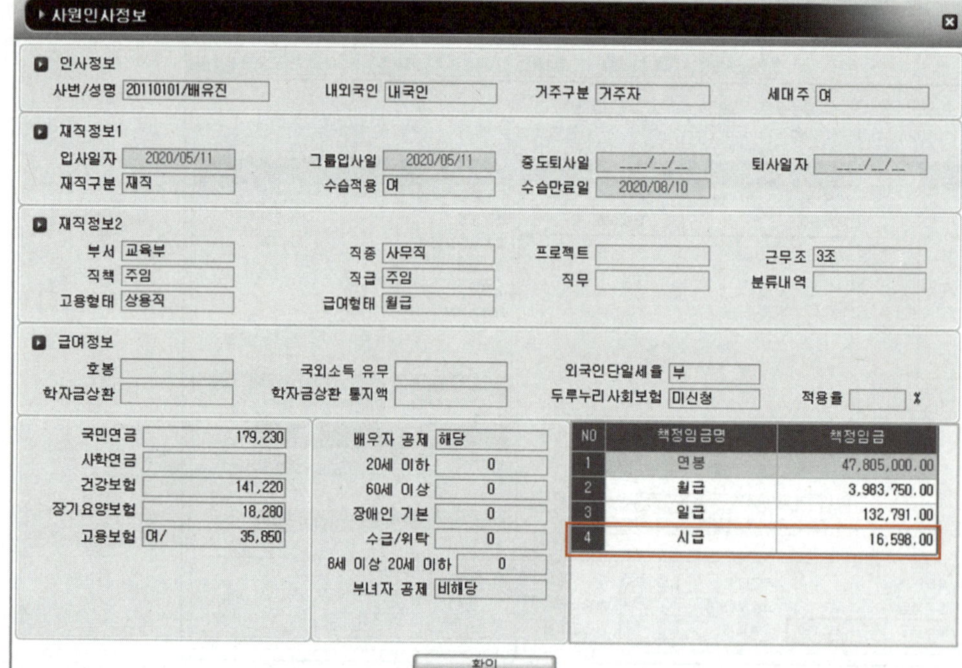

인사/급여관리 → 급여관리 → 근태결과입력(귀속연월(2025년 6월), 지급일(1), 조회) → 배우진 선택 우클릭 후 사원인사정보에서 책정시급 확인 → 근태집계 내용 확인 계산

(책정임금 시급 : 16,598원)

- 1유형 근무수당 : (18.25 + 8.75) * 16,598원 * 2 = 896,290원 (896,292)
- 2유형 근무수당 : (4.5 + 3) * 16,598원 * 2.5 = 311,210원 (311,212.5)
- 초과근무수당 : 896,290원 + 311,210원 = 1,207,500원

답 ④

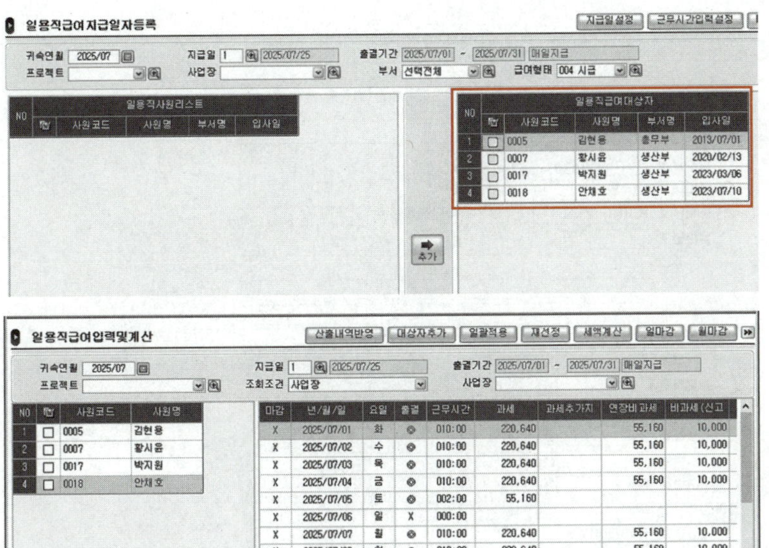

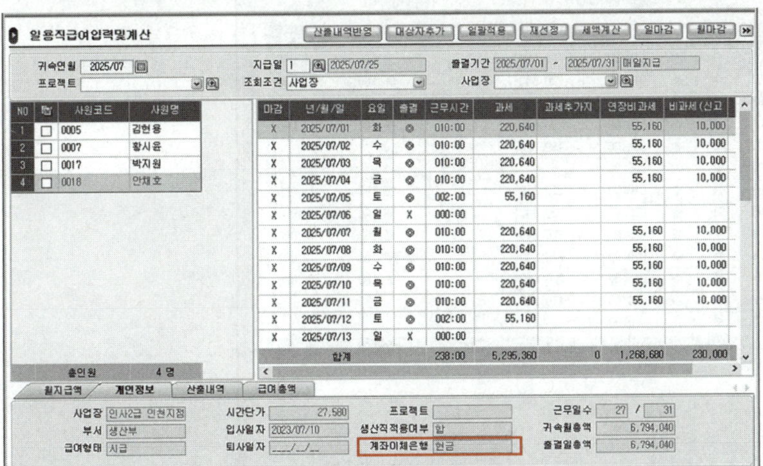

해 인사/급여관리 → 일용직관리 → 일용직급여지급일자등록(귀속연월(2025년 7월), 부서(총무부, 생산부), 시급) → 사원 조회 후 우측이동 → 일용직급여입력계산(귀속연월(2205년 7월), 지급일(1), 조회) → 전체 체크 후 일괄적용(평일, 토요일 각각 적용) → 조회 후 문제 풀이 진행

답 ④

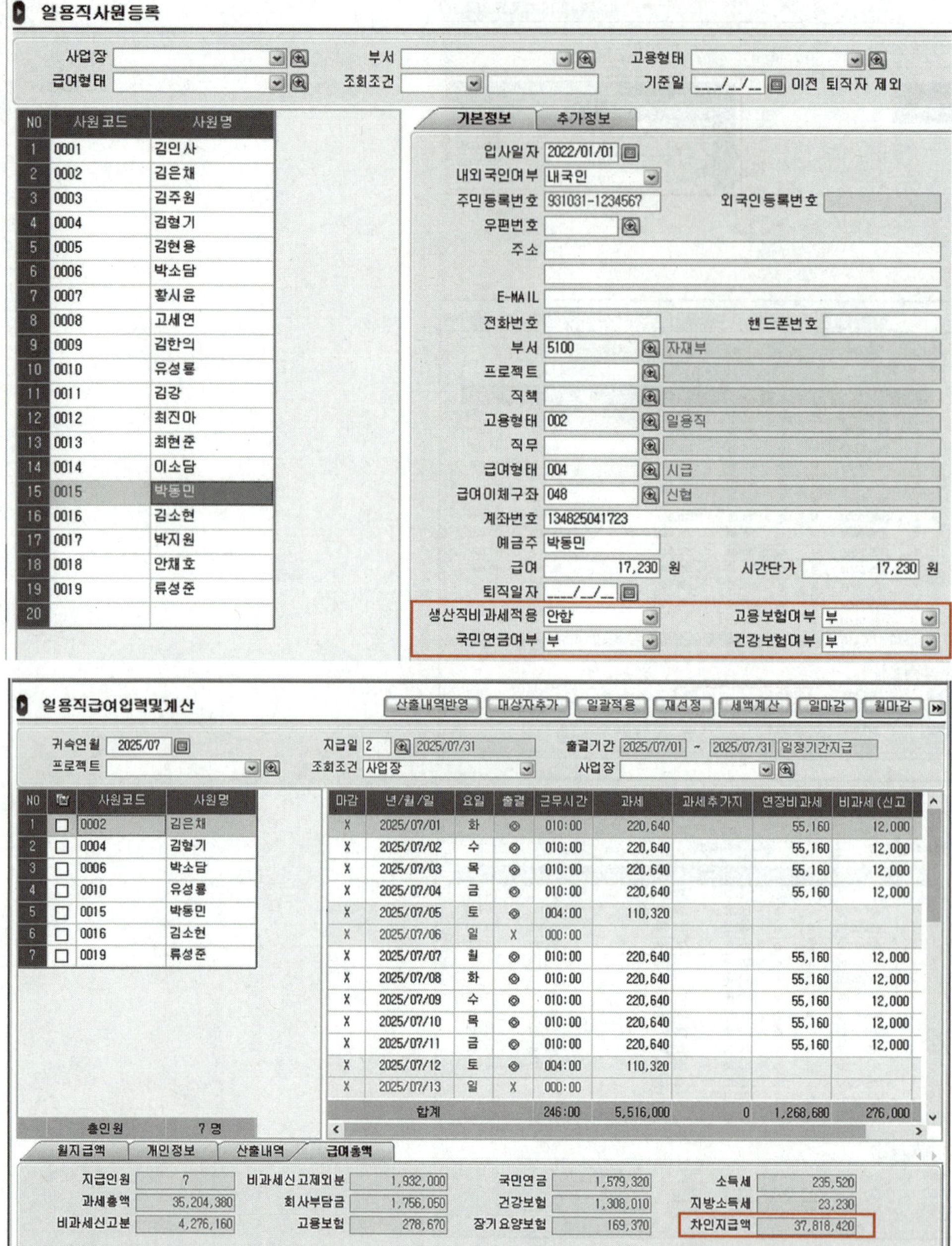

해 인사/급여관리 → 일용직관리 → 일용직사원등록(박동민사원 생산직 비과세 및 보험 수정) → 일용직급여입력계산(귀속연월 (2025년 7월), 지급일(2), 조회) → 박동민사원 체크 후 재선정 → 전체 사원 체크 → 일괄적용진행 → 급여총액 탭에서 차인지급액 확인

16

답 ②

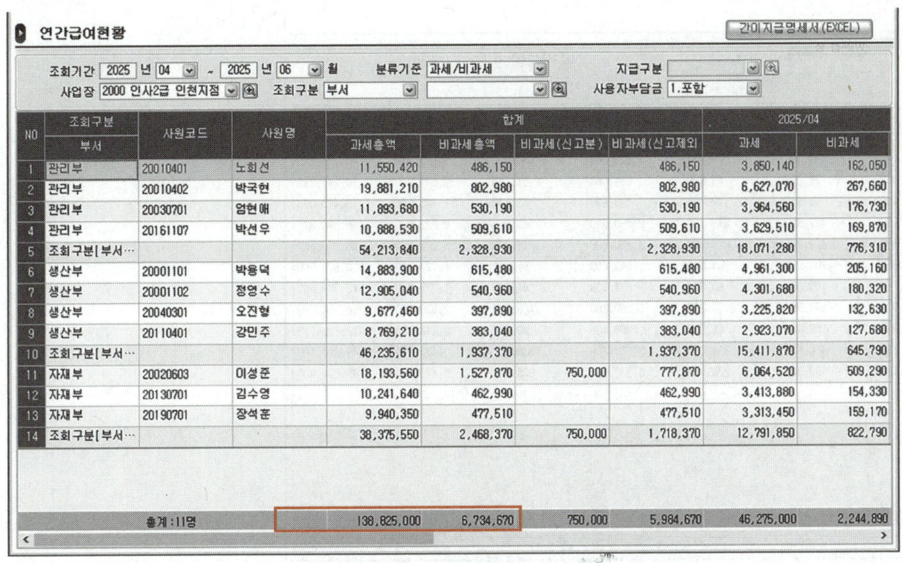

NO	조회구분 / 부서	사원코드	사원명	합계 과세총액	비과세총액	비과세(신고분)	비과세(신고제외)	2025/04 과세	비과세
1	관리부	20010401	노희선	11,550,420	486,150		486,150	3,850,140	162,050
2	관리부	20010402	박국현	19,881,210	802,980		802,980	6,627,070	267,660
3	관리부	20030701	엄현애	11,893,680	530,190		530,190	3,964,560	176,730
4	관리부	20161107	박선우	10,888,530	509,610		509,610	3,629,510	169,870
5	조회구분[부서…			54,213,840	2,328,930		2,328,930	18,071,280	776,310
6	생산부	20001101	박용덕	14,883,900	615,480		615,480	4,961,300	205,160
7	생산부	20001102	정영수	12,905,040	540,960		540,960	4,301,680	180,320
8	생산부	20040301	오진형	9,677,460	397,890		397,890	3,225,820	132,630
9	생산부	20110401	강민주	8,769,210	383,040		383,040	2,923,070	127,680
10	조회구분[부서…			46,235,610	1,937,370		1,937,370	15,411,870	645,790
11	자재부	20020603	이성준	18,193,560	1,527,870	750,000	777,870	6,064,520	509,290
12	자재부	20130701	김수영	10,241,640	462,990		462,990	3,413,880	154,330
13	자재부	20190701	장석훈	9,940,350	477,510		477,510	3,313,450	159,170
14	조회구분[부서…			38,375,550	2,468,370	750,000	1,718,370	12,791,850	822,790
	총계：11명			138,825,000	6,734,670	750,000	5,984,670	46,275,000	2,244,890

해 인사/급여관리 → 급여관리 → 연간급여현황(조회기간(2025년 2분기), 분류기준(과세/비과세), 사업장(인천지점), 상요자부담금(포함)) → 조회 후 문제 풀이 진행(과세총액, 비과세총액)

17

답 ①

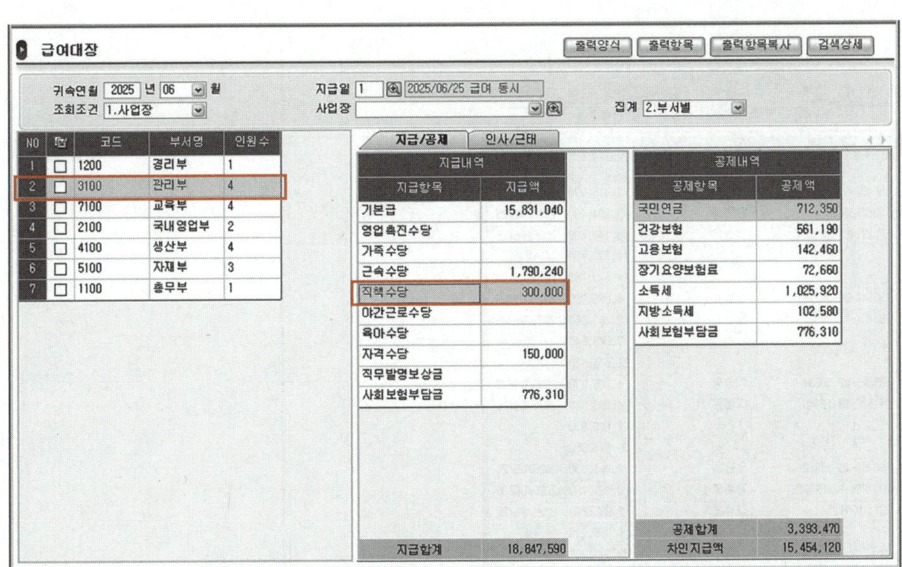

NO	현	코드	부서명	인원수
1	☐	1200	경리부	1
2	☐	3100	관리부	4
3	☐	7100	교육부	4
4	☐	2100	국내영업부	2
5	☐	4100	생산부	4
6	☐	5100	자재부	3
7	☐	1100	총무부	1

지급내역

지급항목	지급액
기본급	15,831,040
영업촉진수당	
가족수당	
근속수당	1,790,240
직책수당	300,000
야간근로수당	
육아수당	
자격수당	150,000
직무발명보상금	
사회보험부담금	776,310
지급합계	18,847,590

공제내역

공제항목	공제액
국민연금	712,350
건강보험	561,190
고용보험	142,460
장기요양보험료	72,660
소득세	1,025,920
지방소득세	102,580
사회보험부담금	776,310
공제합계	3,393,470
차인지급액	15,454,120

해 인사/급여관리 → 일용직사원등록(이재문 데이터 입력) → 일용직급여지급일자등록(일정기간지급 조회 후 이재문 헌터 우측으로 이동) → 일용직급여입력및계산(귀속연월(2025년 7월), 지급일(2)) 조회 → 일괄적용 → 문제 풀이 진행

답 ③

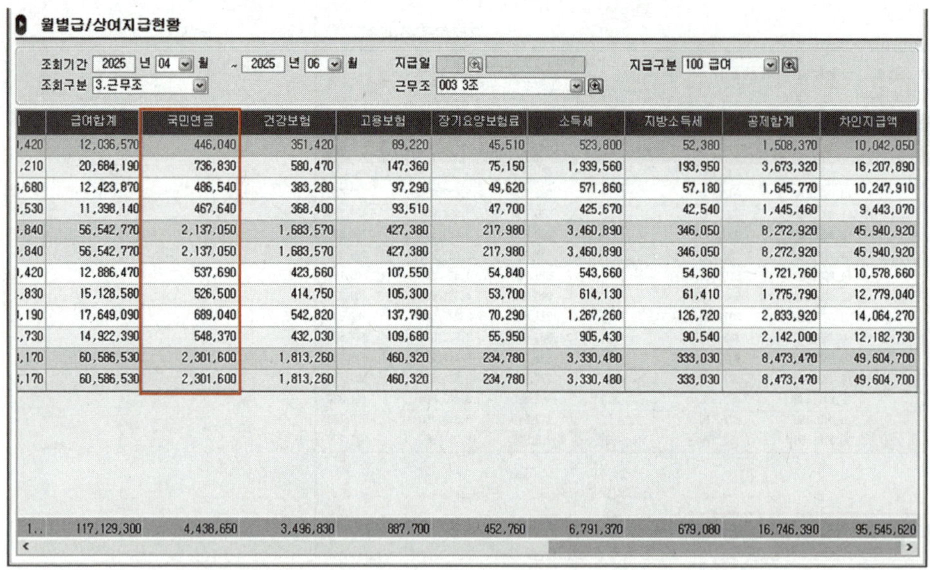

월별급/상여지급현황

조회기간 2025 년 04 월 ~ 2025 년 06 월   지급일   지급구분 100 급여
조회구분 3.근무조   근무조 003 3조

	급여합계	국민연금	건강보험	고용보험	장기요양보험료	소득세	지방소득세	공제합계	차인지급액
,420	12,036,570	446,040	351,420	89,220	45,510	523,800	52,380	1,508,370	10,042,050
,210	20,684,190	736,830	580,470	147,360	75,150	1,939,560	193,950	3,673,320	16,207,890
,680	12,423,870	486,540	383,280	97,290	49,620	571,860	57,180	1,645,770	10,247,910
,530	11,398,140	467,640	368,400	93,510	47,700	425,670	42,540	1,445,460	9,443,070
,840	56,542,770	2,137,050	1,683,570	427,380	217,980	3,460,890	346,050	8,272,920	45,940,920
,840	56,542,770	2,137,050	1,683,570	427,380	217,980	3,460,890	346,050	8,272,920	45,940,920
,420	12,886,470	537,690	423,660	107,550	54,840	543,660	54,360	1,721,760	10,578,660
,830	15,128,580	526,500	414,750	105,300	53,700	614,130	61,410	1,775,790	12,779,040
,190	17,649,090	689,040	542,820	137,790	70,290	1,267,260	126,720	2,833,920	14,064,270
,730	14,922,390	548,370	432,030	109,680	55,950	905,430	90,540	2,142,000	12,182,730
,170	60,586,530	2,301,600	1,813,260	460,320	234,780	3,330,480	333,030	8,473,470	49,604,700
,170	60,586,530	2,301,600	1,813,260	460,320	234,780	3,330,480	333,030	8,473,470	49,604,700
1..	117,129,300	4,438,650	3,496,830	887,700	452,760	6,791,370	679,080	16,746,390	95,545,620

해 인사/급여관리 → 급여관리 → 월별급/상여지급현황(조회기간(2025년 2분기), 지급구분(100), 조회구분(근무조), 근무조(3조)) → 조회 후 문제 풀이 진행(국민연금)
③ 국민연금은 4,438,650원이다.

답 ④

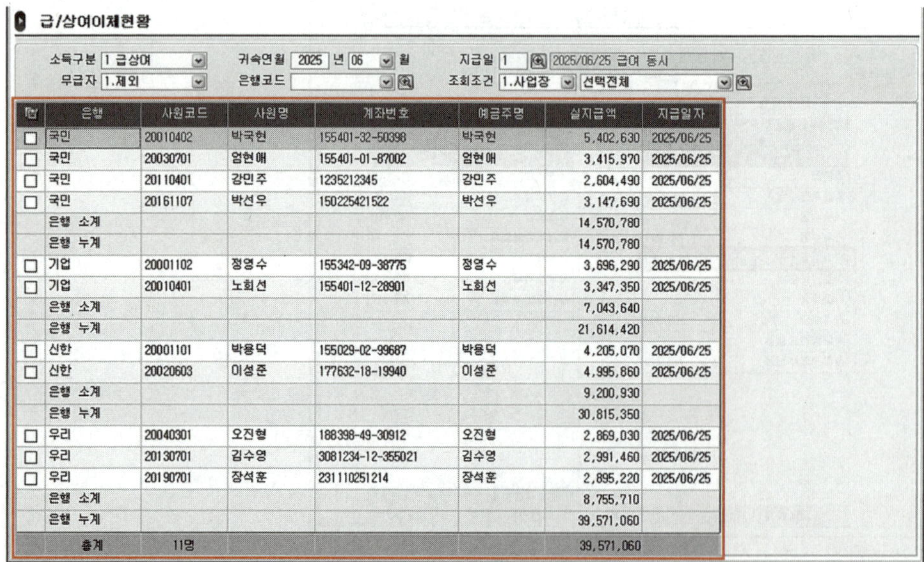

급/상여이체현황

소득구분 1 급상여   귀속연월 2025 년 06 월   지급일 1 2025/06/25 급여 동시
무급자 1.제외   은행코드   조회조건 1.사업장 선택전체

	은행	사원코드	사원명	계좌번호	예금주명	실지급액	지급일자
☐	국민	20010402	박국현	155401-32-50398	박국현	5,402,630	2025/06/25
☐	국민	20030701	엄현애	155401-01-87002	엄현애	3,415,970	2025/06/25
☐	국민	20110401	강민주	1235212345	강민주	2,604,490	2025/06/25
☐	국민	20161107	박선우	150225421522	박선우	3,147,690	2025/06/25
	은행 소계					14,570,780	
	은행 누계					14,570,780	
☐	기업	20001102	정영수	155342-09-38775	정영수	3,696,290	2025/06/25
☐	기업	20010401	노회선	155401-12-28901	노회선	3,347,350	2025/06/25
	은행 소계					7,043,640	
	은행 누계					21,614,420	
☐	신한	20001101	박용덕	155029-02-99687	박용덕	4,205,070	2025/06/25
☐	신한	20020603	이성준	177632-18-19940	이성준	4,995,860	2025/06/25
	은행 소계					9,200,930	
	은행 누계					30,815,350	
☐	우리	20040301	오진형	188398-49-30912	오진형	2,869,030	2025/06/25
☐	우리	20130701	김수영	3081234-12-355021	김수영	2,991,460	2025/06/25
☐	우리	20190701	장석훈	231110251214	장석훈	2,895,220	2025/06/25
	은행 소계					8,755,710	
	은행 누계					39,571,060	
	총계	11명				39,571,060	

해 인사/급여관리 → 급여관리 → 급/상여이체현황(소득구분(급상여), 귀속연월(2025년 6월), 지급일(1), 무급자(제외), 조회
국민은행'에 이체된 금액 : 14,570,780원
'기업은행'에 이체된 금액 : 7,043,640원 + '신한은행'에 이체된 금액 : 9,200,930원 = 16,244,570원

답 ①

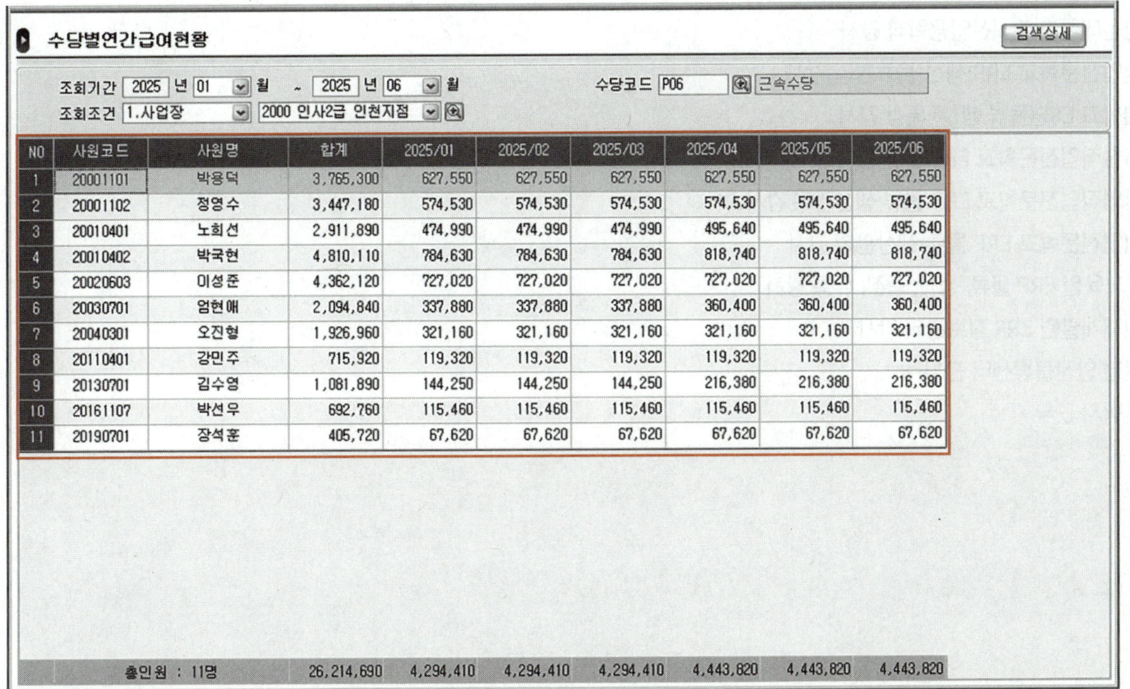

NO	사원코드	사원명	합계	2025/01	2025/02	2025/03	2025/04	2025/05	2025/06
1	20001101	박용덕	3,765,300	627,550	627,550	627,550	627,550	627,550	627,550
2	20001102	정영수	3,447,180	574,530	574,530	574,530	574,530	574,530	574,530
3	20010401	노희선	2,911,890	474,990	474,990	474,990	495,640	495,640	495,640
4	20010402	박국현	4,810,110	784,630	784,630	784,630	818,740	818,740	818,740
5	20020603	이성준	4,362,120	727,020	727,020	727,020	727,020	727,020	727,020
6	20030701	엄현애	2,094,840	337,880	337,880	337,880	360,400	360,400	360,400
7	20040301	오진형	1,926,960	321,160	321,160	321,160	321,160	321,160	321,160
8	20110401	강민주	715,920	119,320	119,320	119,320	119,320	119,320	119,320
9	20130701	김수영	1,081,890	144,250	144,250	144,250	216,380	216,380	216,380
10	20161107	박선우	692,760	115,460	115,460	115,460	115,460	115,460	115,460
11	20190701	장석훈	405,720	67,620	67,620	67,620	67,620	67,620	67,620
	총인원 : 11명		26,214,690	4,294,410	4,294,410	4,294,410	4,443,820	4,443,820	4,443,820

해 인사/급여관리 → 급여관리 → 수당별연간급여현황(조회기간(2025년 상반기), 수당코드(근속수당), 사업장(인천지점) → 조회 후 문제 풀이 진행

김기훈

세종대학교 산업대학원 유통산업학과 석사
현) 한림성심대학교 지식산업융합과 강사
현) 춘천직업전문학교 ERP·생산·물류관리 강사
전) 안동대학교 ERP(물류,생산) 특강 강사
전) 영남기술직업전문학교 ERP 물류 강사
전) 경북산업직업전문학교 ERP 물류·생산관리 강사
전) 영진직업전문학교 ERP 물류·생산관리 강사
전) 한국IT교육원 ERP 물류, 생산, 품질, 유통 강사
전) 유진인재개발원 ERP 정보관리 강사
전) 동원산업 양산물류센터 근무
전) ㈜신한벽지 근무
전) 육군

2026 100% 무료강의 김쌤학원 ERP 정보관리사 인사 1급/2급 통합이론서+기출문제집

발행일 2026년 4월 17일(초판)
편저자 김기훈
발행인 조순자
편집 서시영
판매처 인성재단(지식오름)
ISBN 979-11-7491-114-8
정가 27,000원